住房和城乡建设部"十四五"规划教材

高等学校土木工程学科专业指导委员会规划教材

（按高等学校土木工程本科专业指南编写）

土力学与基础工程

赵明华　张　玲　邹新军　主编

中国建筑工业出版社

图书在版编目（CIP）数据

土力学与基础工程 / 赵明华，张玲，邹新军主编.
北京：中国建筑工业出版社，2024.8. --（住房和城
乡建设部"十四五"规划教材）（高等学校土木工程学科
专业指导委员会规划教材）. -- ISBN 978-7-112-30014
-3

Ⅰ. TU4
中国国家版本馆 CIP 数据核字第 2024A1F666 号

本书为住房和城乡建设部"十四五"规划教材，根据《高等学校土木工程本科专业指南》，较系统地介绍了土力学与基础工程的基本理论知识、分析计算方法及其在工程实践中的应用等。本书共分14 章，除绪论外，内容包括：土的性质及工程分类、土中应力、土的压缩性与地基沉降计算、土的抗剪强度、土压力计算、地基承载力与土坡稳定性、天然地基上的浅基础、桩基础、沉井基础与地下连续墙、基坑工程与挡土墙设计、地基处理技术、特殊土地基、地基基础抗震。为便于学习理解，书中附有工程实例和计算例题，同时每章附有思考题和习题，习题部分参考答案列于全书最后。

全书将思政教育与教材内容相结合，体现了土力学与基础工程的有机结合，强调了"土力学"是"基础工程"设计和应用的理论基础。各章内容由浅入深、概念清晰，密切结合土木工程本科人才培养目标和要求，突出教材的实用性和综合应用性，并适当地吸取了国内外比较成熟的新理论、新技术。本书主要作为普通高等学校土木工程专业本科教学用书，亦可供从事土木工程类研究、设计和施工等工作的工程技术人员阅读参考。

为支持教学，本书作者制作了多媒体教学课件，选用此教材的教师可通过以下方式获取：1. 邮箱：jckj@cabp.com.cn；2. 电话：(010) 58337285。

责任编辑：赵　莉　吉万旺
责任校对：姜小莲

住房和城乡建设部"十四五"规划教材
高等学校土木工程学科专业指导委员会规划教材
（按高等学校土木工程本科专业指南编写）
土力学与基础工程
赵明华　张　玲　邹新军　主编

*

中国建筑工业出版社出版、发行（北京海淀三里河路 9 号）
各地新华书店、建筑书店经销
北京红光制版有限公司制版
北京君升印刷有限公司印刷

*

开本：787 毫米×1092 毫米　1/16　印张：30　字数：730 千字
2025 年 3 月第一版　　2025 年 3 月第一次印刷
定价：**88.00** 元（赠教师课件）
ISBN 978-7-112-30014-3
（43049）

出 版 说 明

党和国家高度重视教材建设。2016 年，中办国办印发了《关于加强和改进新形势下大中小学教材建设的意见》，提出要健全国家教材制度。2019 年 12 月，教育部牵头制定了《普通高等学校教材管理办法》和《职业院校教材管理办法》，旨在全面加强党的领导，切实提高教材建设的科学化水平，打造精品教材。住房和城乡建设部历来重视土建类学科专业教材建设，从"九五"开始组织部级规划教材立项工作，经过近 30 年的不断建设，规划教材提升了住房和城乡建设行业教材质量和认可度，出版了一系列精品教材，有效促进了行业部门引导专业教育，推动了行业高质量发展。

为进一步加强高等教育、职业教育住房和城乡建设领域学科专业教材建设工作，提高住房和城乡建设行业人才培养质量，2020 年 12 月，住房和城乡建设部办公厅印发《关于申报高等教育职业教育住房和城乡建设领域学科专业"十四五"规划教材的通知》（建办人函〔2020〕656 号），开展了住房和城乡建设部"十四五"规划教材选题的申报工作。经过专家评审和部人事司审核，512 项选题列入住房和城乡建设领域学科专业"十四五"规划教材（简称规划教材）。2021 年 9 月，住房和城乡建设部印发了《高等教育职业教育住房和城乡建设领域学科专业"十四五"规划教材选题的通知》（建人函〔2021〕36 号）。为做好"十四五"规划教材的编写、审核、出版等工作，《通知》要求：（1）规划教材的编著者应依据《住房和城乡建设领域学科专业"十四五"规划教材申请书》（简称《申请书》）中的立项目标、申报依据、工作安排及进度，按时编写出高质量的教材；（2）规划教材编著者所在单位应履行《申请书》中的学校保证计划实施的主要条件，支持编著者按计划完成书稿编写工作；（3）高等学校土建类专业课程教材与教学资源专家委员会、全国住房和城乡建设职业教育教学指导委员会、住房和城乡建设部中等职业教育专业指导委员会应做好规划教材的指导、协调和审稿等工作，保证编写质量；（4）规划教材出版单位应积极配合，做好编辑、出版、发行等工作；（5）规划教材封面和书脊应标注"住房和城乡建设部'十四五'规划教材"字样和统一标识；（6）规划教材应在"十四五"期间完成出版，逾期不能完成的，不再作为《住房和城乡建设领域学科专业"十四五"规划教材》。

住房和城乡建设领域学科专业"十四五"规划教材的特点：一是重点以修订教育部、住房和城乡建设部"十二五""十三五"规划教材为主；二是严格按照专业标准规范要求编写，体现新发展理念；三是系列教材具有明显特点，满足不同层次和类型的学校专业教学要求；四是配备了数字资源，适应现代化教学的要求。规划教材的出版凝聚了作者、主审及编辑的心血，得到了有关院校、出版单位的大力支持，教材建设管理过程有严格保障。希望广大院校及各专业师生在选用、使用过程中，对规划教材的编写、出版质量进行反馈，以促进规划教材建设质量不断提高。

住房和城乡建设部"十四五"规划教材办公室
2021 年 11 月

序

近年来，我国高等学校土木工程专业教学模式不断创新，学生就业岗位发生明显变化，多样化人才需求愈加明显。2011年，高等学校土木工程学科专业指导委员会制定并颁布了《高等学校土木工程本科指导性专业规范》。为更好地宣传贯彻专业规范精神，规范各学校土木工程专业办学条件，提高我国高校土木工程专业人才培养质量，高等学校土木工程学科专业指导委员会和中国建筑工业出版社组织参与专业规范研制的专家及相关教师编写了本系列教材。本系列教材均为专业基础课教材，共20本。此外，我们还依据专业规范策划出版了建筑工程、道路与桥梁工程、地下工程、铁道工程四个专业方向的专业课系列教材。

经过多年的教学实践，本系列教材获得了国内众多高校土木工程专业师生的肯定，同时也收到了不少好的意见和建议。2021年，本系列教材整体入选《住房和城乡建设部"十四五"规划教材》；2023年，教育部高等学校土木工程专业教学指导分委员会修订了《高等学校土木工程本科指导性专业规范》，并正式更名为《高等学校土木工程本科专业指南》（以下简称《专业指南》）。为打造精品，也为了更好地与四个专业方向专业课教材衔接，使教材适应当前教育教学改革的需求，我们决定对本系列教材进行修订。本次修订，将继续坚持本系列规划教材的定位和编写原则，即：规划教材的内容满足建筑工程、道路与桥梁工程、地下工程和铁道工程四个主要方向的需要；满足应用型人才培养要求，注重工程背景和工程案例的引入；编写方式具有时代特征，以学生为主体，注意新时期大学生的思维习惯、学习方式和特点；注意系列教材之间尽量不出现不必要的重复；注重教学课件和数字资源与纸质教材的配套，满足学生不同学习习惯的需求等。为保证教材质量，系列教材编审委员会继续邀请本领域知名教授对每本教材进行审稿，对教材是否符合《专业指南》思想，定位是否准确，是否采用新规范、新技术、新材料，以及内容安排、文字叙述等是否合理进行全方位审读。

本系列规划教材是实施《专业指南》要求、推动教学内容和课程体系改革的最好实践，具有很好的社会效益和影响。在本系列规划教材的编写过程中得到了住房和城乡建设部人事司及主编所在学校和学院的大力支持，在此一并表示感谢。希望使用本系列规划教材的广大读者继续提出宝贵意见和建议，以便我们在本系列规划教材的修订和再版中得以改进和完善，不断提高教材质量。

教育部高等学校土木工程专业教学指导分委员会

中国建筑工业出版社

前　　言

　　本书是高等学校土木工程学科专业指导委员会规划教材之一，根据《高等学校土木工程本科专业指南》编写，较系统地介绍了土力学与基础工程的基本知识、分析计算方法及其在工程实践中的应用等。

　　本书编写时基于目前土木工程专业学生"宽口径"及新工科等方面的培养目标，既兼顾传统理论，又有创新突破。在课时安排、内容结构及编排等方面尽量保持内容的经典性，又尽可能吸收经过工程实践考验、符合技术进步而又适于教学的内容。

　　本书力求内容充实、概念清晰、层次分明、覆盖面广、重点突出。其编写原则是：①符合本科土木工程专业及《高等学校土木工程本科专业指南》对"土力学"和"基础工程"课程教学大纲的要求；②基础工程部分取材以建筑与道路桥梁工程为主，兼顾其他；③原则上与我国现行的有关规范或规程保持一致，但尽量淡化与规范或规程的关系；④编写中充分考虑教学要求，着重阐明基本原理和方法，力求深入浅出，便于教学；⑤尽可能多地介绍工程实例和计算例题，并附必要的思考题和习题；⑥重点反映我国目前基础工程实践，并注意介绍国内外成熟的先进技术和施工工艺。

　　本书由湖南大学赵明华教授、张玲教授、邹新军教授主编。绪论、第6、10章由湖南大学赵明华教授编写，第2章由长沙理工大学张永杰教授编写，第3、12章由湖南大学张玲教授编写，第4、5章由湖南大学赵衡副教授编写，第7、11章由湖南大学陈昌富教授编写，第8、14章由湖南大学邹新军教授编写，第9章由厦门大学杨明辉教授编写，第13章由湖南科技大学马缤辉教授编写，全书例题、习题、思考题以及图表整理排版由湖南大学杨超炜博士完成。

　　限于编者水平，不妥之处在所难免，恳请读者批评指正。

赵明华

2024 年 1 月

目　　录

第1章 绪 论

1.1 土力学与基础工程的基本概念

土是矿物或岩石碎屑构成的松散集合体。在自然界中，地壳表层分布有岩石圈（广义上是指由岩石和覆盖土构成的圈层）、水圈和大气圈。岩石是一种或多种矿物集合体，其工程性质很大程度取决于它的矿物成分，而土就是岩石经物理、化学、生物等风化作用以及剥蚀、搬运、沉积等交错过程，在复杂自然环境中所生成的各类沉积物。由于土的形成年代、生成环境及物质成分不同，其物理力学等工程特性亦千差万别。例如我国沿海及内陆地区的软土，西北、华北和东北等地区的黄土，高寒地区的永冻土以及分布广泛的红黏土、膨胀土等，其性质各不相同。因此在地基基础设计前，必须充分了解、研究建筑场地相应的土（岩）层成因与构造、地下水情况、土的工程性质、是否存在不良地质现象等，对场地的工程地质条件做出正确的评价。

土力学是利用力学的一般原理，研究土的物理、力学和化学性质以及荷载、水、温度等外界因素作用下土体工程性状的应用科学。它是力学的一个分支，是本课程的理论基础。由于土力学的研究对象是以矿物颗粒组成骨架的松散颗粒集合体，其物理、力学和化学性质与一般刚性或弹性固体以及流体等都有所不同。因此，必须通过专门的土工试验技术进行探讨。

任何建筑物都建造在一定的地层（土层或岩层）上。通常把直接承受建筑物荷载影响的那一部分地层称为地基。未经人工处理就可以满足设计要求的地基称为天然地基。当地基软弱，承载力不能满足设计要求时，则需对地基进行加固处理（例如采用换土垫层、深层密实、排水固结、化学加固、加筋土技术等方法进行处理），这类地基称为人工地基。

基础是将建筑物承受的各种荷载传递到地基上的下部结构（图1-1），一般应埋入地下一定的深度，进入较好的地层。根据基础的埋置深度与是否考虑基础侧边土体抗力作用可分为浅基础和深基础。通常把埋置深度不大（一般小于5m，或小于基础宽度）且设计时不考虑基础侧边土体各种抗力作用的基础称为浅基础，其只需经过挖槽、排水等普通施工程序就可以建造；反之称为深基础。当浅层土质不良，须把基础埋置于深处的好地层时，就要借助于特殊的施工方法，建造各种类型的深基础（如桩基础、墩基础、沉井基础和地下连续墙等）。

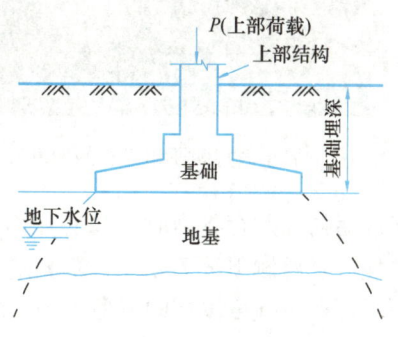

图 1-1 地基及基础示意图

基础工程是土木工程学科的一个重要分支，其研究基础或包含基础的地下结构设计与施工技术，亦称基础工程学。由于基础与上部结构是建筑物不可分割的组成部分，它们互为条件、相互依存，基础工程既是结构工程中的一部分，又是独立的地基基础工程。

基础工程的设计与施工也就是地基基础的设计与施工，其设计必须满足以下三个基本原则：

（1）强度。作用于地基上的基底压应力不得超过地基土承载能力，以保证建筑物不因地基承载力不足而造成整体破坏或影响正常使用；

（2）变形。建筑物的地基变形计算值不应大于地基变形允许值，保证建筑物不因地基变形而损坏或影响其正常使用；

（3）稳定性。地基稳定性（抗倾覆、抗滑移、抗浮等）应具有足够的安全储备，防止地基因各种荷载作用、地形因素或环境变化等造成各种失稳破坏。

此外，基础结构本身还应具有足够的强度、刚度和耐久性，在基底反力作用下，基础不致产生强度破坏，并具有调整基础变形的能力和满足使用年限的要求。

在荷载作用下，地基、基础和上部结构三部分彼此联系、相互制约。设计时应根据地质勘察资料，综合考虑地基–基础–上部结构的相互作用、变形协调与施工条件，进行经济技术比较，选取安全可靠、经济合理、技术先进、环境保护和施工简便的地基基础方案。

基础工程勘察、设计和施工质量的好坏将直接影响到建筑物的安危、经济性和正常使用。由于基础工程均位于地下或水下，往往需挡土挡水，施工难度大，其造价占工程总造价的比例很大，在地质条件复杂时，可高达 20%～30%，工期约占总工期的 25%～30%。当需采用深基础或人工地基时，其造价和工期所占比例更大。此外，基础工程为隐蔽工程，一旦失事，损失巨大，补救十分困难，因此具有丰富工程经验的工程技术人员都极为重视地基与基础的勘察、设计与施工阶段的工作。

图 1-2 加拿大特朗斯康谷仓的地基破坏情况

随着我国基本建设的高速发展，基础的结构形式日新月异，大型、重型、复杂和具有特殊要求的基础日益增多，在基础工程设计与施工方面积累了不少成功的经验。国外也有不少成功的典范，但也有不少失败的教训。例如，1913 年建造的加拿大特朗斯康谷仓（图 1-2），由 65 个圆柱形筒仓组成，高 31m，东西宽 23.47m，南北长 59.44m，其下为钢筋混凝土筏板基础，厚 0.61m，埋深 3.66m。由于事前未了解基础下埋藏有厚达 16m 的软黏土层，建成后初次贮存谷物时，基底压力（329kPa）超过了地基实际承载力（194～277kPa），致使谷仓西侧下沉 7.32m，东侧则抬高 1.52m，仓身整体倾斜 26°53′。这是地基承载力不足而产生强度破坏的典型案例。由于该谷仓整体性很强，筒仓完好无损，事后在筒仓下增设 70 多个支承于基岩上的混凝土墩，用 388 个 50t 的千斤顶将筒仓纠正过来，但标高比原来降低了 4m。

世界著名的意大利比萨斜塔，1173 年动工，高约 55m，因地基压缩层不均匀、排水缓慢，北侧下沉 1m 多，南侧下沉近 3m，每年约下沉 1mm，成为世界上最著名的基础工程处理难题。1993～2001 年，通过堆载与抽土联合纠偏，结合塔身加固技术，使塔的倾斜得以控制。再如我国 1954 年兴建的上海工业展览馆中央大厅，因地基约有 14m 厚的淤泥质软黏土，尽管采用了高 7.27m 的箱形基础，建成后当年就下沉 0.6m，至 1979 年 9 月沉降趋于稳定，大厅平均沉降达 1.6m。

大量事故充分表明，必须慎重对待基础工程的勘察、设计与施工。坚持做到准确勘察，深入掌握场地地质资料；周密设计，防止各种安全隐患；精心施工，杜绝各类基础工程事故的发生。如此才能确保基础工程经济合理、安全可靠。

1.2 土力学与基础工程发展概况

土力学与基础工程是密不可分的有机整体，土力学是基础工程设计和施工技术的理论基础，而基础工程则是土力学在土木工程中的具体应用。

1.2.1 土力学发展概况

随着人们生产的不断发展和生活上的需要，人类很早就懂得利用土进行工程建设，尤其是 18 世纪工业革命以后，大规模的城市建设和水利、铁路的兴建面临着许多与土有关的问题，从而促进了土力学理论的产生和发展。土力学的发展可以划分成以下三个历史时期。

① 萌芽期（1773～1923 年）。1773 年，法国库仑（Coulomb）根据试验创立了著名的砂土抗剪强度公式，为土体的破坏理论奠定了基础，并提出了计算挡土墙土压力的滑楔理论。1857 年，英国朗金（Rankine）又从另一途径提出了挡土墙土压力理论，瑞典彼得森（Peterson，1915）提出了滑坡分析方法，法国普朗德尔（Prandtl，1920）给出了地基剪切破坏时的滑动面形状和极限承载力公式。此外，随着高层建筑沉降问题的突出，弹性力学的发展为沉降问题的研究提供了必要的手段，从而促进了土体变形理论的研究。

② 古典土力学（1923～1963 年）。1923 年，美籍奥地利人太沙基（Terzaghi）提出了土体一维固结理论和著名的有效应力原理，从而建立起一门独立的学科——土力学，并于 1925 年出版了第一本《土力学》专著。此后，瑞典费兰纽斯（Fellenius，1936）、美国泰勒（Taylor，1937）和毕肖普（Bishop，1955）等建立和完善了土坡稳定分析的圆弧滑动面法；苏联明德林（Mindlin，1936）提出了弹性半无限空间内任一点荷载引起的应力和位移解；伦杜利克（Rendulic，1936）发现了土的剪胀性、应力-应变非线性关系以及土具有加工硬化与软化的性质等。进而有关土力学的论著与教材也蓬勃发展起来，例如苏联学者格尔谢万诺夫（Герсеванов，1931）的《土体动力学原理》专著、崔托维奇（Цытович，1935）的《土力学》教材、太沙基（Terzaghi & Peck，1948）的《工程实用土力学》和苏联索科洛夫斯基（Соколовский，1954）的《松散介质静力学》等。该时期变形问题的研究日显重要，但土体的破坏始终是土力学研究的主流，可以归纳为一个原理（有效应力原理）和两个理论（基于弹性介质和弹性多孔介质的变形理论和基于刚塑性模型的极限平衡理论）。

③ 现代土力学（1963 年至今）。1963 年，罗斯科（Roscoe）提出了第一个可以全面考虑土的压硬性和剪胀性的数学模型——剑桥模型，可以看作现代土力学的开端。经过几十年的努力，现代土力学已渐趋成熟。随着数学、力学和计算机技术的突飞猛进，土力学的研究领域和分析途径日益更新。在土的基本特征、有效应力原理、非饱和土固结理论、

边坡稳定性，以及土的流变、动力和非线性特性等方面都取得了长足进展。土工测试技术，尤其是原位测试和离心模型实验技术也获得了很大的进步。我国学者黄文熙在土的强度和变形及本构关系、陈宗基在黏土微观结构和土的流变、沈珠江在土体本构模型、静动力数值分析及非饱和土理论等方面都取得了突出的成就。该时期最重要的特点是把土的应力、应变、强度、稳定等特性融为一体，以一个本构关系加以描述，改变了古典土力学中各特性人为独立的弊端，使分析结果更符合工程实际。

1.2.2　基础工程发展概况

基础工程既是一项古老的工程技术，又是一门年轻的应用科学。由于生产的发展和生活的需要，人类很早就已创造了自己的地基基础工艺。例如我国都江堰水利工程、举世闻名的万里长城、隋朝南北大运河、黄河大堤、赵州石拱桥以及许许多多遍及全国各地的宏伟壮丽的宫殿寺院、巍然挺立的高塔等，都因奠基牢固，即使经历了无数次强震强风而安然无恙。又如秦代修筑驰道时采用的"隐以金椎"（《汉书》）的路基压实方法，以及至今仍采用的灰土垫层、石灰桩、瓦渣垫层和水撼砂垫层等，都是我国自古已有的传统地基处理方法。再如北宋初著名木工喻皓（公元989年）建造开封开宝寺木塔时，考虑到当地多西北风，将建于饱和土上的塔身向西北倾斜，以在风力作用下渐趋复正，解决了建筑物地基的沉降问题。我国木桩基础的使用更是源远流长。如河姆渡文化遗址中发现的7000年前钱塘江南岸沼泽地带木构建筑下的木桩为世所罕见，公元前532年在今山西汾水上建成的三十墩柱木柱桥梁（《水经注》）以及秦代所建渭桥等也都为木桩基础，再如郑州隋朝超化寺打入淤泥的塔基木桩（《法苑珠林》）、杭州湾五代大海塘工程木桩等都是我国古代桩基技术应用的典范，以上均证明了我国古代劳动人民在工程实践中积累了丰富的土力学与基础工程知识。只是由于当时生产力发展水平的限制，还未能提炼成为系统的科学理论。直到18世纪中叶，人们对土在工程建设方面的特性，尚停留在感性认识阶段。

18世纪欧洲工业革命促进了大规模的城市建设和水利、铁路的兴建，土力学理论萌芽产生，同时促进了基础工程的高速发展。1936年国际土力学与基础工程学会成立，在美国坎布里奇举行了第一次国际学术会议，从此土力学与基础工程作为一门独立的现代科学而取得不断进展。基础工程设计理论与计算方法日臻完善，形成了较系统完整的土力学与基础工程基本理论和方法。施工工艺日益更新，新的技术不断涌现，如1950年意大利米兰地下连续墙的问世，1957年德国首次采用土层锚杆桩墙支护深基坑，1965年法国建成世界上第一座现代加筋土挡墙等。此外，全液压抓斗、长螺旋钻进设备、正（反）循环回转钻进设备、双轮铣反循环钻进设备、盾构掘进机等成孔（或洞、槽）机械设备的研制与应用都极大地提高了基础工程的施工效率。许多国家和地区也都定期地开展各类学术活动，交流和总结本学科新的研究成果和实践经验，出版各类土力学与基础工程刊物，这些都极大地促进了该学科的高速发展。

中华人民共和国成立后，大规模的社会主义经济事业的腾飞促进了我国基础工程学科的迅速发展。我国在各种桥梁、水利及建筑工程中成功地解决了许多大型和复杂的基础工程难题，取得了辉煌的成就。例如，利用电化学加固处理的中国历史博物馆地基，解决了施工期短、质量要求高的困难；十余座长江大桥（武汉、南京等）及其他巨大工程中采用的管柱基础、气筒浮运沉井、组合式沉井、各种结构类型的单壁、双壁钢围堰、大直径扩底墩等一系列深基础和深水基础，成功地解决了水深流急、地质复杂的基础工程问题；上海钢铁总厂以及全国许许多多高层建筑的建成，都为土力学与基础工程的理论和实践积累了丰富的经验；三峡工程和小浪底工程的基础处理，将我国基础工程的设计、施工、检测提高到一个新的水平……

近年来，我国在工程地质勘察、室内及现场土工试验、地基处理、新设备、新材料、新工艺的研究和应用方面，取得了很大的进展。各种地基处理新技术在土建、水利、桥隧、道路、港口、海洋等有关工程中得到了广泛应用，取得了很好的经济技术效果。随着电子技术及各种数值计算方法对各学科的逐步渗透，土力学与基础工程的各个领域都发生了深刻的变化，许多复杂的工程问题得到了相应的解决，试验技术也日益提高。在大量理论研究与实践经验积累的基础上，有关基础工程的各种设计与施工规范或规程等也相应问世或日臻完善，为我国基础工程设计与施工做到技术先进、经济合理、安全适用、确保质量提供了充分的理论与实践依据。我们相信，随着我国社会主义建设的向前发展，对基础工程要求的日益提高，我国土力学与基础工程学科也必将得到新的更大的发展。

随着土力学与基础工程的理论及应用研究的不断深入，相关学术活动亦日益铺开。自1936年至2022年，共召开了二十届国际土力学及基础工程学术会议（自十五届起改名为国际土力学及岩土工程学术会议）。我国于1957年在北京设立了中国土力学及基础工程学会学术委员会，并于1978年成立了中国土木工程学会土力学及基础工程学会。自1962年至2023年共召开了14届全国土力学及岩土工程学术会议。这些学术会议的召开活跃了土力学与基础工程的学术研究，拓展了研究领域，进一步促进了土力学与基础工程学科的发展。与此同时，基础工程设计计算理论和方法、施工技术和机械设备等不断更新和发展，各种相应的设计、施工技术规范与规程颁布实施，其高度概括了基础工程各个领域所取得的科研成果和工程经验，规范了我国基础工程的设计与施工。

1.3 课程性质与学习要求

1.3.1 课程性质与内容

土力学与基础工程是土木工程专业必修的重要课程，它包括土力学（专业基础课）和基础工程（专业课）两大部分，涉及工程地质学、土力学、结构工程设计和施工等几个学科领域。土力学部分主要介绍土的物理力学性质以及土的强度、渗透和变形理论的相关知识，研究土力学中各种课题的基本理论和试验方法，为基础工程提供解决工程问题的试验方法和理论基础。基础工程部分是关于地基基础设计与施工的知识，即基础工程学的内容，主要介绍诸如浅基础、桩基础、沉井基础、地下连续墙、基坑工程与挡土墙以及地基处理等的设计计算与施工技术，与我国现行各相应的技术规范规程紧密配合。因此，本课程内容广泛，综合性、理论性和实践性很强，在整个教学计划中，从基础课过渡到专业课，具有承上启下的作用。

全书共分为14章。第1章为绪论；第2章介绍了土的工程性质与分类，是本课程的基本知识；第3～5章是土力学的基本理论部分，也是本课程的重点内容，主要介绍了各种情况下土中的应力分布、土的压缩特性、地基沉降计算、土的抗剪强度及极限平衡概念等，并扼要介绍了土工试验的有关知识；第6、7章主要介绍了土压力、地基承载力及土坡稳定性的理论分析方法，也是土力学基本理论在工程中的体现；第8～14章属于基础工程内容，系运用土力学理论解决工程设计中的地基与基础问题，其主要包括浅基础、深基础、特殊土地基和地震区地基基础的设计计算，以及软弱土地基的处理方法等。

1.3.2　学习要求与方法

从土木工程专业的要求出发，通过本课程学习，学生应具有阅读和使用工程地质勘察资料的能力，掌握土力学的基本原理与概念、地基基础设计的基本原理与方法，并能运用这些基本概念和原理，结合有关结构理论和施工知识，分析和解决地基基础问题。同时还应具备一般基础工程的设计规划、施工管理及合理分析和评价常见基础工程事故的能力。

在本课程学习中，必须自始至终抓住土的强度、变形和稳定性这三个关键指标，充分认识土的三相性、碎散性与自然变异性等特点。此外，还必须掌握土工试验的基本原理、操作技术及地基勘察知识，了解为确定地基承载力和解决土工问题需要做哪些室内和现场土工试验；掌握一般建筑物设计中有关土力学内容的设计计算方法，例如地基承载力、土坡稳定和挡土墙土压力计算等；同时还应了解在建筑物设计之前需要进行勘察工作的内容，掌握地基土野外鉴别能力，学会使用工程地质勘察报告书对建筑场地的工程地质条件作出正确的评价，合理地解决基础设计和施工中的疑难问题。

我国幅员辽阔，不同的自然地理环境分布着各种各样的土类，必须针对其特性采取相应的工程措施。因此，地基基础问题具有明显的区域性特征。此外，天然地层的性质和分布也因地而异，且在较小的范围内可能变化很大，故基础工程的设计，除需丰富的理论知识外，还需有较多的工程实践经验，并通过勘探和测试取得可靠的有关土层分布及其物理力学性质指标的资料。因此，学习时应注意理论联系实际，通过各个教学环节，紧密结合工程实践，提高理论认识，增强处理地基基础问题的能力。

基础工程的设计和施工还必须遵循法定的规范、规程。但不同行业有不同的专业规范，且各行业不尽平衡，标准也尚未完全统一，故本课程所涉及的规范、规程比较多。因此，在课堂讲授和理论学习阶段应以学科知识体系为主，弄清基础工程设计和施工中的主要内容和基本方法，在课程设计中，可根据不同专业方向，使用、熟悉各自的行业规范，进行具体工程的设计实践训练。

本课程与理论力学、材料力学、结构力学、弹性力学、建筑材料、建筑结构及工程地质等有着密切的联系，本书在涉及这些学科的有关内容时仅引述其结论，要求理解其意义及应用条件，而不把注意力放在公式的推导上。学习时必须深入理解书中的基本原理与概念，通过多做习题和试验实践，熟悉各种土工试验方法，掌握各种设计理论与计算方法。此外，基础工程几乎找不到完全相同的实例，在处理基础工程问题时，必须运用本课程的基本原理，深入调查研究，理论联系实际，融会贯通，针对不同情况进行具体分析，提高读者分析问题和解决问题的能力。

第2章 土的性质及工程分类

本章提要与要求

内容提要

土的基本性质包括其物理性质、力学性质及工程性质。本章重点讨论了土的成因及三相组成、土的物理性质与物理特性指标及其获取方法；简述了土的渗透性、土的压实性、土的液化及土的水理性质；扼要介绍了土的工程分类方法及其与工程特性的关系。

基本要求

了解土的成因、三相物质的组成及其特性。

掌握土的结构和构造、土的三相比例指标的定义和计算方法。

掌握土的物理特性指标及其确定方法。

掌握土的渗透性、渗透系数的测定方法以及渗透破坏及其控制。

熟悉土的压实原理、土中二维渗流及流网。

掌握土的工程分类方法及其与工程特性的关系。

2.1 概　　述

土是岩石经物理、化学、生物等风化作用以及剥蚀、搬运、沉积等交错过程，在复杂自然环境中所生成的各类沉积物。这些沉积物的矿物颗粒（有时还，包括有机质）堆积过程中形成相互贯通的或局部封闭的孔隙，孔隙中存在水和气体。因此，在天然状态下，土体一般由固相（固体颗粒）、液相（土中水）和气相（气体）三部分组成，如图 2-1 所示，简称为三相体系。土中固体颗粒的矿物成分各异，土粒间的联结比较微弱，土粒还可能与周围的水发生一系列复杂的物理、化学作用，故在外力作用下，土体与一般固体的特性不同，土粒间的联结也并不容易产生相对位移，也表现不出一般液体的特性。因此，在研究土的工程性质时，需区别于传统的固体力学与流体力学，需采用体现土体特性的力学理论，即土力学。

工程中遇到的土大多数是第四纪地质时期形成的。第四纪地质年代又分为更新世和全新世，更新世距今 1.2 万～100 万年，全新世距今小于 1.2 万年。

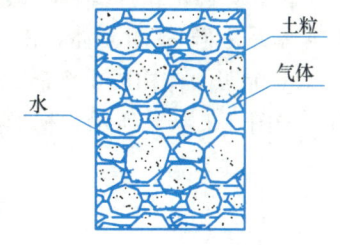

图 2-1　土的三相组成示意图

由于土的生成环境、过程千变万化，其物理力学特性非常复杂，一般具有如下基本特性：

① 碎散性。土是非连续性介质，外力作用下土颗粒极易发生相对位移，产生变形。

② 三相体系。土由固相、液相、气相三相所组成，在外力作用下，三相共同承担荷载，相互作用，关系复杂，且存在液体流动，气体外泄问题。

③ 自然变异性。土具有非均质、多向异性、结构性、时空变异性等自然属性。

在古典土力学中，研究土的各种工程性质时，重点探讨土粒的物理特性（例如土粒的大小、形状等）、土的物理状态以及土的三相比例关系等。而在近代土力学中，还深入分析土三相的空间分布、排列以及土粒间的联结对土的工程性质的影响。

2.2 土的三相组成与结构

2.2.1 土的固体颗粒（固相）

固体颗粒构成土的骨架，其大小和形状、矿物成分及其组成情况是决定土物理力学性质的重要因素。研究固体颗粒就是要分析粒径的大小及不同尺寸颗粒在土中所占的百分比，称为土的粒径级配。另外，还要研究固体颗粒的矿物成分以及颗粒的形状。

2.2.1.1 土的矿物成分

土的固体颗粒物质分为无机矿物颗粒和有机质，其中无机矿物颗粒的成分主要取决于母岩的成分及其所经受的风化作用，可分为以下两大类：

（1）原生矿物。即岩浆在冷凝过程中所形成的矿物，常见的如石英、长石、云母等。原生矿物颗粒是岩石经物理风化作用形成的原岩碎屑，矿物成分与母岩成分完全相同，其颗粒大，比表面积小，与水的作用能力弱，工程性质比较稳定。

（2）次生矿物。系原生矿物经化学风化作用后所形成的新生矿物，主要有黏土矿物（蒙脱石、伊利石、高岭石）、无定形氧化物胶体（Fe_2O_3、Al_2O_3）和可溶盐类（$CaCO_3$、$NaCl$）等。其颗粒呈细小的片状，是黏性土固相的主要成分。由于次生矿物颗粒粒径非常小（小于 $2\mu m$），具有很大的比表面积，亲水能力强，与水接触时能发生一系列复杂的物理化学变化，导致土体具有独特的水理性质。

一般将能使土具有黏性和可塑性（受外力作用形状改变而不产生裂纹的性质）的次生矿物称为黏土矿物，它的存在是土对水含量敏感的主要原因。下面以该三种黏土矿物为例，介绍其结构特征和基本工程特性。

黏土矿物是一种复合的铝-硅酸盐晶体，由硅片和铝片构成的晶胞组叠而成。硅片的基本单元是硅-氧四面体，由 1 个居中的硅离子和 4 个位于角点的氧离子所构成（图 2-2a），6 个四面体构成 1 个硅片（图 2-2b），硅片底面的氧离子被相邻 2 个硅离子所共用，简化如图 2-2（c）所示，梯形的底面表示氧离子面。铝片的基本单元是铝-氢氧八面体，

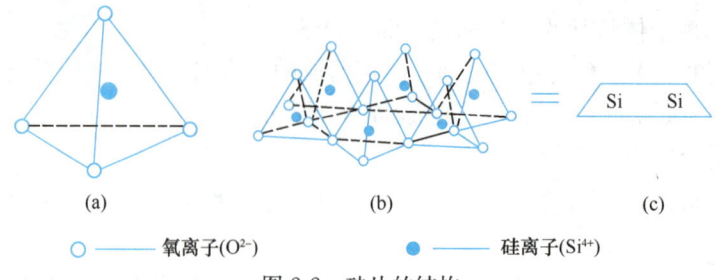

由 1 个铝离子和 6 个氢氧离子所构成（图 2-3a），4 个八面体组成 1 个铝片，每个氢氧离子被相邻 2 个铝离子所共用（图 2-3b），形成牢固的结构，简化图形见图 2-3（c），矩形的底边表示氢氧根离子。硅片和铝片构成两种基本类型晶胞（组成晶体结构的最小单位，也称晶格），即由一层硅片和一层铝片构成的二层型晶胞（即 1∶1 型晶胞）和由两层硅片中间夹一层铝片构成的三层型晶胞（即 2∶1 型晶胞）。两类晶胞的不同组叠形式构成了不同的黏土矿物，主要有蒙脱石、伊利石和高岭石三类。

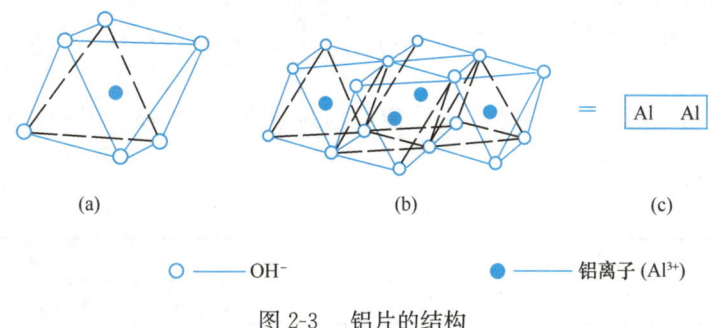

○ —— OH⁻   ● —— 铝离子 (Al³⁺)

图 2-3　铝片的结构

（1）蒙脱石。由伊利石进一步风化或火山灰风化而成，结构单元为三层型晶胞。蒙脱石由三层型晶胞叠接而成，晶胞间只有氧原子与氧原子的范德华键力联结，没有氢键，故键力很弱，能叠置的晶胞数较少，如图 2-4（a）所示，因而以蒙脱石为主形成的黏土矿物颗粒较小。此外，夹在硅片中间铝片内的 Al^{3+} 常被其他低价的离子（如 Mg^{2+}）所替换，晶胞间将出现多余的负电荷，可吸引其他阳离子（如 Na^+、Ca^{2+} 等）或其他水化离子充填于晶胞间，故蒙脱石的晶胞活跃性极大，水分子可以进入晶胞之间，从而改变晶胞之间的距离，甚至完全分散单晶胞。因此，土中蒙脱石含量越高，土的吸水膨胀和失水收缩特性越明显。

（2）伊利石。主要是云母在碱性介质中风化的产物，仍由三层型晶胞叠接而成，晶胞间同样有氧原子和氧原子的范德华键力。但伊利石构成时部分硅片中的 Si^{4+} 被低价的 Al^{3+}、Fe^{3+} 等所取代，相应四面体的表面将镶嵌一价阳离子 K^+，以补偿正电荷的不足

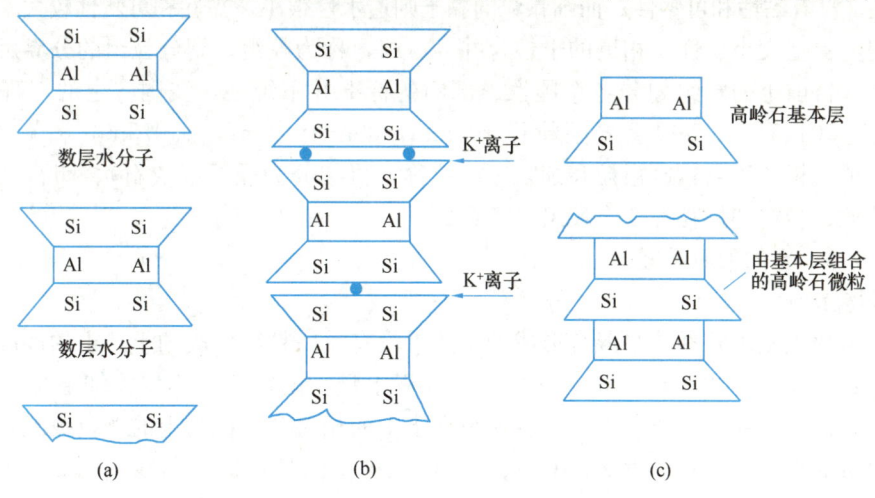

图 2-4　黏土矿物结晶格架示意图
（a）蒙脱石；（b）伊利石；（c）高岭石

（图 2-4b）。嵌入的 K^+ 离子，增加了伊利石晶胞间的联结作用，因此，伊利石的结晶构造稳定性优于蒙脱石。

（3）高岭石。是长石风化的产物，结构单元是二层型晶胞。高岭石由若干二层型晶胞叠接而成（图 2-4c），晶胞间一面露出铝片的氢氧基，另一面则露出硅片的氧原子，晶胞之间除了较弱的范德华键力之外，更主要的是氧原子与氢氧基之间的氢键，具有较强的联结力，晶胞间距离不易改变，水分子不能进入，且能叠置很多层，多达百个，成为一个颗粒。因此，以高岭石为主的黏土颗粒较大，晶胞间的活动性较小，使得高岭石的膨胀性、收缩性和亲水性均小于伊利石，更小于蒙脱石，具有水稳性好，可塑性低，压缩性低，亲水性弱等特点。

土矿物结晶格架的差异，从本质上决定了它的不同工程性质。三种黏土矿物的主要特征见表 2-1。

三类黏土矿物的特性 表 2-1

特性 \ 矿物	黏土矿物		
	蒙脱石	伊利石	高岭石
分子式	$(Na, Ca)0.33(Al, Mg)_2$ $[Si_4 O_{10}](OH)_2 \cdot nH_2O$	$KAl_2[(SiAl)_4 O_{10}] \cdot$ $(OH)_2 \cdot nH_2O$	$Al_4(Si_4 O_{10})$ $(OH)_8$
晶胞组成	2:1 型晶胞	2:1 型晶胞	1:1 型晶胞
晶胞厚度（Å）	0.15～0.6	10	7.2
颗粒尺寸（Å） 长或宽	1000～5000	1000～5000	1000～2000
厚度	10～50	50～500	100～1000
比表面积（m^2/g）	50～800	65～100	10～20

2.2.1.2 土粒粒组

自然界中土是不同类型、大小颗粒的混合物。土粒的大小称为粒度，通常用粒径表示。土粒的粒径由粗到细逐渐变化时，土的性质相应地发生变化。例如：粗颗粒的砾石具有很强的透水性，没有黏性和可塑性；而细颗粒的黏土则透水性很小，黏性和可塑性较大。

工程上常把大小、性质相近的土粒合并为一组，称为粒组。划分粒组的分界尺寸称为界限粒径。目前土的粒组划分各个国家、部门的标准并不统一，我国《土的工程分类标准》GB/T 50145—2007 根据界限粒径 200mm、60mm、2mm、0.075mm 和 0.005mm，将土粒粒组先粗分为巨粒、粗粒和细粒三个统称，再细分为漂石（块石）、卵石（碎石）、砾粒、砂粒、粉粒和黏粒等 6 个粒组（表 2-2）。

2.2.1.3 土的颗粒级配

1. 颗粒级配

绝大多数土是由几种粒组混合形成的，几乎没有单一粒组形成的土。土的性质取决于土中不同颗粒粒径所成粒组的相对含量，为分析土颗粒的组成，不仅需知道土颗粒的大小，还需知道不同粒组的质量占比。各粒组在土中的相对含量称为土的颗粒级配，以其占土颗粒总重的百分数表示。表 2-3 中 A、B、C 三种土的颗粒级配曲线如图 2-5 所示，图的纵坐标表示小于某粒径的土粒质量百分数，横坐标表示土粒径的对数值，其能把粒径相差上千倍的大、小颗粒含量均表示出来，尤其是质量占比小、但对性质可能有重要影响的微小土粒部分。

土粒粒组划分标准 表 2-2

粒组统称	粒组名称		粒径范围（mm）	一般特征
巨粒	漂石或块石颗粒		＞200	透水性很大，无黏性，无毛细水
	卵石或碎石颗粒		60～200	
粗粒	圆砾或角砾颗粒	粗	20～60	透水性大，无黏性，毛细水上升高度不超过粒径大小
		中	5～20	
		细	2～5	
	砂粒	粗	0.5～2	易透水，当混入云母等杂质时透水性减小、压缩性增加；无黏性，遇水不膨胀，干燥时松散；毛细水上升高度随粒径变小而增大
		中	0.25～0.5	
		细	0.075～0.25	
细粒	粉粒		0.005～0.075	透水性小，湿时稍有黏性，遇水膨胀小，干时稍有收缩；毛细水上升高度较大较快，极易发生冻胀
	黏粒		＜0.005	透水性很小，湿时有黏性、可塑性，遇水膨胀大，干时收缩显著；毛细水上升高度大，但速度较慢

注：漂石、卵石和圆砾颗粒均呈一定的磨圆状，块石、碎石和角砾颗粒均呈棱角；

粉粒可称为粉土粒，粒径上限 0.075mm 相当于 200 号筛的孔径；

黏粒可称为黏土粒，粒径上限也采用 0.002mm 为标准。

土的颗粒级配与评价系数 表 2-3

粒组组成(%) / 土样编号	＞2	0.05～2	0.005～0.05	＜0.005	d_{10}	d_{30}	d_{60}	C_u	C_c
A	0	99	1	0	0.11	0.15	0.165	1.5	1.24
B	0	66	30	4	0.012	0.044	6.115	9.6	1.40
C	44	56	0	0	0.15	0.25	3.00	20	0.14

注：d_{10}、d_{30} 和 d_{60} 分别表示小于此粒径的土颗粒质量占土总质量的 10%、30% 和 60%。

通过土的颗粒级配曲线可了解土的粗细程度、粒径分布的均匀性与连续性，并判断其级配情况。若颗粒级配曲线平缓则表示粒径大小相差很大，颗粒不均匀，级配良好（图 2-5 曲线 B）；反之，则颗粒均匀，级配不良（图 2-5 曲线 A、C）。

为定量表征土的颗粒级配情况，可采用不均匀系数 C_u 和曲率系数 C_c 来反映其不均匀程度，计算公式为：

$$C_u = \frac{d_{60}}{d_{10}} \tag{2-1}$$

$$C_c = \frac{(d_{30})^2}{d_{10} \times d_{60}} \tag{2-2}$$

式中　d_{10}——有效粒径，即小于该粒径的土粒质量占土总质量的 10%；

　　　d_{30}——中值粒径，即小于该粒径的土粒质量占土总质量的 30%；

　　　d_{60}——限定粒径，即小于该粒径的土粒质量占土总质量的 60%。

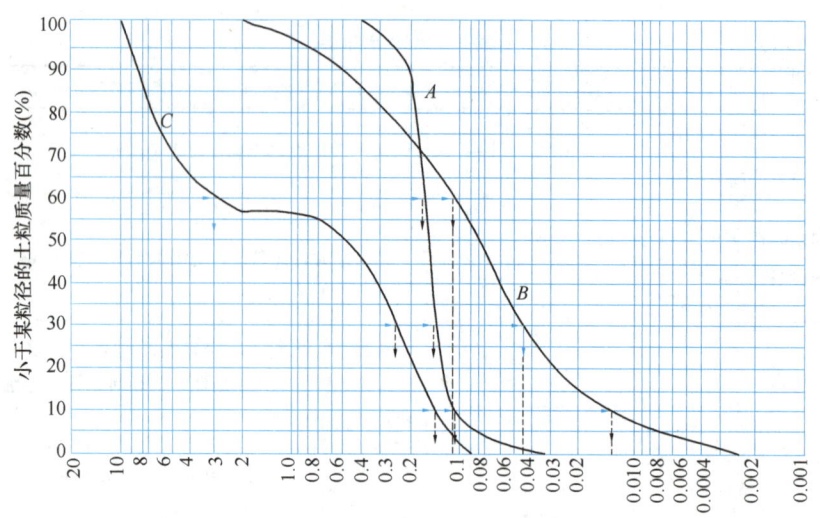

图 2-5　土的颗粒级配曲线

不均匀系数 C_u 反映不同粒组的分布情况，曲率系数 C_c 则描述颗粒级配曲线分布的整体形态，反映不同粒组的缺失情况。当土的颗粒级配连续时，C_u 越大，颗粒越不均匀，曲线越平缓，粒组变化范围越宽，含有的粗细粒组越多。通常将 $C_u>5$ 的土称为不均匀土，反之称为均匀土。经验表明，当土的颗粒级配连续时，C_c 的范围约为 $1\sim3$；而当 $C_c<1$ 或 $C_c>3$ 时，均表示土的颗粒级配不连续。

实际工程中土的颗粒级配是否良好可按如下标准进行判断：

(1) 级配连续的土：$C_u>5$，级配良好，如图 2-5 曲线 B；$C_u<5$，级配不良，如图 2-5 曲线 A。

(2) 级配不连续的土：仅用 C_u 难以有效判断土的级配情况，若同时满足 $C_u>5$ 和 $C_c=1\sim3$，则级配良好；反之则级配不良，如图 2-5 曲线 C。

2. 颗粒分析试验

测定土中各粒组占土总质量百分数的试验称为颗粒分析试验。粒径大于 0.075mm 的粗粒土采用筛分法进行颗粒分析，粒径小于 0.075mm 的细粒土则采用沉降分析法（水分法），实际操作过程中通常联合使用上述两种方法。

(1) 筛分法。选用一套标准筛子［孔径（mm）通常分别为 60、40、20、10、5、2、1、0.5、0.25、0.1、0.075］，将预先风干且分散了的代表性试样倒入标准筛的最上方一层，摇振一定时间，然后分别称出留在各筛子上的土重，并计算出各粒组的相对含量，即得土的颗粒级配。

(2) 沉降分析法。主要有密度计法和移液管法（也称吸管法）。两种方法均以司笃克斯（Stokes）定律作为理论基础，即球状细颗粒在水中的下沉速度与颗粒直径的平方呈正比，计算式为：

$$d = 1.126\sqrt{v} \tag{2-3}$$

式中，直径 d 的单位为毫米。实际土粒并非圆球形颗粒，Stokes 公式所得数值并不是实际土粒的尺寸，而是与之有相同沉降速度的理想球体的直径，亦称为水力直径。

沉降分析法的试验过程为：将通过孔径为 0.075mm 筛网的风干土样 m_s（g）盛入 1000mL 的量筒中，注入蒸馏水，搅拌使土颗粒在水中均匀分布，制成均匀浓度的悬浮液，如图 2-6 所示；停止搅拌，静置 t 时间后，液面以下深度 L_i 范围内的溶液中无大于 d_i 的土粒（见图 2-6），此时，若在深度 L_i 附近考虑一小区段 $m{\sim}n$，则 $m{\sim}n$ 区段内的悬浮液中只有粒径不大于 d_i 的颗粒，且粒径也不大于 d，颗粒的浓度与刚搅拌完悬浮液中粒径不大于 d_i 颗粒的浓度相等，效果如同土样留在孔径为 d_i 的筛子里一样。任一时刻在任一 L_i 处悬浮液中粒径不大于 d_i 颗粒的浓度可用密度计法或移液管法测定。

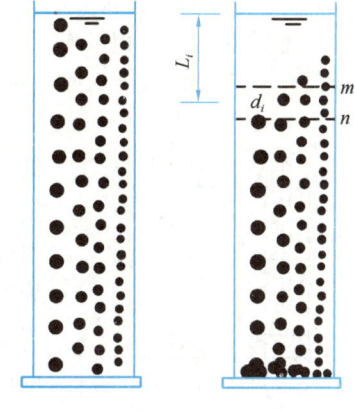

图 2-6　土粒在悬浮液中的沉降

2.2.2　土中水（液相）

2.2.2.1　土中水的存在形态

土中水按其存在形态可分为固态水、液态水和气态水。固态水是指存在于土粒矿物晶体格架内部或参与矿物构造的水，故又称矿物内部结晶水或内部结合水，可将其视作矿物本身的一部分。气态水是土中气体的一部分。液态水是指存在于土粒之间的水，可分为结合水和自由水两大类。

结合水是指受电分子吸引力吸附于土粒表面的土中水，或称吸附水。这种电分子吸引力高达几千到几万个大气压，使吸引的水分子与土粒表面牢固结合。根据结合程度，结合水进一步分为强结合水和弱结合水（见图 2-7）。强结合水紧靠土粒表面，所受电场吸引力大，几乎完全固定排列，无液体特性，接近于固体性质。强结合水外围的结合水膜称为弱结合水。土粒电场的吸引力随与其表面距离的增大而迅速降低，导致弱结合水虽定向排列于土粒四周，但不如强结合水那么紧密，受力时可从结合水膜较厚的地方缓慢迁移到较薄的地方，也可从一个土粒迁移到另一个土粒。换句话说，弱结合水膜能发生变形，但不会因重力而流动。弱结合水对黏性土的影响最大，不仅使其具有可塑性，还影响其冻胀性。

自由水是指土中土粒表面电场影响范围以外的水。自由水与普通水一样，能传递静水压力和溶解盐类，冰点为 0℃。按所受作用力的不同，自由水可分为重力水和毛细水两种。重力水是指存在于地下水位以下、可在重力作用下运动的水。毛细水是指受到水与空气交界面处表面

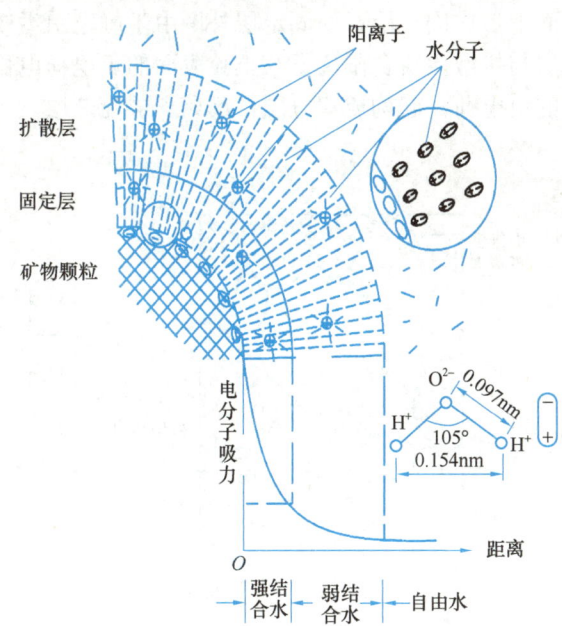

图 2-7　黏土矿物和水分子的相互作用

张力的作用、存在于地下水位以上透水层中的自由水。

2.2.2.2 黏土颗粒与水的相互作用

黏土颗粒与水的相互作用直接影响土的性质。相关基本概念具体如下。

（1）黏土颗粒表面的带电现象

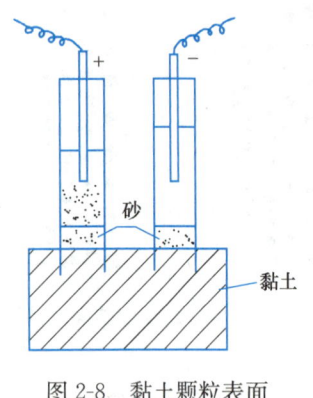

图 2-8 黏土颗粒表面
的带电现象

1807 年列依斯（Ruess）通过实验证明黏土颗粒是带电的。他将两支无底的玻璃管分别插在潮湿的黏土中，管底铺上一层洗净的砂，管中加入蒸馏水至两管水面平齐，将不同电极分别插入两管后发现：阳极管中的水自下而上混浊起来，说明黏土颗粒在向阳极移动，且管中水位逐渐下降；阴极管中的水体保持清澈，但水位在逐渐升高（图 2-8）。若在一块潮湿黏土块上直接插入两个直流电极，通电后会发现阳极周围的土逐渐变干，而阴极周围的土则逐渐变湿。由此可知，黏土颗粒带有负电荷。固体颗粒在直流电作用下向某一电极移动的现象称为电泳，水分子向相反电极移动的现象称为电渗。

（2）双电层与扩散层概念

黏土颗粒表面所带（负）电性使其周围形成电场，电场范围内的水分子和水中的阳离子（如 Na^+、Ca^{2+}、Al^{3+} 等）一起被吸附在土粒表面，水分子是极性分子，导致土粒表面电荷或水中离子电荷吸引水分子呈定向排列（图 2-7）。

土粒周围水中的阳离子同时受到电场的静电引力和布朗运动（热运动）的扩散力两种相反作用，导致极性水分子和阳离子呈不均匀分布。最靠近土粒的表面处静电引力最强，水化离子和极性水分子被牢固地吸附在表面上形成固定层；而固定层外围由于静电引力较小，其活动能力更大，形成扩散层。固定层与扩散层所含阳离子与土粒表面的负电荷电位相反，称为反离子。反离子层与土粒表面的负电荷一起构成双电层，反离子层为外层，土粒表面的负电荷为内层。

固定层中的极性水分子所形成的水膜是强结合水，强结合水以外、扩散层内的水是弱结合水。

2.2.2.3 毛细水

（1）毛细水上升高度

土的毛细现象是指土中的水在表面张力作用下，沿着土中细微孔隙向上或向其他方向移动的现象。土中内部相互贯通的孔隙可视为许多形状不一、直径各异、彼此连通的毛细管，如图 2-9 所示。

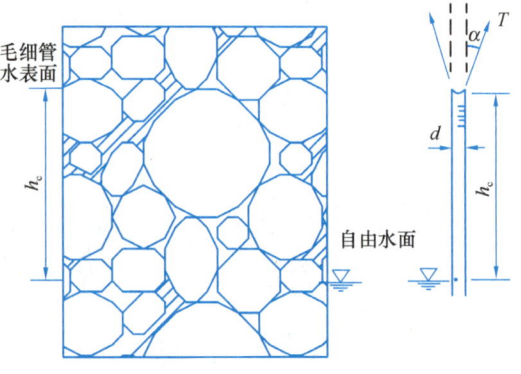

图 2-9 土中的毛细水

根据物理学概念，在毛细管壁，水膜与空气分界处存在表面张力 T，其作用方向与毛细管壁呈夹角 α，毛细管内的水在表面张力作用下被提升到自由水面以上高度 h_c 处。根据静力平衡条件可知，h_c 高度的水柱向下的重力和表面张力 T 所产生的上举力达到平衡，即：

$$\pi r^2 h_c \gamma_w = 2\pi r T \cos\alpha$$

$$h_c = \frac{2T\cos\alpha}{r\gamma_w} = \frac{4T\cos\alpha}{d\gamma_w} \tag{2-4}$$

式中，表面张力 T 与温度有关，方向角 α 与土粒成分、水的性质有关。若取表面张力 T 为 75.6×10^{-3}N/m（温度为 0℃），水的重度为 10kN/m³（温度为 4℃），$\alpha=0°$（即完全湿润），则式（2-4）可改写为：

$$h_c \approx 15/r \tag{2-5}$$

由此可知，毛细水上升高度 h_c 与毛细管半径 r 呈反比，毛细管半径越小，毛细水上升高度越大。当 $r=0.1$mm 时，$h_c=150$mm，其与砂土（粒径为 $0.5\sim1$mm）中的情况相当。黏土孔隙直径约为 $0.1\mu m$，根据公式（2-5）可得 $h_c=150$m，而实际观察到的上升高度仅为 $3\sim4$m。存在差异的主要原因是：①土中毛细管截面千变万化，并存着结合水，阻碍了毛细水的上升；②管壁对水的吸力、水的表面张力以及颗粒与水之间的物理化学作用，使得天然土中的毛细现象比毛细管的情况更复杂。因此，毛细水上升高度不能简单地由式（2-4）或式（2-5）计算，应通过实地调查、观测得到。无黏性土毛细水上升高度的大致范围如表 2-4 所示。

土中的毛细水上升高度 表 2-4

土名称	颗粒直径 d_{10}（mm）	孔隙比	毛细水头（cm）	
			毛细水上升高度	饱和毛细水头
粗砾	0.82	0.27	5.4	6
砂砾	0.20	0.45	28.4	20
细砾	0.30	0.29	19.5	20
粉砾	0.06	0.45	106.0	68
粗砂	0.11	0.27	82.0	60
中砂	0.03	0.36	165.5	112
细砂	0.02	0.48～0.66	239.6	120
粉土	0.006	0.93～0.95	359.2	180

（2）毛细压力

干燥的砂土颗粒间没有黏结力，呈松散状，饱和砂土也同样如此。但一定含水量的湿砂颗粒则表现出一定的黏结力。例如湿砂可捏成团，湿砂中所挖的垂直坑洞短时间内会保持稳定，该黏结力就是毛细压力。

土中因毛细作用上升的水柱重量经弯液面传递，最后悬挂在土粒骨架上达到平衡。若以大气压力作为基准面，对骨架产生的毛细压力 p_c 可按静水压力规律计算：

$$p_c = -h_c \gamma_w \tag{2-6}$$

即从紧接弯液面下的最小值（$-h_c\gamma_w$）增大到自由水面高程处的 0（图 2-10），自由水面以下为静水压力，故毛细压力也称负孔隙水压力。它使土粒互相挤紧，让无黏性土具有类似黏聚力的特征。

2.2.3 土中气（气相）

土中气体按其所处的状态和结构特点分为以下几种存在形式：吸附于土颗粒表面的气

体、溶解于水中的气体、四周被土颗粒与水所封闭的气体以及自由气体。粗颗粒土中常存在与大气连通的自由气体，其对土的工程性质影响不大。细颗粒土中常存在与大气隔绝的封闭气泡，受外力作用增大时，封闭气泡可能压缩或溶解于水中。压力减少时，气泡会恢复原状或重新游离出来，使土的弹性变形增加，透水性降低。因此，封闭气体对土的工程性质影响较大。

2.2.4　土的结构和构造

土的结构是指土颗粒或集合体的形状、大小、表面特征、排列形式以及它们之间的联结特征。土的构造是指土的层理、裂隙和大孔隙等宏观特征，亦称为土的宏观结构。土因其组成、沉积环境与年代等不同而形成各式各样复杂的结构。土的结构对土的工程性质影响很大，特别是黏性土。原状结构具有一定强度的某些黏土，当结构被扰动或重塑时，其强度将大大降低。土的

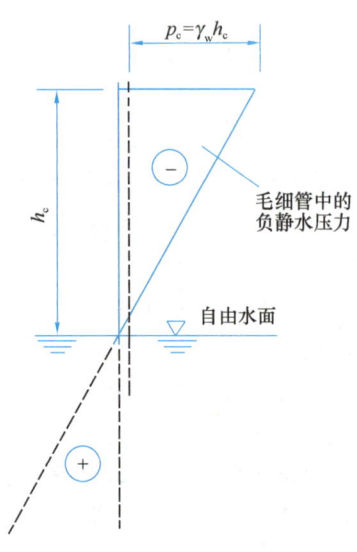

图 2-10　毛细水中的张力分布图

结构一般分为单粒结构、蜂窝结构与絮凝结构三种基本类型。

单粒结构是由粗大土颗粒在空气或水中下沉所形成的。砂粒或更粗土粒组成的土均具有单粒结构。该结构的土粒较大，其间分子吸引力相对较小，几乎无联结，即便湿砂也仅存在微弱的毛细水联结。单粒结构存在疏松状和紧密状两种情况（图 2-11a、b）。紧密状单粒结构的土，土粒排列紧密，静动荷载作用下均不会产生较大的沉降，强度较高，压缩性较小，为较良好的天然地基。疏松状单粒结构的土，骨架不稳定，受到振动或其他外力时土粒易发生移动，孔隙大幅减少，产生较大变形，未经处理一般不宜作为建筑物的地基。

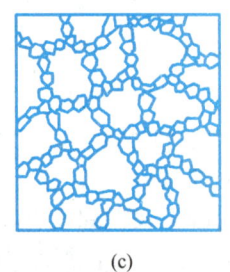

（a）　　　　　　　　　　（b）　　　　　　　　　　（c）

图 2-11　土的结构
（a）疏松单粒结构；（b）紧密单粒结构；（c）蜂窝结构

蜂窝结构是由粉粒（0.005~0.075mm）在水中沉积所形成的。粉粒的单个土粒在水中下沉并碰到其他已沉积的土粒时，因粒间的吸引力大于重力，土粒停留在最初的接触点上而不再下沉，逐渐形成土粒链，并组成弓架结构，进而形成蜂窝结构（图 2-11c）。蜂窝结构的土具有较大孔隙，弓架作用与粒间联接使其可承受一定的静荷载，当其承受较大静荷载或动荷载时，结构将破坏，产生严重的沉降变形。

黏粒（$d<0.005$mm）或胶粒（$d<0.002$mm）因重力小而能长期悬浮于水中，土粒

与水作用产生的粒间作用力将会突显，其既有排斥力也有吸引力。粒间排斥力主要是指渗透斥力，其由土粒反离子层间孔隙水的渗透压力产生，与双电层的厚度有关，并随水溶液性质的改变而变化。土粒间的排斥力随离子浓度、离子价数及温度的增加而减小。粒间吸引力主要是指范德华力，其随粒间距离增加而快速衰减，并取决于土粒形状、大小、表面电荷及矿物成分等因素，但与水溶液的性质无关。

含盐量高的水中沉积的黏性土，离子浓度增加，反离子层减薄，渗透斥力降低，在净吸力作用下，土颗粒易絮凝成集合体下沉，形成盐液中的絮凝结构，如图 2-12 (a) 所示。混浊河水汇入高盐度的海中，易絮凝沉积为淤泥。无盐溶液中，土粒由于破键作用或重力作用，也可产生絮凝结构，如图 2-12 (b) 所示。絮凝结构孔隙大，性质均匀，各向同性较好，但扰动敏感性强。土颗粒间作用净斥力时，其在分散状态下缓慢沉积，呈平行定向（或半定向）排列，形成分散型结构，即片堆结构，如图 2-12 (c) 所示。该结构密度较大，具有各向异性。

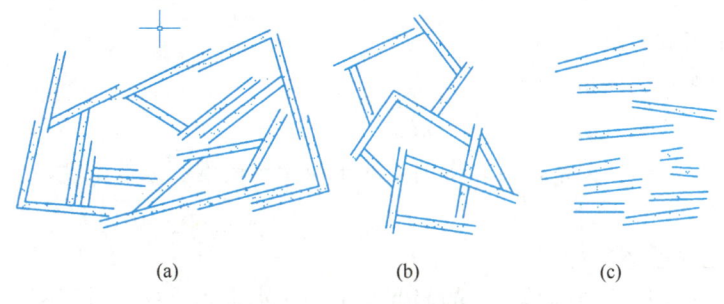

(a)   (b)   (c)

图 2-12　黏土颗粒沉积结构
（a）盐液中絮凝；（b）非盐液中絮凝；（c）分散

成层性（即层理构造）是土的最主要构造特征（见图 2-13）。它是土形成过程中，不同物质成分、粒径大小或颜色的土粒在不同阶段沉积后沿竖向所呈现的成层特征。裂隙性是土的另一构造特征，如黄土的柱状裂隙，裂隙的存在降低了土的强度与稳定性，增大透水性，对工程不利。此外，土中还可能存在包裹物（如腐殖物、贝壳、结核体等）以及天然或人为的孔洞。上述构造特征均将使土具有不均匀性。

图 2-13　土的层理构造
1—淤泥夹黏土透镜体；2—黏土尖灭层；
3—砂土夹黏土层；4—砾石层；5—基岩

2.3　土的物理性质指标

土的物理性质直接反映土的松密、软硬等物理状态，也间接反映土的水理、力学及其他工程特性。而土的松密和软硬程度取决于土中三相各自在数量上所占的比例。因此，研究土的物理性质，需分析土的三相比例关系，判定相应的基本物理性质指标，以其间接评定土的工程性质。

2.3.1 指标的定义

2.3.1.1 土的三相图

表征土三相比例关系的指标称为土的三相比例指标，为了便于建立三相比例指标间的相互关系，可将土中相互交错分布的固体颗粒、水和气体三相分别集中起来，构成理想的三相关系图（图2-14）。图中各符号意义如下：

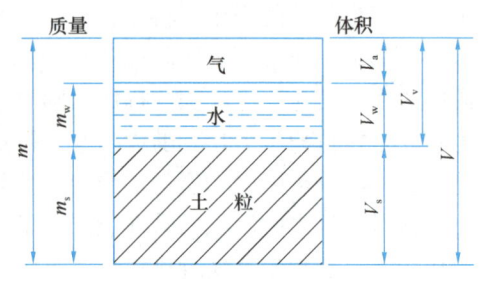

图 2-14　土的三相关系示意图

V_a——土中气体所占体积（cm^3）；

V_w——土中水所占体积（cm^3）；

V_s——土中颗粒所占体积（cm^3）；

V_v——土中孔隙所占体积（cm^3），$V_v = V_a + V_w$；

V——土的总体积（cm^3），$V = V_s + V_a + V_w$；

m_w——土中水的质量（g）；

m_s——土中颗粒的质量（g）；

m——土的总质量（g），$m = m_w + m_s$。

根据上述参数的相关关系，可以得到土的土粒相对密度、天然密度、含水量等物理性质指标。

2.3.1.2 三个基本指标

三个基本的三相比例指标是：土的密度、土的含水量和土粒相对密度，一般可通过试验直接测定获取。

（1）土的密度

土单位体积的质量称为土的密度 ρ（g/cm^3），即：

$$\rho = \frac{m}{V} \tag{2-7}$$

天然状态下土的密度变化范围较大，一般黏性土 $\rho = 1.8 \sim 2.08 g/cm^3$，砂土 $\rho = 1.6 \sim 2.0 g/cm^3$，腐殖土 $\rho = 1.5 \sim 1.7 g/cm^3$。

土的密度可采用"环刀法""蜡封法"或"灌砂法"等测定。

（2）土的含水量

土中水的质量与土粒质量之比（用百分数表示）称为土的含水量 w（或含水率），即：

$$w = \frac{m_w}{m_s} \times 100\% \tag{2-8}$$

含水量是反映土含水程度（或湿度）的一个重要指标。天然土层的含水量变化范围很大，一般干的粗砂，w 接近于零，而饱和砂土可达 40%；坚硬黏性土，w 可小于 30%，而饱和软黏土（如淤泥）则可大于 60%。一般情况下，土粒越细，含水量的影响就越大。同一类土，含水量增大则强度降低。

土的含水量可采用"烘干法"测定，也可采用"酒精燃烧法"。

（3）土粒相对密度

土粒质量与同体积 4℃时纯水的质量之比称为土粒相对密度 d_s（无量纲），即：

$$d_s = \frac{m_s}{V_s \rho_{w1}} = \frac{\rho_s}{\rho_{w1}} \tag{2-9}$$

式中　ρ_s——土粒密度（g/cm³），即单位体积土粒的质量，$\rho_s = m_s / V_s$；

　　　ρ_{w1}——纯水在4℃时的密度（g/cm³），$\rho_{w1} = 1.0 \text{g/cm}^3$。

实际上，土粒相对密度在数值上就等于土粒密度，但两者的含义不同。前者为两种物质的质量之比（无量纲），而后者为一种物质（土粒）的质量密度（g/cm³）。土粒相对密度取决于土的矿物成分，一般无机矿物颗粒的相对密度为2.6～2.8，有机质为2.4～2.5，泥炭为1.5～1.8。

土粒相对密度在实验室可采用"比重瓶法"测定。对一般无机矿物颗粒也可按表2-5经验数值选用。

土粒相对密度参考值　　　　　　　　　　　表2-5

土的名称	砂土	粉土	黏性土	
			粉质黏土	黏土
土粒相对密度	2.65～2.69	2.70～2.71	2.72～2.73	2.74～2.76

2.3.1.3　反映土单位体积质量（或重力）的指标

反映土单位体积质量（或重力）的指标除土的密度 ρ 外，还有：

（1）土的干密度

土单位体积中固体颗粒部分的质量称为土的干密度 ρ_d（g/cm³），即：

$$\rho_d = \frac{m_s}{V} \tag{2-10}$$

土的干密度一般为1.3～1.8g/cm³。工程上常用土的干密度来评价土的密实程度，以控制填土、公路路基和坝基的施工质量。

（2）土的饱和密度

土孔隙中充满水时单位体积的质量称为土的饱和密度 ρ_{sat}（g/cm³），即：

$$\rho_{sat} = \frac{m_s + V_v \rho_w}{V} \tag{2-11}$$

式中　ρ_w——水的密度（g/cm³），近似取 $\rho_w = 1.0 \text{g/cm}^3$。

（3）土的浮密度

在地下水位以下，扣除水浮力后单位体积土粒的质量称为土的浮密度（或有效密度）ρ'（g/cm³），即：

$$\rho' = \frac{m_s - V_v \rho_w}{V} \tag{2-12}$$

土单位体积的重力（即土的密度与重力加速度的乘积）称为土的重力密度，简称重度（kN/m³）。对应于上述四种密度分别为土的重度 γ、干重度 γ_d、饱和重度 γ_{sat} 和浮重度（或有效重度）γ'，其反映了不同含水状态下单位体积土的重力，可分别按下列对应公式计算：$\gamma = \rho g$、$\gamma_d = \rho_d g$、$\gamma_{sat} = \rho_{sat} g$、$\gamma' = \rho' g$，其中，$g$ 为重力加速度，可近似取10.0m/s²。

对同一种土，各密度或重度指标在数值上有如下关系：

$$\rho_{sat} \geqslant \rho \geqslant \rho_d > \rho' \ \text{或} \ \gamma_{sat} \geqslant \gamma \geqslant \gamma_d > \gamma'$$

2.3.1.4 描述土孔隙特征、含水程度的指标

（1）土的孔隙比

土中孔隙体积与土粒体积之比称为土的孔隙比 e（用小数表示），即：

$$e = \frac{V_v}{V_s} \tag{2-13}$$

土的孔隙比是反映土体密实程度的重要物理性质指标，可用来评价天然土体的密实程度。$e<0.6$ 的土为密实的低压缩性土，$e>1.0$ 的土为疏松的高压缩性土。

（2）土的孔隙率

土中孔隙体积与总体积之比称为土的孔隙率 n（用百分数表示），即：

$$n = \frac{V_v}{V} \times 100\% \tag{2-14}$$

土的孔隙率与孔隙比之间有如下关系：

$$n = \frac{e}{1+e} \times 100\% \ \text{或} \ e = \frac{n}{1-n} \tag{2-15}$$

一般情况下，e 和 n 越大，土越疏松。

（3）土的饱和度

土中水的体积与孔隙体积之比称为土的饱和度 S_r（用百分数表示），即：

$$S_r = \frac{V_w}{V_v} \times 100\% \tag{2-16}$$

土的饱和度反映土中孔隙被水所充满的程度。若 $S_r=100\%$，表明土中孔隙充满水，土是完全饱和的；$S_r=0$，则土是完全干燥的。通常可根据饱和度的大小将砂土的湿度划分为稍湿（$S_r \leqslant 50\%$）、很湿（$50\% < S_r \leqslant 80\%$）和饱和（$S_r > 80\%$）三种状态。

2.3.2 指标的换算

通过土工试验获得土的密度 ρ、含水量 w 和土粒相对密度 d_s 三个基本指标后，即可计算出其余的三相比例指标，也称为三相比例换算指标。土的三相比例指标换算图如图 2-15 所示。

常用的三相比例指标换算图如图 2-15 所示，即令 $V_s=1$，且设 $\rho_{w1}=\rho_w$，则 $V_v=e$，$V=1+e$，再由式（2-8）和式（2-9）得 $m_s=d_s\rho_w$，$m_w=wd_s\rho_w$。根据各换算指标的定义，则可得各换算指标如下：

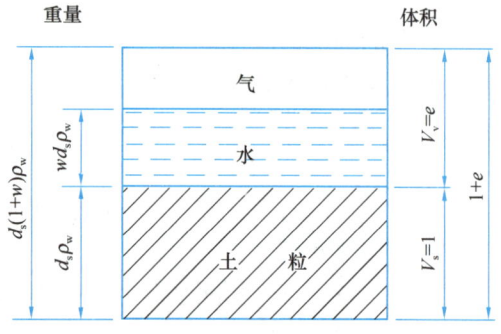

图 2-15 土的三相比例指标换算图

$$\rho = \frac{m}{V} = \frac{d_s(1+w)}{1+e}\rho_w$$

$$\rho_d = \frac{m_s}{V} = \frac{d_s\rho_w}{1+e} = \frac{\rho}{1+w}$$

$$e = \frac{d_s\rho_w}{\rho_d} - 1 = \frac{d_s(1+w)\rho_w}{\rho} - 1$$

$$\rho_{sat} = \frac{m_s + V_v \rho_w}{V} = \frac{d_s + e}{1 + e}\rho_w$$

$$\rho' = \frac{m_s - V_s \rho_w}{V} = \frac{m_s + V_v \rho_w - V\rho_w}{V} = \rho_{sat} - \rho_w = \frac{d_s - 1}{1 + e}\rho_w$$

$$n = \frac{V_v}{V} = \frac{e}{1 + e}$$

$$s_r = \frac{V_w}{V_v} = \frac{m_w}{V_v \rho_w} = \frac{wd_s}{e}$$

常见的土的三相比例指标换算公式列于表 2-6。

【例 2.1】一块原状土样，经试验测得土的天然密度 $\rho = 1.67\text{g/cm}^3$，含水量 $w = 12.9\%$，土粒相对密度 $d_s = 2.67$。求孔隙比 e、孔隙率 n 和饱和度 S_r。

【解】

(1) $e = \dfrac{d_s(1+w)\rho_w}{\rho} - 1 = \dfrac{2.67 \times (1 + 0.129)}{1.67} - 1 = 0.805$

(2) $n = \dfrac{e}{1+e} = \dfrac{0.805}{1 + 0.805} = 44.6\%$

(3) $S_r = \dfrac{wd_s}{e} = \dfrac{0.129 \times 2.67}{0.805} = 42.8\%$

常见的土的三相比例指标换算公式   表 2-6

名称	符号	三相比例表达式	常用换算式	单位	常见的数值范围
含水量	w	$w = \dfrac{m_w}{m_s} \times 100\%$	$w = \dfrac{S_r e}{d_s} = \dfrac{\rho}{\rho_d} - 1$	%	20~60
土粒相对密度	d_s	$d_s = \dfrac{m_s}{V_s \rho_{w1}}$	$d_s = \dfrac{S_r e}{w}$		黏性土：2.72~2.75 粉土：2.70~2.71 砂土：2.65~2.69
密度	ρ	$\rho = \dfrac{m}{V}$	$\rho = \rho_d(1+w)$ $\rho = \dfrac{d_s(1+w)}{1+e}\rho_w$	g/cm³	1.6~2.0
干密度	ρ_d	$\rho_d = \dfrac{m_s}{V}$	$\rho_d = \dfrac{\rho}{1+w} = \dfrac{d_s \rho_w}{1+e}$	g/cm³	1.3~1.8
饱和密度	ρ_{sat}	$\rho_{sat} = \dfrac{m_s + V_v \rho_w}{V}$	$\rho_{sat} = \dfrac{d_s + e}{1+e}\rho_w$	g/cm³	1.8~2.3
有效密度	ρ'	$\rho' = \dfrac{m_s - V_s \rho_w}{V}$	$\rho' = \rho_{sat} - \rho_w$ $\rho' = \dfrac{d_s - 1}{1+e}\rho_w$	g/cm³	0.8~1.3
孔隙比	e	$e = \dfrac{V_v}{V_s} \times 100\%$	$e = \dfrac{d_s \rho_w}{\rho_d} - 1$ $e = \dfrac{d_s(1+w)\rho_w}{\rho} - 1$		黏性土和粉土： 0.40~1.20 砂土：0.3~0.9
孔隙率	n	$n = \dfrac{V_v}{V} \times 100\%$	$n = \dfrac{e}{1+e} = 1 - \dfrac{\rho_d}{d_s \rho_w}$	%	黏性土和粉土： 30~60 砂土：25~45
饱和度	S_r	$S_r = \dfrac{V_w}{V_v} \times 100\%$	$S_r = \dfrac{wd_s}{e} = \dfrac{w\rho_d}{n\rho_w}$	%	0~100

注：水的重度 $\gamma_w = \rho_w g = 1 \times 10^3 \text{kg/m}^3 \times 10.0\text{m/s}^2 = 10\text{kN/m}^3$。

【例 2.2】某饱和土体积为 97cm³，质量为 200g，土烘干后的质量为 170kg，求 w、e 和 γ_d。

【解】饱和土体是指土中孔隙全部被水充满，故三相图变成了两相图（见图 2-16），土烘干后的质量 170g，即土粒质量 $m_s = 170g$，则水的质量 $m_w = 200 - 170 = 30g$，水的体积为 $V_w = 30cm^3$，土粒体积为 $V_s = 97 - 30 = 67cm^3$，则：

$$w = \frac{0.03}{0.17} \times 100\% = 17.6\%$$

$$e = \frac{30}{67} = 0.448$$

$$\gamma_d = \frac{170 \times 10 \times 10^3}{97} = 17.5 \text{kN/m}^3$$

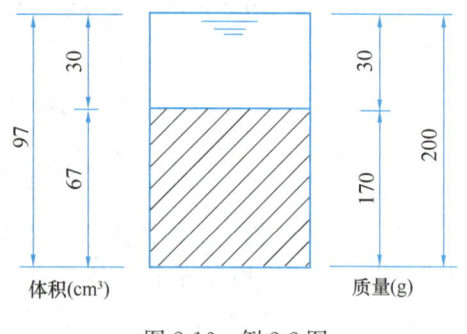

图 2-16 例 2-2 图

2.4 土的物理特性指标

2.4.1 无黏性土的物理特性指标

无黏性土一般是指碎石（类）土和砂（类）土。这两大类中一般黏粒含量甚少，呈单粒结构，不具有可塑性。无黏性土的物理性质主要决定于土的密实度状态，土的湿度状态仅对细砂、粉砂有影响。无黏性土呈密实状态时，强度较大，是良好的天然地基；呈稍密、松散状态时则是一种软弱地基，尤其是饱和的粉、细砂，稳定性很差，在振动荷载作用下易发生液化现象。

2.4.1.1 砂土的相对密实度

密实度是影响无黏性土工程性质的主要因素，最简便的判断方法是采用孔隙比 e 来描述，e 越大，土越疏松。但对于级配相差较大的不同类土，则孔隙比 e 难以有效判定密实度的相对高低。例如某级配不良的砂土，根据其孔隙比可评定为密实状态；而对于级配良好的土，在相同的孔隙比下，可能判为中密或稍密状态。因此，为合理判定无黏性土的密实状态，工程中常引入相对密实度的概念。

砂土的相对密实度 D_r 定义为：

$$D_r = \frac{e_{max} - e}{e_{max} - e_{min}} \tag{2-17}$$

式中 e——砂土的天然孔隙比；

e_{max}——砂土最松散状态时的孔隙比，即最大孔隙比；

e_{min}——砂土最紧密状态时的孔隙比，即最小孔隙比。

一般情况下，当土粒粒径较均匀时，e_{max} 和 e_{min} 的差值较小；当粒径不均匀时，其差值较大。当 $D_r = 0$，即 $e = e_{max}$ 时，砂土处于最松散状态；当 $D_r = 1$，即 $e = e_{min}$ 时，砂土处于最紧密状态。砂土的密实度状态可分为下列三种：

$0.67 < D_r \leqslant 1.0$ 密实

$0.33 < D_r \leqslant 0.67$ 中密

$0 < D_r \leqslant 0.33$ 松散

将孔隙比与干密度的关系式 $e=\dfrac{\rho_{s}}{\rho_{d}}-1$ 代入式（2-17），整理后可得用干密度表示的相对密实度表达式为：

$$D_{r}=\frac{(\rho_{d}-\rho_{dmin})\rho_{dmax}}{(\rho_{dmax}-\rho_{dmin})\rho_{d}} \tag{2-18}$$

式中　　ρ_{d}——孔隙比为 e 时的干密度；

$\qquad\ \ \rho_{dmin}$——孔隙比为 e_{min} 时的干密度；

$\qquad\ \ \rho_{dmax}$——孔隙比为 e_{max} 时的干密度。

2.4.1.2　无黏性土密实度划分的其他方法

实际工程中，砂土的天然孔隙比 e 难以测定，地表以下一定深度处的砂层则更难测定，此外，室内测定 e_{max}（松散器法）和 e_{min}（振击法）时，人为误差也较大。因此，《建筑地基基础设计规范》GB 50007—2011（以下简称《建筑地基规范》）采用标准贯入试验的锤击数 N 来评价砂土的密实度，以此将砂土分为松散（$N\leqslant10$）、稍密（$10<N\leqslant15$）、中密（$15<N\leqslant30$）与密实（$N>30$）四类。

此外，野外可用鉴别方法将碎石土划分为密实、中密、稍密、松散四种状态，划分标准见表 2-7。

碎石土密实度野外鉴别方法　　　　　　　　　　　　　　　表 2-7

密实度	骨架颗粒含量和排列	可挖性	可钻性
密实	骨架颗粒含量大于总重的70%，呈交错排列，连续接触	锹镐挖掘困难，用撬棍方能松动，井壁一般较稳定	钻进极困难；冲击钻探时，钻杆、吊锤跳动剧烈；孔壁较稳定
中密	骨架颗粒含量等于总重的60%～70%，呈交错排列，大部分接触	锹镐可挖掘，井壁有掉块现象，从井壁取出大颗粒处，能保持颗粒凹面形状	钻进较困难；冲击钻探时，钻杆、吊锤跳动不剧烈；孔壁有坍塌现象
稍密	骨架颗粒含量等于总重的55%～60%，排列混乱，大部分不接触	锹可以挖掘，井壁易坍塌，从井壁取出大颗粒后，砂土立即坍落	钻进较容易；冲击钻探时，钻杆稍有跳动；孔壁易坍塌
松散	骨架颗粒含量小于总重的55%，排列十分混乱，绝大部分不接触	锹易挖掘，井壁极易坍塌	钻进很容易；冲击钻探时，钻杆无跳动；孔壁易坍塌

2.4.2　黏性土的物理特性指标

黏性土是指具有可塑状态性质的土。含水量是影响黏性土工程性质的最大因素，含水量变化将改变土粒间距，使土的结构、几何排列和联结强度等发生变化，并呈现流动性、可塑性与固脆性等不同状态。

2.4.2.1　界限含水量

使黏性土从一种状态转变为另一种状态的分界含水量称为界限含水量，又称为阿特堡界限，由瑞典科学家阿特堡（Atterberg，1911 年）首先提出。如图 2-17 所示，半固态的土不断蒸发水分，体积逐渐缩小，其不再变化时的界限含水量称为缩限 w_{s}；土由半固态变化到可塑状态的界限含水量称为塑限 w_p；土由可塑状态变化到流动状态的界限含水量称为液限 w_L。

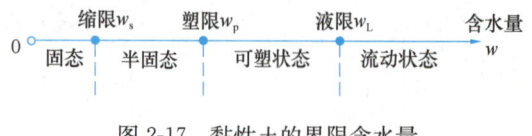

图 2-17　黏性土的界限含水量

我国诸多部门普遍采用锥式液限仪（图 2-18）测定黏性土的液限。将调成浓糊状的试样装满特定的试杯，刮平杯口面，让重 76g 的圆锥体（含有平衡球，锥角 30°）在自重作用下慢慢垂直沉入试样，调节试样含水量，使之圆锥体进入试样深度为 10mm 时所用时间为 15s，此时试样的含水量即为液限 w_L。

欧美国家大多采用碟式液限仪（图 2-19）测定黏性土的液限。将浓糊状试样装入碟内，刮平表面，用特定的切槽器在土样中间划一条底宽 2mm 的槽，通过手摇柄将碟子抬高 10mm，自由下落撞击碟底的硬橡皮垫板，调节试样含水量，使之连续下落 25 次后，土槽合拢长度刚好为 13mm，此时的含水量即为试样的液限 w_L。

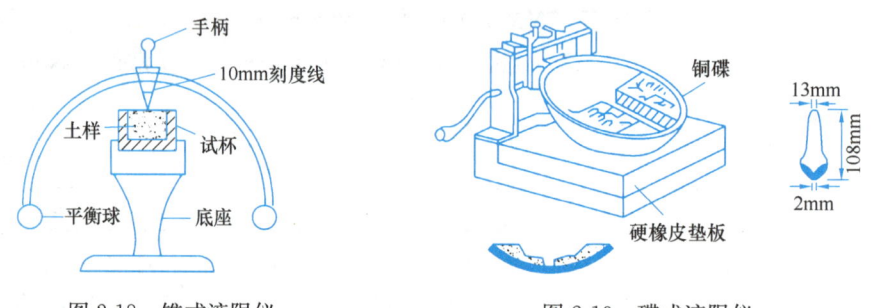

图 2-18　锥式液限仪　　　　　图 2-19　碟式液限仪

塑限一般采用"搓条法"测定。把塑性状态的土重塑均匀后，在毛玻璃板上用手掌把土团搓成小土条，搓滚过程中，水分渐渐蒸发，调节试样含水量，使土条刚好搓至直径为 3mm 时产生裂缝并开始断裂，此时的含水量即为试样的塑限 w_p。

利用锥式液限仪联合测定液、塑限，可取代搓条法，且方法相对简单。联合测定法采用锥式液限仪，一般测试三个不同含水量的试样，利用双对数坐标纸获得 76g 圆锥入土深度与相应含水量的近似直线关系（图 2-20）。同时采用碟式液限仪及搓条法分别进行液限、塑限平行试验，大量试验数据对比分析后得到：圆锥体入土深度 17mm 与 2mm 所对应的含水量即为该土样的液限和塑限。

20 世纪 50 年代以来，我国一直以 76g 圆锥体入土深度 10mm 作为液限标准，这与碟式液限仪测得的液限值不一致。国内外研究成果分析表明，取 76g 圆锥入土深度 17mm 时的含水量与碟式液限仪测出的液限值相当。《土的分类标准》GB/T

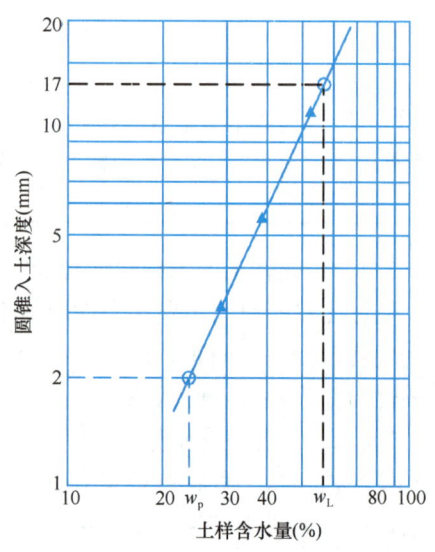

图 2-20　圆锥入土深度与含水量关系曲线

50145—2007 细粒土分类的塑性图中取消了采用 76g 圆锥入土深度 10mm 对应的含水量为液限，仅保留 76g 圆锥入土深度 17mm 对应的含水量为液限。《公路土工试验规程》JTG 3430—2020 规定，采用 76g 圆锥入土深度 17mm 或 100g 圆锥入土深度 20mm 与碟式液限仪测定的液限值相当。

2.4.2.2 塑性指数与液性指数

液限与塑限的差值定义为塑性指数 I_p，即土体可塑状态上限与下限含水量之差，常用不带 "％" 的百分数表示，即：

$$I_p = w_L - w_p \tag{2-19}$$

塑性指数 I_p 越大，表明土粒越细，比表面积越大，黏粒或亲水矿物（如蒙脱石）含量越高。塑性指数能综合反映土的矿物成分和颗粒大小的影响，可作为黏性土工程分类的依据。

天然含水量对黏性土的状态影响很大，相同含水量的不同土体，塑限、液限不同，状态也不同。故还需一个表征天然含水量与界限含水量相对关系的指标，即液性指数 I_L，常用小数表示，记为：

$$I_L = \frac{w - w_p}{w_L - w_p} = \frac{w - w_p}{I_p} \tag{2-20}$$

当 $w < w_p$ 时，$I_L < 0$，土体处于坚硬状态；当 $w > w_L$ 时，$I_L > 1$，土体处于流动状态；当 $w_p < w < w_L$ 时，$I_L = 0 \sim 1$，土体处于可塑状态。故液性指数 I_L 值可用于表示黏性土所处的软硬状态，其常见的划分标准见表 2-8。

黏性土的状态按液性指数划分　　　　　　　　　　　　表 2-8

状态	坚硬	硬塑	可塑	软塑	流塑
液性指数	$I_L \leqslant 0$	$0 < I_L \leqslant 0.25$	$0.25 < I_L \leqslant 0.75$	$0.75 < I_L \leqslant 1.0$	$I_L > 1.0$

需注意：黏性土的液、塑限都是利用扰动重塑土样测定的，所得液性指数 I_L 无法体现原状土结构性对其软硬程度的影响。实际工程中含水量相同时，原状土比扰动土坚硬，故采用上述标准判断原状土的软硬状态是偏于保守的。

2.4.2.3 灵敏度与触变性

天然状态下黏性土通常具有一定的结构性。受外力扰动时，土体结构将受破坏，强度明显降低。工程上常采用灵敏度 S_t 来衡量黏性土结构性对其强度的影响，即：

$$S_t = \frac{q_u}{q'_u} \tag{2-21}$$

式中　q_u——原状土无侧限抗压强度；

　　　q'_u——重塑土无侧限抗压强度。

根据灵敏度可将饱和土分为低灵敏（$1 < S_t \leqslant 2$）、中灵敏（$2 < S_t \leqslant 4$）和高灵敏（$S_t > 4$）三类。特殊条件下，黏土灵敏度在 $8 < S_t \leqslant 16$ 时，为极高灵敏度土；当 $S_t > 16$，黏土扰动后呈流动状态，为流态黏土。土的结构性越强，灵敏度 S_t 越大，扰动后土的强度降低越明显。故在基础施工中应注意保护基坑或基槽，尽量减少对坑底土的结构扰动。

饱和黏性土结构破坏后，强度降低；但当扰动停止后，随时间发展，土体中颗粒、离子和水分子体系逐渐趋于新的平衡状态，强度恢复，这种胶体化学性质称为土的触变性。

例如，在黏土中打桩时，往往利用连续激振扰动周围土体结构，使黏性土强度降低，故打桩要"一气呵成"才能进展顺利。打桩停止后，土的强度会随时间部分恢复，桩基承载力还可进一步提高。

2.5　土的渗透与渗流

土中水通过土体孔隙流动的现象，称为渗透或渗流。土被水流透过的性质，称为土的渗透性。水在土体中渗流，一方面将引起土体变形，改变地基或构筑物的稳定条件，影响工程安全；另一方面将引起水头损失或基坑积水，影响工程效益和进度。此外，深基坑开挖排水与支挡设计、堤坝与路堤渗水验算、饱和黏性土地基沉降计算等工程问题均需考虑土的渗透性。因此，土的渗透与渗流和土的强度、变形问题一样，是土力学最主要的基本课题之一，三者相互关联、相互影响。

2.5.1　土的渗透性

2.5.1.1　层流渗透定律

一般土（黏性土、砂土等）的孔隙较小且曲折，水在土中流动时流速缓慢，因此多数情况下其流动状态可视为层流。法国工程师达西（H. Darcy，1855 年）对均匀砂土进行了大量的渗透试验，得出了层流条件下土中水的渗透速度与能量（水头）损失之间的渗流规律，即达西定律。

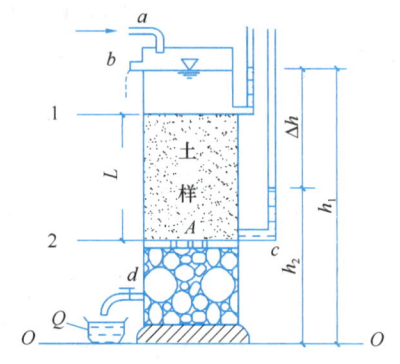

图 2-21　达西渗透试验装置

试验装置如图 2-21 所示，为一个顶部开口的直立圆筒，底部铺设碎石，碎石上放置一块多孔滤板 c，并在其上铺设颗粒均匀的砂土样，土样断面面积为 A，高度为 L。圆筒侧壁设置两支测压管，分别位于砂土样上下两端的过水断面 1、2 处。水经进水管 a 注入圆筒，并通过溢水管 b 来保持筒内的恒定水位，透过土样的水从装有控制阀门 d 的弯管流入盛水容器中。

圆筒上部水面保持稳定后，两个测压管中的水面将保持不变，此时，砂土渗流为恒定流。以 O-O 面为基准面，h_1、h_2 分别为 1、2 断面处的测压管水头；$\Delta h = h_1 - h_2$ 为经过砂土样渗流高度 L 后的水头损失，即常水头差。

试验开始 t 时间后，砂土样的渗水量等于盛水容器所接水量 Q，若每秒的渗流量为 q，达西发现如下规律：

$$\frac{Q}{t} = q = kA \frac{\Delta h}{L} = kAi \tag{2-22}$$

等号两端除以土样截面面积 A，得达西定律如下：

$$\frac{q}{A} = v = ki \tag{2-23}$$

式中　q ——单位渗水量（cm^3/s）；

Δh ——水头损失（cm）；

i ——水力梯度或水力坡降；

v——渗透速度（cm/s）；

k——土的渗透系数（cm/s）。

式（2-22）或式（2-23）即为达西定律的表达式，其表明渗透速度 v 与水力梯度 i 的一次方呈正比（图 2-22a）。对于致密黏土，试验结果表明只有水力梯度达到某一数值，克服了吸着水的黏滞阻力后，才能发生渗透，故其渗透特征偏离达西定律，v-i 关系曲线如图 2-22（b）所示，则达西定律修改为：

$$v = k(i - i_b) \tag{2-24}$$

式中 i_b——黏性土的起始水力梯度。

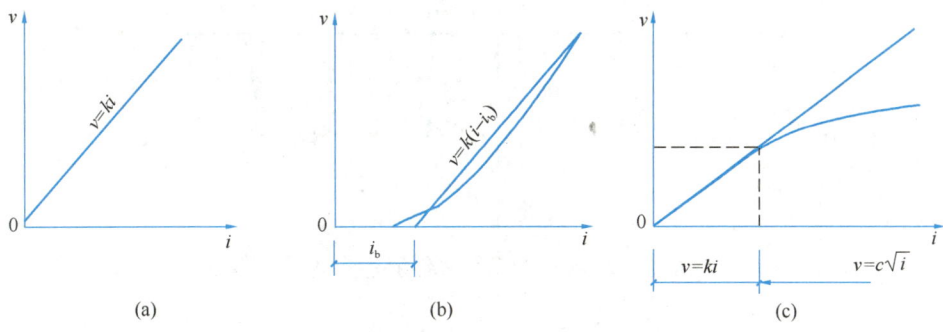

图 2-22　土的渗透速度与水力梯度的关系

（a）砂土；（b）密实黏土；（c）砾土

此外，砾类土和巨粒土只有在小的水力梯度下，渗透速度与水力梯度才呈线性关系，在较大的水力梯度下，土中水的流动进入紊流状态，呈非线性关系，如图 2-20（c）所示，此时达西定律不再适用。

需注意：渗透速度 v 并非土孔隙中水的实际平均流速，由于土样真实的过水断面面积小于公式推导中采用的土样的整个断面面积 A，因此，实际平均流速应大于公式计算所得流速 v，一般称 v 为假想平均流速。

2.5.1.2　渗透系数及其测定方法

渗透系数 k 是反映土透水性大小的系数，其值为水力梯度等于 1 时的渗透速度，可通过室内渗透试验或现场抽水（或注水、压水）试验测定。若无条件开展相关试验，也可参考相关规范和文献进行取值。

（1）室内渗透试验

室内渗透试验有常水头渗透试验和变水头渗透试验两种。常水头渗透试验装置如图 2-21所示，根据公式（2-22）可得：

$$Q = qt = k \frac{\Delta h}{L} At \tag{2-25}$$

则土样的渗透系数为：

$$k = \frac{QL}{\Delta h A t} \tag{2-26}$$

常水头渗透试验常用于测试渗透系数较大的土样，对于渗透系数很小的黏性土，常采用变水头渗透试验，详细的试验过程与确定方法可参见《土工试验方法标准》GB/T 50123—2019。

（2）现场抽水试验

现场抽水（或注水、压水）试验是常用的渗透系数现场测定方法。对于难以取得原状土样的粗粒土或成层土，或者土样不能反映土层层次或颗粒排列情况的土体，现场抽水试验测定的渗透系数往往比室内试验准确。

根据当地的地质构造、含水层厚度及性质、地下水流向等水文地质特征，在典型地点布置一中心抽水井与两个观测孔组成试验网，如图 2-23 所示，其中，井底钻至不透水层的抽水井称为完整井，井底未钻至不透水层的抽水井称为非完整井。

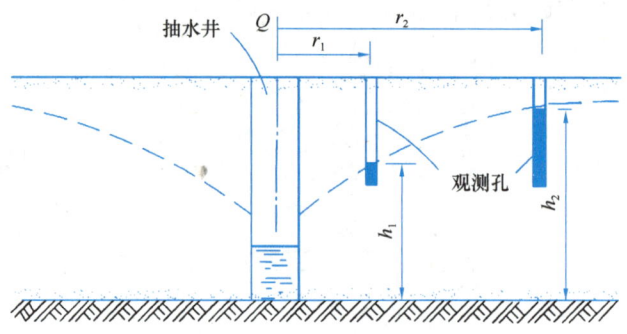

图 2-23　现场抽水试验

以恒定速率自井中连续抽水，其导致井周围的地下水位逐渐下降，并形成一个以抽水井孔为轴心的漏斗状地下水面。假定水流水平向流动，则流向抽水井的渗流过水断面是一系列的同心圆柱面。若 t 时间内抽出的水量为 Q，抽水井中心距两个观测孔的半径分别为 r_1、r_2，观测孔的水头分别为 h_1、h_2，土中任一半径处的水力梯度为常数，即 $i = \mathrm{d}h/\mathrm{d}r$，则渗流量 q 为：

$$q = \frac{Q}{t} = kiA = k\frac{\mathrm{d}h}{\mathrm{d}r}(2\pi rh) \tag{2-27}$$

化简可得：

$$\frac{\mathrm{d}r}{r} = \frac{2\pi k}{q}h\,\mathrm{d}h \tag{2-28}$$

两边积分可得：

$$\ln\frac{r_2}{r_1} = \frac{\pi k}{q}(h_2^2 - h_1^2) \tag{2-29}$$

则渗透系数为：

$$k = \frac{q\ln\dfrac{r_2}{r_1}}{\pi(h_2^2 - h_1^2)} \tag{2-30}$$

现场抽水试验常用于测试渗透系数较大的土层，对于渗透系数较小的土层或岩层，常采用现场注水或压水试验。现场试验可获得土层较为可靠的平均渗透系数，但所需费用较多，应根据工程规模和勘察要求确定是否采用。若无法进行室内或现场试验，各类土的渗透系数可参照表 2-9 进行取值分析。

土的种类	卵石、碎石、砾石	砂土	粉土	粉质黏土	黏土
渗透系数（cm/s）	$>1\times10^{-1}$	$1\times10^{-3}\sim1\times10^{-1}$	$1\times10^{-4}\sim1\times10^{-3}$	$1\times10^{-6}\sim1\times10^{-5}$	$\leqslant1\times10^{-7}$

2.5.1.3 影响土渗透性的主要因素

影响土体渗透性的因素很多，且比较复杂。土体的非均质性与各向异性导致其水平向与竖直向的渗透系数不同，不同土体的渗透性影响因素也不相同。以下重点讨论砂性土和黏性土的渗透性影响因素。

影响砂性土渗透性的主要因素有颗粒大小、级配、密度以及土中封闭气泡等。砂粒越粗、越圆、越均匀，渗透性越大。级配良好的砂土，细粒填充于粗粒所形成的孔隙中，砂土孔隙减小，渗透性变小；渗透性随相对密实度 D_r 的增加而减小。砂土中封闭的气体不仅减小了断面上的过水通道面积，还堵塞某些通道，使砂土渗透性减小。

影响黏性土渗透性的因素比砂性土更复杂。土的矿物成分、结合水膜厚度、结构构造以及土中气体等都会影响黏性土的渗透性。黏性土中的亲水性矿物（如蒙脱石）或有机质具有较大的膨胀性，降低了土的渗透性。若土粒的结合水膜较厚，其将阻塞土的孔隙，进而降低土的渗透性。此外，扁平状的黏土颗粒在沉积过程中具有定向排列特性，使其竖向与水平向结构特性不同，导致土体渗透性的各向异性。

2.5.2 二维渗流及流网

达西定律可解决简单边界条件下的一维渗流计算，但土坡、坝（路）基、闸基、基坑支护等实际工程均为二维渗流问题，不能按一维渗流考虑。上述工程的轴线长度远大于其横向尺寸，故可近似地认为渗流仅发生在横断面内，即沿轴向任一横断面的渗流特性是相同的。该渗流即为二维渗流（或平面渗流）。

（1）二维渗流微分方程

为了求解二维渗流场中各处的测管水头、水力梯度、渗透速度和渗流量等，需要建立渗流微分控制方程，并在相应的边界条件下进行求解。稳定渗流的水头与流速不随时间而改变，在其渗流场中任意点 A 处取一面积为 $dxdz$、厚度 $dy=1$ 的微单元体，x、z 方向的流速如图 2-24 所示。

假定水体不可压缩，根据水流连续原理，单位时间内流入和流出微单元体的水量应相等，则可得二维渗流连续微分方程，即：

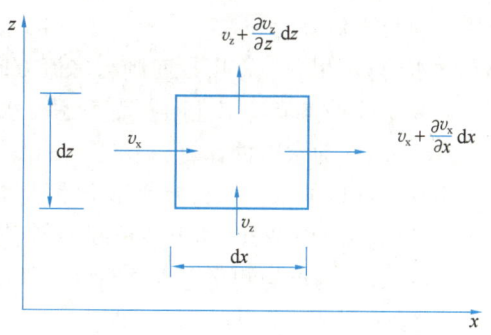

图 2-24 二维渗流的连续条件

$$\frac{\partial v_x}{\partial x}+\frac{\partial v_z}{\partial z}=0 \tag{2-31}$$

根据达西定律，对于各向同性的均质土，$v_x=k_x\dfrac{\partial h}{\partial x}$、$v_z=k_z\dfrac{\partial h}{\partial z}$、$k_x=k_z$，则式（2-31）可表示为：

$$\frac{\partial^2 h}{\partial x^2}+\frac{\partial^2 h}{\partial z^2}=0 \qquad (2\text{-}32)$$

式中　h——测管水头（m），为位置水头和压力水头之和。

式（2-32）即为平面稳定渗流的基本方程式，其描述了各向同性均质土体内部测管水头 h 的分布规律。若已知渗流问题的具体边界条件，求解上述微分方程即可得到渗流问题的唯一解。

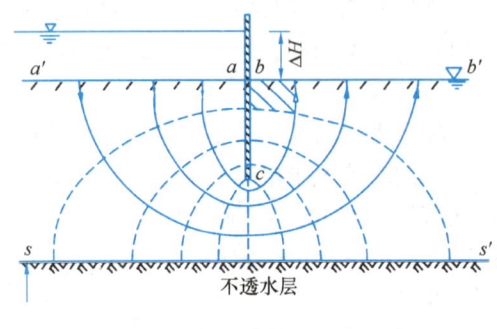

图 2-25　桩板墙围堰的流网图

（2）流网

平面稳定渗流基本微分方程的解可以用渗流平面内两簇相互正交的曲线来表示，即流线和等势线所组成的曲线正交网格，亦即流网。其中，流线表示水质点的流动路线，等势线是渗流场中势能或水头的等值线。图 2-25 为桩板墙围堰的流网图，图中实线为流线，虚线为等势线。

各向同性渗流介质的流网特征如下：

① 流线与等势线互相正交。

② 流线与等势线构成的各个网格的长宽比为常数；当长宽比为 1 时，流网为曲边正方形。

③ 任意两相邻等势线之间的水头损失相等。

④ 任意两相邻流线间的单位渗流量相等，相邻流线间的渗流区域称为流槽，每一流槽的单位流量与总水头 h、渗透系数 k 及等势线间隔数有关，与流槽位置无关。

2.5.3　动水力及渗流破坏

静止的水作用在水中物体上的力称为静水压力。流动的水作用在单位体积土颗粒上的力称为动水力 G_D（kN/m^3），该力是水流对土体施加的体积力，也称为渗流力（J），其作用方向与水流方向一致。此外，土中的水渗流时还受到土颗粒的阻力 T，阻力 T 的大小和动水力 G_D 相等，作用方向则与水流方向相反。

研究土体的渗流稳定性问题需考虑动水力的影响，其计算具有重要的工程实践意义。

2.5.3.1　动水力的计算

饱和土体内的水在水头差作用下将透过土颗粒间的孔隙而流动。沿水流渗透方向切取一个土柱 ab（见图 2-26）。土柱长度为 l，横截面面积为 A，a、b 两点距基准面的高度分别为 z_1 和 z_2，两点的测压管水柱高度（即压力水头）分别为 h_1 和 h_2，则两点的测管水头分别为 $H_1=h_1+z_1$ 和 $H_2=h_2+z_2$。

将土柱 ab 内的水作为独立体，分析作用在水上沿 ab 轴线方向的力，可知：

（1）作用在土柱 a、b 两端的孔隙水压力为 $\gamma_w h_1 A$（水流方向）和 $\gamma_w h_2 A$（水流相反方向）；

（2）孔隙水重力和土粒浮力的反力之和为 G_w，后者等于土粒同体积水的重力，两者方向都与水流方向一致，即：

$$G_w = V_v\gamma_w + V_s\gamma_w = \gamma_w elA\cos\alpha + \gamma_w(1-e)lA\cos\alpha = \gamma_w lA\cos\alpha \qquad (2\text{-}33)$$

式中　e——土的孔隙率；

α——土柱 ab 与竖直方向的夹角。

（3）土粒对渗流水的阻力为 lAT，忽略渗流时的惯性力。

根据作用在土柱内水上的各力平衡条件可得：

$$\gamma_w h_1 A - \gamma_w h_2 A + \gamma_w lA\cos\alpha - lAT = 0 \tag{2-34}$$

将 $z_1 - z_2 = l\cos\alpha$ 代入上式，化简可得：

$$T = \frac{\gamma_w\left[(h_1 + z_1) - (h_2 + z_2)\right]}{l} = \frac{\gamma_w(H_1 - H_2)}{l} = \gamma_w i \tag{2-35}$$

故动水力 G_D 计算公式为：

$$G_D = T = \gamma_w i \tag{2-36}$$

根据绘制的流网可方便求出任意网格上的渗流力及其作用方向。从流网中任取一个网格，如图 2-27 所示，相邻等势线之间的水头损失为 Δh，则网格平均水力梯度 $i = \Delta h / \Delta l$，单位厚度网格土体的体积 $V = \Delta s \cdot \Delta l \cdot 1$，则作用于该网格土体上的总渗流力 J 为：

$$J = G_D V = \gamma_w i \Delta s \Delta l \cdot 1 = \gamma_w \Delta h \Delta s \tag{2-37}$$

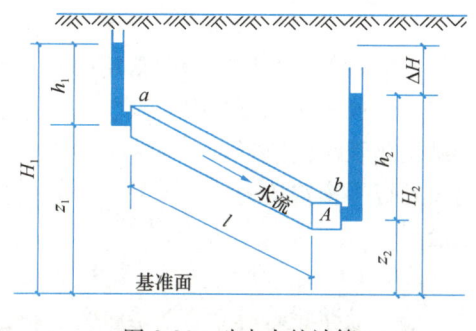

图 2-26　动水力的计算

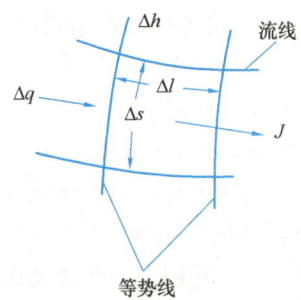

图 2-27　流网中的渗流计算图

假定渗流力 J 作用于网格形心上，方向平行于流线，显然，流网中各网格的渗流力大小和方向均不相同。等势线越密，水力梯度 i 越大，渗流力 J 也越大。研究渗流逸出区域的渗流力，对受地下水影响的构筑物安全稳定具有重要意义。

2.5.3.2　临界水力梯度及渗透破坏

当地下水由上向下流动时，动水力（渗流力）方向与土粒重力方向一致，土粒将压得更致密，有利于地基土体稳定；反之，某种原因使地下水由下向上流动时，动水力方向与重力方向相反，土粒将悬浮，不利于地基土体稳定。动水力 G_D 的数值等于或大于土的浮重度 γ' 时，土粒将浮起并随水流动而失去稳定，该现象称为流砂或流土，为渗透破坏常见形式之一。动水力等于浮重度时的水力梯度称为临界水力梯度，用符号 i_{cr} 表示，即：

$$G_D = \gamma_w i_{cr} = \gamma' \tag{2-38}$$

$$i_{cr} = \frac{\gamma'}{\gamma_w} = \frac{\gamma_{sat}}{\gamma_w} - 1 \tag{2-39}$$

式中　γ_{sat}——土的饱和重度（kN/m³）；

　　　γ_w——水的重度（kN/m³）。

实际工程问题中水的重度 γ_w 一般取 10.0kN/m^3，土的有效重度一般在 $8.0 \sim 12.0\text{kN/m}^3$ 之间，因此，i_{cr} 可近似按 1 进行估算。土的渗透破坏形式除流砂或流土外，还有管涌和潜蚀。较大的水力梯度 i 使水流由层流变为紊流，渗流力将土体粗颗粒空隙中充填的细粒土带走，导致土体内部形成贯通的渗流管道（图 2-28），造成土体坍塌，该现象称为管涌。管涌是一种渐进性的破坏，其形成需要一定的发展时间。管涌与流砂的区别为：流砂现象一般不发生在土体内部，只发生在土体表面逸出处；而管涌现象在表面逸出处和土体内部均可能发生。

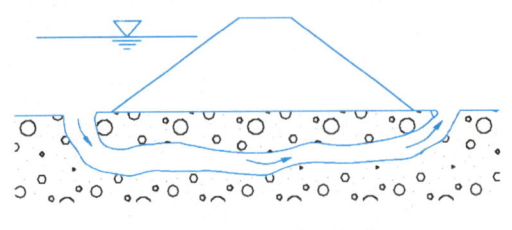

图 2-28　通过坝基的管涌图

潜蚀是在一定条件下发生的与管涌类似的渗透破坏，可分为机械潜蚀和化学潜蚀两种。机械潜蚀是指渗流力将细土粒带走而形成洞穴；化学潜蚀是指土中易溶盐或胶结物被水流溶解而使土体松散，细土粒被水流带走而形成洞穴，这两种作用往往同时存在。长期潜蚀的结果是形成地下土洞，并由小土洞演变成大土洞，甚至发育成洞群，最终导致地表塌陷。潜蚀普遍发生在不均匀的砂层或砂卵（砾）石层中。

2.5.3.3　渗透变形防治措施

防治流砂或流土的关键在于控制逸出处的水力梯度，基坑工程中常用的防治措施为：

（1）采用井点降水法降低基坑外的地下水位，或采用水下挖掘，减小或消除水头差。

（2）采用排桩、桩板墙、地连墙等围护结构延长渗流路径。

（3）采用透水材料覆盖压重向上渗流出口处以平衡渗流力。

（4）采用冻结、注浆等方法加固处理土层。

水利工程中常用的防治措施为：

（1）上游施做混凝土防渗墙、水泥土截水墙、灌浆帷幕等垂直防渗帷幕。根据实际工程需要，帷幕可完全切断地基透水层，彻底解决地基土渗透变形问题；也可做成悬挂式，通过延长渗流途径来降低下游逸出处的水力梯度。

（2）上游施做水平防渗铺盖，通过延长渗流途径来降低下游逸出处的水力梯度。

（3）下游水流逸出处挖减压沟或打减压井，贯穿渗透性小的黏性土层，以降低作用在黏性土层底面的渗透压力。

（4）下游水流逸出处填筑一定厚度的透水盖重，防止土体被渗透压力所推起。

管涌渗透变形常用的防治措施为：

（1）通过上游施做防渗铺盖或竖直防渗结构等来改变水力条件，降低土层内部和渗流逸出处的水力梯度。

（2）通过渗流逸出部位铺设反滤保护层（一般为级配较为均匀的砂土和砾石层）来改变几何条件，防止管涌破坏。

上述流砂或流土、管涌的工程防治措施通常联合使用，具体设计方法可参阅相关专业书籍。

2.6　土 的 压 实 性

实际工程中土体变形和稳定性问题所涉及的荷载大部分为静荷载，但也会遇到地震、波浪、爆破、强夯、机器基础振动等天然或人工的动荷载。动荷载可破坏土体，同时也可被用于改善不良土体。对于土石坝、高填路基、机场跑道等质量要求很高的人工填土工程，需压实土体以提高土的强度、减少压缩性和渗透性，保证地基和建筑物的稳定。因此，有必要介绍土的压实特性。

2.6.1 击实试验与压实度

2.6.1.1 击实试验与击实曲线

室内击实试验是研究土体压实特性的基本方法，主要通过测定干密度的变化来反映土的压实程度。试验分为轻型击实试验和重型击实试验两种，前者适用于粒径小于 5mm 的黏性土，后者适用于粒径不大于 20mm 的土。所用设备主要是击实仪，包括击实筒、击实锤与导筒等，不同规格的击实筒如图 2-29 所示。击实筒盛装制备的土样，击实锤通过导筒对土样施以夯实功。

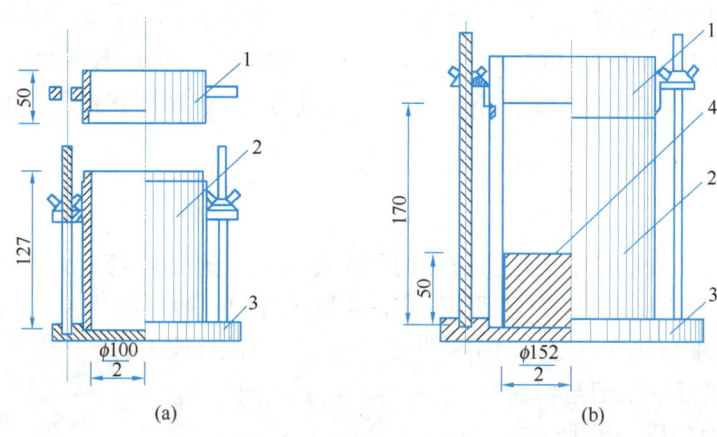

图 2-29　击实筒示意图

（a）小击实筒；（b）大击实筒

1—套筒；2—击实筒；3—底板；4—垫块

试验时先将含水量为某一定值的扰动土样分层装入击实筒中，每铺一层（共 3～5 层）后均用击实锤按规定的落距和击数锤击土样，直至土样充满击实筒。根据击实筒的体积和总重计算出击实土样的湿密度 ρ_i，测出含水量 w_i，由 $\rho_{di}=\rho_i/(1+w_i)$ 换算可得其干密度 ρ_{di}，对同一种土样不同含水量的几个（通常为 5 个）试样分别进行试验，可得 w-ρ_d 的试验曲线，如图 2-30 所示，该曲线即为击实曲线。详细试验方法和试验仪器可参见《土工试验方法标准》GB/T 50123—2019。

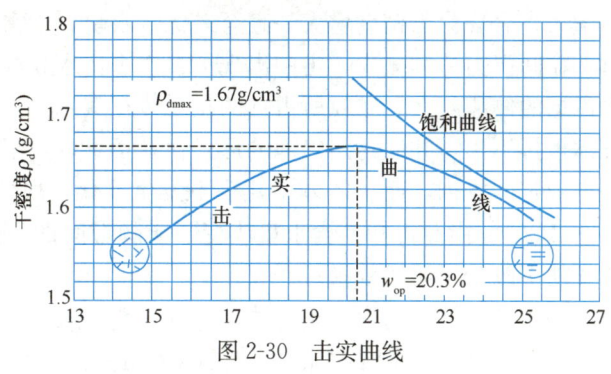

图 2-30　击实曲线

土的击实曲线具有如下特点：

（1）最大干密度 ρ_{dmax} 与最优含水量 w_{op} 对应。土的干密度随含水量的变化而变化，击实曲线上存在一个干密度峰值（即最大干密度 ρ_{dmax}），仅当土的含水量达到最优含水量时才能得到。

（2）击实曲线位于饱和曲线左侧。理论饱和曲线假定土中空气全部被排出，孔隙完全被水占据，而实际上不可能做到。当含水量大于最优含水量后，土孔隙中的气体与大气不连通的状态越来越明显，击实作用已不能将其排出土体之外，即土体不可能被击实到完全饱和状态，击实曲线必然位于饱和曲线的左侧而不可能与饱和曲线相切或相交。

（3）击实曲线的形态呈现左陡右缓。最优含水量右侧的击实曲线大致与饱和曲线平行，左侧的击实曲线相对较陡，表明含水量小于最优含水量时，其对土密实度的影响更为显著。

2.6.1.2　土的压实度

不同工程中各类土体的压实标准不同，常采用压实度 λ（或压实系数）来控制，压实度 λ 的定义为现场所能达到的最大干密度 ρ'_{dmax} 与室内击实试验所得最大干密度 ρ_{dmax} 之比，即：

$$\lambda = \frac{\rho'_{\text{dmax}}}{\rho_{\text{dmax}}} \tag{2-40}$$

λ 值越接近 1，表示对土体压实质量的要求越高。高速公路路基工程要求 $\lambda > 0.95$，对于路基的下层或次要工程，λ 可适当减小。实际工程中一般采用灌砂（水）法、湿度密度仪法或核子密度仪法来测定土的干密度或含水量，以此检验土的压实度。

2.6.2　土的压实机理与特性

2.6.2.1　土的压实机理

大量工程实践表明，碾压或夯实含水量较大的黏性土时会出现软弹现象，难以压实；碾压或夯实含水量较小的土时也无法充分压实；只有含水量适当的土体才能被压实，此时的含水量为土的最优含水量 w_{op}，与其相对应的干密度为最大干密度 ρ_{dmax}。

土在外力作用下的压实机理可结合水膜润滑理论与电化学性质来解释。一般认为，黏性土含水量较低时，土粒表面的结合水膜较薄，处于强结合水状态，土粒间距较小，粒间电作用力以引力为主，粒间的摩擦力、黏结力均很大，土粒相互位移时需要克服较大的粒间阻力，施加的压实功难以克服该阻力，因而压实效果差。随土体含水量的增加，结合水膜增厚，土粒间距逐渐增加，粒间引力相对减小，斥力增加而使土体变软，压实功比较容易克服粒间引力而使土粒相互位移，逐渐密实，压实效果较好。

土体含水量由小增大，表现为干密度增大，直至最优含水量，干密度达最大值。当土体含水量继续增大时，粒间引力持续减少，土中出现了自由水，水膜继续增厚所引起的润滑作用已不明显，水占据的体积越大，颗粒所占据的相对体积就越小，压实时孔隙中过多的水分不易排出，气体也排不出，并以封闭气泡的形式存于土内，阻止土粒的移动。压实仅能使土粒更高程度地定向排列，而土体体积几乎不发生变化，所以干密度逐渐变小，压实效果反而下降（图 2-30）。由此可知，含水量改变了土颗粒间的作用力、土的结构与状态，从而在一定压实功下改变了压实效果。

砂和砂砾等粗粒土的压实特性也与含水量有关，但其一般不进行室内击实试验，也不存在最优含水量问题。完全干燥或充分洒水饱和的情况下粗粒土容易压实到较大的干密度；而潮湿状态下毛细压力增加了粒间阻力，粗粒土的压实干密度显著降低。粗砂含水量为 4%～5%、中砂含水量为 7%左右时，压实干密度最小，如图 2-31 所示，故压实砂砾时要充分洒水使其饱和。

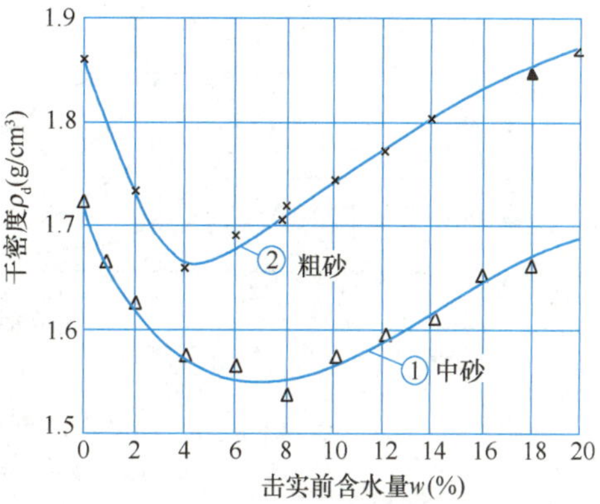

粗粒土的压实标准一般采用相对密实度 D_r 控制。室内试验结果表明，饱和粗粒土相对密实度大于 0.70 时，静动力作用下土的强度均明显增加，变形显著减小。

图 2-31 粗粒土的击实试验

2.6.2.2 土的压实特性

影响土压实特性的因素很多，如含水量、击实功、类别与级配、毛细压力与孔隙压力等，但最重要的是前三者。

（1）含水量的影响

压实土干密度最大时，强度并非最大。含水量小于最优含水量时，压实土的抗剪强度和模量均比最优含水量时高，但浸水饱和后强度损失很大。只有在最优含水量时，压实土浸水饱和后强度损失最小，稳定性最好。最优含水量 w_{op} 与土的塑限 w_p 有关，大致为 $w_{op}=w_p+2$。土中黏土矿物含量越大，最优含水量越大。

（2）击实功的影响

同一土样不同击实功对应的击实曲线不同，如图 2-32 所示。击实功提升击实效果主要体现为增大最大干密度，减小最优含水量。击实功与夯锤的质量、落高、接触面积与夯击次数等因素有关。含水量较低时击实效果更显著，含水量较高时击实曲线趋近于饱和曲线，此时仅靠增加击实功难以提高土的密实度。

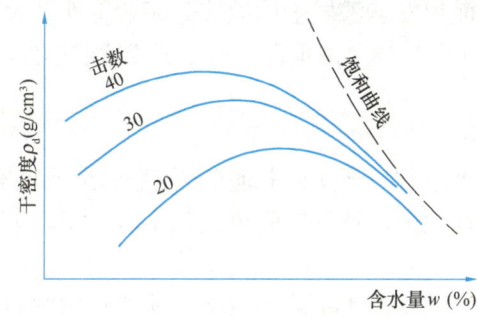

图 2-32 不同击数下的击实曲线

（3）类别与级配的影响

对于黏性土，相同击实功时，黏粒含量越高，塑性指数越大，压实越困难，则最大干密度越小，最优含水量越大；相同含水量时，黏粒含量越高，吸附水层越薄，压实过程中土粒错动越困难，越难以压实。对于砂土，干砂容易击实，饱和砂土击实效果良好，而稍湿的砂土则击实效果较差，因为毛细压力作用使砂土颗粒互相靠紧，难以移动，击实效果不好，若砂土饱和，毛细压力消失，击实效果变好。

此外，土颗粒的粗细、级配和矿物成分等因素对压实效果也有影响。颗粒越粗，越易在低含水量时获得最大干密度。同一标准击实试验中五种不同级配的土样（图 2-33a）所对应的击实曲线如图 2-33（b）所示，可知，土样粗粒含量越多，最大干密度越大，最优含水量越小，即随粗粒增多，击实曲线形态不变但朝左上方移动。级配良好的土，压实时细颗粒能填充到粗颗粒所形成的孔隙中，压实效果好；反之，级配差的土，颗粒均匀，压实效果差。

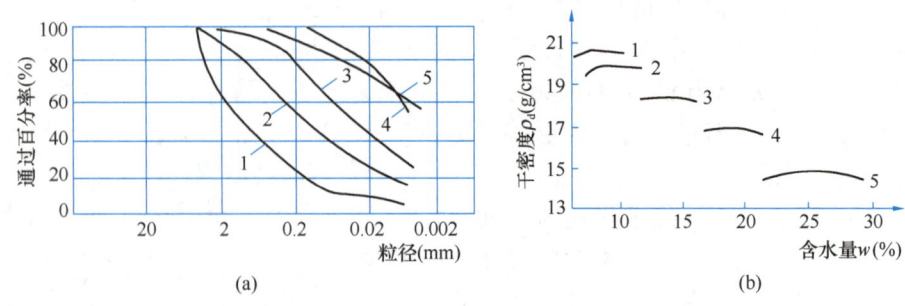

图 2-33　五种土的不同击实曲线

（a）级配累积曲线；（b）击实曲线

2.7　土的液化与其他水理性质

土体在水的作用及其含量变化的条件下，产生的物理、力学性质及状态的变化以及对工程的影响称为土的水理性质。土的水理性质主要包括：饱和土的振动液化、土的收缩与膨胀、黄土的湿陷性、土的冻胀性、黏性土的稠度与可塑性、水质不良对土质的污染等。土的水理性质涉及土质学、水力学以及水化学等多种学科，涉及面广，内容也比较复杂。因此，本书对此不作过多探讨，本节主要针对土的常见的几种重要水理性质予以介绍。

2.7.1　土的振动液化

2.7.1.1　振动液化基本概念及宏观表现

饱和砂土或粉土在一定强度的振动荷载作用下表现出类似液体的性质并完全丧失承载力的现象称为土的振动液化。地震、波浪、爆破、打桩、车辆、机械等振动荷载均可引起饱和砂土或粉土的液化。其中，地震因能引起大面积甚至深层土体的液化而危害性最大，常能造成场地的整体性失稳，近年来受到国内外工程界的普遍重视，成为工程抗震设计的重要内容之一。

土振动液化的宏观表现为：

（1）喷砂冒水。液化土层中出现较高的孔隙水压力，导致低洼地方或土层缝隙处喷出砂、水混合物，破坏农田，淤塞渠道。其范围往往很大，持续时间可达几小时甚至几天，水头可高达 2～3m。

（2）震陷。液化时喷砂冒水带走了大量土粒，地基产生不均匀沉陷，使建筑物倾斜、开裂，甚至倒塌。

（3）滑坡。岸坡或坝坡中的饱和砂土或粉土层，因液化而丧失抗剪强度，使土坡失去稳定性，沿着液化层滑动，形成大面积滑坡。

（4）上浮。贮罐、管道等空腔埋置结构可能在周围土体液化时上浮，对生命线工程造成严重的后果。

2.7.1.2　土的振动液化机理

假定砂土为均匀排列的圆球，如图 2-34（a）所示，振动前处于疏松状态，受水平方向振动荷载作用后，颗粒挤密并紧密排列。在由松变紧的过程中，若砂土饱和，孔隙内充满水，在振动的短暂时间内孔隙水排不出，将出现从松到紧的过渡阶段，土颗粒离开原来位置，又未落到新的稳定位置上，与四周土颗粒脱离接触，处于悬浮状态。此时，土颗粒的自重与作用在其上的荷载全部由水承担，土体抗剪强度和抗剪刚度几乎均为零，处于流动状态，砂土液化。上述即为砂土的振动液化机理，其还可采用图2-34（b）所示的试验进行说明。装填饱和砂的容器内安装一测压管，水平摇动容器，可见测压管水位迅速上升，该现象表明振动荷载作用下孔隙水压力增加，抗剪强度减小；若振动强烈，孔隙水压力增长很快而又短时间内消散不了，可使孔隙水压力等于土颗粒自重与作用在其上的荷载之和，土颗粒完全悬浮于水中，处于流动状态，砂土液化。

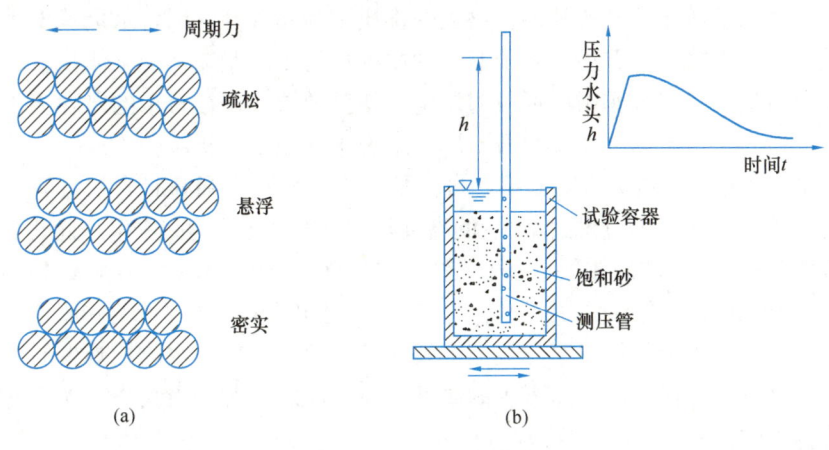

图 2-34　土的液化机理
(a) 颗粒排列；(b) 测压试验

不易液化土层与下覆易液化砂层组成的多层土地基，地震时砂层首先液化，产生很高的孔隙水压力，并自下而上渗流，当上覆土层因其渗流梯度大于临界梯度而处于悬浮状态时，砂层与上覆土层中的颗粒将随水流喷出地面，该现象称为"渗流液化"。因液化砂层中的孔隙水压力通过渗流消散需要一段较长的时间，故喷砂冒水现象在地震发生时并未即刻表现出来，地震结束后才出现。

2.7.1.3　影响土液化的主要因素

(1) 土类

土类是影响液化的一个重要条件。黏性土因具有黏聚力，即使孔隙水压力很大，抗剪强度也不会全部丧失，难以发生液化，故其为非液化土。砾石、卵石等粗粒土，透水性好，孔隙水压力易于消散，动荷载作用时难以积累增长，也不会液化。无黏聚力或黏聚力非常小的饱和粉砂、细砂或粉土，渗透系数较小，孔隙水压力不易消散，动荷载作用时易于积累并使强度完全丧失，故其容易液化。

(2) 土的密度

临界孔隙比 e_{cr} 可作为判别砂土能否液化的界限值。当实际孔隙比 $e < e_{cr}$ 时，砂土中产生负孔隙水压力，不液化；当 $e > e_{cr}$ 时，砂土中产生正孔隙水压力，有液化的可能。因 e_{cr} 与应力状态、荷载类型等因素有关，非定值，故难以应用。

(3) 土的初始应力状态

振动前土的应力状态可用围压 σ_3 和固结应力比 K_c 表示。围压 σ_3 通过改变土的密度对孔隙水压力产生影响，σ_3 越大，土越密，孔隙水压力发展越慢，土越难液化。固结应力比

K_c对孔隙水压力发展影响更大，K_c越大，土振动前发生的剪切变形越大，孔隙水压力积累越慢，最终值也越小，土越难液化。

（4）往复应力强度与振动次数

不同相对密实度的同一种土在给定的固结压力下，动荷载往复应力强度越小，液化所需振动次数越多；反之，很少的振动次数就可产生液化。

2.7.2　土的特殊水理特性

2.7.2.1　土的胀缩性

细粒土因含水量增加而导致其体积增大的性质称为膨胀性，因含水量减少而导致其体积减小的性质称为收缩性，上述湿胀干缩的性质统称为土的胀缩性。土体吸水膨胀、失水收缩的主要原因是黏粒与水作用后形成的双电层使扩散层或弱结合水的厚度变化；或者是某些亲水性较强的黏土矿物（如蒙脱石）层间结合水的吸入或析出。

评价土膨胀性的主要指标有膨胀率、自由膨胀率、膨胀力和膨胀含水量等。一定压力下，原状土在侧限条件下浸水膨胀稳定后的高度与原高度之比称为膨胀率。扰动烘干土样经充分吸水膨胀稳定后，增加的体积与原干土体积之比称为自由膨胀率。土样体积不变时，由于浸水膨胀所产生的最大应力称为膨胀力。土样膨胀稳定后的含水量称为膨胀含水量。

表征土收缩性的指标是体缩率、线缩率和收缩系数。土样失水收缩减少的体积与原体积之比称为体缩率。土样失水收缩减少的高度与原高度之比称为线缩率。收缩率与收缩因子量的比值称为收缩系数。

2.7.2.2　土的湿陷性

在上覆土层自重应力或自重应力与附加应力共同作用下，土浸水后结构破坏而发生显著附加变形的性质称为土的湿陷性。湿陷性为黄土特有的工程地质特性，产生的最根本原因为：具有湿陷的特殊成分和结构，且联结遇水明显减弱。

判别黄土是否具有湿陷性及其湿陷程度、湿陷类型和湿陷等级是黄土地区工程勘察与评价的核心问题。黄土的湿陷性可根据室内浸水（饱和）压缩试验所测定的湿陷系数来判定，黄土的湿陷类型可根据测定的自重湿陷系数来判定，黄土的湿陷等级可根据总湿陷量和自重湿陷量等因素进行判定。

湿陷性黄土的处理措施有浸水处理、土垫层法、强夯法、压浆法、素土桩挤密法和复层地基法等，具体措施应根据地基条件和建筑要求进行选择。

2.7.2.3　土的冻胀性和融陷性

土受冻后发生体积膨胀的性质称为土的冻胀性。气温升高时土中冰晶融化导致土体下陷的性质称为土的融陷性。土的冻胀和融陷是季节性冻土的特性。

冻胀和融陷均会给工程带来不利影响。冻胀时，路基隆起，柔性路面鼓包或开裂，刚性路面错缝或折断，建筑物开裂、倾斜甚至倒塌；融陷后，路基土在车辆反复碾压下，轻者路面变软，重者路面翻浆，房屋、桥梁、涵管等会均匀或不均匀下沉，甚至引起建筑物开裂破坏。

地下水位较高处的粉砂、粉土、粉质黏土等土层常具有较大的冻胀危害，为防治冻胀可将构筑物基础底面置于当地冻结深度以下。

2.8 土的工程分类

天然土是各种不同大小粒组的混合物，类别多，工程性质各异。土的工程分类是根据土的工程性质特征将土划分成一定的类别。目前国内各部门使用各自的规范，国际上的情况也如此，导致土的命名和分类方法并不统一。但一般遵循以下两个基本原则：一是土的分类体系采用的指标既要能综合反映土的主要工程性质，又要测定方法简单，且使用方便；二是土的分类体系采用的指标要在一定程度上反映不同工程用土的不同特性。下面只介绍两种国内常用的分类方法。

2.8.1 土的基本工程分类

自然界中的土从直观上可分成粗粒土与细粒土两大类。

2.8.1.1 粗粒土或无黏性土

由肉眼可见的松散颗粒通过接触点直接接触组成的土称为粗粒土或无黏性土。根据实践经验，将颗粒直径大于 0.075mm 的土粒质量占全部土粒质量的 50% 作为分类界限，大于 50% 的称为粗粒土，小于 50% 的称为细粒土。

粗粒土的透水性、压缩性和强度等工程性质主要取决于土的颗粒级配，因此，粗粒土按其颗粒级配累积曲线再分成细类。

2.8.1.2 细粒土

由肉眼难以辨别的微细颗粒所组成的土称为细粒土（亦可细分为粉土与黏性土）。细粒土的工程性质不仅取决于颗粒级配，还与土粒的矿物成分和形状（用比表面积表征）密切相关。直接测量和鉴定土的比表面积和矿物成分均较困难，但它们可通过土吸附结合水的能力来体现，故国内外多采用液限 w_L 和塑性指数 I_p 作为细粒土的分类指标。

细粒土还可参照塑性图进一步细分，其由美国卡萨格兰德（Casagrande）于 1942 年首先提出，现为全世界通用的一种细粒土分类方法。塑性指数 I_p 虽具有综合反映土的颗粒组成、矿物成分以及土粒表面吸附阳离子成分等方面的特性，但不同的液限、塑限可得到相同的塑性指数，而土性却可能根本不同，因此，合理的细粒土分类还应兼顾液限 w_L 的影响。图 2-35 为《土的工程分类标准》GB/T 50145—2007 建议的细粒土塑性图。

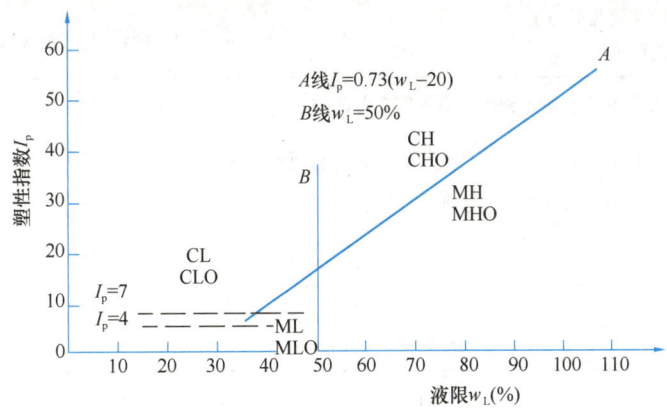

图 2-35 细粒土分类的塑性图

2.8.2 建（构）筑物地基土的分类

《建筑地基规范》把建筑地基土分为岩石、碎石土、砂土、粉土、黏性土、人工填土六大类。还有一种特殊土，将在 2.8.2.7 节介绍。

2.8.2.1 岩石

岩石是指颗粒间牢固联结并呈整体状的矿物集合体。作为建筑物地基，除应确定岩石的地质名称外，还应按表 2-10 和表 2-11 划分其坚硬程度和完整程度。

岩石坚硬程度的划分　　　　　　　　　　表 2-10

坚硬程度类别	坚硬岩	较硬岩	较软岩	软岩	极软岩
饱和单轴抗压强度标准值	$f_{rk}>60$	$60 \geqslant f_{rk}>30$	$30 \geqslant f_{rk}>15$	$15 \geqslant f_{rk}>5$	$f_{rk} \leqslant 5$

注：当缺乏饱和单轴抗压强度资料或不能进行该项试验时，可在现场进行观察定性分析。

岩石完整程度的划分　　　　　　　　　　表 2-11

完整程度等级	完整	较完整	较破碎	破碎	极破碎
完整性指数	>0.75	0.75～0.55	0.55～0.35	0.35～0.15	<0.15

注：完整性指数为岩体纵波波速与岩块纵波波速之比的平方。选定岩体、岩块测定波速时应有代表性。

岩石按风化程度可分为未风化、微风化、中风化、强风化和全风化。强风化的软质岩石工程性质差，其地基承载力不如一般卵石地基。

2.8.2.2 碎石土

碎石土是指粒径大于 2mm 的颗粒含量超过全重 50％的土。根据粒组含量与颗粒形状可分为漂石、块石、卵石、碎石、圆砾和角砾六类（表 2-12）。

碎石土的分类　　　　　　　　　　表 2-12

土的名称	颗粒形状	粒组含量
漂石 块石	圆形及亚圆形为主 棱角形为主	粒径大于 200mm 的颗粒含量超过全重 50％
卵石 碎石	圆形及亚圆形为主 棱角形为主	粒径大于 20mm 的颗粒含量超过全重 50％
圆砾 角砾	圆形及亚圆形为主 棱角形为主	粒径大于 2mm 的颗粒含量超过全重 50％

注：分类时应根据粒组含量栏由上到下以最先符合者确定。

碎石土的密实度可按表 2-13 分为松散、稍密、中密、密实。密实和中密的碎石土，强度大，压缩性小，渗透性大，为优良的地基。

碎石土的密实度　　　　　　　　　　表 2-13

重型圆锥动力触探锤击数 $N_{63.5}$	$N_{63.5} \leqslant 5$	$5 < N_{63.5} \leqslant 10$	$10 < N_{63.5} \leqslant 20$	$N_{63.5} > 20$
密实度	松散	稍密	中密	密实

注：本表适用于平均粒径小于或等于 50mm 且最大粒径不超过 100mm 的卵石、碎石、圆砾、角砾。对于平均粒径大于 50mm 或最大粒径大于 100mm 的碎石土，可按表 2-7 鉴别其密实度。表内 $N_{63.5}$ 为经综合修正后的平均值。

2.8.2.3 砂土

砂土是指粒径大于 2mm 的颗粒含量不超过全重 50%，而粒径大于 0.075mm 的颗粒含量超过全重 50% 的土。根据粒组含量，砂土分为砾砂、粗砂、中砂、细砂和粉砂五类（表 2-14）。

砂土的密实度分为松散、稍密、中密、密实。密实与中密状态的砾砂、粗砂、中砂为优良地基，稍密状态时为良好地基。密实状态时的细砂与粉砂为良好地基，但饱和疏松的细、粉砂为不良地基。

砂土的分类 表 2-14

土的名称	颗粒含量
砾砂	粒径大于 2mm 的颗粒含量占全重 25%～50%
粗砂	粒径大于 0.5mm 的颗粒含量超过全重 50%
中砂	粒径大于 0.25mm 的颗粒含量超过全重 50%
细砂	粒径大于 0.075mm 的颗粒含量超过全重 85%
粉砂	粒径大于 0.075mm 的颗粒含量超过全重 50%

注：定名时应根据颗粒含量栏由上到下以最先符合者确定。

2.8.2.4 粉土

粉土是指粒径大于 0.075mm 的颗粒含量不超过全重 50%，且塑性指数 $I_p \leqslant 10$ 的土。它的性质介于黏性土与砂土之间，既不具有砂土透水性大、易排水固结、抗剪强度较高的优点，又不具有黏性土防水性能好、不易被水冲蚀、具有较大黏聚力的优点。许多工程中表现出较差的力学性质，如受振动易液化、湿陷性大、冻胀性大和易被冲蚀等。因此，它既不属于黏性土，也不属于砂土，将其单列一类，以利于工程上正确处理。

现有资料表明，粉土的密实度与天然孔隙比 e 有关，一般 $e \geqslant 0.9$ 时，为稍密，强度较低，属软弱地基；$0.75 \leqslant e < 0.9$，为中密；$e < 0.75$，为密实，其强度高，属良好的天然地基。粉土的湿度状态可按天然含水量 w 划分，$w < 20\%$，为稍湿；$20\% \leqslant w < 30\%$，为湿；$w \geqslant 30\%$，为很湿。粉土在饱水状态下易于散化与结构软化，地震时易产生液化，为不良地基。野外鉴别粉土时可将其浸水饱和，团成小球，置于手掌上左右反复摇晃，并以另一手振击，土中水迅速渗出土面，并呈现光泽。

2.8.2.5 黏性土

黏性土是指塑性指数 $I_p > 10$ 的土。按塑性指数分类（定名）：$I_p > 17$ 为黏土；$10 < I_p \leqslant 17$ 为粉质黏土。

黏性土的状态分为坚硬、硬塑、可塑、软塑和流塑。其工程性质与含水量大小密切相关，密实硬塑的黏性土为优良地基，疏松流塑状态的黏性土为软弱地基。

工程实践表明，土的沉积年代对土的工程性质影响很大，不同沉积年代的黏性土，尽管其物理性质指标可能接近，但其工程性质可能相差很大。因此，《岩土工程勘察规范（2009 年版）》GB 50021—2001 按土的沉积年代又分为：老黏性土、一般黏性土和新近沉积的黏性土。

（1）老黏性土。指第四纪晚更新世（Q_3 及其以前）沉积的黏性土，广泛分布于长江中下游、湖南、内蒙古等地。其沉积年代久，工程性能好。通常在物理性质指标相近的条件下，比一般黏性土强度高且压缩性低。此外，一些地区的老黏性土，强度并不高，甚至低于一般黏性土，使用时尚需根据当地的实践经验取值。

（2）一般黏性土。指第四纪全新世（Q_4文化期以前）沉积的黏性土，在工程中最常遇到，透水性较小，其力学性质在各类土中属于中等。

（3）新近沉积的黏性土。指文化期以来新近沉积的黏性土。其沉积年代较短，结构性差，一般压缩尚未稳定，且强度很低，主要分布于山前洪、冲积扇的表层以及掩埋的湖、塘、沟、谷和河水泛滥区。

2.8.2.6　人工填土

人工填土是指由于人类活动而堆填形成的各类土，其物质成分杂乱，均匀性较差。根据其物质组成和成因可分为素填土、杂填土和冲填土三类。

（1）素填土。由碎石、砂土、粉土、黏性土等组成的填土。它不含杂质或含杂质很少，按主要组成物质分为碎石素填土、砂性素填土、粉性素填土及黏性素填土，经分层压实或夯实的素填土称为压实填土，如路基、河堤等。

（2）杂填土。含有大量建筑垃圾、工业废料或生活垃圾等杂物的填土。按组成物质分为建筑垃圾土、工业垃圾土及生活垃圾土。通常大中城市地表都有一层杂填土。

（3）冲填土。由水力冲填泥砂形成的填土。

人工填土可按堆填时间分为老填土和新填土，通常把堆填时间超过10年的黏性填土或超过5年的粉性填土称为老填土，否则称为新填土。

通常人工填土的工程性质不良，强度低，压缩性高且不均匀，压实填土相对较好。杂填土因成分复杂，平面与立面分布不均匀，无规律，工程性质最差。

2.8.2.7　特殊土

特殊土是指具有一定分布区域或工程意义上具有特殊成分、状态和结构特征的土。根据工程实践大体可分为软土、红黏土、黄土、膨胀土、多年冻土、盐渍土等。

（1）软土。是指沿海的滨海相、三角洲相、溺谷相，内陆的河流相、湖泊相、沼泽相等主要由细粒土组成的孔隙比大（$e \geqslant 1$）、天然含水量高（$w \geqslant w_L$）、压缩性高、强度低和具有灵敏性、结构性的土。其包括淤泥、淤泥质黏性土、淤泥质粉土等，为不良地基。淤泥和淤泥质土是工程建设中经常遇到的软土，其在静水或缓慢的流水环境中沉积，并经生物化学作用形成。当黏性土的 $w \geqslant w_L$，$e \geqslant 1.5$ 时称为淤泥；当 $w \geqslant w_L$，$1.5 > e \geqslant 1.0$ 时称为淤泥质土；当土的有机质含量大于5%时称为有机质土，大于60%时称为泥炭。

（2）红黏土。指碳酸盐系的岩石经第四纪以来的红土化作用，形成并覆盖于基岩上，呈棕红、褐黄等色的高塑性黏土。其特征是 $I_p = 30 \sim 50$，$w_L > 50\%$，$e = 1.1 \sim 1.7$，$S_r > 0.85$。红黏土通常强度高，压缩性低。因受基岩起伏影响，厚度不均匀，土质上硬下软，具有明显胀缩性，裂隙发育。已形成的红黏土经坡积、洪积再搬运后仍保留着黏土的基本特征。我国的红黏土主要分布于云贵高原、南岭山脉南北两侧及湘西、鄂西丘陵山地等地区。

（3）黄土。是一种含大量碳酸盐类且常能以肉眼观察到大孔隙的黄色粉状土。天然黄土在未受水浸湿时，一般强度较高，压缩性较低。但当其受水浸湿后，因黄土自身大孔隙结构的特征，压缩性剧增使结构受到破坏。土层突然显著下沉，同时强度也随之迅速下降，这类黄土统称为湿陷性黄土。湿陷性黄土根据上覆土自重压力下是否发生湿陷变形，又可分为自重湿陷性黄土和非自重湿陷性黄土。

（4）膨胀土。指土中黏粒成分主要由亲水性矿物组成，同时具有显著的吸水膨胀和失水收缩特性，自由膨胀率大于或等于 40％的黏性土。通常膨胀土强度较高，压缩性较低，易被误认为是良好的地基，而一旦遇水，就呈现出较大的吸水膨胀和失水收缩的能力，导致建筑物和地坪开裂、变形而破坏。膨胀土大多分布于当地排水基准面以上的二级阶地及其以上的台地、丘陵、山前缓坡和城岗地段，其分布不具绵延性和区域性，多呈零星分布且厚度不均。

（5）多年冻土。指土的温度等于或低于 0℃、含有固态水，且这种状态在自然界连续保持 3 年或 3 年以上的土。当自然条件改变时，它将产生冻胀、融陷、热融滑塌等特殊不良地质现象，并发生物理力学性质的改变。多年冻土根据土的类别和总含水量，按其融陷性等级将其划分为少冰冻土、多冰冻土、富冰冻土、饱冰冻土及含土冰层等。

（6）盐渍土。指易溶盐含量大于 0.5％，且具有吸湿、松胀等特性的土。可溶盐遇水溶解，可导致土体产生湿陷、膨胀以及有害的毛细水上升，使建筑物遭受破坏。盐渍土按含盐性质可分为氯盐渍土、亚氯盐渍土、硫酸盐渍土、亚硫酸盐渍土、碱性盐渍土等。按含盐量可分为弱盐渍土、中盐渍土、强盐渍土和超盐渍土。

思 考 题

2.1　土由哪几部分组成？土中水分为哪几类？其特征如何？对土的工程性质影响如何？

2.2　土的不均匀系数 C_u 及曲率系数 C_c 的定义是什么？如何从土的颗粒级配曲线形态上、C_u 及 C_c 数值上评价土的工程性质？

2.3　说明土的天然重度 γ、饱和重度 γ_{sat}、浮重度 γ' 和干重度 γ_d 的物理概念和相互关系，比较同一种土各重度数值的大小。

2.4　土的三相比例指标有哪些？哪些可以直接测定？哪些需通过换算求得？为换算方便，什么情况下令 $V=1$？什么情况下令 $V_s=1$？

2.5　反映无黏性土密实度状态的指标有哪些？采用相对密实度判断砂土的密实度有何优点？

2.6　简述渗透定理的意义。渗透系数 k 如何测定？动水力如何计算？

2.7　何谓流砂现象？这种现象对工程有何影响？

2.8　土发生冻胀的原因是什么？发生冻胀的条件是什么？

2.9　毛细水上升的原因是什么？在哪些土中毛细现象最显著？毛细水对土的工程性质及建筑工程有哪些影响？

2.10　什么是土的最优含水量？影响填土压实效果的主要因素有哪些？土方填筑时，常用何种指标控制填土压实质量？

2.11　无黏性土和黏性土在矿物组成、土的结构、物理状态及分类方法等方面有何重要区别？

2.12　地基土分为几大类？各类土的划分依据是什么？为什么粒度成分和塑性指数可作为土分类的依据？比较这两种分类方法的优缺点和适用条件。

习 题

2.1　某土样颗粒分析结果如表 2-15 所示，试绘出颗粒级配曲线，并确定该土的不均匀系数 C_u 和曲率系数 C_c，以及评价该土的级配情况。

某土样颗粒分析结果　　　　　　　　　　　　　　　　　　表 2-15

粒径（mm）	＞2	2～0.5	0.5～0.25	0.25～0.1	0.1～0.05	＜0.05
粒组含量（％）	10	26	28	19	8	9

2.2 试证明下列换算公式：

(1) $\rho_d = \dfrac{d_s \rho_w}{1+e}$；(2) $\gamma = \dfrac{S_r e \gamma_w + d_s \gamma_w}{1+e}$；(3) $e = \dfrac{d_s \rho_w}{\rho_d} - 1$

2.3 在土的三相组成示意图中，取土粒体积 $V_s = 1$。已知某土样天然密度 $\rho = 1.92 \text{g/cm}^3$，含水量 $w = 33\%$，土粒相对密度 $d_s = 2.71$。按各三相比例指标的定义，计算图 2-36 中 6 个括号内的数值及 e、S_r 和 γ'（计算时水的密度取 1.0g/cm^3）。

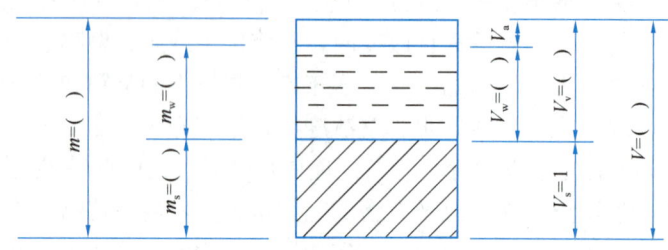

图 2-36 习题 2.3 图

2.4 某宾馆地基土的试验中，用体积为 72cm³ 的环刀测得原状土样重 129.5g，烘干后土重 121.5g，土粒相对密度为 2.70，试计算该土样的含水量 w、孔隙比 e、饱和度 S_r、重度 γ、饱和重度 γ_{sat}、浮重度 γ' 以及干重度 γ_d，并比较各重度的数值大小（先导得公式后求解）。

2.5 一工厂车间地基表层为杂填土，厚 1.2m，第 2 层为黏性土，厚 5m，地下水位深 1.8m。在黏性土中部取土做试验，测得天然密度 $\rho = 1.84 \text{g/cm}^3$，土粒相对密度 $d_s = 2.75$。计算该地基土的天然含水量 w，浮密度 ρ'、干密度 ρ_d、孔隙比 e 和孔隙率 n。

2.6 某土样处于完全饱和状态，土粒相对密度 $d_s = 2.68$，含水量 $w = 32.0\%$，试求该土样的孔隙比 e 和重度 γ。

2.7 某干砂试样密度为 1.66g/cm^3，土粒相对密度 $d_s = 2.69$，置于雨中，若砂样体积不变，饱和度增至 40% 时，此砂在雨中的含水量 w 为多少？

2.8 某湿土样重 180g，已知其含水量为 18%，现需制备含水量为 25% 的土样，需加水多少？

2.9 如图 2-37 所示，观测孔 a、b 的水位标高分别为 23.50m 和 23.20m，两孔的水平距离为 20m。

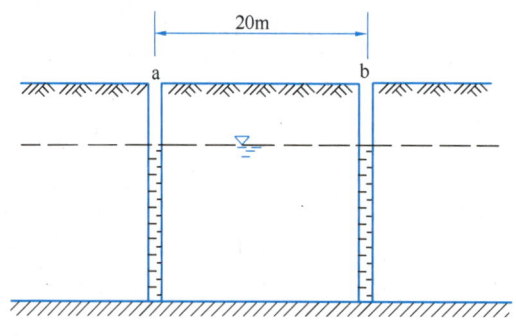

图 2-37 习题 2.9 图

(1) 确定 ab 段的平均水头梯度 i；

(2) 如该土层为细砂，渗透系数 $k = 5 \times 10^{-2} \text{mm/s}$，试确定 ab 段的地下水流速度 v 和每小时通过 1m² 截面面积（垂直于纸面）的流量 Q（提示：流量 Q = 流速×过水面积×时间）；

(3) 同（2），但该土层为粉质黏土，渗透系数 $k = 5 \times 10^{-5} \text{mm/s}$，起始水头梯度 $i_0 = 0.005$。

2.10 某砂土土样的密度 $\rho = 1.77 \text{g/cm}^3$，含水量 $w = 9.8\%$，土粒相对密度 $d_s = 2.67$，烘干后测定最小孔隙比 $e_{min} = 0.461$，最大孔隙比 $e_{max} = 0.943$，试求孔隙比 e 和相对密实度 D_r，并评定该土的密

实度。

2.11 将土以不同含水量配制成试样，用标准的夯击能使土样击实，测定其密度如表 2-16 所示。已知土粒相对密度 $d_s=2.65$，试求最佳含水量 w_{op}。

不同含水量时土的密度 表 2-16

$w(\%)$	17.2	15.2	12.2	10.0	8.8	7.4
$\rho(g/cm^3)$	2.06	2.10	2.16	2.13	2.03	1.89

2.12 某砂土天然重度 $\gamma=19.0kN/m^3$，含水量 $w=28.5\%$，土粒相对密度 $d_s=2.68$，颗粒分析结果如表 2-17 所示。

土样颗粒分析结果 表 2-17

土粒组的粒径范围（mm）	>2	2～0.5	0.5～0.25	0.25～0.75	<0.075
粒组占干土总质量的百分数（%）	9.4	18.6	21.0	37.5	13.5

（1）确定该土样的名称；

（2）计算该土的孔隙比和饱和度；

（3）确定该土的湿度状态；

（4）如该土埋深在离地面 3m 以内，其标准贯入试验锤击数 $N=14$，试确定该土的密实度。

2.13 某黏性土的含水量 $w=36.4\%$，液限 $w_L=48.0\%$，塑限 $w_p=35.4\%$。

（1）计算该土的塑性指数 I_p 及液性指数 I_L；

（2）确定该土的名称及状态。

第3章 土 中 应 力

本章提要与要求

内容提要

土中应力计算是研究建筑物地基沉降（变形）、承载力与稳定性的基础。本章简述了均质土、成层土自重应力计算、基底压力分布及基底附加压力的简化计算方法；重点介绍了竖向集中力及各种分布荷载作用下地基附加应力的计算方法，初步探讨了非均质和各向异性对地基附加应力的影响，并对有效应力原理及水中有效自重应力计算方法进行了讨论。

基本要求

掌握地基土自重应力的计算方法及其分布规律。

掌握基底压力和附加压力的计算方法。

掌握矩形及条形均布荷载下地基附加应力的计算及其分布规律。

了解非均质地基、各向异性地基附加应力的计算方法。

掌握有效应力原理的基本概念及水中有效自重应力计算方法。

3.1 概 述

地基土中应力是指土体在自身重力、建（构）筑物荷载、交通荷载或其他因素（如地下水渗流、地震等）作用下产生的应力。土中应力变化将导致土体变形，使房屋、桥梁、路堤等建（构）筑物产生沉降、倾斜或水平位移，若变形过大，则会危及建（构）筑物的安全和正常使用。此外，土中应力过大，还会使地基土体因强度不够而发生破坏，甚至使土体发生滑动而失去稳定。因此，在研究地基基础沉降（变形）、强度（承载力）及稳定性分析时，必须掌握建筑前后地基土中的应力状态、大小及其分布规律。

土中应力就其产生的原因主要有自重应力和附加应力两种。土中自重应力是指土体受到自身重力作用而产生的应力；土中附加应力是指土体受外荷载（包括建筑物荷载、交通荷载、堤坝荷载等）以及地下水渗流、地震等作用下产生的附加应力增量，它是引起地基变形和破坏的主要原因。广义地讲，土体原有应力之外新增加的应力都可称之为附加应力。土中某点自重应力与附加应力之和为土体的总应力。

土是由三相所组成的非连续介质，受力后土粒在接触点处存在应力集中现象，受力分析极为复杂。为简化计算，通常假定地基土是均匀、连续、各向同性的半无限空间线弹性体，并采用经典弹性力学方法求解。这虽与地基土实际情况（层状、非均质、各向异性）不尽相符，但其误差在工程上尚可接受。

土是散粒体，一般不能承受拉力，土中出现拉力的情况很少。因此本章对土中应力的正负号作如下规定：法向应力以压应力为正，以拉应力为负，剪应力以外法线逆时针旋转的方向为正，如图 3-1 所示。

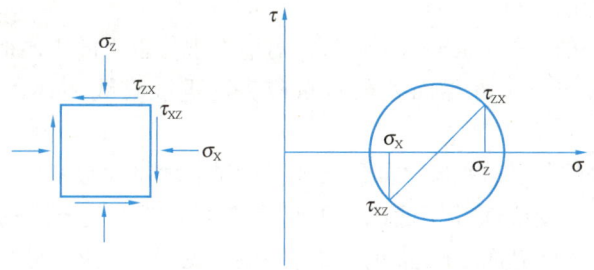

图 3-1 土中应力正负号规定

3.2 土的自重应力

计算土体自重应力时，可将地基视为均质的半无限空间体，在自重作用下只能产生竖向变形，而无侧向位移及剪切变形存在，即满足侧限应力条件。因此，在深度 z 处平面上，土体因自重产生的竖向应力 σ_{cz}（以下简称自重应力）就等于单位面积上土柱体的重力 $\gamma z \times 1$（图 3-2）。

3.2.1 均质土的自重应力

对于均质土（土的重度为常数），地表下深度 z 处土的自重应力 σ_{cz} 为：

$$\sigma_{cz} = \gamma z \tag{3-1}$$

式中 γ——土的天然重度（kN/m^3）。

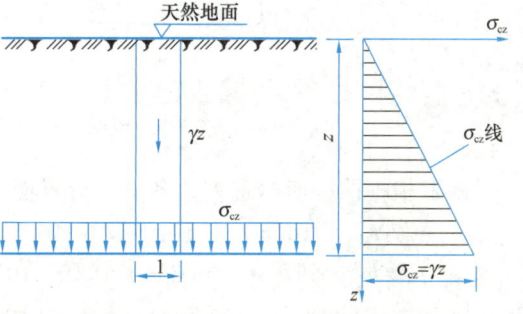

图 3-2 均质土中的竖向自重应力

显见，自重应力 σ_{cz} 沿水平面均匀分布，且与 z 呈正比，随深度呈线性增加，如图 3-2 所示。

地基土在重力作用下，除作用于水平面的竖向自重应力外，在竖直面上还作用有侧向自重应力。根据上述假定及广义虎克定律，侧向自重应力 σ_{cx} 和 σ_{cy} 应与 σ_{cz} 呈正比，而剪切力均为零，即：

$$\sigma_{cx} = \sigma_{cy} = k_0 \sigma_{cz} \tag{3-2}$$
$$\tau_{xy} = \tau_{yz} = \tau_{xz} = 0 \tag{3-3}$$

式中 k_0——土的侧压力系数或静止土压力系数，它是侧限条件下土中水平向应力与竖向应力之比，可通过试验确定。

3.2.2 成层土的自重应力

实际上，天然地基土往往是成层的，各土层具有不同的重度。设深度 z 范围内有 n 层土，各土层的重度和厚度分别为 γ_i 和 h_i（$i = 1, 2, \cdots, n$），则深度 z 处土的自重应力 σ_{cz} 为：

$$\sigma_{cz} = \gamma_1 h_1 + \gamma_2 h_2 + \gamma_3 h_3 + \cdots = \sum_{i=1}^{n} \gamma_i h_i \tag{3-4}$$

式中　n——自天然地面至深度 z 处的土层数；

　　　h_i——第 i 层土的厚度（m）；

　　　γ_i——第 i 层土的天然重度（kN/m^3），对地下水位以下的土层取浮重度 γ'。

按式（3-4）计算出土层分界面处的自重应力，再以直线相连，即可得自重应力分布图。

当地下水位下埋藏有不透水层（如岩层或只含结合水的坚硬黏土层）时，由于不透水层中不存在水的浮力，故层面及层面以下的自重应力应按上覆土层的水土总重计算。因此，不透水层与上覆土层界面上的自重应力有突变（见图 3-3 点 3 处）。

【例 3.1】某地基土层如图 3-3（a）所示，试计算地基土的自重应力，绘制其应力分布曲线，并分析自重应力的分布规律。

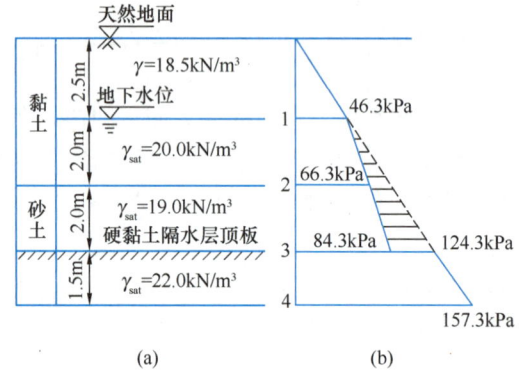

图 3-3　成层土自重应力计算及其分布图

【解】根据图中所给资料，各土层分界面上的自重应力为：

$\sigma_{cz1} = \gamma_1 h_1 = 18.5 \times 2.5 = 46.3 kPa$

$\sigma_{cz2} = \gamma_1 h_1 + \gamma'_1 h_2 = 46.3 + (20.0 - 10) \times 2.0 = 66.3 kPa$

$\sigma_{cz3}^1 = \gamma_1 h_1 + \gamma'_1 h_2 + \gamma'_2 h_3 = 66.3 + (19.0 - 10) \times 2.0 = 84.3 kPa$

$\sigma_{cz3}^2 = \gamma_1 h_1 + \gamma_{sat1} h_2 + \gamma_{sat2} h_3 = \gamma_1 h_1 + \gamma'_1 h_2 + \gamma'_2 h_3 + \gamma_w (h_2 + h_3) = 84.3 + 10 \times 4 = 124.3 kPa$

$\sigma_{cz4} = \gamma_1 h_1 + \gamma_{sat1} h_2 + \gamma_{sat2} h_3 + \gamma_{sat3} h_4 = 124.3 + 22 \times 1.5 = 157.3 kPa$

根据计算结果可绘制 σ_{cz} 沿深度的分布曲线，如图 3-3（b）所示，由此可归纳出土体自重应力的分布规律如下：

①自重应力自天然地面算起；

②自重应力随深度呈折线增大；

③在土层分界面处和地下水位处发生转折；

④透水层与不透水层界面处有突变。

3.2.3　地下水位升降时的自重应力

地下水位的升降会引起土中自重应力的变化。如在深基坑开挖中，大量抽取地下水将导致地下水位大幅度下降（图 3-4a），此时土的重度改变，因 $\gamma > \gamma'$，故土体自重应力增加，可能造成坑周地表大面积下沉的严重后果。反之，若地下水位长期上升（图 3-4b），如大量工业废水渗入地下或人工抬高蓄水位（如筑坝蓄水、农业灌溉等），则可能导致地基土的湿陷、膨胀及地基承载力降低等现象，必须引起注意。

【例 3.2】 土层情况同例 3.1，当地下水位降至砂土层顶面时，计算地基中的自重应力，并绘制其分布图。

【解】 例 3.1 中地下水位下降至砂土层顶面时，各土层分界面上的自重应力为：

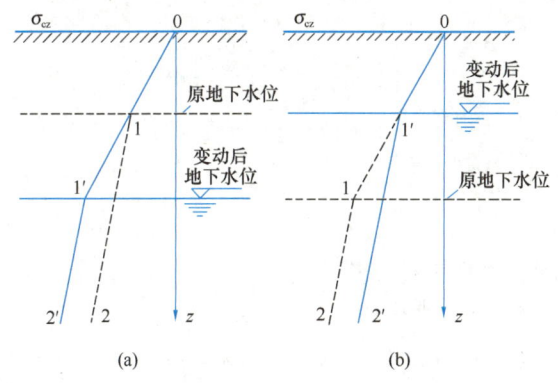

图 3-4 地下水位升降对土中自重应力的影响

（a）地下水位下降；（b）地下水位上升

0-1-2 线为原来自重应力的分布；

0-1′-2′线为地下水位变动后自重应力的分布

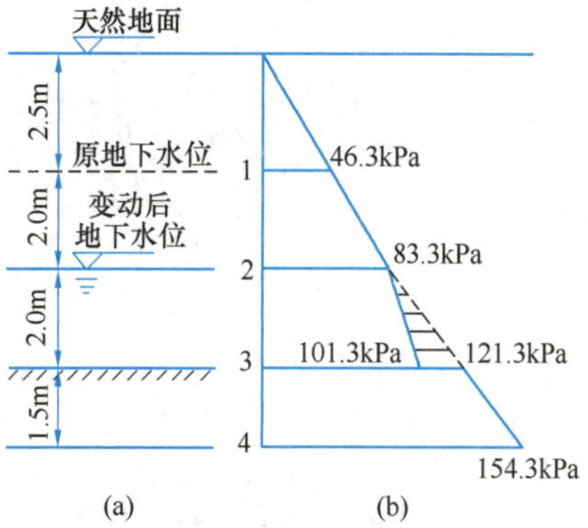

图 3-5 例 3.2 的自重应力

$\sigma_{cz1} = \gamma_1 h_1 = 18.5 \times 2.5 = 46.3\text{kPa}$

$\sigma_{cz2} = \gamma_1 h_1 + \gamma_1 h_2 = 46.3 + 18.5 \times 2.0 = 83.3\text{kPa}$

$\sigma_{cz3}^1 = \gamma_1 h_1 + \gamma_1 h_2 + \gamma_2' h_3 = 83.3 + (19.0 - 10) \times 2.0 = 101.3\text{kPa}$

$\sigma_{cz3}^2 = \gamma_1 h_1 + \gamma_1 h_2 + \gamma_{sat2} h_3 = \gamma_1 h_1 + \gamma_1 h_2 + \gamma_2' h_3 + \gamma_w h_3 = 101.3 + 10 \times 2 = 121.3\text{kPa}$

$\sigma_{cz4} = \gamma_1 h_1 + \gamma_1 h_2 + \gamma_{sat2} h_3 + \gamma_{sat3} h_4 = 121.3 + 22 \times 1.5 = 154.3\text{kPa}$

根据计算结果，绘制出地下水位下降后土中自重应力分布曲线如图 3-5（b）所示。由此可见：由于地下水位下降，原水位线至不透水层顶面土中自重应力增大，而不透水层以下土中自重应力则减小。

3.3 基 底 压 力

建筑物荷载通过基础传递给地基，在基础底面与地基接触面之间产生的接触压力（方向向下）通常称为基底压力。基底压力既是基础作用于地基接触面上的压力，也是地基反作用于基础底面的反力。基底压力与基底反力大小相等、方向相反，既是计算地基土中附加应力的外荷载，也是计算基础结构内力的外荷载。因此基底压力的大小与分布状况，对地基土中附加应力及基础内力计算有着十分重要的影响。

3.3.1 基底压力分布

精确确定基底压力数值大小与分布形态非常复杂，它不仅涉及基础与地基两种不同介质之间的界面接触，而且涉及上部结构、基础、地基三者之间的共同作用。因此，影响基底压力的因素很多，如荷载的大小和分布、基础的刚度、平面形状、尺寸大小和埋置深度以及地基土的性质等。下面仅基于弹性理论讨论不同刚度的基础与弹性半无限空间表面间的接触压力分布问题。

（1）柔性基础（如土坝、路基及油罐薄板等）。其刚度很小，犹如置于地面的柔软薄膜，竖向荷载下无抵抗弯曲变形的能力。在荷载作用下，基础随着地基一起变形，故基底压力分布与上部荷载分布一致（图 3-6a）。

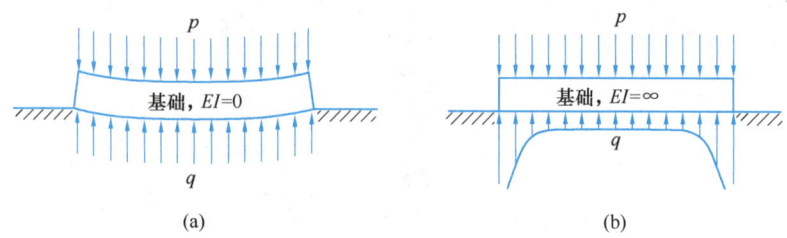

图 3-6　基础刚度对基底反力的影响
(a) 柔性基础；(b) 刚性基础

（2）刚性基础（如素混凝土基础、块式整体基础等）。其自身刚度较大，受荷后不产生挠曲变形。由于地基与基础的变形必须协调一致，因此在调整基底各处沉降使之趋于均匀的同时，基底压力将发生转移。若地基不出现塑性变形，则中心荷载下的基底压力中间小，而两端无穷大，如图 3-6（b）所示。

实际上，当基础两端的基底压力足够大时，将超过该处地基土的极限强度，土体会形成塑性区，此时基底两端处地基土所承担的压力不能继续增大，多余的应力自行向中间转移。又因基础也并非绝对刚性，故基底压力分布形式十分复杂。刚性基础中心受荷，当荷载较小时，基底压力边缘大而中间小，呈马鞍形分布（图 3-7a）；荷载较大时，基底边缘土体产生塑性变形，边缘压力不再增大，应力调整使基底中间压力增加而呈抛物线形分布（图 3-7b）；当荷载继续增大，接近于地基的破坏荷载时，基底压力呈倒钟形分布（图 3-7c）。图 3-7 中，$p_1 < p_2 < p_3$。

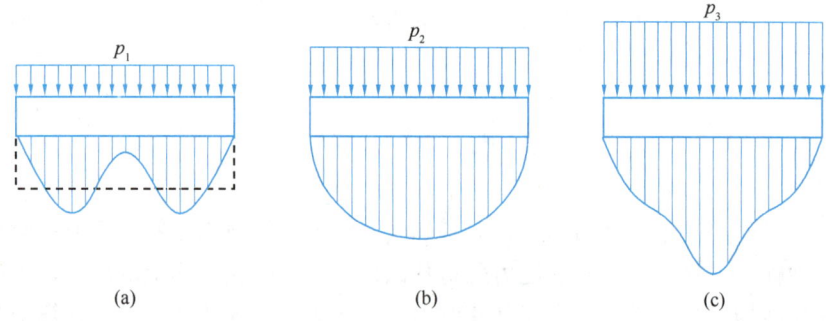

图 3-7　基础刚度对基底反力的影响
(a) 马鞍形；(b) 抛物线形；(c) 倒钟形

此外，基础埋深对基底压力分布形态也有影响。当基础埋置一定深度时，受基础周围土体约束作用，基础边缘土粒难以挤出，塑性区减小，边缘反力增加，使基础压力趋于均匀分布。砂土上的刚性基础，基底边缘砂粒易于侧向挤出，塑性区随荷载增加迅速开展，

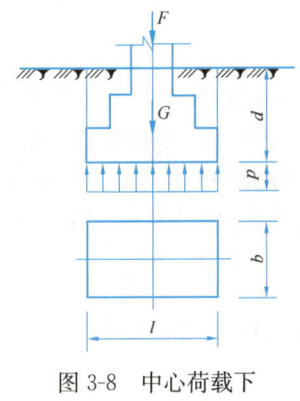

图 3-8 中心荷载下
基底压力分布

基底反力更易发展成如图 3-7（b）所示的抛物线形分布；而硬黏土上的刚性基础，由于硬黏土较大的黏结力，基底边缘可承担一定的压力，故基底反力易呈如图 3-7（a）所示的马鞍形分布。

3.3.2 基底压力的简化计算

桥梁墩台基础以及工业与民用建筑中的柱下独立基础、墙下条形基础等扩展基础，均可视为刚性基础。这些基础，因受到地基承载力的限制，并具有一定的埋置深度，其基底压力通常呈马鞍形分布，且发展趋于均匀。此外，根据圣维南原理，基底一定深度处的地基附加应力只取决于荷载合力的大小和作用点位置。因此，对具有一定刚度且尺寸较小的扩展基础，基底压力可近似为线性分布，按材料力学公式进行简化计算。

3.3.2.1 中心荷载作用时

竖向荷载作用于基底形心时，基底压力按均匀分布（图 3-8），可按下式计算：

$$p = \frac{F+G}{A} \tag{3-5}$$

式中　F——上部结构传至基础顶面的竖向力（kN）；

A——基底面积（m²），矩形基础，$A = l \times b$，l 和 b 分别为矩形基础的长度和宽度；条形基础，可沿长度方向取 1m 计算，则上式中 F、G 代表每延米内的相应值（kN/m）；

G——基础自重及其上回填土重之和（kN），$G = \gamma_G A d$，其中 γ_G 为基础及回填土之平均重度，一般可取 20kN/m³，地下水位以下部分应扣除 10kN/m³ 的浮力；d 为基础埋深（m），一般从室外设计地面或室内外平均设计地面算起。

3.3.2.2 偏心荷载作用时

常见的偏心荷载作用于矩形基底的一个主轴上（称单向偏心），可将基底长边方向取与偏心方向一致，此时两短边边缘最大压力 p_{max} 与最小压力 p_{min} 可按材料力学短柱偏心受压公式计算：

$$p_{min}^{max} = \frac{F+G}{A} \pm \frac{M}{W} = \frac{F+G}{A}\left(1 \pm \frac{6e}{l}\right) \tag{3-6}$$

式中　M——作用在基底形心上的力矩值（kN·m），$M = (F+G)e$；

e——荷载偏心距（m）；

W——基础底面的抵抗矩（m³），对矩形基础 $W = bl^2/6$。

由式（3-6）可知，按荷载偏心距 e 的大小，基底压力的分布可能出现下述三种情况（图 3-9）：

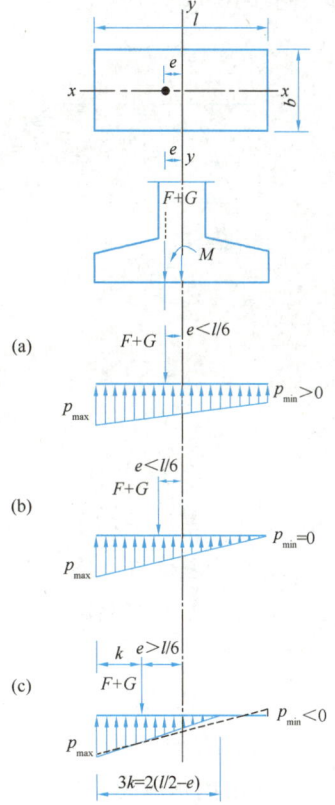

图 3-9 偏心荷载下基底压力分布

①当 $e<l/6$ 时，$p_{min}>0$，基底压力呈梯形分布（图 3-9a）；

②当 $e=l/6$ 时，$p_{min}=0$，基底压力呈三角形分布（图 3-9b）；

③$e>l/6$ 时，$p_{min}<0$，即基底产生拉应力（图 3-9c），由于基底与地基之间不能承受拉应力，此时相应部分基底将与地基土局部脱开，致使基底压力重分布。根据偏心荷载与基底反力平衡条件，荷载合力（$F+G$）应通过三角形反力分布图的形心（图 3-9c），由此可得基础边缘最大压力为：

$$p_{max} = \frac{2(F+G)}{3b(l/2-e)} \tag{3-7}$$

若条形基础在宽度方向上受偏心荷载作用，同样可在长度方向取 1 延米进行计算，则基础宽度方向两端的压力为：

$$p_{min}^{max} = \frac{F+G}{b}\left(1 \pm \frac{6e}{l}\right) \tag{3-8}$$

3.3.3 基底附加压力

一般土层形成地质年代较长，在自重作用下变形早已稳定，故土的自重应力一般不引起地基变形，只有新增的建（构）筑物荷载，即作用于地基表面的附加压力 p_0，将导致地基产生压缩变形。

在实际工程中，基础一般都埋置于天然地面下一定深度，该处原有自重应力因基坑开挖而卸除。因此，在计算基底附加压力时，应扣除基底标高处土原有的（建筑前的）自重应力 σ_{cd} 后，才是基底平面处新增加的基底附加压力，基底平均附加压力 p_0 值可按下式计算（图 3-10）：

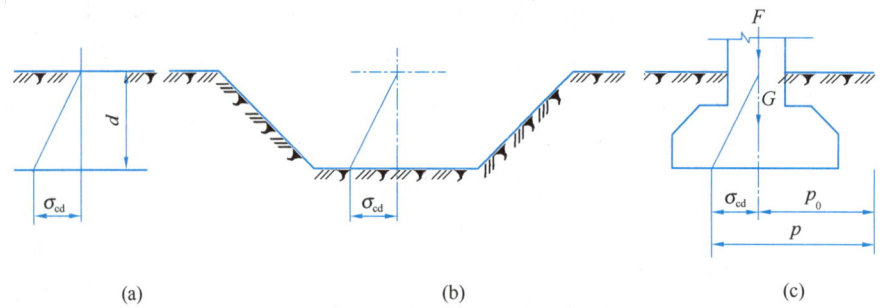

图 3-10 基底平均附加应力的计算

（a）施工前；（b）基坑开挖；（c）施工结束

$$p_0 = p - \sigma_{cd} = p - \gamma_0 d \tag{3-9}$$

式中　p——基底平均压力（kPa）；

　　　σ_{cd}——基底处土的自重应力（kPa），$\sigma_{cd}=\gamma_0 d$；

　　　γ_0——基底标高以上天然土层的加权平均重度（kN/m³），其中地下水位以下取浮重度；

　　　d——基础埋置深度（m），自天然地面算起，$d=h_1+h_2+h_3+\cdots$。

通常，将基底附加压力视为作用在弹性半空间表面上的局部荷载，再根据弹性力学计算地基中的附加应力（见 3.4 节）。必须指出，实际上基底附加压力一般作用在地表下一定深度（基础的埋深）处，故该类解答结果只是近似，但对于一般浅基础而言，这种假设所造成的误差可以忽略不计。

【例 3.3】某轴心受压方形基础边长 $l=b=2.0\text{m}$，基础埋深 $d=2.0\text{m}$，所受荷载如图 3-11 所示。已知场地地质剖面第一层为厚 1.0m 的杂填土，重度 $\gamma_1=17.0\text{kN/m}^3$；以下为黏土，重度 $\gamma_2=18.5\text{kN/m}^3$。试求基底平均附加压力。

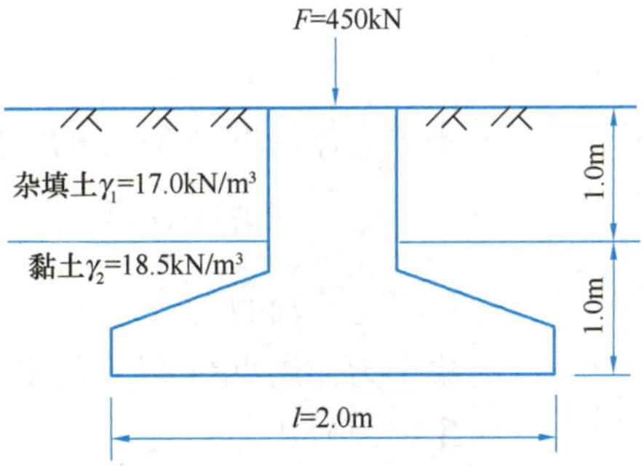

【解】

基底平均压力

$$p=\frac{F+G}{A}=\frac{450+20\times2.0\times2.0\times2.0}{2.0\times2.0}$$
$$=152.5\text{kPa}$$

基底处土层自重应力

$$\sigma_{cd}=\gamma_1 d_1+\gamma_2 d_2=17\times1.0+18.5\times(2.0-1.0)=35.5\text{kPa}$$

基底平均附加压力 $p_0=p-\sigma_{cd}=152.5-35.5=117.0\text{kPa}$

图 3-11　例 3.3 图

3.4　地基附加应力

地基附加应力是由于地基外荷载在地基中产生的应力增量，其计算方法根据弹性力学公式导得。本节首先讨论竖向集中力作用下地基附加应力的计算，然后应用竖向集中力的解答，通过叠加原理或积分的方法得到各种分布荷载作用下地基土中附加应力的计算公式。

3.4.1　竖向集中力作用下的地基附加应力

3.4.1.1　单个竖向集中力作用

法国布辛奈斯克（J. Boussinesq）于 1885 年首先提出在半无限弹性空间体表面作用一竖向集中力 F 时，半空间内任意点 $M(x，y，z)$ 处（图 3-12）所引起的应力和位移的弹性力学解（具体解答可参见相关文献，此不赘述）。其中，$M(x，y，z)$ 点的竖向正应力 σ_z 和竖向位移 w 的表达式为：

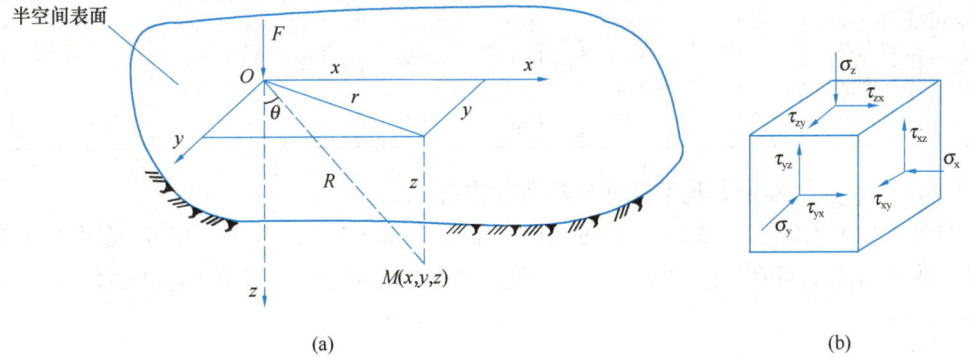

图 3-12　竖向集中力作用下的附加应力
（a）半空间中任意点 $M(x，y，z)$；（b）M 点处的单元体

$$\sigma_z=\frac{3F}{2\pi}\cdot\frac{z^3}{R^5}=\frac{3F}{2\pi R^2}\cos^3\theta \qquad (3\text{-}10)$$

$$w = \frac{F(1+\mu)}{2\pi E}\left[\frac{z^2}{R^3} + 2(1-\mu)\frac{1}{R}\right] \tag{3-11}$$

式中 R——集中力作用点至 M 点的距离（m）：

$$R = \sqrt{x^2 + y^2 + z^2} = \sqrt{r^2 + z^2} = \frac{z}{\cos\theta}$$

θ——R 线与 z 轴的夹角（°）；

r——集中力作用点与 M 点的水平距离（m）；

μ——土的泊松比；

E——土的弹性模量（MPa）。

若 $R=0$（集中力作用点），式（3-10）和式（3-11）计算结果将趋于无穷大，即地基土已发生塑性变形，弹性解已不再适用。因此，所选择的计算点不应过于接近集中力的作用点。

为便于应用，可将式（3-10）改成为：

$$\sigma_z = \frac{3F}{2\pi}\cdot\frac{z^3}{R^5} = \alpha\frac{F}{z^2} \tag{3-12}$$

其中

$$\alpha = \frac{3}{2\pi}\left(\frac{z}{R}\right)^5 = \frac{3}{2\pi}\left(\frac{z}{\sqrt{r^2+z^2}}\right)^5 = \frac{3}{2\pi}\frac{1}{[(r/z)^2+1]^{5/2}}$$

α 称为集中力作用下的地基竖向附加应力系数，是 r/z 的函数，可由表 3-1 查取。

集中力作用下地基竖向附加应力系数 α 表 3-1

r/z	α	r/z	α	r/z	α	r/z	α	r/z	α
0.00	0.4775	0.50	0.2733	1.00	0.0844	1.50	0.0251	2.00	0.0085
0.05	0.4745	0.55	0.2466	1.05	0.0744	1.55	0.0224	2.20	0.0058
0.10	0.4657	0.60	0.2214	1.10	0.0658	1.60	0.0200	2.40	0.0040
0.15	0.4516	0.65	0.1978	1.15	0.0581	1.65	0.0179	2.60	0.0029
0.20	0.4329	0.70	0.1762	1.20	0.0513	1.70	0.0160	2.80	0.0021
0.25	0.4103	0.75	0.1565	1.25	0.0454	1.75	0.0144	3.00	0.0015
0.30	0.3849	0.80	0.1386	1.30	0.0402	1.80	0.0129	3.50	0.0007
0.35	0.3577	0.85	0.1226	1.35	0.0357	1.85	0.0116	4.00	0.0004
0.40	0.3294	0.90	0.1083	1.40	0.0317	1.90	0.0105	4.50	0.0002
0.45	0.3011	0.95	0.0956	1.45	0.0282	1.95	0.0095	5.00	0.0001

3.4.1.2 多个集中力及不规则分布荷载作用

如图 3-13 所示，当半无限空间体表面（地面）作用有几个集中力时，地基中任意点 M 处的附加应力 σ_z 可利用式（3-12）分别求出各集中力对该点引起的附加应力，然后再进行叠加。即：

$$\sigma_z = \alpha_1\frac{F_1}{z^2} + \alpha_2\frac{F_2}{z^2} + \cdots + \alpha_n\frac{F_n}{z^2} = \frac{1}{z^2}\sum_{i=1}^{n}\alpha_i F_i \tag{3-13}$$

上式也适于局部分布荷载，如图 3-14 所示，若局部分布荷载的平面形状或分布规律不规则时，可将荷载面（或基础底面）分成若干形状规则（如矩形）的面积单元，将每个单元上的分布荷载视为集中力，再以式（3-13）计算地基中某点 M 的附加应力，即等代荷载法。该法的计算精度取决于划分单元面积的大小。有经验指出，当矩形单元面积的长边小于面积形心到计算点距离的 1/2、1/3 或 1/4 时，所算得的附加应力的误差一般不大于 6%、3% 或 2%。

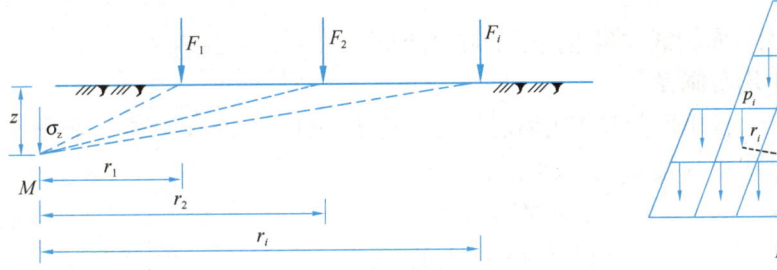 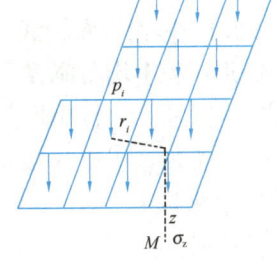

图 3-13　多个集中力作用下的附加应力　　　　图 3-14　等代荷载法计算 σ_z

3.4.2　分布荷载作用下地基附加应力

实际工程中的荷载很少是以集中力的形式作用在地基上，往往是通过基础分布在一定面积上。若基础底面的形状或基底下的荷载分布不规则时，可用等代荷载法求出地基中附加应力；反之，若基础底面的形状及荷载分布都有规律时，则可应用积分的方法求得地基附加应力。

设半无限土体表面作用任意分布荷载 $p(x, y)$，如图 3-15 所示，若求地基中某点 $M(x, y, z)$ 的竖向应力 σ_z，可先在荷载面积范围内任取一微元面积 $dA = d\xi d\eta$，作用在微元面积上的分布荷载可用集中力 $dF = p(\xi, \eta) d\xi d\eta$ 表示，用式 (3-10) 在荷载面积 A 范围内积分可得 σ_z。即：

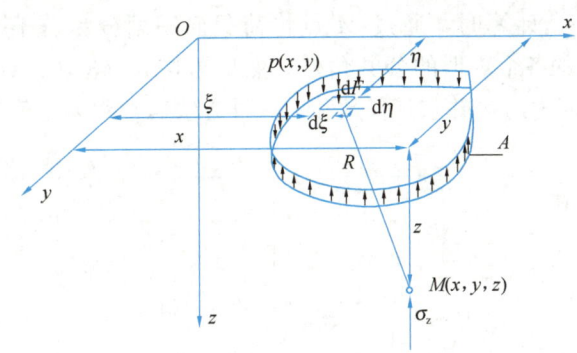

图 3-15　分布荷载作用下土中应力计算

$$\sigma_z = \iint_A d\sigma_z = \frac{3z^3}{2\pi} \iint_A \frac{p(\xi, \eta) d\xi d\eta}{\left[(x-\xi)^2 + (y-\eta)^2 + z^2\right]^{5/2}} \tag{3-14}$$

显见，式 (3-14) 与荷载分布规律、分布面几何形状及应力计算点位置等有关，计算非常复杂。为便于工程应用常采用"无量纲化"处理。即以 l/b、$z/b(z/r_0)$ 编制一些表格。应用时，可直接根据 l/b、$z/b(z/r_0)$ 查表即可得出 α，再以式 (3-15) 求得附加应力 σ_z，即：

$$\sigma_z = \alpha p_0 \tag{3-15}$$

式中 p_0——作用于地基上的竖向附加应力（kPa）；

$\quad\quad\quad\alpha$——附加应力系数。

下面介绍几种常见的基础底面形状及其在分布荷载（有规律）作用下地基附加应力 σ_z 的计算。

3.4.2.1 竖向分布荷载作用下的附加应力计算

1. 矩形面积上均布荷载

如图 3-16 所示，设矩形荷载作用面的长度和宽度分别为 l 和 b，竖向荷载强度为 p_0。以矩形荷载面角点为坐标原点 O，则图 3-16 中计算点 M 的坐标为 $(0, 0, z)$，分布荷载 $p(x, y) = p_0$，以此代入式 (3-14) 积分可得 M 点的附加应力 σ_z 为：

$$\sigma_z = \alpha_c p_0 \qquad (3\text{-}16)$$

其中

$$\alpha_c = \frac{1}{2\pi}\left[\frac{lbz(l^2+b^2+2z^2)}{(l^2+z^2)(b^2+z^2)\sqrt{l^2+b^2+z^2}} + \arctan\frac{lb}{z\sqrt{l^2+b^2+z^2}}\right]$$

式中 α_c——均布矩形荷载角点下的竖向附加应力系数，简称角点应力系数，应用时可按 l/b 和 z/b 查表 3-2 得到。

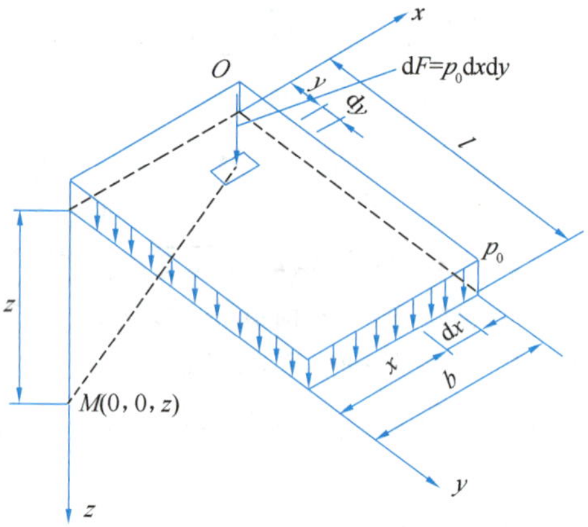

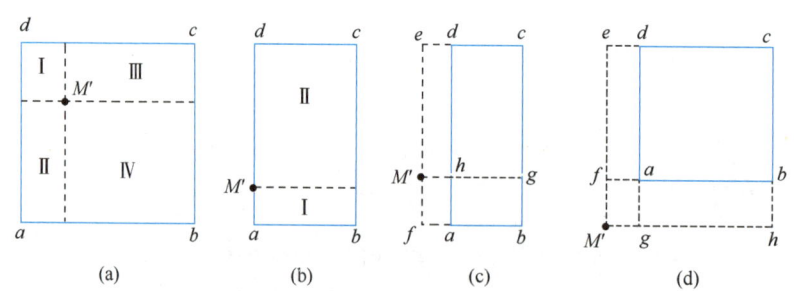

图 3-16　均布矩形荷载角点下的附加应力 σ_z

对于均布矩形荷载附加应力计算点不在角点下的情况，可利用式 (3-16) 以角点法求得。图 3-17 中列出计算点不位于角点下的四种情况（M' 点表示任意深度 z 处 M 点在荷载作用面上的水平投影）。计算时，通过 M' 点将荷载面积划分为若干个矩形面积，这样，M' 点必然是划分出来的各个矩形的公共角点，然后再按式 (3-16) 计算每个矩形角点下同一深度 z 处的附加应力 σ_z，并求其代数和。这种方法通常称为"角点法"。

图 3-17　以角点法计算均布矩形荷载下的地基附加应力

(a) 荷载面内；(b) 荷载面边缘；(c) 荷载面边缘外侧；(d) 荷载面角点外侧

四种情况的附加应力计算式分别如下。

① M' 点在荷载面内（图 3-17a）

$$\sigma_z = (\alpha_{cⅠ} + \alpha_{cⅡ} + \alpha_{cⅢ} + \alpha_{cⅣ})p_0$$

若 M' 点位于荷载面中心，则 $\alpha_{cⅠ} = \alpha_{cⅡ} = \alpha_{cⅢ} = \alpha_{cⅣ}$，得 $\sigma_z = 4\alpha_{cⅠ}p_0$，即利用"角点

法"求得均布矩形荷载面中心点下 σ_z 的解。此概念在地基沉降计算中也会用到。

② M' 点在荷载面边缘（图 3-17b）

均布矩形荷载角点下的竖向附加应力系数   表 3-2

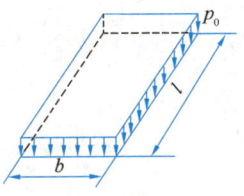

z/b	l/b											
	1.0	1.2	1.4	1.6	1.8	2.0	3.0	4.0	5.0	6.0	10.0	条形
0.0	0.250	0.250	0.250	0.250	0.250	0.250	0.250	0.250	0.250	0.250	0.250	0.250
0.2	0.249	0.249	0.249	0.249	0.249	0.249	0.249	0.249	0.249	0.249	0.249	0.249
0.4	0.240	0.242	0.243	0.243	0.244	0.244	0.244	0.244	0.244	0.244	0.244	0.244
0.6	0.223	0.228	0.230	0.232	0.232	0.233	0.234	0.234	0.234	0.234	0.234	0.234
0.8	0.200	0.207	0.212	0.215	0.216	0.218	0.220	0.220	0.220	0.220	0.220	0.220
1.0	0.175	0.185	0.191	0.195	0.198	0.200	0.203	0.204	0.204	0.204	0.205	0.205
1.2	0.152	0.163	0.171	0.176	0.179	0.182	0.187	0.188	0.189	0.189	0.189	0.189
1.4	0.131	0.142	0.151	0.157	0.161	0.164	0.171	0.173	0.174	0.174	0.174	0.174
1.6	0.112	0.124	0.133	0.140	0.145	0.148	0.157	0.159	0.160	0.160	0.160	0.160
1.8	0.097	0.108	0.117	0.124	0.129	0.133	0.143	0.146	0.147	0.148	0.148	0.148
2.0	0.084	0.095	0.103	0.110	0.116	0.120	0.131	0.135	0.136	0.137	0.137	0.137
2.2	0.073	0.083	0.092	0.098	0.104	0.108	0.121	0.125	0.126	0.127	0.128	0.128
2.4	0.064	0.073	0.081	0.088	0.093	0.098	0.111	0.116	0.118	0.118	0.119	0.119
2.6	0.057	0.065	0.072	0.079	0.084	0.089	0.102	0.107	0.110	0.111	0.112	0.112
2.8	0.050	0.058	0.065	0.071	0.076	0.080	0.094	0.100	0.102	0.104	0.105	0.105
3.0	0.045	0.052	0.058	0.064	0.069	0.073	0.087	0.093	0.096	0.097	0.099	0.099
3.2	0.040	0.047	0.053	0.058	0.063	0.067	0.081	0.087	0.090	0.092	0.093	0.094
3.4	0.036	0.042	0.048	0.053	0.057	0.061	0.075	0.081	0.085	0.086	0.088	0.089
3.6	0.033	0.038	0.043	0.048	0.052	0.056	0.069	0.076	0.080	0.082	0.084	0.084
3.8	0.030	0.035	0.040	0.044	0.048	0.052	0.065	0.072	0.075	0.077	0.080	0.080
4.0	0.027	0.032	0.036	0.040	0.044	0.048	0.060	0.067	0.071	0.073	0.076	0.076
4.2	0.025	0.029	0.033	0.037	0.041	0.044	0.056	0.063	0.067	0.070	0.072	0.073
4.4	0.023	0.027	0.031	0.034	0.038	0.041	0.053	0.060	0.064	0.066	0.069	0.070
4.6	0.021	0.025	0.028	0.032	0.035	0.038	0.049	0.056	0.061	0.063	0.066	0.067
4.8	0.019	0.023	0.026	0.029	0.032	0.035	0.046	0.053	0.058	0.060	0.064	0.064
5.0	0.018	0.021	0.024	0.027	0.030	0.033	0.043	0.050	0.055	0.057	0.061	0.062
6.0	0.013	0.015	0.017	0.020	0.022	0.024	0.033	0.039	0.043	0.046	0.051	0.052
7.0	0.009	0.011	0.013	0.015	0.016	0.018	0.025	0.031	0.035	0.038	0.043	0.045
8.0	0.007	0.090	0.010	0.011	0.013	0.014	0.020	0.025	0.028	0.031	0.037	0.039
9.0	0.006	0.007	0.008	0.009	0.010	0.011	0.016	0.020	0.024	0.026	0.032	0.035
10.0	0.005	0.006	0.007	0.007	0.008	0.009	0.013	0.017	0.020	0.022	0.028	0.032
12.0	0.003	0.004	0.005	0.005	0.006	0.006	0.009	0.012	0.014	0.017	0.022	0.026
14.0	0.002	0.003	0.004	0.004	0.004	0.004	0.005	0.007	0.009	0.010	0.014	0.020
16.0	0.002	0.002	0.003	0.003	0.003	0.003	0.004	0.006	0.007	0.008	0.012	0.018
18.0	0.001	0.002	0.002	0.002	0.002	0.002	0.004	0.005	0.006	0.007	0.010	0.016
20.0	0.001	0.001	0.002	0.002	0.001	0.002	0.002	0.003	0.004	0.004	0.007	0.013
25.0	0.001	0.001	0.001	0.001	0.001	0.001	0.002	0.002	0.003	0.003	0.005	0.011
30.0	0.001	0.001	0.001	0.001	0.001	0.001	0.001	0.002	0.002	0.002	0.004	0.009
35.0	0.000	0.000	0.001	0.001	0.001	0.001	0.001	0.002	0.002	0.002	0.004	0.009
40.0	0.000	0.000	0.000	0.000	0.001	0.001	0.001	0.001	0.001	0.002	0.003	0.008

$$\sigma_z = (\alpha_{cI} + \alpha_{cII})p_0$$

③ M' 点在荷载面边缘外侧(图 3-17c)

此时荷载面 $abcd$ 可看成是由Ⅰ$(M'fbg)$ 与Ⅱ$(M'fah)$ 之差和Ⅲ$(M'ecg)$ 与Ⅳ$(M'edh)$ 之差合成的，故：

$$\sigma_z = (\alpha_{cI} - \alpha_{cII} + \alpha_{cIII} - \alpha_{cIV})p_0$$

④ M' 点在荷载面角点外侧(图 3-17d)

把荷载看成由Ⅰ$(M'hce)$ 扣除Ⅱ$(M'hbf)$ 和Ⅲ$(M'gde)$ 而成，因Ⅳ$(M'gaf)$ 被减去了两次，故要"加上"。即：

$$\sigma_z = (\alpha_{cI} - \alpha_{cII} - \alpha_{cIII} + \alpha_{cIV})p_0$$

应用角点法时尚须注意：①要使角点 M' 位于所划分的每一个矩形的公共角点；②划分矩形的总面积应等于原有的荷载面积；③查表时，所有分块矩形都是长边为 l，短边为 b。

【例 3.4】有甲乙两个相距甚远的方形基础，分别放在土层条件相同的地面上，其中甲基础的底面积为 4m×4m，乙基础为 1m×1m，基底均作用有 250kPa 的竖向均布荷载，试求两基底中心点 O 以下深度 1m、2m、4m、8m 处的竖向附加应力并绘出分布图。

【解】以甲乙基础各自基底中心点 O 为共同的角点，可将甲基础底面划分为四个 2m×2m 的方形面积，乙基础底面划分为四个 0.5m×0.5m 的方形面积。根据"角点法"，分别求得甲乙基础 O 点下各深度处的竖向附加应力如表 3-3 所示，附加应力分布如图 3-18 所示。

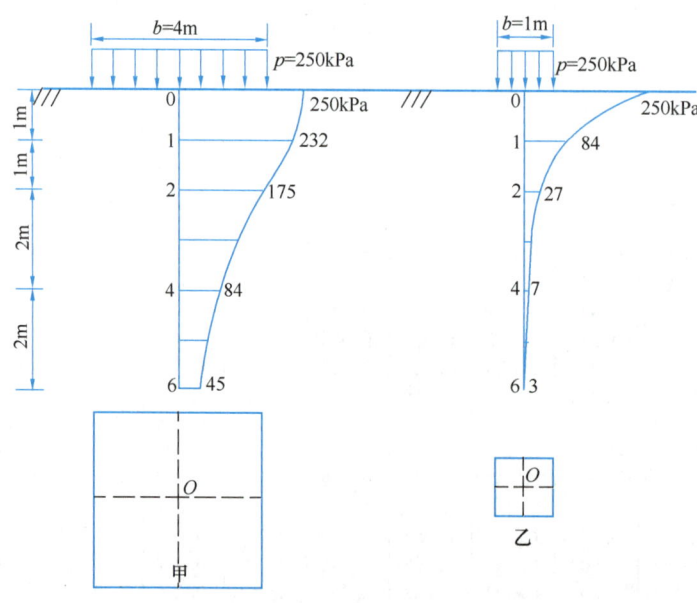

图 3-18　例 3.4 地基附加应力分布图

由此可见，在强度相同的竖向均布荷载作用下，基础底面积越大，附加应力传递得越远，换言之在同一深度处所产生的附加应力越大。

基底下深度	甲基础				乙基础			
z(m)	l/b	z/b	α_c	$\sigma_z=4\alpha_c p_0$(kPa)	l/b	z/b	α_c	$\sigma_z=4\alpha_c p_0$(kPa)
0		0	0.250	250		0	0.250	250
1		0.5	0.232	232		2	0.084	84
2	2/2=1	1	0.175	175	0.5/0.5=1	4	0.027	27
4		2	0.084	84		8	0.007	7
6		3	0.045	45		12	0.003	3

2. 矩形面积上三角形分布荷载

如图 3-19 所示,在矩形荷载面上承受三角形分布的竖向荷载,其最大值为 p_0,荷载为零的角点 1 下深度 z 处的 M 点坐标为 $(0,0,z)$,且 $p(x,y)=x/b\,p_0$,由式(3-14)可求得相应的竖向应力 σ_z 为:

$$\sigma_z = \frac{3z^3}{2\pi}p_0\int_0^l\int_0^b\frac{\frac{x}{b}\mathrm{d}x\mathrm{d}y}{(x^2+y^2+z^2)^{5/2}}=\alpha_{t1}p_0$$

(3-17)

$$\alpha_{t1}=\frac{1}{2\pi b}\left[\frac{z}{\sqrt{b^2+l^2}}-\frac{z^3}{(b^2+z^2)\sqrt{b^2+l^2+z^2}}\right]$$

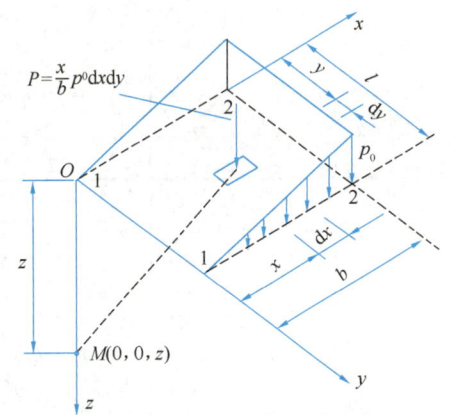

图 3-19 三角形分布的矩形荷载

其中 α_{t1} 为三角形分布荷载角点 1 下的附加应力系数,是 l/b 和 z/b 的函数,可由表 3-4 中查得。

同理,可求得荷载最大值边角点 2 下任意深度 z 处的竖向附加应力 σ_z 为:

$$\sigma_z=(\alpha_c-\alpha_{t1})p_0=\alpha_{t2}p_0$$

(3-18)

应力系数 α_{t2} 亦可由表 3-4 查取。

三角形分布的矩形荷载角点下的竖向附加应力系数 α_{t1} 和 α_{t2} 表 3-4

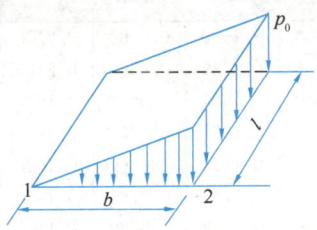

z/b \ l/b	0.2		0.4		0.6		0.8		1.0	
点	1	2	1	2	1	2	1	2	1	2
0.0	0.0000	0.2500	0.0000	0.2500	0.0000	0.2500	0.0000	0.2500	0.0000	0.2500
0.2	0.0223	0.1821	0.0280	0.2115	0.0296	0.2165	0.0301	0.2178	0.0304	0.2182
0.4	0.0269	0.1094	0.0420	0.1604	0.0487	0.1781	0.0517	0.1844	0.0531	0.1870
0.6	0.0259	0.0700	0.0448	0.1165	0.0560	0.1405	0.0621	0.1520	0.0654	0.1575
0.8	0.0232	0.0480	0.0421	0.0853	0.0553	0.1093	0.0637	0.1232	0.0688	0.1311
1.0	0.0201	0.0346	0.0375	0.0638	0.0508	0.0852	0.0602	0.0996	0.0666	0.1086
1.2	0.0171	0.0260	0.0324	0.0491	0.0450	0.0673	0.0546	0.0807	0.0615	0.0901

z/b \ l/b 点	0.2		0.4		0.6		0.8		1.0	
	1	2	1	2	1	2	1	2	1	2
1.4	0.0145	0.0202	0.0278	0.0386	0.0392	0.0540	0.0483	0.0661	0.0554	0.0751
1.6	0.0123	0.0160	0.0238	0.0310	0.0339	0.0440	0.0424	0.0547	0.0492	0.0628
1.8	0.0105	0.0130	0.0204	0.0254	0.0294	0.0363	0.0371	0.0457	0.0435	0.0534
2.0	0.0090	0.0108	0.0176	0.0211	0.0255	0.0304	0.0324	0.0387	0.0384	0.0456
2.5	0.0063	0.0072	0.0125	0.0140	0.0183	0.0205	0.0236	0.0265	0.0284	0.0318
3.0	0.0046	0.0051	0.0092	0.0100	0.0135	0.0148	0.0176	0.0192	0.0214	0.0233
5.0	0.0018	0.0019	0.0036	0.0038	0.0054	0.0056	0.0071	0.0074	0.0088	0.0091
7.0	0.0009	0.0010	0.0019	0.0019	0.0028	0.0029	0.0038	0.0038	0.0047	0.0047
10.0	0.0005	0.0004	0.0009	0.0010	0.0014	0.0014	0.0019	0.0019	0.0023	0.0024

z/b \ l/b 点	1.2		1.4		1.6		1.8		2.0	
	1	2	1	2	1	2	1	2	1	2
0.0	0.0000	0.2500	0.0000	0.2500	0.0000	0.2500	0.0000	0.2500	0.0000	0.2500
0.2	0.0305	0.2184	0.0305	0.2185	0.0306	0.2185	0.0306	0.2185	0.0306	0.2185
0.4	0.0539	0.1881	0.0543	0.1866	0.0545	0.1889	0.0546	0.1891	0.0547	0.1892
0.6	0.0673	0.1602	0.0684	0.1616	0.0690	0.1625	0.0694	0.1630	0.0696	0.1633
0.8	0.0720	0.1355	0.0739	0.1381	0.0751	0.1396	0.0759	0.1405	0.0764	0.1414
1.0	0.0708	0.1143	0.0735	0.1176	0.0753	0.1202	0.0766	0.1215	0.0774	0.1225
1.2	0.0664	0.0962	0.0698	0.1007	0.0721	0.1037	0.0738	0.1055	0.0749	0.1069
1.4	0.0606	0.0817	0.0664	0.0864	0.0672	0.0897	0.0692	0.0921	0.0707	0.0937
1.6	0.0545	0.0696	0.0586	0.0743	0.0616	0.0780	0.0639	0.0806	0.0656	0.0826
1.8	0.0487	0.0596	0.0528	0.0644	0.0560	0.0681	0.0585	0.0709	0.0604	0.0730
2.0	0.0434	0.0513	0.0474	0.0560	0.0507	0.0596	0.0533	0.0625	0.0553	0.0649
2.5	0.0326	0.0365	0.0362	0.0405	0.0393	0.0440	0.0419	0.0469	0.0440	0.0491
3.0	0.0249	0.0270	0.0280	0.0303	0.0307	0.0333	0.0331	0.0359	0.0352	0.0380
5.0	0.0104	0.0108	0.0120	0.0123	0.0135	0.0139	0.0148	0.0154	0.0161	0.0167
7.0	0.0056	0.0056	0.0064	0.0066	0.0073	0.0074	0.0081	0.0083	0.0089	0.0091
10.0	0.0028	0.0028	0.0033	0.0032	0.0037	0.0037	0.0041	0.0042	0.0046	0.0046

z/b \ l/b 点	3.0		4.0		6.0		8.0		10.0	
	1	2	1	2	1	2	1	2	1	2
0.0	0.0000	0.2500	0.0000	0.2500	0.0000	0.2500	0.0000	0.2500	0.0000	0.2500
0.2	0.0306	0.2186	0.0306	0.2186	0.0306	0.2186	0.0306	0.2186	0.0306	0.2186
0.4	0.0548	0.1894	0.0549	0.1894	0.0549	0.1894	0.0549	0.1896	0.0549	0.1894
0.6	0.0701	0.1638	0.0702	0.1639	0.0702	0.1640	0.0702	0.1640	0.0702	0.1640
0.8	0.0773	0.1423	0.7760	0.1424	0.0760	0.1426	0.0776	0.1426	0.0776	0.1426
1.0	0.0790	0.1244	0.0794	0.1248	0.0795	0.1250	0.0796	0.1250	0.0796	0.1250
1.2	0.0774	0.1096	0.0779	0.1103	0.0782	0.1105	0.0783	0.1105	0.0783	0.1105
1.4	0.0739	0.0973	0.0748	0.0982	0.0752	0.0986	0.0752	0.0987	0.0753	0.0987
1.6	0.0697	0.0870	0.0708	0.0882	0.0714	0.0887	0.0715	0.0888	0.0715	0.0889
1.8	0.0652	0.0782	0.0666	0.0797	0.0673	0.0805	0.0675	0.0806	0.0675	0.0808
2.0	0.0607	0.0707	0.0624	0.0726	0.0634	0.0734	0.0636	0.0736	0.0636	0.0738
2.5	0.0504	0.0559	0.0529	0.0585	0.0543	0.0601	0.0547	0.0604	0.0548	0.0605
3.0	0.0419	0.0451	0.0449	0.0482	0.0469	0.0504	0.0474	0.0509	0.0476	0.0511
5.0	0.0214	0.0221	0.0248	0.0256	0.0283	0.0209	0.0296	0.0303	0.0301	0.0309
7.0	0.0124	0.0126	0.0152	0.0154	0.186	0.0190	0.0204	0.0207	0.0212	0.0216
10.0	0.0066	0.0066	0.0084	0.0083	0.0111	0.0111	0.0128	0.0130	0.0139	0.0141

3. 圆形面积上均布荷载

当半径为 r_0 圆形面上作用均布荷载 p_0 时，以圆形荷载的中心点为坐标原点 O（图 3-20），在荷载作用面上取微元面积 $dA = rdrd\theta$，该面上作用集中力 $dF = p_0drd\theta$，代入式（3-12）可求得均布圆形荷载中心下任意深度 z 处 M 点的竖向附加应力 σ_z：

$$\sigma_z = \alpha_0 p_0 \tag{3-19}$$

其中，$\alpha_0 = 1 - \dfrac{1}{\left(\dfrac{1}{z^2/r_0^2} + 1\right)^{3/2}}$。

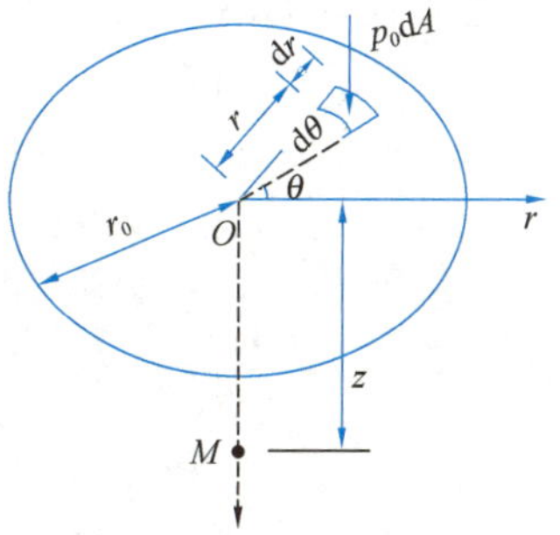

图 3-20　均布圆形荷载中心下的 σ_z

同理可得均布圆形荷载周边下的附加应力为：

$$\sigma_z = \alpha_r p_0 \tag{3-20}$$

式中　α_0、α_r——分别为均布圆形荷载中心和周边下深度 z 处的附加应力系数，可按 z/r_0 由表 3-5 查取。

均布圆形荷载中心点及圆周边下的附加应力系数 α_0、α_r 表 3-5

z/r_0 系数	α_0	α_r	z/r_0 系数	α_0	α_r	z/r_0 系数	α_0	α_r
0.0	1.000	0.500	1.6	0.390	0.243	3.2	0.130	0.108
0.1	0.999	0.494	1.7	0.360	0.230	3.3	0.123	0.103
0.2	0.992	0.467	1.8	0.332	0.218	3.4	0.117	0.098
0.3	0.976	0.451	1.9	0.307	0.207	3.5	0.111	0.094
0.4	0.949	0.435	2.0	0.284	0.196	3.6	0.106	0.090
0.5	0.911	0.417	2.1	0.264	0.186	3.7	0.100	0.086
0.6	0.864	0.400	2.2	0.246	0.176	3.8	0.096	0.083
0.7	0.811	0.383	2.3	0.229	0.167	3.9	0.091	0.079
0.8	0.756	0.366	2.4	0.213	0.159	4.0	0.087	0.076
0.9	0.701	0.349	2.5	0.200	0.151	4.2	0.079	0.070
1.0	0.646	0.332	2.6	0.187	0.144	4.4	0.073	0.065
1.1	0.595	0.316	2.7	0.175	0.137	4.6	0.067	0.060
1.2	0.547	0.300	2.8	0.165	0.130	4.8	0.062	0.056
1.3	0.502	0.285	2.9	0.155	0.124	5.0	0.057	0.052
1.4	0.461	0.270	3.0	0.146	0.118	6.0	0.040	0.038
1.5	0.420	0.256	3.1	0.138	0.113	10.0	0.015	0.014

3.4.2.2　线荷载和条形荷载作用下的地基附加应力

若弹性半空间体表面作用有无限长条形分布荷载（图 3-21），荷载沿宽度方向可变，而沿长度方向不变，此时地基土中的应力状态属于平面应变问题。土体中任一点 M 的应力只与该点的平面坐标（x，z）有关，与荷载长度方向 y 坐标无关。实际工程中不存在无限长的条形荷载，但当荷载面积的长宽比 $l/b \geqslant 10$ 时，计算的附加应力 σ_z 与按 $l/b = \infty$ 时的解已极为接近。因此，工程中常把墙基、路基、坝基、挡土墙基础等视为平面问题计算地基附加应力。

（1）线荷载

在弹性半空间表面一无限长直线上作用的均布荷载称线荷载。如图 3-22 所示，设一

竖向线荷载 $\overline{p}$（kN/m）作用在 y 轴上。沿 y 轴取一微段 dy，其上作用集中力 $dF = \overline{p}dy$，利用式（3-12）可得：

$$d\sigma_z = \frac{3z^3 \overline{p} dy}{2\pi R^5} \tag{3-21}$$

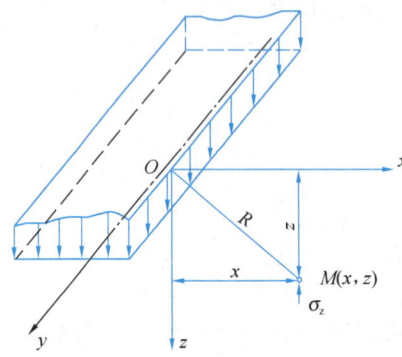
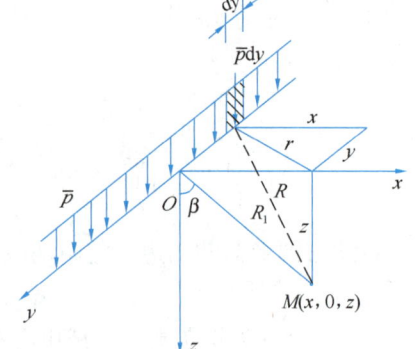

图 3-21　无限长条形分布荷载　　　　图 3-22　线荷载作用

对上式进行积分，并根据几何关系（图 3-22）$\cos\beta = z/R_1$，$\sin\beta = x/R_1$，$R_1 = (x^2 + z^2)^{1/2}$，可得：

$$\sigma_z = \frac{2\overline{p}}{\pi z} \cos^4\beta = \frac{2\overline{p}z^3}{\pi (x^2 + z^2)^2} \tag{3-22}$$

同理可得：

$$\sigma_x = \frac{2\overline{p}}{\pi z} \cos^2\beta \sin^2\beta = \frac{2\overline{p}}{\pi z} \frac{z^2 x^2}{R_1^4} = \frac{2\overline{p}x^2 z}{\pi (x^2 + z^2)^2} \tag{3-23}$$

$$\tau_{xz} = \tau_{zx} = \frac{2\overline{p}}{\pi z} \cos^3\beta \sin\beta = \frac{2\overline{p}}{\pi z} \frac{z^3 x}{R_1^4} = \frac{2\overline{p}z^2 x}{\pi (x^2 + z^2)^2} \tag{3-24}$$

由于线荷载沿 y 轴均匀分布且无限延伸，因此与 y 轴垂直的任何平面上的应力状态完全相同。根据弹性力学原理可得：

$$\tau_{xy} = \tau_{yx} = \tau_{yz} = \tau_{zy} = 0 \tag{3-25}$$

$$\sigma_y = \mu(\sigma_z + \sigma_x) \tag{3-26}$$

上式即为弹性理论中的费拉曼（Flamant）解。

（2）均布条形荷载

实际工程中，常见的是有限宽度的均布条形荷载。如图 3-23 所示，设条形荷载宽度为 b，荷载强度为 p_0。沿 x 轴取一微段 $d\xi$，利用式（3-22）求出线荷载 $d\overline{p} = p_0 d\xi$ 在任一 M 点所引起的竖向附加应力为：

$$d\sigma_z = \frac{2p_0}{\pi} \cdot \frac{z^3 d\xi}{[(x-\xi)^2 + z^2]^2} \tag{3-27}$$

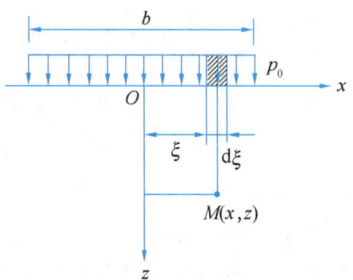

图 3-23　均布条形荷载

再将上式沿宽度由 $-b/2$ 积分至 $b/2$，即可得到条形基底受均布荷载作用时的竖向附加应力 σ_z 为：

$$\sigma_z = \alpha_{sz} p_0 \tag{3-28}$$

$$\alpha_{sz} = \frac{1}{\pi}\left[\arctan\frac{1-2n}{2m} + \arctan\frac{1+2n}{2m} - \frac{4m(4n^2-4m^2-1)}{(4n^2+4m^2-1)^2+16m^2}\right] \tag{3-29}$$

同理，可得出 M 点另外两个附加应力分量 σ_x 和 τ_{xz} 如下：

$$\sigma_x = \alpha_{sx}p_0\,;\ \tau_{xz} = \tau_{zx} = \alpha_{sxz}p_0 \tag{3-30}$$

$$\alpha_{sx} = \frac{1}{\pi}\left[\arctan\frac{1-2n}{2m} + \arctan\frac{1+2n}{2m} + \frac{4m(4n^2-4m^2-1)}{(4n^2+4m^2-1)^2+16m^2}\right] \tag{3-31}$$

$$\alpha_{sxz} = \frac{1}{\pi}\left[\frac{32m^2n}{(4n^2+4m^2-1)^2+16m^2}\right] \tag{3-32}$$

以上式中 α_{sz}、α_{sx} 和 α_{sxz} 分别为均布条形荷载下相应的三个附加应力系数，都是 $m = z/b$ 和 $n = x/b$ 的函数，可由表 3-6 查取。

均布条形荷载下的附加应力系数   表 3-6

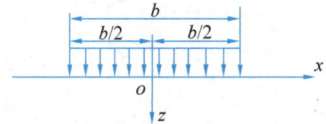

z/b	x/b																	
	0.00			0.25			0.50			1.00			1.50			2.00		
	α_{sz}	α_{sx}	α_{sxz}	α_{sz}	α_{sx}	α_{sxz}	α_{sz}	α_{sx}	α_{sxz}	α_{sz}	α_{sx}	α_{sxz}	α_{sz}	α_{sx}	α_{sxz}	α_{sz}	α_{sx}	α_{sxz}
0.00	1.00	1.00	0	1.00	1.00	0	0.50	0.59	0.32	0	0	0	0	0	0	0	0	0
0.25	0.96	0.45	0	0.90	0.39	0.13	0.50	0.35	0.30	0.02	0.17	0.05	0.00	0.07	0.01	0	0.04	0
0.50	0.82	0.18	0	0.74	0.19	0.16	0.48	0.23	0.26	0.08	0.21	0.13	0.02	0.12	0.04	0	0.07	0.02
0.75	0.67	0.08	0	0.61	0.10	0.13	0.45	0.14	0.20	0.15	0.22	0.16	0.04	0.14	0.07	0.02	0.10	0.04
1.00	0.55	0.04	0	0.51	0.05	0.10	0.41	0.09	0.16	0.19	0.15	0.16	0.07	0.14	0.10	0.03	0.13	0.05
1.25	0.46	0.02	0	0.44	0.03	0.07	0.37	0.06	0.12	0.20	0.11	0.14	0.10	0.12	0.10	0.04	0.11	0.07
1.50	0.40	0.01	0	0.38	0.02	0.06	0.33	0.04	0.10	0.21	0.08	0.13	0.11	0.10	0.10	0.06	0.10	0.07
1.75	0.35	—	0	0.34	0.01	0.04	0.30	0.03	0.08	0.21	0.06	0.11	0.13	0.09	0.10	0.07	0.09	0.08
2.00	0.31	—	0	0.31	—	0.03	0.28	0.02	0.06	0.20	0.05	0.10	0.14	0.07	0.10	0.08	0.08	0.08
3.00	0.21	—	0	0.21	—	0.02	0.20	0.01	0.03	0.17	0.02	0.06	0.13	0.03	0.07	0.10	0.04	0.07
4.00	0.16	—	0	0.16	—	0.01	0.15	—	0.02	0.14	0.01	0.03	0.12	0.02	0.05	0.10	0.03	0.05
5.00	0.13	—	0	0.13	—	—	0.12	—	—	0.12	—	—	0.11	—	—	0.09	—	—
6.00	0.11	—	0	0.10	—	—	0.10	—	—	0.10	—	—	0.10	—	—	—	—	—

【例 3.5】 某条形基础如图 3-24 所示，作用于基础上的轴力为 $F = 400\text{kN/m}$，基底宽度为 $b = 2.0\text{m}$，埋深为 $d = 1.5\text{m}$，埋深范围内土层重度 $\gamma = 18.0\text{kN/m}^3$，试计算：①基底 o 点下的地基附加应力分布；②深度 $z = 2\text{m}$ 处的水平面上的附加应力分布，并分析其变化规律。

【解】 沿着长度方向取 $l = 1.0\text{m}$ 进行计算。

（1）计算基底平均压力

$$p = \frac{F+G}{b \cdot l} = \frac{400 + 20 \times 2.0 \times 1.0 \times 1.5}{2.0 \times 1.0} = 230.0\text{kPa}$$

（2）计算基底平均附加压力

$$p_0 = p - \gamma_0 d = 230.0 - 18.0 \times 1.5 = 203.0\text{kPa}$$

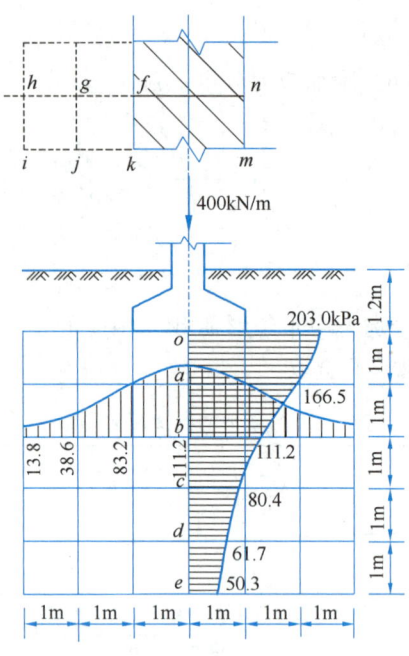

图 3-24　例 3.5 附图

（3）计算地基附加应力，可采用两种方法求解。

方法一：利用"角点法"，查前面表 3-4 中 l/b 为条形的数据进行列表计算，结果如表 3-7 所示。

利用"角点法"计算的各系数值　　　　　　　　　　　表 3-7

项目 计算面	点号	z（m）	l/b	z/b	α_c	$\sigma_z = \alpha_c p_0$ （kPa）
竖直面	o	0	条形	0	4×0.250	203.0
	a	1		1	4×0.205	166.5
	b	2		2	4×0.137	111.2
	c	3		3	4×0.099	80.4
	d	4		4	4×0.076	61.7
	e	5		5	4×0.062	50.3
水平面	f	2	条形	见表后说明	0.41	83.2
	g	2			0.19	38.6
	h	2			0.068	13.8

说明：

f 点，荷载面边缘：

$$z/b = 2/2 = 1, \quad \alpha_c = 2 \times 0.205 = 0.41$$

g 点，荷载面外：

$$\sigma_z = (\alpha_{c\,\mathrm{I}} - \alpha_{c\,\mathrm{II}}) p_0$$

$\alpha_{c\,I}$ 为荷载面积 $gjmn$ 应力系数：

$$z/b=2/3=0.67,\quad \alpha_{c\,I}=2\times0.232=0.464$$

$\alpha_{c\,II}$ 为荷载面积 $fgjk$ 应力系数：

$$z/b=2/1=2,\quad \alpha_{c\,II}=2\times0.137=0.274$$

$$\sigma_z=(\alpha_{c\,I}-\alpha_{c\,II})p_0=(0.464-0.274)\times203.0=38.6\text{kPa}$$

h 点，荷载面外，其中：

$\alpha_{c\,I}$ 为荷载面积 $nhim$ 应力系数：

$$z/b=2/4=0.5,\quad \alpha_{c\,I}=2\times0.239=0.478$$

$\alpha_{c\,II}$ 为荷载面积 $fhik$ 应力系数：

$$z/b=2/2=1,\quad \alpha_{c\,II}=2\times0.205=0.410$$

$$\sigma_z=(\alpha_{c\,I}-\alpha_{c\,II})p_0=(0.478-0.410)\times203.0=13.8\text{kPa}$$

方法二：直接利用表 3-6 计算，结果如表 3-8 所示。

例 3.5 计算表　　　　　　　　　　　　表 3-8

点号	z(m)	x(m)	x/b	z/b	α_{sz}	$\sigma_z=\alpha_c\,p_0$(kPa)
o	0	0	0	0	1.000	203.0
a	1	0	0	0.5	0.820	166.5
b	2	0	0	1.0	0.548	111.2
c	3	0	0	1.5	0.396	80.4
d	4	0	0	2.0	0.304	61.7
e	5	0	0	2.5	0.248	50.3
f	2	1	0.5	1	0.410	83.2
g	2	2	1.0	1	0.190	38.6
h	2	3	1.5	1	0.068	13.8

由分布图可得均布矩形荷载下地基附加应力的分布规律如下：

① 附加应力 σ_z 自基底起算，在任意竖直线上随深度呈曲线衰减。

② σ_z 具有一定的扩散性。它不仅分布在基底范围内，而且分布在基底荷载面积以外相当大的范围。

③ 基底下任意深度水平面上的 σ_z，在基底中轴线上最大，随距中轴线距离越远越小。

④ 在距中轴线任意 r （$r>0$）处的竖直线上，σ_z 随深度 z 的增加而减小。

地基附加应力的分布规律还可用"等值线"图描述，等值线图即为同一应力的相同数值点的连线，类似地形等高线。图 3-25 为均布条形荷载下附加应力 σ_z、σ_x 和 τ_{xz} 的等值线图，以及均布方形荷载下 σ_z 的等值线图。由图 3-25 （a）和（b）可见，方形荷载引起的 σ_z，其影响深度要比条形荷载小得多，如方形荷载中心下 $z=2b$ 处 $\sigma_z\approx0.1p_0$，而在条形荷载下的 $\sigma_z=0.1p_0$ 等值线则约在中心下 $z=6b$ 处。这是由于在 p_0 及宽度相同的条件下，均布条形荷载面积比均布方形荷载的大、在相邻荷载作用下应力产生叠加的结果。图3-25（c）和（d）表明，σ_x 的影响范围较浅，故基础下地基土的侧向变形主要发生在浅层，而 τ_{xz} 的最大值出现在荷载边缘，故位于基础边缘下的土容易发生剪切破坏，首先出现塑性变形区（详见第 7 章）。

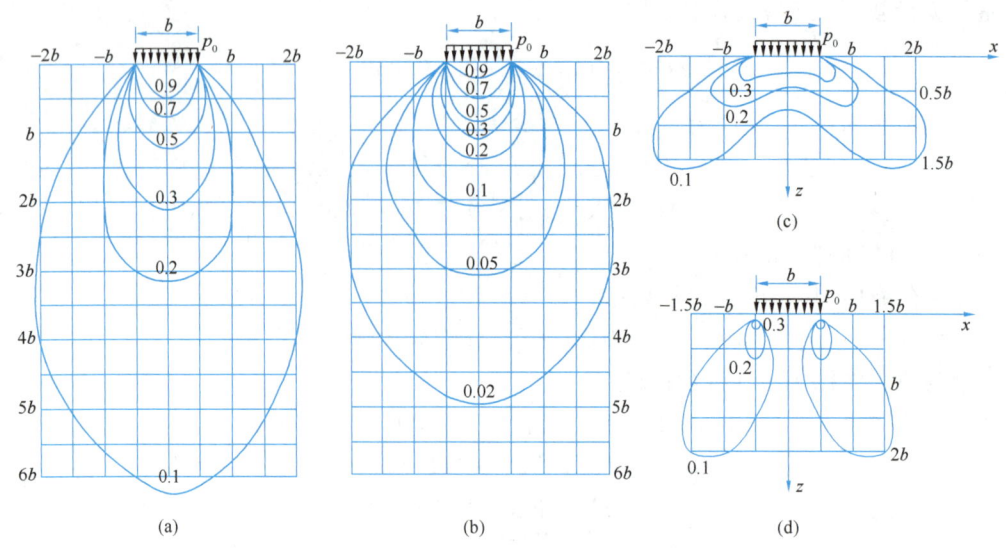

图 3-25　地基附加应力等值线图

(a) 等 σ_z 线（条形荷载）；(b) 等 σ_z 线（方形荷载）；(c) 等 σ_x 线（条形荷载）；(d) 等 τ_{xz} 线（条形荷载）

3.4.3　非均质和各向异性地基中的附加应力

以上介绍地基附加应力计算都是把地基土看作均质和各向同性的线性变形体，按弹性力学解答计算，而实际的地基土并非如此。如有的是由不同压缩性土质组成的成层地基；有的是同一土层，压缩性随深度增加而减小（这种现象在砂土中尤其显著）；有的土层竖直方向和水平方向的性质不同。这些都影响附加应力的分布。此时应该考虑地基不均匀和各向异性对附加应力计算的影响。

3.4.3.1　双层地基（非均质地基）

（1）上软下硬土层

在山区，通常基岩埋藏较浅，其表层为可压缩的土层，呈现上软下硬情况（图 3-26a）。此时，压缩土层中荷载中轴线附近的附加应力值比均质土时（图中虚线）有所增

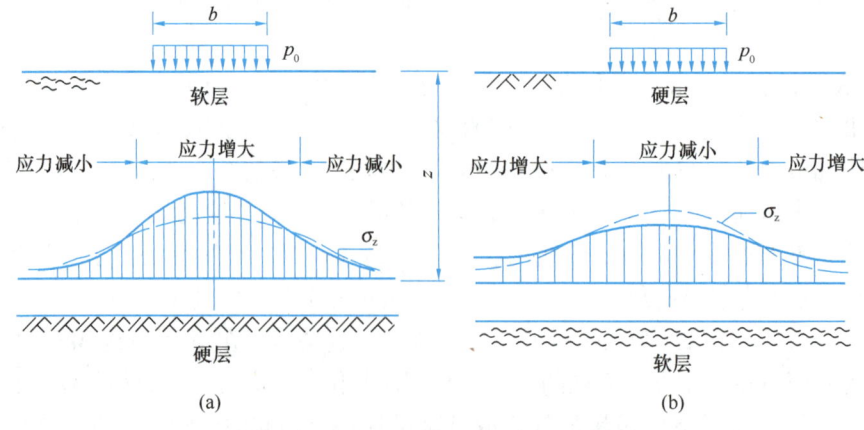

图 3-26　非均质地基对附加应力的影响

（虚线表示均质地基中水平面上的附加应力分布）

（a）应力集中现象；（b）应力扩散现象

大，离开中轴线应力逐渐减小，至某一水平距离后，应力小于均质土时的应力。即对于上软下硬的土层，存在所谓应力集中现象。

应力集中与荷载作用面的宽度 b、压缩土层厚度 h 以及上下界面摩擦力有关，叶洛夫（K. E. EropoB）给出了竖向均布条形荷载下，上软下硬土层沿荷载面中轴线上各点的附加应力计算公式为：

$$\sigma_z = \alpha_D p_0 \tag{3-33}$$

式中　α_D——附加应力系数，查表 3-9。

可见，岩层埋藏越浅，应力集中的影响越显著，当可压缩土层的厚度小于或等于荷载面宽度的一半时，荷载面积下的 σ_z 几乎不扩散，即可认为中点下的 σ_z 不随深度变化。

附加应力系数 α_D　　　　表 3-9

z/h	下卧层的埋藏深度		
	$h=0.5b$	$h=b$	$h=2.5b$
0	1.000	1.00	1.00
2	1.009	0.99	0.87
0.4	1.020	0.92	0.57
0.6	1.024	0.84	0.44
0.8	1.023	0.78	0.37
1.0	1.022	0.76	0.36

（2）上硬下软情况

当土层出现上硬下软情况时，如软土地基地表硬壳层下有较深厚软土层，道路工程中刚性路面下有压缩性相对较大的土层等，往往出现应力扩散现象（图 3-26b）。

图 3-27 为双层地基荷载中心线上竖向附加应力 σ_z 分布图。由图可见，附加应力 σ_z 随深度的增加迅速减小。图中曲线 1 表示均质地基情况；曲线 2 表示上软下硬，σ_z 产生应力集中现象；曲线 3 表示上硬下软，σ_z 产生应力扩散现象。

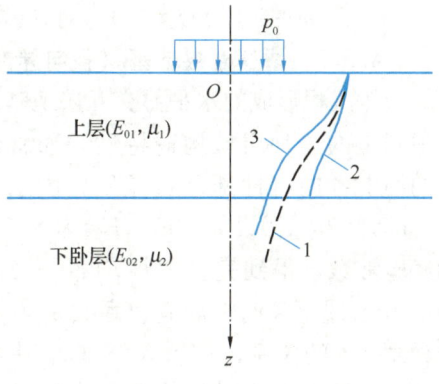

图 3-27　双层地基竖向应力分布的比较

上硬下软双层地基中上层土越厚，应力扩散现象越明显。而且双层地基的变形模量 E_0、泊松比 μ 也会影响应力扩散，即式（3-34）中参数 f 越大，应力扩散现象越明显。

$$f = \frac{E_{01}}{E_{02}} \cdot \frac{1 - \mu_2^2}{1 - \mu_1^2} \tag{3-34}$$

为便于计算，叶洛夫引出了不计上下界面摩擦力时，竖向均布条形荷载下，界面上 M 点的附加应力计算公式：

$$\sigma_z = \alpha_E p_0 \tag{3-35}$$

式中　α_E——附加应力系数，查表 3-10。

$b/2h$	$f=1$	$f=2$	$f=10$	$f=15$
0	1.00	1.00	1.00	1.00
0.5	1.02	0.95	0.87	0.82
1.0	0.90	0.69	0.58	0.52
2.0	0.60	0.41	0.33	0.29
3.33	0.39	0.36	0.20	0.18
5.0	0.27	0.17	0.16	0.12

注：h 为上层土的厚度；f 的计算式见式（3-34）。

3.4.3.2 变形模量随深度增大的地基（非均质地基）

在地基中，土的变形模量 E_0 常随地基深度增大而增大。这种现象在砂土中尤其显著，这是由土体在沉积过程中的受力条件所决定的，与通常假定的均质地基（E_0 值不随深度变化）相比较，沿荷载中心线下，前者的地基附加应力 σ_z 将产生应力集中。这种现象从试验和理论上都得到了证实。

对于一个集中力作用下地基附加应力 σ_z 的计算，可采用弗罗利克（Frohlich）等建议的半经验公式，即对式（3-10）进行修正：

$$\sigma_z = \frac{\omega F}{2\pi R^2} \cos^\omega \theta \tag{3-36}$$

式中 ω——应力集中因素，对黏土或完全弹性体，$\omega=3$［符合式（3-12）］；对硬土，$\omega=6$（较密实的）；对在砂土与黏土之间的土质，$\omega=3\sim6$。

3.4.3.3 薄交互层地基（各向异性地基）

天然沉积形成的水平薄交互层地基，其水平向变形模量 E_{0h} 常大于竖向变形模量 E_{0v}，

考虑到土的这种层状构造特性与通常假定的均质各向特性地基有差别，沃尔夫（Wolf，1935）假设 $m=E_{0h}/E_{0v}$ 为大于 1 的经验常数，得到完全柔性均布条形荷载 p_0 中心线下竖向附加应力系数 α_w 与相对深度 z/b 的关系，如图 3-28（a）中实线所示，图中虚线对应均布各向同性时的解答。可见，考虑 $E_{0h} > E_{0v}$ 的影响，附加应力系数 α_w 将随 m 值的增大而减小。

韦斯脱加特（Westergard，1938）假设半空间体内夹有极小、完全柔性的水平薄层，这些薄层只允许发生竖向变形，

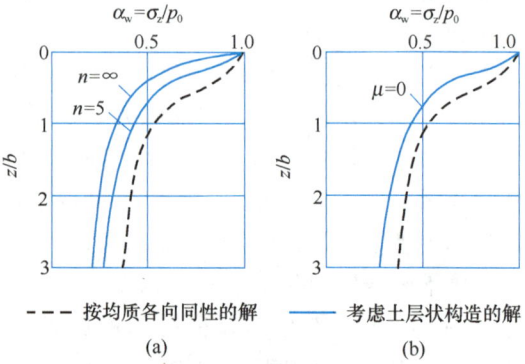

图 3-28 土的层状构造对应力系数的影响
(a) $m=E_{0h}/E_{0v}>1$；(b) 根据韦斯脱加特的解（$\mu=0$）

从而得到集中力 F 作用下地基附加应力 σ_z 的计算公式：

$$\sigma_z = \frac{C}{2\pi} \cdot \frac{1}{[C^2+(r/2)^2]^{3/2}} \cdot \frac{F}{z^2} = \alpha_w \cdot \frac{F}{z^2} \tag{3-37}$$

式中 $C=\sqrt{\dfrac{1-2\mu}{2(1-\mu)}}$，$\mu$ 为柔性薄层的泊松比。

如取 $\mu=0$，则 $C=\sqrt{\dfrac{1}{2}}$。

图 3-28（b）给出了均布条形荷载中心线下竖向应力系数 α_w 与 z/b 的关系。需指出，土的泊松比 μ 一般为 $0.3\sim0.4$，μ 值越大，所得附加应力系数 α_w 越小。

3.5 有效应力原理

3.5.1 有效应力基本概念

土中应力计算是为了解决土体受力后的变形和强度问题，而作为三相体系的土体，并非所有应力都影响其变形和强度。太沙基 1925 年在试验基础上提出了饱和土的有效应力原理，阐明了碎散颗粒材料与连续固体材料在应力-应变关系上的重大区别。

在地基某一深度截取一面积为 A 的饱和土柱，土柱表面作用有均布压力 σ（其包括柱顶面以上土的重力、静水压力及外荷载产生的应力），其断面如图 3-29 所示。若在断面上取紧靠柱顶面通过所

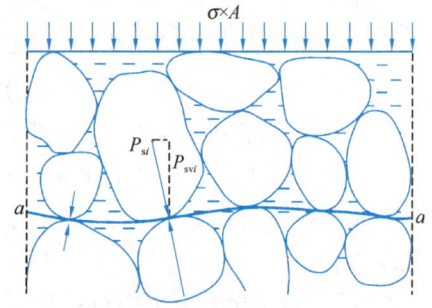

图 3-29 通过颗粒间接触点的
曲面与有效应力原理

经土颗粒间的接触点而不切割颗粒本身的波浪式截面 a-a，则截面平均面积为颗粒接触点面积 A_s 和孔隙水面积 A_w 之和。设该截面上各土颗粒接触面之间作用的法向力为 P_{si}，其竖向分量为 P_{svi}，由 a-a 截面上竖向力的平衡可得：

$$\sigma A = \sum P_{svi} + u A_w \tag{3-38}$$

即：

$$\sigma = \frac{\sum P_{svi}}{A} + u \frac{A_w}{A} \tag{3-39}$$

式中　σ——截面上作用的总应力（kPa）；

　　　u——孔隙水压力（kPa）；

　　P_{svi}——某土颗粒间传递的竖向作用力（kN），即接触力的竖向分量。

由于颗粒间的接触面积 A_s 很小，一般 $\dfrac{A_s}{A}\leqslant0.03$，故 $\dfrac{A_w}{A}\approx1$。再令 $\sigma'=\dfrac{\sum P_{svi}}{A}$，则有：

$$\sigma = \sigma' + u \text{ 或 } \sigma' = \sigma - u \tag{3-40}$$

式（3-40）称为饱和土的有效应力原理或有效应力概念，即饱和土体所受到的总应力为有效应力与孔隙水压力之和。当已知土体中某一点所受的总应力 σ 和相应的孔隙水压力 u，就可推算出该点的有效应力 σ'。

为进一步阐明有效应力原理，可做如下试验。如图 3-30 所示，将一薄层饱和砂样置于容器底部，并在其表面放置钢球，使之受到压力 σ，砂层因而发生压缩，孔隙比减小。若同一试验以注水代替钢球重量，也使砂层表面同样增加压力 σ，这时会发现砂层体积没

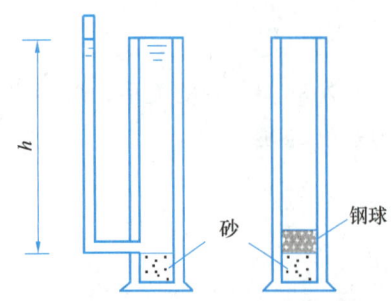

图 3-30 有效应力原理试验说明

有发生压缩或其他变化。正如在容器内放一块浸透了水的棉花，不论向容器内倒多少水，也不能使棉花有丝毫压缩一样。这一现象表明土体中存在两种不同性质的应力。前一种应力即为有效应力 σ'，经由土骨架传递；而后一种应力则为孔隙水压力 u，不能使土体的体积和强度发生变化。

因此有效应力控制了土的变形和强度性能。有效应力引起土颗粒产生位移，使孔隙体积缩小，土体发生压缩变形。同时，有效应力的大小直接影响土的抗剪强度。

由于孔隙水压力在各个方向相等，只能使土颗粒受到等向压力，且土颗粒自身压缩模量很大，压缩变形极小（详见第 4 章），故孔隙水压力对变形没有直接影响。而且水不能承受剪应力，因而孔隙水压力对土的强度也不会产生直接的影响。因此孔隙水压力又称为中性压力。

3.5.2 静水条件下土中有效应力计算

静水条件下某土层分布如图 3-31 所示，已知总应力为自重应力。地下水位位于地面下 h_1 处，地下水位以上土的重度为 γ，地下水位以下土的重度为 γ_{sat}。A 点位于地面下（$h_1 + h_2$）深度处，则作用在 A 点的竖向总应力 σ 为：

$$\sigma = \gamma h_1 + \gamma_{sat} h_2$$

A 点的孔隙水压力 u 为：

$$u = \gamma_w h_2$$

图 3-31　静水条件
有效应力说明

根据有效应力原理，A 点竖向有效应力 σ' 为：

$$\sigma' = \sigma - u = \gamma h_1 + \gamma_{sat} h_2 - \gamma_w h_2 = \gamma h_1 + (\gamma_{sat} - \gamma_w) h_2 = \gamma h_1 + \gamma' h_2$$

式中　γ'——土的浮重度（kN/m^3）。

由此可见，在静水条件下，土中某点的有效应力 σ' 就是该点的（有效）自重应力。

3.5.3 毛细水上升时土中有效应力计算

设地基土层如图 3-32 所示，在深度 h_1 的 B 线下的土已完全饱和，但地下水的自由表面（潜水面）却在其下的 C 线处。这是由于 C 线下的地下水在空气水界面的表面张力作用下，沿着彼此连通的土孔隙形成的复杂毛细网络上升所致。毛细水上升高度 h_c 与土的类别有关（见表 2-4）。

要计算有效应力 σ'，需先计算总应力 σ（此时即为自重应力），计算时 B 线以下的土取其饱和重度。总应力 σ 与孔隙水压力 u 之差即为有效应力 σ'，具体计算见表 3-11。毛细水上升时土中总应力 σ、孔隙水压力 u 及有效应力 σ' 分布图如图 3-32 所示。

由表 3-11 及图 3-32 可见，在毛细水上升区，由于表面张力的作用，孔隙水压力为负值，即 $u = -\gamma_w h_c$（静水压力值以大气压力为基准，故紧靠 B 线下的孔隙水压力为负值），有效应力增加。在地下水位以下，由于水对土颗粒的浮力作用，土的有效应力减少。

计算点		总应力 σ	孔隙水压力 u	有效应力 σ'
A		0	0	0
B	B 点上	γh_1	0	γh_1
	B 点下		$-\gamma_w h_c$	$\gamma h_1 + \gamma_w h_c$
C		$\gamma h_1 + \gamma_{sat} h_c$	0	$\gamma h_1 + \gamma_{sat} h_c$
D		$\gamma h_1 + \gamma_{sat}(h_c + h_2)$	$\gamma_w h_2$	$\gamma h_1 + \gamma_{sat} h_c + \gamma' h_2$

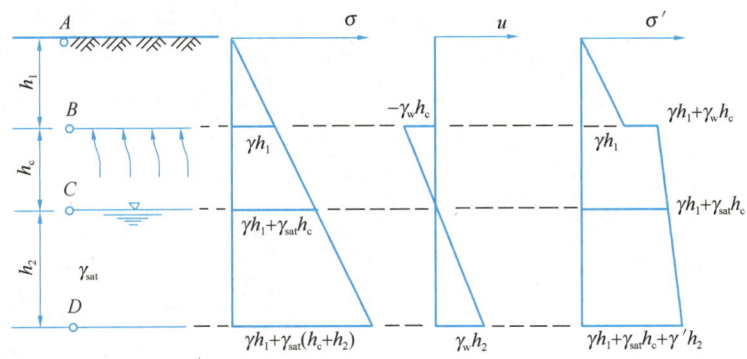

图 3-32　毛细水上升时土中总应力 σ、孔隙水压力 u 及有效应力 σ' 的计算

3.5.4　土中水渗流时（一维渗流）有效应力计算

土中水渗流时产生动水力，将会影响土中有效应力的分布。现通过图 3-33 所示的三种渗流情况，说明土中水渗流（一维渗流）时对有效应力的影响。

图 3-33（a）中水静止不动，即土中 a、b 两点的水头相等；图 3-33（b）表示水自上向下渗流，土中 a、b 两点有水头差 h；图 3-33（c）表示水自下向上渗流，土中 a、b 两点的水头差也是 h。三种情况下计算土的总应力 σ、孔隙水压力 u 及有效应力 σ' 的值均列于表 3-12 中，各分布图见图 3-33。

渗流情况	计算点	总应力 σ	孔隙水压力 u	有效应力 σ'
水静止	a	γh_1	0	γh_1
	b	$\gamma h_1 + \gamma_{sat} h_2$	$\gamma_w h_2$	$\gamma h_1 + (\gamma_{sat} - \gamma_w) h_2$
水自上而下渗流	a	γh_1	0	γh_1
	b	$\gamma h_1 + \gamma_{sat} h_2$	$\gamma_w (h_2 - h)$	$\gamma h_1 + (\gamma_{sat} - \gamma_w) h_2 + \gamma_w h$
水自下而上渗流	a	γh_1	0	γh_1
	b	$\gamma h_1 + \gamma_{sat} h_2$	$\gamma_w (h_2 + h)$	$\gamma h_1 + (\gamma_{sat} - \gamma_w) h_2 - \gamma_w h$

由表 3-12 及图 3-33 可见，三种不同渗流情况时土中总应力 σ 的分布是相同的，即土中水的渗流不影响总应力值。水渗流时土中产生动水力，致使土中有效应力及孔隙水压力发生变化。土中水自上向下渗流时，动水力方向与土的重力方向一致，故有效应力增加，而孔隙水压力相应减少，可导致土层发生压密变形，也称渗流压密。反之，土中水自下向上渗流时，导致土中有效应力减少，孔隙水压力相应增加。

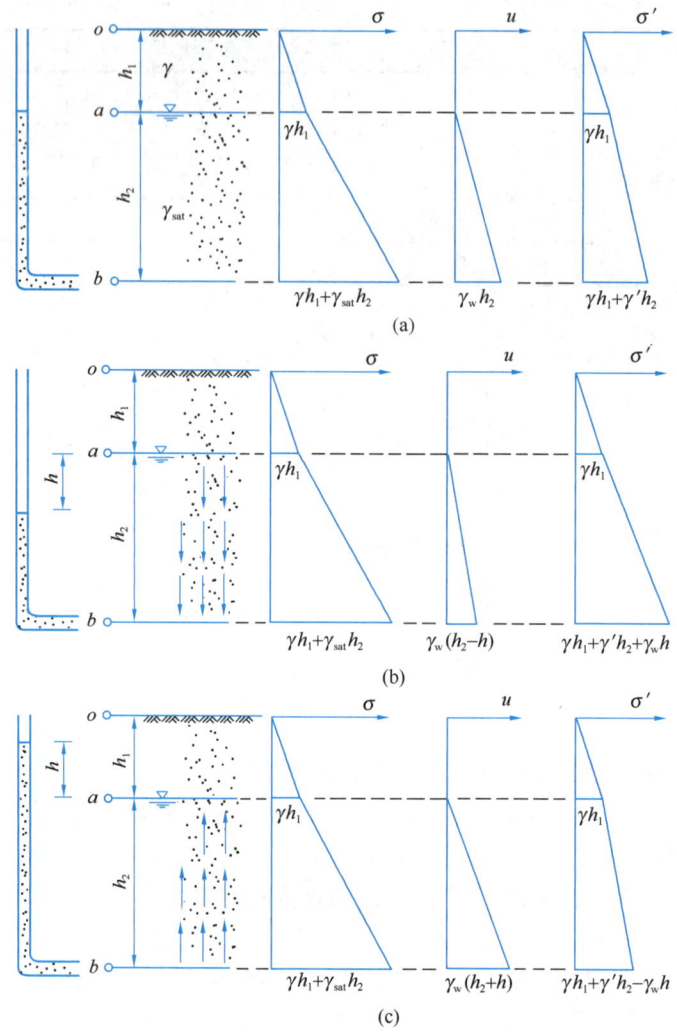

图 3-33　土中水渗流时的总应力 σ、孔隙水压力 u 及有效应力 σ' 的计算

(a) 静水时；(b) 水自上向下渗流；(c) 水自下向上渗流

【例 3.6】 某 10m 厚的饱和黏土层，其下为砂土，如图 3-34 所示。砂土层中有承压水，已知其水头高出 A 点 6m。现要在黏土层中开挖基坑，试求基坑开挖的最大深度 H。

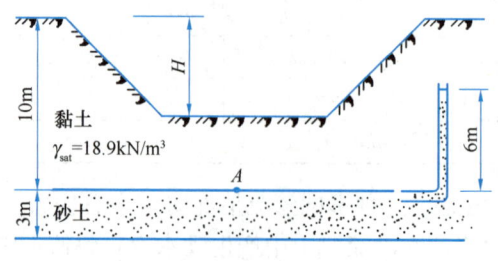

图 3-34　例 3.6 图

【解】 若基坑开挖深度达到 H 后坑底土将隆起失稳，考虑此时 A 点的稳定条件。

A 点的总应力 $\sigma_A = \gamma_{sat}(10 - H) = 18.9 \times (10 - H)$

A 点的孔隙水压力 $u_A = \gamma_w h = 10.0 \times 6 = 60.0$kPa

若 A 点隆起，则其有效应力 $\sigma' = 0$，即

$$\sigma'_A = \sigma_A - u_A = 18.9 \times (10 - H) - 60.0 = 0$$

可解得 $H = 6.83$m

故当基坑开挖深度超过 6.83m 后，坑底土可能出现隆起破坏。

思 考 题

3.1　何谓土中应力？它有哪些分类？如何简化土中应力计算模型？

3.2　土的自重应力在地基中的分布有何特点？地下水位升降对土自重应力有何影响？实际工程中，有哪些问题应考虑其影响？

3.3　什么是基底压力？刚性基础、柔性基础的基底压力分布有何特点？工程中如何计算中心荷载及偏心荷载下的基底压力？

3.4　什么是基底附加压力？在基底压力不变的情况下，基础埋深变化对地基附加应力有何影响？

3.5　地基附加应力产生的原因有哪些？在工程应用中应如何考虑？

3.6　以条形均布荷载下地基附加应力 σ_z 为例，说明附加应力 σ_z 的分布有何特点。

3.7　目前根据什么假设计算地基附加应力？这些假设是否合理可行？归纳总结各种荷载作用下地基附加应力的计算方法。

3.8　试简述太沙基的有效应力原理及其工程应用。

习 题

3.1　某场地地质剖面如图 3-35 所示，试计算地基土自重应力并绘制其分布图。

3.2　某场地地质条件如图 3-36 所示，3m×3m 的方形基础，埋深及柱传给基础的荷载如图所示，从室内地面算起基础的埋深为 2.5m，室内地面比室外地面高 0.5m，试计算该基础基底压力及基底附加压力。

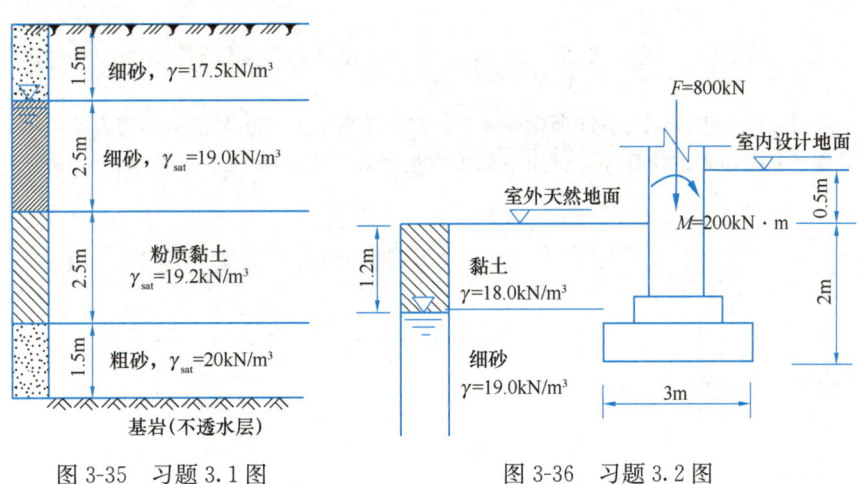

图 3-35　习题 3.1 图　　　　　　　　图 3-36　习题 3.2 图

3.3　在地表作用集中力 $F = 250$kN，计算地面下深度 $z = 2$m 处水平面上的附加应力 σ_z 分布，以及距 F 作用点 $r = 1$m 处竖直面上的附加应力 σ_z 分布。

3.4　如图 3-37 所示，一矩形基础受荷面积为 6m×2m，其上作用均布荷载 $p_0 = 300$kPa，试计算 O、

G 点下方的竖向附加应力分布。

3.5　一建筑物基础为如图 3-38 所示的 $ABCD$，基础面上作用均布荷载 $p_0 = 200kPa$，试求该建筑物的修建引起的基础东北角 G 点下深度 $z = 10m$ 处的附加应力。

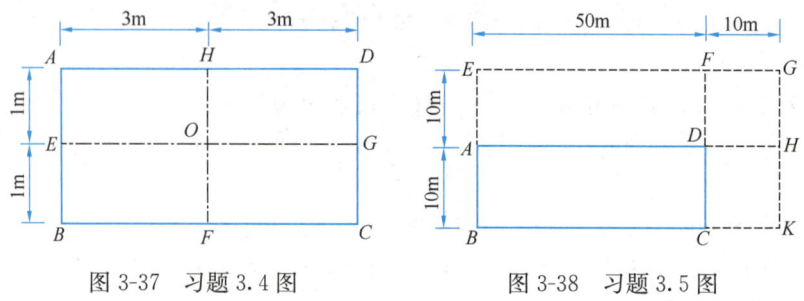

图 3-37　习题 3.4 图　　　　　　　图 3-38　习题 3.5 图

3.6　如图 3-39 所示，一矩形底面基础 $l = 6m$，$b = 4m$，其上作用均布荷载 $p_0 = 100kPa$，用角点法计算矩形基础边线上 K 点下深度 $z = 6m$ 处 N 点的竖向附加应力。

3.7　某矩形基础的底面尺寸及基底附加压力如图 3-40 所示。试分别计算 A、B、C 三点以下 2m 处的竖向附加应力。

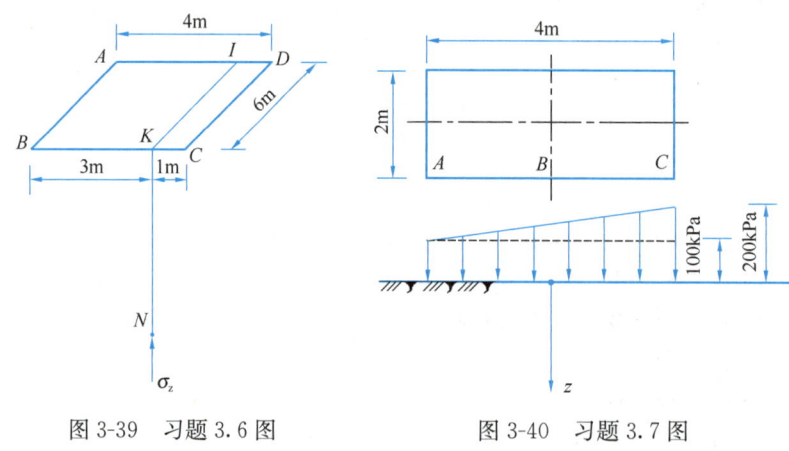

图 3-39　习题 3.6 图　　　　　　　图 3-40　习题 3.7 图

3.8　试用最简单方法计算图 3-41 所示荷载下，M 点下深度 $z = 2m$ 处的附加应力。

3.9　某相邻基础如图 3-42 所示，试用最简单方法计算甲基础角点 C 下深度 $z = 2m$ 处的竖向附加应力。

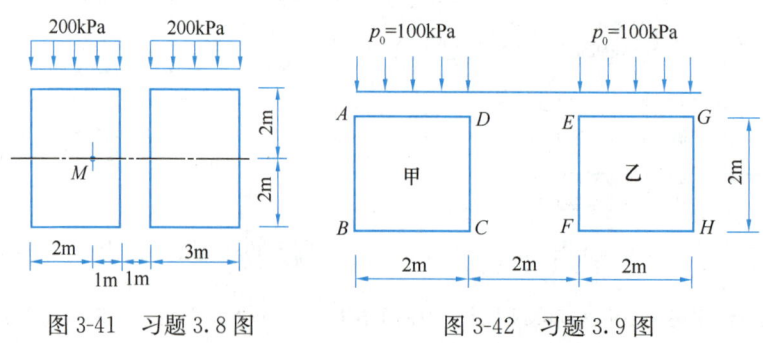

图 3-41　习题 3.8 图　　　　　　　图 3-42　习题 3.9 图

3.10　如图 3-43 所示的条形分布荷载 $p_0 = 150kN/m$，计算 G 点下深度 3m 处的附加应力。

3.11 有一路堤如图 3-44 所示，已知填土重度为 18.5kN/m³，试求路基底面中心点 o 和边缘点 M 下深度 $z=2$m 处的地基附加应力。

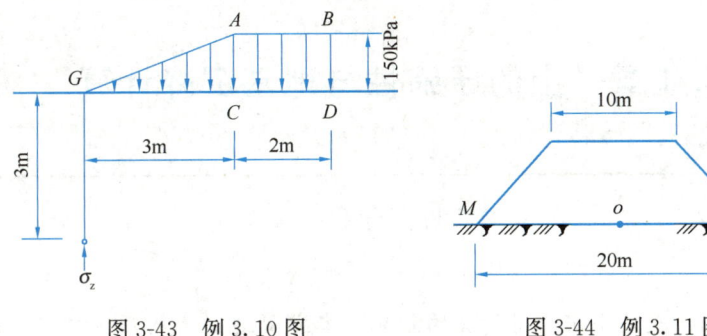

图 3-43 例 3.10 图 　　　　图 3-44 例 3.11 图

第4章 土的压缩性与地基沉降计算

本章提要与要求

内容提要

研究土的压缩性是地基沉降量计算的基础。本章简述了土的压缩特性、地基沉降及固结的基本概念；重点讨论了土的压缩性指标及其试验方法、地基最终沉降量的计算方法；扼要介绍了饱和土一维固结理论及地基变形与时间的关系；初步探讨了应力历史对地基沉降的影响。

基本要求

理解地基土的压缩性、地基沉降和固结的概念。

掌握土的压缩性指标及其试验方法。

掌握地基最终沉降量计算的分层总和法和应力面积法。

掌握饱和土的渗流固结理论及地基沉降与时间的关系。

了解应力历史的概念及对地基沉降的影响。

4.1 概　　述

建筑物荷载通过基础传递给地基，地基原有应力状态发生改变，除承受原有的自重应力外，还将承受附加应力，从而导致地基土产生新的变形，它一般包括体积变形（通常表现为体积缩小）和形状变形（如剪切变形等）。这种土体在外力作用下体积缩小的特性就称为土的压缩性。因此，土的压缩变形必须具备两个条件：① 土体本身具有压缩性；② 土体有外力的作用。

土的压缩变形可由三部分组成：① 固体土颗粒本身的压缩变形；② 土孔隙中水和封闭气体的压缩变形；③土孔隙中水和气体被挤出引起的压缩变形。试验研究表明，在一般压力（100~600kPa）作用下，固体颗粒和水本身的体积压缩量非常微小，可忽略不计。因此，土的压缩可看作是土中水和气体从孔隙中被挤出而引起土颗粒移动、重新排列和互相靠拢挤紧，使土孔隙体积减小。

土体在外力作用下的压缩变形随时间增长的过程称为土的固结。土体完成固结的快慢与土的渗透性有关。对于饱和无黏性土，渗透性较强，水被挤出较快，压缩变形至稳定所用时间短，如建筑物施工完毕即可认为土体压缩变形已基本完成。而对于饱和黏性土，渗透性较弱，水被挤出较慢，压缩变形至稳定所用时间较长，通常需几年甚至几十年。如意大利的比萨斜塔，始建于1173年，至20世纪末，通过综合加固处理，倾斜才得以控制。

地基沉降是指地基土层在附加应力作用下压密而引起的地基表面下沉。过大的沉降，特别是不均匀沉降，会使建（构）筑物发生倾斜、开裂以致不能正常使用。研究建筑物地基沉降包括两方面的内容：① 绝对沉降量的大小，即最终沉降量；② 沉降与时间的关系，即渗流固结理论。

4.2　土的固结试验与压缩性指标

4.2.1　室内固结试验及压缩性指标

4.2.1.1　固结试验

室内固结试验亦称侧限压缩试验，是研究土压缩性最基本的方法，该试验在固结仪（或侧限压缩仪）中完成，如图 4-1 所示。试验时，先用金属环刀切取原状土试件或制作的重塑土试件。然后，将试件连同环刀装入固结仪的压缩环中，并在试件上下面各垫一片滤纸和一块透水石，以便试件受压后能够自由排水。透水石上面再施加垂直荷载。由于试件受到环刀和压缩环的约束，土样在垂直荷载作用下只能产生竖向变形，而无侧向变形（侧限条件），即土

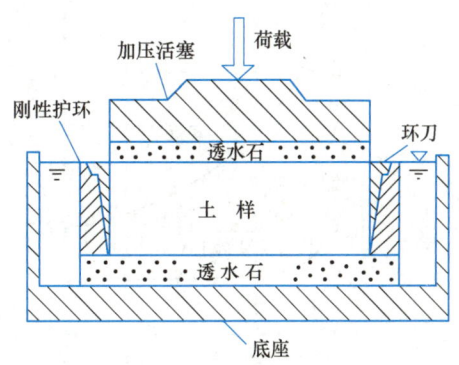

图 4-1　侧限压缩试验示意图

样横截面面积不会变化。最后，分级施加竖向荷载 p_i，通过百分表测读试件在每级荷载作用下竖向变形至稳定时的压缩量 s_i，再施加下一级荷载，一般规定每小时压缩量不超过 0.005mm 时即认为变形已经稳定。

设土样初始高度为 H_0，初始孔隙比为 e_0，施加外荷载 p_i 后土样压缩至稳定后的变形量为 s_i，相应的孔隙比为 e_i。因完全侧限条件，则受压后土样高度 $H_i = H_0 - s_i$。根据土的孔隙比定义及受压前后土颗粒体积 V_s 不变，可得受压前后土体的三相草图如图 4-2 所示，若令 $V_s = 1$，则：

$$\frac{H_0}{1+e_0} = \frac{H_i}{1+e_i} = \frac{H_0 - s_i}{1+e_i}$$

故

$$e_i = e_0 - \frac{s_i}{H_0}(1+e_0) \quad (4-1)$$

由此根据每级荷载下试验实测的稳定压缩量 s_i，求得相应的孔隙比 e_i，初始孔隙比 e_0 可由三个基本试验指标求得，即：

$$e_0 = \frac{d_s(1+w_0)\rho_w}{\rho} - 1$$

于是，根据各级荷载 p_i 作用下的孔隙比 e_i，可绘制出土的压缩曲线，压缩

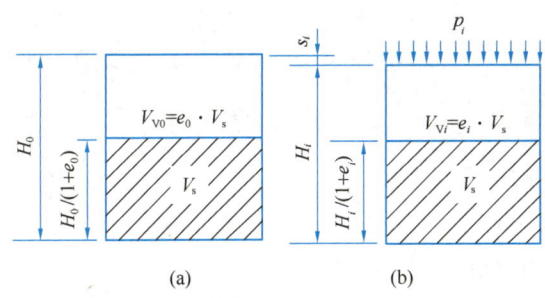

图 4-2　压缩试验中土样变形示意图
(a) 加荷前；(b) 加荷后

曲线有如下两种方式：

（1）$e\text{-}p$ 曲线。按普通直角坐标绘制，如图 4-3（a）所示，一般按 $p_i = 50\text{kPa}$、100kPa、200kPa、300kPa、400kPa 五级加载，可通过常规固结试验完成。

（2）$e\text{-}\lg p$ 曲线。按半对数直角坐标绘制，如图 4-3（b）所示，即横坐标取 p 的常用对数值，荷载宜按等比级数加载，即 $p_i = 12.5\text{kPa}$、25kPa、50kPa、100kPa、200kPa、400kPa、800kPa、1600kPa、3200kPa，需通过高压固结试验完成。

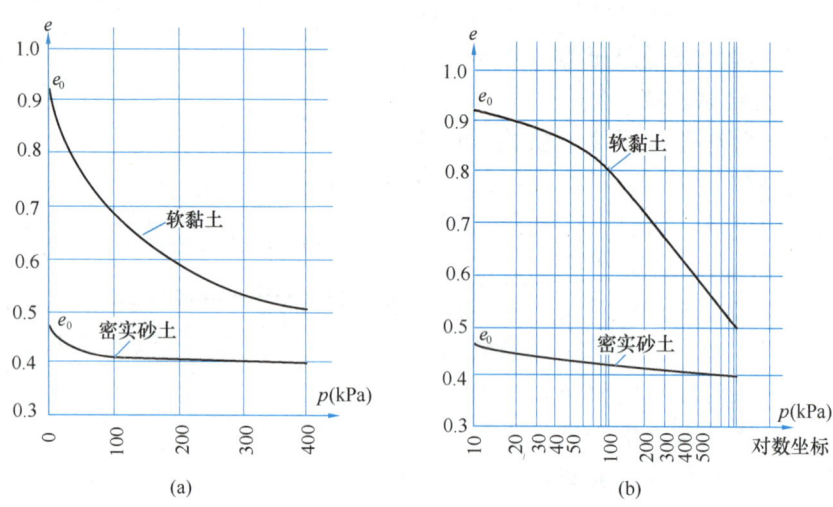

图 4-3　土的压缩曲线
（a）$e\text{-}p$ 曲线；（b）$e\text{-}\lg p$ 曲线

4.2.1.2　压缩性指标

评价土体压缩性的常用指标有压缩系数 a、压缩模量 E_s 和压缩指数 C_c 等，通过室内固结试验获得。

（1）压缩系数

压缩系数是土体在侧限条件下孔隙比减小量与竖向应力增量的比值（MPa^{-1}），即 $e\text{-}p$ 曲线上某一压力段的割线斜率。由图 4-3 可见：① $e\text{-}p$ 曲线初始段较陡，土的压缩量较大，而后曲线逐渐平缓，土的压缩量随之减小。这是因为随着孔隙比的减小，土的密实度增加，压缩难度增大，压缩量随之减小。② 不同的土类，压缩曲线的形态亦不同。曲线形态的陡、缓，可衡量土的压缩性高低。密实砂土的 $e\text{-}p$ 曲线比较平稳，压缩性较低；而软黏土的 $e\text{-}p$ 曲线较陡，故压缩性很高。

根据压缩系数的定义，将压缩曲线上某段 $\overset{\frown}{M_1 \, M_2}$（图 4-4 中 p_1 到 p_2）近似地用割线 $\overline{M_1 M_2}$ 代替，则：

$$a \approx \tan\alpha = \frac{-\Delta e}{\Delta p} = \frac{e_1 - e_2}{p_2 - p_1} \tag{4-2}$$

式中　a——土的压缩指数（MPa^{-1}）；

　　　p_1——地基某深度处土中竖向自重应力（kPa）；

　　　p_2——地基某深度处自重应力与附加应力之和（kPa）；

e_1、e_2——分别相应于 p_1 和 p_2 作用下压缩稳定后土的孔隙比。

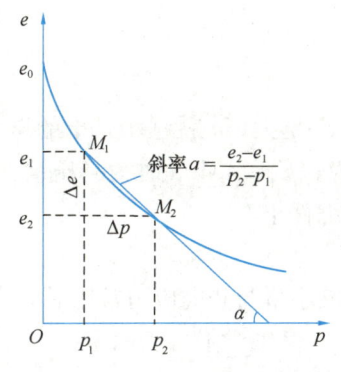
图 4-4　以 e-p 曲线确定压缩系数 a

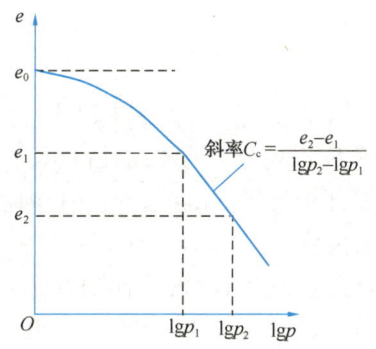
图 4-5　以 e-lg$p$ 曲线确定压缩指数 C_c

其中负号表示孔隙比 e 随压力 p 的增加而减小。压缩系数是评价地基土压缩性高低的重要指标之一。由图 4-4 可知，a 不是一个常量，它与所取的起始压力 p_1 有关，也与压力变化范围 $\Delta p = p_2 - p_1$ 有关。为统一标准，在工程实践中，通常以压力段由 $p_1 = 0.1\text{MPa}$（100kPa）增加到 $p_2 = 0.2\text{MPa}$（200kPa）时所得的压缩系数 a_{1-2} 来评定土的压缩性高低。

$a_{1-2} < 0.1\text{MPa}^{-1}$ 时，为低压缩性土；

$0.1\text{MPa}^{-1} \leqslant a_{1-2} < 0.5\text{MPa}^{-1}$ 时，为中压缩性土；

$a_{1-2} \geqslant 0.5\text{MPa}^{-1}$ 时，为高压缩性土。

（2）压缩模量

土的压缩模量是土体在完全侧限条件下的竖向附加应力与竖向应变的比值（MPa），即土体抵抗压缩的能力，用符号 E_s 表示，即：

$$E_s = \frac{\sigma_z}{\varepsilon_z} \tag{4-3}$$

类似于固结试验中图 4-2 可得 p_1 和 p_2 作用下的三相草图如图 4-6 所示，同理可得：

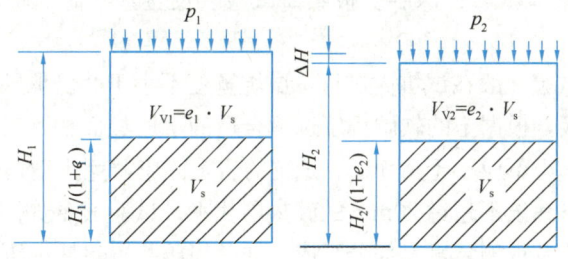

图 4-6　侧限条件下土样高度变化与孔隙比变化
的关系（土样横截面面积不变）

$$\frac{H_1}{1+e_1} = \frac{H_2}{1+e_2} = \frac{H_1 - \Delta H}{1+e_2}$$

即

$$\Delta H = \frac{e_1 - e_2}{1+e_1} H_1$$

将其代入式（4-3）可得：

$$E_s = \frac{p_2 - p_1}{\dfrac{e_1 - e_2}{1 + e_1}} = \frac{1 + e_1}{a} \tag{4-4}$$

显见，压缩模量与压缩系数在数学上呈反比，E_s 越大，a 就越小，土的压缩性越低。因此，也可用 E_s 来划分土的压缩性高低。一般认为，$E_s < 4\text{MPa}$ 时为高压缩性土；$E_s > 15\text{MPa}$ 时为低压缩性土；$E_s = 4 \sim 15\text{MPa}$ 时为中压缩性土。

（3）压缩指数

土的压缩指数是土体在完全侧限条件下孔隙比减小量与竖向应力常用对数值增量的比值，即 $e\text{-}\lg p$ 曲线尾部直线段的斜率。如图 4-5 所示，其数学上可表示为：

$$C_c = \frac{e_1 - e_2}{\lg p_2 - \lg p_1} = \frac{e_1 - e_2}{\lg\left(\dfrac{p_2}{p_1}\right)} \tag{4-5}$$

与压缩系数 a 一样，压缩指数 C_c 也是表征土压缩性大小的指标。C_c 值越大，土的压缩性越高。一般认为 $C_c < 0.2$ 时，为低压缩性土；$C_c = 0.2 \sim 0.4$ 时，为中压缩性土；$C_c \geqslant 0.4$ 时，为高压缩性土。

4.2.2　现场载荷试验及变形模量

前面介绍了室内试验获取土压缩性指标的方法，但对于灵敏度大的黏性土，其结果与实际尚存在较大差异。在实际工程中常通过现场原位试验直接对未扰动原状土进行测试，以获取更为真实的压缩性指标。

4.2.2.1　浅层平板载荷试验

平板载荷试验是工程地质勘察的一项原位测试。通过承压板对地基土分级施加荷载 p 并测试承压板的沉降 s，得到荷载和沉降（$p\text{-}s$）的关系曲线，然后根据弹性力学公式获得土的变形模量及地基承载力。平板载荷试验根据地层中测点深度及土（岩）层情况可分为三类，即浅层平板载荷试验、深层平板载荷试验以及岩基载荷试验。本小节仅对浅层平板载荷试验进行介绍。

浅层平板静载荷试验一般在试坑内进行，试坑宽度不小于 3 倍承压板宽度或直径。试验宜采用圆形刚性承压板，根据土的软硬程度选择合适的承压板面积，一般不应小于 0.25m^2，对软土和粒径较大的填土不应小于 0.5m^2。试坑的岩土体应避免扰动，保持其原状结构或天然湿度，并在承压板下铺设不超过 20mm 的砂垫层找平。试验装备如图 4-7 所示，一般由加荷稳压装置、反力装置及观测装置三部分组成。加荷稳压装置包括承压板、千斤顶及稳压器等；反力装置常用平台堆载或地锚；观测装置包括百分表和固定支架等。

加荷分级不应少于 8 级，最大加载量不应小于设计要求的两倍。每级加载后，按间隔 10min、10min、10min、15min、15min，以后每隔半小时测读一次沉降量。当在连续两小时内，每个小时的沉降量小于 0.1mm 时，则认为已趋稳定，可加下一级荷载。当出现下列情况之一时，即可终止加载：

① 承载板周围的土体明显侧向挤出（砂土）或发生裂纹（黏性土和粉土）；

② 沉降 s 急骤增大，荷载-沉降（$p\text{-}s$）曲线出现陡降段；

③ 在某一荷载下，24h 内沉降速率不能达到稳定标准；

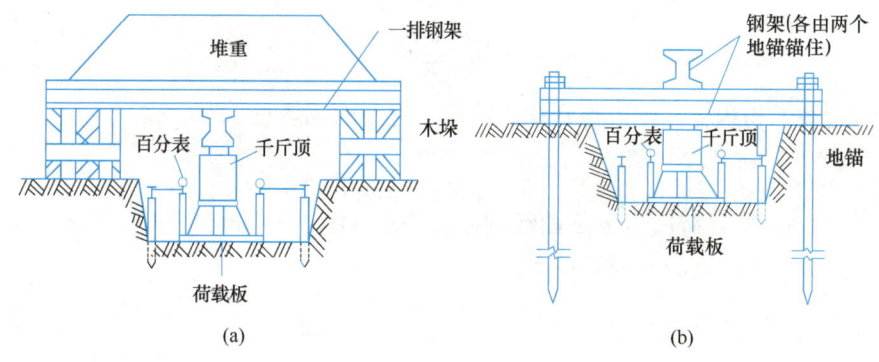

图 4-7　地基载荷试验荷载架示例

（a）堆重-千斤顶式；（b）地锚-千斤顶式

④ 沉降 $s \geqslant 0.06b$（b 为承载板宽度或直径）。

终止加载后，可按规定逐级卸载，并进行回弹观测，以作参考。图 4-8 给出了一些代表性土类的 p-s 曲线。

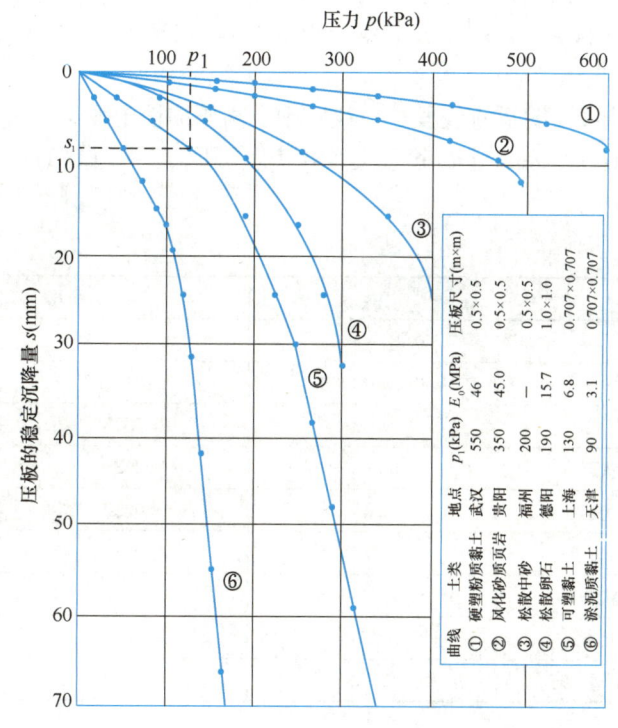

曲线	土类	地点	p_1(kPa)	E_0(MPa)	压板尺寸(m×m)
①	硬塑粉质黏土	武汉	550	46	0.5×0.5
②	风化砂质页岩	贵阳	350	45.0	0.5×0.5
③	松散中砂	福州	200	—	0.5×1.0
④	松散卵石	鄱阳	190	15.7	1.0×1.0
⑤	可塑黏土	上海	130	6.8	0.707×0.707
⑥	淤泥质黏土	天津	90	3.1	0.707×0.707

图 4-8　不同土类的 p-s 曲线实例

4.2.2.2　变形模量

土的变形模量是土体在无侧限或部分侧限条件下竖向附加应力与竖向应变的比值（MPa），用 E_0 表示。土的变形包括弹性变形和塑性变形两部分，因此变形模量与一般材料的弹性模量不同，通常可通过平板载荷试验结果用弹性力学公式反求获得。

由式（3-11）可得半无限空间表面作用集中荷载 F 时，地表（$z=0$）任意点的沉降量

s 为：

$$s = \frac{F(1-\mu^2)}{\pi E r}$$

通过对荷载面积积分，则可得到均布荷载下地基的沉降量 s 为：

$$s = \frac{\omega(1-\mu^2)pb}{E} \qquad (4\text{-}6)$$

根据式（4-6）在载荷试验 p-s 曲线初始直线段（图 4-9）取直线段尾端的荷载与沉降比值（p_1/s_1），可求得土的变形模量为：

$$E_0 = \omega(1-\mu^2)\frac{p_1 b}{s_1} \qquad (4\text{-}7)$$

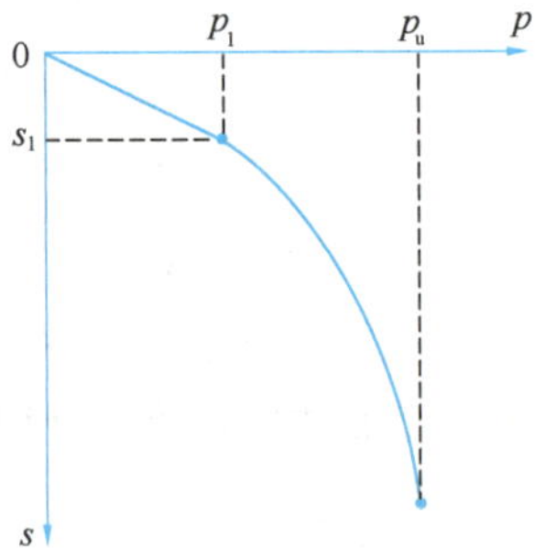

图 4-9 典型的 p-s 曲线

式中 E_0——土的变形模量（MPa）；

p_1——载荷试验 p-s 曲线的直线段尾端（比例界限）对应的荷载（MPa）；

s_1——与所取比例界限荷载 p_1 对应的沉降（mm）；

b——承压板的边长或直径（m）；

μ——地基土的泊松比，可参考表 4-1 取值；

ω——沉降影响系数，刚性方形承压板取 0.88，圆形取 0.79。

此外，若 p-s 曲线无明显直线段，建议对中、高压缩性土取 $s_1 = 0.02b$ 及其对应的荷载 p_1；对低压缩性粉土、黏性土、碎石土及砂土，可取 $s_1 = (0.01 \sim 0.015)b$ 及其对应的荷载 p_1。

K_0、μ、β 经验值   表 4-1

土的种类和状态		K_0	μ	β
碎石土		0.18~0.25	0.15~0.20	0.90~0.95
砂土		0.18~0.33	0.20~0.25	0.83~0.90
粉土		0.33	0.25	0.83
粉质黏土	坚硬状态	0.33	0.25	0.83
	可塑状态	0.43	0.30	0.74
	软塑及流塑状态	0.53	0.35	0.62
黏土	坚硬状态	0.33	0.25	0.83
	可塑状态	0.53	0.35	0.62
	软塑及流塑状态	0.72	0.42	0.39

4.2.3 土的弹性模量及回弹与再压缩曲线

4.2.3.1 弹性模量及其试验方法

土的弹性模量是土体在无侧限条件下瞬时压缩的应力-应变模量。布辛奈克斯解给出了一个竖向集中力作用在半无限空间表面上，半空间内任意点处产生的六个应力分量和三个位移分量，其中位移分量包含了土的弹性模量和泊松比两个参数。由于土并非理想弹性体，它的变形包含了可恢复的弹性变形和不可恢复的残余变形两部分。因此，在静荷载作用下计算土的变形时，所采用的变形参数为压缩模量和变形模量等。地基沉降计算的分层总和法或应力面积法等因假定在侧限条件下，故都采用压缩模量；而运用弹性力学公式计算时，则采用变形模量或弹性模量。

然而研究表明，在动荷载（如车辆荷载、风荷载、地震荷载等）作用时，若采用压缩模量或变形模量计算土的变形，将得到比实际情况偏大的结果。其原因是这些荷载每次作用的时间短暂，土骨架和土颗粒未被破坏，土体中的孔隙水来不及排出，压缩变形来不及发生。也就是说，只发生土骨架的弹性变形和封闭土中气体的压缩变形，这都是可恢复的弹性变形，而没有发生不可恢复的残余变形，即土颗粒相互移动、靠拢挤紧的现象，因此应采用弹性模量来计算。土的残余变形远大于弹性变形，弹性模量远大于变形模量。工程中常用弹性模量计算瞬时或短时反复荷载作用时土体的变形，如地震反应分析和车辆荷载下路基土的变形分析等。

土的弹性模量一般可通过室内三轴压缩试验或单轴压缩无侧限抗压强度试验获得，取试验所得应力-应变关系曲线上的初始切线模量（E_i）或相当于现场荷载条件下的再加荷模量（E_r）作为土的弹性模量。试验可在三轴压缩仪中进行，通过加卸载 $5\sim6$ 个循环后，便可在主应力差与轴向应变关系图上测得 E_i 和 E_r，如图 4-10 所示。显见，在周期荷载作用下，土样随着应变量增大而逐渐硬化，因此确定的再加荷模量 E_r 与现场条件下土的弹性模量较为相似。

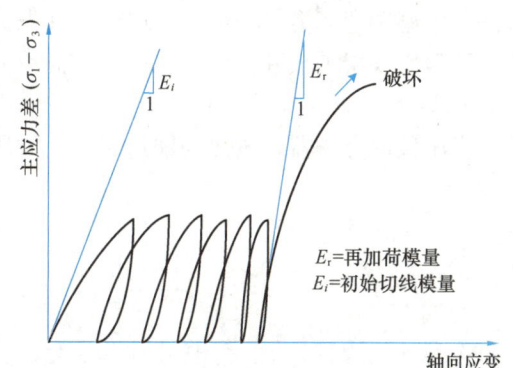

图 4-10　三轴压缩试验确定土的弹性模量

4.2.3.2　土的回弹曲线与再压缩曲线

在某些情况下，土体可能在受压缩后卸载，然后再加载，如建（构）筑物的重建，高层建筑的深基坑开挖（应力解除）等。此时需考虑现场实际加载情况对土体变形的影响，应进行土的回弹再压缩试验。

利用室内固结试验进行回弹再压缩试验时，当加载至 p_i（图 4-11a 中 e-p 曲线的 b 点）后不再加压，而是逐级卸载至零，此时土体将发生回弹，土体膨胀，孔隙比增大。若

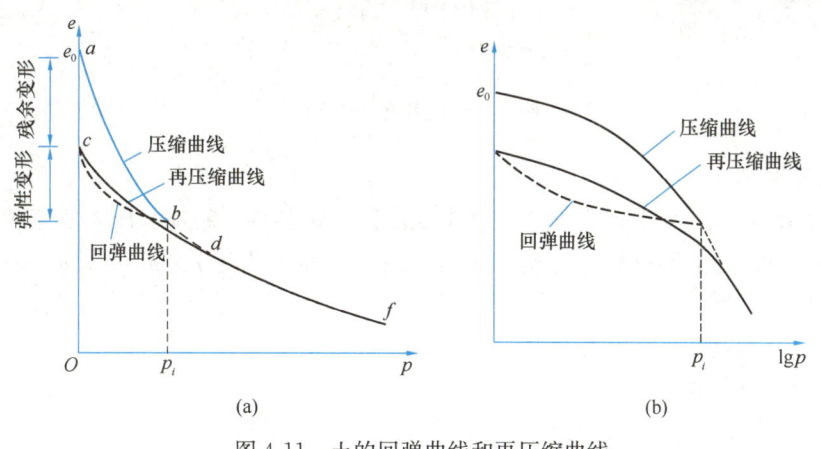

图 4-11　土的回弹曲线和再压缩曲线

（a）e-p 曲线；（b）e-lg$p$ 曲线

测定多级压力下土样回弹稳定后的孔隙比，绘制相应的孔隙比与压力的关系曲线（图4-11a中虚线 bc），称为土的回弹曲线。

由图可见，卸压后的回弹曲线 bc 并不沿压缩曲线 ab 回升，而要平缓得多，这表明土体受压缩发生变形，卸压回弹，但变形不能全部恢复，其中可恢复部分称为弹性变形，不能恢复部分称为残余变形，而土的压缩变形以残余变形为主。

若再重新加压，可测得土的再压缩曲线如图4-11（a）中 cdf 段所示，其中 df 段像是 ab 段的延续，犹如没有经过卸压和再加压过程一样，在 $e\text{-}\lg p$ 曲线上也同样可以看到这种现象（图4-11b）。

4.2.4 土的旁压试验

旁压试验是采用旁压仪在场地的钻孔中直接测定土体应力-应变关系的一种原位测试方法。由德国寇克娄（Kogler，1933）首先提出，法国梅纳（Menard，1956）进行改进。旁压试验比浅层平板载荷试验耗资少，简单方便，而且能进行深层土的原位测试，深度可达20m以上。

旁压仪由旁压器、量测与输送系统、加压系统三部分组成，如图4-12所示。

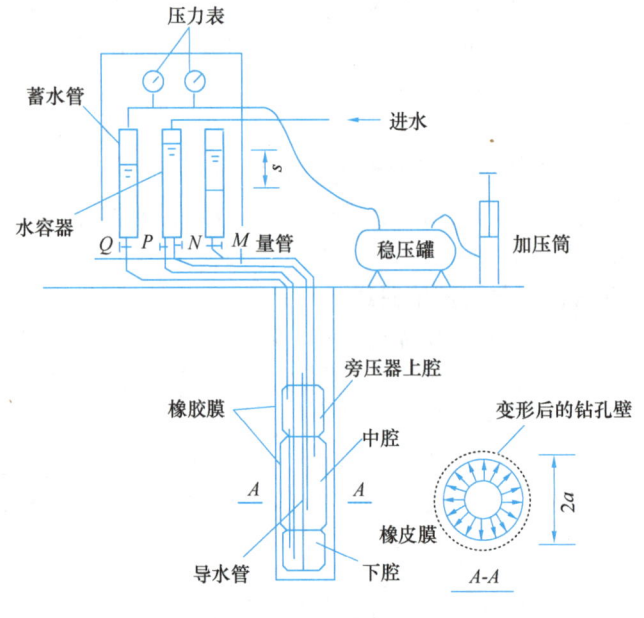

图4-12 旁压仪示意图

（1）试验原理

在试验场地钻孔，将旁压器置入钻孔中至所需测试高程。施加水压，使充满水的旁压器圆筒形橡胶膜膨胀，对孔壁土体施加压力，迫使孔周土体变形外挤（图4-12中 $A\text{-}A$ 断面），直至破坏。分级加压，量测所加压力及相应的旁压器测量腔体积 V，绘制 $p\text{-}V$ 关系曲线，从而计算地基土的旁压模量等。

（2）试验设备与操作

① 成孔。通常用与旁压仪配套的麻花钻或勺形钻。若地表有杂填土，麻花钻无法钻进时，可用洛阳铲。要求钻孔竖直、平顺，深度超过测点标高0.5m。也可采用自钻式旁

压仪，边钻进，边测试。

② 设置旁压器。将旁压器顶端接上专用的小直径钻杆，竖向插入钻孔内，使中腔中心准确位于测点标高。旁压器为一个三腔式圆筒形骨架，外部以弹性橡胶膜裹包（图4-12）。中腔为测量腔，上、下腔将中腔隔离，以消除其边界影响。中腔与上、下腔各设一根进水管和一根排气（排水）管，与地面旁压仪表盘上的测压管、压力表相通。

③ 加压和稳压。常用高压氮气瓶或手动双筒式打气筒向贮气罐加压，要求压力超过试验设计压力 100～200kPa；采用调压阀调至试验所需压力值，当相对稳定后，进行下一级加压，测读每级稳定压力值。

④ 土体变形量测。以测管中水位的升降量测旁压器测量腔体积 V 的变化。测管和辅管竖直固定在旁压仪的表盘上，各管上端密封并接通压力表，其下端分别连接旁压器的中腔与上下腔。当液压迫使旁压器的中腔不断扩大时，对孔壁土体施加横向压力，迫使孔周围土体变形外挤，测管水位随之下降，测读水位下降量，即可换算为孔壁土体的径向位移。

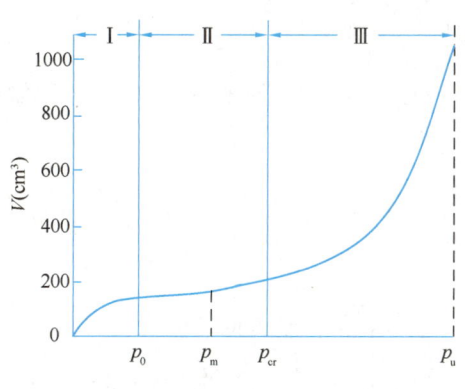

图4-13　旁压试验 p-V 曲线

（3）试验结果整理计算

旁压试验的成果为 p-V 曲线（图4-13），该曲线可划分为三个阶段，Ⅰ阶段为首曲阶段，为橡皮膜膨胀与孔壁初始接触阶段，若完全紧贴时的压力用 p_0 表示，则 p_0 相当于原位水平应力，即初始压力；Ⅱ阶段称为似弹性阶段，此时 p-V 曲线大致呈直线，表示土处于弹性状态，压力 p_{cr} 为开始屈服的压力，即临塑压力；Ⅲ阶段为塑性阶段，随着压力增大，土内局部环状区产生塑性变形，表现为体积变化量 V 迅速增加（测管水位迅速下降），最后达到极限压力 p_u。

根据 p-V 曲线直线段的斜率，可得到土的旁压模量 E_m（kPa），其值与土的变形模量 E_0 相近。对于线弹性的各向同性土体，E_m 可按下式计算：

$$E_m = 2(1+\mu)(V_c + \frac{V_0 + V_{cr}}{2}) \frac{\Delta p}{\Delta V}$$ (4-8)

式中　E_m——旁压模量（kPa）；

　　　V_c——旁压器测量腔（中腔）初始固有体积（cm³）；

V_0、V_{cr}——分别为与初始压力 p_0 和临塑压力 p_{cr} 对应的体积（cm³）；

　　$\Delta p/\Delta V$——旁压曲线直线段的斜率（kPa/cm³）。

旁压试验适用于碎石土、砂土、粉土、黏性土、残积土、极软岩和软岩等。根据测定的初始压力、临塑压力、极限压力和旁压模量，结合地区经验可以确定地基的承载力和评价地基变形参数。根据自钻式旁压试验的旁压曲线，还可获得土体原位水平压力、静止侧压力系数和不排水抗剪强度等参数。

4.2.5　变形模量与压缩模量的关系

土的变形模量 E_0 是根据现场载荷试验得到的，土体在压缩过程中无侧限或部分侧限。而压缩模量 E_s 是在室内固结试验中获得，土体在完全侧限条件下压缩。它们与其他建筑材料的弹性模量不同，都包含了相当部分不可恢复的残余变形。但理论上 E_0 与 E_s 可以互相换算。

如图 4-14 所示，根据固结试验应力条件，单元土体在 z 方向作用有竖向应力 σ_z 时，水平方向的正应力为：

$$\sigma_x = \sigma_y = K_0\sigma_z \tag{4-9}$$

其中 K_0 为侧压力系数，可通过试验测定，无试验资料时可按表 4-1 取值。又因土样完全侧限，即 $\varepsilon_x = \varepsilon_y = 0$，由广义胡克定律得：

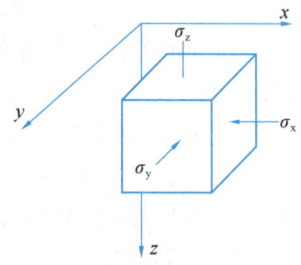

图 4-14　单元土体应力状态

$$\varepsilon_x = \frac{\sigma_x}{E_0} - \frac{\mu}{E_0}(\sigma_y + \sigma_z) = 0 \tag{4-10}$$

将式（4-9）代入式（4-10），可得侧压力系数 K_0 与泊松比 μ 的关系，即：

$$K_0 = \frac{\mu}{1-\mu}$$

或

$$\mu = \frac{K_0}{1+K_0} \tag{4-11}$$

同理，沿 z 轴方向的应变为：

$$\varepsilon_z = \frac{\sigma_z}{E_0} - \frac{\mu}{E_0}(\sigma_x + \sigma_y) = \frac{\sigma_z}{E_0}(1 - 2\mu K_0) \tag{4-12}$$

根据压缩模量定义 $E_s = \sigma_z/\varepsilon_z$，则：

$$E_0 = \beta E_s \tag{4-13}$$

其中

$$\beta = 1 - 2\mu K_0 = \frac{(1+\mu)(1-2\mu)}{1-\mu}$$

必须指出，上述关系仅是 E_0 和 E_s 之间的理论关系。实际上，由于固结试验取土容易受到扰动（尤其是低压缩性土），载荷试验与压缩试验的加荷速率、压缩稳定的标准亦不一样，μ 值难以精确确定，式（4-13）的计算结果可能会出现偏差。实测 E_0 值可能是 βE_s 的数倍，土越坚硬则倍数越大，而软土实测 E_0 值与 βE_s 值比较接近。

4.3　地基沉降计算方法

地基沉降计算方法很多，本节主要介绍国内工程中常用的几种方法：弹性理论法、分层总和法和应力面积法。

4.3.1　弹性理论法计算沉降

弹性理论法计算沉降基于弹性力学中布辛纳斯克课题的位移解，其假定地基为均质，各向同性的线弹性半无限空间体在地表作用一个单向竖向集中力 F 时，任意点 M (x, y, z) 产生的竖向位移由式（3-11）求得。当位于地基表面时，$z=0$，故可得地表沉降 s（图 4-15）为：

$$s = w(x, y, 0) = \frac{F(1-\mu^2)}{\pi E_0 r} \tag{4-14}$$

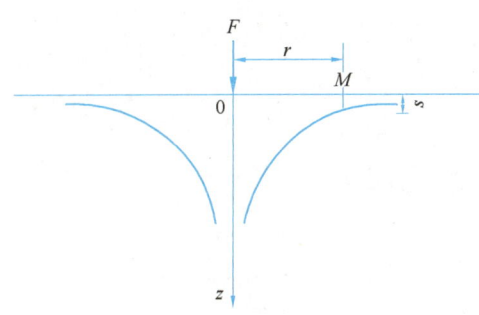

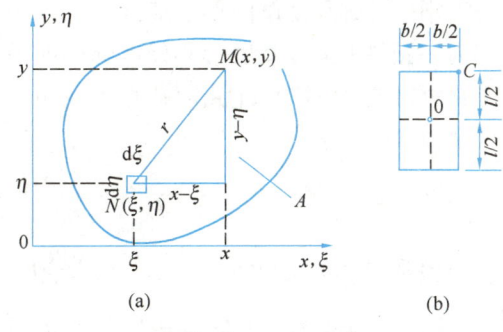

图 4-15　集中力作用下地基表面的沉降曲线　　　　图 4-16　局部柔性荷载下的底面沉降计算

在局部荷载 $p_0(\xi, \eta)$ 作用下，$M(x, y)$ 点处引起的沉降 $s(x, y)$（图 4-16）可通过积分求得：

$$s(x, y) = \frac{1-\mu^2}{\pi E_0} \iint_A \frac{p_0(\xi, \eta) \, \mathrm{d}\xi \mathrm{d}y}{\sqrt{(x-\xi)^2 + (y-\eta)^2}} \tag{4-15}$$

对于均布矩形荷载，$p_0(\xi, \eta) = p_0 =$ 常数，其角点沉降 s_c 为：

$$s_c = \frac{p_0(1-\mu^2)}{\pi E_0} \left(l \ln \frac{b+\sqrt{l^2+b^2}}{l} + b \ln \frac{l+\sqrt{l^2+b^2}}{b} \right) \tag{4-16}$$

以长宽比 $m = l/b$ 代入上式，则：

$$s_c = \frac{b(1-\mu^2)}{\pi E_0} \left[m \ln \frac{1+\sqrt{m^2+1}}{m} + \ln(m+\sqrt{m^2+1}) \right] p_0$$

若令 $\omega_c = \frac{1}{\pi} \left[m \ln \frac{1+\sqrt{m^2+1}}{m} + \ln(m+\sqrt{m^2+1}) \right]$，$\omega_c$ 称为角点沉降影响系数，则上式可写为：

$$s_c = \omega_c \frac{1-\mu^2}{E_0} b p_0 \tag{4-17}$$

对于矩形均布荷载中心点的沉降、平均沉降和圆形、方形均布荷载以及刚性基础的沉降，均可归纳成如下一般表达式：

$$s = \omega \frac{1-\mu^2}{E_0} b p_0 \tag{4-18}$$

式中　ω——沉降影响系数，按表 4-2 采用。

沉降影响系数 ω 值　　　　　　　　　　　表 4-2

计算点位置（荷载面形状）		圆形	方形	矩形 (l/b)										
	点位置		1.0	1.5	2.0	3.0	4.0	5.0	6.0	7.0	8.0	9.0	10.0	100.0
柔性基础	ω_c	0.64	0.56	0.68	0.77	0.89	0.98	1.05	1.11	1.16	1.20	1.24	1.27	2.00
	ω_0	1.00	1.12	1.36	1.53	1.78	1.96	2.10	2.22	2.32	2.40	2.48	2.54	4.01
	ω_m	0.85	0.95	1.15	1.30	1.52	1.70	1.83	1.96	2.04	2.12	2.19	2.25	2.70
刚性基础	ω_r	0.79	0.88	1.08	1.22	1.44	1.61	1.72	—	—	—	—	2.12	3.40

注：① 表中 ω_c、ω_0 和 ω_m 分别为完全柔性基础（均布荷载）角点、中点和平均值的沉降影响系数；

　　② ω_r 为刚性基础在轴心荷载作用下（平均压力为 p_0）的沉降影响系数。

当刚性基础承受单向偏心荷载时，沉降后基底为一倾斜平面，基底形心处沉降（即平均沉降）可按式（4-18）计算，基底倾斜角 θ 可由弹性力学公式求得：

圆形基础　　$\theta \approx \tan\theta = \dfrac{1-\mu^2}{E_0} \cdot \dfrac{6Fe}{b^3}$

矩形基础　　$\theta \approx \tan\theta = \dfrac{1-\mu^2}{E_0} \cdot \dfrac{8Fe}{b^3} K$

式中　b —— 荷载偏心方向的矩形基底边长或圆形基底直径（m）；

$\quad\quad F$ —— 基底竖向偏心荷载（kN）；

$\quad\quad e$ —— 偏心距（m）；

$\quad\quad K$ —— 系数，按 l/b 由图 4-17 查取。

当地基土符合弹性力学的假设时，按式（4-18）计算比较符合实际，也较简便。但当地基土的变形模量随深度增加而增大时，弹性

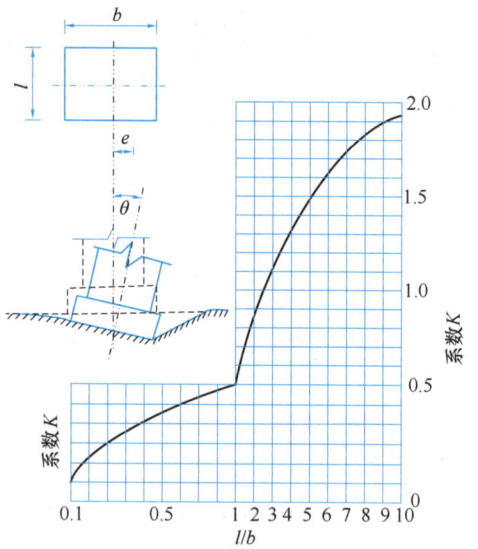

图 4-17　绝对刚性矩形基础倾斜计算系数 K

力学公式计算的结果经常偏大。该法的关键在于所用的 E_0 值能否反映地基变形的真实情况。因此，根据已有建筑物的沉降观测资料获得 E_0 值极为必要。

4.3.2　分层总和法计算最终沉降量

分层总和法是目前工程中最常用的地基沉降计算方法。现将分层总和法的基本假定、计算原理和计算步骤介绍如下。

4.3.2.1　基本假定

（1）地基土是均质、各向同性的半无限弹性体；

（2）地基只发生单向沉降，不产生侧向变形；

（3）只计算主固结沉降，不计算瞬时沉降和次固结沉降；

（4）用弹性理论计算基底中心点下附加应力，并以此计算地基变形。

4.3.2.2　计算原理

分层总和法将地基土体分成若干水平土层，以基底中心下截面面积为 A，高度为 h_i 的第 i 层小土柱为例，土柱上作用自重应力和附加应力，土柱在侧限压缩条件下，孔隙比从自重应力 p_{1i} 对应的孔隙比 e_{1i} 减小至 p_{2i}（自重应力和附加应力之和）对应的孔隙比 e_{2i}，可按下式计算该土柱的压缩变形量 Δs_i：

$$\Delta s_i = \frac{e_{1i} - e_{2i}}{1 + e_{1i}} h_i \tag{4-19}$$

求得各分层压缩变形量后，累积求得地基的总沉降量 s，即：

$$s = \sum_{i=1}^{n} \Delta s_i = \sum_{i=1}^{n} \frac{e_{1i} - e_{2i}}{1 + e_{1i}} h_i \tag{4-20}$$

4.3.2.3　计算步骤

分层总和法计算步骤如下：

（1）分层

从基础底面开始将地基土分为若干薄层，分层原则：①厚度 $h_i \leqslant 0.4b$（b 为基础宽度）；②天然土层分界处；③地下水位处。

（2）计算基底压力 p 及基底附加压力 p_0

中心荷载
$$p = \frac{F+G}{A}$$

偏心荷载
$$p_{\min}^{\max} = \frac{F+G}{A}\left(1 \pm \frac{6e}{l}\right)$$

$$p_0 = p - \gamma_0 d$$

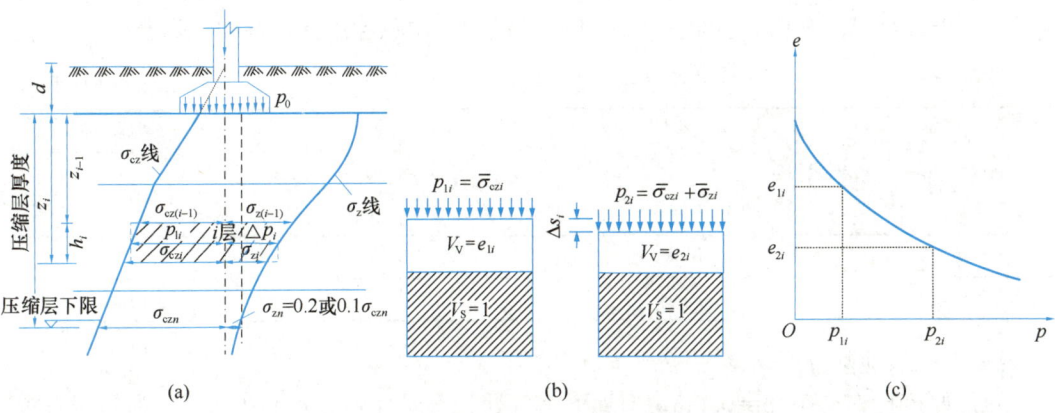

图 4-18　地基最终沉降量计算的分层总和法

（a）地质剖面与分层；（b）第 i 层土柱压缩模型；（c）第 i 层土柱的 e-p 曲线

（3）计算自重应力与附加应力

在地质剖面图上绘制基础中心下各分层面上的自重应力 σ_{czi} 和附加应力 σ_{zi} 的分布曲线（图 4-18）。自重应力曲线自天然地面起算，附加应力曲线自基底起算。

（4）确定沉降计算深度 z_n

一般可根据 $\sigma_{zn}/\sigma_{czn} \leqslant 0.2$（软土 $\sigma_{zn}/\sigma_{czn} \leqslant 0.1$）确定，当计算深度内存在基岩时，$z_n$ 取至基岩表面。

（5）计算各分层土平均自重应力和附加应力

平均自重应力
$$\bar{\sigma}_{czi} = \frac{\sigma_{cz(i-1)} + \sigma_{czi}}{2}$$

平均附加应力
$$\bar{\sigma}_{zi} = \frac{\sigma_{z(i-1)} + \sigma_{zi}}{2}$$

并令
$$p_{1i} = \bar{\sigma}_{czi}, \ p_{2i} = \bar{\sigma}_{czi} + \bar{\sigma}_{zi}$$

（6）计算各分层沉降量

可按下式计算每一分层土的变形量 Δs_i：

$$\Delta s_i = \frac{e_{1i} - e_{2i}}{1 + e_{1i}} h_i = \frac{a_i}{1 + e_{1i}} \bar{\sigma}_{zi} h_i = \frac{\bar{\sigma}_{zi}}{E_{si}} h_i \tag{4-21}$$

式中　a_i——第 i 层土的压缩系数（MPa^{-1}）；

E_{si}——第 i 层土的压缩模量（MPa）；

e_{1i}、e_{2i}——分别为第 i 层土压缩前（自重应力 p_{1i} 作用下）、后（自重应力与附加应力之和 p_{2i} 作用下）的孔隙比；

h_i——第 i 层土的厚度（m）。

（7）计算地基最终沉降量 s

将沉降计算深度 z_n 范围内各土层（n 层）压缩变形量 Δs_i 求和，可得：

$$s = \Delta s_1 + \Delta s_2 + \cdots + \Delta s_n = \sum_{i=1}^{n} \Delta s_i$$

【例 4.1】已知某矩形基础埋深 $d=0.6\text{m}$，基底尺寸 $l \times b = 9\text{m} \times 1.5\text{m} = 13.5\text{m}^2$，柱荷载 $F = 862.4\text{kN}$；地基土层如图 4-19 所示，试用分层总和法计算基础沉降量。

例 4.1 地基土层相关物理力学指标   表 4-3

土层 \ 指标	土层厚(m)	重度 γ(kN/m³)	孔隙比 e	压缩系数 $a_{1\sim2}$ (MPa⁻¹)	不同压力下的孔隙比 压力 p(kPa)			
					50	100	200	300
杂填土	2.10	16.3	0.884	0.26	0.821	0.774	0.738	0.705
褐黄色粉质黏土	3.60	18.1	0.951	0.43	0.891	0.857	0.812	0.775

【解】（1）地基分层

每层厚度按 $h_i \leqslant 0.4b = 0.6\text{m}$，但地下水位处、土层分界面处单独划分，为便于查表，第③分层取 $h_s = 0.3\text{m}$，其他各层均按 0.6m 划分，如图 4-19（a）所示。

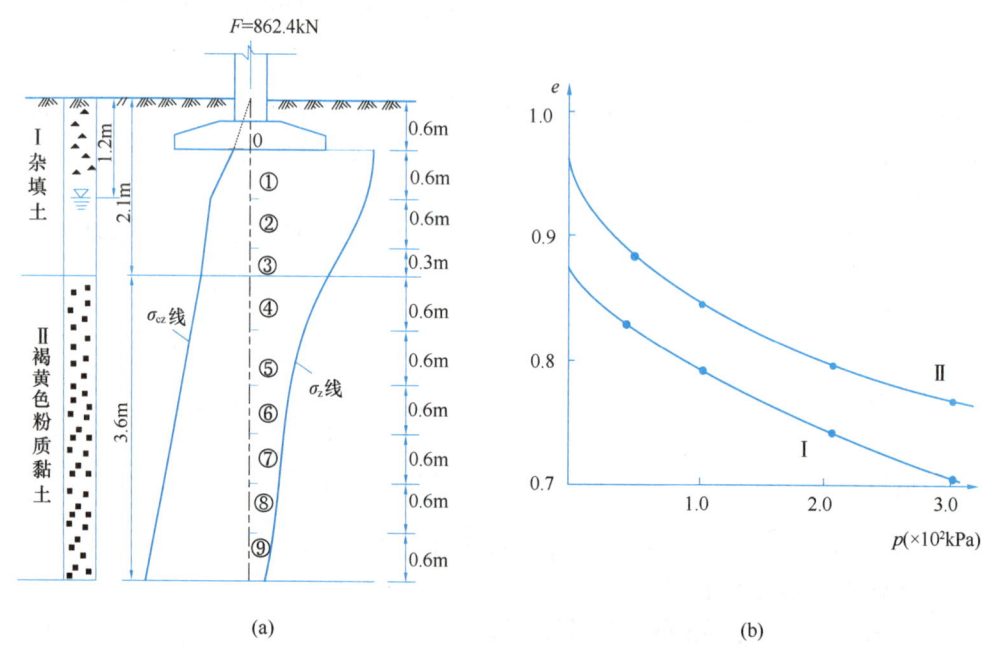

图 4-19 例 4.1 图示

（2）竖向自重应力 σ_{czi} 的计算

0 点（基底处） $\sigma_{cz0} = 16.3 \times 0.6 = 9.78\text{kPa}$

①点 $\sigma_{cz1} = 9.78 + 16.3 \times 0.6 = 19.56\text{kPa}$

其他各点计算结果见表 4-4。

用分层总和法计算地基最终沉降量 表 4-4

分层编号	深度 z (m)	分层厚度 h_i (m)	自重应力 σ_{czi} (kPa)	深宽比 $z/(b/2)$	应力系数 α_i	附加应力 σ_{zi} (kPa)	平均自重应力 $\bar{\sigma}_{cp}$ (kPa)	平均附加应力 $\bar{\sigma}_p$ (kPa)	$\bar{\sigma}_{czi}+\bar{\sigma}_{zi}$ (kPa)	孔隙比 e_{1i}	孔隙比 e_{2i}	分层沉降量 Δs_i (cm)
0	0		9.8	0	1.000	66.1						
①	0.6	0.6	19.6	0.8	0.880	58.2	14.7	62.2	76.9	0.864	0.796	2.19
②	1.2	0.6	23.3	1.6	0.640	42.3	21.5	50.3	71.2	0.855	0.802	1.71
③	1.5	0.3	25.2	2	0.548	36.2	24.3	39.3	63.6	0.852	0.808	0.71
④	2.1	0.6	30.1	2.8	0.416	27.5	27.7	31.9	59.6	0.920	0.884	1.13
⑤	2.7	0.6	35.0	3.6	0.328	21.7	32.5	24.6	57.1	0.913	0.887	0.82
⑥	3.3	0.6	39.6	4.4	0.264	17.5	37.4	19.6	57.0	0.908	0.887	0.66
⑦	3.9	0.6	44.7	5.2	0.216	14.3	42.2	15.9	58.1	0.903	0.885	0.57
⑧	4.5	0.6	49.5	6	0.184	12.2	47.1	13.3	60.35	0.895	0.883	0.38
⑨	5.1		54.4	6.8	0.16	10.6	52	11.4	63.4	0.889	0.882	0.22

（3）地基竖向附加应力 σ_{zi} 的计算

基底平均压力

$$p=\frac{F+G}{A}=\frac{862.4+1.5\times9\times0.6\times20}{1.5\times9}=75.9\text{kPa}$$

基底附加压力

$$p_0=p-\sigma_c=p-\gamma d=75.9-16.3\times0.6=66.1\text{kPa}$$

根据 $l/b=6$ 和 $z/(b/2)$ 查表 3-4 可得角点下的 α 值，则附加应力 $\sigma_z=4\alpha p_0$（角点法）。

① 点处：$z=0.6\text{m}$，$z/(b/2)=0.8$，查表 $\alpha=0.220$，$\sigma_{z1}=4\times0.220\times66.1=58.2\text{kPa}$

② 点处：$z=1.2\text{m}$，$z/(b/2)=1.6$，查表 $\alpha=0.160$，$\sigma_{z2}=4\times0.160\times66.1=42.3\text{kPa}$

其余分层计算类同，见表 4-4。

（4）地基分层自重应力平均值和附加应力平均值的计算

如第②分层的平均附加应力

$$\bar{\sigma}_{z2}=(\sigma_{z1}+\sigma_{z2})/2=(58.2+42.3)/2=50.3\text{kPa}$$

其余分层的计算列于表 4-4。

（5）地基沉降计算深度 z_n 的确定

由表 4-4 可见，当 $z=5.1\text{m}$（粉质黏土层）时，$\sigma_z/\sigma_{cz}=10.6/54.4=0.19<0.2$，满足计算深度要求，故取 $z_n=5.1\text{m}$。

（6）地基各分层沉降量的计算

由 $p_{1i}=\bar{\sigma}_{czi}$ 和 $p_{2i}=\bar{\sigma}_{czi}+\bar{\sigma}_{zi}$ 在相应土层压缩曲线（图 4-19b）中查取各分层的孔隙比 e_{1i} 和 e_{2i}，代入式（4-21）可得各分层变形量 Δs_i 列于表 4-4 最右一列。

（7）计算基础中点总沉降量 s

将压缩层范围内各分层土的变形量 Δs_i 累加起来，便得基础总的最终沉降量 s，即：

$$s = \sum_{i=1}^{9} \Delta s_i = 2.19 + 1.71 + 0.71 + 1.13 + 0.82 + 0.66 + 0.57 + 0.38 + 0.22$$
$$= 8.39 \text{cm}$$

4.3.3 应力面积法（规范方法）计算最终沉降量

应力面积法是在分层总和法的假定基础上提出来的，只是将每分层面附加应力的应力面积按积分精确求得，代替了分层总和法以平均附加应力乘层厚所得的应力面积。由于附加应力沿深度非线性变化，分层越厚则误差越大，故应力面积法克服了附加应力非线性分布的问题，使分层可按地基土的天然土层划分，计算工作得以简化。此外，为了使地基沉降的计算值与实际沉降值相吻合，各规范如《建筑地基规范》和《公路桥涵地基与基础设计规范》JTG 3363—2019（以下简称《公路地基规范》）等均引入了沉降计算经验系数，推荐使用应力面积法。

4.3.3.1 计算原理

设地基土层均匀且压缩模量 E_s 不随深度变化，根据式（4-21）有：

$$s' = \sum_{i=1}^{n} \frac{\bar{\sigma}_{zi} h_i}{E_{si}} \tag{4-22}$$

由图 4-20 可见，上式分子 $\bar{\sigma}_{zi} h_i$ 等于第 i 层土附加应力曲线所包围的面积（图中阴影部分），用符号 A_{3456} 表示，而且有：

$$A_{3456} = A_{1234} - A_{1256}$$

而应力面积

$$A = \int_0^z \sigma_z \mathrm{d}z = p_0 \int_0^z \alpha \mathrm{d}z$$

为计算方便，引入平均附加应力系数 $\bar{\alpha}$，即将曲边梯形应力面积等同于相同深度范围内矩形分布时的应力面积（图 4-20b、c），即：

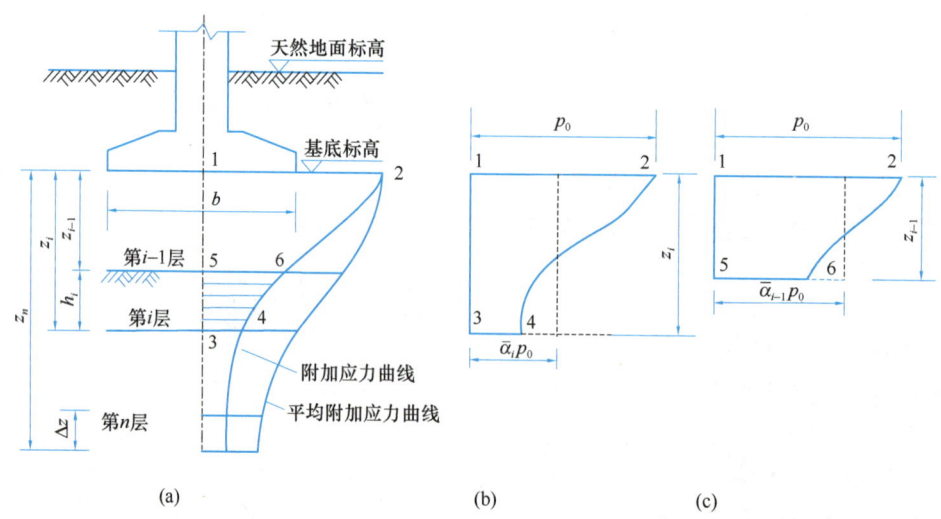

图 4-20 采用平均附加应力系数 $\bar{\alpha}_i$ 计算沉降量的分层示意图

$$A_{1234} = \bar{\alpha}_i p_0 z_i$$

则：

$$\bar{\alpha}_i = \frac{A_{1234}}{p_0 z_i} = \frac{\int_0^{z_i} \sigma_z \mathrm{d}z}{p_0 z_i} = \frac{p_0 \int_0^{z_i} \alpha \mathrm{d}z}{p_0 z_i} = \frac{\int_0^{z_i} \alpha \mathrm{d}z}{z_i}$$

同理

$$A_{1256} = \bar{\alpha}_{i-1} p_0 z_{i-1} \ , \ \bar{\alpha}_{i-1} = \frac{A_{1256}}{p_0 z_{i-1}} = \frac{\int_0^{z_{i-1}} \alpha \mathrm{d}z}{z_{i-1}}$$

则

$$s' = \sum_{i=1}^n \frac{A_{1234} - A_{1256}}{E_{si}} = \sum_{i=1}^n \frac{p_0}{E_{si}} (\bar{\alpha}_i z_i - \bar{\alpha}_{i-1} z_{i-1}) \tag{4-23}$$

式中　$p_0 z \bar{\alpha}$——深度 z 范围内竖向附加应力面积 A 的等代值；

　　　$\bar{\alpha}$——深度 z 范围内平均附加应力系数。

4.3.3.2　沉降计算经验系数和沉降计算

由于上述地基沉降计算有诸多近似假定，难以综合反映某些复杂因素。大量沉降观测资料结果表明：对于低压缩性地基土，沉降计算值偏大；反之偏小。为此，规范引入经验系数 ψ_s 对式（4-23）进行修正，即：

$$s = \psi_s s' = \psi_s \sum_{i=1}^n \frac{p_0}{E_{si}} (\bar{\alpha}_i z_i - \bar{\alpha}_{i-1} z_{i-1}) \tag{4-24}$$

式中　s——地基最终沉降量（mm）；

　　　ψ_s——沉降计算经验系数，根据地区沉降观测资料及经验确定，无地区经验时，也可按表 4-5 取用；

　　　n——地基沉降计算深度范围内所划分的土层数；

　　　p_0——对应于荷载效应准永久组合时的基础底面处的附加应力（kPa）；

　　　E_{si}——基础底面下第 i 层土的压缩模量（MPa），可取土的自重压力到土的自重压力与附加压力之和的压力段计算；

z_i、z_{i-1}——基础底面至第 i 层、第 $i-1$ 层土底面上的距离（m）；

$\bar{\alpha}_i$、$\bar{\alpha}_{i-1}$——基础底面计算点至第 i 层、第 $i-1$ 层土底面范围内的平均附加应力系数，矩形基础可按表 4-6 查用，条形基础可取 $l/b=10$ 查用，l 与 b 分别为基础的长边和短边。

沉降计算经验系数 ψ_s　　　　　　　　　　　　表 4-5

$\overline{E}_s$（MPa） 基底附加压力	2.5	4.0	7.0	15.0	20.0
$p_0 \geqslant f_{ak}$	1.4	1.3	1.0	0.4	0.2
$p_0 \leqslant 0.75 f_{ak}$	1.1	1.0	0.7	0.4	0.2

注：① f_{ak} 系地基承载力特征值，详见本书第 7 章；

②$\overline{E}_s$ 系沉降计算深度范围内压缩模量的当量值，按 $\overline{E}_s = \sum A_i / \sum \dfrac{A_i}{E_{si}}$ 计算，其中，$A_i = p_0 (\bar{\alpha}_i z_i - \bar{\alpha}_{i-1} z_{i-1})$。

尚须注意，表 4-6 给出的是均布矩形荷载角点下的平均竖向附加应力系数，对于非角点下的平均附加应力系数 $\bar{\alpha}$，须采用角点法计算，其方法同土中应力计算。此外，由于地基中附加应力的扩散作用，还应考虑相邻荷载引起的地基附加沉降。该附加沉降值也可按应力叠加原理，采用角点法计算。当建筑物地下室基础埋置较深时，还应考虑基坑开挖引起的地基土回弹。

4.3.3.3 地基沉降计算深度 z_n

（1）无相邻荷载影响。当基础宽度在 $1\sim30\mathrm{m}$ 范围内无相邻荷载影响时，基础中点的地基变形计算深度可按下列简化公式计算：

$$z_n = b(2.5 - 0.4\ln b) \tag{4-25}$$

（2）考虑相邻荷载的影响。考虑相邻荷载影响时，应满足下式要求：

$$\Delta s'_n \leqslant 0.025 \sum_{i=1}^{n} \Delta s'_i \tag{4-26}$$

式中　b ——基础宽度（m）；

　　　$\Delta s'_i$ ——在计算深度范围内，第 i 层土的计算变形值（mm）；

　　　$\Delta s'_n$ ——在计算深度 z_n 处，向上取厚度为 Δz 的土层计算变形值（图 4-20），Δz 可按表 4-7 确定。

计算时，若计算深度以下存在软弱土层，则应继续向下计算，直至软弱土层中 Δz 厚度内计算沉降量满足式（4-26）为止。当计算深度范围内存在基岩时，z_n 可取至基岩表面。当存在较厚坚硬黏性土层，且孔隙比小于 0.5，压缩模量大于 50MPa；或存在较厚密实砂卵石层，压缩模量大于 80MPa 时，z_n 可取至该土层表面。

矩形面积上均布荷载下角点的平均竖向附加应力系数 $\overline{\alpha}$　　　　表 4-6

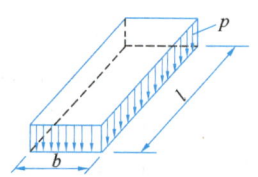

z/b \ l/b	1.0	1.2	1.4	1.6	1.8	2.0	2.4	2.8	3.2	3.6	4.0	5.0	10.0
0.0	0.2500	0.2500	0.2500	0.2500	0.2500	0.2500	0.2500	0.2500	0.2500	0.2500	0.2500	0.2500	0.2500
0.2	0.2496	0.2497	0.2497	0.2498	0.2498	0.2498	0.2498	0.2498	0.2498	0.2498	0.2498	0.2498	0.2498
0.4	0.2474	0.2479	0.2481	0.2483	0.2483	0.2484	0.2485	0.2485	0.2485	0.2485	0.2485	0.2485	0.2485
0.6	0.2423	0.2437	0.2444	0.2448	0.2451	0.2452	0.2454	0.2455	0.2455	0.2455	0.2455	0.2455	0.2455
0.8	0.2346	0.2372	0.2387	0.2395	0.2400	0.2403	0.2407	0.2408	0.2409	0.2409	0.2410	0.2410	0.2410
1.0	0.2252	0.2291	0.2313	0.2326	0.2335	0.2340	0.2346	0.2349	0.2351	0.2352	0.2352	0.2353	0.2353
1.2	0.2149	0.2199	0.2229	0.2248	0.2260	0.2268	0.2278	0.2282	0.2285	0.2286	0.2287	0.2288	0.2289
1.4	0.2043	0.2102	0.2140	0.2164	0.2190	0.2191	0.2204	0.2211	0.2215	0.2217	0.2218	0.2220	0.2221
1.6	0.1939	0.2006	0.2049	0.2079	0.2099	0.2113	0.2130	0.2138	0.2143	0.2146	0.2148	0.2150	0.2152
1.8	0.1840	0.1912	0.1960	0.1994	0.2018	0.2034	0.2055	0.2066	0.2073	0.2077	0.2079	0.2082	0.2084
2.0	0.1746	0.1822	0.1875	0.1912	0.1938	0.1958	0.1982	0.1996	0.2004	0.2009	0.2012	0.2015	0.2018
2.2	0.1659	0.1737	0.1793	0.1833	0.1862	0.1883	0.1911	0.1927	0.1937	0.1943	0.1947	0.1952	0.1955

l/b z/b	1.0	1.2	1.4	1.6	1.8	2.0	2.4	2.8	3.2	3.6	4.0	5.0	10.0
2.4	0.1578	0.1657	0.1715	0.1757	0.1789	0.1812	0.1843	0.1862	0.1873	0.1880	0.1885	0.1890	0.1895
2.8	0.1433	0.1514	0.1574	0.1619	0.1654	0.1680	0.1717	0.1739	0.1753	0.1763	0.1769	0.1777	0.1784
3.0	0.1369	0.1449	0.1510	0.1556	0.1592	0.1619	0.1658	0.1682	0.1698	0.1708	0.1715	0.1592	0.1733
3.2	0.1310	0.1390	0.1450	0.1497	0.1533	0.1562	0.1602	0.1628	0.1645	0.1657	0.1664	0.1675	0.1685
3.4	0.1256	0.1334	0.1394	0.1441	0.14478	0.1508	0.1550	0.1577	0.1595	0.1607	0.1616	0.1628	0.1639
3.6	0.1205	0.1282	0.1342	0.1389	0.1427	0.1456	0.1500	0.1528	0.1548	0.1561	0.1570	0.1583	0.1595
3.8	0.1158	0.1234	0.1293	0.1340	0.1378	0.1408	0.1452	0.1482	0.1502	0.1516	0.1526	0.1541	0.1554
4.0	0.1114	0.1189	0.1248	0.1294	0.1332	0.1362	0.1408	0.1438	0.1459	0.1474	0.1485	0.1500	0.1516
4.2	0.1073	0.1147	0.1205	0.1251	0.1289	0.1319	0.1365	0.1396	0.1418	0.1434	0.1445	0.1462	0.1479
4.4	0.1035	0.1107	0.1164	0.1210	0.1248	0.1279	0.1325	0.1357	0.1379	0.1396	0.1407	0.1425	0.1444
4.6	0.1000	0.1070	0.1127	0.1172	0.1209	0.1240	0.1287	0.1319	0.1342	0.1359	0.1371	0.1390	0.1410
4.8	0.0967	0.1036	0.1091	0.1136	0.1173	0.1204	0.1250	0.1283	0.1307	0.1324	0.1337	0.1357	0.1379
5.0	0.0935	0.1003	0.1059	0.1102	0.1139	0.1169	0.1216	0.1249	0.1273	0.1291	0.1304	0.1325	0.1348
5.2	0.0906	0.0972	0.1026	0.1070	0.1106	0.1136	0.1183	0.1217	0.1241	0.1259	0.1273	0.1295	0.1320
5.4	0.0878	0.0943	0.0996	0.1039	0.1075	0.1105	0.1152	0.1186	0.1211	0.1229	0.1243	0.1265	0.1292
5.6	0.0852	0.0916	0.0968	0.1010	0.1046	0.1076	0.1122	0.1156	0.1181	0.1200	0.1215	0.13238	0.1266
5.8	0.0828	0.0890	0.0941	0.0983	0.1018	0.1047	0.1094	0.1128	0.1153	0.1172	0.1187	0.1211	0.1240
6.0	0.0805	0.0866	0.0916	0.0957	0.0991	0.1021	0.1067	0.1101	0.1126	0.1146	0.1161	0.1185	0.1216
6.2	0.0783	0.0842	0.0891	0.0932	0.0966	0.0995	0.1041	0.1075	0.1101	0.1120	0.1136	0.1161	0.1193
6.4	0.0762	0.0820	0.0869	0.0909	0.942	0.0971	0.1016	0.1050	0.1076	0.1096	0.1111	0.1137	0.1171
6.6	0.0742	0.0799	0.0847	0.0886	0.0919	0.0948	0.0993	0.1027	0.1053	0.1073	0.1088	0.1114	0.1149
6.8	0.0723	0.0779	0.0826	0.0865	0.0898	0.0926	0.0970	0.1004	0.1030	0.1050	0.1066	0.1092	0.1129
7.0	0.0705	0.07612	0.0806	0.0844	0.0877	0.0904	0.0949	0.0982	0.1008	0.1028	0.1044	0.1071	0.1109
7.2	0.0688	0.0742	0.0787	0.0825	0.857	0.0884	0.0928	0.0962	0.0987	0.1008	0.1023	0.1051	0.1090
7.4	0.0672	0.0725	0.0769	0.0806	0.0838	0.0862	0.09908	0.0942	0.0967	0.0988	0.1004	0.1031	0.1071
7.6	0.0656	0.0709	0.0752	0.0789	0.0820	0.0846	0.0889	0.0922	0.0948	0.0968	0.0984	0.1012	0.1054
7.8	0.0642	0.0693	0.0736	0.0771	0.0802	0.0828	0.0871	0.0904	0.0929	0.0950	0.0966	0.0994	0.1036
8.0	0.0627	0.0678	0.0720	0.0755	0.0785	0.0811	0.0853	0.0886	0.0912	0.0932	0.0948	0.0976	0.1020
8.2	0.0614	0.0663	0.0705	0.0739	0.0769	0.0795	0.0837	0.0869	0.0894	0.0914	0.0931	0.0959	0.1004
8.4	0.0601	0.0649	0.0690	0.0724	0.0754	0.0779	0.0820	0.0852	0.0878	0.0998	0.0914	0.0943	0.0988
8.6	0.0588	0.0636	0.0676	0.0710	0.0739	0.0764	0.0805	0.0836	0.0862	0.0882	0.0898	0.0927	0.0973
8.8	0.0576	0.0623	0.0663	0.0696	0.0724	0.0749	0.0790	0.0821	0.0846	0.0866	0.0882	0.0912	0.0959
9.2	0.0554	0.0599	0.0637	0.0670	0.0697	0.0721	0.0761	0.0792	0.0817	0.0837	0.0853	0.0882	0.0931
9.6	0.0533	0.0577	0.0614	0.0645	0.0672	0.0696	0.0734	0.0765	0.0789	0.0809	0.0825	0.0855	0.0905
10.0	0.0514	0.0556	0.0592	0.0622	0.0649	0.0672	0.0710	0.0739	0.0763	0.0783	0.0799	0.0829	0.0880
10.4	0.0496	0.0537	0.0592	0.0601	0.0627	0.0649	0.0686	0.0716	0.0739	0.0759	0.0775	0.0804	0.0857

z/b \ l/b	1.0	1.2	1.4	1.6	1.8	2.0	2.4	2.8	3.2	3.6	4.0	5.0	10.0
10.8	0.0479	0.0519	0.0553	0.0581	0.0606	0.0628	0.0664	0.0693	0.0717	0.0736	0.0751	0.0781	0.0834
11.2	0.0463	0.0502	0.0535	0.0563	0.0587	0.0609	0.0644	0.0672	0.0695	0.0714	0.0730	0.0759	0.0813
11.6	0.0448	0.0486	0.0518	0.0545	0.0569	0.0590	0.0625	0.0652	0.0675	0.0694	0.0709	0.0738	0.0793
12.0	0.0435	0.0471	0.0502	0.0529	0.0552	0.0573	0.0606	0.0634	0.0656	0.0674	0.0690	0.0719	0.0774
12.8	0.0409	0.0444	0.0474	0.0499	0.0521	0.0541	0.0573	0.0599	0.0621	0.0639	0.0654	0.0682	0.0739
13.6	0.0387	0.0420	0.0448	0.0472	0.0493	0.0512	0.0543	0.0568	0.0589	0.0607	0.0621	0.0649	0.0707
14.4	0.0367	0.0398	0.0425	0.0448	0.0468	0.0486	0.0516	0.0540	0.0561	0.0577	0.0592	0.0619	0.0677
15.2	0.0349	0.0379	0.0404	0.0426	0.0446	0.0463	0.0492	0.0151	0.0535	0.0551	0.0565	0.0592	0.0650
16.0	0.0332	0.0361	0.0385	0.0407	0.0425	0.0442	0.0469	0.0492	0.0511	0.0527	0.0540	0.0567	0.0625
18.0	0.0297	0.0323	0.0345	0.0364	0.0381	0.0396	0.0422	0.0442	0.0460	0.0475	0.0487	0.0512	0.0570
20.0	0.0269	0.0292	0.0312	0.0330	0.0345	0.0359	0.0383	0.0402	0.0418	0.0432	0.0444	0.0468	0.0524

计算厚度 Δz 表

表 4-7

b（m）	≤2	$2<b\leqslant4$	$4<b\leqslant8$	>8
Δz（m）	0.3	0.6	0.8	1.0

【例 4.2】某矩形基础埋深 $d=1.5\mathrm{m}$，基底尺寸 $4.8\mathrm{m}\times2\mathrm{m}$，地基土层如图 4-21 所示，上部结构柱荷载 $F=1890\mathrm{kN}$，试用规范方法求该基础的最终沉降量。

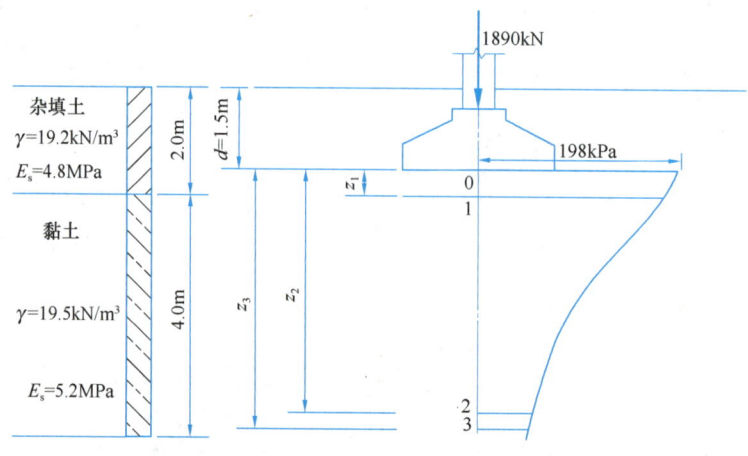

图 4-21 例 4.2 示意图

【解】（1）基底压力和基底附加压力

$$p=\frac{F+G}{A}=\frac{1890+20\times4.8\times2\times1.5}{4.8\times2}=226.9\mathrm{kPa}$$

基础底面处土的自重应力

$$\sigma_{cz}=\gamma\times d=19.2\times1.5=28.8\mathrm{kPa}$$

则基底附加压力

$$p_0 = p - \sigma_{cz} = 226.9 - 28.8 = 198.1\text{kPa} = 0.198\text{MPa}$$

（2）确定沉降计算深度 z_n

单独基础，可按式（4-24）估算：

$$z_n = b(2.5 - 0.4\ln b) = 2 \times (2.5 - 0.4\ln 2) = 4.5\text{m}$$

（3）沉降计算，见表4-8

用规范方法计算基础最终沉降量 表4-8

点号	z_i (m)	l'/b'	z/b'	$\bar{a}_i$	$z_i\bar{a}_i$ (mm)	$z_i\bar{a}_i - z_{i-1}\bar{a}_{i-1}$ (mm)	$\dfrac{p_0}{E_{si}}$	$\Delta s_i'$ (mm)	$\sum \Delta s_i'$ (mm)	$\dfrac{\Delta s_n'}{\sum \Delta s_i'} \leqslant 0.25$
0	0		0	$4 \times 0.2500 = 1.000$	0					
1	0.5	2.4	0.5	$4 \times 0.2470 = 0.9880$	494.00	494.00	0.041	20.25		
2	4.2		4.2	$4 \times 0.1365 = 0.5460$	2293.20	1799.20	0.038	68.37		
3	4.5		4.5	$4 \times 0.1306 = 0.5224$	2350.80	57.60	0.038	2.19	90.81	0.0241

① 采用角点法计算基础中点下的沉降量时，将基础分为4块相同的小面积，即 $b' = b/2$，$l' = l/2$，$\bar{a}_i = 4\bar{a}_i'$。

② 若按式（4-25）确定 z_n 时，先由表4-7取 $\Delta z = 0.3$m，计算得 $\Delta s_n = 2.19$mm，且 $0.025\sum\Delta s_i' = 0.025 \times 90.81 = 2.27$mm > 2.19mm，满足要求。

（4）确定沉降经验系数 ψ_s

压缩模量当量值

$$\overline{E}_s = \frac{\sum A_i}{\sum (A_i/E_{si})} = \frac{p_0\sum(z_i\bar{a}_i - z_{i-1}\bar{a}_{i-1})}{p_0\sum[(z_i\bar{a}_i - z_{i-1}\bar{a}_{i-1})/E_{si}]} = \frac{494.00 + 1799.20 + 57.60}{\dfrac{494.00}{4.8} + \dfrac{1799.20}{5.2} + \dfrac{57.60}{5.0}}$$

$$= 5.11\text{MPa}$$

取地基承载力特征值（详见第8章）为 p_0，由表4-5插值可求得 $\psi_s = 1.2$。

（5）基础最终沉降量

$$s = \psi_s\sum\Delta s_i' = 1.2 \times 90.81 = 108.97\text{mm}$$

4.3.4 地基最终沉降量的组成

观测资料表明，在外荷载作用下，黏性土地基的最终沉降量 s 由三部分组成（图4-22），即：

$$s = s_d + s_c + s_s \tag{4-27}$$

式中　s_d——瞬时沉降（mm，亦称不排水沉降、畸变沉降）；

　　　s_c——固结沉降（mm，亦称主固结沉降）；

　　　s_s——次固结沉降（mm）。

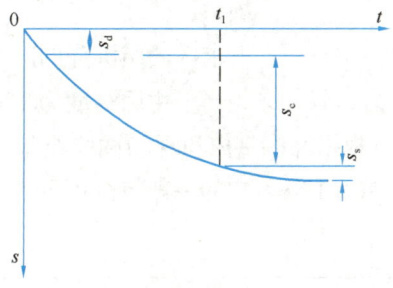

图4-22　地基沉降的三个组成部分

4.3.4.1 瞬时沉降

瞬时沉降是指加荷载瞬间土孔隙中水来不及排出，孔隙体积尚未变化，地基土在荷载作用下仅发生剪切变形时的地基沉降。黏性土地基的 s_d 可用弹性力学公式（4-18）计算，但变形模量 E_0 应改用土的弹性模量 E，因该变形阶段体积变化为零，泊松比 $\mu = 0.5$。弹性模量可以通过室内三轴反复加载卸载的不排水试验求得。也可以近似采用 $E=(500\sim 1000)c_u$ 估算，c_u 为不排水抗剪强度。

无黏性土地基由于其透水性大，加载后固结沉降很快，瞬时沉降与固结沉降无法分开，且次压缩现象也不明显。此外，无黏性土的弹性模量明显与侧限条件有关，即随深度增加，故线弹性理论假设已不再适用，不宜用弹性力学公式计算瞬时沉降。通常可采用有限单元法等数值解法，对土层内采用相应于各点应力大小的弹性模量进行分析，即根据介质内各点应力水平确定其弹性模量。也可采用希默特曼（Schmertman，1955）等提出的半经验法计算，可参见相关文献，本教材从略。

4.3.4.2 固结沉降

固结沉降是指在荷载作用下，随着土孔隙水分的逐渐挤出，孔隙体积相应减小，土体逐渐压密而产生的沉降，通常可采用分层总和法或应力面积法计算。

然而，黏性土根据其应力历史的不同可有超固结土、正常固结土和欠固结土之分（详见4.4.1小节），黏性土在外荷作用下，三种不同固结状态的固结沉降是不同的，其压缩性指标应通过 e-$\lg p$ 曲线获得，其相应的计算方法可见本章4.4.3节。

4.3.4.3 次固结沉降

次固结沉降是指土中孔隙水已经消散，有效应力增长基本不变之后仍随时间而缓慢增长所引起的沉降，它与土的骨架蠕变有关。其沉降值可由下式计算：

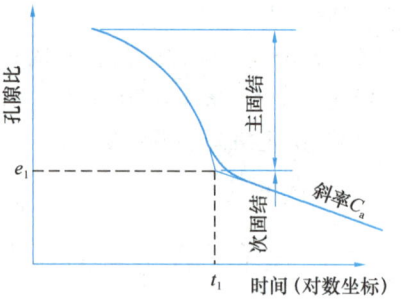

图4-23　次固结沉降计算时的孔隙比与时间关系曲线

$$s_s = \sum_{i=1}^{n} \frac{H_i}{1+e_{0i}} C_{ai} \lg \frac{t}{t_1} \qquad (4-28)$$

式中　C_{ai} ——第 i 分层土的次固结系数，即 e-$\lg t$ 曲线上直线段的斜率（图4-23），由试验确定；

　　　t ——所求次固结沉降的时间，$t>t_1$；

　　　t_1 ——相当于主固结度为100%的时间，根据次固结曲线外推而得。

根据许多室内和现场试验结果，C_a 值主要取决于土的天然含水量，近似计算时可取 $C_a=0.018w$，它的一般范围可见表4-9。

表4-9

C_a 的一般值

土类	C_a
正常固结土	$0.005\sim0.020$
超固结土（$OCR>2$）	<0.001
高塑性黏土，有机土	≥0.03

注：OCR 为超固结比，见4.4节式（4-29）。

上述考虑不同变形阶段的沉降计算方法，对黏性土特别是饱和软黏土地基是合适的，国外一些实测资料表明，应考虑瞬时变形。对含有较多有机质的黏土，次固结沉降历时较长，实践中只能进行近似计算。而对于砂性土地基，由于透水性好，固结完成快，瞬时沉降与固结沉降已无法区分，故不适合用该方法估算。

4.4 应力历史对地基沉降的影响

4.4.1 天然土层的应力历史

应力历史是指土在形成的地质年代中经受应力变化的过程。土体在形成及存在的过程中将受到不同的地质作用和应力变化。这种使土体产生固结或压缩的应力就称为固结压（应）力。就地基土层而言，固结压力主要有土的自重应力和外荷载在地基内引起的附加应力。如新近沉积的土层或人工填土，土颗粒尚处于悬浮状态，自重应力由孔隙水承担，有效应力为零。随着时间的推移，土在自重应力下逐渐沉降固结，直至自重应力全部转化为有效应力，这类土的固结压力就是自重应力。而天然土层，在漫长的地质年代中因自重作用早已固结完成，故自重应力已不再引起土层固结，此时固结压力只有外荷载引起的附加应力。

天然土层在应力历史上承受过的最大固结压力（即固结过程中所承受的最大竖向有效应力）称为先（前）期固结压力 p_c。通常将先期固结压力与现有土层自重应力（$p_1 = \sigma_z$）的比值定义为超固结比 OCR，即：

$$OCR = \frac{p_c}{p_1} \tag{4-29}$$

根据土超固结比 OCR 的大小，可将天然土层划分为三种固结状态，如图 4-24 所示。

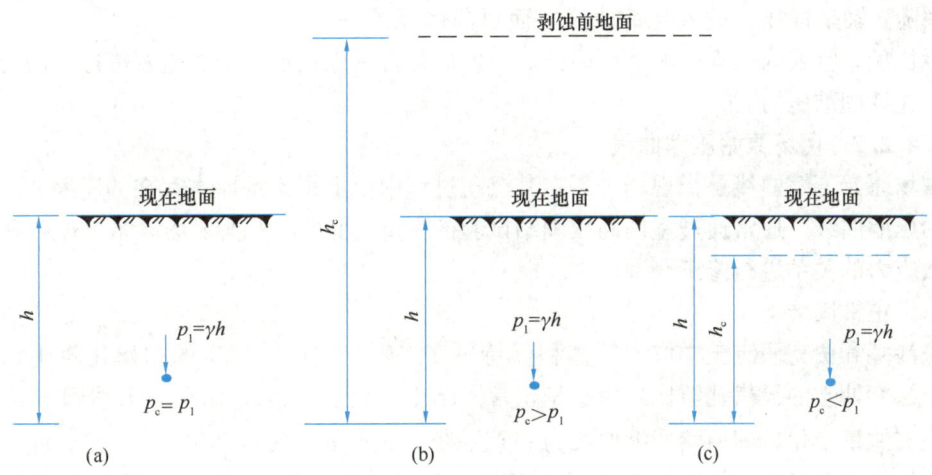

图 4-24 天然土层的三种固结状态
(a) 正常固结；(b) 超固结；(c) 欠固结

（1）正常固结状态（$OCR=1$）。如图 4-24（a）所示，某深度土层在历史上最大固结压力作用下压缩稳定，沉积后土层未再受过侵蚀或其他荷载作用，土层厚度也无多大变化，即土体已固结完成，故称为正常固结土，此时 $p_c = p_1 = \gamma z$。大多数建筑物场地都属于正常固结状态的土。

（2）超固结状态（$OCR>1$）。如图 4-24（b）所示，天然土层在地质历史上受过的最大固结压力（p_c）大于目前土层的上覆压力 p_1，土层处于超固结状态，故称为超固结土。如土层在地质历史上由于地面上升或河流冲刷而剥蚀上部部分土层；古冰川因气候转暖而融化或转移；旧建（构）筑物的拆除、地下水位的长期变化、土层的干缩以及人类各种工程活动（如碾压等）等都可能使土层成为超固结土。

（3）欠固结状态（$OCR < 1$）。如图 4-24（c）所示，土层逐渐沉积至现在，但未达到稳定状态。固结尚未完成，故称欠固结土。如新近沉积的黏性土、人工填土等。由于沉积后经历年代不长，在自身重力下固结尚未完成（图 4-24c 中虚线表示固结完成后的地表，相对计算点深度为 h_c），此时 $p_c = \gamma h_c$ 小于现有土的自重应力 p_1，为欠固结状态。

4.4.2 土的原始压缩曲线

4.4.2.1 先期固结压力 p_c 的确定

确定 p_c 的方法很多，应用最广的方法是卡萨格兰德（A. Casagrande，1936）建议的经验作图法（图 4-25），其步骤如下：

① 从 $e\text{-}\lg p$ 曲线上找出曲率半径最小的一点 A；过 A 点作水平线 $A1$ 和切线 $A2$；

② 作 $\angle 1A2$ 的平分线 $A3$，与 $e\text{-}\lg p$ 曲线中直线段的延长线相交于 B 点；

③ B 点所对应的有效应力就是先期固结压力 p_c。

显然，该法仅适用于 $e\text{-}\lg p$ 曲线曲率变化明显的土层，否则最小曲率半径 $r_{\min}$ 难以确定。此外，$e\text{-}\lg p$ 曲线的曲率随 e 轴坐标比例的变化而改变，而目前尚无统一的坐标比例，且人为因素影响大。因此，一般应综合考虑场地地形、地貌等形成历史来确定土的先期固结压力。

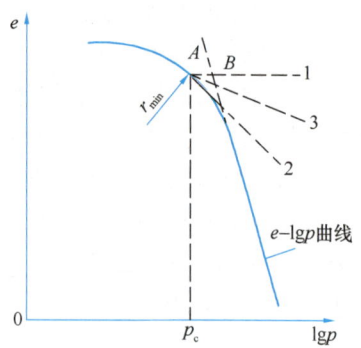

图 4-25　确定先期固结压力 p_c 的卡萨格兰德法

4.4.2.2 现场原始压缩曲线

现场原始压缩曲线是指现场土层在其沉积过程中由上覆土重原本存在的压缩曲线，简称原始压缩曲线。通常通过室内高压固结试验的 $e\text{-}\lg p$ 曲线，根据现场原始土体的孔隙比与有效应力的关系进行修正获取。

（1）正常固结土

太沙基和佩克假定土样取出后体积保持不变，则室内试验测定的初始孔隙比 e_0 就代表取土深度处土的天然孔隙比。由于是正常固结土，故 $p_c = p_0$，而在压力达到 p_c 之前现场土没有体积变化，即原始压缩曲线为一水平线直达点 a（图 4-26 中 $\overline{e_0 a}$ 线）。此外，许多室内压缩试验发现，土试样在不同程度的扰动下，所得出的 $e\text{-}\lg p$ 曲线直线段亦不同，但大致都交于孔隙比 $e = 0.42 e_0$ 处（图 4-26 中点 b），其表明经过很高压力，土样压密程度也很高，起始的各种不同程度的扰动对土的压缩性已无多大影响，故该点为原位土应力-孔隙比状态的一个特征点。因此，连接 a、b 点的直线 $\overline{ab}$，即为正常固结土的原始压缩曲线。该曲线的斜率就是原位土的压缩指数。

（2）超固结土

超固结土的原始压缩曲线需在室内进行卸-加载压缩试验，当压力进入到 $e\text{-}\lg p$ 曲线的直线段时，卸载回弹，再加载压缩，如图 4-27 所示。

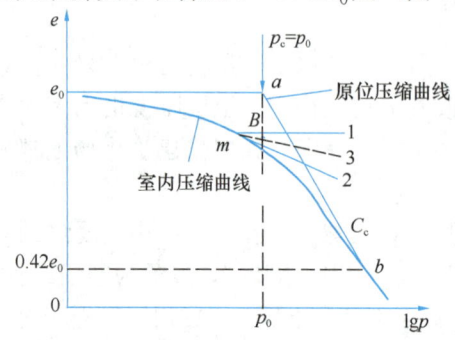

图 4-26　正常固结土的原始压缩曲线

滞回圈的平均斜率即为再压缩指数或回弹指数 C_e。

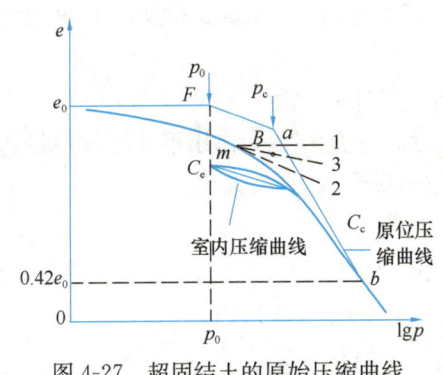

图 4-27 超固结土的原始压缩曲线

现场原始压缩曲线确定步骤如下：

① 确定先期固结压力 p_c。

② 确定 F 点，纵坐标为 e_0，横坐标为 p_0。由前述可知该点（p_0，e_0）必然位于原状土的再压缩曲线上。

③ 过 F 点作斜率为 C_e 的直线，该直线与通过 p_c 的垂线交于 a 点，连线 $\overline{Fa}$ 平行于室内回弹曲线，该线就是现场再压缩曲线。

④ 再作 b 点，即室内压缩曲线上纵坐标 $e=0.42e_0$ 的点。

⑤ 然后连接 $\overline{ab}$ 直线，该线段就是现场压缩曲线的直线段，直线的斜率就是超固结土的压缩指数 C_c。

（3）欠固结土

对于欠固结土，由于自重作用下的压缩尚未稳定，实际上属于正常固结土的一种特例，只能近似地按与正常固结土相同的方法求得原始压缩曲线，从而确定压缩指数 C_c。

4.4.3 考虑应力历史影响的地基最终沉降计算

如前所述，土的固结状态受到应力历史的影响，而固结状态又影响到地基沉降量的大小。此外，由于应力历史不同，即便是同一土层，其压缩特性也不完全相同，因而在工程中务必考虑天然土层应力历史对地基沉降的影响。

考虑应力历史的影响计算地基最终沉降量，通常在前述分层总和法中，将原始压缩曲线（e-$\lg p$ 曲线）获取的压缩性指标代入计算即可，其基本方法与 e-p 曲线相似。

4.4.3.1 正常固结土（$p_c = p_1$）

首先由原始压缩曲线确定压缩指数 C_c，再按式（4-30）计算最终沉降量（图 4-28）：

$$s = \sum_{i=1}^{n} \frac{\Delta e_i}{1+e_{0i}} h_i = \sum_{i=1}^{n} \frac{h_i}{1+e_{0i}} \left[C_{ci} \lg \left(\frac{p_{1i}+\Delta p_i}{p_{1i}} \right) \right]$$

（4-30）

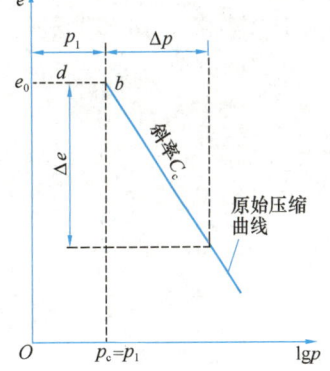

图 4-28 正常固结土的孔隙比变化

式中　Δe_i——由原始压缩曲线确定的第 i 层土的孔隙比变化；

　　Δp_i——第 i 层土附加应力的平均值（kPa，即有效应力增量），$\Delta p_i = \dfrac{\sigma_{zi}+\sigma_{z(i-1)}}{2}$；

　　p_{1i}——第 i 层土自重应力的平均值（kPa），$p_{1i} = \dfrac{\sigma_{czi}+\sigma_{cz(i-1)}}{2}$；

　　e_{0i}——第 i 层土的初始孔隙比；

　　C_{ci}——从原始压缩曲线确定的第 i 层土的压缩指数（MPa^{-1}）；

　　h_i——第 i 层土的厚度（m）。

4.4.3.2 超固结土（$p_1 < p_c$）

由原始压缩曲线和原始再压缩曲线分别确定土的压缩指数 C_c 和回弹指数 C_e，再根据各土层超固结程度，分两种情况计算最终沉降量。

计算时根据超固结的程度，分下列两种情况进行沉降计算。

（1）当 $p_{1i} + \Delta p_i < p_{ci}$ 时，如图 4-29（a）所示，第 i 土层在 Δp_i 作用下孔隙比将沿着原始再压缩曲线 b_1b 段减小 $\Delta e'_i$，各土层分层总和固结沉降量为：

$$s_m = \sum_{i=1}^{m} \frac{\Delta e'_i}{1 + e_{0i}} h_i = \sum_{i=1}^{m} \frac{h_i}{1 + e_{0i}} \left(C_{ei} \lg \frac{p_{1i} + \Delta p_i}{p_{1i}} \right) \tag{4-31}$$

式中　m——土层中 $p_{1i} + \Delta p_i < p_{ci}$ 的分层数。

（2）当 $p_{1i} + \Delta p_i \geqslant p_{ci}$ 时，如图 4-29（b）所示。此时第 i 土层在 Δp_i 作用下的孔隙比将先沿着现场压缩曲线 b_1b 段减小 $\Delta e'_i$，然后再沿着现场原始压缩曲线 bc 段减小 $\Delta e''_i$，故相应于 Δp_i 的孔隙比变化为 $\Delta e_i = \Delta e'_i + \Delta e''_i$，即：

$$s_n = \sum_{i=1}^{n} \frac{\Delta e'_i + \Delta e''}{1 + e_{0i}} h_i = \sum_{i=1}^{n} \frac{h_i}{1 + e_{0i}} \left(C_{ei} \lg \frac{p_{ci}}{p_{1i}} + C_{ci} \lg \frac{p_{1i} + \Delta p_i}{p_{1i}} \right) \tag{4-32}$$

其中　$e'_i = C_{ei} \lg \dfrac{p_{ci}}{p_{1i}}$；$e''_i = C_{ci} \lg \dfrac{p_{1i} + \Delta p_i}{p_{1i}}$

式中　n，h_i——分别为土层中 $p_{1i} + \Delta p_i \geqslant p_{ci}$ 的分层数、第 i 层土的厚度（m）；

　　　　$\Delta e'_i$——第 i 分层土由现有土平均自重压力 p_{1i} 增加到先期固结压力 p_{ci} 时的孔隙变化；

　　　　$\Delta e''_i$——第 i 分层土由先期固结压力 p_{ci} 增加到 $p_{1i} + \Delta p_i$ 时的孔隙变化；

　C_{ei}、C_{ci}——第 i 层土的回弹指数（kPa^{-1}）和压缩指数（kPa^{-1}）。

超固结土层中，若同时存在 $p_{1i} + \Delta p_i \geqslant p_{ci}$ 和 $p_{1i} + \Delta p_i < p_{ci}$ 时，其沉降量应分别按式（4-31）和式（4-32）进行计算，最后进行叠加，即：

$$s = s_n + s_m \tag{4-33}$$

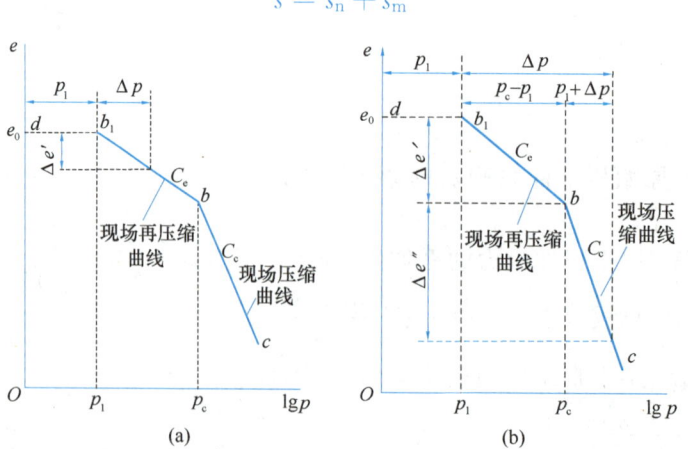

图 4-29　超固结土的孔隙比变化

（a）$p_1 + \Delta p < p_c$；（b）$p_1 + \Delta p \geqslant p_c$

4.4.3.3 欠固结土（$p_1 > p_c$）

欠固结土的孔隙比变化，可近似地按与正常固结土相同的方法求得的原始压缩曲线，如图 4-30 所示，其固结沉降应包括两部分：①地基附加应力引起的沉降；②土体自重应力继续固结引起的沉降。故欠固结土最终沉降量计算公式为：

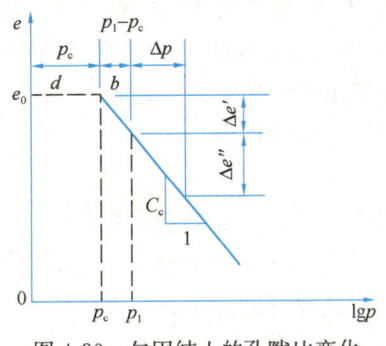

图 4-30 欠固结土的孔隙比变化

$$s = \sum_{i=1}^{n} \frac{h_i}{1 + e_{0i}} \left[C_{ci} \lg \left(\frac{p_{1i} + \Delta p_i}{p_{ci}} \right) \right] \qquad (4\text{-}34)$$

式中　p_{ci}——第 i 层土的实际有效压力（kPa），小于土的自重压力 p_{1i}。

可见，若按正常固结土层计算欠固结土的沉降，所得结果可能远小于实际观测的沉降量。

4.5　地基变形与时间的关系

前面讨论了地基最终沉降量的计算，但在工程实践中往往还需确定施工期间和完工后某一时间地基的沉降量，以便控制施工进度，或排除不均匀沉降等带来的危害。此外，采用堆载预压加固处理地基时，也需要考虑地基变形与时间的关系。

无黏性土透水性好，受荷固结完成所需时间很短，在外荷载施加完毕时，固结变形已基本完成。而黏性土完成固结所需时间较长，在深厚的饱和软黏土中，固结变形往往需要几年甚至十几年的时间才能完成。因此，本节仅讨论饱和土的变形与时间的关系。

4.5.1　饱和土的渗透固结

饱和土体在压力作用下，随着时间的增长，孔隙水被逐渐排出，孔隙体积随之缩小的过程称为饱和土的渗透固结。饱和土的渗透固结主要有三个特征：①土孔隙中自由水逐渐排出；②土孔隙体积逐渐减小；③孔隙水压力逐渐转移为有效应力。渗透固结所需时间的长短主要与土的渗透性和土层厚度有关，土的渗透性越小、土层越厚，孔隙水被排出所需时间就越长。

饱和土体的渗透固结过程，可借助图 4-31 所示的弹簧活塞力学模型来说明。在一个盛满水的圆筒中，装一个有许多小孔的活塞和弹簧，弹簧上下两端分别连接活塞和筒底。

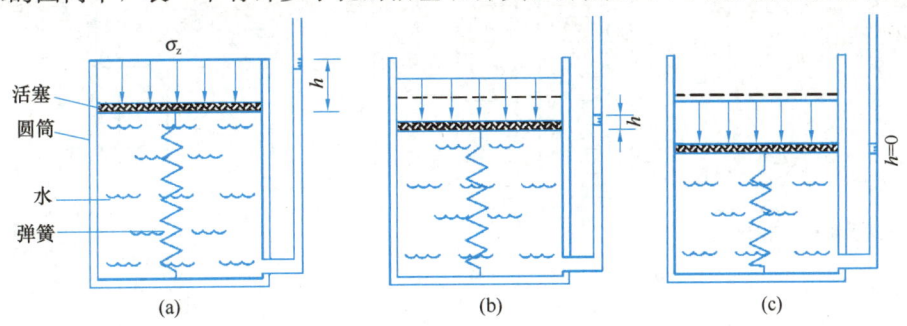

图 4-31　饱和土的渗透固结模型

(a) $t=0$，$u=\sigma_z$，$\sigma'=0$；(b) $0<t<+\infty$，$u+\sigma'=\sigma_z$；(c) $t=\infty$，$u=0$，$\sigma'=\sigma_z$

其中，弹簧代表土的颗粒骨架，容器内的水代表土中的孔隙水，带小孔的活塞表征土的透水性。由于模型中只有固液两相介质，则外力 σ_z 的作用只能由水与弹簧两者共同承担。设弹簧承担的压力为有效应力 $\sigma'A$（A 为活塞底面积），圆筒中的水承担的压力为 uA，根据静力平衡条件则：

$$\sigma_z = \sigma' + u \tag{4-35}$$

式中　　σ'，u——分别为有效应力和孔隙水压力（可由测管中水压超高读取）；

σ——总应力，通常为作用于土中的附加应力。

试验可见：

（1）当 $t=0$ 时，即活塞顶面骤然施加压力 σ_z 的瞬间，水来不及排出（图 4-31a），一般认为水不可压缩，故水体积不变，则弹簧没有变形和受力，有效应力 $\sigma'=0$，压力全部由水承担。此时，$u=\sigma_z=\gamma_w h$。

（2）当 $0<t<\infty$ 时，随着荷载作用时间的迁移，容器中的水不断从活塞排水孔中排出，活塞下降，迫使弹簧受到压缩而受力，有效应力 $\sigma'>0$，并逐渐增加；而相应地，u 逐渐减小。此时，$u<\sigma_z$，$\sigma'>0$，但 $u+\sigma'=\sigma_z$。

（3）当 $t \rightarrow \infty$ 时（即"最终"时间），水从排水孔中充分排出，孔隙水压力完全消散，活塞不再下降，σ_z 全部由弹簧承担，此时，$h=0$，$\sigma'=\sigma_z$，$u=0$，饱和土的渗透固结完成。

因此，饱和土的渗透固结也就是孔隙水压力逐渐消散和有效应力相应增长的过程。

4.5.2　太沙基一维固结理论

一维固结又称单向固结，即荷载作用下土中水的流动和土体的变形仅在一个方向（如竖直方向）发生。为求饱和土层在渗透固结过程中任意时间的变形，通常采用太沙基提出的一维固结理论进行计算。其适用条件为荷载面积远大于压缩土层的厚度，地基中孔隙水主要沿竖向渗流。

4.5.2.1　一维竖向固结基本假定

设厚度为 H 的饱和黏土层（图 4-32），顶面是透水层，底面是不透水和不可压缩层，在自重应力作用下土层固结已经完成。现在顶面受到一次骤然施加的无限均布荷载 p_0 作用。由于土层厚度远小于荷载面积，土中附加应力可近似地视为矩形分布，即附加应力不随深度而变化。又因土层下部边界不透水（单面排水），孔隙水向上排出，故上部边界孔

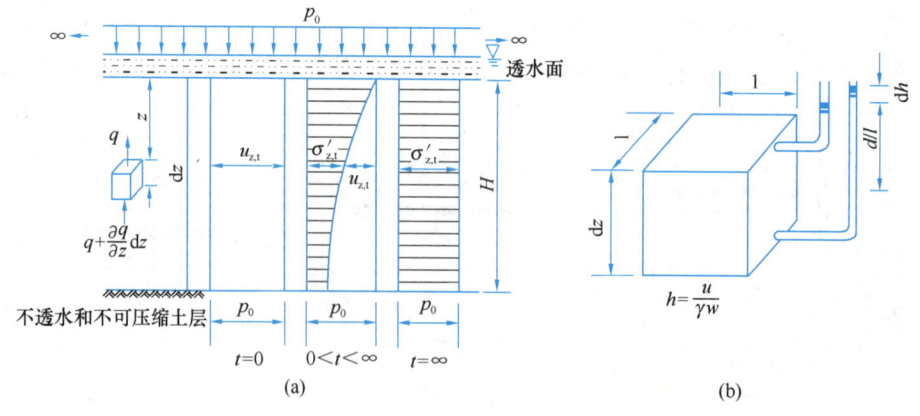

图 4-32　饱和土层的固结过程

（a）固结过程中水压力分布；（b）单元体受力分析

隙水压力率先消散。随着时间的增长，土层中的孔隙水压亦逐渐变小，而有效应力逐渐增大，形成图 4-32（a）变化过程。

一维固结理论基本假定如下：

① 土层是均质、各向同性和完全饱和的，且土粒和孔隙水都是不可压缩的；

② 土中附加应力沿水平面无限均匀分布，故土的压缩和土中水的渗流只沿竖向发生；

③ 土中水的渗流服从达西定律，且固结过程中土的渗流系数 k 和压缩系数 a 为常数；

④ 外荷载是一次骤然施加的，在固结过程中保持不变；

⑤ 土体变形完全是由土层中有效应力增长引起的。

4.5.2.2 单（竖）向固结微分方程的建立

现从饱和土层顶面下深度 z 处取一微单元体 $1 \times 1 \times dz$（图 4-32b）来考虑：

（1）单元体的渗流条件

由于渗流自下而上进行，设在外荷施加后某时刻 t 流入单元体的水量为 $\left(q + \frac{\partial q}{\partial z} dz\right) dt$，流出单元体的水量为 $q dt$，所以在 dt 时间内，流经该单元体的水量变化（被挤出的孔隙水量）为：

$$\left(q + \frac{\partial q}{\partial z} dz\right) dt - q dt = \left(\frac{\partial q}{\partial z} dz\right) dt \tag{4-36}$$

根据达西定律，可得单元体过水面积 $A = 1 \times 1$ 的流量 q 为：

$$q = vA = ki = k \frac{\partial h}{\partial z} = \frac{k}{\gamma_w} \times \frac{\partial u}{\partial z} \tag{4-37}$$

代入式（4-36）得：

$$\frac{\partial q}{\partial z} dz dt = \frac{k}{\gamma_w} \times \frac{\partial^2 u}{\partial z^2} dz dt \tag{4-38}$$

（2）单元体的变形条件

在 dt 时间内，单元体孔隙体积 V_v 随时间的变化量（减小）为：

$$\frac{\partial V_v}{\partial t} dt = \frac{\partial}{\partial t}\left(\frac{e}{1 + e_0}\right) dz dt = \frac{1}{1 + e_0} \frac{\partial e}{\partial t} dz dt \tag{4-39}$$

考虑到微单元体土粒体积 $\frac{1}{1 + e_0} \times 1 \times 1 \times dz$ 为不变的常数，而：

$$de = -a dp = -a d\sigma'$$

$$\frac{\partial e}{\partial t} = -a \frac{\partial (p_0 - u)}{\partial t} = a \frac{\partial u}{\partial t} \tag{4-40}$$

将式（4-40）代入式（4-39）有：

$$\frac{\partial V_v}{\partial t} dt = \frac{a}{1 + e_0} \frac{\partial u}{\partial t} dz dt \tag{4-41}$$

（3）单元体的渗流连续条件

由于土颗粒和水是不可压缩的，故根据连续条件，在 dt 时间内，该单元体内排出的水量（水量的变化）应等于单元体孔隙的压缩量（孔隙的变化量），即：

$$\frac{\partial q}{\partial z} dz dt = \frac{\partial V_v}{\partial t} dt$$

$$\frac{k}{\gamma_w} \times \frac{\partial^2 u}{\partial z^2} dz dt = \frac{a}{1 + e_0} \times \frac{\partial u}{\partial t} dz dt$$

令
$$C_v = \frac{k(1+e_0)}{a\gamma_w} \qquad (4\text{-}42)$$

得：

$$C_v \frac{\partial^2 u}{\partial z^2} = \frac{\partial u}{\partial t} \qquad (4\text{-}43)$$

式中　C_v——土的竖向固结系数（cm²/s），它是渗透系数 k，压缩系数 a，初始孔隙比 e_0 的函数，一般可由室内固结试验直接确定。

式（4-43）即为一维固结微分方程，其初始条件（开始固结时的附加应力分布情况）和边界条件（可压缩土层顶、底面的排水条件）为：

当 $t=0$ 和 $0 \leqslant z \leqslant H$ 时，$u = \sigma_z = p_0$；

$0 < t < \infty$ 和 $z=0$（透水面）时，$u=0$；

$0 < t < \infty$ 和 $z=H$（不透水面）时，$\dfrac{\partial u}{\partial z} = 0$；

$t = \infty$ 和 $0 \leqslant z \leqslant H$ 时，$u=0$。

采用分离变量法可求得土中某深度处任意时刻 t 时的孔隙水压力 $u_{z,t}$ 为：

$$u_{z,t} = \frac{4}{\pi}\sigma_z \sum_{m=1}^{\infty} \frac{1}{m} \sin\left(\frac{m\pi z}{2H}\right) e^{-\frac{m^2\pi^2}{4}T_v} \qquad (4\text{-}44)$$

其中
$$T_v = \frac{C_v t}{H^2} \qquad (4\text{-}45)$$

式中　m——正奇整数（1，3，5，…）；

　　　H——压缩土层最大的排水距离，单面排水时，H 为土层厚度；双面排水时，H 取土层厚度的一半；

　　　T_v——竖向固结时间因数（无量纲）；

　　　t——固结时间。

4.5.2.3　固结度计算

地基在荷载作用下，经历时间 t 时所产生的沉降量 s_{ct} 与其最终沉降量 s_c 之比，称为地基在 t 时刻的固结度，可表示为 U_t，即：

$$U_t = \frac{s_{ct}}{s_c} \qquad (4\text{-}46)$$

地基中各点有效应力不等，排水距离也不相同，故土层中各点的固结度也是不同的。若用上述固结度难以描述实际工程问题，为此可引入某一土层的平均固结度的概念。对于竖向排水情况，因固结变形与有效应力呈正比，故根据式（4-46），某一时刻 t 的平均固结度 U_t 可写为：

$$U_t = \frac{\dfrac{a}{1+e}\displaystyle\int_0^H \sigma'_{z,t}\,\mathrm{d}z}{\dfrac{a}{1+e}\displaystyle\int_0^H \sigma_z\,\mathrm{d}z} = \frac{\displaystyle\int_0^H \sigma_z\,\mathrm{d}z - \int_0^H u_{z,t}\,\mathrm{d}z}{\displaystyle\int_0^H \sigma_z\,\mathrm{d}z} = 1 - \frac{\displaystyle\int_0^H u_{z,t}\,\mathrm{d}z}{\displaystyle\int_0^H \sigma_z\,\mathrm{d}z} \qquad (4\text{-}47)$$

式（4-47）适用于任意 σ_z 分布和地基排水条件的情况，它表明土层的固结度也就是土中孔隙水压力向有效应力转化过程的完成程度。显然，固结度随固结过程逐渐增大，由 $t=0$ 时为零而增至 $t=\infty$ 时为 1.0。

将式（4-44）代入式（4-47）积分可得均布荷载下土层的固结度为：

$$U_t = 1 - \frac{8}{\pi^2}\sigma_z \sum_{m=1}^{\infty} \frac{1}{m^2} e^{-\frac{m^2\pi^2}{4}T_v} \tag{4-48}$$

或

$$U_t = 1 - \frac{8}{\pi^2}\left[e^{-\frac{\pi^2}{4}T_v} + \frac{1}{9} e^{-9\left(\frac{\pi^2}{4}\right)T_v} + \cdots \right]$$

上式为一收敛很快的级数，当 $U_t > 30\%$ 时可近似地取其中第一项（即 $m=1$），即：

$$U_t = 1 - \frac{8}{\pi^2} e^{-\frac{\pi^2}{4}T_v} \tag{4-49}$$

由此可见，固结度 U_t 是时间因数 T_v 的函数。为便于实用，可将式（4-47）绘制成各种不同附加应力分布及排水条件下的 U_t 与 T_v 的关系曲线，如图 4-33 所示。

对于单面排水，当上下面附加应力不等时，可引入系数 $\alpha = \dfrac{\text{排水面附加应力}}{\text{不排水面附加应力}} = \dfrac{\sigma_1}{\sigma_2}$，解得平均固结度的计算式为：

$$U_t = 1 - \frac{0.5\pi\alpha - \alpha + 1}{1 + \alpha} \cdot \frac{32}{\pi^3} e^{-\frac{\pi^2}{4}T_v} \tag{4-50}$$

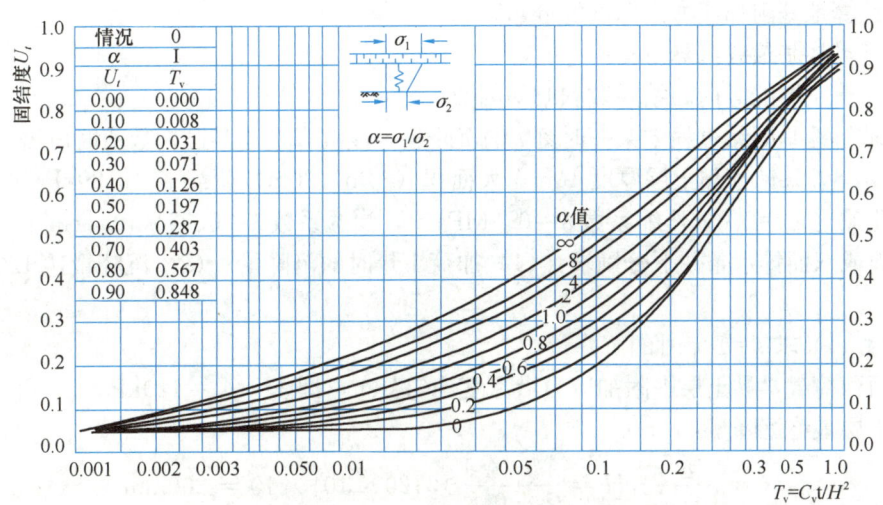

图 4-33　固结度 U_t 与时间因数 T_v 的关系曲线

在实际工程中，根据 α 值的不同大致可分为如下五种情况，如图 4-34 所示。

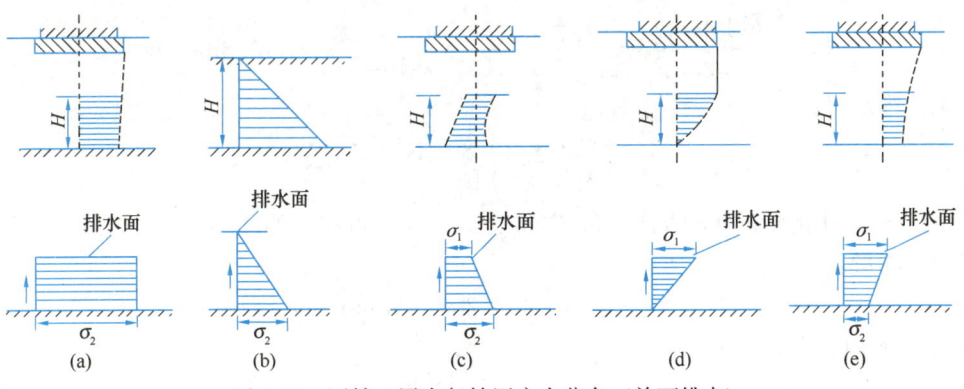

图 4-34　固结土层中起始压应力分布（单面排水）

情况 1（图 4-34a）：$\alpha = 1$，应力图形为矩形。适用于薄压缩地基或大面积均布荷载，土层在自重应力作用下已固结完成的情况。

情况 2（图 4-34b）：$\alpha = 0$，应力图形为三角形。适用于土层在自重应力作用下的固结，如大面积新填土层，地下水大幅度下降等情况。

情况 3（图 4-34c）：$\alpha < 1$，适用于土层在自重应力作用下尚未固结，又在其上修建建筑物基础的情况。

情况 4（图 4-34d）：$\alpha = \infty$，适用于基底面积小，土层厚，土层底面附加应力已接近于 0 的情况。

情况 5（图 4-34e）：$\alpha > 1$，适用于基底面积较小，但附加应力传递到压缩层底面时不为 0 的情况。

对于双面排水，则不管附加应力分布如何，只要是线性分布，均按情况 1 计算，但此时，时间因数中 H 应以 $H/2$ 代替。

综上所述，地基固结过程中任意时刻 t 的沉降量可按下列步骤求得：

① 计算地基附加应力沿深度的分布；

② 计算地基最终沉降量；

③ 计算土层的竖向固结系数和时间因数；

④ 求解地基固结过程中某一时刻 t 的沉降量，或沉降量达某已知数值时所需时间。

【例 4.3】某饱和黏土层厚度 10m，大面积（20m×20m）荷载 $p_0 = 120\text{kPa}$ 作用，土层初始孔隙比 $e_0 = 0.8$，压缩系数 $a = 0.3\text{MPa}^{-1}$，渗透系数 $k = 0.57 \times 10^{-7}\text{cm/s}$。按黏土层在单面或双面排水条件下分别求：（1）加荷 1 年时的沉降量；（2）沉降量达 120mm 所需时间。

【解】（1）求 $t = 1$ 年时的沉降量

大面积荷载，黏土层中附加应力沿深度均匀分布，即 $\sigma_z = p_0 = 120\text{kPa}$。

黏土层最终沉降量：

$$s = \frac{a}{1+e_0}\sigma_z H = \frac{3 \times 10^{-4}}{1+0.8} \times 120 \times 10^3 \times 10 = 200\text{mm}$$

渗透系数 $k = 0.57 \times 10^{-7}\text{cm/s}$ 可换算成 $k = 0.57 \times 10^{-7}\text{cm/s} \times 24 \times 365 \times 3600 = 18\text{mm/年}$。

竖向固结系数：

$$C_v = \frac{k(1+e_0)}{a\gamma_w} = \frac{0.57 \times 10^{-7} \times (1+0.8)}{3 \times 10^{-4} \times 10} = 10.8\text{m}^2/\text{年}$$

单面排水时：

时间因数

$$T_v = \frac{C_v t}{H^2} = \frac{10.8 \times 1}{10^2} = 0.108$$

由图 4-34 中的情况 1，查图 4-33 中曲线 $\alpha = 1$，可得相应的固结度 $U_t = 42\%$；故 $t = 1$ 年时的沉降量：

$$s_{1\text{年}} = 0.42 \times 200 = 84\text{mm}$$

双面排水时时间因数：

$$T_v = \frac{C_v t}{H^2} = \frac{10.8 \times 1}{5^2} = 0.432$$

同理，由图 4-33 可查得 $U_t = 75\%$，1 年时的沉降量为：

$$s_{1年} = 0.75 \times 200 = 150\text{mm}$$

（2）求沉降量达 120mm 时所需时间

固结度由定义得：

$$U_t = \frac{s_t}{s_\infty} = \frac{120}{200} = 0.6$$

由图 4-33 仍按 $\alpha = 1$ 查得 $T_v = 0.3$，所需的时间为：

单面排水条件下： $t = \dfrac{T_v H^2}{C_v} = \dfrac{0.3 \times 10^2}{10.8} = 2.8$ 年

双面排水条件下： $t = \dfrac{T_v H^2}{C_v} = \dfrac{0.3 \times 5^2}{10.8} = 0.7$ 年

可见，达同一固结度时，双面排水比单面排水所需时间短得多，只需单面排水的 1/4 时间。

4.5.3 利用沉降观测资料推算后期沉降量

如前所述，地基最终沉降量由三部分组成。对于大多数工程问题，次固结沉降相对于固结沉降而言是很小的，通常只需考虑瞬时沉降与固结沉降之和，即 $s = s_d + s_c$。因此，相应施工期 T 后某时刻 t（$t > T$）的沉降量可写为：

$$s_t = s_d + s_{ct} = s_d + u_t s_c \tag{4-51}$$

然而，上式中的沉降量是按一维固结理论计算的。各种简化假定与工程实际尚存在一定的差距，计算结果难以与实际情况相吻合。因此，利用沉降观测资料推算后期某一时刻的沉降量（包括最终沉降量）具有十分重要的意义。

大量实测资料表明，饱和软黏土地基的沉降与时间的关系大多数呈双曲线或对数曲线关系，如图 4-35 所示，可按以下两种经验方法推算。

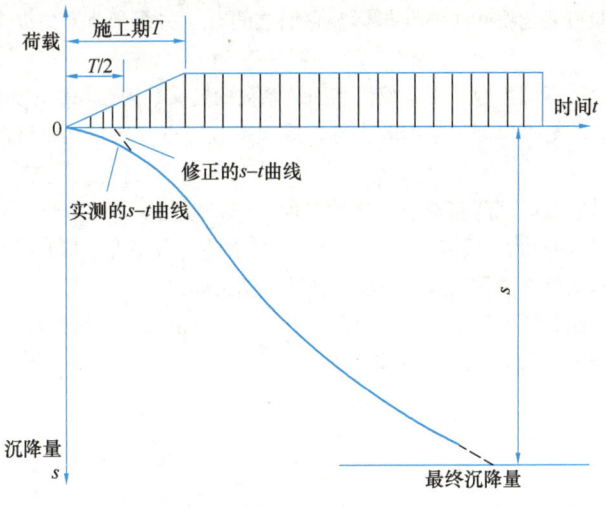

图 4-35　实测沉降与时间关系曲线

（1）双曲线法

设某一时刻沉降（施工期间除外）s_t 与时间 t 呈双曲线关系，即：

$$s_t = \frac{t}{\alpha + t} s_\infty \tag{4-52}$$

式中　s_∞——推算的地基最终沉降量；

　　　s_t——t 时刻地基实测沉降量，根据修正曲线从施工期的一半算起（图4-35）；

　　　α——待定的经验参数。

显见，在上式中若令 $y = t/s_t$，$a = 1/s_\infty$，$b = a\alpha$，则式（4-52）变为线性方程 $y = at + b$，根据各实测点，采用线性回归（最小二乘法）可求得 a、b 值，进而求得 α 和 s_∞ 值，即可推算任一时刻 t 时的沉降量 s_t。

（2）对数曲线法

由式（4-50）可知，不同条件的固结度 U_t 可用一个普遍表达式概括为：

$$U_t = 1 - a e^{-bt} \tag{4-53}$$

或

$$s_{ct} = (1 - a e^{-bt}) s_c \tag{4-54}$$

式中 a 和 b 是两个参数，由式（4-50）可知：$a = 8/\pi^2$ 为一常数，b 则与时间因数 T_v 中的固结系数、排水距离等有关。若把 a 和 b 作为实测的变形与时间关系曲线中的参数，则其值是待定的，将其代回式（4-54）可得：

$$s_{ct} = (1 - a e^{-bt}) s_\infty + a e^{-bt} s_d \tag{4-55}$$

如果 s_∞ 和 s_d 也是未知数，则可利用实测的沉降-时间关系曲线，在后半段中任取四组对应的 s、t 值，代入式（4-55），建立四个联立方程，解得四个未知数 a、b、s_∞ 和 s_c。再代入式（4-55），即可得到任意时刻 t 的沉降量，也可采用最优原理定出参数 a、b、s_c 和 s_∞，此不赘述。

思　考　题

4.1　室内固结试验可测定哪些压缩性指标？它们之间有何关系？怎样根据土的压缩性指标判断土的压缩性？

4.2　试述压缩指数、压缩系数、压缩模量和固结系数的定义、用途和确定方法。

4.3　试从基本假设、分层厚度、采用的指标、修正系数等方面比较地基沉降量计算的分层总和法与应力面积法的异同。

4.4　分层总和法计算基础沉降量时，若土层较厚，应将地基土如何分层？如果地基土为均质，且地基中自重应力和附加应力均为（沿高度）均匀分布，是否还有必要将地基分层？

4.5　地基土的最终沉降量由哪几部分组成？各部分意义如何？

4.6　天然土层的固结状态如何划分？土的应力历史对地基沉降量计算有何影响？

4.7　什么是饱和土的渗流固结？在饱和土的一维固结过程中，土的有效应力和孔隙水压力如何变化？

习　　题

4.1　某钻孔土样的压缩试验记录如表4-10所示，试绘制压缩曲线和计算各土层的 a_{1-2} 及相应的压缩模量 E_s，并评定土层的压缩性。

习题 4.1 土样的压缩试验记录
表 4-10

压力(kPa)		0	50	100	200	300
孔隙比	1号土样	0.651	0.625	0.608	0.587	0.570
	2号土样	0.978	0.889	0.855	0.809	0.773

4.2　某墙下单独基础如图 4-36 所示，基底底面尺寸为 3.0m×2.0m，传至基础顶面的荷载为 300kN，基础埋置深度为 1.2m，地下水位在基底以下 0.6m。假定土的饱和重度和天然重度相等，地基土层压缩结果见表 4-10，试按分层总和法计算地基的最终沉降量。

4.3　某方形独立柱基础底面尺寸为 2.5m×2.5m，柱轴向力荷载 $F=1240kN$，基础自重和覆土 $G=240kN$，基础埋置深度 $d=2m$，其余数据如图 4-37 所示，试计算地基最终沉降量。

4.4　某柱基础底面尺寸为 4.8m×3.2m，埋深为 1.5m，传至地面的中心荷载 $F=1800kN$，地基土分层及各层土的侧限压缩模量见图 4-38，持力层的地基承载力 $f=180kPa$，试用应力面积法计算地基的沉降量。

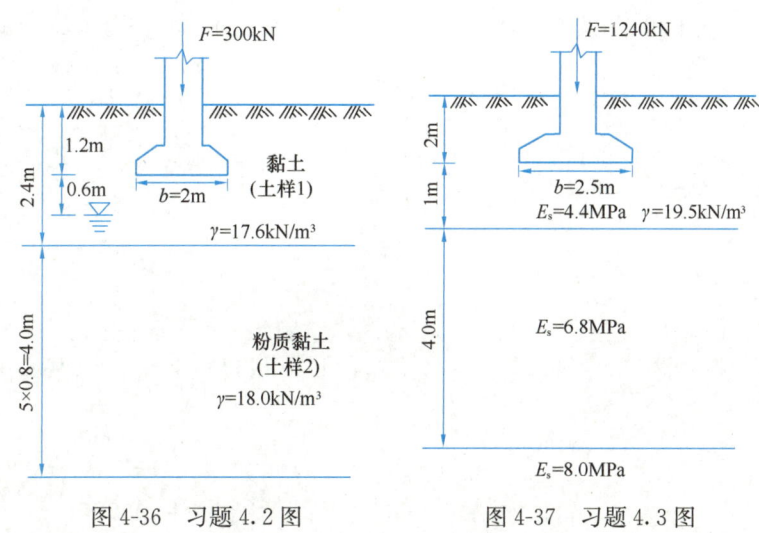

图 4-36　习题 4.2 图　　　　　图 4-37　习题 4.3 图

4.5　如图 4-39 所示的矩形基础的底面尺寸为 4m×2.5m，基础埋深 1m，地下水位位于基底标高，地基土的物理指标见图，室内压缩试验结果见表 4-11，试用分层总和法计算基础中点的沉降量。

室内压缩试验 e-p 曲线
表 4-11

土层	p(kPa)				
	0	50	100	200	300
粉质黏土	0.942	0.889	0.855	0.807	0.733
淤泥质粉质黏土	1.045	0.925	0.891	0.848	0.823

4.6　试用应力面积法计算习题 4.5 中基础中点下粉质黏土层的压缩量（土层分层同上）。

4.7　厚度为 6m 的饱和黏土层，其下为不透水层，上为透水砂层。已知黏土的竖向固结系数 $C_v=4.5×10^{-2} cm^2/$年，$\gamma=16.8kN/m^3$，地表瞬时施加一无限均布荷载 $p=120kPa$，计算：

（1）若黏土层在自重应力下已完成固结，然后施加 p，求黏土层达到 50% 固结度所需要的时间；

（2）若黏土层在自重应力下未完成固结，然后施加 p，求黏土层达到 50% 固结度所需要的时间。

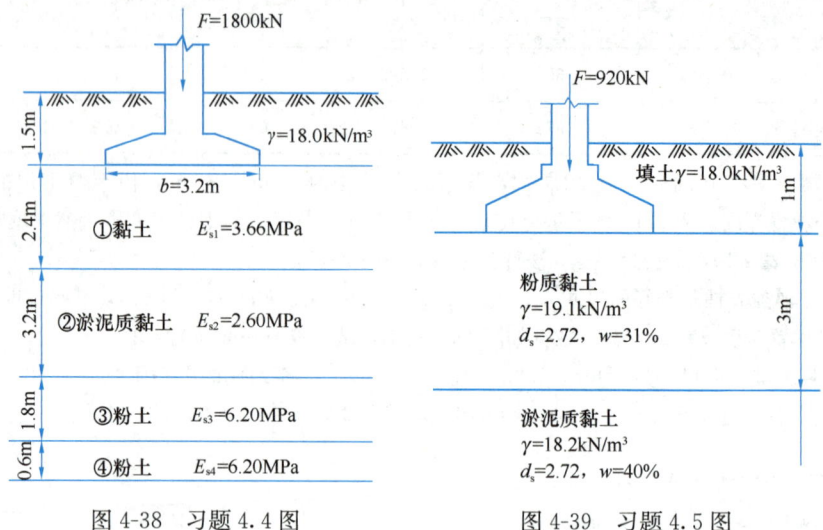

图 4-38　习题 4.4 图　　　　　图 4-39　习题 4.5 图

第 5 章　土的抗剪强度

本章提要与要求

内容提要

土的抗剪强度是土的重要力学参数。本章重点介绍了土的莫尔-库仑抗剪强度理论以及抗剪强度指标的室内外测试方法；阐述了土体极限平衡条件、孔隙水压力系数的确定方法以及不同排水条件下土体抗剪强度指标的选用；讨论了影响土体抗剪强度指标的主要因素；初步介绍了应力路径的基本概念及其应用。

基本要求

掌握莫尔-库仑抗剪强度理论和土的极限平衡条件。

掌握土的抗剪强度指标的测定方法（直剪、三轴、无侧限）。

掌握不同排水条件下土的抗剪强度指标及孔隙压力系数的确定方法。

熟悉影响抗剪强度指标的主要因素。

了解应力路径的基本概念及其应用。

5.1　概　　述

土的抗剪强度系指土体抵抗剪切破坏的极限能力。土体在荷载的作用下，土中各点将产生剪应力。当某点的剪应力达到其抗剪强度后，剪切面两侧土体将出现相对位移而产生滑动破坏，该剪切面则称滑动面或破坏面。随着荷载的继续增加，土体中的剪应力达到抗剪强度的区域（也即塑性区）越来越大，最终各滑动面连成整体，土体发生剪切破坏而丧失稳定性。剪切破坏是土强度破坏的重要特点。

在工程实践中与土抗剪强度相关的工程问题主要有三类。其一是作为建筑物地基的承载力，当地基土体在其上荷载作用下产生整体滑动或因局部剪切破坏而导致过大的地基变形时，将导致上部结构破坏或影响其正常使用（图 5-1a）。其二是土作为材料构成的土工构筑物（如土坡、土坝、路堤等）往往在超载、渗流和降雨作用下因抗剪强度降低、下滑力增大而产生滑坡事故（图 5-1b）。其三是支挡结构（如挡土墙、地下结构）由于土的强度破坏，墙体产生过大的侧压力而导致支挡结构发生滑动或倾覆等破坏（图 5-1c）。

土体是否剪切破坏取决于两个方面，即土颗粒本身的力学性质与所处的应力状态。这种描述临界破坏时的应力状态的数学表达式被称为破坏准则。土的抗剪强度用抗剪强度指标表示，通过室内或现场试验测定。常用的试验方法主要有：室内直接剪切试验、无侧限抗压强度试验、三轴压缩试验、现场十字板剪切试验以及现场大型直接剪切试验等。

研究土的强度问题就是要了解土的抗剪强度的来源、影响因素、测试方法和指标的取

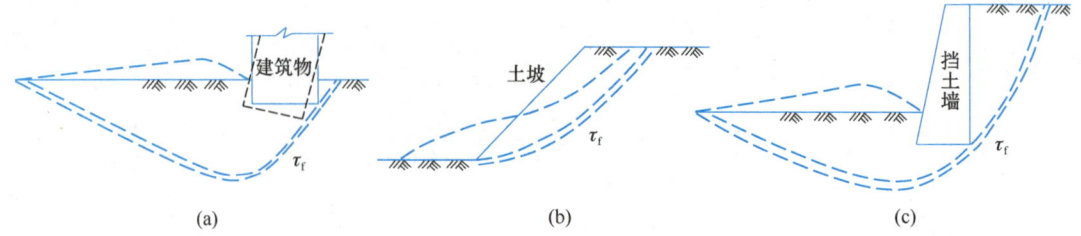

图 5-1 土的强度破坏有关的工程问题（滑动面上 τ_f 为抗剪强度）

(a) 建筑物地基的承载力；(b) 土工构筑物的稳定性；(c) 支挡结构地基的稳定性

值，研究土的极限平衡理论和土的极限平衡条件，进而掌握地基的受力状况和正确评价地基的承载能力。

5.2 土的强度理论与强度指标

5.2.1 抗剪强度的库仑定律

土体发生剪切破坏时，将沿着其内部某一曲面（滑动面）产生相对滑动，而该滑动面上的剪应力就等于土的抗剪强度。1776 年，法国库仑根据正常应力水平下的砂土剪切试验结果（图 5-2a）提出了砂土抗剪强度的表达式为：

$$\tau_f = \sigma \tan\varphi \tag{5-1}$$

此后，又根据黏性土试验结果（图 5-2b）提出了更为普遍的抗剪强度表达式为：

$$\tau_f = c + \sigma \tan\varphi \tag{5-2}$$

式中 τ_f——土的抗剪强度（kPa）；

     σ——作用在剪切面上的法向应力（kPa）；

     c——土的黏聚力（kPa）。

     φ——土的内摩擦角（°）。

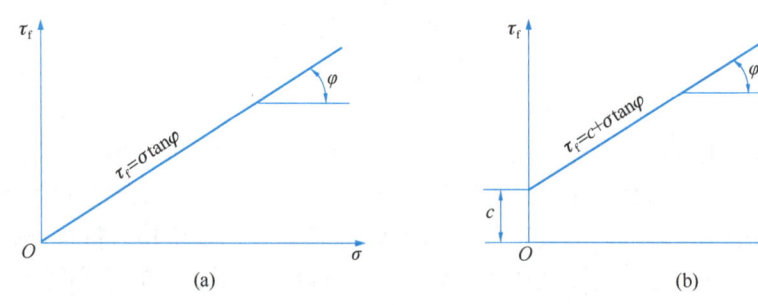

图 5-2 抗剪强度与法向应力之间的关系

式（5-1）与式（5-2）统称为库仑公式或库仑定律，c、φ 称为抗剪强度指标（参数）。如图 5-2 所示，描述 $\sigma - \tau_f$ 的两条直线称为库仑强度线。

库仑公式表明，无黏性土的抗剪强度与剪切面上的法向应力成正比，且与内摩擦角有关，其抗剪强度主要取决于土颗粒的级配、密实度以及土粒表面的粗糙度等。黏性土和粉土的抗剪强度则由两部分所组成，除了与法向应力呈正比的摩阻力以外，还有与法向应力无关的黏聚力，它主要由土颗粒之间的胶结作用和静电引力效应等引起（详见 5.2.2 节）。

　　试验研究表明，土的抗剪强度不仅与土的性质有关，还与试样的应力历史、应力状态以及试验时的排水条件、剪切速率等因素有关，而排水条件影响最大。根据太沙基有效应力原理，土体内的剪应力只能由土颗粒骨架承担。因此，库仑公式有效应力强度表达式亦可写为：

$$
\left.
\begin{aligned}
\tau_f &= (\sigma - u)\tan\varphi' = \sigma'\tan\varphi' \\
\tau_f &= c' + (\sigma - u)\tan\varphi' = c' + \sigma'\tan\varphi'
\end{aligned}
\right\}
\tag{5-3}
$$

式中　c'——土的有效黏聚力（kPa）；

　　　φ'——土的有效内摩擦角（°）；

　　　σ'——作用在剪切面上的有效法向应力（kPa）；

　　　u——孔隙水压力（kPa）。

　　由此可见，土的抗剪强度有两种表达方法。一种是基于总应力强度指标（c 和 φ）的总应力法，以 σ 表示剪切破坏面上的法向应力；另一种是基于有效应力强度指标（c' 和 φ'）的有效应力法，以 σ' 表示破坏面上的有效法向应力。试验研究表明，土的抗剪强度取决于土粒间的有效应力。然而，在实际工程中总应力法应用比较方便，且许多土工问题的分析均建立在总应力的概念基础之上，故仍沿用至今。

　　若将 c 和 φ 理解为表述 σ-τ_f 关系曲线的两个数学参数，对同一种土，c 和 φ 也并非常数，它们将因试验方法和土样的试验条件（如固结和排水条件）等的不同而异（详见 5.4 节）。此外，许多土类的抗剪强度线并非都呈直线状，而是随着应力水平有所变化。图 5-3 给出了应力水平对强度指标的影响情况。由于土的 σ-τ_f 关系为曲线，其上各点的抗剪强度指标 c 和 φ 并非恒定值，故应由该点的切线所决定。当剪切面的法向应力

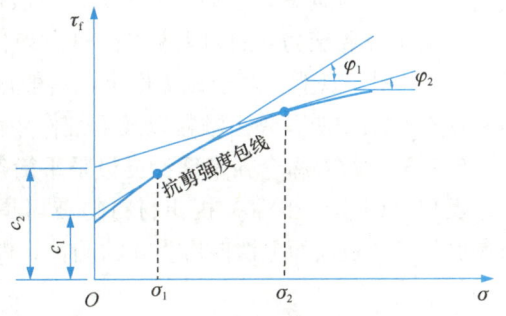

图 5-3　应力水平对强度指标的影响

为 σ_1 时，其抗剪强度指标为 c_1、φ_1。当法向应力增大至 σ_2 时，其抗剪强度指标为 c_2、φ_2。显见，c 随 σ 的增大而增加，φ 随 σ 的增大而减小，此时就不宜用库仑公式来表述土的抗剪强度特性。通常把试验所得的不同形状的抗剪强度线统称为抗剪强度包线。

5.2.2　土的抗剪强度构成及其强度指标

　　库仑公式表明，土的抗剪强度由两部分组成，即内摩阻力 $\sigma\tan\varphi$ 和黏聚力 c。通常认为，无黏性土没有黏聚力，即 $c=0$。

5.2.2.1　内摩阻力

　　内摩阻力包括土粒之间的表面摩阻力和由于土粒之间的连锁作用而产生的咬合力，其大小取决于剪切面上的法向应力 σ 和土的内摩擦角 φ。

　　咬合力是指土体相邻颗粒相互咬合排列，当剪切产生相对滑动时，镶嵌在其他颗粒间的土粒将被拔出所需要的拔力。颗粒越粗糙，土越密实，这种咬合作用就越强，土的内摩擦角就越大。

　　影响土体内摩擦角的主要因素有：密实度、粒径级配、颗粒形状、矿物成分等。一般

认为无黏性土的内摩擦角 φ 变化范围不大，中砂、粗砂、砾砂一般为 $32°\sim40°$；粉砂、细砂一般为 $28°\sim36°$。孔隙比越小，φ 越大，但含水饱和的粉砂、细砂很容易失去稳定，取值需慎重，有些规定取 $20°$ 左右。黏性土的内摩擦角不仅与土的种类有关，还与土的天然结构、排水固结程度等因素有关，变化范围较大，大致为 $0°\sim30°$。

5.2.2.2 黏聚力

黏聚力包括原始黏聚力、固化黏聚力和毛细黏聚力等，其大小取决于土粒间的各种物理化学作用力。

原始黏聚力主要是由于土粒间水膜受到相邻土粒之间的电分子引力（静电力和范德华力）而形成。颗粒间的距离越小，单位面积上土粒的接触点越多，则原始黏聚力越大。当土的天然结构被破坏时，原始黏聚力将会部分丧失，但随着时间的推移又可恢复其中的一部分或全部。

固化黏聚力是由土中化合物的胶结作用而形成，例如土中的游离氯化物、铁盐、碳酸盐和有机质等。固化黏聚力除与胶结物的强度有关外，还会随时间的推移而强化，但一旦土的天然结构被破坏，则固化黏聚力就会丧失而不能恢复。因此，重塑土的抗剪强度低于原状土的抗剪强度，而沉积年代越老的土，抗剪强度越高。

毛细黏聚力是由于毛细水的表面张力作用，在土骨架间引起毛细压力，具有联结土颗粒的作用。颗粒越细，毛细压力越大。一般可忽略不计。

影响土体黏聚力 c 的因素复杂，变化范围也很大。对于黏性土，一般可从小于 10kPa 变化到 200kPa 以上。对于无黏性土，一般认为不具有黏聚力，但由于无黏性土粒间有时也存在有胶结物质、黏土颗粒以及毛细作用而具有很小的黏聚力（约 10kPa 以内）。

5.2.3 莫尔-库仑强度理论及极限平衡条件

莫尔（Mohr，1910）提出材料的破坏是剪切破坏，并指出土破坏面上的剪应力（即抗剪强度）τ_f 是该面上法向应力 σ 的函数，即：

$$\tau_f = f(\sigma) \tag{5-4}$$

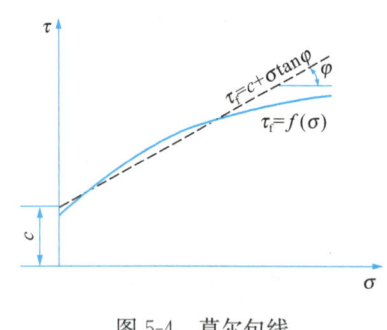

图 5-4 莫尔包线

该函数在 τ_f-σ 坐标轴中是一条曲线，称为莫尔包线或抗剪强度包线（图 5-4 中虚线），该直线方程即为库仑定律所表示的方程，由库仑公式表示莫尔包线的土体强度理论则称为莫尔-库仑强度理论。

当土体中任意一点在某一平面上的剪应力达到土的抗剪强度时，该点就发生剪切破坏，这种濒于破坏的临界状态即称为极限平衡状态，表征该状态下各种应力之间的关系即称为极限平衡条件。

为了简化分析，下面仅考虑平面问题来建立土的极限平衡条件，并引用材料力学中表述某点应力状态的莫尔应力圆方法。

如图 5-5 所示，设作用在某土单元体上的大、小主应力分别为 σ_1 和 σ_3，则土体内与大主应力 σ_1 作用平面呈任意角 α 的平面 m-n 上有正应力 σ 和剪应力 τ，若用 τ-σ 坐标系中直径为 $(\sigma_1-\sigma_3)$ 的莫尔应力圆上的一点（逆时针旋转 2α，如图 5-5c 中的 A 点）的坐标大小来表示，即：

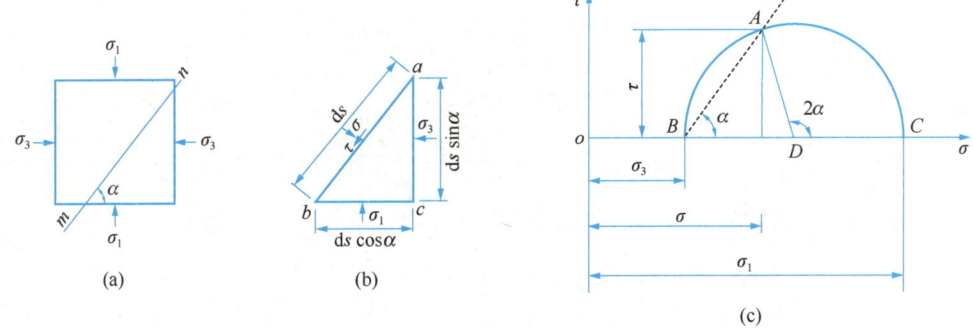

图 5-5　土体中任意点的应力

(a) 微单元体上的应力；(b) 隔离体上的应力；(c) 莫尔应力圆

$$\sigma = \frac{1}{2}(\sigma_1 + \sigma_3) + \frac{1}{2}(\sigma_1 - \sigma_3)\cos 2\alpha$$

$$\tau = \frac{1}{2}(\sigma_1 - \sigma_3)\sin 2\alpha$$

$$(5\text{-}5)$$

为了建立土体中一点的极限平衡条件，可将抗剪强度包线与莫尔应力圆画在同一坐标图上，如图 5-6 所示，它们之间的关系可有以下三种情况。

(1) 莫尔应力圆整体位于抗剪强度包线下方（图 5-6 中圆Ⅰ），表明该点在任何平面上的剪应力均小于土所能发挥的抗剪强度，故不会发生剪切破坏。

(2) 莫尔应力圆与抗剪强度包线相切（图 5-6 中圆Ⅱ），切点为 A，说明 A 点所在的平面上剪应力恰好等于土的抗剪强度（$\tau = \tau_f$），该点就处于极限平衡状态。圆Ⅱ亦称极限应力圆。根据极限应力圆与抗剪强度包线之间的关系，可建立土的极限平衡条件。

(3) 莫尔应力圆与抗剪强度包线相割（图 5-6 中圆Ⅲ），表明 A 点早已破坏。实际上圆Ⅲ所代表的应力状态是不可能存在的，因为任何方向的剪应力都不可能超过土的抗剪强度，即不存在 $\tau > \tau_f$ 的情况。

根据上述第二种情况（圆Ⅱ），从图 5-7 中莫尔应力圆与抗剪强度包线的几何关系可推得黏性土的极限平衡条件为：

$$\sin\varphi = \frac{O_1 A}{O_1 B} = \frac{\sigma_1 - \sigma_3}{\sigma_1 + \sigma_3 + 2c\cot\varphi}$$

$$(5\text{-}6)$$

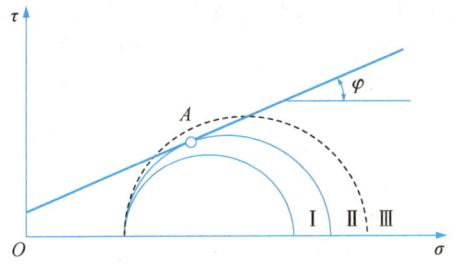

图 5-6　莫尔应力圆与抗剪强度
包线的关系

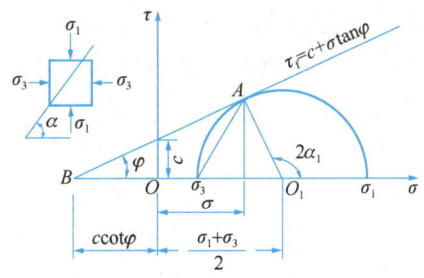

图 5-7　极限平衡状态时的莫尔应力圆与
抗剪强度包线

整理可得:

$$\sigma_1 = \sigma_3 \frac{1+\sin\varphi}{1-\sin\varphi} + 2c\frac{\cos\varphi}{1-\sin\varphi} \tag{5-7}$$

或:

$$\sigma_3 = \sigma_1 \frac{1-\sin\varphi}{1+\sin\varphi} - 2c\frac{\cos\varphi}{1+\sin\varphi} \tag{5-8}$$

经三角函数关系转换后可得土的极限平衡条件为:

$$\sigma_1 = \sigma_3 \tan^2\left(45° + \frac{\varphi}{2}\right) + 2c\tan\left(45° + \frac{\varphi}{2}\right) \tag{5-9}$$

或

$$\sigma_3 = \sigma_1 \tan^2\left(45° - \frac{\varphi}{2}\right) - 2c\tan\left(45° - \frac{\varphi}{2}\right) \tag{5-10}$$

对于无黏性土（$c=0$），则其极限平衡条件为:

$$\sigma_1 = \sigma_3 \tan^2\left(45° + \frac{\varphi}{2}\right) \tag{5-11}$$

或

$$\sigma_3 = \sigma_1 \tan^2\left(45° - \frac{\varphi}{2}\right) \tag{5-12}$$

由图 5-7 中几何关系，可得破坏面与大主应力作用面间的夹角 α_f 为:

$$\alpha_f = \frac{1}{2}(90° + \varphi) = 45° + \frac{\varphi}{2} \tag{5-13}$$

从上述关系及图 5-7 可知:

（1）土体剪切破坏时的破裂面并不发生在最大剪应力 τ_{max} 的作用面（$\alpha=45°$）上。而是发生在与最大主应力作用面呈 $\alpha_f=45°+\varphi/2$ 的平面上。

（2）同一土体，由于大、小主应力组合不同，在 τ-σ 图上可得到几个莫尔极限应力圆，这些应力圆的公切线就是强度包线，这条包线实际上是一条曲线。为简化起见，实用中常视为直线处理。

（3）当已知土体强度指标 c 和 φ 时，可由极限平衡条件式求得土体达到极限平衡状态所要求的大、小主应力 σ_{1f} 和 σ_{3f}，以此可判定土体的受力状态:

当 $\sigma_{1f}>\sigma_1$ 或 $\sigma_{3f}<\sigma_3$ 时，土体处于稳定状态;

当 $\sigma_{1f}=\sigma_1$ 或 $\sigma_{3f}=\sigma_3$ 时，土体处于极限平衡状态;

当 $\sigma_{1f}<\sigma_1$ 或 $\sigma_{3f}>\sigma_3$ 时，土体处于失稳状态。

【例 5.1】已知地基土中某点的最大主应力 $\sigma_1=520\text{kPa}$，最小主应力 $\sigma_3=180\text{kPa}$。（1）绘出表示该点应力状态的莫尔应力圆。（2）求出最大剪应力 τ_{max} 值及其作用方向。（3）计算与小主应力作用面呈 80°夹角的斜面上的正应力和剪应力。

【解】（1）建立坐标系，按比例在横轴上点出 σ_1 和 σ_3，以（$\sigma_1-\sigma_3$）为直径，（$\sigma_1+\sigma_3$）/2 为圆心画圆，这就是代表该点应力状态的莫尔应力圆，如图 5-8 中大的虚线圆所示。

（2）从物理意义和几何关系上看，最大剪应力是莫尔应力圆的半径，故:

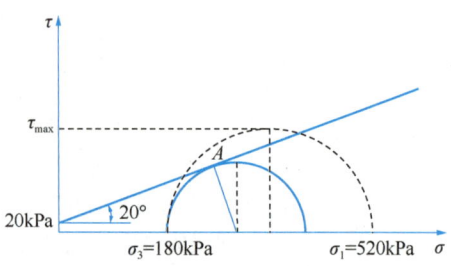

图 5-8　例 5.1 和例 5.2 图

118

$$\tau_{\max} = \frac{\sigma_1 - \sigma_3}{2} = 170\text{kPa}$$

且 $\tau_{\max}$ 点是莫尔应力圆的最高点，则 $\tau_{\max}$ 的作用面与大主应力作用面的夹角为 $90°/2 = 45°$。

（3）与小主应力作用面夹角为 $80°$，则与大主应力作用面的夹角必然为 $90° - 80° = 10°$，故相应面上的正应力和剪应力为：

$$\sigma_\alpha = \frac{\sigma_1 + \sigma_3}{2} + \frac{\sigma_1 - \sigma_3}{2}\cos 2\alpha = \frac{520 + 180}{2} + \frac{520 - 180}{2}\cos(2 \times 10°) = 509.7\text{kPa}$$

$$\tau_\alpha = \frac{\sigma_1 - \sigma_3}{2}\sin 2\alpha = \frac{520 - 180}{2}\sin(2 \times 10°) = 58.1\text{kPa}$$

【例 5.2】基本条件同例 5.1，已知地基土中某点的最大主应力 $\sigma_1 = 520\text{kPa}$，小主应力 $\sigma_3 = 180\text{kPa}$。通过直剪试验测得地基土的抗剪强度指标分别为 $c = 20\text{kPa}$，$\varphi = 20°$。（1）试判断该点所处的状态。（2）若发生破坏，求破坏面与大主应力作用面的夹角，并说明破坏面与最大剪力作用面是否一致。

【解】（1）利用极限平衡条件判断：

$$\sigma_{1f} = \sigma_3 \tan^2\left(45° + \frac{\varphi}{2}\right) + 2c\tan\left(45° + \frac{\varphi}{2}\right)$$

$$= 180\tan^2\left(45° + \frac{20°}{2}\right) + 2 \times 20\tan\left(45° + \frac{20°}{2}\right) = 424.3\text{kPa}$$

可知，$\sigma_1 = 520\text{kPa} > \sigma_{1f} = 424.3\text{kPa}$

即实际大主应力高于维持极限平衡状态所需的大主应力，故土体破坏。

或由

$$\sigma_{3f} = \sigma_1 \tan^2\left(45° - \frac{\varphi}{2}\right) - 2c\tan\left(45° - \frac{\varphi}{2}\right)$$

$$= 520\tan^2\left(45° - \frac{20°}{2}\right) - 2 \times 20\tan\left(45° - \frac{20°}{2}\right) = 226.9\text{kPa}$$

可知，$\sigma_3 = 180\text{kPa} < \sigma_{3f} = 226.9\text{kPa}$

即实际小主应力小于维持极限平衡状态所需要的小主应力，故土体破坏。

（2）破坏面与大主应力作用面的夹角是：

$$\alpha_f = 45° + \frac{\varphi}{2} = 45° + \frac{20°}{2} = 55°$$

而最大剪应力作用面与大主应力作用面的夹角为 $90°/2 = 45°$。

由计算结果和图 5-8 均可知，破坏面与最大剪应力作用面不一致，两者的夹角为 $\varphi/2 = 10°$。

5.3 土的抗剪强度试验

土的抗剪强度指标一般可通过室内试验和现场原位测试得到。常用的室内试验有直接剪切试验、三轴压缩试验和无侧限抗压强度试验等；现场原位测试有十字板剪切试验和大型直接剪切试验等。

5.3.1 直接剪切试验

测定土体抗剪强度最简单的方法是直接剪切试验，它使用的仪器称为直剪切仪，根据不同的加荷方式可分为应变控制式和应力控制式两种。应变控制式直剪仪是等速水平推动试样产生位移并测定相应的剪应力；应力控制式直剪仪则是对试样分级施加剪应力并测定相应的剪切位移。我国普遍采用应变控制式直剪仪。

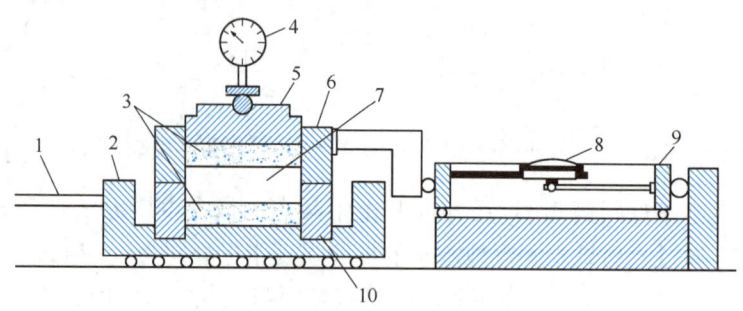

图 5-9   应变控制式直剪仪

1—轮轴；2—底座；3—透水石；4—测微表；5—活塞；
6—上盒；7—土样；8—测微表；9—量力环；10—下盒

如图 5-9 所示，应变控制式直剪仪由固定的上盒和可移动的下盒组成，试样置于上、下盒内，且上、下各放一块透水石以便试样排水。试验时，由杠杆系统通过活塞对试样施加垂直压力，同时等速前进的轮轴向下盒施加水平推力，使试样沿上、下盒水平接触面产生剪切位移，直至破坏。剪应力的大小可根据量力环上的变形值计算确定。活塞上的测微表用于测定试样在法向应力作用下的固结变形和剪切过程中试样的体积变化。

试样在等速剪切过程中可按固定时间间隔测读一次试样剪应力大小，绘制某一法向应力 σ 下的试样剪切位移 Δl（上、下盒水平相对位移）与剪应力 τ 的关系曲线（图 5-10a）。硬黏土和密实砂土的 τ-Δl 曲线（A 线）可出现剪应力的峰值 τ_{fp}，即为土的抗剪强度。过峰值后强度随剪切位移增大而降低，称为应变软化特征；软黏土和松砂的 τ-Δl 曲线（B 线）往往不出现峰值，强度随剪切位移增加而缓慢增大，称为应变硬化特征，此时应按某一剪切位移值作为控制破坏的标准，如一般可取相应于 4mm 剪切位移量的剪应力作为土的抗剪强度值 τ_{f}。

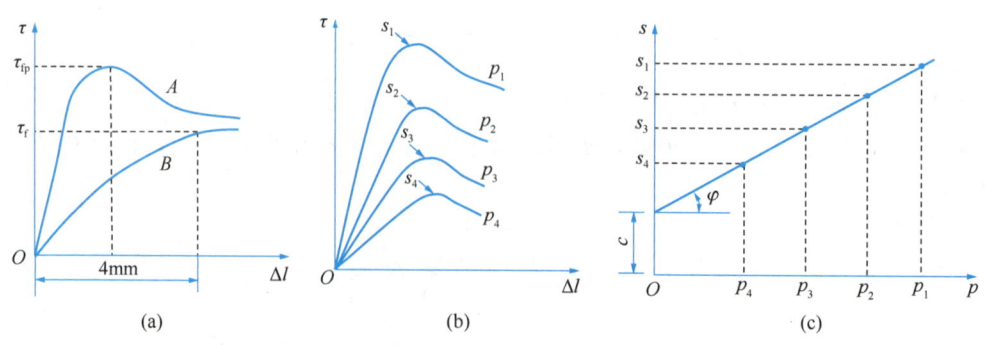

图 5-10   直接剪切试验

（a）两种典型的 τ-Δl 曲线；（b）不同垂直压力下的 τ-Δl 曲线；（c）直剪试验结果

对同一种土至少取 4 个重度和含水量相同的试样，分别在不同的法向压力 σ（一般可取 100kPa、200kPa、300kPa、400kPa…）作用下测得相应的 τ-Δl 曲线（图 5-10b），并确定相应的抗剪强度 τ_f 值，从而绘出库仑强度包线（图 5-10c）。绘图时纵横坐标比例必须一致，该包线与横轴的夹角即为土的内摩擦角 φ，纵轴上的截距即为土的黏聚力 c。

为了近似模拟土体在现场受剪的排水条件，直接剪切试验可分为快剪、固结快剪和慢剪三种方法。

（1）快剪试验。在试样施加竖向压力 σ 之后，立即快速（0.8mm/min）施加水平剪应力使试样剪切破坏。由于剪切速度快，可认为土样在竖向压力施加和剪切过程中尚来不及排水，其抗剪强度指标用 c_q、φ_q 表示。

（2）固结快剪。在试样施加竖向压力 σ 后充分排水，待固结稳定后再快速（0.8mm/min）施加水平剪应力至试样剪切破坏。其抗剪强度指标用 c_{cq}、φ_{cq} 表示。

（3）慢剪试验。在试样施加竖向压力 σ 后充分排水固结，再以缓慢的速率（＜0.02mm/min）施加水平剪应力至试样剪切破坏。即试样在竖向压力施加和受剪过程中都能充分排水固结，其抗剪强度指标用 c_s、φ_s 表示。

直接剪切试验因设备简单，土样制作及试验操作方便，至今仍在一般工程中广泛使用。但也存在不少缺点，主要有：

（1）剪切面限定在上下盒的接触平面，而不是沿土样最薄弱的面剪切破坏。

（2）剪切面上剪应力分布不均匀，且竖向荷载会发生偏转（上下盒的中轴线不重合），主应力的大小和方向都随剪切过程而变化。

（3）剪切过程中剪切面积逐渐缩小，而抗剪强度计算则按受剪面积不变和剪应力均匀分布计算。

（4）试验时不能严格控制排水条件，且不能量测孔隙水压力。

（5）试验时上下盒之间的缝隙中易嵌入砂粒，使试验结果偏大。

5.3.2　无侧限抗压强度试验

无侧限抗压强度试验是三轴压缩试验中 $\sigma_3 = 0$ 时的特殊情况，也称单轴试验。试验时，将圆柱形试样置于图 5-11所示无侧限压力仪中，试样无周围压力，仅施加垂直轴向压力 σ_1（图 5-12a），剪切破坏时试样所承受的轴向压力称为无侧限抗压强度 q_u。由于试样在试验过程中侧向不受任何限制，故称无侧限抗压强度试验。无黏性土在无

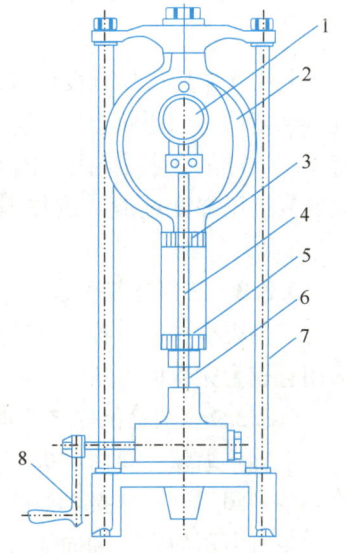

图 5-11　无侧限压力仪

1—测微表；2—量力环；3—上加压板；4—试样；5—下加压板；6—升降螺杆；7—加压框架；8—手轮

侧限条件下试样难以成型，故该试验主要用于黏性土，尤其适用于饱和软黏土。

无侧限抗压强度试验中，坚硬黏土的 σ_1-ε_1 关系曲线通常出现 σ_1 的峰值破坏点（脆性破坏），此时的 σ_{1f} 即为 q_u；而软黏土的破坏常呈现为塑流变形，σ_1-ε_1 曲线无峰值破坏点（塑性破坏），此时可取轴向应变 $\varepsilon_1 = 15\%$ 处的轴向应力值作为 q_u。

无侧限抗压强度试验结果只能作出一个极限应力圆（$\sigma_{1f} = q_u$，$\sigma_3 = 0$），因此，对一般

黏性土难以作出破坏包线。但对于饱和黏性土，可认为 $\varphi_u=0$（详见 5.5.1 节），故抗剪强度包线与 σ 轴平行，如图 5-13 所示。因此，由无侧限抗压强度试验所得的极限应力圆的水平切线，即为饱和黏性土的不排水抗剪强度包线，即：

$$\tau_f = c_u = \frac{q_u}{2} \tag{5-14}$$

式中　q_u——无侧限抗压强度（kPa）；

　　　τ_f、c_u——分别为土的不排水抗剪强度和黏聚力（kPa）。

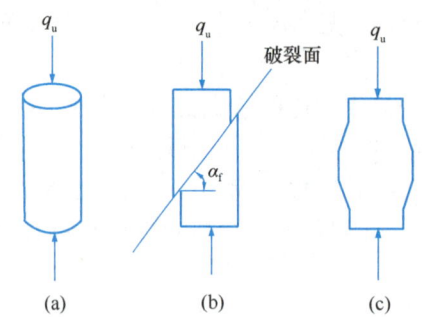

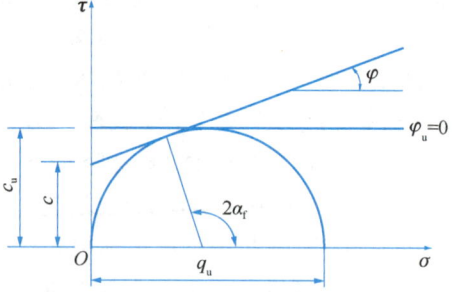

图 5-12　无侧限抗压强度试验原理　　　　图 5-13　无侧限抗压强度试验的强度包线

（a）试样受压；（b）脆性破坏；（c）塑性破坏

利用无侧限抗压强度试验还可以测定黏性土的灵敏度 S_t。其方法是将已完成无侧限抗压强度试验的原状土样，彻底破坏其结构，迅速塑成与原试样同体积的重塑试样，并保持重塑试样的含水量与原试样相同，避免触变性导致土的强度部分恢复。对重塑试样进行无侧限抗压强度试验，测得其无侧限抗压强度 q_u'，则可获得该土的灵敏度 S_t（详见 2.5.3 节）。

5.3.3　三轴压缩试验

三轴压缩试验也称三轴剪切试验，在三轴压缩仪上进行，是一种测定土体抗剪强度最常用且较为完善的方法。

5.3.3.1　试验仪器与基本原理

三轴压缩仪主要由主机、稳压调压系统以及量测系统三部分组成，各系统之间通过管路和各种阀门开关连接，如图 5-14 所示。

主机由压力室、轴向加荷系统组成。压力室是三轴压缩仪的主要部分，它是一个由金属活塞、底座和透明有机玻璃圆筒组成的封闭容器；压力室底座分别与稳压系统及体积变形和孔隙水压力量测系统相连。轴向加压系统用以对试样施加轴向附加压力，并可控制轴向应变的速率。

稳压调压系统由压力泵、调压阀和压力表等组成。试验时通过压力室对试样施加周围压力，并可根据不同的试验要求控制、调节和稳定周围压力。

量测系统由排水管孔隙水压力量测装置等组成。可测读试验中试样受力后土中排出的水量及孔隙水压力的变化。试样的竖向变形则用置于压力表上方的测微表或位移传感器测读。

常规三轴试验的操作过程一般是：先将土样切制成圆柱体套在橡胶模内，置入密闭的压力室，打开周围压力系统阀门，施加周围压力 σ_3，并保持其在整个试验过程中恒定不

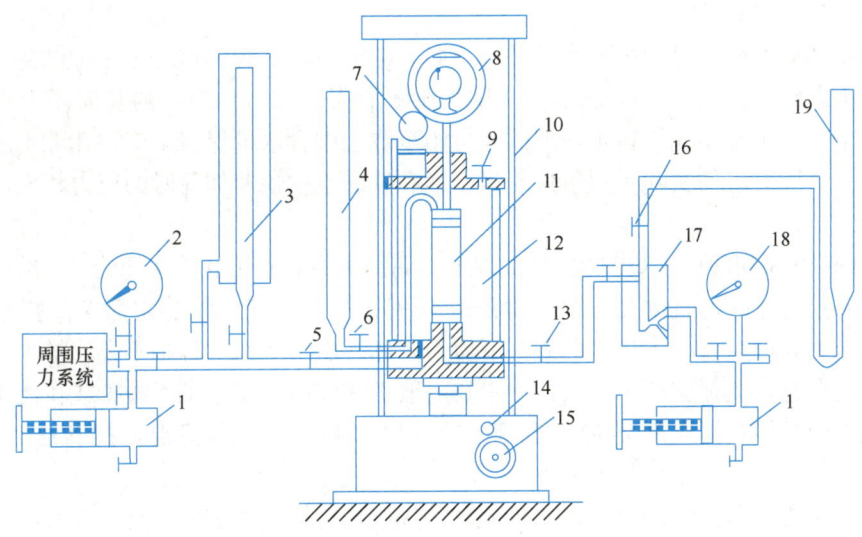

图 5-14 三轴压缩仪

1—测压筒；2—周围压力表；3—体变管；4—排水管；5—周围压力阀；6—排水阀；
7—变形量表；8—量力环；9—排气孔；10—轴向加压设备；11—试样；12—压力室；
13—孔隙压力阀；14—离合器；15—手轮；16—量管阀；17—零位指示器；
18—孔隙水压力表；19—量管

变，试件内不产生任何剪应力（图 5-15a）。然后由轴向加荷系统对试件施加竖向压力 $\Delta\sigma$（称为偏应力），则试件上的大主应力为 $\sigma_1 = \sigma_3 + \Delta\sigma$，而小主应力为 σ_3。随着 $\Delta\sigma$ 不断增大，σ_3 不变，σ_1 逐渐增大，直到莫尔应力，圆扩大至极限应力圆，试件达剪切破坏（图 5-15b），据此可得到一个莫尔极限应力圆如图 5-15（c）所示。

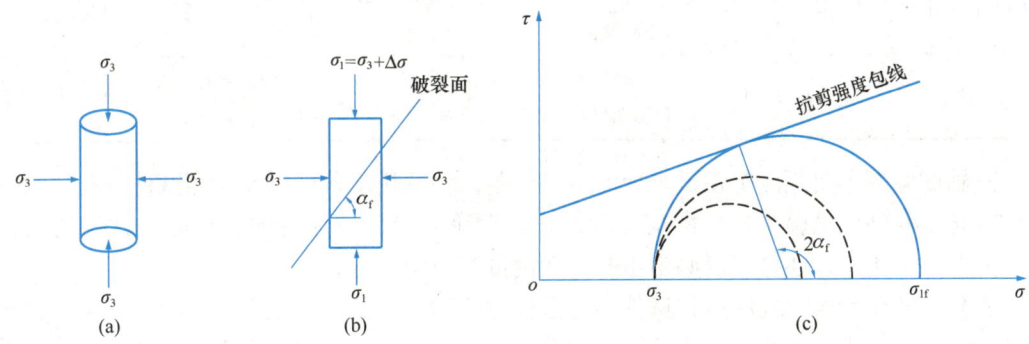

图 5-15 三轴压缩试验原理

（a）试样受周围压力；（b）破坏时试样上的主应力；（c）试样破坏时的莫尔极限应力圆

用同一种土样的若干个试件（三个以上）分别在不同的周围压力 σ_3 下进行试验，可得一组莫尔极限应力圆，如图 5-16 所示，作其公切线，即为该土样的抗剪强度包线。包线与横坐标的夹角即为土的内摩擦角 φ，纵坐标轴上的截距即为黏聚力 c。

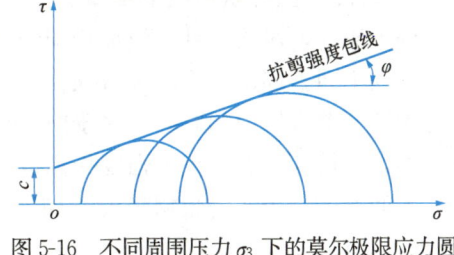

图 5-16 不同周围压力 σ_3 下的莫尔极限应力圆

5.3.3.2　三轴试验方法

根据土样剪切固结过程中排水条件的不同，常规三轴试验亦可分为三种试验方法。

（1）不固结不排水剪（UU试验）。试件在施加周围压力和随后的竖向压力直至剪切破坏的整个过程中都不允许排水，即试验自始至终土中含水量保持不变，孔隙水压力也不可能消散。其所对应的实际工程条件相当于饱和软黏土中快速加荷时的应力状况，抗剪强度指标为 c_u、φ_u。

（2）固结不排水剪（CU试验）。试件施加周围压力时测读孔隙水压力 u，然后打开排水阀，使试件充分排水直到孔隙水压力消散至 95％ 以上，待固结稳定后关闭排水阀，再施加竖向压力，使试件在不排水的条件下剪切破坏。由于剪切过程中不允许排水，试件体积也无任何变化。其适应的工程条件常常是一般正常固结土层在工程竣工或在使用阶段受到大量快速的活荷载或新增加的荷载作用时所对应的受力情况，抗剪强度指标为 c_{cu}、φ_{cu}。

（3）固结排水剪（CD试验）。试件施加的周围压力同CU试验，充分排水固结，固结稳定后在排水条件下施加竖向压力直至试件剪切破坏。抗剪强度指标为 c_d、φ_d。

三种常规三轴试验方法中，试件在固结和剪切过程中的孔隙水压力变化，剪切破坏时的应力条件及相应的强度指标如表 5-1 所示。

三种试验方法中的应力条件、孔隙水压力变化和强度指标　　　　表 5-1

试验方法	孔隙水压力 u 的变化		剪切破坏时的应力条件		强度指标
	剪切前	剪切过程中	总应力	有效应力	
CU 试验	$u_1 = 0$	$u = u_2 \neq 0$（不断变化）	$\sigma_{1f} = \sigma_3 + \Delta\sigma$ $\sigma_{3f} = \sigma_3$	$\sigma'_{1f} = \sigma_3 + \Delta\sigma - u_f$ $\sigma'_{3f} = \sigma_3 - u_f$	c_{cu}, φ_{cu}
UU 试验	$u_1 > 0$	$u = u_1 + u_2 \neq 0$（不断变化）	$\sigma_{1f} = \sigma_3 + \Delta\sigma$ $\sigma_{3f} = \sigma_3$	$\sigma'_{1f} = \sigma_3 + \Delta\sigma - u_f$ $\sigma'_{3f} = \sigma_3 - u_f$	c_u, φ_u
CD 试验	$u_1 = 0$	$u = u_2 = 0$（任意时刻）	$\sigma_{1f} = \sigma_3 + \Delta\sigma$ $\sigma_{3f} = \sigma_3$	$\sigma'_{1f} = \sigma_3 + \Delta\sigma$ $\sigma'_{3f} = \sigma_3$	c_d, φ_d

三轴试验的主要优点是在试验中能严格控制试件的排水条件以及量测试件中孔隙水压力的变化。此外，试验中试件的应力状态比较明确，剪切破坏时的破裂面在试件的最弱处，并非人为指定，还可用以测定土的弹性模量等力学参数。

常规三轴试验的主要缺点是试件的力是轴对称的，而试件的三个主应力中有两个是相等的，而实际工程中土体的受力状况通常并非轴对称状况。若想获得更合理的抗剪强度参数，须采用真三轴仪，可在三个互不相同的主应力（$\sigma_1 \neq \sigma_2 \neq \sigma_3$）作用下进行试验。

5.3.3.3　三轴试验成果整理

综上所述，对同一种土施加相同的总应力 σ，若试验方法（排水条件）不同，所得强度指标亦不同。因此，土的抗剪强度与总应力之间没有唯一的对应关系，而有效应力法由于考虑了孔隙水压力的影响，对于同一种土，无论采用哪一种试验方法，都可用式（5-3）来表述，而得到的有效抗剪强度指标也是相同的。

下面通过一个实例数据来说明如何用总应力法和有效应力法整理与表述三轴试验的成果。

【例 5.3】某饱和黏土试样分别在不同的周围压力 σ_3 下进行固结不排水试验，偏应力 $(\sigma_1-\sigma_3)_f$ 和孔隙水压力 u_f 等列于表 5-2，试确定其总应力和有效应力抗剪强度指标。

【解】根据表 5-2 中数据可在 τ-σ 坐标图中分别作出一组总应力莫尔圆和一组有效应力莫尔圆（分别为图 5-17 中的实线圆和虚线圆），然后再作出总应力强度包线和有效应力强度包线（分别为图 5-17 中的实直线和虚直线），在图上可量得总应力抗剪强度指标为 $c=10\text{kPa}$，$\varphi=18°$，有效应力抗剪强度指标为 $c'=6\text{kPa}$、$\varphi'=27°$。

三轴固结不排水试验结果（单位：kPa）　　　　　　表 5-2

土样编号	Ⅰ	Ⅱ	Ⅲ	土样编号	Ⅰ	Ⅱ	Ⅲ
σ_3	50	100	150	u_f	23	40	67
$(\sigma_1-\sigma_3)_f$	92	120	164	$\sigma'_3=\sigma_3-u_f$	27	60	83
σ_1	142	220	314	$\sigma'_1=\sigma_1-u_f$	119	180	247
$\frac{1}{2}(\sigma_1+\sigma_3)_f$	96	160	232	$\frac{1}{2}(\sigma'_1+\sigma'_3)_f$	73	120	165
$\frac{1}{2}(\sigma_1-\sigma_3)_f$	46	60	82	$\frac{1}{2}(\sigma'_1-\sigma'_3)_f$	46	60	82

从理论上说，试验所得极限圆上的破坏点都应落在公切线即强度包线上，但由于土样的不均匀性以及试验误差等原因而存在偏差。此外，由于土的强度特性会受某些因素如应力历史、应力水平等的影响，土的强度包线不一定是直线，但实用中通常用直线来描述。

由上可知，若用有效应力法整理和表述试验结果时，由于 $\sigma'=\sigma-u_f$，故有效应力莫尔圆的圆心坐标和半径为：

圆心：$\dfrac{1}{2}(\sigma'_1+\sigma'_3)_f=\dfrac{1}{2}(\sigma_1-u-\sigma_3-u)_f=\dfrac{1}{2}(\sigma_1+\sigma_3)_f-u_f$

半径：$\dfrac{1}{2}(\sigma'_1-\sigma'_3)_f=\dfrac{1}{2}(\sigma_1-u-\sigma_3+u)_f=\dfrac{1}{2}(\sigma_1-\sigma_3)_f$

因此，只需将总应力莫尔圆沿 σ 轴左移 u_f 即可，圆的半径保持不变（图 5-17 中虚线圆）。

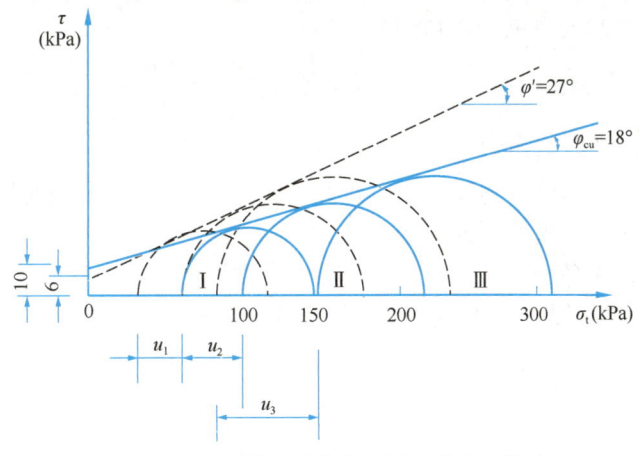

图 5-17　三轴试验的莫尔圆及强度包线

5.3.4 十字板剪切试验

室内抗剪强度试验需要取得原状土样。由于土样在采取、运送、保存和制备过程中不可避免地受到扰动，特别是对于高灵敏度软黏土，室内试验结果对土实际情况的反映会受到不同程度的影响。十字板剪切试验就是一种最常用的土体抗剪强度原位测试方法，其适用于现场测定饱和软黏土的不排水抗剪强度。

十字板剪切仪的构造如图 5-18 所示，其主要部件为十字板头、轴杆、施加扭力设备和测力装置。试验时先将套管打到预定的深度，清除管内土体，再将十字板装在转杆的下端，通过套管压入土中，压入深度约为 750mm。然后由地面上的扭力设备对钻杆施加扭矩，使土中十字板旋转直至土体剪切破坏。破坏面为十字板旋转形成的圆柱面(图 5-19)。通过测力设备测出扭转力矩 M，据此可推算出土的抗剪强度。

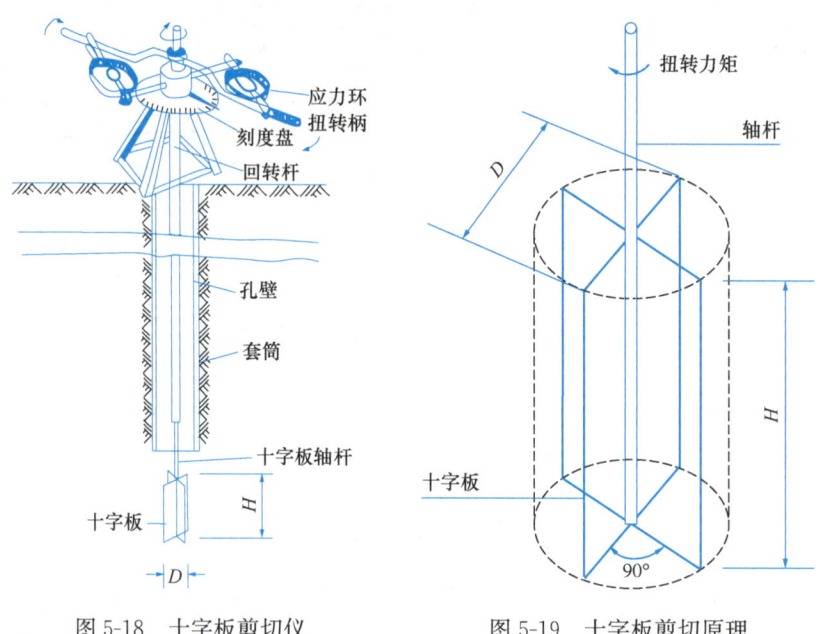

图 5-18　十字板剪切仪　　　　　　图 5-19　十字板剪切原理

土体剪切破坏时，其抗扭力矩由圆柱体侧面和上、下表面土的抗剪强度产生的抗扭力矩两部分构成，并应与所量测的扭矩相等，即：

$$M = \pi DH \frac{D}{2}\tau_v + 2 \cdot \frac{\pi D^2}{4} \cdot \frac{D}{3} \cdot \tau_H = \frac{\pi HD^2}{2}\tau_v + \frac{\pi D^3}{6}\tau_H \tag{5-15}$$

式中　M——剪切破坏时的扭矩（kN·m）；

　　τ_v、τ_H——分别为剪切破坏圆柱体侧面和上、下面土的抗剪强度（kPa）；

　　H、D——分别为十字板的高度和直径（m）。

天然状态的土体是各向异性的，试验表明水平面上的抗剪强度大于垂直面上的抗剪强度（即 $\tau_H > \tau_v$），但实用上为了简化计算，可假定 $\tau_v = \tau_H = \tau_f$，则式（5-15）可写为：

$$\tau_f = \frac{2M}{\pi D^2 \left(H + \dfrac{D}{3}\right)} \tag{5-16}$$

式中　τ_f——现场十字板剪切试验测定的土体抗剪强度（kPa）。

十字板剪切试验属于不排水剪切的试验条件，因此其抗剪强度一般与无侧限抗压强度比较接近，即 $\tau_f = q_u/2$。

十字板剪切试验的优点是构造简单、操作简单，原位测试时对土的结构扰动小，在实际工程中应用广泛。但在软土层中夹砂薄层时，测试结果可能失真或偏高。

对饱和软黏土来说，与室内无侧限抗压强度试验一样，十字板剪切试验所得成果即为不排水抗剪强度 c_u，主要反映土体垂直面上的强度。由于天然土层的抗剪强度是非等向的，水平面上的固结压力往往大于侧向固结压力，因而水平面上的抗剪强度略大于垂直面上的抗剪强度，十字板剪切试验结果理论上应与无侧限抗压强度试验相当（甚至略小）。但事实上十字板剪切试验结果往往比无侧限抗压强度值偏高，这可能与土样扰动较少有关。除土的各向异性外，土的成层性、十字板的尺寸、形状、高径比、旋转速率等因素对十字板剪切试验结果均有影响。此外，十字板剪切面上的应力条件十分复杂。有人曾利用衍射成像技术，发现十字板周围土体存在因受剪影响而重新定向排列的区域，表明十字板剪切不是简单沿着一个面产生，而是存在一个具有一定厚度的剪切区域。因此，十字板剪切的 c_u 值与原状土室内的不排水剪切试验结果有一定的差别。

5.4 三轴压缩试验中的孔隙压力系数

根据有效应力原理，若土中总应力已知，确定有效应力的关键是孔隙压力。为此，斯肯普顿（Skempton，1954）等认为，土中孔隙压力不仅是由法向应力产生，剪应力的作用也会产生新的孔隙压力增量，并根据三轴试验结果引入孔隙压力系数的概念，提出了复杂压力状态下的孔隙压力表达式。

设某试样在各向均等的初始围压 σ_0 作用下固结完毕，初始孔隙压力 $u_0 = 0$，如图 5-20 所示（模拟试样原始应力状态）。此时，若试样受到各向均等的围压 $\Delta\sigma_3$ 作用，孔隙压力增量为 Δu_1，则试样体积将产生变化。

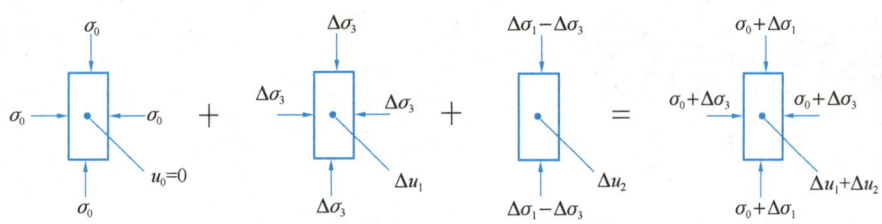

图 5-20 孔隙压力的变化

若设单位应力增量引起的孔隙体积应变为 C_v（称孔隙的体积压缩系数），由孔隙水压力增量 Δu_1 引起的孔隙体积变化为 ΔV_v，则有：

$$\frac{\Delta V_v}{V_v} = \frac{\Delta V_v}{nV} = C_v \Delta u_1 \tag{5-17}$$

式中　V_v——试样中孔隙体积（m^3）；

　　　V——试样体积（m^3）；

　　　n——土的孔隙率；

　　　C_v——孔隙的体积压缩系数（kPa^{-1}）。

同理，若设单位应力增量引起的土骨架体积应变为 C_s（称土骨架的体积压缩系数），由有效应力增量 $\Delta\sigma_3 - \Delta u_1$ 引起的土骨架的体积变化为 ΔV，则有：

$$\frac{\Delta V}{V} = C_s(\Delta\sigma_3 - \Delta u_1) \tag{5-18}$$

式中　C_s——土骨架的体积压缩系数（kPa^{-1}）。

由于固体颗粒的压缩量很小，可认为土骨架体积的变化 ΔV 等于孔隙体积的变化 ΔV_v（详见 4.1 节），则由式（5-17）和式（5-18）可得：

$$nC_v\Delta u_1 = C_s(\Delta\sigma_3 - \Delta u_1) \tag{5-19}$$

整理后可得：

$$\Delta u_1 = \frac{1}{1 + n\dfrac{C_v}{C_s}} \cdot \Delta\sigma_3 = B\Delta\sigma_3 \tag{5-20}$$

式中　B——各向均等的周围压力作用下的孔隙压力系数，$B = \dfrac{1}{1 + n\dfrac{C_v}{C_s}}$。

孔隙压力系数反映了试样在均等围压作用下孔隙水压力的变化，即土样在等向压缩应力状态时单位围压增量所引起的孔隙压力增量。

对于饱和土，孔隙中完全充满水，由于水的压缩性比土骨架的压缩性小得多，即 $C_v/C_s \to 0$，即 $B = 1$，故 $\Delta u_3 = \Delta\sigma_3$；对于干土，孔隙的压缩性接近于无穷大，即 $C_v/C_s \to \infty$，故 $B = 0$；对于非饱和土，$0 < B < 1$，土的饱和度越小，B 值也越小。

若在试样上仅施加轴向偏应力增量 $\Delta\sigma = \Delta\sigma_1 - \Delta\sigma_3$，则相应地会产生一孔隙压力增量 Δu_2。此时，试样的轴向有效应力增量为 $\Delta\sigma' = \Delta\sigma_1 - \Delta\sigma_3 - \Delta u_2$，而侧向有效应力增量为 $-\Delta u_2$。同理可得，孔隙压力的增量 Δu_2 与孔隙体积变化 ΔV_v 之间的关系：

$$\Delta V_v = C_v nV\Delta u_2 \tag{5-21}$$

设土骨架为理想的弹性材料，则根据弹性理论可得试样的体积变化为：

$$\Delta V = C_s V\left[\frac{1}{3}(\Delta\sigma_1 - \Delta\sigma_3) - \Delta u_2\right] \tag{5-22}$$

同理，由 $\Delta V = \Delta V_v$，整理可得：

$$\Delta u_2 = \frac{1}{1 + n\dfrac{C_v}{C_s}} \times \frac{1}{3}(\Delta\sigma_1 - \Delta\sigma_3) = \frac{B}{3}(\Delta\sigma_1 - \Delta\sigma_3) \tag{5-23}$$

若试样同时受到上述各向均等压力增量 $\Delta\sigma_3$ 和轴向偏应力增量 $(\sigma_1 - \sigma_3)$ 作用，则由此产生的孔隙压力增量 Δu 为：

$$\Delta u = \Delta u_1 + \Delta u_2 = B\left[\Delta\sigma_3 + \frac{1}{3}(\Delta\sigma_1 - \Delta\sigma_3)\right] \tag{5-24}$$

然而土并非理想的弹性材料，式（5-24）中系数 1/3 不再适用，而应以另一孔隙压力系数 A 来代替，即：

$$\Delta u = B[\Delta\sigma_3 + A(\Delta\sigma_1 - \Delta\sigma_3)] = B\Delta\sigma_3 + BA(\Delta\sigma_1 - \Delta\sigma_3) \tag{5-25}$$

式中　A——偏应力增量作用下的孔隙压力系数。

对于饱和试样，$B = 1.0$，则式（5-25）可改写为：

$$\Delta u = \Delta\sigma_3 + A(\Delta\sigma_1 - \Delta\sigma_3) \tag{5-26}$$

孔隙压力系数 A 的影响因素很多，它随偏应力的增加呈非线性变化，高压缩性土 A 值较大。超固结黏土在偏应力作用下会产生体积膨胀，出现负的孔隙水压力，故 A 为负值。即使同一种土，A 也不是常数，它还受应变大小、初始应力状态及应力历史等因素影响。表 5-3 列出了多类土的孔隙压力系数 A 的参考值。若要准确计算土的孔隙压力，应根据土的实际应力状态和应变条件进行三轴压缩试验，直接测定 A 值。

孔隙压力系数 A 的参考数值   表 5-3

土样（饱和）	A（用于验算土体破坏）	土样（饱和）	A（用于计算地基变形）
很松的细砂	2～3	高灵敏的软黏土	>1
灵敏黏土	1.5～2.5	正常固结黏土	0.5～1
正常固结黏土	0.7～1.3	超固结黏土	0.25～0.5
轻度超固结黏土	0.3～0.7	严重超固结黏土	0～0.25
严重超固结黏土	−0.5～0		

对于 A 值很高的土，尚应注意因扰动或其他因素引发的高孔隙水压力造成的工程事故，因此实际工程中更多关注土体破坏时的孔隙压力系数 A_f，可通过饱和土的固结不排水试验获得，在 $\Delta\sigma_3$ 作用下固结稳定，故 $\Delta u_1 = 0$，$\Delta u = \Delta u_2 = A(\Delta\sigma_1 - \Delta\sigma_3)$，即：

$$A_f = \frac{u_f}{(\sigma_1 - \sigma_3)_f} \tag{5-27}$$

式中 A_f——土体破坏时的孔隙压力系数；

    Δu_f——偏应力作用下土体破坏时的孔隙水压力（kPa）；

$(\Delta\sigma_1 - \Delta\sigma_3)_f$——固结不排水三轴试验中试样破坏时的轴向偏应力（kPa）。

【例 5.4】某无黏性土饱和试样固结不排水剪切试验，测得周围压力 $\sigma_3 = 200$ kPa 作用时孔隙水压力 $u_1 = 190$ kPa；试样破坏时轴向偏应力 $(\sigma_1 - \sigma_3)_f = 180$ kPa，孔隙水压力 $u_f = 120$ kPa，求试样的孔隙压力系数 A 和 B。

【解】仅周围压力作用时，由式（5-23）可得：

$$B = \frac{\Delta u_1}{\Delta\sigma_3} = \frac{190}{200} = 0.95$$

在偏应力作用下，此时周围压力作用下土样已固结完成，即 $u_1 = 0$，故由式（5-27）可得破坏时试样的孔隙压力系数 A 为：

$$A = \frac{120}{180} = 0.66$$

5.5 饱和黏性土的抗剪强度

抗剪强度指标的正确选取是保证岩土工程设计质量与成败的关键。如前所述，根据剪切前土的固结状态和剪切时的排水条件，可得到三种不同的抗剪强度指标，即不固结不排水抗剪强度（简称不排水抗剪强度）、固结不排水抗剪强度、固结排水抗剪强度（简称排水抗剪强度）。

5.5.1 不固结不排水抗剪强度

不固结不排水剪切时，三轴压力室内试样不再固结，保持原有现场有效应力不变。如

图 5-21 所示，三个试样在不同 σ_3 下所得极限总应力圆为三个实线圆，其中圆Ⅰ相当于无侧限抗压试验（$\sigma_3 = 0$），虚线圆是有效应力圆。试验结果表明，在含水量恒定条件下的 UU 试验，无论 σ_3 如何变化，试样破坏时的主应力差相等，在 τ_f-σ 图上表现为三个总应力圆直径相同，故抗剪强度包线为一条水平线。即：

$$\begin{cases} \varphi_u = 0 \\ \tau_f = c_u = \dfrac{1}{2}(\sigma_1 - \sigma_3) \end{cases} \tag{5-28}$$

式中　φ_u——土的不排水内摩擦角（°）；

　　　c_u——土的不排水黏聚力，也即不排水抗剪强度（kPa）。

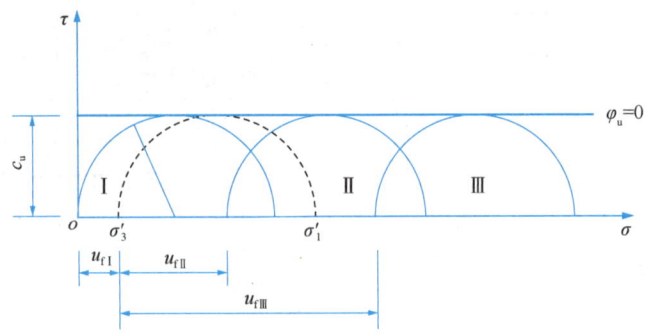

图 5-21　饱和黏性土的不固结不排水试验结果

试验中若分别量测试样破坏时的孔隙水压力 u_f，三个试样只能得到同一个有效应力圆。由于试样总具有一定的现场固结压力，因此圆Ⅰ为超固结状态下的剪切破坏，会产生负的孔隙水压力，故有效应力圆在总应力圆的右边。综上所述，在不排水条件下，试样在试验过程中的含水量和体积均保持不变，改变 σ_3 的数值只能引起孔隙水压力同等数值变化，试样受剪前的有效固结压力不发生改变，因而抗剪强度也就始终不变。无论是超固结土还是正常固结土，其 UU 试验的抗剪强度包线均是一条水平线，即 $\varphi_u = 0$。

由此可见，c_u 值反映了试样原始有效固结压力作用所产生的强度。天然土层的有效固结压力随埋藏深度而增加，所以 c_u 值也随所处深度而增加。均质的正常固结天然黏土层 c_u 与其有效固结压力之比基本保持为常数，故 c_u 值大致随有效固结压力呈线性增加。超固结土因其先期固结压力大于现场有效固结压力，其 c_u 值比正常固结土要大。

5.5.2　固结不排水抗剪强度

饱和黏性土的固结不排水抗剪强度在一定程度上受到应力历史的影响，因此需区别试样是正常固结还是超固结。当试样受到的周围压力 $\sigma_3 < p_c$（先期固结压力）时，试样处于超固结状态；反之，当 $\sigma_3 \geqslant p_c$ 时，试样处于正常固结状态。试验结果证明，两种不同固结状态的试样，其抗剪强度性状亦不同。

饱和黏性土固结不排水试验时，试样在 $\sigma_3(p_c + \Delta\sigma_3)$ 作用下充分排水固结，$\Delta u_3 = 0$，即孔隙压力系数 $B = 1.0$；而随着偏应力 $\Delta\sigma_1$ 的不断增加至试样剪破，$\Delta u_1 = A(\Delta\sigma_1 - \Delta\sigma_3)$ 亦不断变化，从而孔隙压力系数 A 随着 $\Delta\sigma_1$ 的增加呈非线性变化。

如图 5-22 所示，对于正常固结土试样剪切时体积逐渐减小（剪缩），由于不允许排水，故产生正的孔隙水压力，A 值始终大于零，当试样剪破时，A_f 为最大点；而超固结

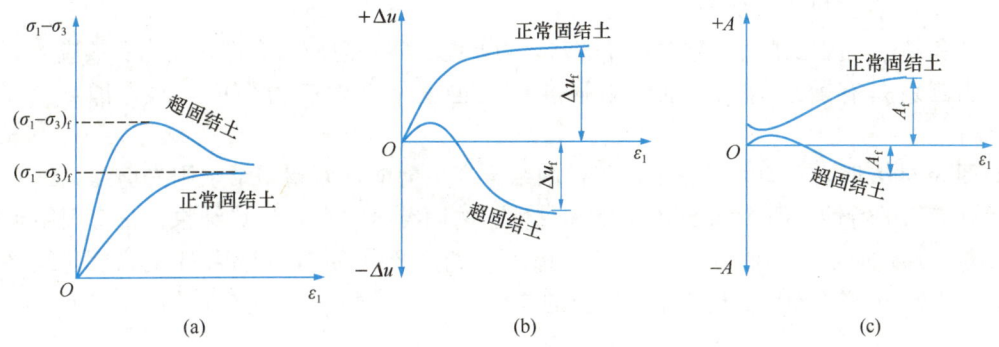

图 5-22　固结不排水剪切试验的应力-应变关系、孔隙水压力和系数 A 的变化

(a) 应力-应变关系；(b) 应变-孔压关系；(c) 应变-孔压系数 A 的关系

土试样在剪切时体积有增加的趋势（剪胀），强超固结试样在剪切过程中，开始产生正的孔隙水压力，随后转为负值（即为负值，且 A_f 为最大负值）。因此，根据 A_f 值的变化，亦可评价土的固结状态。

图 5-23 中 BC 线给出了正常固结土的试验结果。若试样从未固结过（如泥浆状土），则不排水强度显然为零，直线 BC 的延长段将通过原点。实际上，从天然土层取出的试样，具有一定的先期固结压力（反映在图 5-23 中 B 点对应的横坐标 σ_c 处）。因此，若室内剪切前固结围压 $\sigma_3 < p_c$，则属超固结土的不排水剪切，其强度要比正常固结土的强度

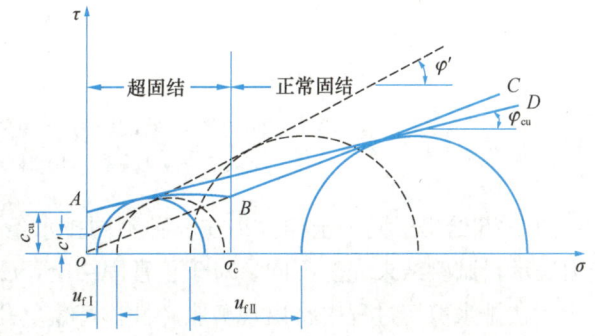

图 5-23　饱和黏性土的固结不排水试验结果

大，强度包线为一条略平缓的曲线（图 5-23 中 AB 线）。由此可见，饱和黏性土试样的 CU 试验所得到的是一条曲折状的抗剪强度包线（图 5-23 中 ABC 线），前段为超固结状态，后段为正常固结状态。但实用上通常以多个极限应力圆的公切直线（图 5-23 中 AD 线）来代替，获取固结不排水剪切的总应力强度包线和强度指标 c_{cu} 和 φ_{cu}。

尚应指出，CU 试验的总应力强度指标随试验方法具有一定的离散性。若试样先期固结压力较高，试验中所施的周围压力 σ_3 都小于 p_c，则试验所得极限应力圆切点都落在超固结段，推算的 c_{cu} 就较大；反之，若试样原来所受的先期固结压力较低，试验时所施加的 σ_3 大都超过 p_c，则试验所得极限应力圆切点落在正常固结段上。此时推算的 c_{cu} 会很小，甚至接近于零，土呈现正常固结性质，而得到的 φ_{cu} 较大。因此，往往需对原状试样进行室内固结试验，先求得先期固结压力，选择适当的周围压力后，再进行 CU 试验。

图 5-23 中虚线圆为有效应力条件下的极限应力圆，作其公切线即为该土的有效应力强度包线，据此可确定有效抗剪强度指标 c' 和 φ'。

由图可见，正常固结土在不排水剪切试验中产生正的孔隙水压力，其有效应力圆在总应力圆的左边；而超固结土在不排水剪切试验中产生负的孔隙水压力，故有效应力圆在总应力圆的右边。CU 试验的有效应力强度指标与总应力强度指标相比，通常 $c' < c_{cu}$，$\varphi' > \varphi_{cu}$。

5.5.3 固结排水抗剪强度

饱和黏性土固结排水试验时，孔隙水压力始终为零，总应力全都转化为有效应力，其总应力圆就是有效应力圆，总应力强度包线也就是有效应力强度包线，即 $c' = c_\mathrm{d}$，$\varphi' = \varphi_\mathrm{d}$。

图 5-24 表明，在剪切过程中，正常固结土产生剪缩，而超固结土则先剪缩，继而主要呈现剪胀的特性。图 5-25 给出了饱和黏性土的固结排水剪切试验结果，正常固结土的强度包线通过原点，黏聚力 $c_\mathrm{d} = 0$，内摩擦角 φ_d 约为 $20° \sim 40°$，超固结土的强度包线略弯曲，c_d 约为 $5 \sim 25\mathrm{kPa}$，φ_d 比正常固结土的要小。

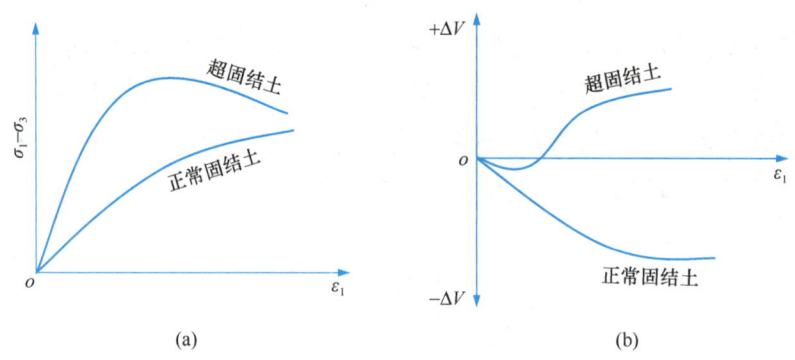

图 5-24　CU 试验的应力-应变关系和体积变化

（a）应力-应变关系；（b）体变-应变关系

图 5-26 给出了同一土样分别在三种不同排水条件下的试样结果。其表明：①若以总应力表示，试验结果完全不同。对于正常固结土，$\varphi_\mathrm{d} > \varphi_\mathrm{cu} > \varphi_\mathrm{u}$（且 $\varphi_\mathrm{u} = 0$）；而对于超固结土，在排水剪切过程中将出现剪胀特性，产生负孔隙水压力导致试样吸水软化（含水量增加），则可能出现相反现象，即排水剪切的强度会低于不排水剪切的强度。②若以有效应力表示，无论哪种试验方法，均可得到近乎同一条有效应力强度包线（图中虚线），因此，抗剪强度与有效应力存在唯一的对应关系。

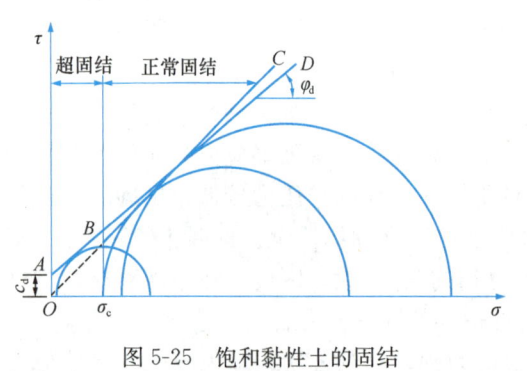

图 5-25　饱和黏性土的固结
排水剪切试验结果

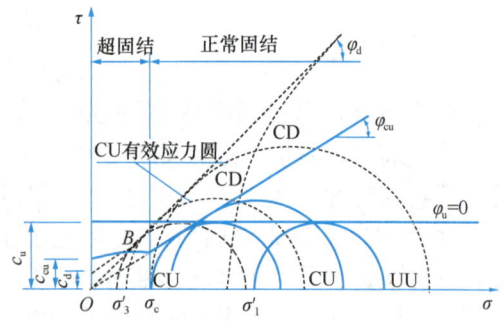

图 5-26　三种不同排水条件下饱和黏性土的
固结排水剪切试验结果

直剪试验在上述三种方法中因受仪器条件限制，不能测定试样中孔隙水压力的变化，一般只能用总应力强度指标来表示其试验结果。

【例 5.5】取黏性原状土样进行固结不排水三轴试验，对试样 I 施加 50kPa 围压固结后，再施加 100kPa 偏差应力即破坏，此时土样中孔隙水压力为 30kPa；对试样 II 施加 100kPa 围压固结后，再施加 125kPa 偏差应力即破坏，此时土样中孔隙水压力为 60kPa。试求土的固结不排水强度指标 c_u 和 φ_u、有效应力强度指标 c' 和 φ' 以及这两个试样的破坏面上的法向有效应力和剪应力。

【解】（1）求解固结不排水强度指标 c_u 和 φ_u

据试验结果对于试样 I 可得：$\sigma_1 = 50 + 100 = 150\text{kPa}$，$\sigma_3 = 50\text{kPa}$

对于试样 II 可得：$\sigma_1 = 100 + 125 = 225\text{kPa}$，$\sigma_3 = 100\text{kPa}$

由式（5-6）土体的极限平衡条件可得：

试样 I
$$\sin\varphi_u = \frac{\sigma_1 - \sigma_3}{\sigma_1 + \sigma_3 + 2c_u\cot\varphi_u} = \frac{100}{200 + 2c_u\cot\varphi_u}$$

试样 II
$$\sin\varphi_u = \frac{\sigma_1 - \sigma_3}{\sigma_1 + \sigma_3 + 2c_u\cot\varphi} = \frac{125}{325 + 2c_u\cot\varphi_u}$$

联立上式可得：$c_u = 30.62\text{kPa}$ 和 $\varphi_u = 11.54°$。

（2）求解有效应力强度指标 c' 和 φ'

据试验结果对于试样 I 可得：$\sigma_1' = 50 + 100 - 30 = 120\text{kPa}$，$\sigma_3' = 50 - 30 = 20\text{kPa}$

对于试样 II 可得：$\sigma_1' = 100 + 125 - 60 = 165\text{kPa}$，$\sigma_3' = 100 - 60 = 40\text{kPa}$

由式（5-6）：

试样 I
$$\sin\varphi' = \frac{\sigma_1' - \sigma_3'}{\sigma_1' + \sigma_3' + 2c'\cot\varphi'} = \frac{100}{140 + 2c'\cot\varphi'}$$

试样 II
$$\sin\varphi' = \frac{\sigma_1' - \sigma_3'}{\sigma_1' + \sigma_3' + 2c'\cot\varphi'} = \frac{125}{205 + 2c'\cot\varphi'}$$

联立上式可得：$c' = 25.00\text{kPa}$ 和 $\varphi' = 22.62°$。

（3）求解两个试样的破坏面上的法向有效应力和剪应力

试样 I：由式（5-13）可得破坏面与大主应力作用面间的夹角 α_f 为：

$$\alpha_f = \frac{1}{2}(90° + \varphi') = 56.31°$$

由式（5-5）：

$$\sigma' = \frac{1}{2}(\sigma_1' + \sigma_3') + \frac{1}{2}(\sigma_1' - \sigma_3')\cos 2\alpha_f = \frac{140}{2} + \frac{100}{2}\cos(2 \times 56.31) = 50.77\text{kPa}$$

$$\tau' = \frac{1}{2}(\sigma_1' - \sigma_3')\sin 2\alpha_f = \frac{100}{2}\sin(2 \times 56.31) = 46.15\text{kPa}$$

试样 II：

由式（5-5）：

$$\sigma' = \frac{1}{2}(\sigma_1' + \sigma_3') + \frac{1}{2}(\sigma_1' - \sigma_3')\cos 2\alpha_f = \frac{205}{2} + \frac{125}{2}\cos(2 \times 56.31) = 78.46\text{kPa}$$

$$\tau' = \frac{1}{2}(\sigma_1' - \sigma_3')\sin 2\alpha_f = \frac{125}{2}\sin(2 \times 56.31) = 57.69\text{kPa}$$

【例 5.6】某无黏性土饱和试样进行固结排水剪切试验，测得抗剪强度指标为 $c_d = 0$，$\varphi_d = 31°$，若对同一试样进行固结不排水剪切试验，施加的周围压力 $\sigma_3 = 200\text{kPa}$，试样破坏时的轴向偏应力 $(\sigma_1 - \sigma_3)_f = 190\text{kPa}$。试求试样的不排水剪切强度指标 φ_{cu} 和破坏时的

孔隙水压力 u_f。

【解】据试验结果 $\sigma_{1f} = 190 + 200 = 390\text{kPa}$，$\sigma_{3f} = 200\text{kPa}$

排水剪切的孔隙水压力恒为零，得 $c' = c_d = 0$，$\varphi' = \varphi_d = 31°$。而无黏性土的 $c_{cu} = 0$。

由式（5-11）得 $\tan^2\left(45° + \dfrac{\varphi_{cu}}{2}\right) = \dfrac{\sigma_1}{\sigma_3} = \dfrac{390}{200} = 1.95$

解之求得：$\varphi_{cu} = 19°$。

同理，由式（5-11）：$\dfrac{\sigma_1'}{\sigma_3'} = \tan^2\left(45° + \dfrac{\varphi'}{2}\right) = \tan^2\left(45° + \dfrac{31°}{2}\right) = 3.124$

得：$$\sigma_1' = 3.124\sigma_3'$$

根据：$$(\sigma_1' - \sigma_3')_f = (\sigma_1 - \sigma_3)_f = 190\text{kPa}$$

联立求解以上两式，可得有效大、小主应力：

$$\sigma_{1f}' = 279.454\text{kPa}, \quad \sigma_{3f}' = 89.454\text{kPa}$$

故破坏时的孔隙水压力：

$$u_f = \sigma_{3f} - \sigma_{3f}' = 200 - 89.454 = 110.546\text{kPa}$$

此题亦可用作图法解得。如图 5-27 所示，用 $\sigma_{1f} = 390\text{kPa}$ 和 $\sigma_{3f} = 200\text{kPa}$ 作莫尔极限应力圆。作过原点强度包线切于该圆，量得强度包线与水平夹角，即可得 $\varphi_{cu} = 19°$。据 $c' = 0$，$\varphi' = 31°$ 作过原点有效应力强度包线，向左平移总极限应力圆与有效应力强度包线相切，即可从图中量得破坏时的孔隙水压力 $u_f = 110.5\text{kPa}$。

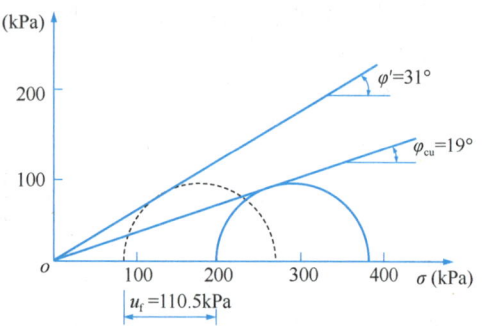

图 5-27　例 5.6 图解法

5.5.4　抗剪强度试验方法与指标的选用

如前所述，影响黏性土强度性状的因素众多（诸如土的各向异性、应力历史、排水条件等），同一种土的抗剪强度指标又与试验方法、试验条件等有关。因此，在强度指标选用时，首先应根据工程性质，与地基强度和稳定性分析的方法（有效应力法或总应力法）相对应，选取土的有效应力强度指标或总应力强度指标。当土中的孔隙水压力能通过试验、计算或其他途径确定时，宜采用有效应力法，有效应力强度可通过直剪、慢剪、三轴排水剪或固结不排水剪获得。

一般认为，由三轴固结不排水试验确定的有效应力强度指标 c' 和 φ' 宜用于分析地基的长期稳定性（例如土坡的长期稳定性分析、挡土结构的长期土压力、位于软土地基上结构物的长期稳定性分析等）；而对于饱和软黏土的短期稳定性问题，则宜采用不固结不排水试验的强度指标 c_u 和 $\varphi_u = 0$，以总应力法进行分析。表 5-4 列出了三种试验方法的大致适用范围，可供参考。

尚须指出，实际工程情况不一定很明确，如加荷速度的快慢、土层的厚薄、荷载大小以及加荷过程等都没有定量的界限值。此外，三轴试验条件也是理想化了的室内条件，与实际工程存在一定差距。因此在具体使用时应根据工程经验判断，结合工程实际条件选取相应的强度指标。

直剪试验不能控制排水条件，剪切面人为指定，影响试验结果的可靠性。《土工试方法标准》GB/T 50123—2019 规定直剪试验的固结快剪和快剪试验宜用于渗透系数小于 10^{-6} cm/s 的细粒土。但直剪试验设备简单、操作方便，使用比较普遍。

此外，对于坚硬的超压密黏土，τ-Δl 曲线可出现剪应力的峰值 τ_{fr}，即为土的峰值抗剪强度，峰后强度将随剪切位移的增大而降低，称为应变软化特征。当剪切位移较大时，强度最终将趋于某一稳定值，该终值强度称为残余强度 τ_{fr}。试验资料表明，残余强度与土的结构性无关，主要取决于土的矿物成分和有效法向应力。若土体具有明显的残余强度特性时，在较大剪应变处土首先抵达峰值强度而出现破坏，其强度降至残余强度，进而带动滑动面其他各点也相继达峰值强度后又降至残余强度。这种连锁反应将造成土坡的破坏过程从某一点开始，逐渐蔓延至全面，形成"渐进性破坏现象"。

三种试验方法的适用范围　　　　　　　　　　　　表 5-4

试验方法	适用范围
UU 试验	地基为透水性差的饱和黏性土或排水不良且建筑物施工速度快的土。常用于施工期的强度与稳定验算
CU 试验	建筑物竣工后较长时间，突遇荷载增大。如房屋加层、天然土坡上堆载等
CD 试验	地基的透水性较佳（如砂土等低塑性土）和排水条件良好（如黏土层中夹有砂层），而建筑物施工速度又较慢

5.6　无黏性土的抗剪强度指标

若将剪切时无黏性土的颗粒移动现象理想化，如图 5-28 所示，结构紧密的无黏性土沿破裂面滑动时，颗粒 A 必须越过相邻颗粒 B，导致土体体积膨胀，并消耗部分剪切力来抵抗法向应力 σ 的作用（图 5-28a）；而结构松散的粉状土，颗粒 A 滑过相邻颗粒 B 时，则会陷入孔隙之中，使土体孔隙体积减小（图 5-28b）。

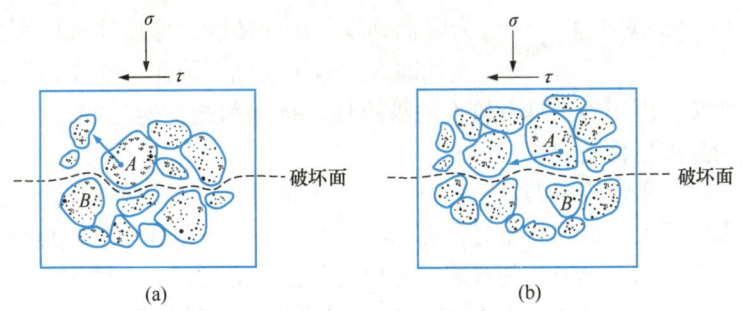

图 5-28　粒状土剪切时颗粒的位移
（a）紧密结构；（b）松散结构

图 5-29 给出了不同初始孔隙比的同一种砂土在相同围压 σ_3 下剪切时的应力-位移及体积变化情况。由图可见，密砂受剪时体积变化开始稍有减小，继而增大（剪胀，因土颗粒相对滚动、重新排列所致），由于剪胀导致剪应力增加（图 5-29a 中阴影部分），故应力-位移曲线有明显的峰值强度和变形较大时的终值强度（应变软化型）。松砂受剪时体积逐渐减小（剪缩），应力-位移曲线无明显峰值强度（应变硬化型）。试验表明，

对同一种土随着轴向应变的增加，紧砂和松砂的强度最终趋于同一数值，该稳定的强度即为残余强度。在低围压下紧砂剪胀，不排水剪中诱发负孔隙水压力，有效压力增加，强度提高；反之松砂剪缩，诱发正孔隙水压力，有效压力减小，强度降低。因此，必定存在一个使砂土在低围压下既不产生剪胀，也不产生剪缩，即剪切破坏时砂土体积不发生变化的初始孔隙比，该孔隙比则称为临界孔隙比 e_{cr}。临界孔隙比不是常数，它随着周围压力而改变。

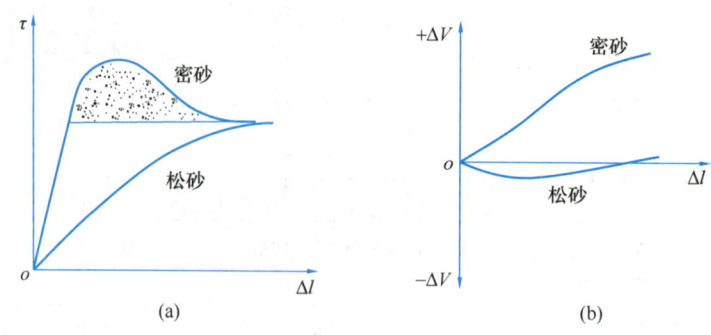

图 5-29 砂土直剪试验时的剪切应力-位移关系和体变-剪切位移曲线
(a) 剪切应力-位移曲线；(b) 体变-剪切位移曲线

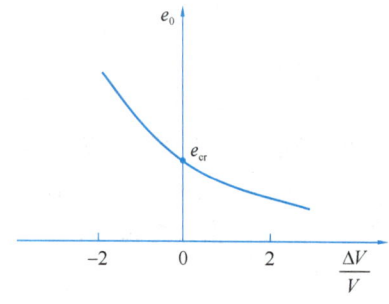

图 5-30 砂土的临界孔隙比

图 5-30 给出了同一围压下，不同初始孔隙比 e_0 与剪切时体积变化 $\frac{\Delta V}{V}$ 之间的关系。若松砂处于完全饱和状态，初始孔隙比 $e_0 > e_{cr}$，当受到剪应力作用时，必将产生剪缩使粒间孔隙水压力增高，有效应力降低，其强度随之下降。若饱和松砂受到动荷载作用（如地震荷载），由于动荷载作用时间短促，孔隙水来不及排出，孔隙水压力不断增加，就有可能使有效应力降低到零，因而使砂土像流体一样完全失去抗剪强度，即产生砂土液化。因此，临界孔隙比对研究砂土液化具有重要意义。由于砂土具有较大的渗透性，排水固结性能较好，在大多数情况下，可采用排水剪切强度指标 c_d、φ_d。

除砂土之外，含砂粒较多的低塑性黏土和粉土都有可能发生类似的液化现象。例如，当道路路基为强度不大的饱和粉土时，在周期性交通荷载反复作用下，地基土的孔隙水压力可能逐步升高到足以引起液化的状态，导致土的强度降低。在孔隙水压力骤增引起的渗透压力作用下，粉土颗粒挤入粗粒材料，严重时可在粗粒材料的表面冒出，该现象称为"翻浆"。翻浆的出现将极大地降低路基的稳定性和增加道路的变形。

5.7 应力路径简介

加荷方式不同的试样应力状态变化也各不相同。为了分析应力变化过程对土抗剪强度的影响，在应力图中用应力点的移动轨迹描述加荷过程中土的应力状态变化，这种应力点的轨迹就称为应力路径。

对于二维平面问题，应力的变化过程可用一系列莫尔应力圆来表示（图 5-31a），如三轴压缩试验中保持 σ_3 不变而逐渐增大 σ_1，由此可在每个应力圆上确定相应于破坏面上的应力特征点，再按应力变化过程顺序将这些点连接起来即可获得试验中剪切破坏面上的应力路径。但这种方法图面不清晰，易发生混乱。因此通常是在圆上适当选择一个特征点来代表一个应力圆。常用特征点是应力圆的顶点（剪应力为最大），其坐标为 $p=(\sigma_1+\sigma_3)/2$ 和 $q=(\sigma_1-\sigma_3)/2$，如图 5-31（b）所示。按应力变化顺序把这些点连接起来就是应力路径（图 5-31b），并以箭头指明应力状态的发展方向。

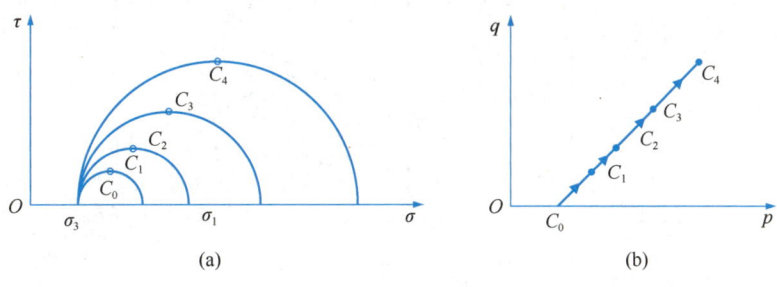

(a)   (b)

图 5-31　应力路径概念

加荷方法不同，应力路径也不同，如图 5-32 所示，在三轴压缩试验中若保持 σ_3 不变，逐渐增加 σ_1，最大剪应力面上的应力路径为 AB 线；若 σ_1 保持不变，逐渐减小 σ_3，则应力路径为 AC 线。

应力路径可以表示总应力的变化，也可以表示有效应力的变化。图 5-33 为正常固结黏土的固结不排水试验的应力路径，可见总应力路径 AB 是直线，而有效应力路径 AB' 则为曲线，两者之间的距离即为剪切破坏时的孔隙水压力 u_f。因为正常固结黏土不排水剪切时孔隙水压力为正值，故对应于 AB 线上任意一点坐标 p 和 q，则相应的有效应力 AB' 上的坐标为 $p'=(\sigma_1+\sigma_3)/2-u_f$ 和 $q=(\sigma_1-\sigma_3)/2$。即有效应力路径在总应力路径的左边，从 A 点开始，沿曲线至 B' 点剪破。图中 K_f 线和 K'_f 线分别为以总应力和有效应力表示的极限应力圆顶点的连线，利用 K_f 线和 K'_f 线可分别求得总应力强度参数 c、φ 和有效应力强度参数 c'、φ'。不同的应力路径，其内摩擦角大致相同，但剪切破坏时的偏应力差 $(\sigma_1-\sigma_3)$ 相差悬殊。

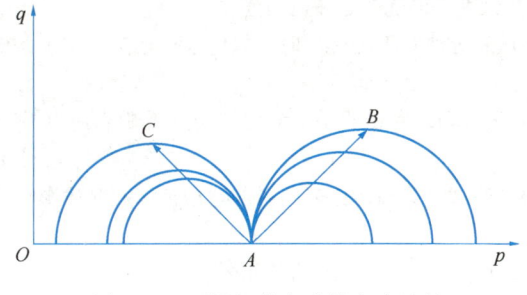

图 5-32　不同加荷方法的应力路径

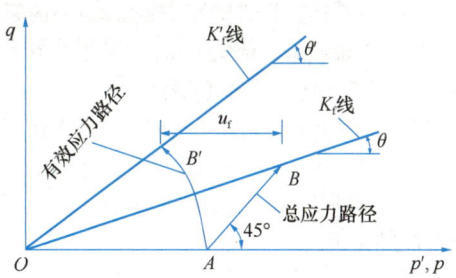

图 5-33　三轴固结不排水试验的应力路径

多数试验表明，固结不排水试验试样剪切破坏时应力路径发生转折或趋向于水平，该转折点可作为判断试样破坏的标准。若将 K_f 与破坏包络线绘在同一坐标图中，设 K_f 线与

纵坐标的截距为 a，倾角为 α（图 5-34），可以得到：

$$\left. \begin{array}{l} \sin\varphi = \tan\alpha \\[2mm] c = \dfrac{a}{\cos\varphi} \end{array} \right\} \tag{5-29}$$

根据 α、a 反算 c、φ 称为应力路径法，可以较容易地从同一批土样较为分散的试验结果中获得 c 和 φ。同样，利用 K'_{f} 线也可类似地求得有效应力强度参数 c' 和 φ'。

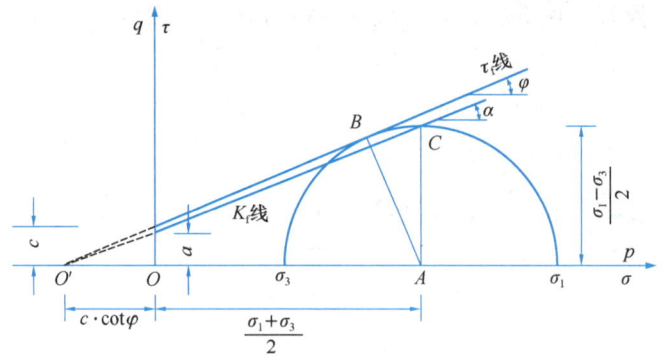

图 5-34　α、a 与 c、φ 之间的关系

土体的变形与强度不仅与受力的大小和应力历史有关，更重要的还与土的应力路径有关。土的应力路径可以模拟土体实际的应力历史和应力变化，较全面地研究应力变化过程对土的力学性质的影响，因此，土的应力路径对进一步探讨土的应力-应变关系和强度具有十分重要的意义。

思 考 题

5.1　什么是土的抗剪强度？什么是土的抗剪强度指标？试说明土的抗剪强度的来源。对一定的土类，其抗剪强度指标是否一定值？为什么？

5.2　什么是土的极限平衡状态和极限平衡条件？试用莫尔-库仑强度理论推导土的极限平衡条件表达式。

5.3　土体是否在剪应力最大的平面首先发生剪切破坏？为什么？在何种情况下，剪切破坏面和最大剪应力面是一致的？通常情况下，剪切破坏面和大主应力面之间的夹角是多少？

5.4　试简述直剪试验和三轴压缩试验的原理，以及两者的优缺点和适用范围。

5.5　三轴压缩试验按排水条件的不同有哪几种试验方法？工程应用时，如何根据地基土排水条件的不同，选择土的抗剪强度指标？

5.6　试述正常固结黏土和超固结黏土在 UU，CU，CD 三种试验中的应力-应变、孔隙水应力-应变（或体变-应变）和强度特性。

5.7　分别简述无侧限压缩试验和十字板剪切试验的试验原理。比较两者的适用范围并简述影响两者试验结果的因素。

5.8　什么是土的残余强度？黏性土的残余强度有何特点？产生的原因是什么？

5.9　砂土液化的机理是什么？并指出影响砂土液化的主要因素有哪些。工程上有哪些抵抗砂土液化的处理措施？

5.10　何谓应力路径？在二维应力状态下，应力路径通常如何表示？举例说明土木工程地基中常见的应力路径。破坏主应力线 K_{f} 与强度包线 τ_{f} 有何区别？应力路径分析方法的优点有哪些？

习　题

5.1　对一干砂试样进行直接剪切试验，在法向应力 $\sigma=96.6\text{kPa}$ 时，测得破坏剪应力 $\tau=67.7\text{kPa}$。试求：（1）该砂土的内摩擦角；（2）破坏时剪切面上的最大主应力和最小主应力及作用方向。

5.2　对饱和细砂进行常规三轴压缩试验，试样首先在围压 $\sigma_3=150\text{kPa}$ 下排水固结，然后在不排水条件下施加轴向偏差应力 $(\sigma_1-\sigma_3)=100\text{kPa}$，测得孔隙水压力 $u=50\text{kPa}$。若假设孔隙压力系数 A 是常数，试求偏差应力 $(\sigma_1-\sigma_3)$ 增加到 150kPa 时，试样的总压力、孔隙水压力和有效应力。

5.3　从饱和黏性土层中取出土样加工成三轴试样，由固结不排水试验得 $c'=0$，$\varphi'=25°$。若对同样的土样进行不固结不排水试验，当试样放入压力室时测得初始孔隙水压力 $u_0=-68\text{kPa}$，然后关闭排水阀，施加周围压力 $\sigma_3=100\text{kPa}$，随后施加竖向压力至试样破坏，测得破坏时的孔隙压力系数 $A_f=0.6$，求此试样的不排水抗剪强度 c_u。

5.4　某黏土试样在三轴仪中进行固结不排水试验，破坏时的孔隙水压力为 u_f，两个试件的试验结果为：试件 Ⅰ：$\sigma_3=200\text{kPa}$，$\sigma_1=350\text{kPa}$，$u_f=140\text{kPa}$；试件 Ⅱ：$\sigma_3=400\text{kPa}$，$\sigma_1=700\text{kPa}$，$u_f=280\text{kPa}$。（1）试用作图法确定该黏土试样的 c_{cu}、φ_{cu} 和 c'、φ'；（2）试求试件 Ⅱ 破裂面上的法向有效应力和剪应力，以及破坏时的孔隙压力系数 A。

第6章 土 压 力 计 算

本章提要与要求

内容提要

土压力计算建立在土的强度理论基础之上。本章简述了挡土墙墙背土压力的类型及其形成条件；重点讨论了各种条件下挡土墙朗金和库仑土压力理论的计算方法；较深入地探讨了黏性土的库仑土压力理论；扼要介绍了土压力计算的规范方法、楔体试算法以及车辆荷载下的土压力计算等；并对土压力计算中存在的实际问题进行了讨论。

基本要求

掌握静止土压力、主动土压力、被动土压力的概念及形成条件。

掌握朗金和库仑土压力理论及其计算方法。

6.1 概　述

土建工程中许多构筑物如挡土墙、桥台、地下室侧墙、贮藏粒状材料的挡墙以及基坑围护结构等挡土结构（为简便起见统称为挡土墙，图 6-1），都起着支撑土体、保持土体稳定、避免坍塌的作用。挡土墙墙背土体或粒状材料因自重或外荷载作用对墙背产生的侧向压力就称为土压力。

土压力计算十分复杂，它与填料的性质、挡土墙的形状和位移方向、地基土质等因素有关，目前大多采用古典的朗金（Rankine，1857）和库仑（Coulomb，1773）土压力理

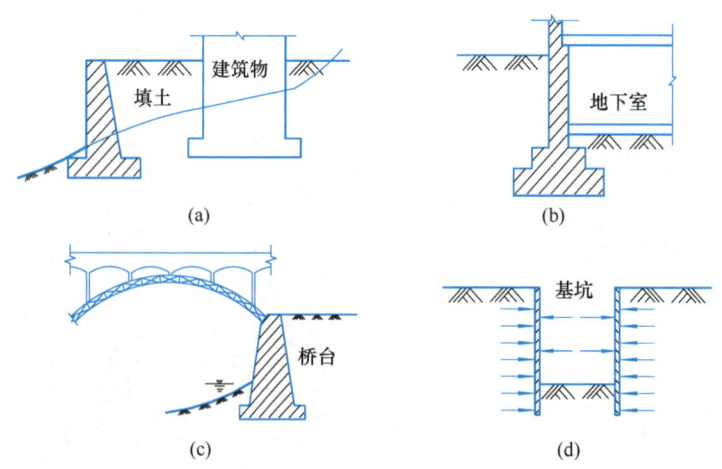

(a)　　　　　　　　　　　　(b)

(c)　　　　　　　　　　　　(d)

图 6-1　挡土墙应用举例

（a）支撑建筑物周围填土的挡土墙；（b）地下室侧墙；（c）桥台；（d）基坑围护结构

论。尽管这些理论都基于各种不同的假定和简化，计算简便，但国内外大量挡土墙模型试验、原位观测及理论研究结果均表明，该计算方法实用可靠。随着现代计算技术的提高，楔体试算法、广义库仑理论、水平层分析法、极限平衡理论以及能量理论等土压力解法均得到了迅速发展，计算理论亦日臻完善。

影响挡土墙土压力大小及其分布规律的因素众多，挡土墙的位移方向和位移量是最主要的因素。根据挡土墙的位移情况及其后土体所处应力状态，可将土压力分为以下三种。

(1) 主动土压力。当挡土墙向离开土体方向偏移至墙后土体达到极限平衡状态时 (图 6-2a)，作用在墙背上的土压力称为主动土压力，一般用 E_a 表示。

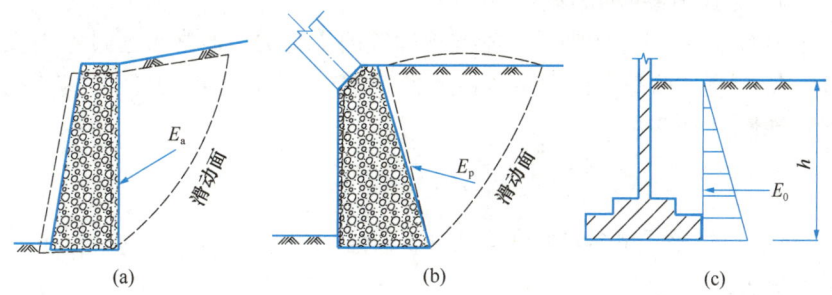

图 6-2 挡土墙的三种土压力
(a) 主动土压力；(b) 被动土压力；(c) 静止土压力

(2) 被动土压力。当挡土墙在外力作用下，向土体方向偏移至墙后土体达到极限平衡状态时 (图 6-2b)，作用在墙背上的土压力称为被动土压力，一般用 E_p 表示。如拱桥桥台在桥上荷载作用下挤压土体并产生一定量的位移，则作用在台背的侧压力属于被动土压力。

(3) 静止土压力。当挡土墙静止不动，墙后土体处于弹性平衡状态时 (图 6-2c)，作用在墙背上的土压力称为静止土压力，用 E_0 表示。如地下室外墙、地下水池侧壁、涵洞的侧壁以及其他不产生位移的挡土构筑物均可按静止土压力计算。

图 6-3 给出了三种土压力与挡土墙位移的关系。由图可见，产生被动土压力所需的位移量 $\Delta\delta_p$ 比产生主动土压力所需的位移量 $\Delta\delta_a$ 要大得多。经验表明，一般 $\Delta\delta_a$ 约为 $(0.001\sim0.005)h$ (h 为墙高)，而 $\Delta\delta_p$ 约为 $(0.01\sim0.1)h$。在相同的墙高和填土条件下，

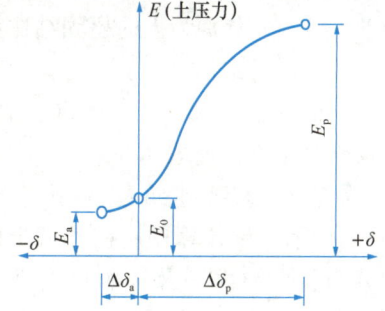

图 6-3 土压力与结构位移的关系

主动土压力小于静止土压力，而静止土压力又小于被动土压力，即：$E_a < E_0 < E_p$。

6.2 静止土压力计算

6.2.1 静止土压力计算公式

静止土压力犹如半空间弹性变形体，在土的自重作用下无侧向变形时的水平侧压力 (图 6-2c)，故填土表面下任意深度 z 处的静止土压力强度可按下式计算：

$$\sigma_0 = K_0 \gamma z \qquad (6\text{-}1)$$

式中　K_0——土的侧压力系数或静止土压力系数；

　　　γ——墙后填土的重度（kN/m^3）。

由式（6-1）可知，静止土压力沿墙高呈三角形分布（图6-2c），如取单位墙长，则作用在墙上的静止土压力 E_0 为：

$$E_0 = \frac{1}{2}\gamma h^2 K_0 \tag{6-2}$$

式中　h——挡土墙墙高（m）。

静止土压力的合力作用点在离墙底 $h/3$ 处。

6.2.2　静止土压力系数 K_0 确定

静止土压力系数 K_0 与土的性质、密实程度等因素有关，通常可通过室内试验（如单向固结试验、K_0三轴试验等）或原位自钻式旁压试验测定，也可按以下经验法估算。

（1）经典弹性力学理论

$$K_0 = \frac{\mu}{1-\mu} \tag{6-3}$$

式中　μ——土的泊松比，可参见第4章表4-1取值。

（2）半经验公式

在缺乏试验资料时，也可按下列公式近似估算：

砂性土　　　　　　　　　$K_0 = 1 - \sin\varphi'$　　　　　　　　（6-4）

黏性土　　　　　　　　　$K_0 = 0.95 - \sin\varphi'$　　　　　　（6-5）

超固结黏性土　　　　$K_0 = K_{0NC} \times (OCR)^m$　　　　（6-6）

式中　φ'——土的有效内摩擦角（度）；

　　K_{0NC}——正常固结土的 K_0 值；

$OCR，m$——分别为土的超固结比和经验系数（m 可取 0.41）。

（3）经验取值

一般砂土可取 0.35～0.50；黏性土为 0.50～0.70。日本《建筑基础结构设计规范》建议不分土类，均取 0.5。

【例 6.1】某建筑物地下室外墙如图 6-4 所示，试计算作用在外墙上的土压力分布、合力大小及作用点位置，并绘制分布图。

【解】地下室外墙静止不动，无水平向位移产生，故按静止土压力计算。

（1）静止土压力系数

① 按经典弹性力学理论计算

根据表4-1，可取 $\mu=0.35$

$$K_0 = \frac{0.35}{1-0.35} = 0.538$$

② 按半经验公式

$$K_0 = 0.95 - \sin24° = 0.543$$

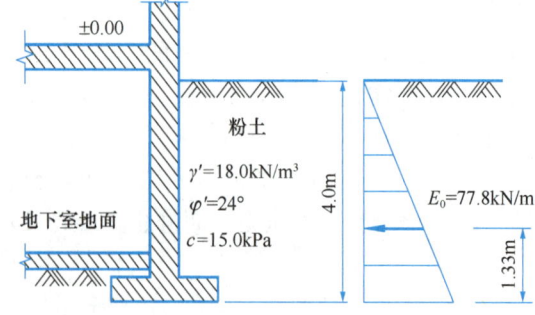

图 6-4　土压力与结构位移的关系

可见两种方法计算结果基本一致，故取 $K_0=0.54$ 计算。

（2）墙底静止土压力分布值

$$\sigma_0 = K_0 \gamma h = 0.54 \times 18.0 \times 4.0 = 38.9\text{kPa}$$

（3）静止土压力合力

$$E_0 = \frac{1}{2}\gamma h^2 K_0 = \frac{1}{2} \times 18.0 \times 4.0^2 \times 0.54 = 77.8\text{kN/m}$$

（4）静止土压力合力作用点

$$x = \frac{h}{3} = \frac{4.0}{3} = 1.33\text{m}$$

静止土压力沿墙背的分布及合力作用点位置如图 6-4 所示。

6.3 朗金土压力理论

6.3.1 基本概念

朗金土压力理论是通过研究弹性半空间体内的应力状态，根据土的极限平衡条件得到的土压力计算方法。

由 3.2 节可知，离地表深度 z 处土的竖向应力 σ_z 等于该处土的自重应力，即 $\sigma_z = \gamma z$，水平向应力 $\sigma_x = K_0 \gamma z$，而水平向及竖向剪应力均为零，故 σ_z 和 σ_x 分别为大、小主应力。

若假定挡土墙墙背竖直、光滑，填土面水平（图 6-5a），即墙背与填土间无摩擦力产生，剪应力为零，则墙背为主应力面。当挡土墙不出现位移，墙后土体处于弹性平衡状态时，作用在墙背上的应力状态与弹性半空间中土体应力状态相同。在填土深度 z 处，$\sigma_z = \sigma_1 = \gamma z$，$\sigma_x = \sigma_3 = K_0 \gamma z$。相应的莫尔应力圆（图 6-5d 中圆 I）与土的抗剪强度曲线不相切。

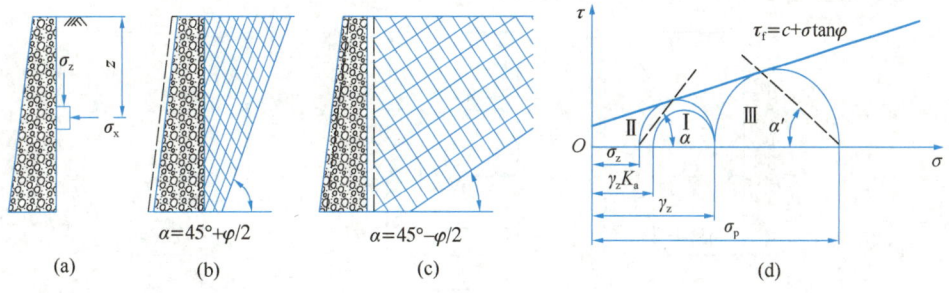

图 6-5　半空间体的极限平衡状态

（a）墙背单元微体；（b）主动朗金状态；（c）被动朗金状态；（d）莫尔应力圆表示的朗金状态

若挡土墙离开土体向左移动（图 6-5b），墙后土体有伸张趋势。此时竖向应力 σ_z 不变，法向应力 σ_x 减小，σ_z 和 σ_x 仍为大小主应力。当挡土墙移动使墙后土体达极限平衡状态时，σ_x 达最小值 σ_a，其莫尔应力圆与抗剪强度包线相切（图 6-5d 中圆 II）。土体形成一系列滑裂面，面上各点都处于极限平衡状态，称主动朗金状态，此时墙背法向应力 σ_x 为最小主应力，即朗金主动土压力。滑裂面的方向与大主应力作用面（即水平面）呈 $\alpha = 45° + \dfrac{\varphi}{2}$ 角。

同理，若挡土墙在外力作用下向右挤压土体（图 6-5c），σ_z 仍不变，而 σ_x 随着挡土墙位移的增加而逐步增大，当 σ_x 超过 σ_z 时，σ_x 为大主应力，σ_z 为小主应力。当挡土墙位移至墙后土体达极限平衡状态时，σ_x 达最大值 σ_p，莫尔应力圆与抗剪强度包线相切（图 6-5d 中圆 Ⅲ），土体形成一系列滑裂面，称被动朗金状态。此时墙背法向应力 σ_x 为最大主应力，即朗金被动土压力。滑裂面与水平面呈 $\alpha' = 45° - \dfrac{\varphi}{2}$ 角。

显见，朗金土压力理论适用于墙背竖直、光滑，填土面水平时的土压力计算。

6.3.2　主动土压力

如图 6-6（a）所示，根据土的强度理论，墙后土体中某点处于极限平衡状态时，大、小主应力 σ_1 和 σ_3 应满足极限平衡式（5-9）或式（5-10）关系。当土体在自重作用下向下滑动达主动极限平衡状态时，竖向应力 σ_z 大于水平应力 σ_x，故 $\sigma_3 = \sigma_x$，$\sigma_1 = \gamma z$，将其代入极限平衡式则可得 z 深度处朗金主动土压力强度 σ_{az} 为：

黏性土：
$$\sigma_{az} = \sigma_x = \gamma z \tan^2 \left(45° - \frac{\varphi}{2}\right) - 2c \tan \left(45° - \frac{\varphi}{2}\right)$$
$$= \gamma z K_a - 2c \sqrt{K_a} \tag{6-7}$$

无黏性土：
$$\sigma_{az} = \gamma z K_a \tag{6-8}$$

式中　K_a——主动土压力系数，$K_a = \tan^2 \left(45° - \dfrac{\varphi}{2}\right)$；

　　　　c——填土的黏聚力（kPa）。

由式（6-8）可知，无黏性土的主动土压力强度与 z 呈正比，沿墙高的压力呈三角形分布，如图 6-6（b）所示，如取单位墙长计算，则主动土压力为：

$$E_a = \frac{1}{2}\gamma h^2 K_a \tag{6-9}$$

且 E_a 通过三角形形心，即作用在离墙底 $h/3$ 处。

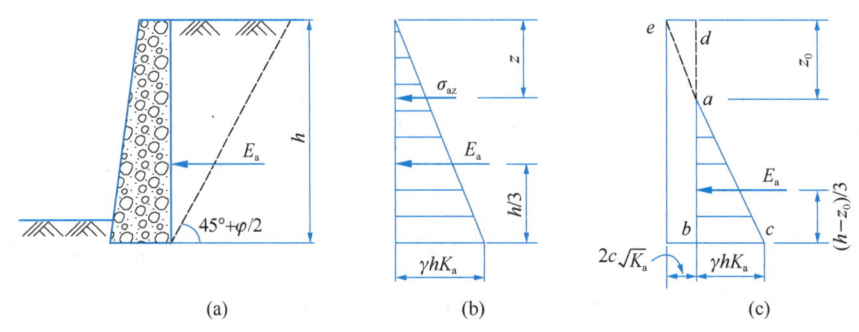

图 6-6　朗金主动土压力分布

（a）主动土压力图示；（b）无黏性土；（c）黏性土

黏性土的主动土压力强度由两部分组成。一部分是由土自重引起的土压力 $\gamma z K_a$，另一部分是黏聚力 c 引起的负侧压力 $2c\sqrt{K_a}$。这两部分土压力叠加的结果如图 6-6（c）所示，图中 ade 部分为负值，即表示土体与墙背存在拉力。但事实上墙与土在很小的拉力作用下就会脱开，因此该部分拉力实际上不存在，应略去不计，故黏性土的土压力分布仅为 abc 部分。

a 点离填土面的深度 z_0 称为临界深度，当填土面无荷载时，可令式（6-7）为零求得，即：

$$\sigma_{az} = \gamma z_0 K_a - 2c\sqrt{K_a} = 0$$

故临界深度： $$z_0 = \frac{2c}{\gamma\sqrt{K_a}}$$ (6-10)

若取单位墙长计算，则主动土压力为：

$$
\begin{aligned}
E_a &= \frac{1}{2}(h - z_0)\left(\gamma h K_a - 2c\sqrt{K_a}\right) \\
&= \frac{1}{2}\gamma h^2 K_a - 2c\,h\sqrt{K_a} + \frac{2c^2}{\gamma}
\end{aligned}
$$
(6-11)

主动土压力合力 E_a 通过三角形压力分布图 abc 的形心，作用在离墙底 $\frac{h - z_0}{3}$ 处。

尚须注意，当填土面有超载时，不能直接套用式（6-10）计算临界深度，此时应按 z_0 处侧土压力 $\sigma_{az}=0$ 求解方程而得，具体方法可见例 6.2。

6.3.3 被动土压力

如前所述，当挡土墙在外力作用下挤压土体，土体克服自重朝上隆起。土体达被动极限平衡状态时，竖向应力 σ_z 小于水平应力 σ_x，故 $\sigma_3 = \gamma z$，$\sigma_1 = \sigma_x$，同理可导得 z 深度处朗金被动土压力强度 σ_{pz} 为：

黏性土： $$\sigma_{pz} = \gamma z K_p + 2c\sqrt{K_p}$$ (6-12)

无黏性土： $$\sigma_{pz} = \gamma z K_p$$ (6-13)

式中 K_p——被动土压力系数，$K_p = \tan^2\left(45° + \dfrac{\varphi}{2}\right)$。

被动土压力分布如图 6-7 所示，如取单位墙长计算，则总被动土压力为：

黏性土： $$E_p = \frac{1}{2}\gamma h^2 K_p + 2ch\sqrt{K_p}$$ (6-14)

无黏性土： $$E_p = \frac{1}{2}\gamma h^2 K_p$$ (6-15)

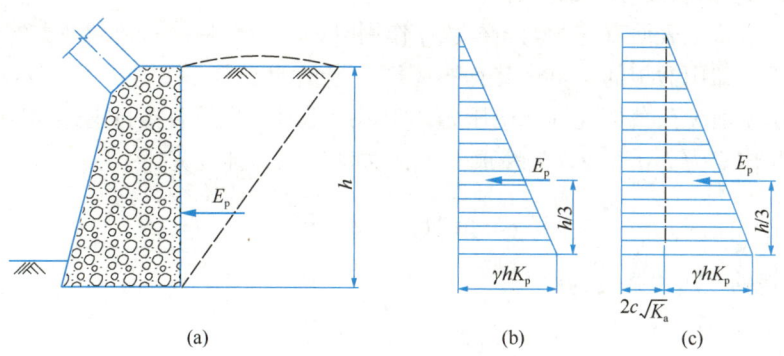

图 6-7　朗金被动土压力分布

（a）被动土压力图示；（b）无黏性土；（c）黏性土

被动土压力 E_p 通过三角形或梯形压力分布图的形心，可通过求一次力矩得到。

【例 6.2】已知某挡土墙高 6.0m，墙背竖直光滑，填土面水平。填土的物理力学性质

145

指标为 c =12.0kPa，φ=22°，γ=18.0kN/m³。试计算该挡土墙主动土压力合力及其作用点位置，并绘制土压力强度分布图。

【解】 墙背竖直光滑，填土面水平，满足朗金条件，故可按式（6-7）计算沿墙高的土压力强度。

$$K_a = \tan^2\left(45° - \frac{20°}{2}\right) = 0.45$$

故地面处：

$$\begin{aligned}\sigma_a &= \gamma z K_a - 2c\sqrt{K_a} \\ &= 18.0 \times 0 \times 0.45 - 2 \times 12.0 \\ &\quad \times \sqrt{0.45} \\ &= -16.10\text{kPa}\end{aligned}$$

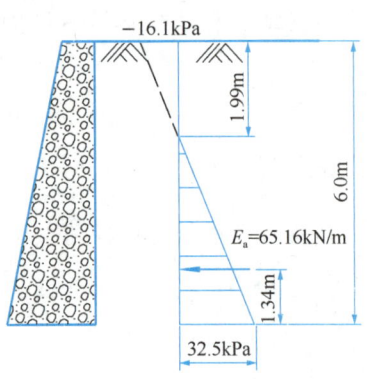

图 6-8　例 6.2 主动土压力分布图

墙底处：$\sigma_a = 18.0 \times 6.0 \times 0.45 - 2 \times 12.0 \times \sqrt{0.45} = 32.5$kPa

因填土为黏性土，故需计算临界深度 z_0，由式（6-10）可得：

$$z_0 = \frac{2c}{\gamma\sqrt{K_a}} = \frac{2 \times 12.0}{18.0 \times \sqrt{0.45}} = 1.99\text{m}$$

可绘制土压力分布图如图 6-8 所示，其总主动土压力为：

$$E_a = \frac{32.50 \times (6.00-1.909)}{2} = 65.16\text{kN}$$

主动土压力 E_a 的作用点离墙底的距离为：

$$\frac{(h-z_0)}{3} = \frac{6.00-1.99}{3} = 1.34\text{m}$$

6.3.4　几种常见情况下的土压力计算

计算原则：计算填土表面下深度为 z 处的土压力强度时，以该处土的竖向应力（包括自重和超载）乘以相应的土压力系数 K_a 或 K_p，再计入该处黏聚力的影响 $2c\sqrt{K_a}$ 或 $2c\sqrt{K_p}$（主动为负，被动为正）。

6.3.4.1　填土表面有均布荷载

当挡土墙后填土表面有连续均布荷载 q 作用时，一般可将均布荷载换算成位于地表以上的当量土重，即用假想的土重代替均布荷载，当量的土层厚度为 $h'=q/\gamma$，再以 $h+h'$ 为墙高，按填土面无荷载情况计算土压力。实际应用时，也可直接按上述原则计算，此时深度 z 处的竖向应力为 $q+\gamma z$，故墙顶 B 点的主动土压力强度为：

$$\sigma_{aB} = qK_a - 2c\sqrt{K_a}$$

墙底 A 点的土压力强度为：

$$\sigma_{aA} = (q+\gamma h)K_a - 2c\sqrt{K_a}$$

压力分布如图 6-9 所示，实际的土压力分布为梯形 $ABCD$ 部分，土压力作用点在梯形的重心。

由上可见，当填土面有均布荷载时，其土压力强度仅比无荷载情况时增加一项 qK_a。

当填土表面承受局部均布荷载时，荷载对墙背的土压力强度增加值仍为 qK_a，但其分布范围难于从理论上严格规定。通常可采用近似方法处理，即从局部均布荷载的两端点 m 和 n 各作一条直线，其与水平表面呈 $45°+\varphi/2$ 角，与墙背相交于 B_1、B_2 点，则墙背 $\overline{B_1 B_2}$ 段范围内受到 qK_a 的作用，故作用于墙背的土压力分布如图 6-10 所示。

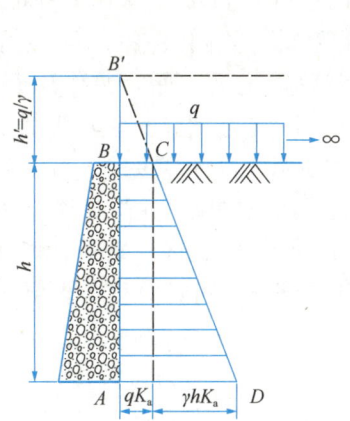

图 6-9　填土表面有连续均布荷载

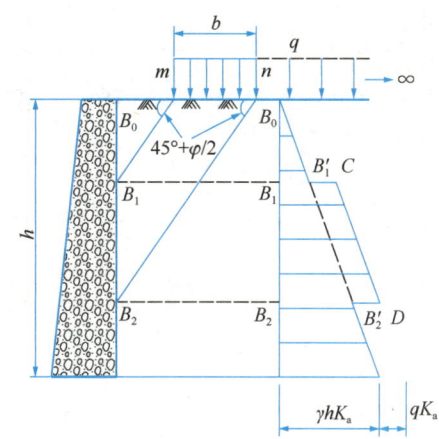

图 6-10　填土面有局部均布荷载

6.3.4.2　成层填土

如图 6-11 所示，当墙后填土有几种不同种类的水平土层时，由于各土层性质不同，主（被）动土压力系数亦不同，因此在土层分界面上土压力强度将有两个数值，即：

第一层填土的土压力强度：

$$\sigma_{a0} = -2c_1\sqrt{K_{a1}}$$

$$\sigma_{a1} = \gamma_1 h_1 K_{a1} - 2c_1\sqrt{K_{a1}}$$

第二层填土的土压力强度：

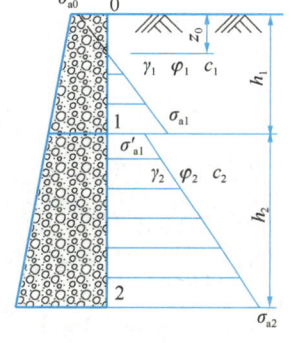

$$\sigma'_{a1} = \gamma_1 h_1 K_{a2} - 2c_2\sqrt{K_{a2}}$$

$$\sigma_{a2} = (\gamma_1 h_1 + \gamma_2 h_2)K_{a2} - 2c_2\sqrt{K_{a2}}$$

无黏性土时，只需令上述各式中 $c_i=0$ 即可。

图 6-11　墙后成层填土

尚需注意，在两土层交界处因各土层土质指标不同，其土压力大小亦不同，故此时土压力强度曲线将出现突变。

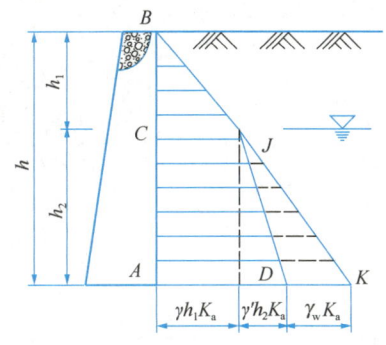

图 6-12　填土中有地下水

6.3.4.3　墙后填土有地下水

工程中墙后填土经常部分或全部处于地下水位以下，此时若渗水或排水不畅等将导致墙后填土含水量增加。水对砂土抗剪强度指标的影响一般可忽略不计，而黏性土随着含水量的增加，抗剪强度指标明显降低，将导致墙背土压力增大。因此，挡土墙应具有良好的排水措施，对于重要工程，计算时还应考虑适当降低抗剪强度指标 c 和 φ 值。此外，地下水位以下土的重度应取浮重度，并计入地下水对挡土墙产生的

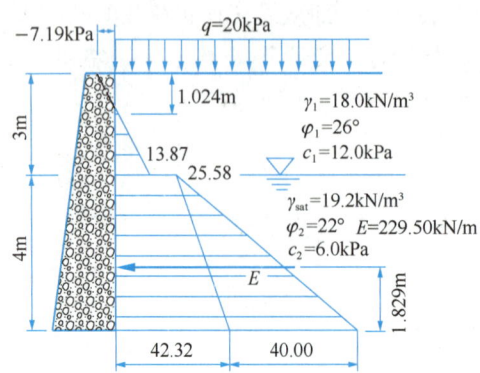

图 6-13　例 6.3 土压力分布

静水压力 $\gamma_w h_2$（图 6-12）的影响。因此作用在墙背上的总侧压力为土压力和水压力之和。图 6-12 中多边形 $BCADJ$ 为土压力分布图，而三角形 JDK 为水压力分布图。

【例 6.3】挡土墙高 7m，墙背竖直、光滑，墙后填土面水平，并作用有均布荷载 $q=20$kPa，各填土物理力学性质指标如图 6-13 所示。试计算该挡土墙墙背总侧压力 E 及其作用点位置，并绘制侧压力分布图。

【解】墙背竖直、光滑，填土面水平，符合朗金条件。可计算得各土层主动土压力系数为：

$$K_{a1} = \tan^2\left(45° - \frac{26°}{2}\right) = 0.390, \quad K_{a2} = \tan^2\left(45° - \frac{22°}{2}\right) = 0.455$$

故第一层填土的土压力强度为：

层顶　$\sigma_{a0} = qK_{a1} - 2c_1\sqrt{K_{a1}} = 20 \times 0.390 - 2 \times 12 \times \sqrt{0.390} = -7.19$kPa

层底　$\sigma_{a1} = (q + \gamma_1 h_1)K_{a1} - 2c_1\sqrt{K_{a1}}$

$\qquad = (20 + 18.0 \times 3) \times 0.390 - 2 \times 12 \times \sqrt{0.390} = 13.87$kPa

第二层填土的土压力强度为：

层顶 $\sigma'_{a1} = (q + \gamma_1 h_1)K_{a2} - 2c_2\sqrt{K_{a2}}$

$\qquad = (20 + 18.0 \times 3) \times 0.455 - 2 \times 6 \times \sqrt{0.455} = 25.58$kPa

层底 $\sigma_{a2} = (q + \gamma_1 h_1 + \gamma_2 h_2)K_{a2} - 2c_2\sqrt{K_{a2}}$

$\qquad = [20 + 18.0 \times 3 + (19.2 - 10) \times 4] \times 0.455 - 2 \times 6 \times \sqrt{0.390}$

$\qquad = 42.32$kPa

第二层底部水压力强度为：

$\sigma_w = \gamma_w h_2 = 10 \times 4 = 40.00$kPa

又设临界深度为 z_0，则有：

$\sigma_{az} = (q + \gamma_1 z_0)K_{a1} - 2c_1\sqrt{K_{a1}} = 0$

即 $(20 + 18.0 \times z_0) \times 0.390 = 2 \times 12.0 \times \sqrt{0.390}$

可得　$z_0 = 1.024$m

各点土压力强度绘于图 6-13 中，其总侧压力为：

$$E = \frac{1}{2} \times 13.78 \times (3 - 1.024) + 25.58 \times 4 + \frac{1}{2} \times (40.00 + 42.32 - 25.58) \times 4$$

$$= 13.70 + 102.32 + 113.48 = 229.50\text{kN/m}$$

总侧压力 E 至墙底的距离 x 为：

$$x = \frac{1}{229.5} \times \left[13.70 \times \left(4 + \frac{3-1.024}{3}\right) + 102.32 \times 2 + 113.48 \times \frac{4}{3}\right] = 1.829\text{m}$$

6.4 库仑土压力理论

6.4.1 基本假定

库仑土压力理论是根据墙后土体处于极限平衡状态并形成一滑动楔体时，从楔体的静力平衡条件得到的土压力计算理论。其基本假定为：①墙后填土是理想的散粒体（黏聚力 $c=0$）；②滑动破裂面为通过墙踵的平面；③滑动土楔为刚体。

库仑土压力理论适用于墙后填料为无黏性土的挡土墙土压力计算，可考虑墙背倾斜、填土面倾斜以及墙背与填土间的摩擦等多种因素的影响，一般沿墙长度方向取 1m 进行分析。

6.4.2 主动土压力

如图 6-14 所示，当楔体三角形 ABM 向下滑动处于极限平衡状态时，作用在楔体三角形 ABM 上的力有：

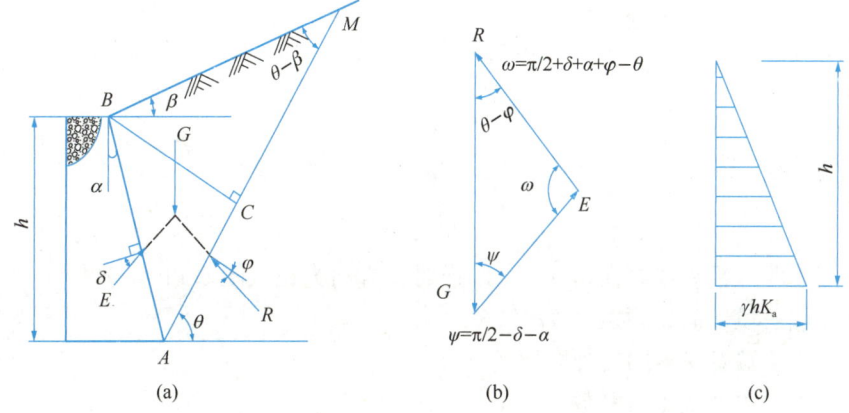

图 6-14　库仑主动土压力计算图

（1）重力 G。由土楔体三角形 ABM 引起，其方向向下，根据几何关系可得：

$$G = S_{\triangle ABM} \cdot \gamma = \frac{1}{2} \overline{AM} \cdot \overline{BC} \cdot \gamma$$

在三角形 ABM 中，利用正弦定理可得：

$$\overline{AM} = \overline{AB} \cdot \frac{\sin(90° - \alpha + \beta)}{\sin(\theta - \beta)} = \frac{h}{\cos\alpha} \cdot \frac{\sin(90° - \alpha + \beta)}{\sin(\theta - \beta)}$$

$$\overline{BC} = \overline{AB} \cdot \cos(\theta - \alpha) = h \frac{\cos(\theta - \alpha)}{\cos\alpha}$$

故　$G = \dfrac{\gamma h^2}{2} \cdot \dfrac{\cos(\alpha - \beta)\cos(\theta - \alpha)}{\cos^2\alpha \cdot \sin(\theta - \beta)}$

（2）反力 R。为破裂面 $\overline{AM}$ 上土楔体重力的法向分力与该面土体间摩擦力的合力，其作用于 $\overline{AM}$ 面上，与 $\overline{AM}$ 面法线的夹角等于土的内摩擦角 φ，楔体下滑时位于法线的下侧。

（3）墙背反力 E。其与作用于墙背上的土压力大小相等，方向相反，且与墙背 $\overline{AB}$ 法线的夹角为外摩擦角 δ（墙背与填土之间的摩擦角），故当楔体下滑时位于法线的下侧。

149

土楔体三角形 ABM 在上述三力作用下处于静力平衡状态，构成一闭合的力矢三角形（图 6-14b）。现已知三力的方向及 G 的大小，故由正弦定理可得：

$$E = \frac{\sin(\theta-\varphi)}{\sin\omega} = \frac{\gamma h^2}{2} \cdot \frac{\cos(\alpha-\beta)\cos(\theta-\alpha)\sin(\theta-\varphi)}{\cos^2\alpha\sin(\theta-\beta)\sin\omega} \tag{6-16}$$

式中，$\omega = \dfrac{\pi}{2} + \delta + \alpha + \varphi - \theta$。

式（6-16）中 γ、h、α、β、φ 及 δ 均为已知，而滑动面 $\overline{AM}$ 与水平面的夹角 θ 则是任意假定的。若假定不同的滑动面则可得到一系列相应的土压力 E 值，即 E 是 θ 的函数。E 的最大值 E_{max} 即为墙背的主动土压力，其对应的滑动面则是土楔最危险滑动面。因此通过微分学中求极值的方法（令 $dE/d\theta = 0$）即可求得 E 的极大值及相应的破裂面夹角 θ_{cr} 为：

$$\theta_{cr} = \arctan\left[\frac{\sin\beta \cdot s_q + \cos(\alpha+\varphi+\delta)}{\cos\beta \cdot s_q - \sin(\alpha+\varphi+\delta)}\right] \tag{6-17}$$

其中，$s_q = \sqrt{\dfrac{\cos(\alpha+\delta)\sin(\varphi+\delta)}{\cos(\alpha-\beta)\sin(\varphi-\beta)}}$。

将 θ_{cr} 代入式（6-16），经整理后可得库仑主动土压力的一般表达式为：

$$E_a = \frac{1}{2}\gamma h^2 K_a \tag{6-18}$$

其中，$K_a = \dfrac{\cos^2(\varphi-\alpha)}{\cos^2\alpha\cos(\alpha+\delta)\left[1+\sqrt{\dfrac{\sin(\varphi+\delta)\sin(\varphi-\beta)}{\cos(\alpha+\delta)\cos(\alpha-\beta)}}\right]^2}$ $\tag{6-19}$

式中　α——墙背与铅垂线的夹角（°），以逆时针方向为正（图 6-14）；

　　　β——墙后填土面的倾角（°）；

　　　δ——土与墙背材料间的外摩擦角（°）；

　　　K_a——库仑主动土压力系数。

当墙背竖直（$\alpha=0$）、光滑（$\delta=0$）、填土面水平（$\beta=0$）时，式（6-18）变为：

$$K_a = \tan^2\left(45° - \frac{\varphi}{2}\right)$$

可见在此条件下，库仑公式和朗金公式完全相同。

沿墙高的土压力分布强度 σ_a，可通过 E_a 对 z 求导而得到：

$$\sigma_a = \frac{dE_a}{dz} = \frac{d}{dz}\left(\frac{1}{2}\gamma z^2 K_a\right) = \gamma z K_a \tag{6-20}$$

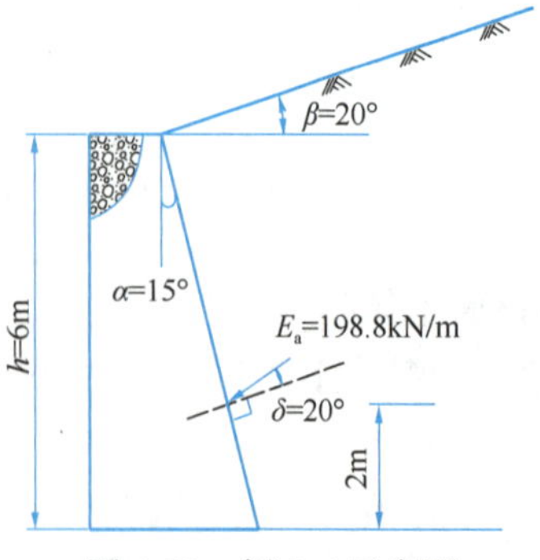

由式（6-20）可见，主动土压力分布强度沿墙高呈三角形线性分布（图 6-14c），土压力合力的作用点离墙底距离 $h/3$，其作用方向与墙面法线的夹角为 δ。必须注意，图 6-14（c）中表示的土压力分布图只表示其数值大小，而不代表其作用方向。

【例 6.4】某挡土墙高 6m，墙背倾斜角 $\alpha=15°$，墙背填土为无黏性土，填土面坡角 $\beta=20°$，填土重度 $\gamma=18.5\text{kN/m}^3$，$\varphi=32°$，$c=0$，填土与墙背外摩擦角 $\delta=20°$，如图 6-15 所示，试按库仑理论计算墙背主动土压力

图 6-15　例 6.4 示意图

E_a及其作用点位置。

【解】墙背填土为无黏性土，符合库仑条件，可按式（6-19）计算主动土压力系数。

已知$\delta=20°$、$\alpha=15°$、$\beta=20°$、$\varphi=32°$，故

$$K_a=\dfrac{\cos^2(32°-15°)}{\cos^2 15°\cos(15°+20°)\left[1+\sqrt{\dfrac{\sin(32°+20°)\sin(32°-20°)}{\cos(15°+20°)\cos(15°-20°)}}\,\right]^2}=0.597$$

$$E_a=\frac{1}{2}\gamma h^2 K_a=\frac{1}{2}\times 18.5\times 6^2\times 0.597=198.8\text{kN/m}$$

土压力作用点离墙底距离为$h/3=6/3=2$m，如图6-15所示。

6.4.3 被动土压力

当挡土墙在外力作用下挤压土体，楔体沿破裂面向上隆起（图6-16a）而处于极限平衡状态时，作用在楔体上的力三角形如图6-16（b）所示。此时由于楔体上隆，E和R均位于法线的上侧。同理可求得被动土压力E_p的库仑公式为：

$$E_p=\frac{1}{2}\gamma h^2 K_p \tag{6-21}$$

其中，$K_p=\dfrac{\cos^2(\varphi+\alpha)}{\cos^2\alpha\cos(\alpha-\delta)\left[1-\sqrt{\dfrac{\sin(\varphi+\delta)\sin(\varphi+\beta)}{\cos(\alpha-\delta)\cos(\alpha-\beta)}}\,\right]^2}$ （6-22）

式中　K_p——被动土压力系数。

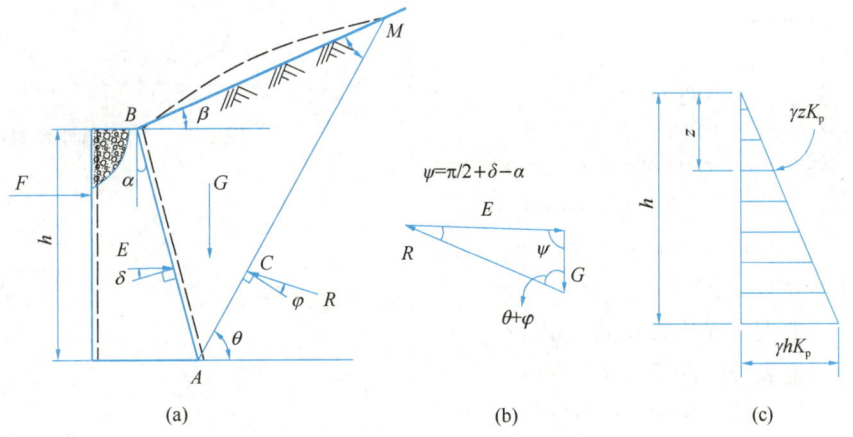

图6-16　库仑被动土压力计算图

若墙背竖直（$\alpha=0$）、光滑（$\delta=0$）及墙后填土面水平（$\beta=0$），同样式（6-22）变为：

$$K_p=\tan^2\left(45°+\frac{\varphi}{2}\right)$$

即与无黏性土的朗金公式相同。被动土压力强度可按下式计算：

$$\sigma_p=\frac{\mathrm{d}E_p}{\mathrm{d}z}=\frac{\mathrm{d}}{\mathrm{d}z}\left(\frac{1}{2}\gamma z^2 K_p\right)=\gamma z K_p \tag{6-23}$$

被动土压力强度沿墙高也呈三角形分布（图6-16c），其合力作用点在距墙底$h/3$处。

6.4.4 黏性土的库仑土压力理论

由前所述，库仑土压力理论假设墙后填土是理想的散体（$c=0$），理论上只适用于无黏性填土。但在实际工程中常不得不采用黏性填土，为考虑黏性土的黏聚力 c 对土压力的影响，以往常采用"等值内摩擦角 φ_D"代入式（6-18）计算，但误差较大，在低墙时偏于保守，高墙偏于危险。因此，众多学者在库仑理论的基础上，考虑墙后填土面超载、填土黏聚力、填土与墙背间的黏结力以及填土表面附近裂缝深度等因素（图 6-17）的影响，提出了广义库仑理论。根据图 6-17 所示，可导得主动土压力系数 K_a 如下：

$$K_a = \frac{\cos(\alpha-\beta)}{\cos\alpha\cos^2\psi}\{[\cos(\alpha-\beta)\cos(\alpha+\delta)+\sin(\varphi-\beta)\sin(\varphi+\delta)]k_q + 2k_2\cos\varphi\sin\psi$$

$$+ k_1\sin(\alpha+\varphi-\beta)\cos\psi + k_0\sin(\beta-\varphi)\cos\psi - 2\sqrt{G_1G_2}\} \tag{6-24}$$

其中，$k_q = \dfrac{1}{\cos\alpha}\left[1 + \dfrac{2q}{\gamma h}\xi - \dfrac{h_0}{h^2}\left(h_0+\dfrac{2q}{\gamma}\right)\xi^2\right]$;

$k_0 = \dfrac{h_0^2}{h^2}\left(1+\dfrac{2q}{\gamma h_0}\right)\dfrac{\sin\alpha}{\cos(\alpha-\beta)}\xi$;

$k_1 = \dfrac{2c'}{\gamma h\cos(\alpha-\beta)}\left(1-\dfrac{h_0}{h}\xi\right)$;

$k_2 = \dfrac{2c}{\gamma h}\left(1-\dfrac{h_0}{h}\xi\right)$;

$\xi = \dfrac{\cos\alpha\cos\beta}{\cos(\alpha-\beta)}$;

$h_0 = \dfrac{2c}{\gamma}\cdot\dfrac{\cos\alpha\cos\varphi}{1+\sin(\alpha-\varphi)}$;

$G_1 = k_q\sin(\delta+\varphi)\cos(\alpha+\varphi)+k_2\cos\varphi$
$\qquad + \cos\psi[k_1\cos\delta - k_0\cos(\alpha+\delta)]$;

$G_2 = k_q\cos(\alpha-\beta)\sin(\varphi-\beta)+k_2\cos\varphi$;

$\psi = \alpha+\delta+\varphi-\beta$

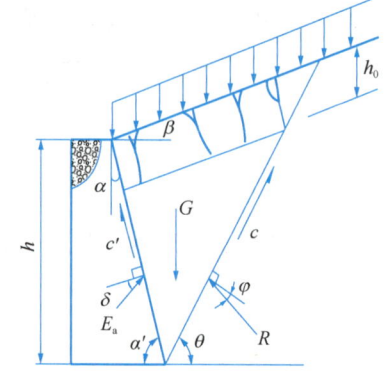

图 6-17 挡土墙计算图示

式中　q——填土表面均布超载（kPa）；

$\quad h_0$——地表裂缝深度（m）；

$\quad c$——填土的黏聚力（kPa）；

$\quad c'$——墙背与填土间的黏结力（kPa）。

其他符号意义同前。显然，若在上式中令 $c=0$，$q=0$ 及 $c'=0$，则整理可得式（6-18）。

6.4.5 《建筑地基规范》推荐的公式

《建筑地基规范》推荐采用黏性土的广义库仑理论解答，但不考虑地表裂缝深度 h_0 及墙背与填土间的黏结力 c' 的影响，即在式（6-24）中令 $h_0=0$ 和 $c'=0$，此外，其墙背倾角 α 与上述解答中 α' 互补，即 $\alpha=90°-\alpha'$（图 6-16），故可得：

$$K_a = \frac{\cos(\alpha'+\beta)}{\sin^2\alpha'\cos^2(\alpha'+\beta-\varphi-\delta)}\{k_q[\sin(\alpha'+\beta)\sin(\alpha'-\delta)+\sin(\varphi-\beta)\sin(\varphi+\delta)]$$

$$+ 2\eta\sin\alpha'\cos\varphi\cos(\alpha'+\beta-\varphi-\delta)$$

$$-2\sqrt{[k_\mathrm{q}\sin(\alpha'+\beta)\sin(\varphi-\beta)+\eta\sin\alpha'\cos\varphi][k_\mathrm{q}\sin(\alpha'-\delta)\sin(\varphi+\delta)+\eta\sin\alpha'\cos\varphi]}\}$$

$$(6\text{-}25)$$

其中　$k_\mathrm{q}=1+\dfrac{2q}{\gamma h}\cdot\dfrac{\sin\alpha'\cos\beta}{\sin(\alpha'+\beta)}$；$\eta=\dfrac{2c}{\gamma h}$。

其他符号意义同前。

6.4.6　楔体试算法

楔体试算法是一种图解或数解法，可用于黏性填土及填土面形状不规则并作用有集中或均布荷载的情况。

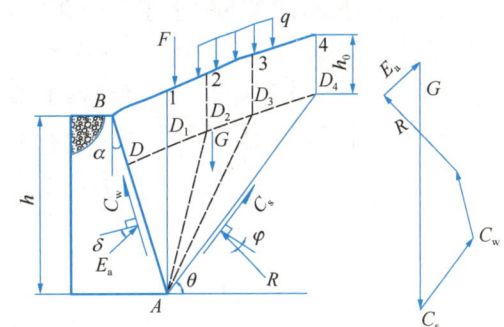

该法以作用在任一破坏楔体上的力多边形为依据。如图 6-18 所示，墙背与填土间的黏结力 $C_\mathrm{w}=\overline{AD}\times c'$，滑动面上土体内部黏结力 $C_\mathrm{s}=\overline{AD_4}\times c$，取地表裂缝深度 $h_0=\dfrac{2c}{\gamma\sqrt{K_\mathrm{a}}}$，若计算被动土压力时，则 $h_0=0$。由力多边形可得主动土压力：

图 6-18　黏性填土的楔体试算法

$$E_\mathrm{a}\frac{\cos(\alpha+\delta-\theta+\varphi)}{\sin(\theta-\varphi)}=W+[\sin\alpha\cot(\theta-\varphi)-\cos\alpha]C_\mathrm{w}-[\cos\theta\cot(\theta-\varphi)+\sin\theta]C_\mathrm{s}$$

$$(6\text{-}26)$$

被动土压力：

$$E_\mathrm{p}\frac{\cos(\alpha-\delta-\theta-\varphi)}{\sin(\theta+\varphi)}=W-[\sin\alpha\cot(\theta+\varphi)-\cos\alpha]C_\mathrm{w}+[\cos\theta\cot(\theta+\varphi)+\sin\theta]C_\mathrm{s}$$

$$(6\text{-}27)$$

其具体计算步骤如下：

（1）按比例绘出挡墙及地表轮廓线，并计算地表裂缝深度；

（2）将墙后土体分成若干楔体，如 $BAD_1 1$，$1AD_2 2$，$2D_2 AD_3 3$，$\cdots$，并计算相应的楔体自重 G_1，G_2，$\cdots$；

（3）计算 C_w 和 C_s，一般当混凝土与土相接触时 $c'=0.67c$；土与土相接触时 $c'=c$；若不计墙背黏结力，则 $c'=0$；

（4）按式（6-26）或式（6-27）计算相应的 E_a1（或 E_p1），E_a2（或 E_p2），$\cdots$；

（5）比较各 $E_{\mathrm{a}i}$（$E_{\mathrm{p}i}$），取其最大（小）值即为所求的主（被）动土压力 E_a（E_p）。

6.4.7　几种特殊情况下的土压力计算

6.4.7.1　有限填土土压力计算

如图 6-19 所示，当支挡结构后缘存在有较陡峻的稳定岩石坡面，岩坡的坡角 $\theta>\left(45°+\dfrac{\varphi}{2}\right)$ 时，应按有限范围填土计算墙背土压力，取岩石坡面为破裂面。根据稳定岩石坡面与填土间的摩擦角按下式计算主动土压力系数：

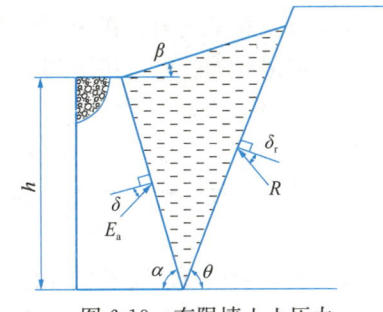

图 6-19　有限填土土压力

$$K_a = \frac{\sin(\alpha'+\theta)\sin(\alpha'+\beta)\sin(\theta-\delta_r)}{\sin^2\alpha'\sin(\theta-\beta)\sin(\alpha'-\delta+\theta-\delta_r)} \qquad (6\text{-}28)$$

式中 θ ——稳定岩石坡面的倾角；

δ_r ——稳定岩石坡面与填土间的摩擦角，按试验确定，当无试验资料时，可取 $\delta_r = 0.33\varphi_k$，φ_k 为填土的内摩擦角标准值。

6.4.7.2 汽车荷载下的土压力计算

在桥台或路堤挡土墙设计时，尚应考虑车辆荷载引起的土压力。《公路桥涵设计通用规范》JTG D60—2015 将桥台台背或挡土墙墙背填土破坏棱体（滑动土楔）范围内的车辆荷载视为均布荷载 q 或等代土层（图6-20），采用库仑土压力理论进行计算，即：

$$q = \frac{\sum G}{b l_0} \qquad (6\text{-}29)$$

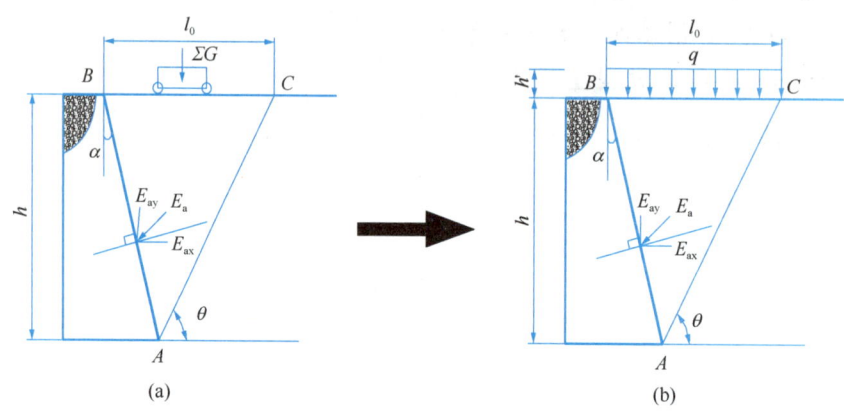

图6-20 有车辆荷载时的土压力

作用在桥台或挡土墙后的主动土压力为：

$$E_a = \frac{1}{2} b K_a h(\gamma h + 2q) \qquad (6\text{-}30)$$

式中 $\sum G$ ——布置在 $b \times l_0$ 面积内车轮的总重力（kN）。车辆荷载应按图6-20中的横向布置，车辆外侧中线距路面边缘0.5m，计算中涉及多车道加载时，车轮总重力应进行折减，详见《公路桥涵设计通用规范》JTG D60—2015；

b ——桥台横向宽度或挡土墙的计算长度（m）；

l_0 ——台背或墙背填土的破坏棱体长度（m）；对于墙顶以上有填土的路堤式挡土墙，l_0 为破坏棱体范围内的路基宽度部分。

其他符号意义同前，作用点位置可通过一次力矩求得。

挡土墙的计算长度可按下列公式计算，但不应超过挡土墙分段长度：

$$b = 13 + h\tan30° \qquad (6\text{-}31)$$

当挡土墙分段长度小于13m时，b 取分段长度，并在该长度内按不利情况布置轮重。当挡土墙分段长度大于13m时，取扩散长度，若扩散长度超过挡土墙分段长度，则取分段长度。

关于台背或墙背填土的破坏棱体长度 l_0，对于桥台或墙顶以上有填土的挡土墙，l_0 为破坏棱体范围内的路基宽度；对于桥台或墙顶以上没有填土的挡土墙，l_0 可用下式计算：

$$l_0 = h(\tan\alpha + \cot\theta) \tag{6-32}$$

其中 θ 为滑动面倾斜角，确定时可不计车辆荷载对滑动面位置的影响，按式（6-17）求得，即主动土压力 E_a 为极大值时最危险滑动面的破裂倾斜角。

6.4.7.3 地震作用下的土压力计算

地震作用下土压力的计算方法有弹性波理论法、弹塑性法及拟静力分析法等，在工程中应用较多的是拟静力分析法，如我国《构筑物抗震设计规范》GB 50191—2012 和《建筑边坡工程技术规范》GB 50330—2013 等。

拟静力分析法最早由日本物部-冈部（Mononobe-Okabe，1924）等在库仑土压力理论的基础上提出，该方法是在滑动土楔上加上地震引起的惯性力作用，将"动问题"转化为"静问题"处理。

如图 6-21 所示，相对于图 6-17，在

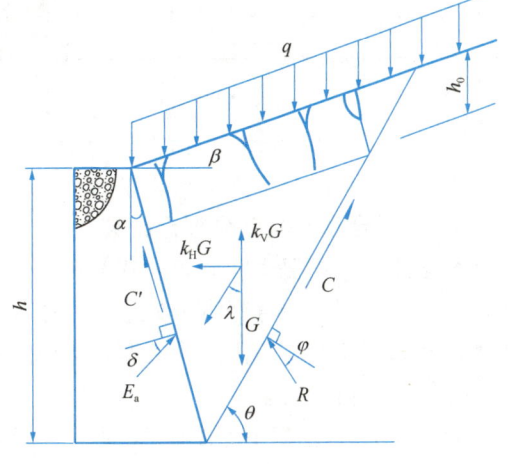

图 6-21　地震土压力计算图示

挡土墙滑动土楔上增加了地震力引起的水平和竖向地震作用力 $k_H G$ 和 $k_V G$，k_H 和 k_V 分别为水平和竖向地震影响系数。由此可导出地震力作用下的广义库仑主动土压力系数 K_a 的计算公式，如式（6-24）所示，其中：

$$k_q = \frac{k_\lambda}{\cos\alpha}\Big[1 + \frac{2q}{\gamma h}\xi - \frac{h_0}{h^2}\Big(h_0 + \frac{2q}{\gamma}\Big)\xi^2\Big]$$

$$k_0 = \frac{k_\lambda h_0^2}{h^2}\Big(1 + \frac{2q}{\gamma h_0}\Big)\frac{\sin\alpha}{\cos(\alpha-\beta)}\xi$$

$$k_\lambda = \frac{1 - k_V}{\cos\lambda}$$

$$\lambda = \arctan\Big(\frac{k_H}{1 - k_V}\Big)$$

其他均与广义库仑土压力理论公式（6-24）完全相同。

显见，若不考虑竖向地震作用，并取拉裂深度 $h_0 = 0$，则上式可退化为《建筑边坡工程技术规范》GB 50330—2013 推荐的计算公式；若墙背为无黏性填土，且无均布超载作用，即 $q = 0$，$c = 0$，$c' = 0$，则上式将退化为物部-冈部公式。

$$K_a = \frac{\cos^2(\varphi - \alpha - \lambda)}{\cos\lambda\,\cos^2\alpha\cos(\alpha+\delta+\lambda)\Big[1 + \sqrt{\dfrac{\sin(\varphi+\delta)\sin(\varphi-\beta-\lambda)}{\cos(\alpha+\delta+\lambda)\cos(\alpha-\beta)}}\Big]^2} \tag{6-33}$$

我国上述计算中，λ 称为地震偏角。水平地震影响系数 k_H 可根据地震烈度、场地类别等按现行标准《建筑抗震设计标准》GB/T 50011 确定，竖向地震影响系数 k_V 可取水平地震影响系数的 65%。但在实际应用中对地震偏角的取值存在较大的伸缩余地，各规范建议地震偏角应综合考虑各因素影响，推荐按表 6-1 取值。

类别	7度		8度		9度
	0.10g	0.15g	0.20g	0.30g	0.40g
水上	1.5°	2.3°	3.0°	4.5°	6.0°
水下	2.5°	3.8°	5.0°	7.5°	10.0°

6.5 土压力计算的几个应用问题

6.5.1 朗金理论与库仑理论比较

朗金土压力理论概念明确，公式简单，便于记忆，可用于黏性和无黏性填土，在工程中应用广泛。但假定墙背竖直、光滑，填土面水平，使计算条件和适用范围受到限制。由于该理论忽略了墙背与填土之间的摩擦影响，计算的主动土压力值偏大，被动土压力值偏小，其计算结果偏于安全。

库仑土压力理论适用范围很广，可用于填土面形状任意、墙背倾斜等情况，并可考虑墙背与填土间的实际摩擦影响。但其假设墙后填土破坏时破裂面为一平面，而实际为一曲面。只有当墙背倾角 α 及墙背与填土间的外摩擦角 δ 较小时，主动土压力的破裂面才接近于平面，故计算结果存在一定的偏差。通常计算的主动土压力误差约为 2%~10%；但被动土压力的破裂面实际上接近于对数螺线，故计算结果误差较大，有时可达 2~3 倍甚至更大（图 6-22）。

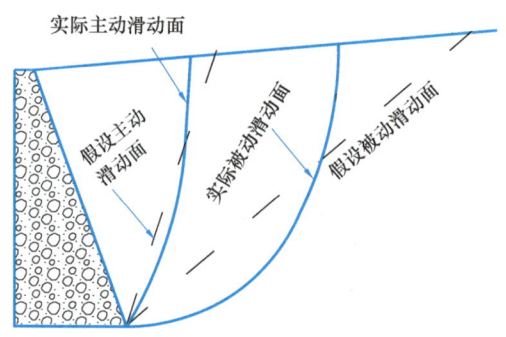

图 6-22 假定滑动面与实际滑动面比较示意

6.5.2 土体抗剪强度指标

填土抗剪强度指标的确定极为复杂，需根据土的工程性质、地质条件、水文状况、施工速度等综合考虑，还应考虑挡土墙在长期工作下墙后填土状态的变化及长期强度的下降，才能保证挡土墙的安全。根据国内外研究成果，此数值约为标准抗剪强度的 1/3 左右。有的规定土的计算摩擦角为标准值减去 2°，黏聚力约为标准值的 0.3~0.4 倍。大量调查表明，该计算值与实际情况比较相符。

6.5.3 墙背与填土的外摩擦角 δ

δ 的取值大小对计算结果影响较大。根据计算，当墙背为砂性填土，δ 从 0° 提高到 15° 时，挡土墙的圬工体积可减少 15%~20%。其取值大小取决于墙背的粗糙程度、填土类别以及墙背的排水条件等。墙背越粗糙，填土的 φ 值越大，则 δ 也越大。此外，δ 还与超载大小及填土面的倾角 β 呈正比。一般 δ 在 $0\sim\varphi$ 之间，可参照表 6-2 取值。

表 6-2

土对挡土墙墙背的外摩擦角 δ

挡土墙情况	外摩擦角 δ
墙背平滑、排水不良	$(0\sim0.33)\varphi$
墙背粗糙、排水良好	$(0.33\sim0.5)\varphi$
墙背很粗糙、排水良好	$(0.5\sim0.67)\varphi$
墙背与填土间不可能滑动	$(0.67\sim1.0)\varphi$

6.5.4 水土分算与水土合算

当挡土墙后填土中有地下水时，作用在挡土墙上侧压力除土压力之外，还有水压力的作用。挡土墙地下水位以下部分墙背侧压力的计算，通常有水土分算与水土合算两种方式。

水土分算是分别计算作用在墙背上的土压力和水压力，再进行叠加。一般适用于碎石土、砂土等，其渗透性强，地下水对土颗粒可形成浮力作用，孔隙中的自由水，可按静水压力考虑，计算结果偏于安全。但在实际工程中尚存在一些问题，特别是对黏性土，水压力与有效抗剪强度指标等取值困难，在一些饱和原状黏性土中可能不存在静水压力。

水土合算认为土孔隙中的水为结合水，没有自由水，不能形成静水压力，同时土层渗透性差，近似不透水层，也无浮力作用，故直接采用饱和重度计算墙背侧压力。理论上适用于土体为不透水或近似不透水的黏性土层。但与土力学的基本原理有冲突，在机理上尚存在一些不明之处，如原状黏性土中的水土相互作用、复杂应力路径的影响等，有待进一步研究。

显见，水土分算与水土合算的主要区别是水压力的计算，水土合算实际上是将静水压力按内摩擦角进行了折减，因此水土合算的结果总是小于水土分算的结果。通常认为水属各向同性，各个方向的压力是相同的，只有当 $\varphi=0$ 时，主动土压力系数 $K_a=1.0$，此时两种计算方法结果一致。

思 考 题

6.1　土压力有哪几种？影响土压力的各种因素中最主要的因素是什么？

6.2　试阐述主动、静止、被动土压力的定义和产生的条件，并比较三者的数值大小。

6.3　试比较朗金土压力理论和库仑土压力理论的基本假定及适用条件。

6.4　墙背的粗糙程度、填土排水条件的好坏对主动土压力有何影响？

6.5　楔体试算法的计算依据是什么？其计算步骤如何？

习 题

6.1　试计算图 6-23 所示地下室外墙上的土压力分布、合力大小及其作用点位置。

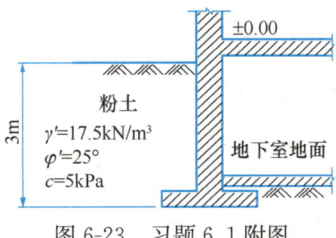

图 6-23　习题 6.1 附图

6.2 某挡土墙高 5m，墙背竖直光滑，填土面水平，$\gamma=18.0kN/m^3$，$\varphi=22°$，$c=15kPa$，试计算：（1）该挡土墙主动土压力分布、合力大小及其作用点位置；（2）若该挡土墙在外力作用下，朝填土方向产生较大的位移时，作用在墙背的土压力分布、合力大小及其作用点位置又为多少？

6.3 挡土墙高 6m，墙背竖直光滑，填土面水平，作用有均布荷载 $q=15kPa$，墙后填土及物理力学性质指标如图 6-24 所示，试计算墙背所受土压力分布、合力大小及其作用点位置。

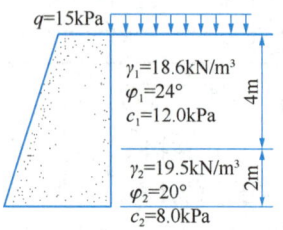

图 6-24 习题 6.3 附图

6.4 某挡土墙如图 6-25 所示，填土与墙背的外摩擦角 $\delta=15°$，试用库仑土压力理论计算：（1）主动土压力的大小、作用点位置和方向；（2）主动土压力沿墙高的分布。

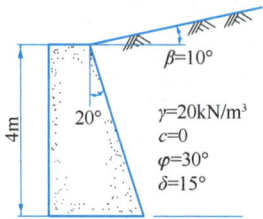

图 6-25 习题 6.4 附图

6.5 某挡土墙墙后填土为中密粗砂，$\gamma_d=16.8kN/m^3$，$w=10\%$，$\varphi=36°$，$\delta=18°$，$\beta=15°$，墙高 4.5m，墙背与竖直线的夹角 $\alpha=-8°$，试按《建筑地基规范》方法计算该挡土墙主动土压力。

第7章 地基承载力与土坡稳定性

本章提要与要求

内容提要

本章分析了地基的破坏形式；介绍了地基临塑荷载、临界荷载和地基极限承载力的确定方法；讨论了影响土坡稳定性的因素；介绍了无黏性土坡稳定性评价方法和黏性土坡常用的稳定性分析计算方法。

基本要求

要求重点掌握地基的破坏形式、地基临塑和临界荷载计算方法，熟悉无黏性土坡和黏性土坡常用的稳定性分析计算方法。

7.1 概　　述

地基必须具有足够的强度和抵抗变形的能力来确保建（构）筑物的安全和正常使用。地基土单位面积上承受荷载的能力称为地基承载力。工程中常采用地基承载力的极限值和特征值两个指标来表述不同情形下地基的承载能力。地基承载力极限值，或称地基极限承载力，是指地基发生破坏前或者达到不适于继续承载的变形时所能承受的最大荷载值。地基承载力特征值是指由载荷试验测定的地基土压力-变形曲线线性变形段内规定的变形所对应的压力值，它是具有一定安全储备的地基承载力。

影响地基承载力的主要因素有：地基土的类型和性质，基础的埋置深度、宽度和形状，以及荷载条件（比如加载方式、加载速率）等。确定地基承载力的方法有原位试验法、理论公式法、规范表格法和当地经验法，本章仅对几种常见的地基承载力理论公式予以介绍。

土坡是指具有倾斜表面的土体，典型

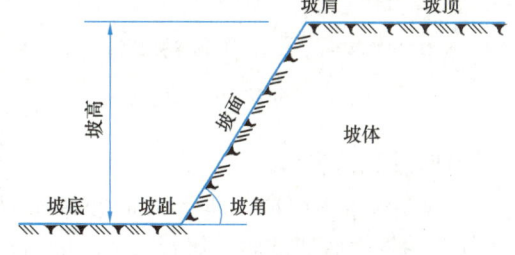

图 7-1　典型土坡各部位名称

土坡的剖面形状和各部位名称如图 7-1 所示。由自然地质作用形成的土坡，称为天然土坡，如山坡、江河湖海的岸坡等。而由人工开挖或回填而形成的土坡，则称为人工土坡，如基坑、土坝、路堤等。

在自身的重力和外力作用下，土坡中一部分土体沿着贯通的剪切破坏面发生滑移的地质现象，称为滑坡。影响土坡滑动的因素复杂多变，但其根本原因在于土体内部某个滑动面上的剪应力达到了它的抗剪强度，破坏了其原有平衡状态。因此，导致土坡滑动破坏的原因主要有两个方面：

（1）外界荷载作用或土坡环境变化等导致土体内部的剪应力增大。例如，路堑或基坑的开挖，坡脚被水流冲刷，坡顶荷载增加，降雨入渗引起土体重度增加，地下水上升导致渗流的渗透力增大，或由地震、打桩等引起的动力荷载等。

（2）由于外界各种因素引起土体抗剪强度或者潜在滑动面抗剪能力降低，促使土坡失稳破坏。例如，孔隙水压力的升高、气候变化引起土体的干裂、冻融，软弱夹层因水的入侵而软化，爆破或地震引起土的液化或触变，以及黏性土蠕变导致的土体强度降低等。

分析评价土坡稳定性的方法主要有极限平衡分析法、极限分析法和数值分析法，本章仅讨论工程中常采用的极限平衡分析法。

7.2　地基的破坏模式

对地基施加荷载时，地基中的剪应力随之增加，其中某一点或者局部的剪应力将首先达到土的抗剪强度，并达到极限平衡状态，形成局部的塑性区。随着荷载不断增加，塑性区不断扩大，并最终发展成贯通的滑动面，进而导致地基发生失稳破坏。试验结果表明：地基的破坏可分为整体剪切破坏、局部剪切破坏和冲剪破坏三种模式（图 7-2）。

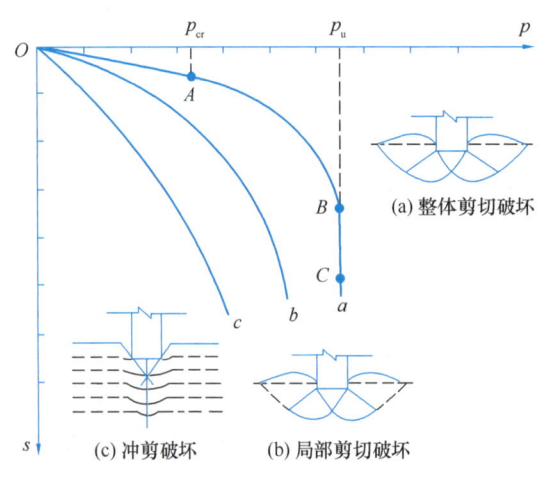

图 7-2　地基的破坏模式

7.2.1　整体剪切破坏

地基整体剪切破坏的荷载与沉降关系（即 p-s 曲线）如图 7-2 中曲线 a 所示，其变形发展过程可分为如下三个阶段：

① 线性变形阶段，对应于 p-s 曲线中的 OA 段。由于荷载较小，地基主要产生压密变形，p-s 曲线接近于直线（OA 段），此时土体中各点的剪应力均小于抗剪强度，地基处于弹性平衡状态。只是到达 A 点时，地基中会出现剪应力等于抗剪强度的点，其应力刚好达到极限平衡状态，此时 A 点对应的荷载称为临塑荷载，以 p_{cr} 表示。

② 弹塑性变形阶段，即 p-s 曲线中的 AB 段。当荷载增加到某一数值时，基础边缘处土体开始发生剪切破坏，随着荷载的增加，剪切破坏区（或塑性变形区）逐渐扩大，土体开始向周围挤出，p-s 曲线呈现弯曲（AB 段），曲线末端 B 点对应的荷载则为地基发生破坏前能承受的最大荷载，称其为极限荷载，以 p_u 表示。

③ 破坏阶段，p-s 曲线中的 BC 段。如果荷载继续增加，剪切破坏区不断扩大，最终在地基中形成一连续的滑动面，基础急剧下沉或向一侧倾斜，同时土体被挤出，基础四周地面隆起，地基发生整体剪切破坏，p-s 曲线陡直下降，地基完全破坏。

整体剪切破坏一般发生在浅埋基础下的紧密砂土地基、硬黏性土地基等低压缩性土地基中。

7.2.2 冲剪破坏

冲剪破坏的 $p\text{-}s$ 曲线如图 7-2 中曲线 c 所示。随着荷载的增加，基础下土层发生压缩变形，当荷载继续增加，基础四周土体发生竖向剪切破坏，基础"切入"土中，但地基中不出现明显的连续滑动面，基础四周地面不隆起，沉降随荷载的增加而加大，$p\text{-}s$ 曲线无明显拐点。

冲剪破坏经常发生在非常松散的砂土地基、慢速加载的软黏土地基中。

7.2.3 局部剪切破坏

局部剪切破坏的情况介于整体剪切破坏和冲剪破坏之间。随着荷载的增加，剪切破坏区从基础边缘开始，发展到地基内部某一区域（图 7-2b 中实线区域），但滑动面并不延伸到地面。基础四周地面虽有隆起迹象，但不会出现明显的倾斜和倒塌。相应的 $p\text{-}s$ 曲线如图 7-2 中曲线 b 所示，拐点不甚明显，其后段沉降增长率较前段大，但不像整体剪切破坏那样急剧增加。

局部剪切破坏常发生在基础埋深较大的密实砂土地基中。

影响地基土剪切破坏形式的因素很多，主要有地基土的类别与性质、基础埋置深度以及加荷速率等。在密砂、软黏土等压缩性土中，一般会出现整体剪切破坏，但当基础埋深和荷载较大时也可能出现冲剪破坏；对于压缩性比较大的松散和软黏土地基，加荷速率较慢时，会产生压缩变形并出现冲剪破坏，但若加荷快，土体来不及产生压缩变形则可能产生整体剪切破坏；若基础埋深较大，无论是砂性土还是黏性土，最常发生的为局部剪切破坏。

7.3 临塑荷载与临界荷载

临塑荷载是指地基中将要但尚未出现塑性区时的基底压力，而临界荷载则是指地基中塑性区最大开展深度达到某一界限值（比如基础宽度的 1/4 或 1/3）时所对应的基底压力。

临塑荷载和临界荷载的计算公式可根据土中应力计算的弹性理论和土体极限平衡条件导出。

7.3.1 塑性区边界方程和最大发展深度

如 3.4 节所述，若在地表施加一均布条形荷载 p_0（图 7-3a），则地表下任一深度点 M 处产生的附加大、小主应力可按式（3-28）、式（3-30）求得，将其转换为极坐标形式，则：

$$\left.\begin{array}{c}\sigma_1\\\sigma_3\end{array}\right\}=\frac{p_0}{\pi}(\beta_0\pm\sin\beta_0) \tag{7-1}$$

其中 σ_1 的作用方向与 β_0 角的平分线一致。实际工程中，基础一般具有一定的埋置深度 d，如图 7-3（b）所示。若设基底压力为 p，则基底附加压力 $p_0=p-\gamma_0 d$，γ_0 为基底面以上土体加权平均重度。地基中某点 M 的应力除了由 p_0 产生的附加应力外，还应有由土体自重产生的自重应力。为简化起见，假定土的静止土压力系数 $k_0=1$，则自重应力在各个方向相等，均为 $\gamma_0 d+\gamma z$，γ 为基底面以下至 M 点的土体重度。于是，考虑土的自重应力时，地基中任一点 M 处的大、小主应力（图 7-3b）为：

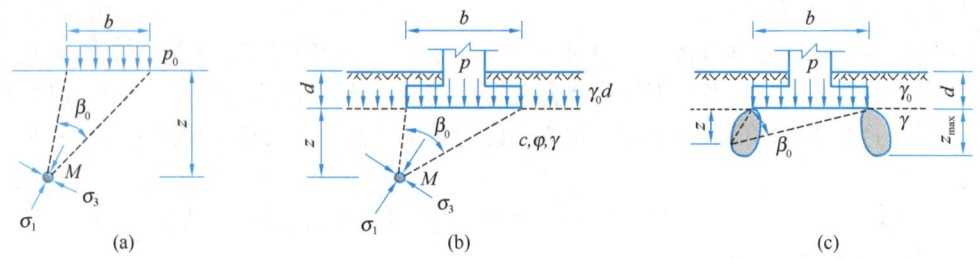

图 7-3　条形均布荷载作用下地基中 M 点主应力及塑性区

$$\left.\begin{array}{c}\sigma_1\\\sigma_3\end{array}\right\}=\frac{p-\gamma_0 d}{\pi}(\beta_0 \pm \sin\beta_0)+\gamma_0 d+\gamma z \tag{7-2}$$

当 M 点的应力达到极限平衡状态时，其大、小主应力应满足极限平衡条件式（5-8），将式（7-2）代入式（5-8），整理可得塑性区的边界方程为：

$$z=\frac{p-\gamma_0 d}{\pi\gamma}\left(\frac{\sin\beta_0}{\sin\varphi}-\beta_0\right)-\frac{c}{\gamma\tan\varphi}-\frac{\gamma_0}{\gamma}d \tag{7-3}$$

式（7-3）表示塑性区边界上任意一点的深度 z 与视角 β_0 之间的关系。如果已知 p、γ_0、γ、d，以及基底下土的黏聚力 c 和内摩擦角 φ，则根据式（7-3）可绘出塑性区的边界线如图 7-3（c）所示。

由弹性理论可知，条形基础两边角点处地基的主应力总是最大，因此，随着荷载增大，塑性区首先从基础两边角点处开始，并逐步向深度发展。塑性区发展的最大深度 $z_{\max}$，可由 $\frac{\mathrm{d}z}{\mathrm{d}\beta_0}=0$ 的条件求得，即：

$$\frac{\mathrm{d}z}{\mathrm{d}\beta_0}=\frac{p-\gamma_0 d}{\pi\gamma}\left(\frac{\cos\beta_0}{\sin\varphi}-1\right)=0 \tag{7-4}$$

化简后得 $\cos\beta_0=\sin\varphi$，从而可求出：

$$\beta_0=\frac{\pi}{2}-\varphi \tag{7-5}$$

将 β_0 代入式（7-3），得塑性区最大深度 $z_{\max}$ 的表达式为：

$$z_{\max}=\frac{p-\gamma_0 d}{\pi\gamma}\left[\cot\varphi-\left(\frac{\pi}{2}-\varphi\right)\right]-\frac{c}{\gamma\tan\varphi}-\frac{\gamma_0}{\gamma}d \tag{7-6}$$

7.3.2　临塑荷载 p_{cr} 和临界荷载 $p_{1/4}$、$p_{1/3}$

由式（7-6）知，在其他条件不变时，塑性区最大深度 $z_{\max}$ 随基底压力 p 增大而增大。若 $z_{\max}$ 发展到基础宽度 b 的 η 倍（比如 $\eta=0$、1/4、1/3），将 $z_{\max}=\eta b$ 代入式（7-6），可求得其对应的基底压力 p 为：

$$p=\gamma b N_{\gamma(\eta)}+\gamma_0 d N_q+c N_c \tag{7-7}$$

式中，$N_{\gamma(\eta)}$、N_q、N_c 为承载力系数，均为 φ 的函数，且有：

$$N_{\gamma(\eta)}=\frac{\eta\pi}{\cot\varphi+\varphi-\frac{\pi}{2}}；\quad N_q=\frac{\cot\varphi+\varphi+\frac{\pi}{2}}{\cot\varphi+\varphi-\frac{\pi}{2}}；\quad N_c=\frac{\pi\cdot\cot\varphi}{\cot\varphi+\varphi-\frac{\pi}{2}}。$$

式（7-7）就是计算临塑荷载 p_{cr} 以及临界荷载 $p_{1/4}$ 和 $p_{1/3}$ 的基本公式。

根据临塑荷载 p_{cr} 的定义，$z_{max}=0$，即 $\eta=0$，将其代入式（7-7），可得临塑荷载 p_{cr} 的计算式为：

$$p_{cr} = \gamma_0 d N_q + c N_c \tag{7-8}$$

取 $z_{max} = b/4$，即 $\eta=1/4$，将其代入式（7-7），则可得临界荷载 $p_{1/4}$ 的计算式为：

$$p_{1/4} = \gamma b N_{\gamma(1/4)} + \gamma_0 d N_q + c N_c \tag{7-9}$$

式中，$N_{\gamma(1/4)} = \dfrac{\pi}{4\left(\cot\varphi + \varphi - \dfrac{\pi}{2}\right)}$。

同理，取 $z_{max} = b/3$，即 $\eta=1/3$，则可得临界荷载 $p_{1/3}$ 的计算式为：

$$p_{1/3} = \gamma b N_{\gamma(1/3)} + \gamma_0 d N_q + c N_c \tag{7-10}$$

式中，$N_{\gamma(1/3)} = \dfrac{\pi}{3\left(\cot\varphi + \varphi - \dfrac{\pi}{2}\right)}$。

工程实践表明，即使地基在局部发生了剪切破坏，地基中出现小范围塑性区，只要塑性区范围不超出某一限值，就不会影响到建筑物的安全和正常使用，因此，以临塑荷载 p_{cr} 作为地基土的承载力偏于保守。地基塑性区发展的容许深度与建筑物类型、荷载性质、土的特性等因素有关，目前尚无一致意见。通常认为，对于中心垂直荷载作用的基础，可容许塑性区最大发展深度 z_{max} 达到基础宽度 b 的 1/4，故采用界限荷载 $p_{1/4}$ 作为地基承载力特征值；而对于偏心荷载作用的基础，可取 $z_{max}=b/3$ 对应的界限荷载 $p_{1/3}$ 作为地基承载力特征值。

尚需注意，上述公式是在条形均布荷载作用下导得的，将其应用于矩形和圆形基础时，其结果偏于安全。此外，在公式的推导过程中采用了弹性力学的解答，对于已出现塑性区的塑性变形阶段，其推导尚不够严密。

【例 7.1】某条形基础宽 3.0m，置于一均质地基中，埋深 1.2m，地基土天然重度 $\gamma=18.0\text{kN/m}^3$，内摩擦角 $\varphi=20.0°$，黏聚力 $c=15.0\text{kPa}$，试计算该地基的临塑荷载 p_{cr} 以及临界荷载 $p_{1/4}$ 和 $p_{1/3}$。

【解】已知土的内摩擦角 $\varphi=20.0°$，由地基承载力系数公式可求得：

$$N_{\gamma(1/4)} = \frac{\dfrac{1}{4}\pi}{\cot 20.0° + \dfrac{\pi}{9} - \dfrac{\pi}{2}} = 0.51$$

$$N_{\gamma(1/3)} = \frac{\dfrac{1}{3}\pi}{\cot 20.0° + \dfrac{\pi}{9} - \dfrac{\pi}{2}} = 0.69$$

$$N_q = \frac{\cot 20.0° + \dfrac{\pi}{9} + \dfrac{\pi}{2}}{\cot 20.0° + \dfrac{\pi}{9} - \dfrac{\pi}{2}} = 3.06$$

$$N_c = \frac{\pi \cdot \cot 20.0°}{\cot 20.0° + \dfrac{\pi}{9} - \dfrac{\pi}{2}} = 5.65$$

由式（7-8）可求得临塑荷载 p_{cr} 为：

$$p_{cr} = 18.0 \times 1.2 \times 3.06 + 15.0 \times 5.65 = 150.85 \text{kPa}$$

由式（7-9）可求得临界荷载 $p_{1/4}$ 为：

$$p_{1/4} = 18.0 \times 3.0 \times 0.51 + 18.0 \times 1.2 \times 3.06 + 15.0 \times 5.65 = 178.39 \text{kPa}$$

由式（7-10）可求得 $p_{1/3}$ 为：

$$p_{1/3} = 18.0 \times 3.0 \times 0.69 + 18.0 \times 1.2 \times 3.06 + 15.0 \times 5.65 = 188.11 \text{kPa}$$

7.4 地基的极限承载力

地基极限承载力求解一般有两种途径：一是通过假定土体为理想弹塑性材料，并对边界条件作合理简化，利用塑性力学原理得到地基极限承载力，比如普朗德尔-赖斯纳公式；二是根据观测和分析，研究地基的滑动面形状并进行简化，通过对滑动土体进行极限平衡分析，确定地基极限承载力，比如太沙基法。

7.4.1 普朗德尔-赖斯纳公式

普朗德尔（L. Prandtl，1920）根据塑性力学，推导出了刚性冲模压入无质量、半无限刚塑性介质时的极限压应力公式。将其应用于地基极限承载力课题，则相当于一无限长、底面光滑的条形荷载板作用于无质量的地基表面上。其假定：①地基土是均匀、各向同性且无质量的介质（即 $\gamma = 0$）；②外荷载为无限长的条形荷载；③基础底面光滑，即它与地基表面之间不存在摩擦力。

当地基土体在荷载作用下达到极限平衡状态时，其滑动面的形状如图 7-4（a）所示，呈对称状，两端为直线，中间为对数螺线，并可分为如下三个区：①朗金主动区Ⅰ，位于基础底面下，由于基底光滑，Ⅰ区大主应力 σ_1 为垂直向，破裂面与水平面呈 $\pm \left(45° + \dfrac{\pi}{2}\right)$ 角；②朗金被动区Ⅲ，Ⅲ区大主应力 σ_1 方向水平，破裂面与水平面呈 $\pm \left(45° - \dfrac{\pi}{2}\right)$ 角；③过渡区Ⅱ，Ⅱ区的滑裂面由一组对数螺线和一组辐射线组成，且 $\overline{ab} = r_0$，$\overline{ac} = r_1$，bc 的方程为 $r = r_0 e^{\theta \tan\varphi}$。

将图 7-4（a）所示地基中的滑动土体分别沿Ⅰ区和Ⅲ区的中线切开，取隔离体 $obcf$，根据作用在隔离体上力的平衡条件，可求得不计地基土重度（$\gamma = 0$）的极限承载力公式为：

$$p_u = c \cdot N_c \tag{7-11}$$

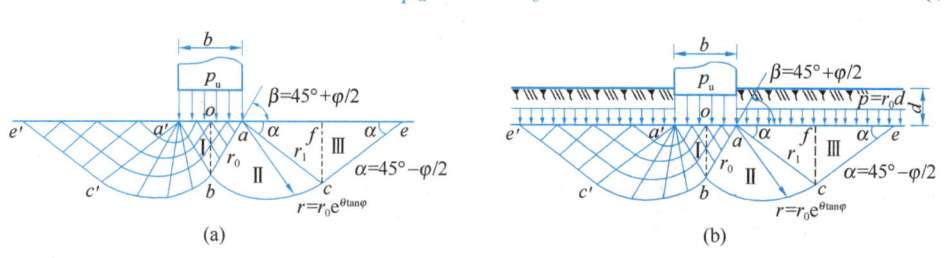

图 7-4 普朗德尔解假定的滑动面形状

（a）基础无埋深；（b）基础有埋深

式中，c 为地基土黏聚力；N_c 为承载力系数，是仅与地基土内摩擦角 φ 有关的无量纲系数，由下式确定：

$$N_c = \cot\varphi\left[\tan^2\left(45° + \frac{\varphi}{2}\right) \cdot e^{\pi\tan\varphi} - 1\right] \tag{7-12}$$

为考虑基础埋置深度 d 对地基承载力的影响（图 7-4b），赖斯纳（H. Reissner，1924）在普朗德尔方法的基础上，将基底以上土重用均布荷载 $q\ (=\gamma_0 d)$ 代替，导得了计入基础埋深后的地基极限承载力的普朗德尔-赖斯纳公式：

$$p_u = q \cdot N_q + c \cdot N_c \tag{7-13}$$

其中

$$N_q = \tan^2\left(45° + \frac{\varphi}{2}\right)e^{\pi\tan\varphi} \tag{7-14}$$

$$N_c = (N_q - 1)\cot\varphi \tag{7-15}$$

式中，N_q 和 N_c 都是仅与 φ 有关的承载力系数。

对于黏性大、排水条件差的饱和黏土地基，可按 $\varphi_u = 0$ 求极限承载力。此时，按式（7-14）可得 $N_q = 1$，但由式（7-15）可知 N_c 为不定解，此时应采用高等数学中求极值的方法，即令：

$$\lim_{\varphi=0} N_c = \lim_{\varphi=0} \frac{\dfrac{\mathrm{d}}{\mathrm{d}\varphi}\left[\tan^2\left(45° + \dfrac{\varphi}{2}\right)e^{\pi\tan\varphi} - 1\right]}{\dfrac{\mathrm{d}}{\mathrm{d}\varphi}\tan\varphi} = \pi + 2 = 5.14$$

可得饱和黏性土地基的极限承载力为：

$$p_u = q + 5.14c \tag{7-16}$$

由式（7-13）和式（7-16）可知，普朗德尔-赖斯纳地基极限承载力公式与基础宽度无关，这是由于公式推导过程中未计地基土重度所致。此外，基底与土之间尚存在一定的摩擦力，因此，只是一种近似公式。

【例 7.2】某场地有 1.2m 厚填土，填土以下为黏土。填土的天然重度 $\gamma_0 = 17.5\text{kN/m}^3$，黏土的天然重度 $\gamma = 18.0\text{kN/m}^3$、内摩擦角 $\varphi = 24.0°$、黏聚力 $c = 15.0\text{kPa}$。拟在该场地上建造一条形基础，基础宽度 $b = 2.0\text{m}$，埋置深度 $d = 1.2\text{m}$。①试按普朗德尔-赖斯纳公式求地基持力层的极限承载力 p_u；②绘出地基滑移线轮廓。

【解】① 由式（7-13）～式（7-15）知：

$$N_q = \tan^2\left(45° + \frac{\varphi}{2}\right)e^{\pi\tan\varphi} = \tan^2\left(45° + \frac{24.0°}{2}\right) \times e^{\pi\tan24.0°} = 9.60$$

$$N_c = (N_q - 1)\cot\varphi = (9.60 - 1) \times \cot24.0° = 19.33$$

$$q = \gamma_0 d = 17.5 \times 1.2 = 21.0\text{kPa}$$

$$p_u = q \cdot N_q + c \cdot N_c = 21.0 \times 9.60 + 15.0 \times 19.33 = 491.55\text{kPa}$$

② 根据图 7-4（b）知：

$$\alpha = 45° - \frac{\varphi}{2} = 45° - \frac{24.0°}{2} = 33.0°, \quad \beta = 45° + \frac{\varphi}{2} = 45° + \frac{24.0°}{2} = 57.0°$$

$$r_0 = \frac{b/2}{\cos\beta} = \frac{2.0/2}{\cos57.0°} = 1.83\text{m}$$

$$r_1 = r_0 \mathrm{e}^{(\pi/2)\tan\varphi} = 1.83 \times \mathrm{e}^{(3.14/2)\times\tan24.0°} = 3.68\mathrm{m}$$

由此绘制出地基滑移线轮廓如图 7-5 所示。

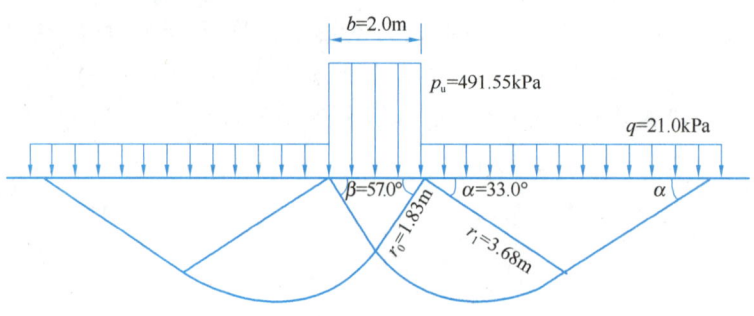

图 7-5　例 7.2 图

7.4.2　太沙基公式

太沙基（K. Terzaghi，1943）假定：①基础底面完全粗糙；基底与土之间的摩阻力足够大，阻止基底面处土体产生剪切位移；②基底土有重力（$\gamma \neq 0$），但不计重度对滑移线形状的影响；③基础两侧土体用超载 $q = \gamma_0 d$ 代替，不考虑两侧土体抗剪强度的影响。因此，位于基底正下方的土不发生破坏，而是处于弹性压密状态，形成一楔形刚性压密核 ABC（图 7-6）。将压密核 ABC 代替上述普朗德尔解的朗金主动区（Ⅰ 区），而 Ⅱ 区和 Ⅲ 区的滑动面形式与其保持一致，则根据压密核 ABC 上的静力平衡条件可导得太沙基极限承载力 p_u 计算公式为：

$$p_u = \frac{1}{2}\gamma b N_\gamma + q N_q + c N_c \tag{7-17}$$

式中　N_γ、N_q、N_c——承载力系数，$N_q = \dfrac{\mathrm{e}^{(\frac{3}{2}\pi-\varphi)\tan\varphi}}{2\cos^2(45°+\varphi/2)}$，$N_c = (N_q-1)\cot\varphi$，$N_\gamma$ 需试算确定；

　　　　q——基底水平面以上基础两侧的荷载（kPa），$q = \gamma_0 d$；

　　　　γ_0、γ——基底面以上和以下土层的重度（kN/m³）；

　　　　b、d——基底的宽度和埋置深度（m）。

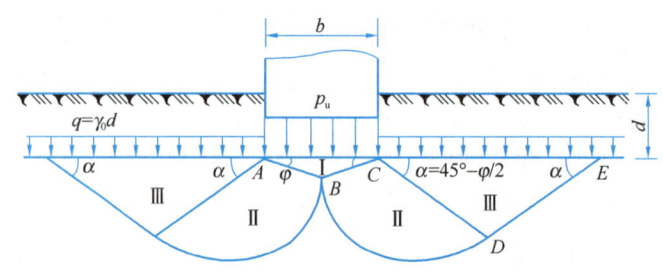

图 7-6　太沙基地基极限承载力计算模型

为便于工程计算，可将太沙基极限承载力公式（7-17）中的承载力系数 N_γ、N_q、N_c 编制成图 7-7 和表 7-1 备用。

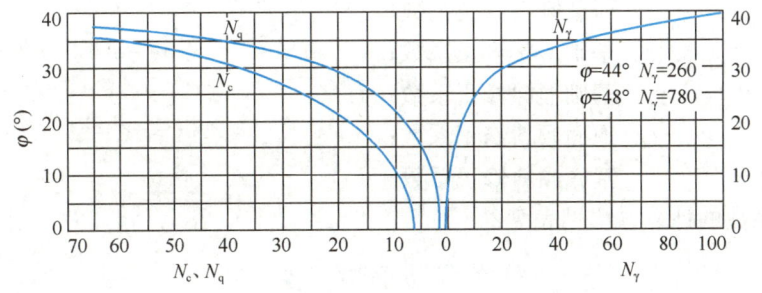

图 7-7　太沙基地基极限承载力系数

太沙基极限承载力系数表
表 7-1

φ (°)	N_γ	N_q	N_c	φ (°)	N_γ	N_q	N_c	φ (°)	N_γ	N_q	N_c
0	0.00	1.00	5.7	14	2.20	4.00	12.0	28	15.0	17.8	31.6
2	0.23	1.22	6.5	16	3.00	4.91	13.6	30	20.0	22.4	37.0
4	0.39	1.48	7.0	18	3.90	6.04	15.5	32	28.2	28.7	44.4
6	063	1.81	7.7	20	5.00	7.42	17.6	34	36.0	36.6	52.8
8	0.86	2.20	8.2	22	6.50	9.17	20.2	36	50.0	47.2	63.6
10	1.20	2.68	9.5	24	8.60	11.4	23.4	38	90.0	61.2	77.0
12	1.66	3.32	10.9	26	11.50	14.2	27.0	40	130.0	80.5	94.8

式（7-17）适用于条形荷载下地基为整体剪切破坏（坚硬黏土和密实砂土）情况。对于局部剪切破坏（软黏土和松砂）地基，太沙基建议采用经验方法调整抗剪强度指标 c 和 φ，即以 $c^* = \dfrac{2}{3}c$、$\varphi^* = \arctan\left(\dfrac{2}{3}\tan\varphi\right)$ 代替式（7-17）中的 c 和 φ，按式（7-17）计算。

方形和圆形基础属于三维问题，因数学上求解困难，至今尚未得到解析解，太沙基根据试验资料建议按以下公式计算。

方形基础（宽度为 b）：

$$p_u = 0.4\gamma b N_\gamma + \gamma_0 d N_q + 1.2 c N_c \tag{7-18}$$

圆形基础（半径为 b）：

$$p_u = 0.6\gamma b N_\gamma + \gamma_0 d N_q + 1.2 c N_c \tag{7-19}$$

对于矩形基础（$b \times l$），可按长宽比（l/b）值在条形基础（$l/b=10$）与方形基础（$l/b=1$）之间以插值法求得。

7.4.3　汉森公式

以上所述的地基极限承载力 p_u 和承载力系数 N_c、N_q、N_γ 计算式都是按条形竖直均布荷载推导得到。实际上，基础的形状、埋深以及荷载、地面和基底面的倾斜度等因素对地基的极限承载力都有影响。为此，汉森（B. Hanson，1961）在普朗德尔理论基础上，考虑上述影响因素，引入修正系数，得到如下半经验公式：

$$p_u = \frac{1}{2}\gamma b N_\gamma i_\gamma s_\gamma d_\gamma g_\gamma b_\gamma + q N_q i_q s_q d_q g_q b_q + c N_c i_c s_c d_c g_c b_c \tag{7-20}$$

式中　N_γ、N_q、N_c——地基承载力系数，$N_\gamma = 1.8\,(N_q - 1)\,\tan\varphi$，$N_q$ 和 N_c 可按式（7-14）、式（7-15）确定；

i_γ、i_q、i_c——荷载倾斜修正系数；

s_γ、s_q、s_c——基础形状修正系数；

d_γ、d_q、d_c——基础埋深修正系数；

g_γ、g_q、g_c——地面倾斜修正系数；

b_γ、b_q、b_c——基底倾斜修正系数。

各修正系数的计算方法见表 7-2。

汉森公式的承载力修正系数表 表 7-2

系数	公式
荷载倾斜修正系数	$$i_\gamma = \left[1 - \frac{(0.7 - \eta/450°)H}{P + cA\cot\varphi}\right]^5 > 0,$$ $$i_q = \left(1 - \frac{0.5H}{P + cA\cot\varphi}\right)^5 > 0, i_c = \begin{cases} 0.5 - 0.5\sqrt{1 - \dfrac{H}{cA}}, \varphi = 0 \\ i_q - \dfrac{1 - i_q}{N_q - 1}, \varphi > 0 \end{cases}$$
基础形状修正系数	$s_\gamma = 1 - 0.4 i_\gamma K, s_q = 1 + i_q K\sin\varphi, s_c = 1 + 0.2 i_c K$
基础埋深修正系数	$$d_\gamma = 1, d_q = \begin{cases} 1 + 2\tan\varphi(1 - \sin\varphi)^2\left(\dfrac{d}{b}\right), d \leqslant b \\ 1 + 2\tan\varphi(1 - \sin\varphi)^2\arctan\left(\dfrac{d}{b}\right), d > b \end{cases},$$ $$d_c = \begin{cases} 1 + 0.4\left(\dfrac{d}{b}\right), \varphi = 0, d \leqslant b \\ 1 + 0.4\arctan\left(\dfrac{d}{b}\right), \varphi = 0, d > b \\ d_q - \dfrac{1 - d_q}{N_q - 1}, \varphi > 0 \end{cases}$$
地面倾斜修正系数	$g_\gamma = g_q = (1 - 0.5\tan\beta)^5, g_c = 1 - \dfrac{\beta}{147°}$
基底倾斜修正系数	$b_\gamma = \exp(-2.7\eta\tan\varphi), b_q = \exp(-2\eta\tan\varphi), b_c = 1 - \dfrac{\eta}{147°}$

注：P、H——分别为作用在基础底面的竖向荷载及水平荷载（kN）；

A——基础底面积（m²），$A = b \times l$（偏心荷载时为有效基础底面积 $A' = b' \times l'$）；

b、l——分别为基础的宽度、长度（m）；

b'、l'——分别为基础的有效宽度、有效长度（m）；

K——基础的宽长比：矩形基础，$K = b/l$；方形或圆形基础，$K = 1$；

d——基础的埋置深度（m）；

β、η——分别为地面和基底面的倾角（°），如图 7-8 所示；

c、φ——分别为土的黏聚力（kPa）、内摩擦角（°）。

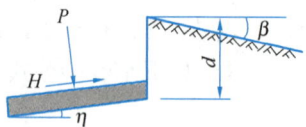

图 7-8 地面或基底倾斜情况

【例 7.3】 某条形基础宽度 $b=5.0\text{m}$，基础埋置深度 $d=1.2\text{m}$，地基土 $\gamma=18.0\text{kN/m}^3$，内摩擦角 $\varphi=22.0°$，黏聚力 $c=15.0\text{kPa}$。若该地基属于整体剪切破坏，试分别采用太沙基公式和汉森公式确定其极限承载力。

【解】

① 按太沙基公式计算地基极限承载力 p_u

根据 $\varphi=22.0°$，由图 7-7 或者表 7-1 查得太沙基极限承载力系数为：$N_c=20.2$，$N_q=9.17$，$N_\gamma=6.50$。

由式（7-17）可得地基极限承载力为：

$$p_u = \frac{1}{2} \times 18.0 \times 5.0 \times 6.50 + 18.0 \times 1.2 \times 9.17 + 15.0 \times 20.2 = 793.6\text{kPa}$$

② 按汉森公式计算地基极限承载力 p_u

由式（7-20）可得：$N_c=16.88$，$N_q=7.82$，$N_\gamma=4.96$；垂直荷载：$i_c=i_q=i_\gamma=1$；条形基础：$s_c=s_q=s_\gamma=1$；又 $\beta=0$ 和 $\eta=0$，故有 $g_c=g_q=g_\gamma=1$，$b_c=b_q=b_\gamma=1$；根据 $d/b=0.24$，由表 7-2 可得：

$$d_q = 1 + 2 \times \tan22.0° \times (1-\sin22.0°)^2 \times 0.24 = 1.08$$

$$d_c = 1.08 - \frac{1-1.08}{7.82-1} = 1.09$$

$$d_\gamma = 1$$

$$p_u = \frac{1}{2} \times 18.0 \times 5.0 \times 4.96 \times 1 \times 1 \times 1 \times 1 \times 1 + 18.0 \times 1.2 \times 7.82 \times 1 \times 1 \times 1.08 \times 1 \times 1$$
$$+ 15.0 \times 16.88 \times 1 \times 1 \times 1.09 \times 1 \times 1 = 681.6\text{kPa}$$

7.5 无黏性土坡稳定性分析

7.5.1 干燥或静水位下无黏性土坡

图 7-9 是一坡度为 α 的均质无黏性土坡。假设土坡完全干燥，或者处于静水位以下，不存在渗透水流的作用。由于无黏性土土粒间缺少黏聚力，因此，只要位于坡面上的土单元体能保持稳定，则整个土坡就是稳定的。

现从坡面上取一微小土单元体进行受力分析。假设土单元体的重量为 G，土的内摩擦角为 φ，则土单元体沿坡面的下滑力 $T=G \cdot \sin\alpha$，垂直于坡面的压力 $N=G \cdot \cos\alpha$。由于单元体微小，可不计单元体两侧的作用力，那么阻止土单元体下滑的抗滑力 R 只有它与坡体之间的摩擦阻力，即有 $R=N \cdot \tan\varphi=G \cdot \cos\alpha \cdot \tan\varphi$。若定义抗滑力 R 与下滑力 T 的比值 F_s 为无黏性土坡的稳定性安全系数（以下将土坡的稳定性安全系数简称为土坡的安全系数），则：

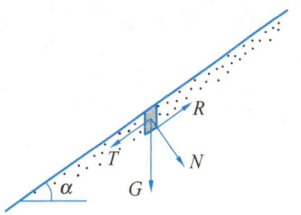

图 7-9　干燥或静水位
下无黏性土坡

$$F_s = \frac{抗滑力}{下滑力} = \frac{R}{T} = \frac{G \cdot \cos\alpha \cdot \tan\varphi}{G \cdot \sin\alpha} = \frac{\tan\varphi}{\tan\alpha} \tag{7-21}$$

由式（7-21）可知，对于均质无黏性土坡，其安全系数与坡高和土的重度无关。理论上，只要坡角 α 小于土的内摩擦角 φ，即 $\alpha<\varphi$，安全系数 $F_s>1$，土坡就是稳定的。当土

坡安全系数 $F_s=1$ 时，抗滑力等于下滑力，土坡处于极限平衡状态，相应的坡角 α 与土的内摩擦角 φ 相等（$\alpha=\varphi$），此时坡角 α 称为自然休止角。

对于以石英为主的砂土，在干燥和饱水状态下的内摩擦角基本相同，因而由这类砂土构成的土坡，在静水位下与在干燥状态下的安全系数基本上是不变的。

7.5.2 有渗流作用的无黏性土坡

图 7-10 为坡内存在渗透水流作用的无黏性土坡，水流从坡面溢出，并沿坡面方向向下流动。若在坡面渗流溢出段，取一体积为 V 的微单元土体，则它除了受到自身有效重量 G'（$G'=\gamma' \cdot V$，γ' 为土的浮重度）外，还受到平行于坡面的渗流力 J（$J=j \cdot V=\gamma_w \cdot i \cdot V$，$i$ 为水头梯度，且 $i=\sin\alpha$）的作用。于是，单元土体的全部下滑力包括重力和渗透力，故此时无黏性土坡的安全系数为：

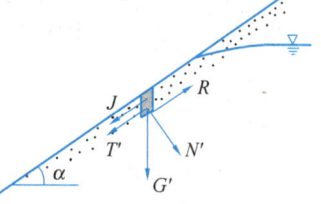

图 7-10　有渗流作用的无黏性土坡

$$F_s = \frac{R}{T'+J} = \frac{N'\tan\varphi}{T'+J} = \frac{G'\cos\alpha\tan\varphi}{G'\sin\alpha+\gamma_w iV} = \frac{\gamma'V\cos\alpha\tan\varphi}{\gamma'V\sin\alpha+\gamma_w V\sin\alpha} = \frac{\gamma'}{\gamma_{sat}} \cdot \frac{\tan\varphi}{\tan\alpha}$$

(7-22)

将之与式（7-21）对比可见，两者相差 γ'/γ_{sat} 倍。通常 γ'/γ_{sat} 约为 0.5，因此，当坡面有顺坡渗流作用时，无黏性土坡的安全系数约降低一半。

【例 7.4】有一无限长土坡，土的黏聚力 $c=0$，内摩擦角 $\varphi=36.0°$，天然重度 $\gamma=19.0 kN/m^3$，饱和重度 $\gamma_{sat}=20.8 kN/m^3$。为保证有足够的安全储备，若要求土坡保持稳定的安全系数 $F_s=1.2$，试求：①无地下水时土坡的稳定坡角 α 值；②存在有地下水沿平行于坡面方向渗流时土坡的稳定坡角 α 值。

【解】① 由式（7-21）知，$F_s = \dfrac{\tan36.0°}{\tan\alpha} = 1.2$

$$\tan\alpha = \frac{\tan36.0°}{1.2} = \frac{0.727}{1.2} = 0.606 , \alpha = 31.2°$$

② 土的浮重度 $\gamma' = \gamma_{sat} - \gamma_w = 20.8 - 10 = 10.8 kN/m^3$

由式（7-22），$F_s = \dfrac{10.8}{20.8} \times \dfrac{\tan36.0°}{\tan\alpha} = 1.2$

故　　　$\tan\alpha = \dfrac{10.8}{20.8} \times \dfrac{\tan36.0°}{1.2} = 0.519 \times \dfrac{0.727}{1.2} = 0.314 , \alpha = 17.4°$

由此可见，若达到同样的安全系数，有渗流作用时土坡的稳定坡角小得多。

7.6　黏性土坡稳定性分析

大量工程实例观测表明，黏性土坡的滑动面呈曲面形状，且绝大多数呈三维曲面形状。实际工程中，为简化计算，通常取三维滑动曲面中某个典型纵断面的滑动曲线作为准线，将其延伸为曲线柱面，并以此曲线柱面作为土坡的滑动面，进而将土坡空间的三维稳定性问题简化为平面的二维稳定性问题。由此得到的土坡安全系数计算结果偏于保守，有利于工程安全。

对于均质黏性土坡，理论研究结果表明其滑动面断面形状为对数螺线，但实际工程观测到的滑动面断面形状近似为圆弧；对于非均质黏性土坡，滑动面则大多为曲面形状或者复合形状。

7.6.1 整体圆弧滑动法

瑞典人彼得森（K. E. Petterson）于1915年提出采用整体圆弧滑动法分析均质黏性土坡的稳定性。此后该法在各国得到广泛关注，并称为瑞典圆弧法。

整体圆弧滑动法假定黏性土坡失稳破坏时的滑动面为圆柱面，如图 7-11 所示，它与土坡的交面为圆弧。滑弧的圆心位于 O 点，半径为 R，并将土坡分割为滑体 $ABCDA$ 和稳定土体两部分。取单位长度土坡进行分析，假设滑体 $ABCDA$ 为刚体，则滑体在自身重力 G 的作用下，将产生绕圆心 O 的下滑力矩 M_s：

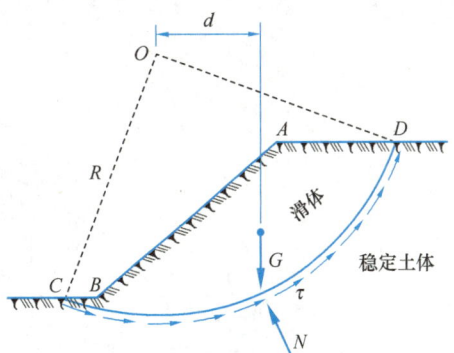

$$M_s = G \cdot d \tag{7-23}$$

式中，d 为滑体重心离滑弧圆心 O 的水平距离。

同时，滑体在重力作用下会产生向下滑动的趋势，于是在滑体底面上将产生剪切应力 τ，

图 7-11　均质土坡整体圆弧滑动

如图 7-11 所示。若要维持滑体静力平衡，则由剪切应力 τ 产生的力矩 $M_{r,\tau}$（$M_{r,\tau} = \int_{CD}\tau \cdot R \cdot dl$）应与下滑力矩 M_s 相等。也就是说，为维持滑体静力平衡，滑面只需提供与下滑力矩相等的抗滑力矩就可以了。

然而，滑面上土单元体达到极限平衡状态时能够提供的抗剪强度 τ_f 值取决于土体的性质，τ_f 可按莫尔-库仑强度理论确定，即 $\tau_f = c + \sigma_n \tan\varphi$（其中 c、φ 为土的黏聚力和内摩擦角，σ_n 为滑面上法向应力）。因此，滑弧上所有土单元体达到极限平衡状态时能够提供的抗滑力矩 M_{r,τ_f} 为：

$$M_{r,\tau_f} = \int_{CD}\tau_f \cdot R \cdot dl = \int_{CD}(c + \sigma_n \tan\varphi) \cdot R \cdot dl \tag{7-24}$$

于是，土坡的安全系数 F_s 可定义为：

$$F_s = \frac{M_{r,\tau_f}}{M_s} = \frac{M_{r,\tau_f}}{M_{r,\tau}} = \frac{\int_{CD}\tau_f \cdot R \cdot dl}{G \cdot d} = \frac{\int_{CD}(c + \sigma_n \tan\varphi) \cdot R \cdot dl}{G \cdot d} \tag{7-25}$$

由式（7-25）求土坡的安全系数 F_s，必须首先知道滑弧 CD 上各点的 σ_n，这在整体圆弧滑动法中是无法做到的。但对于饱和黏土，在不排水条件下，内摩擦角 $\varphi_u = 0$，于是抗剪强度 $\tau_f = c_u$。因此，式（7-25）变为：

$$F_s = \frac{c_u \cdot R \cdot \int_{CD} dl}{G \cdot d} = \frac{c_u \cdot R \cdot L_{CD}}{G \cdot d} \tag{7-26}$$

式中，L_{CD} 为滑弧 CD 的长度。

7.6.2 瑞典条分法

7.6.2.1 条分法的基本原理

现在工程中普遍使用的条分法起源于由 K. E. Petterson（1916）、W. Fellenius（1936）等人提出并发展完善的瑞典条分法。它通过将滑体分条块进行受力分析的方式，

为内摩擦角 $\varphi > 0$ 的黏性土坡滑动面上的法向应力确定和土坡安全系数的求解提供了一条合理途径。

条分法的基本原理如图 7-12 所示。取单位长度土坡按平面问题进行分析。假定土坡潜在滑动面为圆弧 AC，其圆心为 O 点、半径为 R。将滑体 $ABCA$ 划分成 n 个垂直条块，则它们有 $n-1$ 个分界面。取第 i 个条块进行受力分析，则作用于该土条上的力有（图 7-12b）：

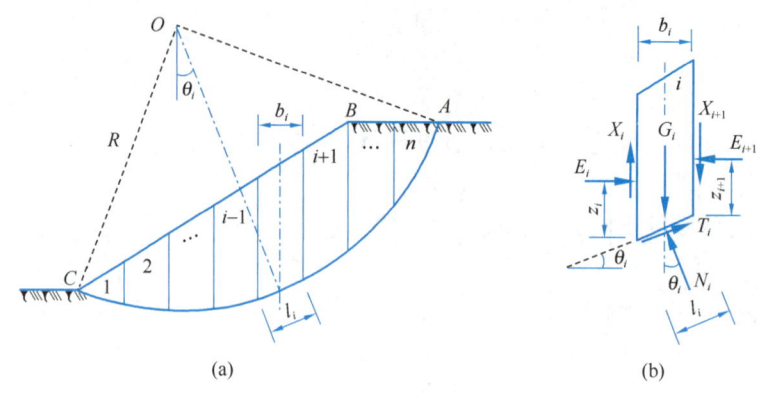

(a)   (b)

图 7-12 条分法土条受力分析

① 土条 i 的重力 G_i。其大小、方向和作用点位置均已知，$G_i = \gamma_i \cdot b_i \cdot h_i$，其中 γ_i、b_i 和 h_i 分别为土条 i 的平均重度、宽度和平均高度。

② 作用于土条 i 底面（即滑面）上的法向反力 N_i 和切向反力 T_i。它们的作用方向已知，若假定它们共同的作用点为土条底面的中点，则仅剩 N_i 和 T_i 的大小未知。

③ 土条 i 与土条 $i-1$ 间的条间力 X_i、E_i。它们的作用方向已知，它们的大小和合力作用点位置（z_i）可由前面土条的静力平衡条件递推求出。

④ 土条 i 与土条 $i+1$ 间的条间力 X_{i+1}、E_{i+1}。它们的作用方向已知，但它们的大小未知，而且其合力作用点位置 z_{i+1} 也未知。

由以上分析可知，n 个条块的底面有 $2n$ 个未知量（N_i 和 T_i，$i=1,2,\cdots,n$），$n-1$ 个条块分界面有 $3(n-1)$ 个未知量（X_{i+1}、E_{i+1} 和 z_{i+1}，$i=1,2,\cdots,n-1$），总计有 $5n-3$ 个未知量。n 个条块可以列出 $3n$ 个静力平衡方程，同时其底面还可以列出 n 个极限平衡方程 $\left(T_i = \dfrac{c_i l_i + N_i \tan\varphi_i}{F_s}, i=1,2,\cdots,n \right)$，但增加了一个未知量安全系数 F_s。于是未知量增至 $5n-2$ 个，而方程数却只有 $4n$ 个，尚缺少 $n-2$ 个方程，因此，土坡稳定性分析是一个高次超静定问题，必须借助一些假定将问题简化才能求解。

目前的简化假定可大致分为三类：①不考虑或只考虑法向的条块间作用力（瑞典条分法和简化毕肖普法）；②假定条块间切向与法向条间力的比值（比如 Morgenstern-Price 法）或者条间力合力的方向（比如传递系数法、Spencer 法）；③假定条间力的作用位置 z_{i+1}，如假定 z_{i+1} 等于侧面高度的 1/2 或 1/3（比如简布法）。

7.6.2.2 瑞典条分法

瑞典条分法，又称为 Fellenius 法，是条分法中最原始、最简单的分析方法。瑞典条分法假定土坡的潜在滑动面形状为圆弧形，而且将滑体划分为 n 个土条（图 7-12）后，进一步假定土条两侧的条间力合力（即 X_i 和 E_i 的合力与 X_{i+1} 和 E_{i+1} 的合力）大小相等、方向相反、作用线重合，它们可相互抵消，如图 7-13 所示。于是，土条 i 所受作用力中就只剩下 N_i 和 T_i 的大小未知，它们可由土条 i 底面上法向和切向的力平衡条件求得：

$$N_i = G_i \cdot \cos\theta_i \qquad (7\text{-}27)$$

$$T_i = G_i \cdot \sin\theta_i \qquad (7\text{-}28)$$

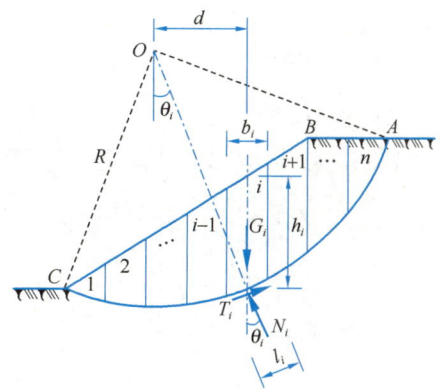

图 7-13 瑞典条分法

由式（7-28）和图 7-13 可知，土条 i 在自身重力作用下，需在土条底面产生一个切向反力 T_i 来平衡下滑力。然而，由莫尔-库仑强度理论可知，土条 i 底面处土体能够提供的切向抗滑力 T_{fi} 为：

$$T_{fi} = \tau_{fi} \cdot l_i = (c_i + \sigma_{ni} \cdot \tan\varphi_i)l_i = c_i l_i + N_i \tan\varphi_i = c_i l_i + G_i \cos\theta_i \tan\varphi_i \qquad (7\text{-}29)$$

式中 θ_i——土条 i 底面的倾角；

     l_i——土条 i 底面的长度；

     c_i——土条 i 底面处土的黏聚力；

     φ_i——土条 i 底面处土的内摩擦角。

因此，土条 i 底面处土体能够提供的抗滑力矩 M_{rfi}，以及因重力而产生的下滑力矩 M_{si} 分别为：

$$M_{rfi} = T_{fi} \cdot R = (c_i l_i + G_i \cos\theta_i \tan\varphi_i)R \qquad (7\text{-}30)$$

$$M_{si} = T_i \cdot R = G_i \cdot R \cdot \sin\theta_i \qquad (7\text{-}31)$$

于是，土坡的安全系数 F_s 可由下式求得：

$$F_s = \frac{\sum_{i=1}^{n} M_{rfi}}{\sum_{i=1}^{n} M_{si}} = \frac{\sum_{i=1}^{n}(c_i l_i + G_i \cos\theta_i \tan\varphi_i)}{\sum_{i=1}^{n} G_i \sin\theta_i} = \frac{\sum_{i=1}^{n}(c_i l_i + \gamma_i b_i h_i \cos\theta_i \tan\varphi_i)}{\sum_{i=1}^{n} \gamma_i b_i h_i \sin\theta_i} \qquad (7\text{-}32)$$

对于均质土坡，有 $c_i = c$，$\varphi_i = \varphi$，同时取各土条宽度相等，则有：

$$F_s = \frac{c \cdot L_{AC} + \tan\varphi \cdot \sum_{i=1}^{n} G_i \cos\theta_i}{\sum_{i=1}^{n} G_i \sin\theta_i} = \frac{c \cdot L_{AC} + \gamma b \tan\varphi \sum_{i=1}^{n} h_i \cos\theta_i}{\gamma b \sum_{i=1}^{n} h_i \sin\theta_i} \qquad (7\text{-}33)$$

式中 L_{AC}——滑弧 AC 的长度。

其他符号意义同前。

由上可知，瑞典条分法在对条间力作简化时是假定土条两侧的条间力合力相互抵消，土坡的安全系数仅根据滑体整体力矩平衡条件求出。由于忽略了条间力的影响，采用瑞典条分法得到的安全系数值偏低，即计算结果偏于安全。但由于该法在工程中应用时间较长，积累经验较多，目前仍是土坡常用的稳定性分析方法之一。

7.6.3 毕肖普法

毕肖普（A. W. Bishop，1955）提出了一种可考虑土条侧面条间力的土坡稳定性分析

173

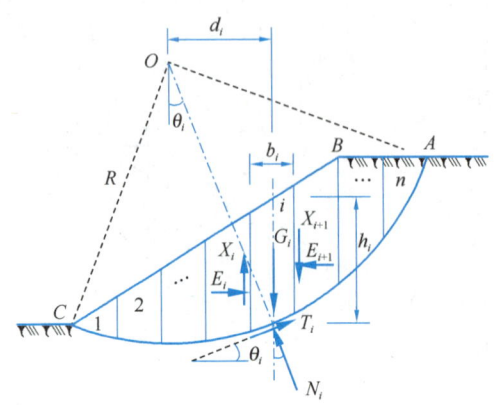

图 7-14 土坡稳定性分析毕肖普法

方法，称为毕肖普法。

同前，假定潜在滑动面的形状为圆弧形，将滑体划分为 n 个条块（图 7-14），取其中任一土条（比如土条 i）进行受力分析。作用在该土条上的力有：

① 土条自重力 G_i；

② 作用于土条底面上的法向反力 N_i 和切向反力 T_i；

③ 作用于土条两侧的法向和切向条间力 E_i、X_i 和 E_{i+1}、X_{i+1}，且切向条间力差 $\Delta X_i = X_{i+1} - X_i$。

若土条 i 处于静力平衡状态，则根据竖向力平衡条件得：

$$G_i + \Delta X_i - N_i \cos\theta_i - T_i \sin\theta_i = 0$$

即有：

$$N_i \cos\theta_i = G_i + \Delta X_i - T_i \sin\theta_i \tag{7-34}$$

毕肖普认为，当土条 i 处于静力平衡状态时，土条底面上产生的剪应力 $\tau_i \left(= \dfrac{T_i}{l_i} \right)$ 只是发挥了该处土体的抗剪强度 $\tau_{\mathrm{f}i} \left(= c_i + \dfrac{N_i}{l_i} \tan\varphi_i \right.$，其中 c_i、φ_i 为土条 i 底面处土的黏聚力和内摩擦角 $\left. \right)$ 的一部分，假定 $\tau_i = \dfrac{\tau_{\mathrm{f}i}}{F_{\mathrm{s}}}$，则 F_{s} 就是土坡的稳定安全系数。于是有：

$$T_i = \tau_i l_i = \frac{\tau_{\mathrm{f}i}}{F_{\mathrm{s}}} l_i = \frac{1}{F_{\mathrm{s}}} (c_i l_i + N_i \tan\varphi_i) \tag{7-35}$$

将其代入式（7-34），整理可得：

$$N_i = \frac{1}{m_{\theta i}} \left(G_i + \Delta X_i - \frac{c_i l_i}{F_{\mathrm{s}}} \sin\theta_i \right) \tag{7-36}$$

式中，

$$m_{\theta i} = \cos\theta_i + \frac{\sin\theta_i \tan\varphi_i}{F_{\mathrm{s}}} \tag{7-37}$$

下面考虑滑体 $ABCA$ 的整体力矩平衡条件。这时，土条间的条间力 E_i 和 X_i 成对出现，其大小相等，方向相反，相互抵消，对圆心不产生力矩。土条底面上的法向反力 N_i 通过圆心，也不产生力矩。因此，只有各土条重力 G_i 产生的下滑力矩之和，与各土条底面上切向反力产生的抗滑力矩之和相平衡，即：

$$\sum_{i=1}^{n} G_i d_i - \sum_{i=1}^{n} T_i R = 0$$

将式（7-35）、式（7-36）依次代入上式，并注意到 $d_i = R\sin\theta_i$，$b_i = l_i\cos\theta_i$，整理可得：

$$F_{\mathrm{s}} = \frac{\displaystyle\sum_{i=1}^{n} \frac{1}{m_{\theta i}} \left[c_i b_i + (G_i + \Delta X_i) \tan\varphi_i \right]}{\displaystyle\sum_{i=1}^{n} G_i \sin\theta_i} \tag{7-38}$$

式（7-38）为毕肖普法计算土坡安全系数的一般公式。但是，式中 ΔX_i（$= X_{i+1} - X_i$）仍然未知，求算 F_s 还是很困难。为此，毕肖普进一步假定 $\Delta X_i = X_{i+1} - X_i = 0$，亦即 X_{i+1} 和 X_i 大小相等、方向相反，可认为它们对土条的作用忽略不计，于是土条两侧只剩法向条间力 E_i 和 E_{i+1}。此时，式（7-38）进一步简化为：

$$F_s = \frac{\sum\limits_{i=1}^{n} \dfrac{1}{m_{\theta i}}(c_i b_i + G_i \tan\varphi_i)}{\sum\limits_{i=1}^{n} G_i \sin\theta_i} \tag{7-39}$$

这就是国内外普遍使用的简化毕肖普法公式。

采用式（7-39）计算土坡安全系数 F_s 时，须先计算参数 $m_{\theta i}$，但由式（7-37）知，$m_{\theta i}$ 中又包含有 F_s，因此不能直接求出 F_s，而需要采用试算法迭代求算 F_s。具体计算步骤如下：

① 先假定安全系数 $F_s = 1.0$，由式（7-37）求出各土条对应的 $m_{\theta i}$ 值；

② 将求得的 $m_{\theta i}$ 代入式（7-39）求出新的安全系数 F_s^*；

③ 若 $|F_s - F_s^*| \leqslant \varepsilon$（$\varepsilon$ 为预先规定的一小数，即应达到的最小误差值），计算终止，则 $(F_s + F_s^*)/2$ 即为所求土坡的安全系数；否则，令 $F_s = F_s^*$，转入①重新计算。

通常，上述迭代总是收敛的，一般迭代 3～5 次就可满足工程精度要求。

值得注意的是，由式（7-37）知，当 θ_i 为负值时，$m_{\theta i}$ 有可能趋近于零，此时从式（7-36）求出的 N_i 将趋近于无穷大，这显然不对。对此，国外学者建议：当任一土条的 $m_{\theta i} \leqslant 0.2$ 时，由简化毕肖普法计算的 F_s 值误差较大，最好采用其他方法。此外，当坡顶土条的 θ_i 值很大（$>90°$）时，$m_{\theta i}$ 可能出现负值，此时可取 $N_i = 0$。

毕肖普法是目前工程中最常用的一种方法，它考虑了土条两侧的作用力，计算不是很复杂，但精度较高。毕肖普法中先后利用每一土条竖直方向力的平衡条件和整个滑体的力矩平衡条件，避开了 E_i 及其作用点的位置，通过假定土条两侧的切向条间力差值等于零（即 $\Delta X_i = 0$），简化了分析过程，但同样不能满足所有的静力平衡条件，仍然不是一个严格的方法，由此产生的误差约为 2%～7%。

7.6.4 土坡稳定性分析有效应力法

前面介绍的土坡安全系数计算公式都属于总应力法，采用的抗剪强度指标也是总应力指标。实际工程中，很多情况下土坡体内存在有孔隙水压力，比如坡内存在有稳定渗流场、地下水位骤然升降、快速施工加载、遭遇地震荷载等情况，都会在土坡内产生孔隙水压力或超静孔隙水压力。若土坡中孔隙水压力较容易确定，比如稳定渗流场中的水压力一般可由流网较准确地确定，则应该采用有效应力法分析土坡稳定性。但若土坡中孔隙水压力难以确定，比如施工中出现快速加、卸载情况时就很难确定孔隙水压力，这时就只能采用总应力法来分析土坡稳定性。

对于存在有稳定渗流的土坡，如图 7-15（a）所示，滑体底面必然作用有孔隙水压力，此时应按有效应力法分析土坡稳定性。下面简要介绍瑞典条分法和简化毕肖普法分别按有效应力法计算土坡安全系数的公式。

① 对于瑞典条分法，参照图 7-15（b）和式（7-29），土条 i 底面处土体能够提供的切向抗滑力 T_{fi} 变为：

$$T_{fi} = c_i' l_i + (G_i \cos\theta_i - u_i l_i)\tan\varphi_i' \tag{7-40}$$

相应的土坡的安全系数公式（7-32）应改写为：

$$F_{s} = \frac{\sum_{i=1}^{n}\left[C_{i}l_{i} + (G_{i}\cos\theta_{i} - u_{i}l_{i})\tan\varphi_{i}'\right]}{\sum_{i=1}^{n}G_{i}\sin\theta_{i}} \tag{7-41}$$

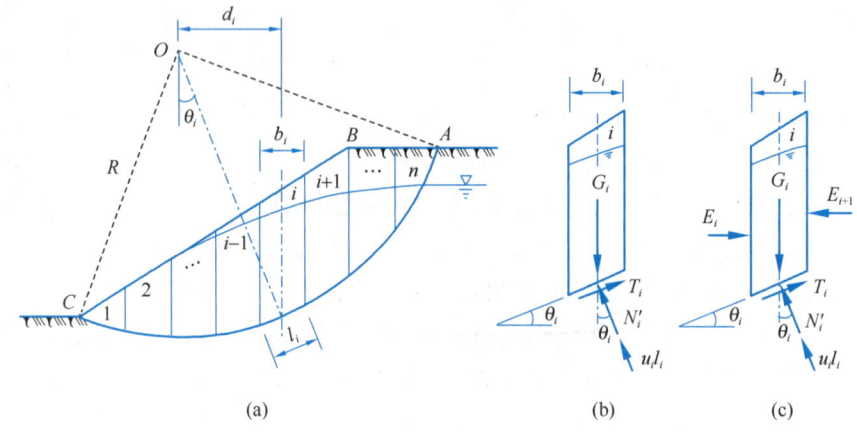

图 7-15　基于有效应力法土坡稳定性分析方法

(a) 稳定渗流土坡；(b) 瑞典条分法；(c) 简化毕肖普法

式中　　c_i'、φ_i'——土条 i 底面处土的有效黏聚力和有效内摩擦角；

$\quad\quad\quad u_i$——作用在土条 i 底面上的平均孔隙水压力；

$\quad\quad\quad G_i$——土条 i 的重量，侵润线以上土体取浮重度、侵润线以下土体取饱和重度计算。

其他符号意义同前。

② 对于简化毕肖普条分法，参照图 7-15（c）和图 7-14，有 $\Delta X_i = 0$，考虑孔隙水压力，式（7-35）～式（7-39）应分别改写为：

$$T_i = \frac{1}{F_s}\left[c_i'l_i + (N_i - u_il_i)\tan\varphi_i'\right] \tag{7-42}$$

$$N_i' = \frac{1}{m_{\theta i}}\left(G_i - u_ib_i - \frac{c_il_i}{F_s}\sin\theta_i\right) \tag{7-43}$$

$$m_{\theta i} = \cos\theta_i + \frac{\sin\theta_i\tan\varphi_i'}{F_s} \tag{7-44}$$

$$F_s = \frac{\sum_{i=1}^{n}\frac{1}{m_{\theta i}}\left[c_i'b_i + (G_i - u_ib_i)\tan\varphi_i'\right]}{\sum_{i=1}^{n}G_i\sin\theta_i} \tag{7-45}$$

【例 7.5】某路堤边坡高 $H=10.0\mathrm{m}$，坡比为 1∶1.5。填土的重度 $\gamma=18.0\mathrm{kN/m^3}$，黏聚力 $c=10.0\mathrm{kPa}$，内摩擦角 $\varphi=24.0°$。坡内无地下水。若不计路面荷载，试分别采用瑞典条分法和简化毕肖普法估算该边坡安全系数 F_s，并对计算结果进行比较。

【解】① 滑动面确定及滑体垂直分条

如图 7-16 所示，设坐标系原点设于坡趾 C 处。假设滑弧通过 C 点并与坡顶相交于 A

点，滑弧圆心 O 点的坐标为 $(x_O, y_O) = (3.0\text{m}, 15.0\text{m})$，于是可得：

$$\text{滑弧半径 } R = OC = OA = \sqrt{x_O^2 + y_O^2} = \sqrt{3.0^2 + 15.0^2} = 15.297\text{m}$$

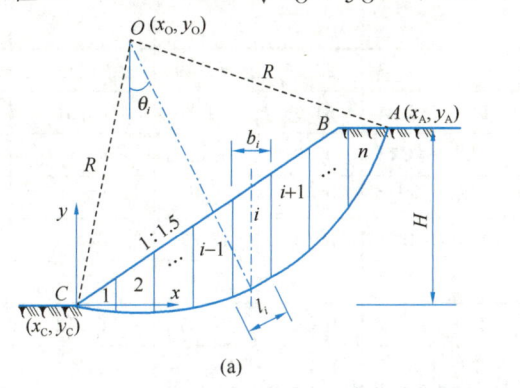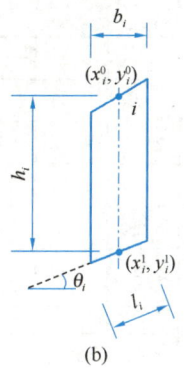

(a)   (b)

图 7-16 瑞典条分法例题

滑弧坡顶交点 A 的坐标：

$$\begin{cases} y_A = H = 10.0\text{m} \\ x_A = x_O + \sqrt{R^2 - (y_O - y_A)^2} = 3.0 + \sqrt{15.297^2 - (15.0 - 10.0)^2} = 17.457\text{m} \end{cases}$$

坡肩 B 点的坐标：$y_B = H = 10.0\text{m}$，$x_B = \dfrac{H}{1/m} = \dfrac{10}{1/1.5} = 15.000\text{m}$

坡角 $\alpha = \arctan\left(\dfrac{1}{1.5}\right) = 33.690°$

为便于对两种方法计算结果进行对比分析，统一将滑体 $ABCA$ 划分为 10 个等宽的垂直土条。即有：$b = \dfrac{x_A}{n} = \dfrac{17.457}{10} = 1.746\text{m}$

土条 i 的中心线与坡面交点坐标计算式为：

$$x_i^0 = \left(i - \frac{1}{2}\right)b, \quad y_i^0 = \begin{cases} x_i^0 \tan\alpha, \ x_i^0 < x_B \\ H, x_i^0 \geqslant x_B \end{cases}$$

土条 i 的中心线与滑面交点坐标计算式为：

$$x_i^1 = x_i^0, \quad y_i^1 = y_O - \sqrt{R^2 - (x_i^1 - x_O)^2}$$

土条 i 底面的倾角和长度计算式为：

$$\theta_i = \arctan\frac{x_i^1 - x_O}{y_O - y_i^1}, \quad l_i = \frac{b_i}{\cos\theta_i}$$

土条 i 的平均高度和重量计算式为：

$$h_i = y_i^0 - y_i^1, \quad G_i = \gamma b_i h_i$$

② 按瑞典条分法计算路堤边坡的安全系数

计算过程见表 7-3。最终可得，对应于该滑动面，采用瑞典条分法时路堤边坡的安全系数 F_s 为：

$$F_s = \frac{\sum_{i=1}^{n} c_i l_i + \sum_{i=1}^{n} G_i \cos\theta_i \tan\varphi_i}{\sum_{i=1}^{n} G_i \sin\theta_i} = \frac{217.89 + 438.18}{516.47} = 1.27$$

土条编号 i	x_i^0 (m)	y_i^0 (m)	x_i^1 (m)	y_i^1 (m)	θ_i (°)	l_i (m)	h_i (m)	G_i (kN/m)	$G_i \sin\theta_i$ (kN/m)	$G_i \cos\theta_i \tan\varphi_i$ (kN/m)	$c_i l_i$ (kN/m)
1	0.87	0.58	0.87	−0.15	−7.99	1.76	0.73	22.96	−3.19	10.12	17.63
2	2.62	1.75	2.62	−0.29	−1.43	1.75	2.04	64.06	−1.60	28.51	17.47
3	4.37	2.91	4.37	−0.24	5.12	1.75	3.15	98.87	8.82	43.84	17.53
4	6.11	4.07	6.11	0.02	11.73	1.78	4.05	127.32	25.89	55.50	17.83
5	7.86	5.24	7.86	0.49	18.51	1.84	4.74	149.08	47.33	62.94	18.41
6	9.60	6.40	9.60	1.20	25.57	1.94	5.20	163.44	70.55	65.64	19.36
7	11.35	7.57	11.35	2.18	33.08	2.08	5.38	169.20	92.35	63.12	20.84
8	13.10	8.73	13.10	3.51	41.29	2.32	5.22	164.15	108.33	54.91	23.24
9	14.84	9.89	14.84	5.32	50.72	2.76	4.58	143.89	111.38	40.56	27.58
10	16.59	10.00	16.59	7.97	62.65	3.80	2.03	63.73	56.61	13.04	38.00
合计									516.47	438.18	217.89
安全系数									$F_s = \dfrac{217.89 + 438.18}{516.47} = 1.27$		

③ 按简化毕肖普法计算路堤边坡的安全系数

计算过程见表 7-4。先取 $F_{s0} = 1.0$ 代入式（7-37）和式（7-39），进行第一次循环计算得：

$$F_{s1} = \frac{\sum\left[(cb + G_i \tan\varphi_i)/m_{\theta i}\right]}{\sum G_i \sin\theta_i} = \frac{673.88}{516.47} = 1.30$$

再以 $F_{s1} = 1.30$ 代入进行第二次循环计算得：$F_{s2} = \dfrac{705.99}{516.47} = 1.37$

以 $F_{s2} = 1.37$ 代入进行第三次循环计算得：$F_{s3} = \dfrac{711.20}{516.47} = 1.38$

最后以 $F_{s3} = 1.38$ 代入进行第四次循环计算得：$F_{s4} = \dfrac{712.02}{516.47} = 1.38$

因此，因 $|F_{s4} - F_{s3}| < 0.005$，足够满足工程精度要求，可得该滑动面对应的安全系数 $F_s = 1.38$。

土条编号 i	θ_i (°)	h_i (m)	G_i (kN/m)	$G_i \tan\varphi$ (kN/m)	$G_i \sin\theta_i$ (kN/m)	第一次循环		第二次循环		第三次循环		第四次循环	
						$m_{\theta i}$	$\dfrac{cb + G_i \tan\varphi}{m_{\theta i}}$	$m_{\theta i}$	$\dfrac{cb + G_i \tan\varphi}{m_{\theta i}}$	$m_{\theta i}$	$\dfrac{cb + G_i \tan\varphi}{m_{\theta i}}$	$m_{\theta i}$	$\dfrac{cb + G_i \tan\varphi}{m_{\theta i}}$
1	−7.99	0.73	22.96	10.22	−3.19	0.93	29.82	0.94	29.36	0.94	29.29	0.95	29.28
2	−1.43	2.04	64.06	28.52	−1.60	0.99	46.51	0.99	46.39	0.99	46.37	0.99	46.37
3	5.12	3.15	98.87	44.02	8.82	1.04	59.36	1.03	59.90	1.03	59.98	1.02	59.99
4	11.73	4.05	127.32	56.69	25.89	1.07	69.32	1.05	70.72	1.05	70.93	1.04	70.97
5	18.51	4.74	149.08	66.37	47.33	1.09	76.94	1.06	79.34	1.05	79.71	1.05	79.77

土条编号 i	θ_i (°)	h_i (m)	G_i (kN/m)	$G_i\tan\varphi$ (kN/m)	$G_i\sin\theta_i$ (kN/m)	第一次循环		第二次循环		第三次循环		第四次循环	
						$m_{\theta i}$	$\dfrac{cb+G_i\tan\varphi}{m_{\theta i}}$	$m_{\theta i}$	$\dfrac{cb+G_i\tan\varphi}{m_{\theta i}}$	$m_{\theta i}$	$\dfrac{cb+G_i\tan\varphi}{m_{\theta i}}$	$m_{\theta i}$	$\dfrac{cb+G_i\tan\varphi}{m_{\theta i}}$
6	25.57	5.20	163.44	72.77	70.55	1.09	82.46	1.05	85.99	1.04	86.54	1.04	86.62
7	33.08	5.38	169.20	75.33	92.35	1.08	85.84	1.02	90.60	1.02	91.36	1.01	91.48
8	41.29	5.22	164.15	73.08	108.33	1.05	86.63	0.98	92.72	0.97	93.70	0.96	93.86
9	50.72	4.58	143.89	64.06	111.38	0.98	83.38	0.90	90.86	0.89	92.10	0.88	92.29
10	62.65	2.03	63.73	28.38	56.61	0.85	53.62	0.76	60.11	0.75	61.22	0.75	61.39
合计					516.47		673.88		705.99		711.2		712.02
安全系数 F_s						$\dfrac{673.88}{516.47}=1.30$		$\dfrac{705.99}{516.47}=1.37$		$\dfrac{711.20}{516.47}=1.38$		$\dfrac{712.02}{516.47}=1.38$	

比较瑞典条分法和简化毕肖普法计算结果可知，前者计算结果偏小，两者相差约8%，相差较小，在10%左右。

7.7　土坡稳定性分析的几个问题

评价一个土坡是否稳定，必须掌握三个要点，即土体抗剪强度指标的合理确定、土坡稳定性分析计算方法和土坡稳定评价标准（或曰土坡稳定安全系数值、容许安全系数值）。大量工程实践和理论研究表明，采用不同的试验方法会得到不一样的土体（尤其是黏性土）抗剪强度指标，采用不同的边坡分析计算方法也会得到不同的安全系数值，而依据不同的稳定评价标准就必然会导致不同的稳定性评价结果。因此，在对实际工程土坡的稳定性进行分析评价时，土体抗剪强度指标的测试与选取方法、土坡安全系数计算方法以及土坡稳定评价标准，必须做到配套、统一。

7.7.1　土体强度指标选取

土体抗剪强度指标 c 和 φ 值的选取是否恰当，决定了土坡稳定性分析计算结果是否可靠。对于任一给定的土体，尤其是软黏土，不同试验方法测得的土体抗剪强度差异对土坡安全系数计算结果的影响，远超过采用不同安全系数计算方法对计算结果的影响。所以，在测定土的抗剪强度指标时，原则上应使试验的模拟条件尽量符合现场土体的实际受力和排水条件，保证试验指标具有一定的代表性。对于控制土坡稳定的各个时期，可分别按表 7-5 选取不同的试验方法和测定结果。

7.7.2　土体容许安全系数

对于黏性土坡，从理论上说，当处于极限平衡状态时，其临界的稳定安全系数 $F_s=1$，如果设计土坡的 $F_s>1$，则土坡能满足稳定要求。但在实际工程中，由于影响土坡稳定性的因素较多，有些土坡即使计算得到的 $F_s>1$，还是发生了滑动，而有些土坡尽管计算出 $F_s<1$，却是稳定的。因此，在进行黏性土坡（尤其是软黏土土坡）的稳定性分析时，不仅要求分析计算方法合理，更重要的是要合理选取土的抗剪强度指标和规定恰当的稳定评价标准。目前对于土坡稳定评价标准（容许安全系数或稳定安全系数的取值），各部门尚

无统一标准，考虑的角度也不尽相同，在工程中应根据土坡计算方法和土体强度指标的测定方法综合选取，并应结合当地已有实践经验加以确定。

表 7-6 为《公路软土地基路堤设计与施工技术细则》JTG/T D31-02—2013 中给出的稳定安全系数容许值和稳定性分析方法及土的强度指标配合应用的规定。表 7-7 和表 7-8 分别为国家标准《建筑边坡工程技术规范》GB 50330—2013 给出的边坡稳定性状态划分方法和稳定安全系数值（就是为保持边坡稳定而设定的容许安全系数值）。

土坡稳定性计算时抗剪强度指标的选用　　　　　　　　　　表 7-5

控制稳定情况	强度计算方法	土类		仪器	试验方法	采用的强度指标	试样初始状态
正常施工	有效应力法	无黏性土		直剪	慢剪	c'、φ'	填土用填筑含水量和填筑密度，地基用原状土
				三轴	排水剪		
		粉土黏性土	饱和度 ≤80%	直剪	慢剪		
				三轴	不排水剪测孔隙应力		
			饱和度 >80%	直剪	慢剪		
				三轴	固结不排水剪测孔隙应力	c_{cu}、φ_{cu}	
快速施工	总应力法	粉土黏性土	渗透系数 <10^{-7}cm/s	直剪	快剪	c_u、φ_u	
			任何渗透系数	三轴	不排水剪		
长期稳定渗流	有效应力方法	无黏性土		直剪	慢剪	c'、φ'	同上，但要预先饱和
				三轴	排水剪		
		粉土黏性土		直剪	慢剪		
				三轴	固结不排水剪测孔隙应力	c_{cu}、φ_{cu}	

边坡稳定安全系数容许值(《公路软土地基路堤设计与施工技术细则》JTG/T D31-02—2013)
表 7-6

指标	有效固结应力法		改进总强度法		简化毕肖普法、简化普遍条分法
	不考虑固结	考虑固结	不考虑固结	考虑固结	
直接快剪	1.1	1.2	—	—	—
静力触探、十字板剪切	—	—	1.2	1.3	—
三轴有效剪切指标	—	—	—	—	1.4

注：表列稳定安全系数未考虑地震影响。当需要考虑地震力时，表列稳定安全系数减小 0.1。

边坡稳定性状态划分(《建筑边坡工程技术规范》GB 50330—2013)　　表 7-7

边坡稳定性系数 F_s	$F_s<1.00$	$1.00{\leqslant}F_s<1.05$	$1.05{\leqslant}F_s<F_{st}$	$F_s{\geqslant}F_{st}$
边坡稳定性状态	不稳定	欠稳定	基本稳定	稳定

注：F_s——边坡稳定性系数，即为本书所述土坡安全系数；F_{st}——边坡稳定安全系数。

边坡类型		边坡工程安全等级		
		一级	二级	三级
永久边坡	一般工况	1.35	1.30	1.25
	地震工况	1.15	1.10	1.05
临时边坡		1.25	1.20	1.15

注：① 地震工况时，安全系数仅适用于塌滑区内无重要建（构）筑物的边坡；

② 对地质条件很复杂或破坏后果极严重的边坡工程，其稳定安全系数应适当提高。

7.7.3 最危险滑动面确定

利用前面介绍的方法分析土坡稳定性，必须先假定一个滑动面才能计算，而假定的滑动面并非是最危险滑动面，其对应的安全系数也并非能真实地反映土坡的稳定性状态，因此土坡稳定性分析就是要设法找到最危险滑动面以及它所对应的最小安全系数值。

7.7.3.1 简单均质土坡最危险圆弧滑动面经验确定法

由于简单均质土坡的滑动面形状近似为圆弧，只要知道滑弧的圆心坐标和半径就可定位一个滑动面，因此不断改变圆心坐标和半径，就可得到不同的滑动面，进而可计算得到不同的安全系数值，于是通过大量试算就可搜索到土坡的最小安全系数值以及所对应的最危险滑动面。在计算机出现之前，费伦纽斯（W. Fellenius，1927）基于大量手工计算结果，提出了一种确定简单均质土坡最危险圆弧滑动面的经验方法。

① 当土的内摩擦角 $\varphi=0$ 时，土坡的最危险滑弧一般通过坡脚，其圆心 O 的位置可由图 7-17 中 CO 和 AO 的交点确定。CO 和 BO 与坡面的交角分别为 β_1 和 β_2。β_1 和 β_2 的值根据坡比大小按表 7-9 查得。

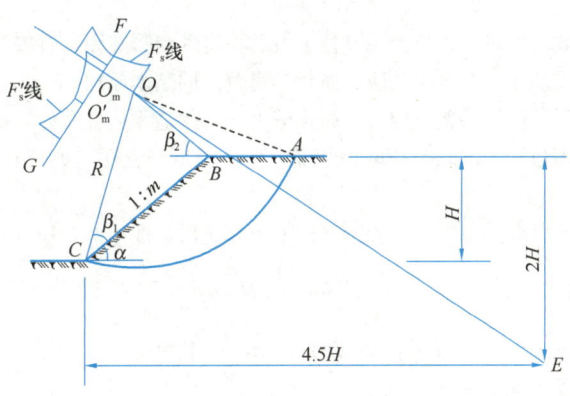

图 7-17 最危险滑弧圆心位置

不同坡度下 β_1、β_2 值　　　　　　　　　　表 7-9

坡比	坡角	β_1	β_2
1：0.58	60°	29°	40°
1：1.0	45°	28°	37°
1：1.5	33°41′	26°	35°
1：2.0	26°34′	25°	35°
1：3.0	18°26′	25°	35°
1：4.0	14°02′	25°	36°
1：5.0	11°19′	25°	39°

② 当土的内摩擦角 $\varphi>0°$ 时，土坡的最危险滑弧仍然通过坡脚，但其圆心 O 的位置在图 7-17 中 EO 线的延长线上。EO 线的位置按图 7-17 中所示方法确定。在 EO 延长线上取 O_1、O_2、…，以它们为圆心，分别作过坡趾 C 的滑弧，并求出相应的安全系数 F_{s1}、F_{s2}、…。据此绘制出安全系数 F_s 随圆心位置的变化曲线，F_s 曲线最低点即为土坡最小安全系数，它在 EO 延长线上对应的位置 O_m 即为最危险滑弧圆心。当土坡非均质，或者坡面形状及荷载情况较复杂时，最危险滑弧圆心并不一定在 EO 延长线上。此时，过 O_m 作 EO 的垂线 FG，用类似方法在 FG 线上绘出安全系数 F'_s 曲线，找出 F'_s 线上最小安全系数点在 FG 线上所对应的位置 O'_m，O'_m 点即为所求最危险滑弧的圆心。

7.7.3.2 复杂土坡最危险滑动面确定

对于形状复杂的非均质土坡，其滑动面通常呈非圆弧状，需要数十个甚至上百个位置参数才能定位一个滑动面，这使得试算工作量急剧增加，必须要借助各种优化搜索算法，并通过计算机编程才能搜索到土坡的最小安全系数值和所对应的最危险滑动面。目前，从传统的随机投点法、数学规划法，到新兴的各种智能算法，都有被用来搜索土坡的最危险滑动面，并已有不少的现成计算程序可供使用，利用现代高性能计算机可在很短的时间内搜索到复杂土坡的最危险滑动面及其所对应的最小安全系数值。

思 考 题

7.1 地基破坏模式有几种？发生整体剪切破坏时 p-s 曲线的特征如何？

7.2 何为地基的临塑荷载、界限荷载？如何按地基塑性区开展深度确定 p_{cr}、$p_{1/4}$？

7.3 何为地基极限承载力（或称地基极限荷载）？比较各种 p_u 公式的异同点。

7.4 何为土坡？影响土坡稳定性的因素有哪些？

7.5 何谓无黏性土坡的自然休止角？无黏性土坡的稳定性与哪些因素有关？

7.6 简述整体圆弧滑动法、瑞典条分法、简化毕肖普法的基本原理。

7.7 简述整体圆弧滑动法、瑞典条分法、简化毕肖普法的适用条件和计算精度。

7.8 对于土的内摩擦角 $\varphi=0$ 和 $\varphi>0$ 两种情况，费伦纽斯经验法是如何确定土坡最危险滑弧圆心位置的？

7.9 分析土坡稳定性时应如何根据工程情况选取土体抗剪强度指标及稳定安全系数？

习 题

7.1 某条形基础宽度 $b=3m$，埋置深度 $d=1.2m$，建于均质黏土地基上，土层 $\gamma=18.5kN/m^3$，$c=15kPa$，$\varphi=20°$，试分别计算地基的 p_{cr} 和 $p_{1/4}$。

7.2 某条形基础基底宽度 $b=3.0m$，基础埋深 $d=1.4m$，受中心垂直荷载作用。地下水位接近地面。地基为砂土，饱和重度 $\gamma_{sat}=21.0kN/m^3$，内摩擦角 $\varphi=30°$。试求：

① 地基的临界荷载；

② 若基础埋深 d 不变，基础宽度 b 加大 1 倍，求地基的临界荷载；

③ 若基底宽度 b 不变，基础埋深加大 1 倍，求地基临界荷载；

④ 从上述计算结果可以发现什么规律？

7.3 某条形筏板基础宽度 $b=12m$，埋深 $d=2m$，建于均匀黏土地基上，黏土的 $\gamma=18.0kN/m^3$，$\varphi=15°$，$c=15kPa$，求：

① 临塑荷载 p_{cr} 和界限荷载 $p_{1/4}$ 值；

② 用太沙基公式计算地基极限承载力 p_u 值；

③ 若地下水位位于基础底面处（$\gamma_{sat}=19.7kN/m^3$），计算 p_{cr} 和 $p_{1/4}$ 的值。

7.4 某一条形基础，宽 1.5m，埋深 1.0m。地基土层分布为：

第一层为素填土，厚 0.8m，密度 $1.80g/cm^3$，含水量 35%；

第二层为黏性土，厚 6m，密度 $1.82g/cm^3$，含水量 38%，土粒相对密度 2.72，土的黏聚力 10kPa，内摩擦角 13°。

求该基础的临塑荷载 p_{cr}，临界荷载 $p_{1/3}$ 和 $p_{1/4}$。若地下水位上升到基础底面，假定土的抗剪强度指标不变，其 p_{cr}，$p_{1/3}$，$p_{1/4}$ 相应为多少？据此可得到何种规律？

7.5 某方形基础受中心垂直荷载作用，$b=1.5m$，$d=2.0m$，地基为坚硬黏土，$\gamma=18.2kN/m^3$，$c=30.0kPa$，$\varphi=22°$。试分别按 $p_{1/4}$、太沙基公式和汉森公式确定地基的承载力（安全系数取 3.0）。

7.6 一无限长土坡与水平面呈 α 角，土的重度 $\gamma=19.0kN/m^3$，土与基岩面的抗剪强度指标 $c=0$，$\varphi=30°$。求稳定安全系数 $F_s=1.2$ 时的 α 角容许值。

7.7 一砂砾土坡，土的饱和重度为 $\gamma_{sat}=19.0kN/m^3$、内摩擦角 $\varphi=32°$，坡比为 1：3。试问在干坡或完全浸水时，其稳定性系数为多少？又问，当有顺坡向水流时土坡还能保持稳定吗？若坡比改为 1：4，其稳定性如何？

7.8 一均质黏性土坡，高 15m，坡比为 1：2，土的黏聚力 $c=40kPa$、内摩擦角 $\varphi=8°$、重度 $\gamma=19.0kN/m^3$。试按照费伦纽斯法确定其最危险滑动面圆心的位置。

7.9 土坡外形和土的性质指标同习题 7.8。试分别采用整体圆弧滑动法、瑞典条分法和简化毕肖普法计算土坡稳定性系数 F_s。

第8章 天然地基上的浅基础

本章提要与要求

内容提要

本章先简要介绍了浅基础的类型及地基基础设计的基本原则；然后重点介绍天然地基上浅基础的设计计算方法，主要包括：基础埋置深度的选择，地基承载力的确定，基础底面尺寸的确定，地基变形特征量与验算要求，无筋扩展基础、扩展基础、柱下条形基础及筏形基础的设计计算，并给出了相应算例；最后简要介绍了减轻地基不均匀沉降危害的建筑、结构及施工措施。

学习要求

了解地基-基础-上部结构共同工作的概念。

熟悉浅基础的类型及其选用与设计原则；熟悉无筋扩展基础、钢筋混凝土扩展基础、柱下条形基础及筏形与箱形基础的构造要求、设计计算内容和方法；熟悉减轻地基不均匀沉降危害的建筑、结构及施工措施。

掌握地基基础设计原则和基本规定；掌握影响浅基础埋深的主要因素；掌握浅基础地基承载力的确定方法，以及按地基持力层承载力确定浅基础基底尺寸的方法，并能进行软弱下卧层强度验算；掌握地基的变形特征。

8.1 概　　述

地基是指支承基础的土体或岩体，而基础将上部结构所承受的各种作用传递至地基，是连接地基与上部结构之间的过渡结构，起着承上启下的作用。地基按是否经过处理分为天然地基和人工地基，而基础可按其埋置深度、施工方法及是否考虑基础侧面摩阻力等分为浅基础和深基础两类，本章主要讨论天然地基上的浅基础。

相比于深基础，浅基础的埋深通常不大，一般只需采用普通基坑开挖、排水的施工方法建造，施工条件和工艺均较简单；设计时也只考虑基底地基土的承载能力，不考虑基底以上基础侧面与地基土之间的摩阻力等相互作用。

为保证建（构）筑物地基基础设计的安全与经济，我国各工程行业领域或地方制定了相应的地基基础设计规范，并根据理论研究与工程实践的发展而不断加以修订，如《建筑地基规范》和《公路地基规范》等。工程应用尚应满足相应规范的规定。

8.2 浅基础的类型

工程中常用的浅基础类型较多，通常可根据基础建造材料的性能和基础结构形式将浅基础分为如下两大类型：

(1) 按材料性能（或刚度）：可分为无筋扩展基础（刚性基础）和扩展基础（柔性基础）。

(2) 按结构形式：可分为独立基础、墙下或柱下条形基础、筏形基础、箱形基础、岩石锚杆基础、壳体基础等。

8.2.1 无筋扩展基础（刚性基础）

无筋扩展基础系指用砖、毛石、混凝土、毛石混凝土、灰土或三合土等材料组成的，且不需要配置钢筋的墙下条形基础或柱下独立基础（图8-1）。因所用材料的抗压性能较好，而抗拉、抗剪性能较差，无筋扩展基础需具备非常大的截面抗弯刚度方可保证受荷后不发生挠曲变形和开裂，故俗称"刚性基础"。无筋扩展基础设计时一般只需规定基础的材料强度，限制台阶宽高比，控制建筑物层高及地基承载力，通常无须进行繁杂的内力分析和截面强度计算。

(a)   (b)

图8-1 无筋扩展条形基础示例

(a) 砖基础；(b) 毛石基础

但当基础荷载较大、场地地质条件较差时，为满足无筋扩展基础宽高比要求，基底尺寸与基础埋深须相应增大（用料多、基础自重大），将导致基坑开挖与排水等施工困难及成本增加。因此，对于基础承受较大竖向荷载、承受水平力和力矩，以及地基承载力不高等情况，宜采用抗弯和抗剪性能好的钢筋混凝土基础。

8.2.2 扩展基础

扩展基础是指通过向侧边扩展一定底面积，以扩散上部结构传来的荷载、使作用于基底的压应力和基础内部的应力能分别满足地基承载力与材料强度设计要求的基础。常用的扩展基础有柱下钢筋混凝土独立基础和墙下钢筋混凝土条形基础。由于扩展基础的高度不受台阶允许宽高比的限制，故适用于需要"宽基浅埋"的场地，如当软土地基表层有一定厚度的"硬壳层"时，便可考虑采用这类基础形式，利用"硬壳层"作为地基持力层。钢筋混凝土基础以钢筋受拉、混凝土受压为特点，地基-基础相互作用分析时，可考虑基础的挠曲变形。因此，相对于无筋扩展基础这类"刚性基础"，也可将扩展基础称为"柔性基础"或"弹性基础"。

8.2.2.1 钢筋混凝土独立基础

独立基础（也称"单独基础"）是整个或局部结构物下的无筋或配筋的单个基础，柱、烟囱、水塔、高炉、机器设备基础多采用独立基础。独立基础是柱基础中最常用和最经济的形式，所用材料主要根据柱的材料、荷载大小和地质情况而定。现浇钢筋混凝土柱多采用现浇钢筋混凝土独立基础，基础截面做成阶梯形（图8-2a）或锥形（图8-2b）。预制柱一般采用杯口基础（图8-2c）。烟囱、水塔、高炉等高耸构筑物常采用钢筋混凝土圆板或圆环基础及混凝土实体基础，也可用壳体基础。

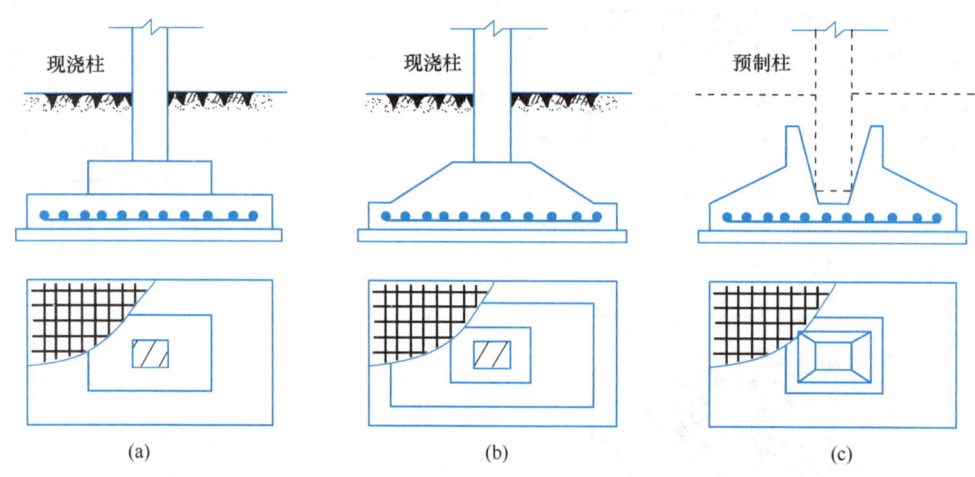

（a）　　　　　　　　（b）　　　　　　　　（c）

图 8-2　柱下钢筋混凝土独立基础
（a）阶梯形；（b）锥形；（c）杯形

8.2.2.2 钢筋混凝土条形基础

条形基础是指基础长度远大于其宽度的一种基础形式，按上部结构形式，可分为墙下条形基础和柱下条形基础两种，其中墙下无筋扩展基础在多层砌体结构中应用较多，而当上部墙体荷载较大且地基土质较差时，可考虑采用"宽基浅埋"的墙下钢筋混凝土条基。墙下钢筋混凝土条基一般做成无肋的板式，如图8-3（a）所示，但当基础纵向的荷载及地基土压缩性不均匀时，为增强基础的整体性和抗弯能力，减小不均匀沉降，常采用带肋的

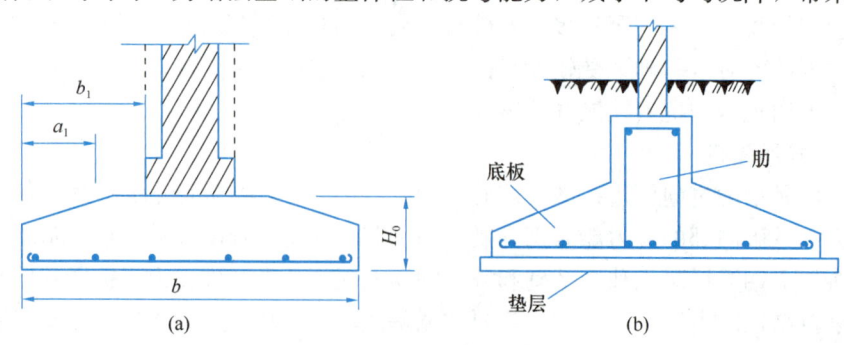

（a）　　　　　　　　　　　　　（b）

图 8-3　墙下条形基础
（a）无肋；（b）有肋

基础（图 8-3b）。

当地基软弱且荷载较大时，若采用柱下钢筋混凝土独立基础，可能因基底面积太大而使相邻基础边缘互相接近甚至重叠，为增加基础整体性并方便施工，可将同一排的柱基础连通成为柱下钢筋混凝土条形基础（图 8-4）。若仅是相邻柱基相连，又称作联合基础或双柱联合基础。

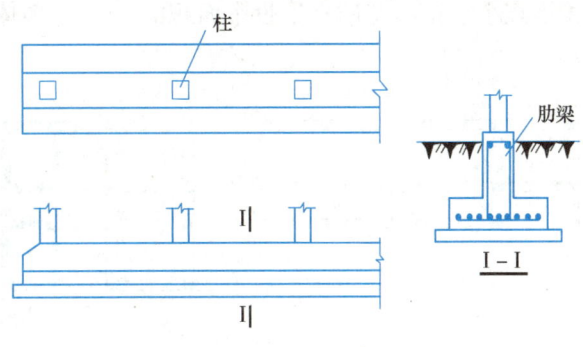

图 8-4　柱下条形基础

采用柱下钢筋混凝土条形基础仍不能满足地基基础设计要求时，可采用交叉条形基础（亦称十字交叉条形基础）。这种基础在纵横向均具有一定刚度，当地基软弱且两个方向的荷载和土质不均匀时，交叉条形基础具有良好的调整不均匀沉降的能力。

8.2.2.3　筏形基础

荷载很大且地基软弱，采用交叉条形基础也无法满足要求时可采用筏形基础（俗称筏板基础），即用钢筋混凝土做成连续整片基础。筏形基础因基底面积大，可减少基底压力，并有效增强基础整体性，其在构造上好像倒置的钢筋混凝土楼盖，并可分为平板式（图 8-5a）和梁板式（图 8-5b）两种。

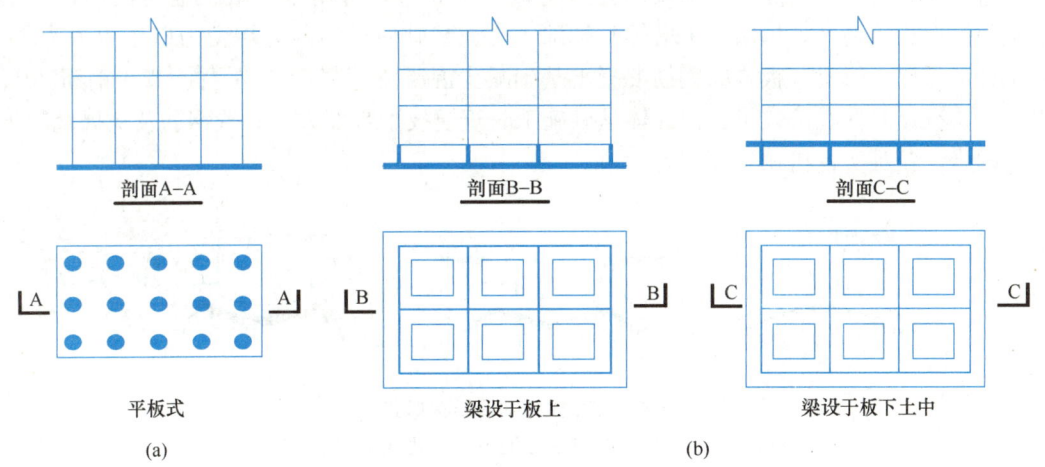

图 8-5　筏形基础示意图
（a）平板式；（b）梁板式

筏形基础在框架、框架剪力墙及剪力墙等高层建筑结构中应用较多，亦可用于砌体结构。南方地区多层住宅有采用筏形基础并直接置于地表土层，称为无埋深筏基，但北方地区应用时须考虑抗冻与采暖等要求而保持一定的基础埋深。

8.2.2.4 箱形基础

箱形基础是由钢筋混凝土的底板、顶板和内外纵横墙体组成的格式空间结构（图 8-6）。通常，内外墙应沿上部结构柱网和剪力墙纵横均匀布置，当上部结构为框架或框剪结构时，墙体水平截面总面积不宜小于箱形基础水平投影面积的 1/12；当基础平面长宽比大于 4 时，纵墙水平截面面积不宜小于箱形基础水平投影面积的 1/18（墙体水平截面面积计算时可不扣除洞口部分）。

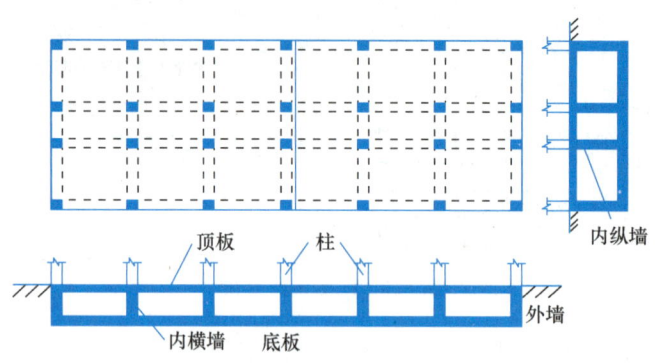

图 8-6　箱形基础

箱形基础的刚度大，整体性强，能有效调整基础的不均匀沉降，可优先作为高层建筑人防工程的基础形式。另外，箱形基础的中空结构形式可能使得基础自重小于基坑开挖卸去的土重，基底附加压力将比实体基础减少，从而可提高地基土的稳定性，降低基础沉降量，具有较好的抗震性和补偿性。

8.2.2.5 壳体基础

由正圆锥形及其组合形式构成的壳体基础（图 8-7），可用于一般工业与民用建筑的柱基和筒形构筑物（如烟囱、水塔等）基础。这种基础使径向内力转变为以压应力为主。据统计，可比一般梁、板式的钢筋混凝土基础减少混凝土用量 50% 左右，节约钢筋 30% 以上，具有良好的经济效果。但壳体基础施工时筑模技术难度大，布置钢筋及浇捣混凝土施工困难，较难实行机械化施工。

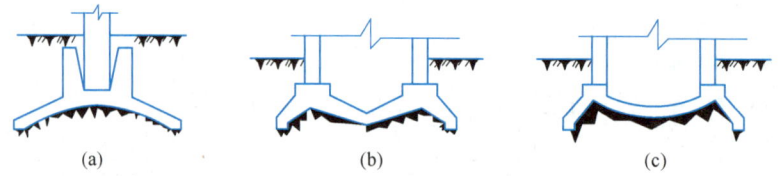

图 8-7　壳体基础的结构形式
（a）正圆锥壳；（b）M 形组合壳；（c）内球外锥组合壳

以上对常用浅基础类型作了简要介绍。工程实践中须因地制宜选用，必要时还须根据工程需要另行设计基础形式，如在非岩石地基上修筑拱桥桥台基础时，为增加基底抗滑能力，顺桥向基底剖面形式可做成齿坎状或斜面等。

8.2.2.6 岩石锚杆和锚碇基础

（1）岩石锚杆基础

岩石锚杆基础（图8-8）适用于直接建在基岩上的柱基，以及承受拉力或水平力较大的建（构）筑物基础。这种基础对锚杆的材料、孔径、锚固长度、灌浆等均有一定要求，以确保锚杆基础与基岩连成整体。

（2）锚碇基础

锚碇基础适用于跨度长、自重大的悬索桥，常用形式有重力式锚碇和隧道式锚碇等。其中，重力式锚碇（图8-9）依靠其本身的自重以及锚体与地基土之间的摩阻力来抵抗主缆等受力构件的拉力，对周围环境的依赖性低；隧道式锚碇则将主缆拉力传递至围岩，但所需基础规模较大，造价偏高。工程中为了使锚碇基础具有足够的稳定性，通常将其置于硬质岩层或性质良好的土层中，且严格限制锚碇的最大位移和倾覆量。此外，位于河岸上的锚碇以塔墩地基和岸坡为抗力体时须考虑塔墩地基和岸坡稳定对上部结构的影响。

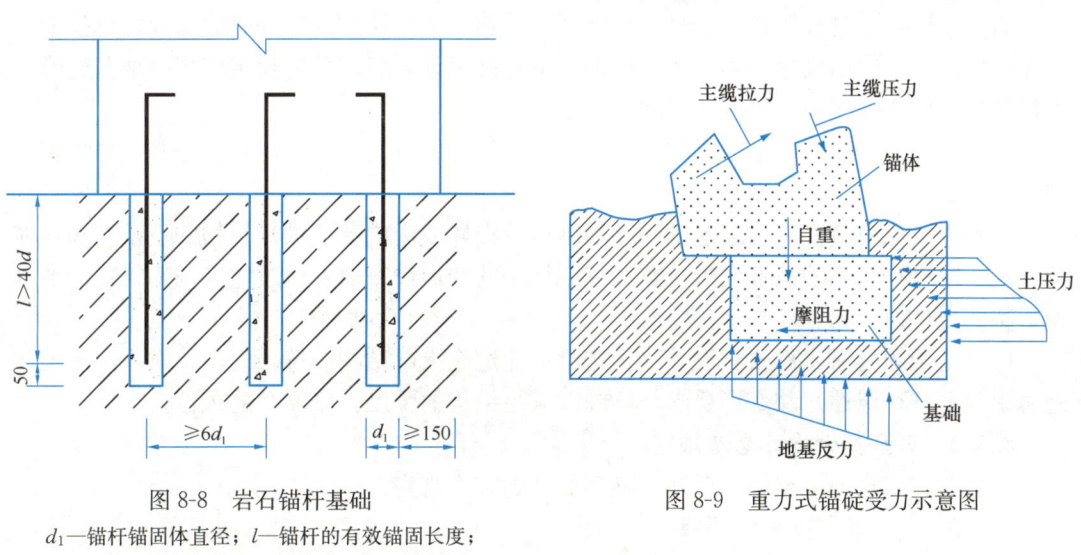

图8-8　岩石锚杆基础

d_1—锚杆锚固体直径；l—锚杆的有效锚固长度；

d—锚杆杆体直径

图8-9　重力式锚碇受力示意图

8.3　地基基础设计的基本原则

地基基础设计须根据上部结构条件（功能用途、安全等级、建筑布置、结构类型等）及工程地质与水文地质条件（场地类型、地基岩土等），结合考虑其他方面的要求（施工条件、工期、造价等），因地制宜，合理选择地基基础方案。

8.3.1　极限状态设计原则

整个结构或结构构件超过某一特定状态就无法满足设计规定的相应功能要求，此特定状态可称为该功能的极限状态。地基基础的设计主要基于以下两种极限状态。

8.3.1.1　承载能力极限状态

承载能力极限状态对应于结构或构件达到最大承载能力或不适合于继续承载的变形或变位。对于地基基础，当其出现以下状态之一时即可认为超过了承载能力极限状态：

① 整个基础结构或结构的一部分作为刚体失去平衡，如倾覆等；

② 基础结构构件或连接部位因超过材料强度而破坏（包括疲劳破坏），或因过度塑性变形而不适合于继续承载；

③ 结构转变为机动体系；

④ 结构或结构构件丧失稳定，如压屈失稳等；

⑤ 地基丧失承载能力而破坏，如整体剪切破坏等。

8.3.1.2 正常使用极限状态

正常使用极限状态对应于结构或构件达到正常使用或耐久性能的某项规定限值。当地基基础出现以下状态之一时应认为超过了正常使用极限状态：

① 影响上部结构正常使用或外观的变形；

② 影响正常使用或耐久性能的局部破坏，如基础结构的裂缝等；

③ 影响正常使用的振动；

④ 影响正常使用的其他特定状态。

为了保证建（构）筑物的安全与正常使用，建（构）筑物地基基础的设计计算按上述承载能力或正常使用极限平衡状态，根据地基基础设计等级和长期荷载作用下地基变形对上部结构的影响程度应满足下述三项基本原则：

（1）所有建筑物的地基计算均应满足承载力计算的有关规定，以防止地基土体的剪切破坏。

（2）为避免地基变形引起基础和上部结构的损坏或影响建（构）筑物的正常使用功能和外观，应进行必要的地基变形计算，控制地基的变形计算值不超过建（构）筑物的地基变形特征允许值。

（3）基础的材料、形式、尺寸和构造除应能适应上部结构、符合使用要求、满足上述地基承载力（稳定性）和变形要求外，尚应满足结构的强度、刚度和耐久性要求。

8.3.2 地基基础设计基本规定

以下为《建筑地基规范》对地基基础设计的基本规定。

8.3.2.1 地基基础设计等级

根据地基复杂程度、建筑物规模和功能特征以及由于地基问题可能造成建筑物破坏或影响正常使用的程度，将地基基础设计分为甲级、乙级和丙级三个设计等级，具体按表 8-1 选用。

地基基础设计等级　　　　　　　　　　　　　　　　　表 8-1

设计等级	建筑和地基类型
甲级	重要的工业与民用建筑物；30 层以上的高层建筑；体型复杂，层数相差超过 10 层的高低层连成一体建筑物；大面积的多层地下建筑物（如地下车库、商场、运动场等）；对地基变形有特殊要求的建筑物；复杂地质条件下的坡上建筑物（包括高边坡）；对原有工程影响较大的新建建筑物；场地和地基条件复杂的一般建筑物；位于复杂地质条件及软土地区的二层及二层以上地下室的基坑工程；开挖深度大于 15m 的基坑工程；周边环境条件复杂、环境保护要求高的基坑工程
乙级	除甲级、丙级以外的工业与民用建筑物；除甲级、丙级以外的基坑工程
丙级	场地和地基条件简单、荷载分布均匀的七层及以下民用建筑及一般工业建筑物；次要的轻型建筑物；非软土地区且场地地质条件简单、基坑周边环境条件简单、环境保护要求不高且开挖深度小于 5.0m 的基坑工程

8.3.2.2 地基基础计算采用的作用效应与抗力限值

地基基础设计时采用的作用效应与相应的抗力限值按下列规定执行：

① 按地基承载力确定基底面积及埋深或按单桩承载力确定桩数时，传至基础或承台底面上的作用效应按正常使用极限状态下作用的标准组合；相应的抗力采用地基承载力特征值或单桩承载力特征值。

② 地基变形计算时，传至基础底面上的作用效应按正常使用极限状态下作用的准永久组合，且不计入风荷载和地震作用；相应的限值为地基变形允许值。

③ 计算挡土墙、地基或斜坡稳定及基础抗浮稳定时，作用效应按承载能力极限状态下作用的基本组合，但其分项系数均为 1.0。

④ 确定基础或桩基承台高度、支挡结构截面，计算基础或支挡结构内力，确定配筋和验算材料强度时，上部结构传来的作用效应和相应的基底反力、挡土墙土压力及滑坡推力，应按承载能力极限状态下作用的基本组合，采用相应的分项系数；需验算基础裂缝宽度时，应按正常使用极限状态下作用的标准组合。

⑤ 基础设计安全等级、结构设计使用年限、结构重要性系数应按有关规范的规定采用，但结构重要性系数 γ_0 不应小于 1.0。

8.3.2.3 地基承载力计算规定

所有建筑物的地基计算均应满足承载力计算的有关规定。对经常受水平荷载作用的高层建筑、高耸结构和挡土墙等，以及建筑在斜坡上或边坡附近的建（构）筑物，应验算其稳定性；因地下水的影响存在上浮问题时，还应进行抗浮验算。

地基稳定性可采用圆弧滑动法进行验算，要求传至最危险滑动面上的诸力对滑动中心所产生的抗滑力矩 M_R 与滑动力矩 M_S 之比符合：

$$\frac{M_R}{M_S} \geqslant 1.2 \tag{8-1}$$

为保证稳定土坡（坡高 H）顶上的建筑稳定性，对于条形或矩形基础（图 8-10），当垂直于坡顶边缘线的基底边长 b 不超过 3m 时，其基底外边缘线至坡顶的水平距离 a 应符合下式要求，且不得小于 2.5m：

$$a \geqslant \chi b - \frac{d}{\tan\beta} \tag{8-2}$$

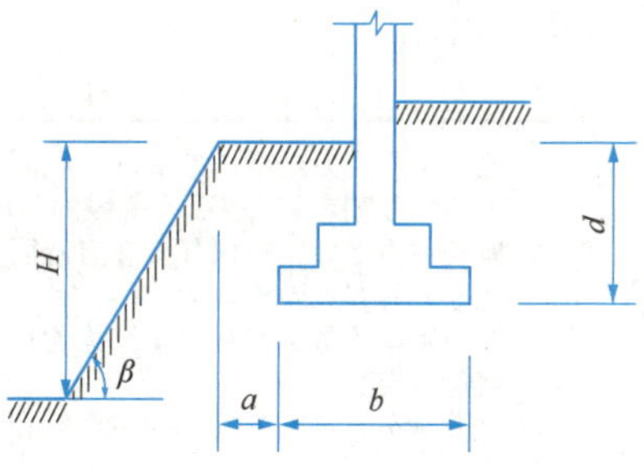

图 8-10 基底外边缘线至坡顶
水平距离示意图

式中 d——基础埋置深度（m）；

      β——边坡坡角（°）；

      χ——系数，对条形基础和矩形基础分别取 3.5 和 2.5。

当基底外边缘线至坡顶的水平距离 a 不满足式（8-2）的要求时，可根据基底平均压力按式（8-1）确定基础距坡顶边缘的距离和基础埋深；当边坡坡角大于 45°且高度 $H>$ 8m 时，尚应按式（8-1）验算坡体稳定性。

当建（构）筑物基础存在浮力作用时应进行抗浮稳定性验算。对于简单的浮力作用情况，要求：

$$\frac{G_k}{N_{w,k}} \geq K_w \tag{8-3}$$

式中 G_k——建筑物自重及压重之和（kN）；

$N_{w,k}$——浮力作用值（kN）；

K_w——抗浮稳定安全系数，一般情况下可取 1.05。

若抗浮稳定性不满足设计要求，可采用增加压重或设置抗浮锚杆、抗浮桩等措施。当整体满足抗浮稳定性要求而局部不满足时，也可采取增加结构刚度的措施。

8.3.2.4 地基变形计算规定

设计等级为甲级、乙级的建筑物均应按地基变形设计。表 8-2 所列设计等级为丙级的建筑物有下列情况之一时仍应作变形验算：①地基承载力特征值小于 130kPa，且建筑体型复杂；②基础上及其附近有地面堆载或相邻基础荷载差异较大，可能引起地基产生过大的不均匀沉降时；③位于软弱地基上且建筑物存在偏心荷载时；④相邻建筑距离过近，可能发生倾斜时；⑤地基内有自重固结未完成的厚度较大或厚薄不均的填土时。

可不作地基变形验算的设计等级为丙级的建筑物范围　　　　　　表 8-2

地基主要受力层情况			$80 \leqslant f_{ak}$ <100	$100 \leqslant f_{ak}$ <130	$130 \leqslant f_{ak}$ <160	$160 \leqslant f_{ak}$ <200	$200 \leqslant f_{ak}$ <300
	地基承载力特征值 f_{ak}（kPa）						
	各土层坡度（%）		$\leqslant 5$	$\leqslant 10$	$\leqslant 10$	$\leqslant 10$	$\leqslant 10$
建筑类型	砌体承重结构、框架结构（层数）		$\leqslant 5$	$\leqslant 5$	$\leqslant 6$	$\leqslant 6$	$\leqslant 7$
	单层排架结构（6m 柱距）	单跨 吊车额定起重量（t）	10~15	15~20	20~30	30~50	50~100
		单跨 厂房跨度（m）	$\leqslant 18$	$\leqslant 24$	$\leqslant 30$	$\leqslant 30$	$\leqslant 30$
		多跨 吊车额定起重量（t）	5~10	10~15	15~20	20~30	30~75
		多跨 厂房跨度（m）	$\leqslant 18$	$\leqslant 24$	$\leqslant 30$	$\leqslant 30$	$\leqslant 30$
	烟囱	高度（m）	$\leqslant 40$	$\leqslant 50$	$\leqslant 75$		$\leqslant 100$
	水塔	高度（m）	$\leqslant 20$	$\leqslant 30$	$\leqslant 30$		$\leqslant 30$
		容积（m³）	50~100	100~200	200~300	300~500	500~1000

注：① 地基主要受力层系指条形基础底面下深度为 3b（b 为基础底面宽度），独立基础下为 1.5b，且厚度均不小于 5m 的范围（二层以下一般的民用建筑除外）；

② 地基主要受力层中如有承载力特征值小于 130kPa 的土层时，表中砌体承重结构的设计应符合《建筑地基规范》的有关要求；

③ 表中砌体承重结构和框架结构均指民用建筑，对于工业建筑可按厂房高度、荷载情况折合成与其相当的民用建筑层数；

④ 表中吊车额定起重量、烟囱高度和水塔容积的数值系指最大值。

8.4　基础埋置深度的选择

直接支承基础的土层称为持力层，其下的各土层称为下卧层。基础埋置深度（以下简称"基础埋深"）是指基础底面至地面（一般指室外地面）的距离。选择基础埋深也即选择合适的地基持力层。

基础埋深大小对建（构）筑物的安全和正常使用、基础施工技术措施、建设周期和造价等影响很大。因此，确定基础埋深是基础设计工作中的重要环节。设计时须综合考虑建

（构）筑物自身条件（如使用要求、上部结构形式、荷载大小和性质等）以及所处环境（如地质条件、气候条件、邻近建筑影响等），抓住其中起决定性的作用因素，因地制宜，合理选择基础埋深。

8.4.1 建筑结构条件与场地环境条件

当建（构）筑物地下部分需具备一定的使用功能或宜采用某种基础形式时，就成为其基础埋深选择的先决条件。因此，对须设置地下室或设备层的建筑物、半埋式结构物、须建造带封闭侧墙的筏形或箱形基础的高层或重型建筑、具有地下部分的设备基础等，都应综合考虑建筑结构条件与基础埋深选择，如电梯井处自地面向下至少需有 1.4m 的缓冲坑，其基础埋深应满足这一要求。

结构物荷载大小和性质不同，对地基土要求也不同，进而影响基础埋深。浅层土对荷载小的基础可能是很好的持力层，但当荷载比较大时就不一定能作持力层了。荷载性质对基础埋深影响也很明显。对于承受水平荷载（风、地震等）的基础，须有足够埋深来获得土的侧向抗力，以保证基础稳定性，减少建筑物的整体倾斜，防止倾覆及滑移。如抗震设防区的高层建筑，除岩石地基外，采用天然地基上的筏基和箱基的埋深不宜小于建筑物高度的 1/15；采用桩箱或桩筏基础时的埋深（不计桩长）不宜小于建筑物高的 1/18。对于承受上拔力的基础，如输电塔基础，也要求较大埋深来提供足够的抗拔阻力。对于承受动荷载的基础，则不宜选择饱和疏松的粉细砂作为持力层，以免因振动液化而丧失承载力，造成基础失稳。

为保护基础不受人类和其他生物活动等的影响，基础宜埋置在地表以下，其最小埋深为 0.5m，且基础顶面宜低于室外设计地面 0.1m，并便于周围排水沟的布置。

对于相邻建筑物，新建筑物基础埋深不宜大于原有建筑物基础。当埋深大于原有建筑物基础时，两基础间应保持一定净距，其数值应根据建筑荷载大小、基础形式和土质情况确定，一般不宜小于基础地面高差的 1～2 倍（图 8-11）。当上述要求不能满足时，应采取分段施工，设置临时加固支撑、打板桩、地下连续墙等施工措施，或加固原有建筑物地基。

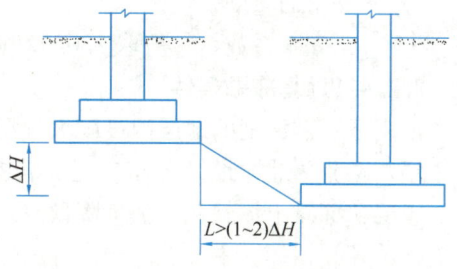

图 8-11　相邻基础的埋深图

8.4.2 工程地质条件

为了保护建（构）筑物安全，须根据荷载的大小和性质选择可靠的基础持力层。一般当上层土的承载力能满足要求时，应选择浅埋，以减少造价；若下伏有软弱土层，则应验算软弱下卧层的承载力是否满足，并尽可能增大基底至软弱下卧层的距离。

当上层土的承载力低于下层土时，如取下层土为持力层，所需基础底面积较小，但埋深较大；若取上层土为持力层，则情况相反。工程应用中，应根据施工难易程度、材料供应情况及工程造价等综合确定，必要时也可考虑采用浅埋或不埋基础或地基处理（参见第 12 章）等设计方案。

对墙下基础，如地基持力层顶面倾斜，可沿墙长将基底分段做成高低不同的台阶状。分段长度不宜小于相邻两段面高差的 1～2 倍，且不宜小于 1m。

对修建于坡顶的基础，其基础埋深的确定应考虑边坡稳定性要求。对于坡高 $H \leqslant 8m$

和坡角 $\beta \leqslant 45°$ 的土坡（图 8-10），基础埋深应满足式（8-2）的要求。

8.4.3 水文地质条件

选择基础埋深时应注意地下水的埋藏条件和动态。天然地基上的浅基础应尽量考虑将基础置于地下水位以上，避免施工排水等麻烦。当基础须埋于水位以下时，除考虑基坑排水、坑壁围护等措施外，还应考虑可能出现的其他设计施工问题：发生涌土、流砂的可能性；地下水对基础材料的腐蚀作用；地下室防渗；地下水浮托力引起基础底板的内力及基础的抗浮稳定性等。

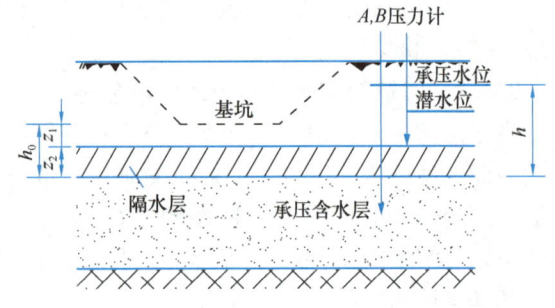

图 8-12 基坑下埋藏有承压含水层的情况

对埋藏有承压含水层的地基（图 8-12），确定基础埋深时，须控制基坑开挖深度，防止基坑因挖土减压而隆起开裂。要求基底至承压含水层顶间保留土层厚度（槽底安全厚度）h_0 为：

$$h_0 > \frac{\gamma_w}{\gamma_0} \cdot \frac{h}{k} \tag{8-4}$$

式中　h——承压水位高度（m）（从承压含水层顶算起）；

γ_0——基坑底安全厚度范围内各土层的加权平均重度（kN/m³），地下水位以下的土层取饱和重度；

γ_w——水的重度；

k——安全系数，一般取 1.0，对宽基坑宜取 0.7。

8.4.4 地基冻融条件

地表下一定深度的地层温度随大气温度而变化。季节性冻土层是冬季冻结、天暖解冻的土层，在我国北方地区分布广泛。若冻胀产生的上抬力大于基础荷重，基础可能被上抬；土层解冻时土体软化，强度降低，地基产生融陷。地基土的冻胀与融陷常不均匀，易引起建筑开裂损坏。季节性冻土的冻胀性与融陷性相互关联，常以冻胀性加以概括。可将地基土划分为不冻胀、弱冻胀、冻胀、强冻胀和特强冻胀五类。其中，季节性冻土的设计冻深 z_d 可按下式计算：

$$z_d = z_0 \cdot \psi_{zs} \cdot \psi_{zw} \cdot \psi_{ze} \tag{8-5}$$

式中　z_d——设计冻深（m）；

z_0——标准冻深（m），可采用地面平坦、裸露、城市之外的空旷场地中不少于 10 年实测最大冻深的平均值，无实测资料时可参考相应设计规范取值；

ψ_{zs}——土的类别对冻深的影响系数，根据《建筑地基规范》：黏性土取 1.0；中、粗、砾砂取 1.3；细砂、粉砂、粉土取 1.2；碎石土取 1.4；

ψ_{zw}——土的冻胀性对冻深的影响系数，可根据五个冻胀性类别（不冻胀→特强冻胀）分别取 1.00、0.95、0.90、0.85 及 0.80；

ψ_{ze}——环境对冻深的影响系数：城市市区取 0.90；城市近郊取 0.95；村、镇、旷野取 1.00。

当建筑基础底面以下允许有一定厚度的冻土层，可用下式计算基础的最小埋深：

$$d_{\min} = z_d - h_{\max} \tag{8-6}$$

式中　$h_{\max}$——基础底面下允许冻土层的最大厚度（m），可按当地经验确定或参考相应的设计规范取值。

除按上述要求选择埋深外，在冻胀、强冻胀和特强冻胀土层上，应采取相应的防冻害措施。

8.5　地基承载力

为满足地基强度、变形和稳定性要求，地基设计时须控制基底压力 p 不得大于某一安全界限值，即：

$$p \leqslant \frac{p_u}{K} \tag{8-7}$$

式中　p_u——地基极限承载力（kPa）；

　　　K——安全系数。

根据这一原则，现行《建筑地基规范》和《公路地基规范》均采用地基承载力特征值，其含义为：由载荷试验测定的地基土压力-变形曲线线性变形段内规定的变形所对应的压力值，其最大值为比例界限值。地基承载力特征值可由载荷试验或其他原位测试、公式计算，并结合工程实践经验等综合确定。

8.5.1　按土的抗剪强度指标确定

《建筑地基规范》推荐的理论公式如下。

荷载偏心距 $e \leqslant 0.033b$（b 为偏心方向基础边长）时，可按下式根据土的抗剪强度指标（c_k，φ_k）确定地基承载力特征值，并应满足地基变形要求：

$$f_a = M_b \gamma b + M_d \gamma_m d + M_c c_k \tag{8-8}$$

式中　f_a——由土的抗剪强度指标确定的地基承载力特征值（kPa）；

　　　b——基础底面宽度（m），大于 6m 时按 6m 取值，对于砂土，小于 3m 时按 3m 取值；

　　　γ——基础底面以下土的重度（kN/m³），地下水位以下取浮重度；

　　　γ_m——基础埋深范围内各层土的加权平均重度（kN/m³），地下水位以下取浮重度；

　　　c_k、φ_k——基底下一倍短边宽度的深度范围内土的黏聚力（kPa）和内摩擦角标准值（°），可根据室内 n 组三轴压缩试验的结果按《建筑地基规范》附录 E 计算；

M_b、M_d、M_c——承载力系数，根据 φ_k 按表 8-3 查取。

承载力系数 M_b、M_d、M_c　　　　　　　　　　表 8-3

土的内摩擦角标准值 φ_k	M_b	M_d	M_c
0	0	1.00	3.14
2	0.03	1.12	3.32

土的内摩擦角标准值 φ_k	M_b	M_d	M_c
4	0.06	1.25	3.51
6	0.10	1.39	3.71
8	0.14	1.55	3.93
10	0.18	1.73	4.17
12	0.23	1.94	4.42
14	0.29	2.17	4.69
16	0.36	2.43	5.00
18	0.43	2.72	5.31
20	0.51	3.06	5.66
22	0.61	3.44	6.04
24	0.80	3.87	6.45
26	1.10	4.37	6.90
28	1.40	4.93	7.40
30	1.90	5.59	7.95
32	2.60	6.35	8.55
34	3.40	7.21	9.22
36	4.20	8.25	9.97
38	5.00	9.44	10.80
40	5.80	10.80	11.73

此外，还可根据前述章节给出的太沙基、魏锡克、汉森等地基极限承载力计算公式，引入总安全系数 K 确定地基承载力。

8.5.2　按土（岩）地基载荷试验确定

对于天然土质地基和岩石地基，可由土（岩）地基载荷试验检测承压板下应力影响范围内的承载力和变形参数，其可细分为浅层平板载荷试验、深层平板载荷试验及岩基载荷试验，各载荷试验的具体方法详见《建筑地基规范》及《建筑地基检测技术规范》JGJ 340—2015 等，其主要要求如下：

（1）浅层与深层平板载荷试验确定地基土承载力特征值 f_{ak}

现场通过一定尺寸（浅层平板的面积不小于 0.25m²；深层平板的直径不小于 0.8m）的承压板对浅层或深部地基土（包括破碎、极破碎的岩石地基）分级加载，达到试验终止加载条件后，绘制地基土的压力-沉降（$p\text{-}s$）、沉降-时间对数（$s\text{-}\lg t$）等承载力分析曲线，然后由 $p\text{-}s$ 曲线的变化特征等分析确定地基承载力特征值，其中：① 对于图 8-13（a）所示有较明显的起始直线段和极限值、呈急进破坏的"陡降型" $p\text{-}s$ 曲线，取直线段的比例界限荷载 p_b 作为承载力特征值，此时地基沉降量较小，为一般建筑物所允许，强度也有安全储备。但对少数呈"脆性"破坏的土，当极限荷载 p_u 小于 $2p_b$ 时，取 $p_u/2$ 作为地基承载力特征值；②当 $p\text{-}s$ 曲线无明显转折点（图 8-13b），但曲线斜率随荷载增加而逐渐增大，最后稳定于某一最大值，即呈渐进破坏的"缓变型"，此时极限荷载

p_b可取曲线斜率开始到达最大值时对应的压力，而 p_u 值的取得须将载荷试验进行到有很大沉降才行。而实践中往往受加荷设备限制，或出于安全考虑，无法将试验进行到这种地步并取得 p_u 值。此时，应以沉降控制的观点来考虑：浅层平板载荷试验的承压板面积为 $0.25\sim0.50m^2$ 时，可取 $s/b=0.01\sim0.015$ 所对应的荷载为 f_{ak}（深层平板载荷试验取 $s/d=0.01\sim0.015$ 所对应的荷载），且其值不应大于最大加载量的一半。

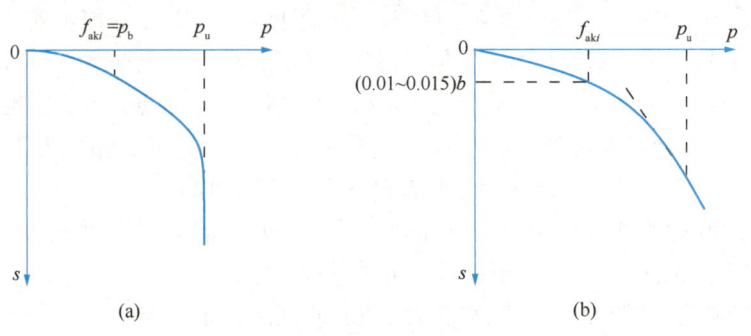

图 8-13　按载荷试验结果确定地基承载力
(a) 陡降型；(b) 缓变型

对同一土层应选择三个以上的试验点。各试验点实测值的极差不超过平均值的 30% 时，取其平均值作为该土层的地基承载力特征值 f_{ak}。当极差超过平均值的 30% 时，应分析原因，结合工程实际判别，可增加试验点数量。此外，因试验时承压板的尺寸及位置与实际基础宽度和埋置深度不同，故由浅层平板载荷试验确定的 f_{ak} 须进行宽度与深度修正后方可获得修正后的地基承载力特征值 f_a，而深层平板载荷试验确定的 f_{ak} 只需宽度修正即可获得 f_a。

（2）岩石地基承载力特征值 f_a

完整、较完整和较破碎的岩石地基的承载力特征值可按《建筑地基规范》附录 H 的岩石地基载荷试验方法确定：对应于 p-s 曲线上起始直线的终点为比例界限；符合试验终止加载条件的前一级荷载为极限荷载，将极限荷载除以 3 的安全系数，所得值与对应于比例界限的荷载相比，取小值。每个场地试验点数量不少于 3 个，取最小值作为岩石地基承载力特征值 f_a，且不再进行深宽修正。

完整、较完整和较破碎岩石的地基承载力特征值也可根据室内饱和单轴抗压强度按下式计算：

$$f_a = \psi_r \cdot f_{rk} \tag{8-9}$$

式中　f_a——岩石地基承载力特征值（kPa）；

f_{rk}——岩石饱和单轴抗压强度标准值（kPa），可按《建筑地基规范》附录 J 确定；

ψ_r——折减系数，根据岩体完整程度以及结构面的间距、宽度、产状和组合，由地区经验确定。无经验时：完整岩体可取 0.5；较完整岩体可取 $0.2\sim0.5$；较破碎岩体可取 $0.1\sim0.2$。

（3）其他原位测试地基承载力特征值 f_{ak}

除了载荷试验外，静力触探、动力触探、标准贯入试验等原位测试已积累了较为丰富的工程实践经验，《建筑地基规范》等允许将其应用于确定地基承载力特征值。但强调地区经验，且应对承载力特征值按实际基础宽度和埋置深度进行修正。

8.5.3 按地基规范承载力表确定

有些土层的物理力学性质指标与其承载力之间存在着良好相关性。根据积累的大量工程实践经验、原位试验和室内土工试验数据并经统计分析，可由此制定出便于查用的地基承载力经验表格。但我国幅员辽阔，土质条件各异，经验表格很难概括全国的土质地基承载力规律。查表法对于大多数地区可能基本适合或偏于保守，但也不排除个别地区可能不安全。因此，现行《建筑地基规范》取消了地基承载力表。但允许省、市、自治区等根据试验和当地经验，制定地方性建筑地基规范。此外，鉴于不同专业领域基础工程的不同特点，各部门也制定了相应的地基基础设计规范及地基承载力经验表格，如《公路地基规范》、《铁路桥涵地基和基础设计规范》TB 10093—2017、《水运工程地基设计规范》JTS 147—2017等。

随基础宽度和埋置深度的增加，地基承载力也相应提高，故须将地基承载力特征值f_{ak}按不同的基础宽度和埋深进行修正后方可供设计使用。

《建筑地基规范》规定：当基础宽度大于3m或埋深大于0.5m时，从载荷试验或其他原位测试、经验值等方法确定的地基承载力特征值f_{ak}尚应按下式修正：

$$f_a = f_{ak} + \eta_b \gamma (b-3) + \eta_d \gamma_m (d-0.5) \tag{8-10}$$

式中　f_a——修正后的地基承载力特征值（kPa）；

γ——基底以下土的重度（kN/m³），地下水位以下取浮重度；

γ_m——基底以上土层的加权平均重度（kN/m³），地下水位以下的土层取浮重度；

b——基底宽度（m），当$b<3$m时按3m取值，$b>6$m时按6m取值；

d——基础埋置深度（m），一般自室外地面标高算起。填方整平地区，可自填土地面标高算起，但填土在上部结构施工后完成时，应从天然地面标高算起。对于地下室，采用箱形或筏形基础时，基础埋深自室外地面标高算起；采用独立基础或条形基础时，从室内地面标高算起；

η_b、η_d——分别为基础宽度和埋深的地基承载力修正系数，按基底土的类别查表 8-4取值。

承载力修正系数　　　　　表 8-4

土的类别			η_b	η_d
淤泥和淤泥质土			0	1.0
人工填土 e 或 I_L 大于等于 0.85 的黏性土			0	1.0
红黏土		含水比 $a_w>0.8$	0	1.2
		含水比 $a_w \leqslant 0.8$	0.15	1.4
大面积 压实填土		压实系数大于 0.95、黏粒含量 $\rho_c \geqslant 10\%$ 的粉土	0	1.5
		最大干密度大于 2100kg/m³ 的级配砂石	0	2.0
粉土		黏粒含量 $\rho_c \geqslant 10\%$ 的粉土	0.3	1.5
		黏粒含量 $\rho_c < 10\%$ 的粉土	0.5	2.0
e 及 I_L 均小于 0.85 的黏性土			0.3	1.6
粉砂、细砂（不包括很湿与饱和时的稍密状态）			2.0	3.0
中砂、粗砂、砾砂和碎石土			3.0	4.4

注：①强风化和全风化的岩石，可参照所风化成的相应土类取值，其他状态下的岩石不修正；②含水比是指土的天然含水量与液限的比值；③大面积压实填土是指填土范围大于两倍基础宽度的填土。

《公路地基规范》规定：地基承载力特征值 f_{a0} 宜由载荷试验或其他原位测试方法实测取得，其值不应大于地基极限承载力的 $1/2$。对中小桥、涵洞，当受现场条件限制或难以开展载荷试验和其他原位测试时，可根据岩土类别、状态、物理力学性质指标及工程经验按第 4.3.3 条规定及相关经验值表格确定 f_{a0}。同时，要求根据基础基底埋深、宽度及地基土的类别按下式修正：

$$f_a = f_{a0} + k_1 \gamma_1 (b-2) + k_2 \gamma_2 (h-3) \tag{8-11}$$

式中　b——基底的最小边宽（m），当 $b<2m$ 时取 $b=2m$，$b>10m$ 时取 $b=10m$；

　　　h——基底埋置深度（m），自自然地面起算，有水流冲刷时自一般冲刷线起算；当 $h<3m$ 时取 $h=3m$，$h/b>4$ 时取 $h=4b$；

k_1、k_2——分别为基础宽度和埋深的地基承载力修正系数，按基底持力层土的类别查表 8-5 取值；

　　　γ_1——基底持力层土的天然重度（kN/m^3），持力层在水面以下且为透水者时取浮重度；

　　　γ_2——基底以上土层的加权平均重度（kN/m^3），换算时若持力层在水面以下且不透水，则不论基底以上土的透水性如何，均取饱和重度；当透水时，水中部分土层取浮重度。

地基土承载力宽度、埋深修正系数 k_1、k_2　　　　　表 8-5

系数	黏性土				粉土	砂土								碎石土					
	老黏性土	一般黏性土		新近沉积黏性土	一	粉砂		细砂		中砂		砾砂、粗砂		碎石、圆砾、角砾		卵石			
		$I_L \geq 0.5$	$I_L < 0.5$		一	中密	密实	中密	密实	中密	密实	中密	密实	中密	密实	中密	密实		
k_1	0	0	0	0	0	1.0	1.2	1.5	2.0	2.0	3.0	3.0	4.0	3.0	4.0	3.0	4.0		
k_2	2.5	1.5	2.5	1.0	1.5	2.0	2.5	3.0	4.0	4.0	5.5	5.0	6.0	5.0	6.0	6.0	10.0		

注：①稍密和松散状态的砂、碎石土，k_1、k_2 可取表列中密值的 50%；②强风化和全风化的岩石，可参照风化成土的相应土类取值；其他状态下的岩石不修正。

【例 8.1】某建筑物中心受荷的柱下独立基础底面尺寸为 $2.5m \times 1.5m$，埋深 $d=1.6m$；地基土为粉土：$\gamma=17.8kN/m^3$，$c_k=1.2kPa$，$\varphi_k=22°$。试按《建筑地基规范》确定持力层的地基承载力特征值 f_a。

【解】因基础承受中心荷载（偏心距 $e_k=0$），可根据土的抗剪强度指标计算持力层的 f_a。

根据 $\varphi_k=22°$ 查表 8-3 得：$M_b=0.61$，$M_d=3.44$，$M_c=6.04$。

$f_a = M_b \gamma b + M_d \gamma_m d + M_c c_k = 0.61 \times 17.8 \times 1.5 + 3.44 \times 17.8 \times 1.6 + 6.04 \times 1.2 = 121.5kPa$

【例 8.2】某建筑物场地地质条件为：①杂填土，层厚 1.0m，$\gamma_1=18.0kN/m^3$；②粉质黏土，层厚 4.2m，$\gamma_2=18.5kN/m^3$，$e=0.92$，$I_L=0.94$，$f_{ak}=136kPa$。设计拟选粉质黏土为基础持力层，试按以下基础条件分别按《建筑地基规范》计算修正后的地基承载力特征值 f_a：（1）基底尺寸为 $4.0m \times 2.6m$ 的矩形独立基础，埋深 $d=1.0m$；（2）基底尺寸为 $9.5m \times 36m$ 的箱形基础，埋深 $d=3.5m$。

【解】（1）矩形独立基础下修正后的地基承载力特征值 f_a

基础宽度 $b=2.6$m（<3m），按 3m 考虑；

埋深 $d=1.0$m，粉质黏土持力层的孔隙比 $e=0.92$（>0.85），查表 8-4 得：

$$\eta_b=0, \quad \eta_d=1.0$$

$$f_a=f_{ak}+\eta_b\gamma(b-3)+\eta_d\gamma_m(d-0.5)=136+0+1.0\times18\times(1.0-0.5)$$
$$=145.0\text{kPa}$$

（2）箱形基础下修正后的地基承载力特征值 f_a

基础宽度 $b=9.5$m（>6m），按 6m 考虑；$d=3.5$m，持力层仍为粉质黏土，$\eta_b=0$，$\eta_d=1.0$

$\gamma_m=(18.0\times1.0+18.5\times2.5)/3.5=18.4\text{kN/m}^3$。

$f_a=136+0\times18.5\times(6-3)+1.0\times18.4\times(3.5-0.5)=191.2\text{kPa}$

8.6 基础底面尺寸的确定

确定基底尺寸时应先满足地基承载力要求，包括持力层承载力计算和软弱下卧层验算。其次，对部分建（构）筑物，仍需考虑地基变形影响，验算其变形特征值，并对基底尺寸作必要调整。

《建筑地基规范》根据"所有建筑物的地基计算均应满足承载力"的基本原则，设计天然地基上的浅基础时，确定基础埋深后，可根据持力层的承载力特征值 f_a 按下式要求计算所需的基础底面尺寸：

$$p_k \leqslant f_a \tag{8-12}$$
$$p_{kmax} \leqslant 1.2f_a \tag{8-13}$$

式中 p_k——相应于作用的标准组合时，基础底面处的平均压力值（kPa）；

p_{kmax}——相应于作用的标准组合时，基础底面边缘的最大压力值（kPa）。

8.6.1 按地基持力层的承载力计算基底尺寸

8.6.1.1 中心荷载作用下的基础

要求基底平均压力不超过持力层土的承载力特征值，即符合式（8-12）要求。如图 8-14 所示，中心荷载 F_k、G_k 作用下，按简化计算方法，基底压力 p_k 为均匀分布：$p_k=(F_k+G_k)/A$；将基础及上方回填土重 $G_k=\gamma_G dA$（地下水位以下部分应扣除浮托力）代入，则式（8-12）变为：$(f_k+\gamma_G dA)/A\leqslant f_a$；整理后，即可得中心荷载作用下的基础底面积 A 的计算式：

$$A \geqslant \frac{F_k}{f_a-\gamma_G d} \tag{8-14}$$

式中 F_k——相应于作用的标准组合时，上部结构传至基顶面的竖向力（kN）；

G_k——基础自重及基础上的回填土重（kN），$G_k=\gamma_G dA$，其中：γ_G 为基础及回填土的平均重度，一般取 20.0kN/m³，地下水位以下取 10.0kN/m³，d 为基础平均埋深（m）。

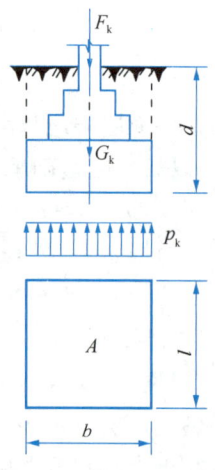

图 8-14 中心荷载作用下的基础

对于单独基础，计算出 A 后，先选定 b 或 l 再计算另一边长，使 $A=lb$，一般取 $l/b=1.0\sim2.0$。

对于条形基础，F_k 为沿长度方向 1m 范围内上部结构传至基础顶面的竖向力（kN/m），由式（8-14）求得的 A 就等于条形基础的宽度 b。

必须指出，按式（8-14）计算 A 时，需先确定地基承载力特征值 f_a。但 f_a 值又与基底面积 A 有关，也即式中的 A 与 f_a 均为未知数。因此，需通过反复试算确定：先对地基承载力只进行深度修正计算 f_a 值；然后按计算所得的 $A=l\cdot b$，考虑是否需要进行宽度修正，使得 A、f_a 间相互协调一致。

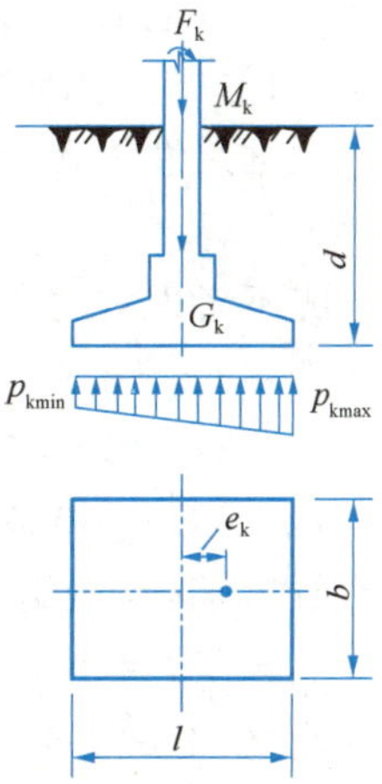

8.6.1.2 偏心荷载作用下的基础

偏心荷载作用下（图 8-15），除符合式（8-12）外，尚应符合式（8-13）要求。相应的 p_{kmax}、p_{kmin} 计算式：

$$\frac{p_{kmax}}{p_{kmin}}=\frac{F_k+G_k}{A}\pm\frac{M_k}{W}=\frac{F_k+G_k}{l\cdot b}\left(1\pm\frac{6e_k}{l}\right) \quad (8\text{-}15a)$$

或当基底为矩形且合力作用点的偏心距 $e>b/6$ 时：

$$p_{kmax}=\frac{2(F_k+G_k)}{3ba} \quad (8\text{-}15b)$$

图 8-15　单向偏心荷载作用下的基础

式中　M_k——相应于作用的标准组合时，作用于基础顶面的力矩值（kN·m）；

　　　W——基础底面的抵抗矩（m³）；

　　　e_k——偏心距（m），$e=M_k/(F_k+G_k)$；

　　　l——力矩作用方向基底边长（m），一般为矩形基础底面的长边；

　　　b——垂直于力矩作用方向的基底边长（m）；

　　　a——合力作用点至基底最大压力 p_{kmax} 作用边缘的距离（m），$a=l/2-e_k$。

按上述要求计算偏心荷载作用下的基础底面尺寸时，通常可按下述逐次渐近试算法进行：

（1）先按中心荷载作用下的式（8-14）计算基础面积 A_0，即：满足式（8-12）。

（2）考虑偏心影响加大 A_0。一般可按偏心距大小增大，使 $A=(1.1\sim1.4)A_0$。对矩形底面的基础，按 A 初步选择相应的基础底面长度 l 和宽度 b，一般：$l/b=1.2\sim2.0$。

（3）计算偏心荷载作用下的 p_{kmax}、p_{kmin}，验算是否满足式（8-13）；如不合适（太小或过大），可调整基础底面长度 l 和宽度 b，再验算；如此反复一两次，便能定出合适的基础底面尺寸。

必须指出，基底压力 p_{kmax} 和 p_{kmin} 相差过大则易引起基础倾斜，故两者相差不宜过于悬殊。通常，对于高、中压缩性地基上的基础，或有吊车的厂房柱基础，偏心距 e_k 不宜大于 $l/6$；低压缩性地基上的基础，考虑短期作用的偏心荷载时，可适当放宽 e_k，但也应控制在 $l/4$ 以内。上述条件不能满足时应调整基底尺寸，或做成梯形底面形状的基础，使基底形心与荷载重心尽量重合。

【例8.3】某框架结构采用柱下独立基础（无地下室），柱截面 300mm×400mm，柱底标准组合作用：中心竖向力 $F_k=700$kN，$M_k=80$kN·m，$V_k=13$kN。其他如图 8-16

所示。试按地基承载力要求确定基底尺寸。

【解】（1）求地基承载力特征值 f_a

根据黏性土 $e=0.7$，$I_L=0.78$，查表 8-4 得：
$h_b=0.3$，$h_d=1.6$。

先不考虑对宽度修正确定 f_a：

$$f_a = f_{ak} + \eta_d \gamma_m (d-0.5)$$
$$= 226 + 1.6 \times 17.5 \times (1.0-0.5) = 240 \text{kPa}$$

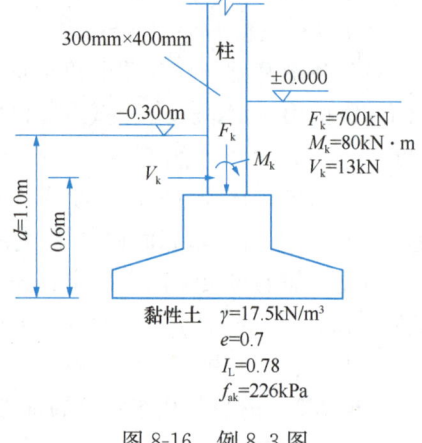

图 8-16　例 8.3 图

（2）初步选择基底尺寸

计算基础和回填土重 G_k 时的基础平均埋深

$$d = (1.0+1.3)/2 = 1.15 \text{m}$$

由式（8-14）：$A_0 = 700/(240-20\times1.15) = 3.23 \text{m}^2$

因偏心不大，基底面积按 20% 增大，即：

$$A = 1.2A_0 = 1.2 \times 3.23 = 3.88 \text{m}^2$$

初步选择基底尺寸 $l \cdot b = 2.4 \times 1.6 = 3.84 \text{m}^2$（$\approx 3.88 \text{m}^2$），且 $b=1.6\text{m}<3\text{m}$ 不需再对 f_a 进行修正。

（3）验算持力层地基承载力

基础和回填土重 $G_k = \gamma_G dA = 20 \times 1.15 \times 3.84 = 88.3 \text{kN}$

偏心距 $e_k = \dfrac{M_k}{F_k+G_k} = \dfrac{80+13\times0.6}{700+88.3} = 0.11\text{m}\left(\dfrac{l}{6}=0.4\text{m}\right)$，即 $p_{kmin}>0$ 满足。

基底最大压力

$$p_{kmax} = \frac{F_k+G_k}{A}\left(1+\frac{6e_k}{l}\right) = \frac{700+88.3}{3.84}\times\left(1+\frac{6\times0.11}{2.4}\right) = 262\text{kPa} < 1.2f_a = 288\text{kPa}，满足。$$

最后，确定该柱基础底面长 $l=2.4\text{m}$，宽 $b=1.6\text{m}$。

8.6.2　软弱下卧层的验算

软弱下卧层是指在持力层下地基受力范围内，承载力显著低于持力层的高压缩性土层。若按前述承载力要求确定基础底面所需尺寸后，还存在软弱下卧层，就须对软弱下卧层进行验算，要求传递到软弱下卧层顶面处的附加应力与自重应力之和不超过软弱下卧层的承载力，即：

$$p_z + p_{cz} \leqslant f_{az} \tag{8-16}$$

式中　p_z——相应于作用的标准组合时，软弱下卧层顶处的附加压力值（kPa）；

p_{cz}——软弱下卧层顶面处土的自重压力值（kPa）；

f_{az}——软弱下卧层顶面处经深度修正后的地基载力特征值（kPa）。

下卧层顶面土体的附加应力 p_z 可根据弹性半空间理论及试验等确定。《建筑地基规范》通过大量试验研究并参照双层地基中附加应力分布的理论解答，提出了按扩散角原理的简化计算方法（图 8-17）。当持力层与软弱下卧层的压缩模量比值 $E_{s1}/E_{s2} \geqslant 3$ 时，对矩形和条形基础，假设基底处的附加压力 $p_0 = p_k - p_c$（$p_c = \gamma_m d$）向下传递时按某一角度 θ 向外扩散，并均匀分布于较大面积的软弱下卧土层上，根据基底与软弱下卧层顶面处扩散面积上的附加应力相等的条件，可得附加应力 p_z 的计算式：

矩形基础 $\quad p_z = \dfrac{lb(p_k - \gamma_m d)}{(l + 2z\tan\theta)(b + 2z\tan\theta)}$

$$(8\text{-}17)$$

条形基础 $\quad p_z = \dfrac{b(p_k - \gamma_m d)}{b + 2z\tan\theta}$ $\quad(8\text{-}18)$

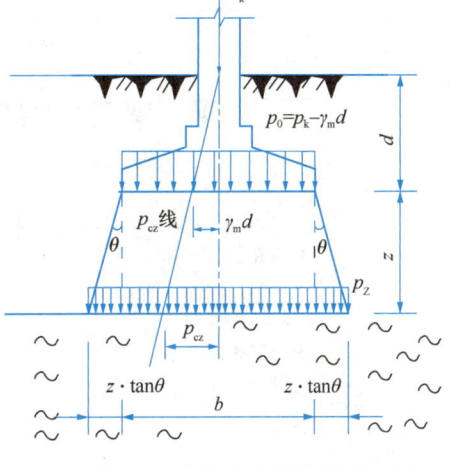

图 8-17　附加应力简化计算

式中　b——条形和矩形基础底面宽度（m）；

$\quad\quad l$——矩形基础底面长度（m）；

$\quad\quad \gamma_m$——基础埋深范围内土的加权平均重度（kN/m^3）（地下水位以下取浮重度）；

$\quad\quad z$——基础底面至软弱下卧层顶面的距离（m）；

$\quad\quad \theta$——地基压力扩散角，可按表 8-6 选用。

如果软弱下卧层验算不满足要求，应考虑增大基础底面积，或改变基础埋深，甚至改用地基处理或深基础设计的地基基础方案。

地基压力扩散角　　　　　　　　　　　　　　　表 8-6

E_{s1}/E_{s2}	z/b	
	0.25	0.50
3	6°	23°
5	10°	25°
10	20°	30°

注：① E_{s1} 和 E_{s2} 分别为上层土和下层土的压缩模量；

　　② $z/b < 0.25$ 时取 $\theta = 0°$，必要时宜由试验确定；$z/b > 0.50$ 时 θ 值不变；z/b 在 0.25 与 0.50 之间时可插值确定。

【例 8.4】 某建筑的柱基础的标准组合作用为 $F_k = 1100kN$，$M_k = 140kN\cdot m$；若柱下独立基础底面尺寸 $l \times b = 3.6m \times 2.6m$，试根据图 8-18 中资料验算基底面积是否满足地基承载力要求。

【解】（1）持力层承载力验算

基础埋深范围内土的加权平均重度：

$$\gamma_{m1} = [16.5 \times 1.2 + (19 - 10) \times 0.8]/2 = 13.5 kN/m^3$$

由粉质黏土 $e = 0.8$，$I_L = 0.82$，查表 8-4 得：$\eta_b = 0.3$，$\eta_d = 1.6$

修正后的持力层承载力特征值：

$$f_a = 135 + 0 + 1.6 \times 13.5 \times (2 - 0.5) = 167.4 kPa$$

基础及回填土重（0.8m 在地下水中）：

$$G_k = (20 \times 1.2 + 10 \times 0.8) \times 3.6 \times 2.6 = 300 kN$$

$$e_k = \frac{M_k}{F_k + G_k} = \frac{140}{1100 + 300} = 0.1m$$

持力层承载力验算：

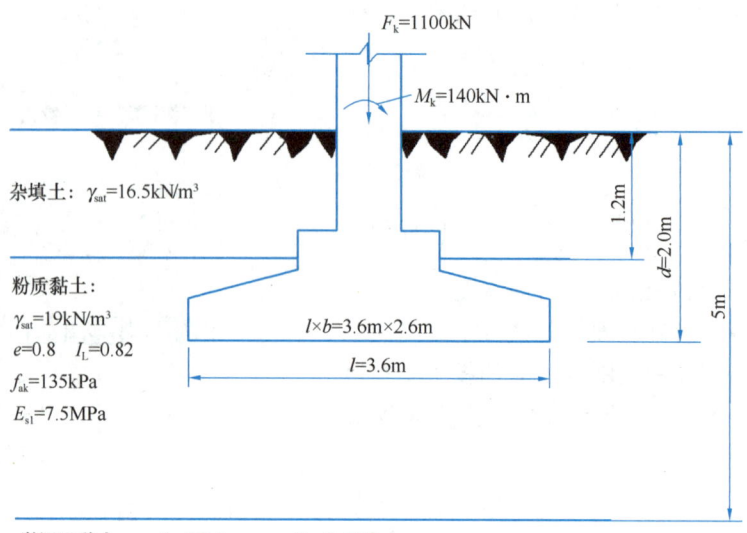

杂填土： $\gamma_{sat}=16.5kN/m^3$

粉质黏土：
$\gamma_{sat}=19kN/m^3$
$e=0.8$ $I_L=0.82$
$f_{ak}=135kPa$
$E_{s1}=7.5MPa$

$F_k=1100kN$
$M_k=140kN\cdot m$

$l\times b=3.6m\times2.6m$
$l=3.6m$

$d=2.0m$
$1.2m$
$5m$

淤泥质黏土： $f_{ak}=85kPa$ $E_{s2}=2.5MPa$

图 8-18   例 8.4 图

$$p_k = \frac{F_k+G_k}{A} = \frac{1100+300}{3.6\times2.6} = 149.6kPa(<f_a,满足)$$

$$p_{kmax} = p_k\left(1+\frac{6e_k}{l}\right) = 149.6\times\left(1+\frac{6\times0.1}{3.6}\right) = 149.6\times(1+0.167)$$

$$=174.6kPa(<1.2f_a=200.9kPa,满足)$$

$$p_{kmin}=149.6\times(1-0.167)=124.7kPa\ (>0,满足)$$

（2）软弱下卧层强度验算

软弱下卧层顶面处自重应力 $p_{cz}=16.5\times1.2+(19-10)\times3.8=54kPa$

软弱下卧层顶面以上土的加权平均重度 $\gamma_{m2}=54\div5=10.8kN/m^3$

由淤泥质黏土，查表 8-4 得 $\eta_d=1.0$，故：

$$f_{az}=85+1.0\times10.8\times(5-0.5)=133.6kPa$$

由 $E_{s1}/E_{s2}=7.5/2.5=3$，以及 $z/b=3/2.6>0.5$，查表 8-6 得地基压力扩散角 $\theta=23°$。

软弱下卧层顶面处的附加应力：

$$p_z = \frac{lb(p_k-\gamma_{m1}d)}{(l+2z\tan\theta)(b+2z\tan\theta)} = \frac{3.6\times2.6\times(149.6-13.5\times2.0)}{(3.6+2\times3\times\tan23°)(2.6+2\times3\times\tan23°)} = 36.27kPa$$

验算：$p_{cz}+p_z=54+36.27=90.27kPa\ (<f_{az}=133.6kPa,满足)$

8.7　地基变形验算

8.7.1　地基变形特征

按地基承载力确定基底尺寸后，建筑物在防止地基剪切破坏方面一般具有足够的安全度，但荷载作用下地基土总会产生压缩变形而发生沉降。因建筑物的结构类型、刚度、使用要求等差异，对地基变形的敏感程度、危害性及变形要求也不同。因此，对于各类建筑结构，如何控制其最不利沉降形式——地基变形特征，使之不影响建筑物正常使用或破坏，也是地基基础设计须予以充分考虑的一个基本问题。

地基变形特征一般分为：沉降量、沉降差、倾斜、局部倾斜。

（1）沉降量——指基础某点的沉降值（图 8-19a）。

对于单层排架结构，位于低压缩性地基上时一般不会因沉降而损坏，但对中高压缩性地基，应限制柱基沉降量，尤其是要控制多跨排架中受荷较大的中排柱基的沉降量不宜过大，以免支承于其上的相邻屋架发生对倾而使端部相碰。

（2）沉降差——一般指相邻柱中点的沉降量之差（图 8-19b）。

框架结构主要因柱基不均匀沉降而使结构受剪扭而损坏，也称敏感性结构。斯肯普顿（A. W. Skempton，1956）曾得出敞开式框架结构柱基能承受大至 $l/150$（约 $0.007l$，l 为柱距）的沉降差而不损坏的结论。通常认为：填充墙框架结构的相邻柱基沉降差按不超过 $0.002l$ 设计时是安全的。此外，对于被开窗面积不大的砌体所填充的边排柱，尤其是端部抗风柱之间的沉降差，应予以特别注意。

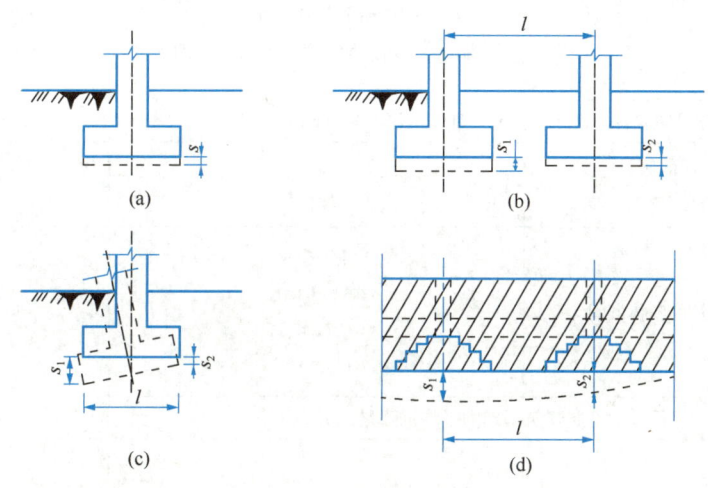

图 8-19　地基变形特征

（a）沉降量 s；（b）沉降差 s_1-s_2；（c）倾斜 $(s_1-s_2)/l$；（d）局部倾斜 $(s_1-s_2)/l$

（3）倾斜——指基础倾斜方向两端点的沉降差与其距离的比值（图 8-19c）。

对于高耸结构及长高比很小的高层建筑，其地基变形的主要特征是建（构）筑物的整体倾斜。

高耸结构重心高，基础倾斜使重心侧移引起的偏心力矩，不仅使基底边缘压力 p_{max} 增加而影响倾覆稳定性，还会导致结构附加弯矩。因此，高耸结构基础的倾斜允许值随结构高度增加而递减。一般地，地基土层的不均匀分布以及邻近建筑物的影响是高耸结构产生倾斜的重要原因。若地基土压缩性较均匀，且无邻近荷载影响，对高耸结构，只要基础中心沉降量不超过表 8-7 的允许值，可不作倾斜验算。

高层建筑横向整体倾斜容许值主要取决于对人们视觉的影响，高大的刚性建筑物倾斜值达到明显可见程度时大致为 $1/250$（4‰），而结构损坏大致当倾斜值达到 $1/150$ 时才开始。

有吊车的工业厂房还应验算吊车轨面沿纵向或横向的倾斜，以免因倾斜而导致吊车自滑或卡轨。

（4）局部倾斜——指砌体承重结构沿纵向 6～10m 内基础两点的沉降差与其距离的比值（图 8-19d）。

砌体结构一般长高比不大，因地基沉降所引起的损坏，最常见的是外纵墙由于相对挠曲引起的拉应变形成的裂缝，有裂缝呈现正"八"字形的墙体正向挠曲（下凹）和呈倒"八"字形的反向挠曲（凸起）。但墙体的相对挠曲不易计算，一般以沿纵墙一定距离范围（6～10m）内基础两点的沉降量计算局部倾斜，作为砌体承重墙结构的主要变形特征。

建筑物的地基变形允许值　　　　　　　　　　　　表 8-7

变形特征			地基土类别	
			中、低压缩性土	高压缩性土
砌体承重结构基础的局部倾斜			0.002	0.003
工业与民用建筑相邻柱基的沉降差		（1）框架结构	$0.002l$	$0.003l$
		（2）砌体墙填充的边排柱	$0.0007l$	$0.001l$
		（3）当基础不均匀沉降时不产生附加应力的结构	$0.005l$	$0.005l$
单层排架结构（柱距为 6m）柱基的沉降量（mm）			（120）	200
桥式吊车轨面的倾斜（按不调整轨道考虑）		纵向	0.004	
		横向	0.003	
多层和高层建筑的整体倾斜		$H_g \leqslant 24$	0.004	
		$24 < H_g \leqslant 60$	0.003	
		$60 < H_g \leqslant 100$	0.0025	
		$H_g > 100$	0.002	
体型简单的高层建筑基础的平均沉降量（mm）			200	
高耸结构基础的倾斜		$H_g \leqslant 20$	0.008	
		$20 < H_g \leqslant 50$	0.006	
		$50 < H_g \leqslant 100$	0.005	
		$100 < H_g \leqslant 150$	0.004	
		$150 < H_g \leqslant 200$	0.003	
		$200 < H_g \leqslant 250$	0.002	
高耸结构基础的沉降量（mm）		$H_g \leqslant 100$	400	
		$100 < H_g \leqslant 200$	300	
		$200 < H_g \leqslant 250$	200	

注：①本表数值为建筑物地基实际最终变形允许值；②有括号者仅适用于中压缩性土；③l 为相邻柱基的中心距离（mm）；H_g 为自室外地面起算的建筑物高度（m）。

8.7.2　地基变形验算

《建筑地基规范》按不同建筑物的地基变形特征要求其地基变形计算值不大于地基变形允许值，即：

$$s \leqslant [s]$$

（8-19）

式中　s——地基变形计算值，可按本书第 4 章的方法计算，注意：传至基础上的荷载 F_k
　　　　　　　应按正常使用极限状态下作用的准永久组合（不应计入风荷载和地震作用）；

　　　$[s]$——地基变形允许值，其涉及因素多，很难全面准确地确定。《建筑地基规范》综
　　　　　　　合分析了国内外各类建筑物的有关资料，提出了表 8-7 供设计时采用。对表
　　　　　　　中未包括的其他建筑物的地基变形允许值，可根据上部结构对地基变形的适
　　　　　　　应能力和使用要求确定。

　　进行地基变形验算，须具备较详细的勘察资料和土工试验成果。这对于建筑安全等级
不高的大量中小型工程来说，往往不易办到，且无必要。为此，《建筑地基规范》在确定
各类土的地基承载力时已考虑了一般中小型建筑物在地质条件比较简单的情况下对地基变
形的要求。因此，对满足表 8-2 要求的丙级建筑物，在按承载力确定基础底面尺寸之后，
可不进行地基变形验算。否则，应按 8.2.2 节第（2）点要求，按地基承载力确定基础底
面尺寸后，仍作地基变形验算。当地基特征变形验算不满足式（8-19）时，可先适当调整
基底尺寸或埋深，如仍不满足，再考虑从建筑、结构或施工等方面采取有效措施以防止不
均匀沉降的损害，或改用其他地基基础设计方案。

8.8　无筋扩展基础设计

　　无筋扩展基础设计时一般只需规定基础的材料强度、限制台阶宽高比及控制地基承
载力。

8.8.1　台阶宽高比

无筋扩展基础的台阶宽高比（图 8-20）要求一般可表示为：

$$\frac{b - b_0}{2H_0} \leqslant \tan\alpha \tag{8-20}$$

图 8-20 中，b、b_2、b_0 分别为基础底面宽度（m）、基础台阶宽度（m）、基础顶面的墙体
或柱脚宽度（m）；H_0 为基础高度（m）；$\tan\alpha$ 为基础台阶宽高比 $b_2 : H_0$，其允许值可按
表 8-8 选用。

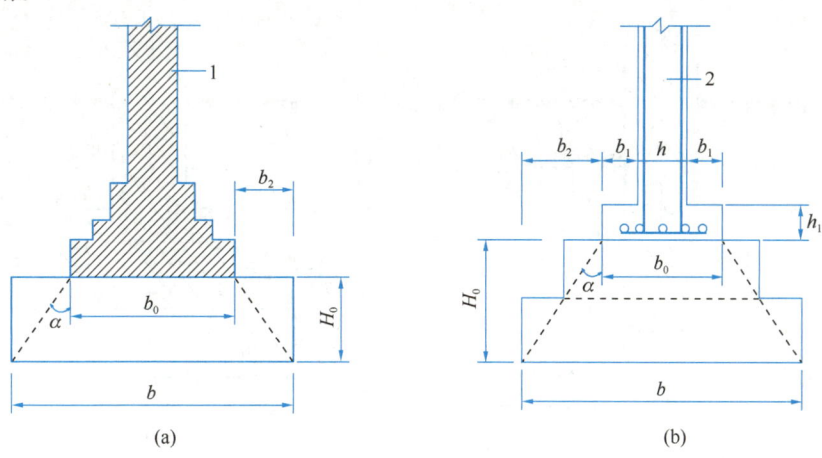

图 8-20　刚性基础构造示意图

1—承重墙；2—钢筋混凝土柱

基础材料	质量要求	台阶宽高比允许值		
		$p_k \leqslant 100$	$100 < p_k \leqslant 200$	$200 < p_k \leqslant 300$
混凝土基础	C20 混凝土	1：1.00	1：1.00	1：1.25
毛石混凝土基础	C20 混凝土	1：1.00	1：1.25	1：1.50
砖基础	砖不低于 MU10、砂浆不低于 M5	1：1.50	1：1.50	1：1.50
毛石基础	砂浆不低于 M5	1：1.50	1：1.50	—
灰土基础	体积比为 3：7 或 2：8 的灰土，其最小密度：粉土 1550kg/m³；粉质黏土 1500kg/m³；黏土 1450kg/m³	1：1.25	1：1.50	—
三合土基础	体积比 1：2：4～1：3：6（石灰：砂：骨料），每层约虚铺 220mm，夯至 150mm	1：1.50	1：2.00	—

注：①阶梯形毛石基础的每阶伸出宽度，不宜大于 200mm；②当基础由不同材料叠合组成时，应对接触部分作抗压验算；③混凝土基础单侧扩展范围内基础底面处的平均压力值超过 300kPa 时，尚应进行抗剪验算；对基底反力集中于立柱附近的岩石地基，应进行局部抗压承载力验算。

8.8.2　其他构造规定

采用无筋扩展基础的钢筋混凝土柱的柱脚高度 h_1 不得小于 b_1（图 8-20b），并不应小于 300mm 且不小于 $20d$（d 为柱中纵向受力筋的最大直径）。当纵向钢筋在柱脚内的竖向锚固长度不满足要求时，可沿水平方向弯折，弯折后的水平锚固长度不应小于 $10d$ 也不应大于 $20d$。

砖基础是工程中最常见的一种无筋扩展基础，其尺寸应符合砖的尺寸模数，一般做成台阶式，俗称"大放脚"。其砌筑方式有两种：一是"二皮一收"，如图 8-21（a）所示；另一种是"二一间隔收"，但须保证底层为两皮砖，即 120mm 高，如图 8-21（b）所示。

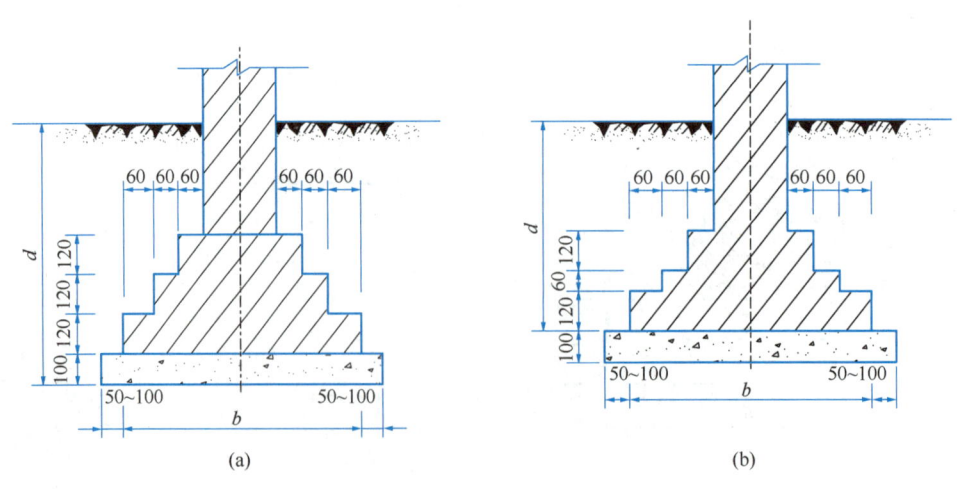

图 8-21　砖基础剖面图
（a）"二皮一收"砌法；（b）"二一间隔收"砌法

两种砌法均能满足式（8-20）的要求，且后者较节省材料。

为保证砌筑质量，起到平整和保护基坑作用，砖基础施工时常在基底下先做垫层。垫层材料可选用灰土、三合土和混凝土。垫层每边伸出基底 $50\sim100$mm，厚度一般为 100mm。此薄垫层一般作为构造垫层，不作为基础结构部分考虑。因此，垫层的宽度和高度都不计入基础的底部 b 和埋深 d 之内。但有时无筋扩展基础由两种材料叠合而成，如上层砖砌体，下层混凝土。当下层混凝土的厚度超过 200mm 且符合表 8-8 的要求时，该混凝土层可作为基础结构部分考虑。

【例8.5】 某住宅承重墙厚 240mm；地基土表层为杂填土，厚 0.65m，重度 17.3kN/m³，其下为黏土层，重度 18.3kN/m³，承载力特征值 170kPa，孔隙比 0.86。地下水位在地表下 0.8m 处。若已知上部墙体传来的竖向力标准值 $F_k = 190$kN/m。（1）确定基础底面尺寸；（2）设计该承重墙下的刚性条形基础。

【解】 （1）确定条形基础底面宽度 b

为便于施工，基础宜建在地下水位以上，故选择黏土层作为持力层，初步选择基础埋深 d 为 0.8m。由 $e = 0.86 > 0.85$，查表 8-4 得：$\eta_b = 0$，$\eta_d = 1.0$。

埋深范围内土的加权平均重度：

$$\gamma_m = (17.3 \times 0.65 + 18.3 \times 0.15) \div 0.8 = 17.5\text{kN/m}^3$$

持力层土修正后的承载力特征值 $f_a = 170 + 17.5 \times 1.0 \times (0.8 - 0.5) = 175.25$kPa

基础宽度 $b \geqslant \dfrac{F_k}{f_a - \gamma_G d} = \dfrac{190}{175.25 - 20 \times 0.8} = 1.19$m（$<3.0$m，不需要修正）

取该承重墙下条形基础宽度 $b = 1.2$m。

（2）选择基础材料，并确定基础高度 H_0

方案 Ⅰ：采用 MU10 砖和 M5 砂浆砌"二一间隔收"砖基础（图 8-21b），基底下做 100mm 厚 C15 素混凝土垫层。砖基础所需台阶数：

$$n \geqslant \frac{1}{2} \times \frac{1200 - 240}{60} = 8\text{（阶）}$$

相应的基础高度 $H_0 = 120 \times 4$（阶）$+ 60 \times 4$（阶）$= 720$mm

基坑的最小开挖深度 $D_{min} = 720 + 100 + 100 = 920$mm，已深入地下水位以下，必然给施工带来困难。且此时实际基础埋深 d 已超过前面选择 $d = 0.8$m。可见方案 Ⅰ 不合理。

方案 Ⅱ，基础上层采用 MU10 砖和 M5 砂浆砌筑"二一间隔收"砖基础；下层为 300mm 厚 C15 素混凝土垫层。

混凝土垫层（作为基础结构层）设计：

由 $p_k = \dfrac{F_k + G_k}{A} = \dfrac{190 + 20 \times 0.8 \times 1.2}{1.2} = 174$kPa

查表 8-8 得 $\tan\alpha = 1.0$，故混凝土垫层缩进 300mm。

上层砖基础所需台阶数：

$$n \geqslant \frac{1}{2} \times \frac{1200 - 240 - 2 \times 300}{60} = 3\text{（阶）}$$

相应的基础高度：

$$H_0 = 120 \times 2 \ (\text{阶}) + 60 \times 1 \ (\text{阶}) + 300 = 600mm$$

基顶至地面距离取 200mm，则埋深 $d = 0.8m$，与前面选择的 $d = 0.8m$ 完全吻合。可见方案Ⅱ合理。

（3）绘制基础剖面图

基础剖面形状及尺寸如图 8-22 所示。

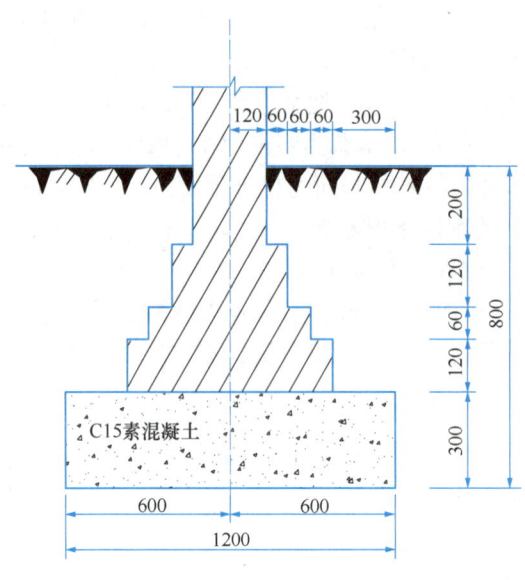

图 8-22　刚性基础剖面图

8.9　钢筋混凝土扩展基础设计

扩展基础系指柱下钢筋混凝土独立基础和墙下钢筋混凝土条形基础。

8.9.1　扩展基础的构造要求

8.9.1.1　一般要求

（1）基础边缘高度。锥形基础的边缘高度，不宜小于 200mm（图 8-23a）；阶梯形基础的每阶高度，宜为 300～500mm（图 8-23b）。

（2）基底垫层。通常在底板下浇筑一层素混凝土垫层。垫层厚度不宜小于 70mm，垫层混凝土强度等级不低于 C15；常做 100mm 厚 C15 素混凝土垫层，两边各伸出基础 100mm。

（3）钢筋。扩展基础受力钢筋最小配筋率不小于 0.15%，底板受力钢筋直径不小于 10mm，间距不大于 200mm，也不宜小于 100mm。墙下钢筋混凝土条形基础纵向分布筋的直径不应小于 8mm，间距不大于 300mm，且每延米分布筋的面积不应小于受力钢筋面积的 15%。当柱下钢筋混凝土独立基础的边长和墙下钢筋混凝土条形基础的宽度大于或等于 2.5m 时，钢筋长度可减短 10%，并宜交错布置（图 8-23c）。有垫层时钢筋保护层的厚度不小于 40mm；无垫层时不小于 70mm。

（4）混凝土。混凝土强度等级不应低于 C25。

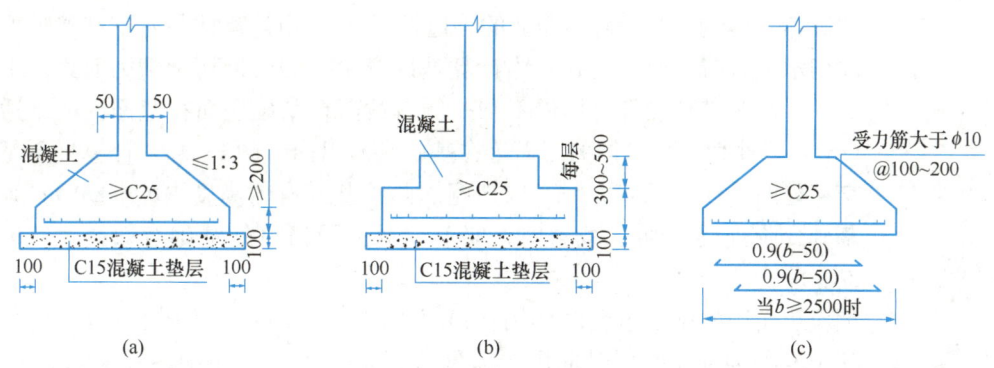

图 8-23　扩展基础构造的一般要求

(a) 锥形基础；(b) 阶梯形基础；(c) 钢筋配置

8.9.1.2　现浇柱下独立基础的构造要求

现浇柱基础中应伸出插筋，且插筋在基础内应满足：

（1）插筋的数量、直径，以及钢筋种类应与柱内的纵向受力钢筋相同；

（2）插筋的锚固长度 l_a 及其与柱的纵向钢筋连接方法应满足现行国家标准《混凝土结构设计标准》GB/T 50010 的有关规定，抗震设防烈度为 6 度、7 度、8 度及 9 度时的抗震锚固长度 l_{aE} 为：一、二级抗震等级 $l_{aE}=1.15l_a$，三级抗震等级 $l_{aE}=1.05l_a$，四级抗震等级 $l_{aE}=l_a$；

（3）基础高度小于 l_a（l_{aE}）时，钢筋混凝土柱和剪力墙纵向受力筋的锚固总长度除符合上述要求外，其最小直锚段的长度不应小于 $20d$，弯折段的长度不小于 150mm；

（4）插筋的下端宜做成直钩放在基础底板钢筋网上，当轴心受压或小偏心受压柱的基础高度 $h \geqslant 1200$mm、大偏心受压柱 $h \geqslant 1400$mm 时，可仅将四角插筋伸至基础底板钢筋网上，其余插筋只锚固于基础顶面下 l_a 或 l_{aE} 处。

8.9.2　柱下钢筋混凝土独立基础高度和底板配筋计算

8.9.2.1　基础高度

柱荷载作用下，如基础高度（或阶梯高度）不足，将沿柱周边（或阶梯高度变化处）产生冲切破坏，形成 45°斜裂面的冲切破坏锥体（图 8-24）。此时，要求作用在冲切破坏锥体以外面积（A_l）上的地基净反力所产生的冲切力 F_l 小于冲切面处混凝土的抗冲切能力。对于矩形基础，柱短边一侧冲切破坏较柱长边一侧危险，故一般只需根据短边一侧冲切破坏条件来确定底板厚度，即当冲切破坏锥体落在基础底面以内时（$b > b_c + 2h_0$），应验算柱与基础交接处以及基础变阶处的受冲切承载力，按下式验算：

$$F_l \leqslant 0.7\beta_{hp}f_t b_m h_0 \tag{8-21}$$

式中　β_{hp}——受冲切承载力截面高度影响系数，$h \leqslant 800$mm 时，β_{hp} 取 1.0；$h \geqslant 2000$mm 时，β_{hp} 取 0.9；其间按线性内插法取值；

　　　f_t——混凝土轴心抗拉强度设计值（kPa）；

　　　h_0——基础冲切破坏锥体的有效高度（m）；

b_m——冲切破坏锥体最不利一侧计算长度（m），$b_m=(b_t+b_b)/2$，其中，b_t为冲切破坏锥体最不利一侧斜截面的上边长（m），当计算柱与基础交接处的受冲切承载力时，取柱宽 b_c；当计算基础变阶处的受冲切承载力时，取上阶宽 b_1；b_b为冲切破坏锥体最不利一侧斜截面在基础底面积范围内的下边长（m），当冲切破坏锥体的底面落在基础底面以内（图8-24），计算柱与基础交接处的受冲切承载力时，取柱宽加两倍基础有效高度（b_c+2h_0）；计算基础变阶处受冲切承载力时，取上阶宽加两倍该处基础有效高度（b_1+2h_{01}）；

F_l——相应于作用的基本组合时作用在 A_l 上的地基土净反力设计值，$F_l=p_jA_l$，其中，A_l为冲切验算时取用的部分基底面积（图8-24中多边形 $ABCDEF$ 的面积）；p_j为扣除基础自重及其上土重后相应于作用的基本组合时的地基土单位面积净反力（kPa），$p_j=F/(lb)$，对偏心受压基础可取基础边缘处最大地基土单位面积净反力 $p_{j,max}$。

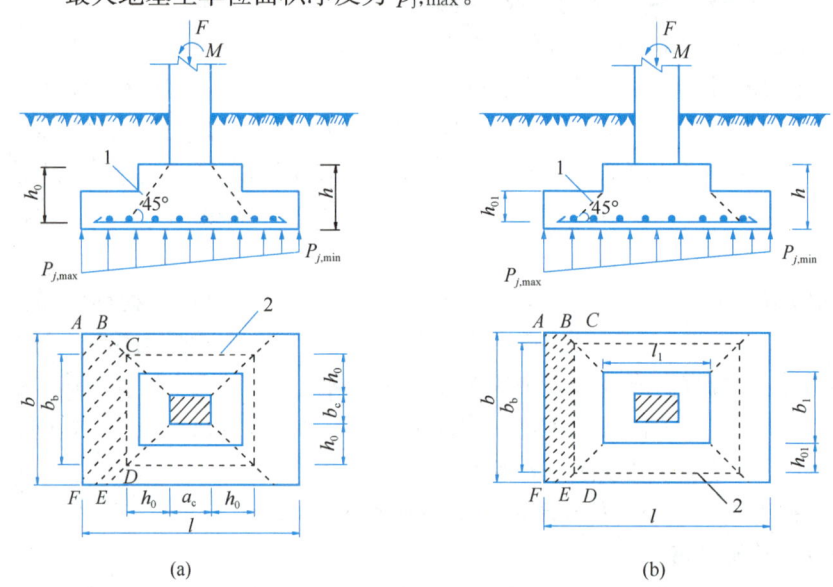

图 8-24　柱下阶形独立基础受冲切承载力计算截面位置
1—冲切破坏锥体最不利一侧的斜截面；2—冲切破坏锥体的底面线
（a）柱与基础交接处；（b）基础变阶处

当基础底面的短边长度小于或等于柱宽加两倍基础有效高度时（$b\leqslant b_c+2h_0$），还应验算柱与基础交接处的基础受剪切承载力。

8.9.2.2　基础底板配筋

地基净反力作用下，柱下独立基础沿柱的周边向上弯曲。当弯曲应力超过基础的抗弯强度时即发生弯曲破坏，其破坏特征是裂缝沿柱脚至基础角将基底分裂成四块梯形。因此，可视为四块固定于柱边的梯形悬臂板按抗弯计算确定基础底板的配筋。

轴心荷载或单向偏心荷载作用下，当台阶的宽高比小于或等于2.5且偏心距小于或等于1/6基础宽度时，可按简化方法计算柱下矩形独立基础任意截面的底板弯矩，并按简化矩形截面单筋板分别计算平行于 l 边方向及 b 边方向的配筋面积。

此外，当基础的混凝土强度等级小于柱的混凝土强度等级时，应验算柱下独立基础顶面的局部受压承载力。

8.9.3 墙下钢筋混凝土条形基础的刚度和底板配筋

墙下钢筋混凝土条形基础的高度通常由混凝土的受剪切承载力确定，可按式（8-22）验算墙与基础底板交接处截面受剪承载力：

$$V_s \leqslant 0.7\beta_{hs}f_t A_0 \tag{8-22}$$

式中　β_{hs}——受剪切承载力截面高度影响系数，$\beta_{hs}=(800/h_0)^{1/4}$，$h_0<800mm$ 时，取 $h_0=800mm$；$h_0>2000mm$ 时，取 $h_0=2000mm$；

A_0——验算截面处基础底板的单位长度垂直截面有效面积（m^2）；

V_s——相应于作用的基本组合时，墙与基础交接处由基底平均净反力产生的剪力设计值（kN）。

墙下钢筋混凝土条形基础底板的配筋分析计算可简化为受地基净反力作用的倒置悬臂梁（沿墙长度方向取 $l=1.0m$）。任意截面每延米宽度的弯矩可按下式计算：

$$M_I = \frac{1}{6}a_1^2\left(2p_{max}+p-\frac{3G}{A}\right) \tag{8-23}$$

其中：a_1 为 Ⅰ-Ⅰ 截面至基础边缘距离（m），即最大弯矩截面位置。当墙体材料为混凝土时，取 $a_1=b_1$；如为砖墙且放脚不大于 1/4 砖长时，取 $a_1=b_1+1/4$ 砖长（即 $a_1=b_1+0.06$）。

根据确定的验算截面最大弯矩值计算墙下条形基础底板的每延米受力钢筋的配筋（图 8-25），该配筋面积除满足计算和最小配筋率要求外，还应满足前述扩展基础的相关构造要求。

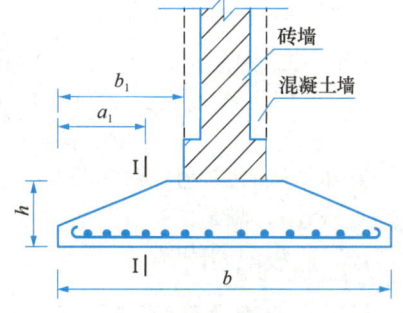

图 8-25　墙下钢筋混凝土条形基础底板配筋计算

【例 8.6】 已知某教学楼外墙厚 370mm，传至基础顶面的轴心竖向力 $F_k=267kN/m$。室内外高差 0.90m，基础埋深按 1.30m 计算（自室外地面算起），地基承载力特征值 $f_a=130kPa$（已深度修正）。试设计该墙下钢筋混凝土条形基础。

【解】（1）求基础宽度

$$b \geqslant \frac{F_k}{f_a-20d} = \frac{267}{130-20\times1.75} = 2.81m$$

取基础宽度 $b=2.80m=2800mm$。

（2）确定基础底板厚度

按 $h=b/8=2800/8=350mm$，根据墙下钢筋混凝土基础构造要求，初步绘制基础剖面如图 8-26 所示。

墙下钢筋混凝土基础抗剪切验算如下：

根据《建筑地基规范》，由荷载标准值计算荷载设计值可取荷载综合分项系数 1.35，由此可求得上部结构传至基础顶面的竖向荷载设计值 F：

$$F=1.35F_k=1.35\times267=360kN/m$$

基底净反力设计值：$p_j=\frac{F}{b}=\frac{360}{2.8}=129kPa$

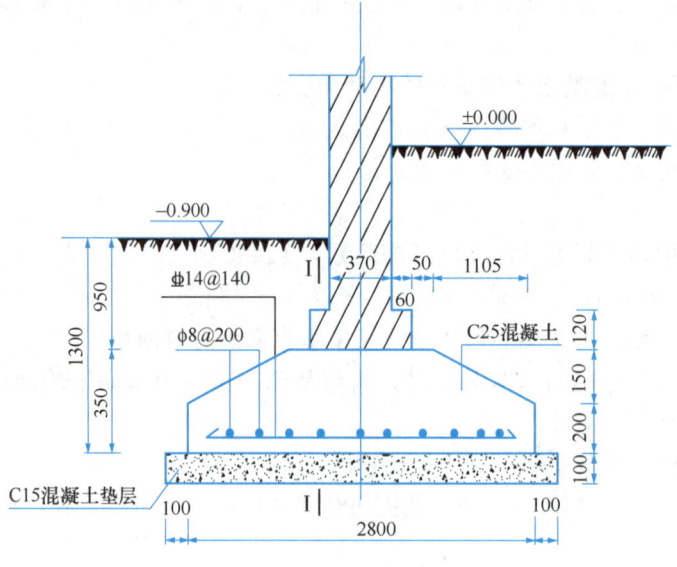

图 8-26 例 8.6 图

Ⅰ-Ⅰ截面的剪力设计值：$V_s = p_j \cdot a_1 = 129 \times (1.155 + 0.06) = 157 \text{kN/m}$

选用 C25 混凝土，$f_t = 1.27 \text{N/mm}^2$，按式（8-22）计算基础所需有效高度：

$$h_0 = \frac{V_s}{0.7 \beta_{hs} f_t} = \frac{157}{0.7 \times 1.0 \times 1.27} = 176.6 \text{mm}$$

实际基础有效高度 $h_0 = 350 - 40 - 20/2 = 300 \text{mm} > 176.6 \text{mm}$（按有垫层并暂按 $\phi 20$ 底板筋直径计），满足。

（3）底板配筋计算

计算Ⅰ-Ⅰ截面弯矩：$M = \frac{1}{2} p_j a_1^2 = \frac{1}{2} \times 129 \times 1.215^2 = 95.2 \text{kN} \cdot \text{m}$

选用 HRB400 钢筋，$f_y = 360 \text{N/mm}^2$。

求 A_s：

$$A_s = \frac{M}{\gamma_s h_0 f_y} = \frac{95.2 \times 10^6}{0.9 \times 300 \times 360} = 979 \text{mm}^2$$

选用 $\Phi 14@140$（实配 $A_s = 1077 \text{mm}^2 > 979 \text{mm}^2$），分布筋选 HPB300 钢筋 $\Phi 8@200$。

【例 8.7】设计例 8.3 的框架柱下独立基础。柱底荷载作用的基本组合设计值为：$F = 950 \text{kN}$，$M = 108 \text{kN} \cdot \text{m}$，$V = 18 \text{kN}$（材料选用：C25 混凝土，HRB400 钢筋）。

【解】（1）计算基底净反力

偏心距 $\qquad e_{j,0} = \dfrac{M}{F} = \dfrac{108 + 18 \times 0.6}{950} = 0.125 \text{m}$

基础边缘处的最大和最小净反力：

$$p_{j;\min}^{j;\max} = \frac{F}{lb}\left(1 \pm \frac{6e_{j,0}}{l}\right) = \frac{950}{2.4 \times 1.6} \times \left(1 \pm \frac{6 \times 0.125}{2.4}\right) = {}^{324.7\text{kPa}}_{170.1\text{kPa}}$$

（2）基础高度（采用阶梯形基础）

① 基础柱边基础截面抗冲切验算

$$l = 2.4 \text{m}, \quad b = 1.6 \text{m}, \quad b_t = b_c = 0.3 \text{m}, \quad a_c = 0.4 \text{m}$$

初定基础高度 $h=600$mm，从下至上分 350mm、250mm 两台阶。$h_0=550$mm（有垫层）。

$$b_c+2h_0=0.3+2\times0.55=1.40\text{m}<b=1.6\text{m}，取 } b_b=1.40\text{m}$$

$$b_m=(b_t+b_b)/2=(300+1400)/2=850\text{mm}$$

因偏心受压，p_j 取 $p_{j,max}$。

冲切力：$F_l=324.7\times\left[\left(\dfrac{2.4}{2}-\dfrac{0.4}{2}-0.55\right)\times1.6-\left(\dfrac{1.6}{2}-\dfrac{0.3}{2}-0.55\right)^2\right]=230.54$kN

抗冲切力：$0.7\beta_{hp}f_t b_m h_0=0.7\times1.0\times1.27\times10^3\times0.85\times0.55=416kN>230.54$kN，满足。

② 变阶处抗冲切验算

$$b_t=b_1=0.8\text{m}，l_1=1.2\text{m}，h_{01}=350-50=300\text{mm}$$

$$b_t+2h_{01}=0.8+2\times0.30=1.40<1.60\text{m}，取 } b_b=1.4\text{m}$$

$$b_m=(b_t+b_b)/2=(0.8+1.4)/2=1.1\text{m}$$

冲切力：$F_l=324.7\times\left[\left(\dfrac{2.4}{2}-\dfrac{1.2}{2}-0.30\right)\times1.6-\left(\dfrac{1.6}{2}-\dfrac{0.8}{2}-0.30\right)^2\right]=152.61$kN

抗冲切力：$0.7\beta_{hp}f_t b_m h_0=0.7\times1.0\times1.27\times10^3\times1.1\times0.3=293.37kN>152.61$kN，满足。

（3）配筋计算

选用 HRB400 钢筋，$f_y=360$N/mm^2。

① 基础长边方向

Ⅰ-Ⅰ截面（柱边）：

柱边净反力：

$$p_{j,\text{I}}=p_{j,min}+\frac{l+a_c}{2l}(p_{j,max}-p_{j,min})=170.1+\frac{2.4+0.4}{2\times2.4}\times(324.7-170.1)=260.3\text{kPa}$$

悬臂部分净反力平均值：$\dfrac{1}{2}(p_{j,max}+p_{j,\text{I}})=\dfrac{1}{2}\times(324.7+260.3)=292.5$kPa

弯矩：$M_\text{I}=\dfrac{1}{24}\left(\dfrac{p_j+p_\text{I}}{2}\right)(l-a_c)^2(2b+b_c)=\dfrac{1}{24}\times292.5\times(2.4-0.4)^2\times(2\times1.6+0.3)=170.6$kN·m

$$A_{s,\text{I}}=\frac{M_\text{I}}{0.9f_y h_0}=\frac{170.6\times10^6}{0.9\times300\times550}=1149\text{mm}^2$$

Ⅲ-Ⅲ截面（变阶处）：

$$p_{j,\text{III}}=p_{j,min}+\frac{l+a_1}{2l}(p_{j,max}-p_{j,min})=170.1+\frac{2.4+1.2}{2\times2.4}\times(324.7-170.1)$$

$$=286.1\text{kPa}$$

$$M_\text{III}=\frac{1}{24}\left(\frac{p_{j,max}+p_{j,\text{III}}}{2}\right)(l-a_1)^2(2b+b_1)=\frac{1}{24}\times\left(\frac{324.7+286.1}{2}\right)$$

$$\times(2.4-1.2)^2\times(2\times1.6+0.8)=73.3\text{kN·m}$$

$$A_{s,\text{III}}=\frac{M_\text{III}}{0.9f_y h_{01}}=\frac{170.6\times10^6}{0.9\times300\times300}=905\text{mm}^2$$

比较 $A_{s,\text{I}}$ 和 $A_{s,\text{III}}$，应按 $A_{s,\text{I}}$ 配筋，实际配 7Φ14，$A_s=1077\text{mm}^2>957\text{mm}^2$。

② 基础短边方向

因该基础受单向偏心荷载作用，所以，在基础短边方向的基底反力可按均匀分布计算，取 $p_j=(p_{j,\text{max}}+p_{j,\text{min}})/2$ 计算。

$$p_j=(324.7+170.1)/2=247.4\text{kPa}$$

与长边方向配筋计算方法相同，可得 Ⅱ-Ⅱ 截面（柱边）的计算配筋值 $A_{s,\text{II}}=726.3\text{mm}^2$；Ⅳ-Ⅳ 截面（变阶处）的计算配筋值 $A_{s,\text{IV}}=574.2\text{mm}^2$，故按 $A_{s,\text{II}}$ 在短边方向（2.4m 宽内）配筋。但不符合构造要求。实际按构造配筋选用 HPB300 钢筋 Φ12@200（即 16Φ12），$A_s=1810\text{mm}^2$。基础配筋如图 8-27 所示。

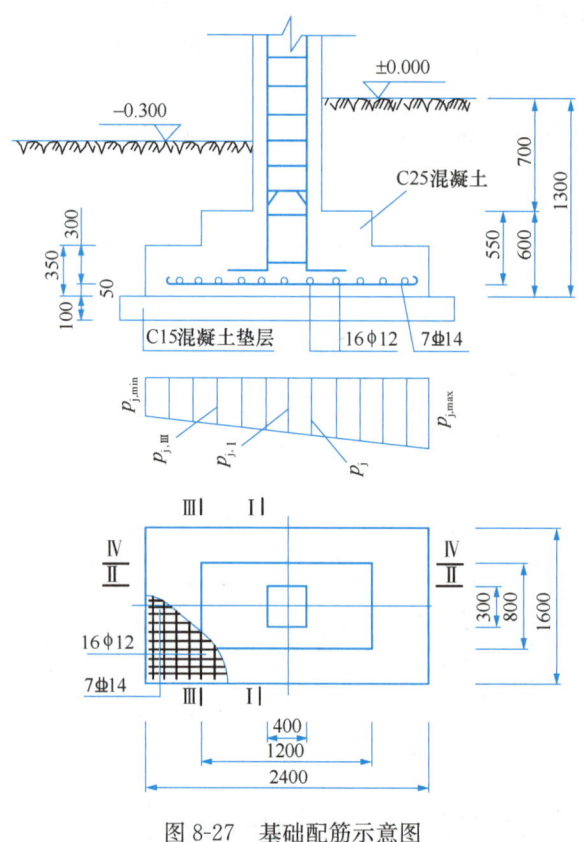

图 8-27　基础配筋示意图

8.10　柱下条形基础设计

柱下通常应首选独立基础。但当柱荷载较大、各柱荷载差过大、地基承载力低或地基土质变化较大，且采用独立柱基础无法满足设计要求时，则可先考虑采用柱下条形基础。

8.10.1　柱下条形基础的构造要求

8.10.1.1　外形尺寸

基础平面布置允许的情况下，条形基础梁的两端宜伸出边柱之外，伸出长度一般为边跨柱距的 0.25 倍；基础的底板宽度应由计算确定。

基础梁的高度 h 应由计算确定，宜为柱距的 1/8～1/4。翼板厚度也应由计算确定，一般不应小于 200mm，厚度大于 250mm 时宜用变厚度翼板，且其顶面坡度 $i \leqslant 1:3$。

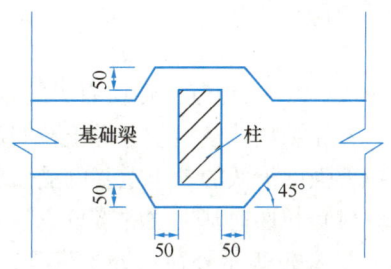

图 8-28　现浇柱与基础梁
交接处平面尺寸要求

柱下条形基础一般沿其纵向取等截面。现浇柱与条形基础交接处的基础梁平面尺寸应大于柱的平面尺寸，且柱的边缘至基础梁边缘的距离不小于 50mm。当柱截面边长大于或等于基础梁宽度时，可仅在柱位处将基础梁加宽（图 8-28）。

8.10.1.2　钢筋和混凝土

（1）柱下条形基础梁顶部和底部的纵向受力钢筋除应满足计算要求外，顶部纵向受力筋按计算配筋全部贯通，底部通长钢筋不得少于底部纵向受力筋总面积的 1/3。

（2）柱下条形基础的混凝土强度等级不应低于 C25。

基础垫层、钢筋保护层厚度等可参考前述扩展基础构造要求的一般规定。

8.10.2　柱下条形基础内力计算方法

由于柱下条形基础在长度方向的尺寸与截面高度相比较大，故可将其视为地基上的受弯构件，并考虑地基、基础、上部结构的相对刚度特性，按以下原则选择适当的方法进行设计计算：

（1）设计柱下条形基础时首先需确定其基底尺寸，一般先按构造要求确定基础梁的长度 l（应尽量使基底形心与基础所受外荷载合力重心相重合），然后由地基承载力特征值按 8.5 节要求确定基底宽度 b。

（2）柱下条形基础的内力与配筋计算可按《建筑地基规范》规定：地基较均匀，上部结构刚度较好，荷载分布较均匀，且条形基础梁的高度大于 1/6 柱距时，地基反力可按直线分布，条形基础梁的内力可按连续梁计算（如倒梁法、剪力平衡法），此时边跨跨中弯矩及第一内支座的弯矩值宜乘以 1.2 的系数。否则，宜按弹性地基梁方法计算柱下条形基础内力。

（3）对柱下交叉条形基础，可按静力平衡条件及变形协调条件分配交点上的柱荷载，其内力可按上述规定分别进行计算。

（4）应验算柱边缘处基础梁的受剪承载力。存在扭矩时，还应作抗扭计算。

（5）当条形基础的混凝土强度等级小于柱的混凝土强度等级时，尚应验算柱下条形基础梁顶面的局部受压承载力。

8.10.2.1　弹性地基梁法

弹性地基梁法将地基和基础作为一个整体进行分析，即考虑地基-基础相互作用，将条形基础视为弹性地基上的梁，采用适当的地基模型求解基础内力变形及地基反力。同时，为了可列出解答问题所需的方程组并结合必要的边界条件求解，应满足两个基本条件：

（1）变形协调。计算前后基底与地基不脱开。

（2）静力平衡。基础在外荷载和基底反力作用下满足静力平衡。

为获得解析解，一种较为常用的地基模型为文克勒（Winkler，1867）模型，其假定地基上任一点所受的压力 p 与该点的沉降量 s 呈正比，即：

$$p = ks \tag{8-24}$$

式中　k——与地基土性质有关的基床系数（kN/m^3）。

文克勒地基模型未考虑土粒间的剪应力，实际工程中地基土体内是存在剪应力的，只有抗剪强度极低的软土地基的受力状态才与此接近。

（1）弹性地基上梁的微分方程式

图 8-29 表示外荷（分布荷载 q）作用下文克勒地基上等截面梁（梁宽为 b）在其主平面内的挠曲曲线及梁微段单元 dx，其中，梁和地基的竖向位移设为 ω（即竖向位移 s）。根据图 8-29（b）所示梁微段单元 dx 的竖向静力平衡条件可得：

$$V - (V + dV) + pb\,dx - q\,dx = 0 \tag{8-25}$$

即

$$\frac{dV}{dx} = bp - q \tag{8-26}$$

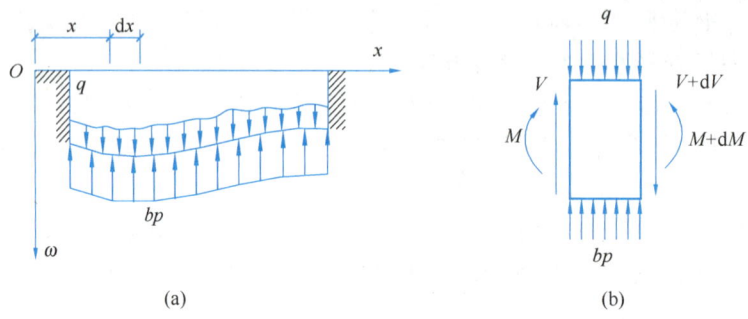

图 8-29　文克勒地基上梁的计算图式

（a）梁的挠曲曲线；（b）梁微段单元

根据材料力学公式 $V = dM/dx$、$EI\dfrac{d^2\omega}{dx^2} = -M$ 及文克勒模型假定（即 $p = k\omega$），代入上式可得：

$$EI\frac{d^4\omega}{dx^4} = -bk\omega + q \tag{8-27}$$

式中　EI——梁的抗弯刚度。

若令 $q=0$（无荷载），$\lambda = \sqrt[4]{\dfrac{bk}{4EI}}$（弹性地基梁的弹性特征，量纲为 $1/m$，其倒数 $1/\lambda$ 称为特征长度），则：

$$\frac{d^4\omega}{dx^4} + 4\lambda^4\omega = 0 \tag{8-28}$$

解此方程［特征方程 $r^4 + 4\lambda^4 = 0$，即 $r_1 = \lambda(1+i)$，$r_2 = \lambda(1-i)$，$r_3 = -\lambda(1-i)$，$r_4 = -\lambda(1+i)$］可得其通解：

$$\omega = e^{\lambda x}(C_1\cos\lambda x + C_2\sin\lambda x) + e^{-\lambda x}(C_3\cos\lambda x + C_4\sin\lambda x) \tag{8-29}$$

其中 C_1、C_2、C_3、C_4 为待定系数，由荷载及边界条件确定。

（2）弹性地基上梁的计算

弹性地基梁的特征长度 $1/\lambda$ 越大，梁相对越刚。实际工程中将弹性地基梁分为以下三种类型：①无限长梁：荷载作用点与梁两端的距离都大于 π/λ；②半无限长梁：荷载作用点与梁一端的距离大于 π/λ，与另一端的距离小于 π/λ；③有限长梁：荷载作用点与梁两端的距离都小于 π/λ，梁的长度大于 $\pi/(4\lambda)$；当梁的长度小于 $\pi/(4\lambda)$ 时，梁的挠曲很小，可以忽略，此时可称为短梁（刚性梁）。

地基梁所承受的荷载包括集中力、集中力偶等，对于无限和半无限长梁，可分别按集中荷载、集中力偶求解梁的内力变形（表 8-9），再视情况进行叠加。

集中力和力偶作用下的无限长梁内力位移及地基反力解答 表 8-9

梁的类型	作用荷载	边界条件	梁的内力变形及地基反力	系数表达式
无限长梁	集中力 F_0	① $x \to +\infty$ 时，$\omega = 0$ ② $x \to -\infty$ 时，$\omega = 0$ ③ $x = 0$ 时，$\left.\dfrac{d\omega}{dx}\right|_{x=0} = 0$ ④ $x = 0$ 处， $V = -EI\dfrac{d^3\omega}{dx^3} = -\dfrac{F_0}{2}$	$\omega = \dfrac{F_0\lambda}{2K}e^{-\lambda x}(\cos\lambda x + \sin\lambda x) = \dfrac{F_0\lambda}{2K}A_x$ $\theta = -\dfrac{F_0\lambda^2}{K}e^{-\lambda x}\sin\lambda x = -\dfrac{F_0\lambda^2}{K}B_x$ $M = \dfrac{F_0}{4\lambda}e^{-\lambda x}(\cos\lambda x - \sin\lambda x) = \dfrac{F_0}{4\lambda}C_x$ $V = -\dfrac{F_0}{2}e^{-\lambda x}\cos\lambda x = -\dfrac{F_0}{2}D_x$ $p = \dfrac{F_0\lambda}{2b}e^{-\lambda x}(\cos\lambda x + \sin\lambda x) = \dfrac{F_0\lambda}{2b}A_x$	$K = kb$ $A_x = e^{-\lambda x}(\cos\lambda x + \sin\lambda x)$ $B_x = e^{-\lambda x}\sin\lambda x$ $C_x = e^{-\lambda x}(\cos\lambda x - \sin\lambda x)$ $D_x = e^{-\lambda x}\cos\lambda x$
	集中力偶 M_0	① $x \to \infty$ 时，$\omega = 0$ ② $x = 0$ 时，$\omega = 0$ ③ $x = 0$ 处， $M = -EI\dfrac{d^2\omega}{dx^2} = \dfrac{M_0}{2}$	$\omega = \dfrac{M_0\lambda^2}{K}e^{-\lambda x}\sin x = \dfrac{M_0\lambda^2}{K}B_x$ $\theta = \dfrac{M_0\lambda^2}{K}e^{-\lambda x}(\cos\lambda x - \sin\lambda x) = \dfrac{M_0\lambda^2}{K}C_x$ $M = \dfrac{M_0}{2}e^{-\lambda x}\cos\lambda x = \dfrac{M_0}{2}D_x$ $V = -\dfrac{M_0\lambda}{2}e^{-\lambda x}(\cos\lambda x + \sin\lambda x) = -\dfrac{M_0\lambda}{2}A_x$ $p = k\dfrac{M_0\lambda^2}{K}e^{-\lambda x}\sin\lambda x = \dfrac{M_0\lambda^2}{b}B_x$	
半无限长梁	集中力 P_0	① $x \to \infty$ 时，$\omega = 0$ ② $x = 0$ 时，$M = 0$ ③ $x = 0$ 处， $V = -EI\dfrac{d^3\omega}{dx^3} = -F_0$	$\omega = \dfrac{2F_0\lambda}{K}D_x$ $\theta = -\dfrac{2F_0\lambda^2}{K}A_x$ $M = -\dfrac{F_0}{\lambda}B_x$ $V = -F_0 C_x$ $p = \dfrac{2F_0\lambda}{b}D_x$	
	集中力偶 M_0	① $x \to \infty$ 时，$\omega = 0$ ② $x = 0$ 时， $M = -EI\dfrac{d^2\omega}{dx^2} = M_0$ ③ $x = 0$ 处， $V = -EI\dfrac{d^3\omega}{dx^3} = 0$	$\omega = -\dfrac{2M_0\lambda^2}{K}C_x$ $\theta = -\dfrac{4M_0\lambda^3}{K}D_x$ $M = M_0 A_x$ $V = -2M_0\lambda B_x$ $p = -\dfrac{2M_0\lambda^2}{b}C_x$	

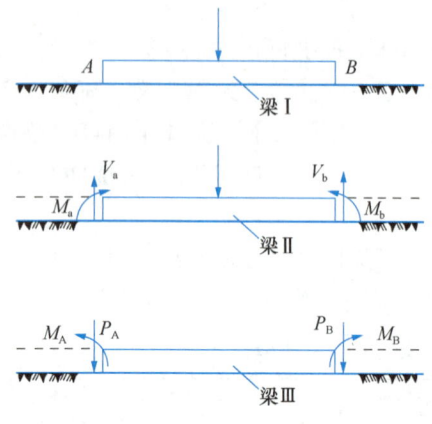

图 8-30　有限长梁内力位移计算简图

实际工程中，地基上的梁大多为有限长梁，荷载对梁两端的影响尚未消失，即梁端的挠曲线位移不能忽略，常用初参数方程法进行求解，该法以上述导得的无限长梁计算公式为基础，利用叠加原理求得满足有限长梁两端边界条件的解答，由此避开直接确定积分常数的麻烦。其原理为：设图 8-30 所示弹性地基梁（梁 I）两端自由，其上作用任意已知荷载，若将两端向外无限延长（梁 II），则在 A、B 截面将产生弯矩 M_a、M_b 和剪力 V_a、V_b，而实际梁 I 的 A、B 两端自由，不存在任何内力，故可在 A、B 两点外侧分别施加一对附加荷载，即边界条件力 M_A、P_A 和 M_B、P_B，使其在 A、B 两截面产生的弯矩和剪力分别为 $-M_a$、$-V_a$ 及 $-M_b$、$-V_b$（梁 II）。根据该条件利用上述给出的无限长梁在集中力和力偶作用下的内力位移解答可列出如下方程组：

$$
\left.
\begin{aligned}
-M_a &= \frac{P_A}{4\lambda} + \frac{P_B}{4\lambda} C_l + \frac{M_A}{2} - \frac{M_B}{2} D_l \\
-V_a &= -\frac{P_A}{2} + \frac{P_B}{2} D_l - \frac{\lambda M_A}{2} - \frac{\lambda M_B}{2} A_l \\
-M_b &= \frac{P_A}{4\lambda} C_l + \frac{P_B}{4\lambda} C_l + \frac{M_A}{2} D_l - \frac{M_B}{2} \\
-V_b &= -\frac{P_A}{2} D_l + \frac{P_B}{2} - \frac{\lambda M_A}{2} A_l - \frac{\lambda M_B}{2}
\end{aligned}
\right\}
\tag{8-30}
$$

联立求解可得边界条件力 M_A、P_A 和 M_B、P_B。

有限长梁 I 上任意点 x 的内力位移计算步骤可归纳如下：

（1）以叠加法计算已知荷载在梁 II 上相应于梁 I 两端 A、B 截面处引起的弯矩和剪力 M_a、V_b、M_b、V_b；

（2）按式（8-30）求解梁端边界条件力 M_A、P_A 和 M_B、P_B；

（3）再按叠加法计算在已知荷载和边界条件力的共同作用下，梁 II 上相应于梁 I 的 x 点处的 ω、θ、M 和 V 值，即为所要求的结果。

至于短梁（刚性梁），因该类梁刚度很大，其位移为平面移动，一般可假定基底反力按直线分布，按静力平衡条件求解，其截面弯矩和剪力也可由静力平衡条件求得。

8.10.2.2　简化内力计算方法

当柱下条形基础具有足够的相对刚度时，可采用两种简化方法手工计算基础梁的内力——倒梁法和剪力平衡法（静定分析方法）：

（1）倒梁法

倒梁法假定基础与地基土相比为绝对刚性，基础的弯曲挠度不会改变基底压力；基底压力呈直线分布，其重心与作用于基底的荷载合力作用线相重合。

与所有基础结构计算一样，采用承载能力极限状态下的作用基本组合，确定上部结构传至基础梁的荷载设计值，再按偏心受压（图 8-31a）计算基础梁边缘处最大和最小地基净反力：

$$\begin{aligned} p_{\text{jmax}} \\ p_{\text{jmin}} \end{aligned} = \frac{\sum F_i}{bl} \pm \frac{\sum M_i}{W}$$ (8-31)

式中　$\sum F_i$——上部结构作用在基础梁上的竖向荷载设计值总和（不包括基础及回填土重力）(kN)；

$\sum M_i$——外荷载对基底形心弯矩设计值的总和（kN·m）；

b、l——分别为条形基础的宽度和长度（m）；

W——基础底面的抵抗矩（m³）。

然后，将柱底视为不动铰支座，以求得的基底净反力为荷载，按倒置的普通连续梁求其纵向内力（图 8-31b），如力矩分配法、力法或位移法等。

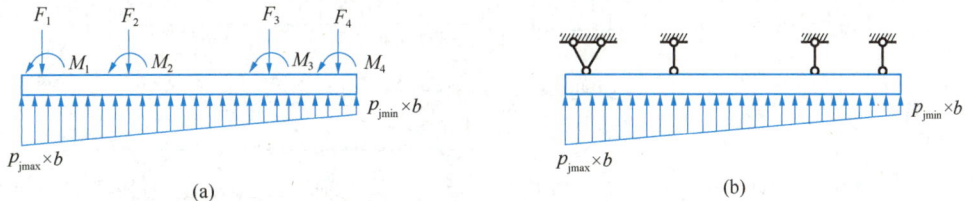

图 8-31　用倒梁法计算地基梁简图
（a）基底反力分布；（b）按连续梁求内力

倒梁法把柱脚视为条形基础的铰支座，支座间不存在相对竖向位移，即只考虑柱间局部弯曲，忽略基础全长发生的整体弯曲，因而所得的柱位处截面的正弯矩与柱间最大负弯矩绝对值比其他方法均衡，故基础不利截面的弯矩最小。而且，倒梁法求得的支座反力往往不等于原先用于计算基底净反力的竖向柱荷载，甚至相差较大。为消除这一矛盾，可用逐次渐进的方法，即：将支座处的不平衡力均匀分布在本支座两侧各 1/3 的跨度范围内求解梁的内力，并将该内力与前面求得的内力进行叠加，如此反复多次，直至所求出的支座反力接近已知的柱荷载为止。此外，倒梁法没有考虑地基-基础的相互作用，也就不能考虑梁底地基土强度的影响。事实上，支承基础梁的地基土的强度等特性会影响基础梁的内力与变形。

（2）剪力平衡法（静定分析方法）

假定地基反力按直线分布，其值仍按式（8-31）计算。求出净反力分布后，基础梁上所有的作用力都已确定，可按静力平衡条件（剪力平衡）计算出基础梁任意截面 i 上的弯矩 M_i 和剪力 V_i。

剪力平衡法未考虑地基-基础-上部结构的相互作用，因而基础在荷载和直线分布的基底反力作用下产生整体弯曲。与其他方法比较，这样计算所得的基础不利截面上的弯矩绝对值一般较大。故此法宜用于上部为柔性结构，且自身刚度较大的条形基础以及联合基础。

【例 8.8】试确定图 8-32（a）所示条形基础的底面尺寸，并用剪力平衡法计算其内力。已知：基础埋深 $d=1.5\text{m}$，地基承载力特征值 $f_a=120\text{kPa}$，其余数据见图。

【解】（1）确定基础底面尺寸

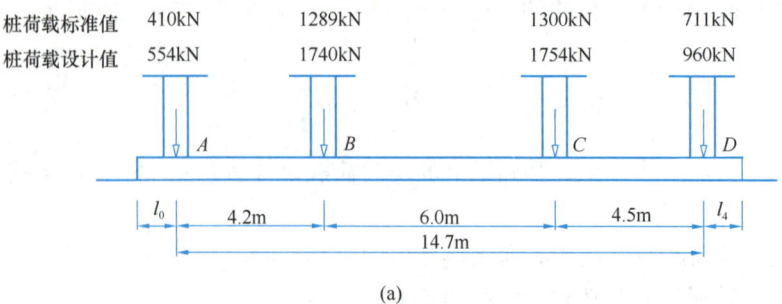

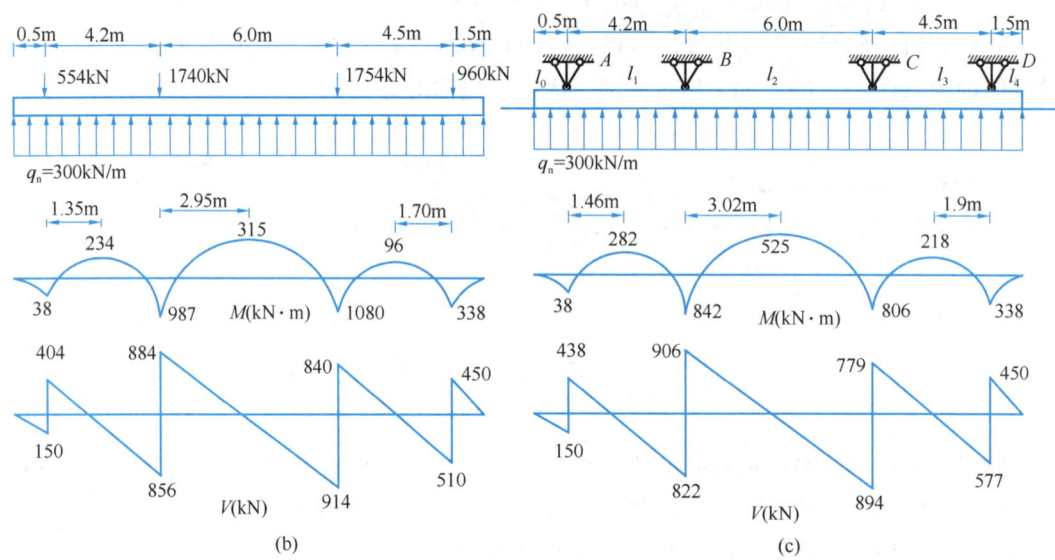

图 8-32　例 8.8 图

(a) 条形基础示意图；(b) 剪力平衡法内力计算结果；(c) 倒梁法内力计算结果

各柱竖向力的合力，距图中 A 点的距离 x 为：

$$x = \frac{960 \times 14.7 + 1754 \times 10.2 + 1740 \times 4.2}{960 + 1754 + 1740 + 554} = 7.85\text{m}$$

考虑构造需要，基础伸出 A 点外 $l_0 = 0.5\text{m}$，如果要求竖向力合力与基底形心重合，则基础必须伸出图中 D 点之外 l_4：

$$l_4 = 2 \times (7.85 + 0.5) - (14.7 + 0.5) = 1.5\text{m}(\text{等于边距的 } 1/3)$$

基础总长度　　　　　　　$l = 14.7 + 0.5 + 1.5 = 16.7\text{m}$

需基础底板宽度 b：

$$b \geqslant \frac{1}{l} \cdot \frac{\Sigma F_k}{f_a - \gamma_G d} = \frac{410 + 1289 + 1300 + 711}{16.7 \times (120 - 20 \times 1.5)} = 2.47\text{m}$$

取 $b = 2.5\text{m}$ 设计。

（2）内力分析

按静力平衡条件计算内力：

$$M_A = 300 \times 0.5^2 / 2 = 38\text{kN} \cdot \text{m}$$

$$V_{A左} = 300 \times 0.5 = 150\text{kN}$$

$$V_{A右} = 150 - 554 = -404\text{kN}$$

AB 跨内最大负弯矩的截面至 A 点的距离 $a_1 = 554/300 - 0.5 = 1.35\text{m}$，则：

$$M_1 = \frac{1}{2} \times 300 \times (0.5 + 1.35)^2 - 554 \times 1.35 = -234\text{kN} \cdot \text{m}$$

$$M_B = \frac{1}{2} \times 300 \times (0.5 + 4.2)^2 - 554 \times 4.2 = 987\text{kN} \cdot \text{m}$$

$$V_{B左} = 300 \times (0.5 + 4.2) - 554 = 856\text{kN}$$

$$V_{B右} = 856 - 1740 = -884\text{kN}$$

其余各截面的 M、V 均仿此计算，结果见图 8-32（b）。

图 8-32（c）给出了倒梁法求得的条形基础的弯矩和剪力分布图，具体计算过程略，可用以和剪力平衡法比较不同。

8.11 筏形基础设计

当采用上述基础形式仍无法满足设计使用要求时，可考虑采用筏形或箱形基础。下面仅对筏形基础的构造要求、内力计算与结构设计原则与方法等作一简要介绍，具体内容详见《建筑地基规范》和《高层建筑筏形与箱形基础技术规范》JGJ 6—2011 等。

8.11.1 构造要求

筏形基础有平板式、梁板式两种类型（图 8-5），其选型应根据工程地质、上部结构体系、柱距、荷载大小、使用要求以及施工条件等因素确定。框架-核心筒和筒中筒结构宜采用平板式筏基。

筏形基础的构造要求主要如下：

（1）平板式筏基板的最小厚度不小于 500mm，梁板式筏基的底板区格为矩形双向板时，其板厚与最大双向板格的短边净跨之比不小于 1/4，且不小于 400mm。

（2）筏基的混凝土强度等级不应低于 C30，当有地下室时应采用防水混凝土，其抗渗等级根据不同基础埋置深度分为 P6、P8、P10 及 P12 四个等级，重要建筑宜采用自防水并设架空排水层。

（3）采用筏基的地下室，钢筋混凝土外墙厚度不应小于 250mm，内墙厚度不应小于 200mm。墙的截面设计除满足计算承载力要求外，还应考虑变形、抗裂及防渗等要求。墙体内应设置双面钢筋，竖向和水平钢筋的直径分别不应小于 12mm 和 10mm，间距不应大于 200mm。

（4）地下室底层柱、剪力墙与梁板式筏基基础梁的连接构造要求：柱、墙的边缘至基础梁边缘的距离不小于 50mm；当交叉基础梁的宽度小于柱截面的边长时，交叉基础梁连接处应设置八字角，角柱与八字角之间的净距不小于 50mm。

（5）考虑整体弯曲的影响，平板式筏基柱下板带和跨中板带的底部支座钢筋应有不少于 1/3 贯通全跨，顶部钢筋按计算配筋全部连通，上下贯通钢筋的配筋率不小于 0.15%；梁板式筏基的底板和基础梁的配筋除满足计算要求外，纵横方向的底部钢筋还应有不少于 1/3 贯通全跨，顶部钢筋按计算配筋全部贯通，底板上下贯通配筋的配筋率不小于 0.15%。

8.11.2 筏形基础内力计算与结构设计原则与方法

8.11.2.1 基础平面尺寸及布置

筏形基础的平面尺寸应根据工程地质条件、上部结构的布置、地下结构底层平面以及荷载分布等因素，根据本章前述地基的承载力、变形及稳定性等要求确定。对单栋建筑物，在地基土比较均匀的条件下，应首先考虑使上部结构荷载的合力点与基底形心重合。不能重合时，在作用效应准永久组合下的偏心距 e 宜满足：

$$e \leqslant 0.1W/A \tag{8-32}$$

式中 W——与偏心距方向一致的基础底面边缘的抵抗矩；

A——基础底面积。

8.11.2.2 基础内力计算

《建筑地基规范》规定，当地基土较均匀，地基压缩层范围内无软弱土层或可液化土层，上部结构刚度较好，柱网和荷载较均匀，相邻柱荷载及柱间距的变化不超过 20%，且梁板式筏基梁的高跨比或平板式筏基板的厚跨比不小于 1/6 时，筏基可仅考虑局部弯曲作用，采用直线分布的基底静反力，按"倒楼盖"法等计算筏基内力。当不满足上述要求时，筏基的内力可按弹性地基梁板方法分析计算。

按基底反力直线分布计算时，梁板式筏基的基础梁内力可按连续梁分析，边跨跨中弯矩及第一内支座的弯矩值宜乘以 1.2 的系数；平板式筏基可按柱下板带和跨中板带分别进行内力分析。

8.11.2.3 基础结构强度计算

平板式筏基的板厚应满足受冲切承载力要求，并应验算距内筒和柱边缘 h_0 处截面的受剪承载力。筏板变厚度时，还应验算变厚处筏板的受剪承载力。当柱荷载较大，等厚度筏板的受冲切承载力不满足要求时，可在筏板面上增设柱墩或在筏板下局部增加板厚或采用抗冲切钢筋。当筏板厚度大于 2000mm 时，宜在板中部设置直径不小于 12mm、间距不大于 300mm 的双向钢筋网。

梁板式筏基底板应计算正截面受弯承载力，其厚度还应满足受冲切、受剪切承载力要求。

梁板式筏基基础梁和平板式筏基的顶面应满足底层柱下局部受压承载力要求。

8.12 箱形基础设计

随建筑物高度及荷载的增加，为满足基础刚度要求，如仍采用筏形基础，往往需要很大的筏板厚度，此时就欠经济合理，故可考虑采用图 8-6 所示的箱形基础。

8.12.1 构造要求

箱形基础的平面尺寸要求同上述筏形基础，当不满足式（8-32）的要求时，可通过对不同的边缘部位采用不同的悬挑跨度的办法进行调整，尽量使其偏心效应最小。

箱形基础其他构造要求主要如下：

（1）箱形基础的内、外墙应沿上部结构柱网和剪力墙纵横均匀布置，框架或框剪结构的墙体水平截面总面积不宜小于箱形基础水平投影面积的 1/12。基础平面长宽比大于 4 时，纵墙水平截面面积不宜小于箱基水平投影面积的 1/18。墙体水平截面面积计算时可不扣除洞口部分。

（2）箱形基础的高度应满足结构承载力和刚度的要求，不宜小于其长度（不包括底板悬挑部分）的 1/20，且不宜小于 3m。

（3）箱形基础的墙体厚度应根据实际受力情况、整体刚度及防水要求确定。外墙厚度不小于 250mm，常用 250～400mm；内墙厚度不宜小于 200mm，常用 200～300mm。墙体内应设置双向、双层钢筋，竖向和水平钢筋的直径均不小于 10mm，间距不大于200mm。除上部结构为剪力墙外，内、外墙顶部处宜配置两根直径不小于 20mm 的通长构造钢筋。

（4）箱形基础的墙体中尽量少开洞口，必须开设洞口时，门洞宜设置在柱间居中部位，洞边至上层柱中心的水平距离不宜小于 1.2m，洞口上过梁的高度不宜小于层高的1/5，洞口面积不宜大于柱距与箱基全高乘积的 1/6。同时，洞口周围应设置加强钢筋。

（5）底层柱主筋应伸入箱形基础一定的深度。三面或四面与箱形基础相连的内柱，除四角钢筋直通基底外，其余钢筋可终止在顶板底面以下至少一个受拉锚固长度；外柱、与剪力墙相连的柱及其他内柱的主筋应直通到底板并锚固。

（6）箱形基础的底板厚度应根据实际受力情况、整体刚度及防水要求确定，底板厚度不小于 400mm，且板厚与最大双向板格的短边净跨之比不应小于 1/14。底板除应满足正截面受弯承载力要求外，还应满足受冲切和斜截面受剪承载力的要求。

8.12.2　箱形基础设计计算原则与方法

8.12.2.1　基底反力

箱形基础的基底反力分布受到诸多因素的影响，如土的性质、上部结构刚度、基础的刚度、形状与埋深、相邻荷载等，难以精确分析。北京、上海等地区的早期典型实测资料表明，一般软黏土地基上的基底反力纵向呈"马鞍形"分布，反力最大值的位置距基底端部约为基底长边的 1/9～1/8，基底反力最大值约为平均值的 1.06～1.34 倍；一般黏土地基上的基底反力纵向呈"抛物线形"分布，基底反力最大值约为平均值的 1.25～1.37 倍。《高层建筑筏形与箱形基础技术规范》JGJ 6—2011 根据大量实测资料统计结果规定了箱基基底反力的实用计算法，即根据基底不同形状，将基底分成多个区格，不同区格采用不同的基底反力系数 α_i，然后将该反力系数乘以基底平均反力后得到该区格的基底反力 p_i（如长方形基底下的基底反力和基底反力系数分布可参见表 8-10 与表 8-11）：

$$p_i = \alpha_i \sum P_m / (bl) \tag{8-33}$$

式中　$\sum P_m$——上部结构荷载和箱基自重（按均布荷载处理）之和（kN）；

　　　b、l——箱基底板的宽度（m）、长度（m）。

长方形箱形基础基底反力 p_i 区格分布　　　　　　　　　　表 8-10

p_{12}	p_{11}	p_{10}	p_9	p_9	p_{10}	p_{11}	p_{12}
p_5	p_6	p_7	p_8	p_8	p_7	p_6	p_5
p_4	p_3	p_2	p_1	p_1	p_2	p_3	p_4
p_5	p_6	p_7	p_8	p_8	p_7	p_6	p_5
p_{12}	p_{11}	p_{10}	p_9	p_9	p_{10}	p_{11}	p_{12}

1.265	1.115	1.075	1.061	1.061	1.075	1.115	1.265
1.073	0.904	0.865	0.853	0.853	0.865	0.904	1.073
1.046	0.875	0.835	0.822	0.822	0.835	0.875	1.046
1.073	0.904	0.865	0.853	0.853	0.865	0.904	1.073
1.265	1.115	1.075	1.061	1.061	1.075	1.115	1.265

8.12.2.2　基础内力计算

《高层建筑筏形与箱形基础技术规范》JGJ 6—2011 规定，当地基压缩层深度范围内的土层在竖向和水平向较均匀，且上部结构为平立面布置较规则的剪力墙、框架、框架-剪力墙体系时，箱基的顶、底板可仅按局部弯曲计算。当不满足上述要求时，应同时计算局部弯曲和整体弯曲作用，底板局部弯曲产生的弯矩乘以 0.8 的折减系数，整体弯曲应采用上部结构-箱基-地基共同作用的分析方法计算。对于等柱距或柱距相差不大于 20% 的框架结构，整体弯矩可采用简化计算方法，即将上部框架简化为具有等效刚度 $E_B I_B$ 的等代梁，并通过结构底层柱与箱基相连，按图 8-33 所示简化模型计算。其中，框架结构等效刚度 $E_B I_B$ 可按式（8-34）计算。当地下室箱基的墙体面积率不满足上述 8.12.2.1 节箱基构造要求时，其内力可按截条法或其他有效计算方法确定。

$$E_B I_B = \sum_{i=1}^{n} E_b I_{bi} \left(1 + \frac{(K_{ui} + K_{li})m^2}{2K_{bi} + K_{ui} + K_{li}} m^2 \right) \qquad (8\text{-}34)$$

式中　　　E_b——梁、柱的混凝土弹性模量（kPa）；

K_{ui}、K_{li}、K_{bi}——第 i 层上柱、下柱和梁的线刚度（m³），其值分别为 I_{ui}/h_{ui}、I_{li}/h_{li}、I_{bi}/l；

I_{ui}、I_{li}、I_{bi}——第 i 层上柱、下柱和梁的截面惯性矩（m⁴）；

h_{ui}、h_{li}——第 i 层上柱和下柱的高度（m）；

L、l——上部结构弯曲方向的总长度（m）和柱距（m），$L=ml$，其中 m 为弯曲方向的节间数；

n——建筑物层数，当层数不大于 5 层时，取实际层数，否则 $n=5$。

图 8-33　箱（筏）形基础整体弯矩简化计算模型

整体弯曲作用下，箱基的顶、底板可视为工字形截面的上、下翼缘，由翼缘的拉、压形成的力矩抵抗荷载效应，其拉力或压力等于箱基所承受的整体弯矩除以箱基的高度。因箱基的顶、底板多为双层双向配筋，故按拉、压构件计算出的顶、底板所需整体弯曲钢筋用量应除以 2 后再均匀配置在顶板或底板的上层和下层。局部弯曲作用下，顶、底板按支撑在箱基墙体上、承受横向荷载的双向或单向多跨连续板计算其弯矩（计算时顶板考虑实际使用荷载与自重、底板考虑基底反力并扣除板的自重即地基净反力）。由于整体弯曲的影响，局部弯曲时计算的弯矩值乘以 0.8 的折减系数后再用以计算顶、底板的配筋量，算出的配筋量与前述整体弯曲配筋量叠加，即得顶、底板的最终配筋量。同时，顶、底板配筋时应综合考虑承受整体弯曲的钢筋和局部弯曲的钢筋的配置部位，使截面各部位的钢筋能充分发挥作用。仅按局部弯曲计算时，顶、底板钢筋配置量除满足局部弯曲的计算要求外，跨中钢筋应按实际配筋全部连通，支座钢筋尚应有 1/4 贯通全跨，底板上下贯通钢筋的配筋率均不小于 0.15%。

箱基的顶、底板除满足抗弯要求外，还需满足抗剪及抗冲切要求。箱基外墙在竖向力、土压力及水压力（地下水位于箱基底板以上时）等横向力共同作用下，属于偏心受压构件，计算时按边界支撑条件的不同，先算出横向力作用下的弯矩值，再与作用在墙上的竖向荷载叠加后按钢筋混凝土偏压构件计算。

8.13 减轻不均匀沉降损害的措施

工程中地基发生变形即建（构）筑物出现沉降难以避免，但过大的地基变形将使建（构）筑物损坏或影响其使用功能，特别是遇到软弱地基以及软硬不均匀地基等不良地基时，如处理不当，就更容易因不均匀沉降而开裂损坏。因此，如何防止或减轻不均匀沉降造成的损害，是设计中必须认真考虑的问题之一。单纯从地基基础的角度出发，常用的措施主要有：采用柱下条形基础、筏形基础和箱形基础等结构刚度较大、整体性较好的浅基础；采用桩基或其他深基础；用各种地基处理方法。但这些方法往往造价偏高，桩基及其他深基础和众多地基处理方法还需具备一定施工条件，特定情况下可能难以实施。有时甚至单纯从地基基础方案的角度出发难以解决问题。因此，可考虑基于地基-基础-上部结构相互作用的观点，综合选择合理的建筑、结构及施工方案和措施，降低对地基基础处理的要求和难度，同样可减轻不均匀沉降危害。

8.13.1 建筑措施

8.13.1.1 建筑物体型力求简单

建筑物体型指其平面形状与立面轮廓。平面形状复杂（如"L""T""E""Z"、"Ⅱ"形等）的建筑物，在纵、横单元交叉处基础密集，地基中各单元荷载产生的附加应力互相重叠，使该处的局部沉降量增加。同时，此类建筑物整体刚度差，刚度不对称，当地基出现不均匀沉降时，易产生扭曲应力，因而更容易使建筑物开裂。建筑物高低（或轻重）变化太大，地基各部分所受荷载轻重不同，自然也容易出现过量不均匀沉降。因此，遇软弱地基时，要力求平面形状简单，如用"一"字形建筑物，立面体型变化不宜过大，砌体承重结构房屋高差不宜超过 1～2 层。

8.13.1.2 控制建筑物长高比及合理布置纵横墙

纵横墙的连接和楼（屋）面共同形成砌体承重结构的空间刚度。当砌体结构长高比较小时，建筑物整体刚度好，能较好地防止不均匀沉降。相反，长高比大的建筑物整体刚度小，纵墙很容易因挠曲变形过大而开裂（图 8-34）。调查表明，两层以上的砌体承重房屋，预估最大沉降量超过 120mm 时，长高比不宜大于 2.5；对于平面简单，内外墙贯通，横墙间隔较小的房屋，长高比的限制可放宽至不大于3.0。不符合上述条件时，可考虑设置沉降缝。

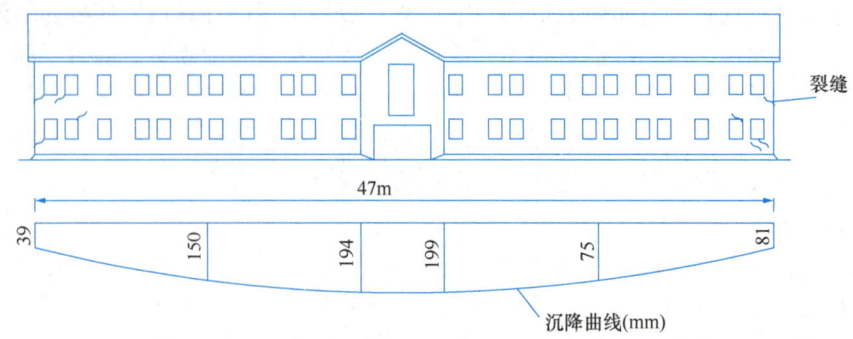

图8-34 纵墙的长高比（7.6）过长的建筑物开裂实例

合理布置纵横墙是增强砌体承重结构房屋整体刚度的重要措施之一。一般来说，房屋的纵向刚度较弱，故地基不均匀沉降引起的损害主要表现为纵墙的挠曲破坏。内、外纵墙的中断、转折，都会削弱建筑物的纵向刚度。当遇不良地基时，应尽量使内、外纵墙都贯通。另外，缩小横墙间距也可有效改善房屋的整体性，从而增强调整不均匀沉降的能力。

8.13.1.3 设置沉降缝

当地基极不均匀，且建筑物平面形状复杂或长度太长，高低悬殊等情况不可避免时，可在建筑物的特定部位设置沉降缝，以有效减小不均匀沉降的危害。沉降缝是从屋面到基础把建筑物断开，将建筑物划分成若干个长高比较小、体型简单、整体刚度较好、结构类型相同、自成沉降体系的独立单元。根据经验，沉降缝设置位置通常可选：（1）平面形状复杂的建筑物的转折部位；（2）建筑物的高度或荷载突变处；（3）长高比较大的建筑物适当部位；（4）地基土压缩性显著变化处；（5）建筑结构（包括基础）类型不同处；（6）分期建造房屋的交界处。

沉降缝的构造参见图8-35。缝内一般不能填塞。沉降缝还要求有一定的宽度，以防止缝两侧单元发生互倾沉降造成单元结构间的挤压破坏。一般沉降缝的宽度：二、三层房屋为50～80mm；四、五层房屋为80～120mm；五层及以上不小于120mm。

沉降缝的造价颇高，且要增加建筑及结构处理上的困难，故不宜轻率使用。另外，沉降缝可结合伸缩缝设置，抗震区最好与抗震缝共用。

8.13.1.4 控制相邻建筑物基础的间距

地基附加应力的扩散作用，使相邻建筑物产生附加不均匀沉降，可能导致建筑物的开裂或互倾。这类影响主要发生在：（1）同期建造的两相邻建筑间的互相影响，特别是两建筑物轻重差别太大时，轻者受重者影响更甚；（2）原有建筑物受邻近新建重型或高层建筑物的影响。除使用阶段地基附加应力扩散的影响外，高层建筑在施工阶段深基坑开挖对邻近原有建筑物的影响更应受到高度重视。

为避免相邻建筑物的影响，建造在软弱地基上的建筑基础间要有一定的净距，其值视地基的压缩性、相邻建筑物的规模和重量以及被影响建筑物的刚度等因素而定，参见表8-12。

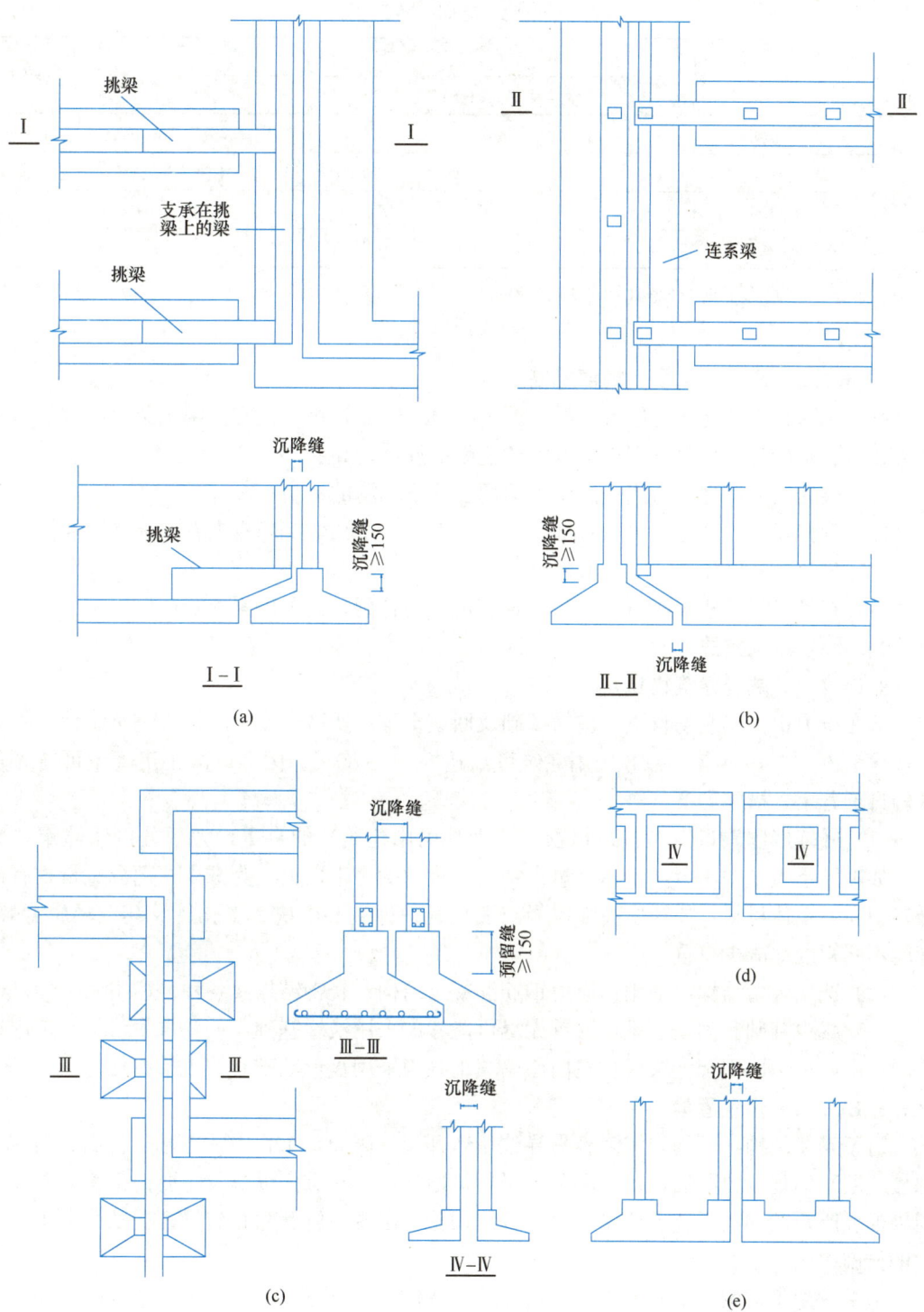

图 8-35　基础沉降缝

（a）砌体结构沉降缝；（b）柱下条形基础沉降缝；（c）跨越式沉降缝；
（d）偏心基础沉降缝；（e）整片基础沉降缝

相邻建筑物基础间的净距（m）　　　　　　　　　　　表 8-12

影响建筑的预估	受影响建筑的长高比	
平均沉降量 s（mm）	2.0≤L/H_f<3.0	3.0≤L/H_f<5.0
70~150	2~3	3~6
160~250	3~6	6~9
260~400	6~9	9~12
>400	9~12	≥12

注：①表中 L 为房屋长度或沉降缝分隔的单元长度（m）；H_f 为自基础底面算起的房屋高度（m）；②当受影响建筑的长高比为 1.5<L/H_f<2.0 时，其间净距可适当缩小。

8.13.1.5 调整建筑物的局部标高

由于沉降会改变建筑物原有标高，严重时将影响建筑物的正常使用，甚至导致管道等设备破坏。设计时可采取下列措施调整建筑物的局部标高：

（1）根据预估沉降，适当提高室内地坪和地下设施的标高；

（2）将相互有联系的建筑物各部分（包括设备）中预估沉降较大者的标高适当提高；

（3）建筑物与设备之间应留有足够的净空；

（4）有管道穿过建筑物时，应留有足够尺寸的孔洞，或采用柔性管道接头。

8.13.2 结构措施

8.13.2.1 减轻建筑物自重

基底压力中，建筑物自重（包括基础及回填土重）所占比例大，据不完全统计，一般工业建筑占 40%~50%，一般民用建筑可高达 60%~80%。因而，减小沉降量可首先从减轻自重着手，措施如下：

（1）减轻墙体重量。许多建筑物（特别是民用建筑）的自重，大部分以墙体重量为主，如砌体承重结构房屋，墙体重量占结构总重量的一半以上。为减少这部分重量，宜选择轻型高强墙体材料，如轻质高强混凝土墙板、各种空心砌块、多孔砖及其他轻质墙等，都能不同程度地减少自重。

（2）选用轻型结构。采用预应力钢筋混凝土结构、轻钢结构及各种轻型空间结构。

（3）减少基础和回填土重量。首先尽可能考虑采用浅埋基础，如要求大量抬高室内地坪时，底层可考虑用架空层代替室内厚墙填土（当采用筏形基础时的效果更佳）。

8.13.2.2 设置圈梁

对于砌体结构，不均匀沉降容易导致墙体开裂。因此，工程中常在基础顶面、门窗顶部楼（层）面处设置圈梁，每道圈梁应尽量贯通外墙、承重内纵墙及主要内横墙，并在平面内形成闭合的网状系统。这是砌体承重结构防止出现裂缝和阻止裂缝开展的一项十分有效的措施。

地基发生不均匀沉降时，砌体承重房屋的墙体（尤其是纵墙）产生整体挠曲，圈梁犹如钢筋混凝土梁内的受拉钢筋而承受拉应力，弥补了砌体材料抗拉强度不足的弱点。当墙体正向挠曲时，下方圈梁起作用；反向挠曲时，上方圈梁（尤其是顶层圈梁）起作用。因不容易正确估计墙体在某一段内发生的挠曲方向，故通常在上、下方都设置圈梁。砌体承重房屋中，通常将圈梁兼作门窗过梁而层层设置。另外，圈梁必须与砌体结合成整体，否则不能发挥应有作用。

8.13.2.3 减小或调整基底附加压力

（1）减小基底附加压力。除采用减轻建筑自重减小基底附加压力外，还可设置地下室（或半地下室、架空层），以挖除的土重去补偿（抵消）一部分甚至全部的建筑物重量，从而减小地基沉降。

（2）改变基底尺寸。按沉降控制要求选择和调整基底尺寸，并尽量做到有效又经济合理。

8.13.2.4 增强上部结构刚度或采用非敏感性结构

上部结构整体刚度很大时，能调整和改善地基不均匀沉降。反过来，地基的不均匀沉降能引起上部结构（敏感性结构）产生附加压力，但只要在设计中合理地增加上部结构的刚度和强度，地基不均匀沉降（相当于支座位移）所产生的附加应力是完全可以承受的。

与刚性较好的敏感性结构相反，排架、三铰拱（架）等铰接结构，支座发生相对位移时上部结构中不会引起很大的附加应力，故可避免不均匀沉降对上部主体结构的损害。但这类非敏感性结构形式通常只适用于单层工业厂房、仓库和某些公共建筑，且即使采用了这些结构，严重的不均匀沉降对于屋盖系统、围护结构、吊车梁及各种纵、横连系构件等仍是有害的。因此，须考虑采取相应的防范措施，如避免用连续吊车梁、刚性屋面防水层等。图 8-36 是建造在软基上的某仓库三铰门架结构，实践证明效果良好。

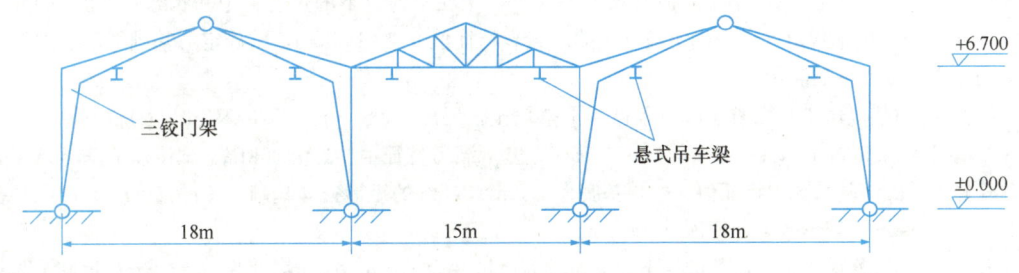

图 8-36 某仓库三铰门架结构示意图

8.13.3 施工措施

施工过程中合理安排施工程序、注意某些施工方法，也能减小或调整不均匀沉降。

当拟建的相邻建筑物之间轻（低）重（高）悬殊时，一般应按先重（高）后轻（低）的程序施工，有时还需在重建筑物竣工后间隔一段时间再建造轻的邻近建筑物（或建筑单元）。高层建筑的主、裙楼下设地下室时，可在主、裙楼相交的裙楼一侧适当位置（一般是 1/3 跨度处）设置施工后浇带，并按先主楼后裙楼的顺序施工，以减小不均匀沉降的影响。

已建或在建房屋周围均应避免长时间堆放大量集中的地面荷载，以免引起新、旧房屋的附加沉降。

细粒土尤其是淤泥及淤泥质土的结构性很强，施工时应尽可能保持地基土的原状结构。开挖基槽时可暂不挖到基底标高，保留约 200mm，待基坑内基础砌筑或浇筑时再挖，如槽底已扰动，可先挖去扰动部分，再用砂、碎石等回填处理。

思 考 题

8.1 《建筑地基规范》规定，地基基础设计时，所采用的作用效应按哪些规定执行？

8.2 浅基础有哪些类型和特点？

8.3 地基土的冻胀性分类要考虑哪些因素？

8.4 确定基础埋置深度主要应考虑哪些因素？

8.5 什么是地基承载力特征值？其内涵是什么？

8.6 确定地基承载力的方法有哪些？我国现行不同行业规范是否统一？

8.7 基础底面尺寸如何确定？为什么要验算软弱下卧层的强度？

8.8 建筑物地基变形特征的意义、确定因素是什么？

8.9 "偏心荷载基础的地基承载力可以提高20%"这样的说法是否正确？

8.10 无筋扩展基础与扩展基础有什么区别？如何进行无筋扩展基础设计？

8.11 如何进行柱下钢筋混凝土独立基础和墙下钢筋混凝土条形基础的设计？

8.12 对单栋建筑物，在地基土比较均匀的条件下，筏形基础在作用效应准永久组合下的偏心距 e 宜符合什么要求？

习 题

8.1 某桥梁基础，基础埋置深度（一般冲刷以下）$h=4.2\text{m}$，基底短边尺寸 $b=2.6\text{m}$。地基土为一般黏性土，天然孔隙比 $e_0=0.8$，液性指数 $I_L=0.75$，土在水面以下的重度（饱和状态）$\gamma_0=28.0\text{kN/m}^3$。根据《公路地基规范》查表确定地基土的承载力特征值 $f_{a0}=195\text{kPa}$，试确定对基础宽度、埋深修正后的地基承载力特征值 f_a。

8.2 已知某拟建建筑物场地地质条件：①杂填土，层厚1.0m，$\gamma=18.0\text{kN/m}^3$；②粉质黏土，层厚4.2m，$\gamma=18.5\text{kN/m}^3$，$e=0.85$，$I_L=0.75$，地基承载力特征值 $f_{ak}=130\text{kPa}$。试按以下基础条件分别计算修正后的地基承载力特征值：（1）基底为 $4.0\text{m}\times2.5\text{m}$ 的矩形独立基础，埋深 $d=1.2\text{m}$；（2）基底为 $9.0\text{m}\times42\text{m}$ 的箱形基础，埋深 $d=4.2\text{m}$。

8.3 某建筑物承受中心荷载的柱下独立基础底面尺寸为 $3.5\text{m}\times1.8\text{m}$，埋深 $d=1.8\text{m}$；地基土为粉土，土的物理力学性质指标：$\gamma=17.8\text{kN/m}^3$，$c_k=2.5\text{kPa}$，$\varphi_k=30°$，试确定持力层的地基承载力特征值。

8.4 某场地土层分布如图8-37所示，作用于条形基础顶面的荷载标准值 $F_k=300\text{kN/m}$，弯矩 $M_k=35\text{kN}\cdot\text{m/m}$，取基础埋置深度 $d=0.8\text{m}$，底宽 $b=2.0\text{m}$，试按承载力要求验算所选基础底面尺寸是否合适。

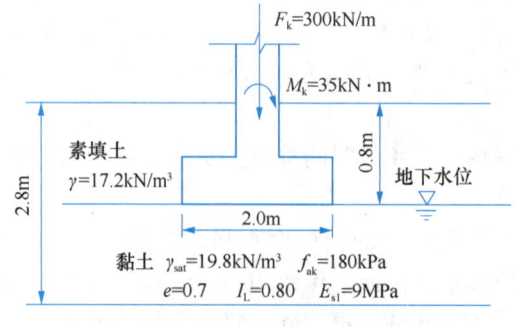

图 8-37 习题 8.4 图

8.5 某砌体承重墙（厚240mm）受轴力 $F_k=180$kN/m，地基资料如图8-38所示，试设计此刚性基础，并验算软弱下卧层强度。

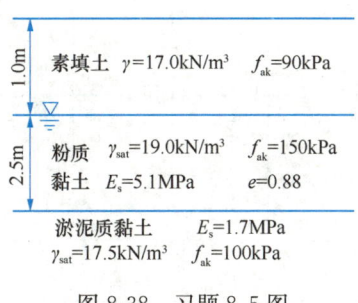

图 8-38 习题 8.5 图

8.6 某承重墙厚370mm，传来轴力设计值 $F=280$kN/m，基础埋深 $d=0.8$m，地基资料如图8-39所示，混凝土强度等级C25，HPB300钢筋，试设计此钢筋混凝土墙下条形基础。

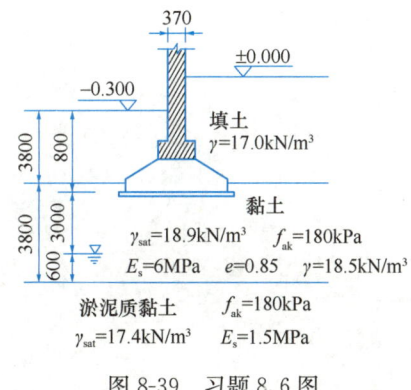

图 8-39 习题 8.6 图

8.7 某厂房内柱底荷载 $F=1500$kN、$M=90$kN·m、$V=25$kN，柱截面400mm×800mm，基础埋深 $d=2$m，基底以上土的加权平均重度 $\gamma_0=18.0$kN/m³，基底土重度 $\gamma=18.4$kN/m³，地基承载力特征值 $f_a=200$kPa，混凝土强度等级C25，HPB300钢筋，试设计此基础（图8-40）。

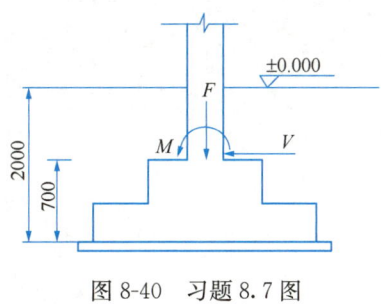

图 8-40 习题 8.7 图

8.8 某六层框架柱网布置如图8-41所示，已知B轴线上荷载设计值边柱 $F_1=980$kN，中柱 $F_2=1410$kN，已选取基础埋深为1.2m，地基土承载力特征值 $f_a=130$kPa，试设计B轴线上的钢筋混凝土条形基础（要求计算配筋并绘出配筋图）。

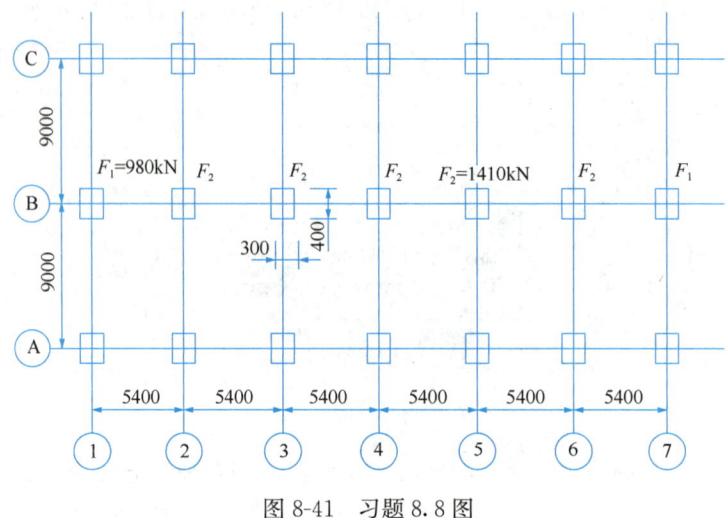

图 8-41　习题 8.8 图

第9章　桩　基　础

本章提要与要求

内容提要

桩基础在高层建筑、桥梁及港口工程中应用极为广泛。本章简要介绍了桩与桩基础的类型、构造、施工工艺及其质量检测常用方法；重点讨论了竖向荷载下桩-土荷载传递机理、单桩竖向荷载极限承载力的确定方法，以及竖向与水平荷载下桩基承载力、沉降量和桩基承台的设计计算；并初步介绍了桩基础的设计内容与步骤。

基本要求

掌握桩和桩基础的类型与构造要求。

掌握桩-土荷载传递机理及单桩竖向与水平极限承载力的确定方法。

掌握桩基竖向承载力、水平承载力、沉降计算方法。

熟悉桩基承台计算及整体基础计算方法。

了解桩基的常用施工与质量检测技术。

9.1　概　　述

当建筑场地浅层地基土质不能满足建筑物对地基承载力和变形的要求，也不宜采用地基处理等措施时，往往需要以地基深层坚实土层或岩层作为地基持力层，采用深基础方案。桩基础，又称桩基，是一种古老而应用极为广泛的深基础形式。在我国很早就已成功应用。如秦代的渭桥、隋朝的郑州超化寺、五代的杭州湾大海堤以及南京的石头城和上海的龙华塔等，都是我国古代桩基的应用典范。近年来，随着生产水平的提高和科学技术的发展，桩的种类和形式、施工机具、施工工艺以及桩基设计理论和设计方法等，都在高速演进和发展。目前我国桩基最大入土深度已远逾百米，桩径已超过 5m。

9.1.1　桩基础的适用性

桩基础具有承载力高、稳定性好、沉降量小而均匀、便于机械化施工、适应性强等突出特点，其适用范围广，一般对下述情况可考虑选用桩基方案：

（1）地基的上层土质太差而下层土质较好；或地基软硬不均或荷载不均，不能满足上部结构对不均匀变形的要求。

（2）地基土软弱，难以选取适宜的地基加固措施；或土性特殊，如存在可液化土层、自重湿陷性黄土、膨胀土及季节性冻土等。

（3）除承受较大垂直荷载外，尚有较大偏心荷载、水平荷载、动力或周期性荷载作用。

（4）上部结构对基础的不均匀沉降相当敏感；或建筑物受到大面积地面超载的影响。

（5）地下水位很高，采用其他基础形式施工困难；或位于水中的构筑物基础，如桥梁、码头、钻采平台等。

（6）需长期保存、具有重要历史意义的建筑物。

通常，当软弱土层很厚，桩端达不到良好地层时，桩基设计还应考虑沉降等问题。在工程实践中，必须认真做好地基勘察，详细分析地质资料，综合考虑，精心设计施工，尽量发挥所选基础类型的最佳效益。

9.1.2 桩基设计内容

桩基设计的基本内容包括：选择桩的类型和几何尺寸；确定单桩竖向（和水平向）承载力特征值；确定桩的数量、间距和布桩方式；验算桩基的承载力和沉降；桩身结构设计；承台设计；绘制桩基施工图。

设计桩基应先根据建筑物的特点和有关要求，进行岩土工程勘察和场地施工条件等资料的收集工作；设计时应考虑桩的设置方法及其影响。

9.1.3 桩基设计原则

《建筑桩基技术规范》JGJ 94—2008（以下简称《桩基规范》）规定，建筑桩基础应按下列两类极限状态设计：

（1）承载能力极限状态：桩基达到最大承载能力、整体失稳或发生不适于继续承载的变形；

（2）正常使用极限状态：桩基达到建筑物正常使用所规定的变形限值或耐久性要求的某项限值。

根据建筑规模、功能特征、对差异变形的适用性、场地地基和建筑物体型的复杂性以及由于桩基问题可能造成建筑物破坏或影响正常使用的程度，将桩基设计分为三个安全等级（表 9-1），并要求进行如下计算和验算。

建筑桩基设计等级 表 9-1

设计等级	建筑物类型
甲级	（1）重要的建筑 （2）30 层以上或高度超过 100m 的高层建筑 （3）体型复杂且层数相差超过 10 层的高低层（含纯地下室）连体建筑 （4）20 层以上框架-核心筒结构及其他对差异沉降有特殊要求的建筑 （5）场地和地基条件复杂的 7 层以上的一般建筑及坡地、岸边建筑 （6）对相邻既有工程影响较大的建筑
乙级	除甲级、丙级以外的建筑
丙级	场地和地基条件简单、荷载分布均匀的 7 层及 7 层以下的一般建筑

（1）所有桩基均应根据具体条件分别进行承载能力计算和稳定性验算，内容包括：

① 根据桩基使用功能和受力特征分别进行桩基的竖向和水平向承载力计算；

② 计算桩身和承台结构的承载力（当桩侧土不排水抗剪强度小于 10kPa 且桩长径比大于 50 时应进行桩身压屈验算；对混凝土预制桩应按吊装、运输和锤击作用进行桩身承载力验算；对钢管桩应进行局部压屈验算）；

③ 桩端平面以下存在软弱下卧层时应进行软弱下卧层承载力验算；

④ 坡地、岸边桩基应进行整体稳定性验算；

⑤ 抗浮、抗拔桩基应进行基桩和群桩的抗拔承载力计算；

⑥ 抗震设防区的桩基应进行抗震承载力验算。

（2）以下桩基还应进行变形验算：

① 设计等级为甲级的非嵌岩桩和非深厚坚硬持力层的建筑桩基，设计等级为乙级的体型复杂、荷载分布显著不均或桩端平面以下存在软弱土层的建筑桩基以及软土地基上多层建筑减沉复合疏桩基础应进行沉降计算；

② 承受较大水平荷载或对水平变位有严格限制的建筑桩基应计算其水平位移。

（3）对不允许出现裂缝或需限制裂缝宽度的混凝土桩身和承台，还应进行桩和承台正截面的抗裂或裂缝宽度验算。

（4）桩基设计时所采用的作用效应组合与相应的抗力应符合下列规定：

① 确定桩数和布桩时，应采用传至承台底面的荷载效应标准组合，相应的抗力采用基桩或复合基桩承载力特征值。

② 计算风荷载作用下的桩基沉降和水平位移时，应采用荷载效应准永久组合；计算水平地震作用、风载作用下的桩基水平位移时，应采用水平地震作用、风载效应标准组合。

③ 验算坡地、岸边建筑桩基的整体稳定性时，应采用荷载效应标准组合；抗震设防区应采用地震作用效应和荷载效应的标准组合。

④ 计算桩基结构承载力、确定尺寸和配筋时，应采用传至承台顶面的荷载效应基本组合；当进行承台和桩身裂缝控制验算时，应分别采用荷载效应的标准组合和准永久组合。

⑤ 桩基结构安全等级、设计使用年限和结构重要性系数 γ_0 应按现行有关建筑结构规范的规定采用，除临时性建筑外，γ_0 应不小于 1.0；对桩基结构进行抗震验算时其承载力调整系数 γ_{RE} 应按现行国家标准《建筑抗震设计标准》GB/T 50011 的规定采用。

对软土、湿陷性黄土、季节性冻土和膨胀土、岩溶地区以及坡地岸边上的桩基，抗震设防区桩基和可能出现负摩阻力的桩基，均应根据各自不同的特殊条件，遵循相应的设计原则。

9.2　桩和桩基础的类型与施工

合理选择桩的类型是桩基设计中极为重要的环节。为了保证桩基础的质量和正常工作能力，不同类型的桩基础应满足其相应的基本构造要求。

9.2.1　桩基础的分类

桩基础可以采用单根桩的形式承受和传递上部结构的荷载，其称为单桩基础。但绝大多数桩基础的桩数不止一根，而是由 2 根或以上的多根桩组成，并由承台将桩群在上部联结成一个整体，建筑物的荷载通过承台分配给各根桩，桩群再把荷载传递给地基。这种由 2 根或以上组成的桩基础称为群桩基础，群桩基础中的单桩称基桩。

桩基由设置于土中的桩和承接上部结构荷载的承台两部分组成（图 9-1）。根据承台与地面的相对位置，一般可分为低承台桩基（或低桩承台）和高承台桩基（或高桩承台）。

低承台桩基的承台底面位于地面以下，其受力性能好，具有较强的抵抗水平荷载的能力，在工程中几乎都使用低承台桩基；高承台桩基的承台底面位于地面以上，且常处于水下，水平受力性能差，但可避免水下施工及节省基础材料，多用于桥梁及港口工程。

9.2.2 基桩的分类

桩基中的桩可以是竖直或倾斜的，根据桩的承载性状、施工方法、桩身材料及桩的设置效应等又可把桩划分为各种类型。

9.2.2.1 按承载性状分类

桩基础作为深基础，除了以桩端截面阻力（也称端阻或端阻力）方式将上部荷载在水平方向进行扩散外，在桩侧竖向还将产生摩阻力（也称侧阻或侧阻力）以承担上部荷载。因此，桩在竖向荷载作用下，桩顶荷载由桩侧阻力和桩端阻力共同承担。但由于桩的尺寸、施工方法、桩侧与桩端土体物理力学性质等因素的不同，桩侧和桩端所分担的荷载比例不同。根据承载能力极限状态下，桩侧与桩端阻力的发挥程度和分担荷载比例的不同，可将桩分为摩擦型桩和端承型桩两大类（图9-2）。

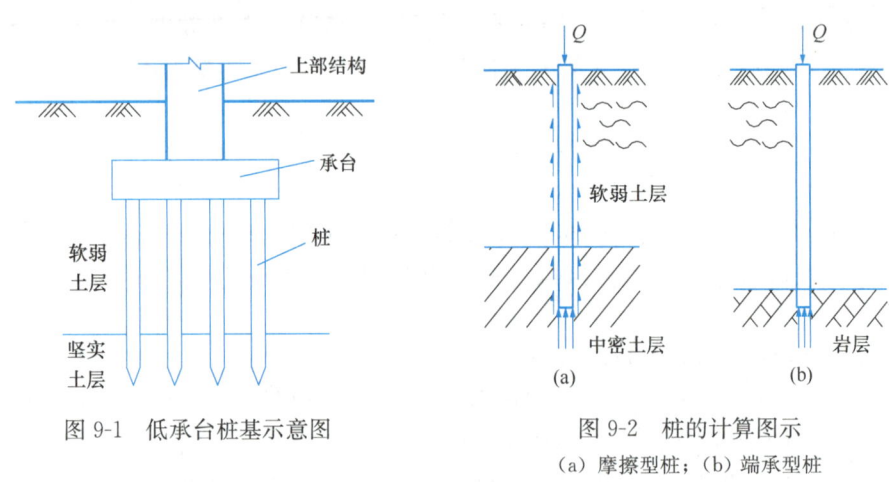

图 9-1　低承台桩基示意图

图 9-2　桩的计算图示
（a）摩擦型桩；（b）端承型桩

（1）摩擦型桩

在承载能力极限状态下，桩顶荷载全部或主要由桩侧阻力承受。而根据桩侧阻力分担荷载的比例，摩擦型桩又分为摩擦桩和端承摩擦桩两类。

摩擦桩在承载能力极限状态下，桩顶竖向荷载由桩侧阻力承担，桩端阻力小到可忽略不计。例如：①桩长径比很大，桩顶荷载只通过桩身压缩产生的桩侧阻力传递给桩周土，桩端土层分担荷载很小；②桩端下无较坚实的持力层；③桩底残留虚土或沉渣的灌注桩；④桩端出现脱空的打入桩等。

端承摩擦桩在承载能力极限状态下，桩顶竖向荷载由桩侧阻力和桩端阻力共同承担，但桩侧阻力分担荷载较大。当桩的长径比不很大，桩端持力层为较坚实的黏性土、粉土和砂类土时，除桩侧阻力外，还有一定的桩端阻力。这类桩所占比例很大。

（2）端承型桩

在承载能力极限状态下，桩顶竖向荷载全部或主要由桩端阻力承受，桩侧阻力小到可忽略不计。根据桩端阻力分担荷载的比例，又可分为端承桩和摩擦端承桩两类。

端承桩的桩顶极限荷载绝大部分由桩端阻力承担，桩侧阻力可忽略不计。桩的长径比较小（一般小于10），桩端设置在密实砂类、碎石类土层中或位于中、微风化及新鲜基岩中。

摩擦端承桩的桩顶极限荷载由桩侧阻力和桩端阻力共同承担，但桩端阻力分担荷载较大。通常桩端进入中密以上的砂类、碎石类土层中或位于中、微风化及新鲜基岩顶面。这类桩的侧阻力虽属次要，但不可忽略。

此外，当桩端嵌入岩层一定深度（要求桩的周边嵌入微风化或中等风化岩体的最小深度不小于0.5m）时，称为嵌岩桩。对于嵌岩桩，桩侧与桩端荷载分担比例与孔底沉渣及进入基岩深度有关，桩的长径比不是制约荷载分担的唯一因素。

9.2.2.2 按施工方法分类

根据桩的施工方法不同，主要可分为预制桩和灌注桩两大类。

（1）预制桩

预制桩桩体可以在施工现场预制，也可在工厂预制，然后运至桩位处，再经锤击、振动、静压或旋入等方式设置就位。预制桩的截面形状、尺寸和桩长可在一定范围内选择，桩尖可达坚硬黏性土或强风化基岩，具有承载能力高、耐久性好且质量较易保证等优点。但其自重大，需大能量的打桩设备，且可能因桩端持力层起伏不平而导致桩长短不一，施工中需接长或截短，工艺比较复杂。预制桩可以是木桩、钢桩或钢筋混凝土桩等。

（2）灌注桩

灌注桩是直接在所设计桩位处成孔，在孔内下放钢筋笼（也有直接插筋或省去钢筋的）再浇灌混凝土而成。其横截面大都呈圆形，可以做成大直径和扩底桩。表9-2给出了我国常用灌注桩的适用范围、桩径及桩长的参考值。根据成孔方式不同灌注桩通常可分为沉管灌注桩、钻（冲）孔灌注桩和挖孔桩等。

常用灌注桩的桩径桩长及适用范围　　　　　　　　表 9-2

成孔方法		桩径（mm）	桩长（m）	适用范围
泥浆护壁成孔	冲抓 冲击 回转钻	≥800	≤30 ≤50 ≤80	碎石土、砂类土、粉土、黏性土及风化岩。当进入中等风化和微风化岩层时，冲击成孔的速度比回转钻快
	潜水钻	500～800	≤50	黏性土、淤泥、淤泥质土及砂类土
干作业成孔	螺旋钻	300～800	≤30	地下水位以上的黏性土、粉土、砂类土及人工填土
	钻孔扩底	300～600	≤30	地下水位以上坚硬、硬塑的黏性土及中密以上砂类土
	机动洛阳铲	300～500	≤20	地下水位以上的黏性土、粉土、黄土及人工填土
沉管成孔	锤击	340～800	≤30	硬塑黏性土、粉土及砂类土，直径≥600mm的可达强风化岩
	振动	400～500	≤24	可塑黏性土、中细砂
爆扩成孔		≤350	≤12	地下水位以上的黏性土、黄土、碎石土及风化岩
人工挖孔		≥100	≤40	黏性土、粉土、黄土及人工填土

9.2.2.3 按桩的设置效应分类

桩的设置方法（打入或钻孔成桩等）不同，桩周土所受的排挤作用也就不同。排挤作用将使土的天然结构、应力状态和力学性质发生很大变化，从而影响桩的承载力和变形性质。这些影响统称为桩的设置效应。桩按设置效应可分为三类。

(1). 非挤土桩

如钻（冲或挖）孔灌注桩及先钻孔后再打入的预制桩等，因设置过程中清除孔中土体，桩周土不受排挤作用，但有可能向桩孔内移动，造成应力松弛现象使土的抗剪强度降低，桩侧摩阻力有所减小。一般可用原状土测得的强度指标来估算桩的承载力和沉降量。

(2) 部分挤土桩

长螺旋压灌灌注桩、冲击成孔灌注桩、预钻孔打入式预制桩、H 型钢桩、开口钢管桩和开口预应力混凝土管桩等在桩的设置过程中对桩周土体稍有排挤作用，但土的强度和变形性质变化不大，一般也可用原状土测得的强度指标来估算桩的承载力和沉降量。

(3) 挤土桩

实心的预制桩、下端封闭的管桩、木桩以及沉管灌注桩等在锤击和振动贯入过程中都要将桩位处的土体大量排挤开，使土的结构严重扰动破坏，对土的强度及变形性质影响较大。因此必须采用原状土扰动后再恢复的强度指标来估算桩的承载力及沉降量。

此外，按桩身材料的不同亦可把桩分为混凝土桩、钢桩、木桩及组合材料桩等；也可按桩径大小分为小桩（$d \leqslant 250mm$）、普通桩（$250mm < d < 800mm$）和大直径桩（$d \geqslant 800mm$）三种。

9.2.3 桩基础的构造

9.2.3.1 预制桩

预制桩包括钢筋混凝土预制桩、钢桩以及木桩等，其横截面有方、圆等多种形状，可以是实心桩或空心管桩。其构造要求如下：

(1) 钢筋混凝土预制桩

一般普通实心方桩的截面边长为 300～500mm，桩长在 25～30m 以内，桩身混凝土强度等级不小于 C25，桩身配筋应按制造、运输、施工和使用各阶段的内力要求通长配筋。主筋直径一般为 19～25mm；箍筋直径 6～8mm，间距为 10～20mm，而桩的两端和接桩区域设置箍筋或螺旋筋，其间距须加密，通常取 40～50mm。此外，钢筋保护层厚度不小于 35mm。

钢筋混凝土管桩由工厂预制，有普通钢筋混凝土管桩和预应力钢筋混凝土管桩两种，直径一般采用 0.4～1.2m，管壁最小厚度不宜小于 80mm，桩身混凝土强度等级为 C25～C40，填芯混凝土强度等级不低于 C20。

钢筋混凝土预制桩的分节长度应根据运输与施工条件确定，一般应≤13m，并尽量减少接头数量。此外，接头强度不应低于桩身强度，每节管桩两端装有连接钢盘（法兰盘）以便桩基础接长，接头法兰盘的平面尺寸不得突出管壁之外，且在施工和使用过程中不得松动和开裂。

此外，预应力混凝土管桩（图 9-3）采用先张法预应力工艺和离心成型法制作，经高压蒸汽养护生产的为 PHC 管桩，桩身混凝土强度等级大于或等于 C80；未经高压蒸汽养护生产的为 PC 管桩（强度等级为 C60～C80）。建筑工程中常用的 PHC、PC 管桩的外径为 300～600mm，每节长 5～13m。桩的下端设置开口的钢桩尖或封口十字刃钢桩尖（图 9-4）。沉桩时桩节处通过焊接端头板接长。

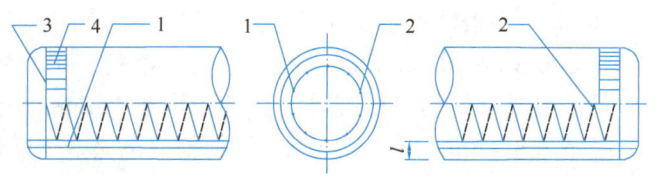
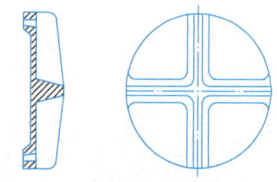

图 9-3　预应力混凝土管桩　　　　　　　图 9-4　预应力混凝土管桩的
1—预应力钢筋；2—螺旋箍筋；3—端头板；4—钢套箍　　　　封口十字刃钢桩尖

（2）钢桩

钢桩的形式很多，根据截面形式主要有钢管桩和 H 型钢桩两种，其材质应符合国家现行有关规范、标准规定。分节钢桩采用上下节桩对焊连接，焊接接头采用等强度连接。若需要提高钢桩承受施工过程中桩顶锤击或穿透坚硬地层的能力，通常可在桩顶和桩底钢桩管壁设置加强箍。

钢桩端部形式的选取与桩侧和桩端土层物理力学性质、桩的尺寸以及挤土效应等因素有关。实际工程中，H 型钢桩桩端形式有带端板和不带端板（平地或锥底形式）两种，而钢管桩的桩端构造可分为开口钢桩、闭口钢桩和半闭口桩，如图 9-5 所示。

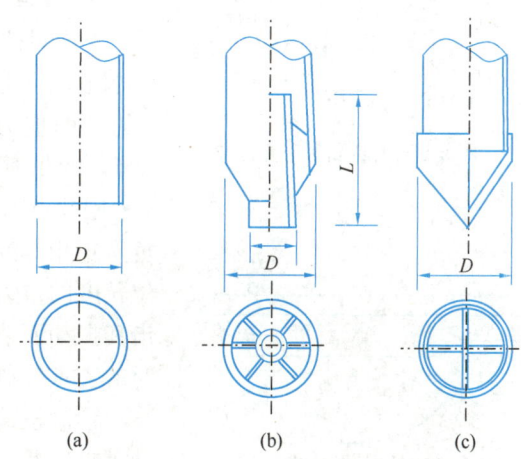

图 9-5　钢管桩的端部构造形式
（a）开口式；（b）半闭口式；（c）闭口式

钢管桩直径一般为 $250\sim1200mm$，考虑钢管桩的腐蚀特性，其设计厚度应包括有效厚度和腐蚀厚度。其中有效厚度为钢管桩在外力作用下保持稳定性和安全性的厚度，可按使用阶段的应力进行分析。而腐蚀厚度则为钢管桩在使用年限内管壁腐蚀所需要的厚度，可根据钢桩所处环境的实测腐蚀资料进行综合确定。此外，钢桩还可进行防腐处理以增强其防腐能力，包括外表涂层、增加腐蚀余量厚度以及采用电化学保护方法。

（3）木桩

常用松木、杉木或橡木做成，一般桩径为 $160\sim260mm$，桩长 $4\sim6m$，桩顶锯平并加铁箍，桩尖削成棱锥形。木桩制作和运输方便、打桩设备简单，在我国使用历史悠久，目前已很少使用，只在某些加固工程或能就地取材的临时工程中采用。木桩在淡水中耐久性好，但在海水及干湿交替的环境中极易腐烂，因此一般应打入地下水位以下不少于 $0.5m$。

9.2.3.2　灌注桩

灌注桩多为钢筋混凝土灌注桩。其中钻孔桩设计直径不宜小于 $0.8m$；挖孔桩直径或最小边框不宜小于 $1.2m$。桩身混凝土强度等级一般不应低于 C25。

桩身钢筋应按桩身内力和抗裂性要求布设，当按内力计算不需配筋时，应在桩顶

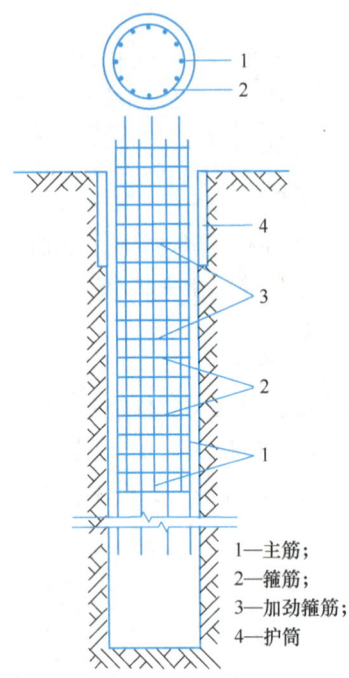

1—主筋；
2—箍筋；
3—加劲箍筋；
4—护筒

图 9-6　钢筋混凝土灌注桩

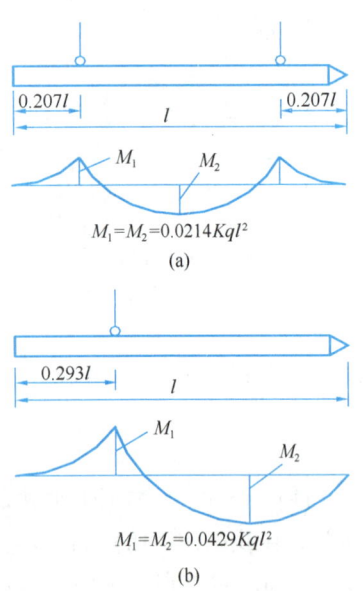

$M_1=M_2=0.0214Kql^2$

(a)

$M_1=M_2=0.0429Kql^2$

(b)

图 9-7　预制桩吊点位置及弯矩
（a）双点起吊时；（b）单点起吊时

3.0～5.0m 内设置构造钢筋。主筋直径一般不宜小于 16mm，每根桩主筋数量不宜少于 8 根，其净距不宜小于 80mm 且不应大于 350mm，如配筋较多，可采用束筋。组成束筋的单根钢筋直径不应大于 36mm。当直径不大于 28mm 时组成束筋的钢筋根数不应多于 3 根，当直径大于 28mm 时采用 2 根。

桩身箍筋，其直径不应小于主筋直径的 1/4，且不应小于 8mm，其中距不应大于主筋直径的 15 倍且不应大于 300mm。对于直径较大的桩或较长的钢筋笼，可在钢筋笼每隔 2.0～2.5m 处设置一道加劲箍筋（直径约为 16～32mm），如图 9-6 所示。主筋保护层厚度不应小于 40mm。

9.2.4　桩基础的施工

9.2.4.1　预制桩的施工

预制桩的施工包括桩的制作、吊装与运输以及桩的沉入。桩的吊装与运输应考虑桩在自重作用下产生的弯曲应力与吊点的数量和位置。桩长在 20m 以下者，起吊时一般采用双点吊；在打桩架龙门吊立时，采用单点吊。吊点位置应以吊点间的正弯矩与吊点处负弯矩相等的条件确定，如图 9-7 所示。式中 q 为桩单位长度的重力，K 为考虑在吊运过程中桩可能受到的冲击和振动而取的动力系数，可取 1.3。桩在运输或堆放时的支点应放在起吊吊点处。

预制桩的沉桩方法可分为静力压桩、锤击沉桩、振动沉桩以及水冲沉桩（射水沉桩）等。

（1）静力压桩

静力压桩是在均匀软弱土中利用压桩架（型钢制作）的自重和配重，由钢丝绳、滑轮和压梁将整个桩机的重力（800～1500kN）反压在桩顶上，以克服桩身下沉时与土的摩阻力，迫使桩身下沉，将桩逐节压入土中的一种沉桩方法。其优点是无振动、无噪声、对周围环境影响小，适合在城市中施工。

（2）锤击沉桩

锤击沉桩是利用桩锤落到桩顶上的冲击力来克服土对桩的阻力，使桩沉到预定的深度或达到持力层的一种沉桩方法。锤击沉桩是混凝土预制桩常用方法，它施工速度快，机械化程度高，适用范围广，但施工时有冲撞噪声和对地表层有振动，在城区和夜间施工有所限制。常见的有落锤、蒸汽锤（单动汽锤、双动汽锤）、柴油汽锤和液压锤（振动锤）等锤击沉桩桩锤。

（3）振动沉桩

振动沉桩的主要装置为振动器，其基本原理是将桩与桩上刚性连接的振动锤形成一振动体系，由锤内几对轴上的偏心块相对旋转产生振动力，使振动体系上下振动强迫与桩接触的土层相应振动，使土层强度下降，阻力减少，从而使桩在振动体系压重作用下沉入土中。振动时间由试验确定，一般不宜超过 10～15min，在有射水配合时，振动时间可适当缩短。每一根桩的振动下沉，应一气呵成，不可中途停顿或较长时间的间歇。

预制桩沉桩深度一般应根据地质资料及结构设计要求估算。施工时以最后贯入度和桩尖设计标高两方面控制。最后贯入度指沉至某标高时每次锤击的沉入量，通常以最后每阵的平均贯入量表示。锤击法常以 10 次锤击为一阵，振动沉桩以 1min 为一阵。最后贯入度可根据计算或地区经验确定，一般可取最后两阵的平均贯入度为 10～50mm/阵。

此外，沉桩顺序将影响桩的施工质量。根据桩的密集程度，沉桩顺序可分为逐段打沉设、自中部向四周沉设和由中间向两侧沉设三种。当桩的中心距不大于 4 倍桩的直径或边长时，应由中间向两侧对称沉设，或由中间向四周施工。当桩的中心距大于 4 倍桩的边长或直径时，可采用上述两种打法，或逐排单向打设。根据基础的设计标高和桩的规格，宜按先深后浅、先大后小、先长后短的顺序进行打桩。

9.2.4.2 灌注桩的施工

（1）沉管灌注桩

沉管灌注桩施工工序如图 9-8 所示。一般有单打、复打（浇灌混凝土并拔管后，立即在原位再次沉管及浇灌混凝土）和反插法（灌满混凝土后，先振动再拔管，一般拔 0.5～1.0m，再反插 0.3～0.5m）三种。复打后桩横截面面积增大，承载力提高，但造价也相应提高。

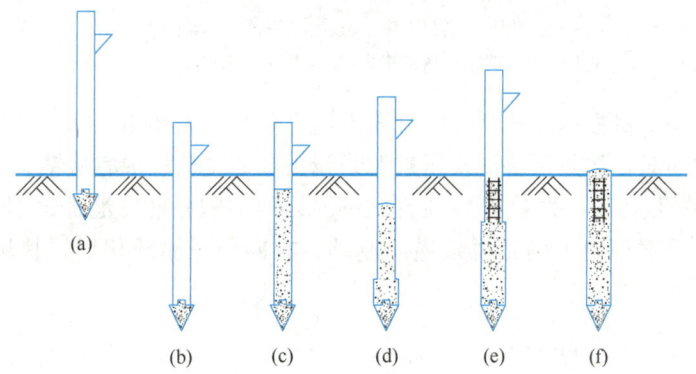

图 9-8　沉管灌注桩的施工工序示意图
（a）打桩机就位；（b）沉管；（c）浇灌混凝土；（d）边拔管，边振动；
（e）安放钢筋笼，继续浇灌混凝土；（f）成型

锤击沉管灌注桩的常用桩径（预制桩尖的直径）为 300～500mm，桩长常在 20m 以内，可打至硬塑黏土层或中、粗砂层。其优点是设备简单、沉桩速度快、成本低。但在软、硬土层交界处或软弱土层处易发生缩颈（桩身截面局部缩小）现象，此时应放慢拔管速度，灌注管内混凝土充盈系数（混凝土实际用量与计算的桩身体积之比）一般应达1.10～1.15。此外，也可能由于邻桩挤压或其他振动作用等各种原因使土体上隆，引起桩身受拉而出现断桩现象；或出现局部夹土、混凝土离析及强度不足等质量事故。

振动沉管灌注桩的钢管底端带有活瓣桩尖（沉管时桩尖闭合，拔管时活瓣张开以便浇灌混凝土），或套上预制混凝土桩尖。桩横截面尺寸一般为 400～500mm，常用振动锤的振动力为 70kN、100kN 和 160kN。在黏性土中，其穿透能力比锤击沉管灌注桩稍差，承载力也比锤击沉管灌注桩要低。

（2）钻（冲）孔灌注桩

钻（冲）孔灌注桩的最大优点是入土深，能进入岩层，刚度大，承载力高，桩身变形小，并可方便地进行水下施工，常用桩径为 800mm、1000mm、1200mm 等，其施工工序如图 9-9 所示。目前国内钻（冲）孔灌注桩多用泥浆来护壁，泥浆需选用膨润土或高塑性黏土在现场加水搅拌制成，一般要求其比重为 1.1～1.15，黏度为 10～25Pa·s，含砂率小于 6%，胶体率大于 95%。施工时泥浆水面应高出地下水面 1m 以上，清孔后在水下浇灌混凝土。

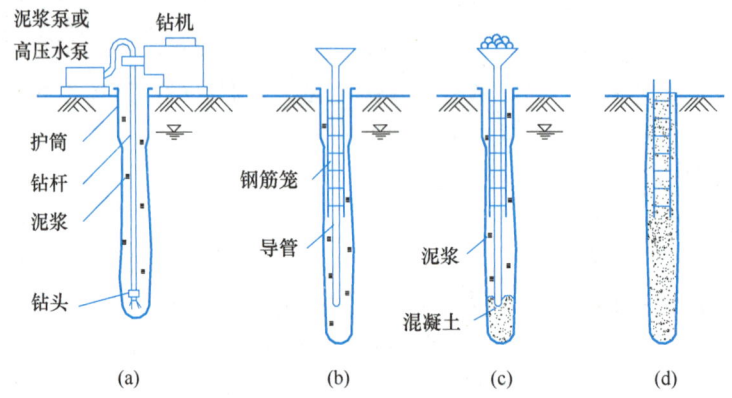

图 9-9　钻（冲）孔灌注桩施工程序

（a）成孔；（b）下导管和钢筋笼；（c）浇灌水下混凝土；（d）成桩

我国现用旋锤钻机根据泥浆循环的方向不同可分为正循环施工和反循环两种。其中正循环即在钻进的同时，泥浆泵将泥浆压进泥浆笼头，通过钻杆中心从钻头喷入钻孔内，泥浆携带钻渣沿钻孔上升，并排至沉淀池，而泥浆仍进入泥浆池循环使用，其过程如图 9-10 所示。而反循环施工则是泥浆逆向流动，方向与正循环相反，其从钻孔与孔壁间

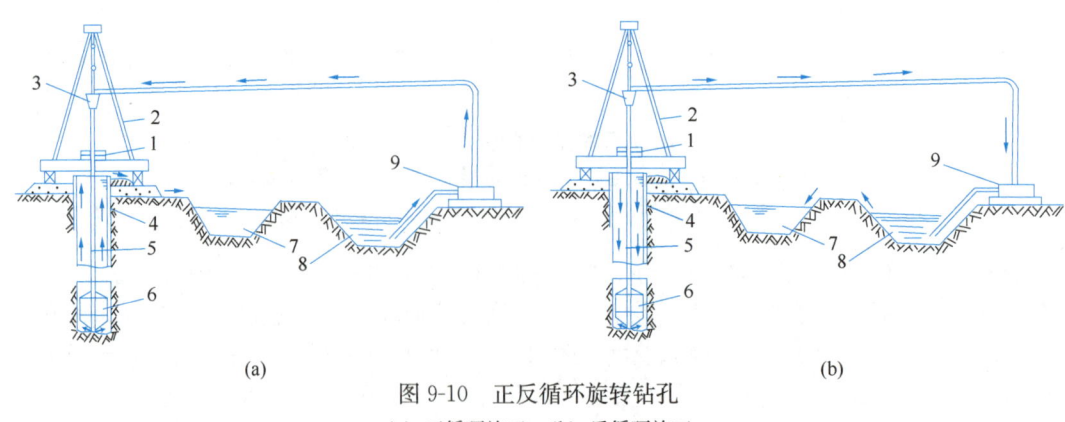

图 9-10　正反循环旋转钻孔

（a）正循环施工；（b）反循环施工

1—钻机；2—钻架；3—泥浆笼头；4—护筒；5—钻杆；6—钻头；7—沉淀池；8—泥浆池；9—泥浆泵

的环状间隙流入孔内，并携带钻渣由钻杆内腔返回地面，使泥浆循环使用。

(3) 挖孔桩

挖孔桩可采用人工或机械挖掘成孔，逐段边开挖边支护，达所需深度后再进行扩孔，安装钢筋笼及浇筑混凝土。

挖孔桩一般内径应大于或等于800mm，开挖直径大于或等于1000mm，护壁厚大于或等于100mm，分节支护，每节高500~1000mm，可用混凝土浇筑或砖砌筑，桩身长度宜限制在40m以内。图9-11为某人工挖孔桩示例。

挖孔桩可直接观察地层情况，孔底易清除干净，设备简单，噪声小，场地内可各桩同时施工，且桩径大、适应性强、经济性好。但挖孔桩可能存在塌孔、缺氧、有害气体、触电等危险，易造成安全事故，因此应严格执行有关安全规定。此外，对软弱地层、涌水、海砂地层，难以控制流砂现象。

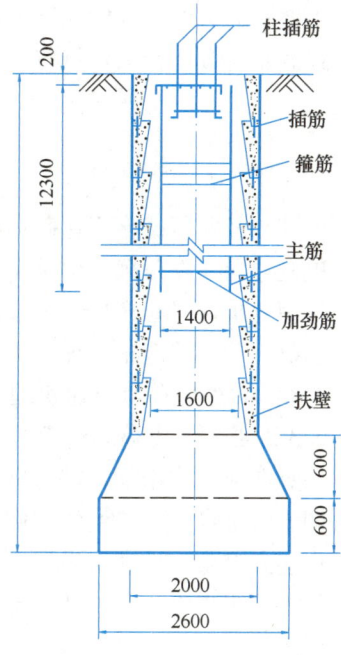

图 9-11　人工挖孔桩示例

9.2.5　桩的质量检测

桩基础属于地下隐蔽工程，尤其是灌注桩，施工过程中容易出现缩颈、夹泥、断桩以及桩端沉渣过厚等质量缺陷，从而影响桩身结构完整性和单桩承载力，因此必须进行质量检测以保证桩身质量，减少安全隐患。以下介绍几种较为常用的桩身结构完整性检测技术。

(1) 开挖检查

该方法只限于对所暴露的桩身进行观察检查，以确定桩身的结构完整性，是否存在空洞、夹泥以及缩颈等缺陷。

(2) 钻芯检验法

钻芯检验法可检测混凝土桩的桩长、桩身强度、桩底沉渣厚度和持力层岩土性状，从而判断桩身完整性类别。通常是利用专用钻机在灌注桩桩身内钻孔（直径100~150mm），取混凝土芯样进行观察和单轴抗压试验，了解混凝土芯样有无离析、空洞、桩底沉渣和夹泥等桩身缺陷现象。有条件时也可采用钻孔电视直接观察孔壁与孔底质量。

(3) 声波透射法

声波透射法可检测桩身缺陷程度与位置，进而判定桩身完整性类别。可预先在桩中埋入3~4根声测管（通常为钢管，也可为PVC管等，按桩截面周长均匀布置），利用超声波在不同强度（或不同弹性模量）的混凝土中传播速度的变化来检测桩身质量。试验时在其中一根管内放入发射器，而在其他管中放入接收器，通过不同深度处声波的传递时间来分析和判断桩身质量。

(4) 动测法

动测法主要有动力参数法、机械阻抗法、反射波法、水电效应法、共振等小应变动测、PDA（打桩分析仪）等大应变动测以及PIT（桩身结构完整性分析仪）等。对于等截面、质地较均匀的预制桩测试效果较为可靠，对于灌注桩的动测法检验，目前已有相当多的实践经验与数据积累，具有一定的可靠性。

9.3 单桩竖向极限承载力确定

单桩在竖向荷载下到达破坏状态前或出现不适于继续承载的变形时所对应的最大荷载称为单桩竖向极限荷载。单桩工作性能是分析基桩承载力的理论基础。通过桩与桩周土体相互作用分析，只有充分了解桩土间的传力途径、单桩承载力的构成和发展过程以及单桩的破坏机理等，才能正确评价单桩极限承载力。

9.3.1 桩-土荷载传递机理与破坏模式

9.3.1.1 桩-土荷载传递机理

在竖向荷载作用下，桩身材料将产生弹性压缩变形，桩与桩侧土体发生相对位移，因而桩侧土对桩身产生向上的桩侧阻力。如果桩侧阻力不足以抵抗竖向荷载，一部分竖向荷载将传递到桩底，桩底持力层产生压缩变形，故桩底土体产生向上的端阻力。桩通过桩侧阻力和桩端阻力将荷载传递给土体。也就是说，土对桩的支承力由桩侧阻力和桩端阻力两部分所组成。

如图 9-12 所示，桩顶在竖向荷载（以下用 Q 表示）作用下，桩身任一深度 z 处横截面上所引起的轴力 N_z 将使该截面向下位移 δ_z，桩端下沉 δ_l，从而导致桩身侧面与桩周土体之间相对滑移，其大小制约着土对桩侧向上作用的摩阻力 τ_z 的发挥程度。由深度 z 处桩段微元 $\mathrm{d}z$ 上力的平衡条件：

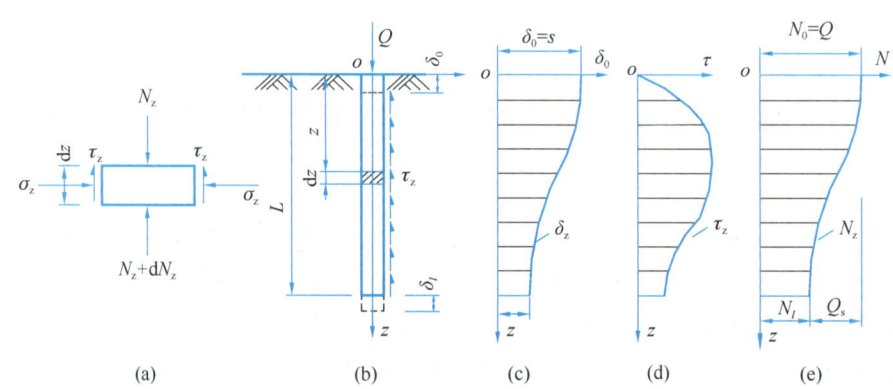

图 9-12 单桩轴向荷载传递

(a) 微桩段的受力情况；(b) 轴向受压的单桩；(c) 截面位移；
(d) 摩阻力分布；(e) 轴力分布

$$N_z - \tau_z \cdot u_\mathrm{p} \cdot \mathrm{d}z - (N_z + \mathrm{d}N_z) = 0 \tag{9-1}$$

可得桩侧摩阻力 τ_z 与桩身轴力 N_z 的关系为：

$$\tau_z = -\frac{1}{u_\mathrm{p}} \cdot \frac{\mathrm{d}N_z}{\mathrm{d}z} \tag{9-2}$$

式中　τ_z——桩侧单位面积上的荷载传递量；

　　　　u_p——桩的周长。

桩顶轴力等于桩顶竖向荷载，即 $N_0=Q$；桩端轴力 N_l 等于总桩端阻力（$N_l=Q_p$），故桩侧总阻力 $Q_s=Q-Q_p$。

由于桩身截面位移 δ_z 应为桩顶位移 $\delta_0=s$ 与 z 深度范围内的桩身压缩量之差，所以：

$$\sigma_z = s - \frac{1}{A_p E_p}\int_0^z N_z \cdot \mathrm{d}z \tag{9-3}$$

式中　A_p、E_p——桩身横截面面积和弹性模量。

若取 $z=l$，则上式变为桩端位移（即桩的刚体位移）表达式。

单桩静载荷试验时，除了测定桩顶荷载 Q 作用下的桩顶沉降 s 外，若通过沿桩身若干截面预先埋设的应力量测元件（传感器），获得桩身轴力 N_z 分布图，则可利用式（9-2）及式（9-3）作出摩阻力 τ_z 和截面位移 δ_z 的分布图（图 9-13）。

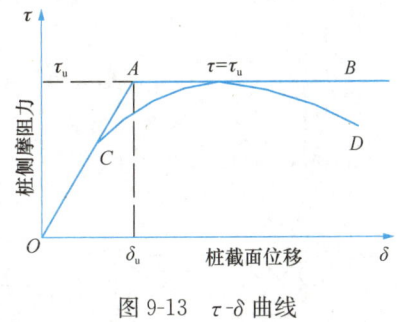

图 9-13　τ-δ 曲线

如图 9-13 中曲线 OCD 所示，桩侧摩阻力 τ 是桩截面对桩周土相对位移 δ 的函数，通常存在一个极限值，可简化为折线 OAB。τ_u 可用类似于土抗剪强度的库伦公式表达：

$$\tau_u = c_a + \sigma_x \tan\varphi_a \tag{9-4}$$

式中　c_a、φ_a——桩侧表面与土之间的附着力和摩擦角；

　　　　σ_x——深度 z 处作用于桩侧表面的法向压力，它与桩侧土竖向有效应力 σ'_v 呈正比，即：$\sigma_x=K_s\sigma'_v$，式中 K_s 为桩侧土的侧压力系数，对挤土桩 $K_0<K_s<K_p$；对非挤土桩，因桩孔中土被清除，而使 $K_a<K_s<K_0$，其中 K_a、K_0、K_p 分别为主动、静止和被动土压力系数。

由上可见，桩的侧阻随深度呈线性增大。但砂土中模型桩试验表明，当桩入土深度达某一临界值（约为 5～10 倍桩径）后，侧阻就不再随深度增加。该现象称为侧阻的深度效应，而该深度临界值则为侧阻临界深度。

研究表明，桩侧极限摩阻力与土的深度、类别和性质、成桩方法等多种因素有关。而桩侧摩阻力达到极限值所需的桩-土相对位移极限值 δ_u 则基本上只与土的类别有关，一般黏性土约为 4～6mm，砂土约为 6～10mm。

随着桩顶荷载 Q 的逐渐增大，桩身轴力、压缩变形与桩侧阻力亦不断变化。当 Q 较小时，桩身压缩变形主要发生在桩的上段，Q 主要由上段桩侧阻力承担；随着 Q 的不断增大，压缩变形朝桩端发展，当桩侧阻力达极限时，桩端土将产生压缩变形，桩端阻力发挥，直至桩端持力层破坏，即桩处于承载力极限状态。

桩端阻力的发挥不仅滞后于桩侧阻力，且充分发挥所需的桩端位移值比桩侧摩阻力到达极限所需的桩身压缩变形大得多。根据小型桩试验结果，砂类土的桩底极限位移约为 $(0.08\sim0.1)d$，一般黏性土为 $0.25d$，硬黏土为 $0.1d$。因此，在工作状态下，单桩桩端阻力的安全储备一般大于桩侧阻力的安全储备。

模型和原型桩试验研究均表明，与侧阻的深度效应类似，当桩端入土深度小于某一临界深度时，极限端阻随深度线性增加，而大于该深度后则保持恒值不变。不同资料表明，侧阻与端阻的临界深度之比约为0.3～1.0。关于侧阻和端阻的深度效应问题有待进一步研究。

此外，桩长对荷载的传递也有着重要的影响。当桩长较大（例如$l/d>25$）时，因桩身压缩变形大，桩端反力难以发挥，桩顶位移已超过使用所要求的范围，此时传递到桩端的荷载极为微小。因此，对于长桩不宜采用扩大桩端直径来提高桩的承载力。

9.3.1.2 竖向荷载下单桩破坏模式

单桩在轴向荷载作用下，其破坏模式主要取决于桩周土的抗剪强度、桩端支承情况、桩的尺寸以及桩的类型等。图9-14给出了轴向荷载下可能的基桩破坏模式简图。

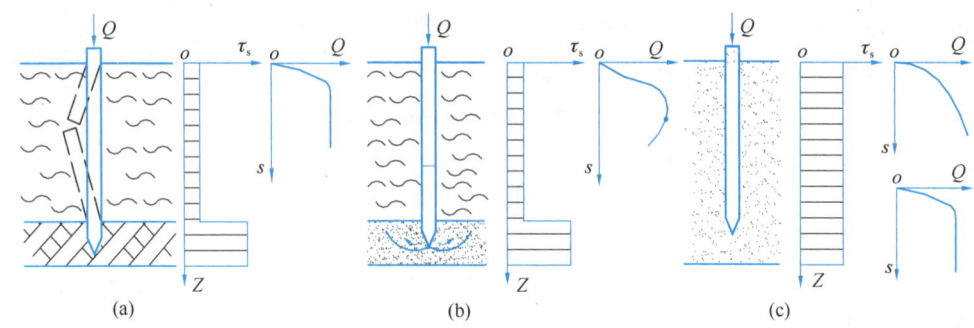

图9-14　轴向荷载下基桩的破坏模式

（1）屈曲破坏，如图9-14(a)所示。当单桩穿过极软弱土层支承在坚硬的土层或岩层上时，桩在轴向荷载作用下，如同一细长压杆产生纵向压曲，当达一定程度后桩身材料屈曲而破坏。这种破坏在荷载-沉降（Q-s）关系曲线上呈现为"急剧破坏"的陡降型，其沉降量很小，具有明确的破坏荷载，此时桩的承载力取决于桩身的材料强度。如穿越深厚淤泥质土层中的小直径端承桩或嵌岩桩等多属于此种破坏。

（2）整体剪切破坏，如图9-14(b)所示。当具有足够强度的桩穿过抗剪强度较低的土层而达到或沉入强度较高的土层时，侧摩阻力发挥有限，大部分竖向荷载由桩底土支承，使得桩端土体逐步形成连续的滑动面，出现整体剪切破坏，桩顶急剧下沉。桩底持力层以上的软弱土层不能阻止滑动土楔体的形成也是原因之一。此时Q-s曲线将出现明显的拐点和明确的破坏荷载。此时桩的竖向承载力主要取决于桩端土的支承力。一般打入式短桩、钻扩短桩等均属于此种破坏。

（3）刺入破坏，如图9-14(c)所示。当具有足够强度的桩入土深度较大或桩周土层抗剪强度较均匀时，随着桩顶荷载的不断增加以及桩端土的不断变形，桩身贯入土中，出现类似浅基础下地基土的冲切剪切破坏，土体先于桩身材料发生破坏。其Q-s曲线为"渐进破坏"的缓变型，无明显拐点，桩顶竖向荷载主要由桩侧摩阻力承担，由于此类破坏桩桩顶沉降量较大，设计时一般由桩顶沉降量控制。一般情况下的钻孔灌注桩多属于此种破坏。

9.3.1.3 桩侧负摩阻力

前面讨论的是在桩顶荷载作用下，桩侧土相对于桩产生了向上的位移，因而土对桩侧产生向上的摩擦力，可称之为正摩阻力。但有时会发生相反的情况，即桩周土层由于某些原因发生下沉，且变形量大于相应深度处桩的下沉量，即桩侧土相对于桩产生了向下位移，此时桩侧摩阻力方向向下，称为负摩阻力。通常，在下列情况下应考虑桩侧负摩阻力作用：

① 软土地区大范围降低地下水位使桩周土中有效应力增大，导致桩侧土层沉降；

② 桩侧地面承受局部较大的长期荷载，或地面大面积堆载（包括填土）时；

③ 桩穿越较厚松散填土、自重湿陷性黄土、欠固结土层、液化土层进入相对较硬土层时；

④ 冻土地区，由于温度升高而引起桩侧土的融陷。

必须指出，引起桩侧负摩阻力的条件是，桩侧土体下沉必须大于桩的下沉。因此，桩身负摩阻力并不一定发生于整个软弱压缩土层中，而是在桩周土相对于桩产生下沉的范围内，它与桩周土的压缩、固结、桩身压缩及桩底沉降等直接有关。

要确定桩侧负摩阻力的大小，首先就得确定产生负摩阻力的深度及其强度大小。图 9-15 给出了穿过软弱压缩土层而达到坚硬土层的竖向荷载桩的荷载传递情况。由图可见，在深度 l_n 内桩周土相对于桩侧向下位移，桩侧摩阻力朝下，为负摩阻力；在深度 l_n 以下，桩截面相对于桩周土向下位移，桩侧摩阻力朝上，为正摩阻力；而在 l_n 深度处桩周土与桩截面沉降相等，两者无相对位移发生，其摩阻力为零，该点称为中性点。图 9-15（b）和（c）分别为桩侧摩阻力和桩身轴力的分布曲线，其中 Q_n 为中性点以上的负摩阻力之和，或称下拉荷载；Q_s 为总的正摩阻力。且在中性点处桩身轴力达到最大值（$Q+Q_n$），而桩端总阻力则等于 $Q+(Q_n-Q_s)$。

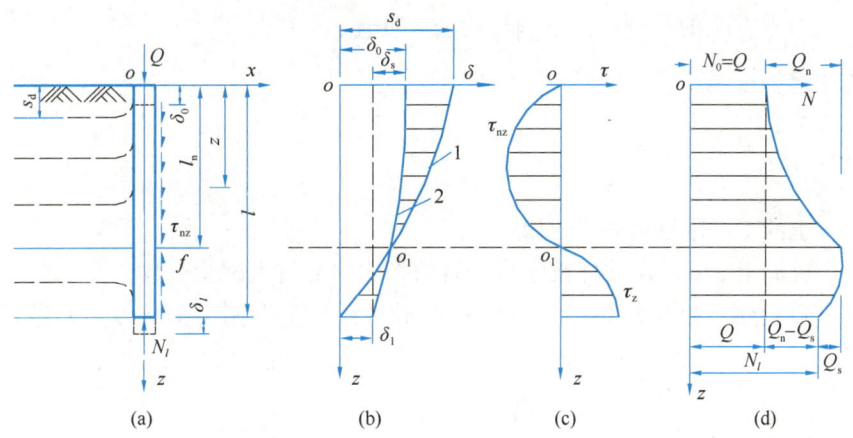

图 9-15　单桩在产生负摩阻力时的荷载传递

由于桩侧土层的固结随时间而变化，故土层的竖向位移及桩身截面位移为时间的函数。因此，在桩顶荷载作用下，中性点位置、摩阻力及轴力等也随时间相应发生变化。当桩截面位移在桩顶荷载作用下稳定后，土层固结程度和速率是影响 Q_n 大小和分布的主要因素。固结程度高、地面沉降大，则中性点下移；固结速率大，则 Q_n 增长快。但 Q_n 的增长需经一定的时间才能达到极限值。在此过程中，桩身在 Q_n 作用下产生压缩，随着 Q_n 的产生和增大，桩端处轴力增加，沉降也相应增大，由此导致桩土相对位移减小，Q_n 降低而逐渐达到稳定状态。

中性点深度 l_n（自桩顶算起）应按桩周土层沉降与桩的沉降相等的条件确定，在缺乏相应数据的情况下也可参照表 9-3 确定。

中性点深度比 l_n/l_0 表 9-3

持力层土类	黏性土、粉土	中密以上砂	砾石、卵石	基岩
l_n/l_0	0.5～0.6	0.7～0.8	0.9	1.0

注：①l_0 为桩周软弱土层下限深度；②桩穿越自重湿陷性黄土时，l_n 按表列值增大 10%（持力层为基岩者除外）；③当桩周土层固结与桩基固结沉降同时完成时取 $l_n = 0$；④当桩周土层计算沉降量小于 20mm 时，应按表列值乘以 0.4～0.8 折减。

实测资料表明，桩侧第 i 层土负摩阻力标准值 q_{si}^n 可按下式估算（当计算值大于正摩阻力时取正摩阻力值进行设计）：

$$q_{si}^n = \zeta_{ni}\sigma_i' \tag{9-5}$$

式中　ζ_{ni}——桩周第 i 层土负摩阻力系数，可按表 9-4 取用；

　　　σ_i'——桩周第 i 层土平均竖向有效上覆压力（kPa）。

负摩阻力系数 ζ_n 表 9-4

桩周土类	饱和软土	黏性土、粉土	砂土	自重湿陷性黄土
ζ_n	0.15～0.25	0.25～0.40	0.35～0.50	0.20～0.35

此外，也可根据土的类别，按下列经验公式计算：

软土或中等强度黏土 $$q_{si}^n = c_u \tag{9-6}$$

砂土（以 kPa 计） $$q_{si}^n = \frac{N_i}{5} + 3 \tag{9-7}$$

式中　c_u——土的不排水抗剪强度（kPa）；

　　　N_i——桩周第 i 层土经钻杆长度修正后的平均标准贯入试验击数。

而单桩基础桩侧下拉荷载 Q_n 为（对群桩基础应乘以负摩阻力群桩效应系数，具体参见 9.6 节）：

$$Q_n = u_p \sum q_{si}^n l_i \tag{9-8}$$

式中　u_p——桩的周长（m）；

　　　l_i——中性点以上各土层的厚度（m）。

国外有的学者认为，当桩穿过 15m 以上可压缩土层且地面每年下沉超过 20mm 时，或者为端承桩时，应计算下拉荷载 Q_n，一般其安全系数可取 1.0。

在桩基设计中，应尽量采取措施来消除或减小负摩阻力。例如，对于新填土建筑场地，填筑时要保证填土的密实度符合要求，尽量在填土沉降稳定后再进行桩基的施工；对于湿陷性黄土地基，桩基施工之前先进行强夯、素土或灰土挤密桩等方法消除或减轻土体湿陷性；另外，亦可对桩体进行适当处理，比如在预制桩表面涂一薄层沥青，或者对钢桩再加一层厚度为9mm的塑料薄膜（兼作防锈蚀用），对现场灌注桩也可在桩与土之间灌注斑脱土浆等，来消除或降低负摩阻力的影响。

9.3.2 单桩竖向承载力确定

单桩竖向承载力主要取决于地基土对桩的支承能力、桩身的材料强度以及上部结构对桩顶沉降的影响。一般情况下，桩的材料强度往往不能充分发挥，因此桩的承载力由地基土的支承能力所决定，只有对端承桩、超长桩以及桩身质量有缺陷的桩，桩身材料强度才起控制作用。此外，当桩的入土深度较大、桩周土质软弱且比较均匀、桩端沉降量较大，或建筑物对沉降有特殊要求时，还应考虑桩的竖向沉降量，按上部结构对沉降的要求来确定单桩竖向承载力。

9.3.2.1 按桩身材料强度确定

按桩身材料强度确定单桩竖向承载力时，可将桩视为轴心受压杆件，根据桩材按混凝土或钢结构相关规范计算。对于钢筋混凝土桩，要求：

$$N \leqslant \varphi(\psi_c f_c A_p + 0.9 f'_y A_g) \tag{9-9}$$

式中
N —— 荷载效应基本组合下的桩顶轴向压力设计值（kN）；

f_c —— 混凝土轴心抗压强度设计值（kPa）；

f'_y —— 纵向主筋抗压强度设计值（kPa）；

A_p —— 桩身的横截面面积（m²）；

A_g —— 纵向主筋截面面积（m²）。

φ —— 桩的稳定系数，对低承台桩基，考虑土的侧向约束可取 $\varphi=1.0$；但穿过很厚软黏土层（$c_u<10\text{kPa}$）和可液化土层的端承桩或高承台桩基，其值应小于 1.0；

ψ_c —— 基桩成桩工艺系数：混凝土预制桩、预应力混凝土空心桩取 0.85；干作业非挤土灌注桩取 0.90；泥浆护壁和套管护壁非挤土灌注桩、部分挤土灌注桩及挤土灌注桩取 0.7～0.8；软土区挤土灌注桩取 0.6。

尚需注意，只有当桩顶以下 $5d$ 范围内桩身箍筋间距不大于 100mm 且符合相关构造要求时才考虑纵向主筋对桩身受压承载力的作用，否则上式中 $f'_y A_g$ 项为零。此外，对高承台基桩、桩身穿越可液化土或不排水抗剪强度小于 10kPa 的软弱土层中的基桩，还应考虑桩身挠曲对轴向偏心力偏心距增大的影响。

9.3.2.2 按单桩竖向抗压静载荷试验确定

静载荷试验是评价单桩承载力最为直观和可靠的方法，其除了考虑到地基土的支承能力外，也计入了桩身材料强度的影响。《桩基规范》规定，对于甲级、乙级建筑桩基，必须通过静载荷试验确定单桩竖向承载力。在同一条件下的试桩数量，不宜少于总数的1%，并不应少于 3 根；工程总桩数在 50 根以内时不应少于 2 根。对于地基条件复杂、桩施工质量可靠性低及本地区采用的新桩型或新工艺等情况下的桩基也须通过静载荷试验。

对于预制桩，由于打桩时土中产生的孔隙水压力有待消散，土体因打桩扰动而降低的强度随时间逐渐恢复，因此，为了使试验能真实反映桩的承载力，要求在桩身强度满足设计要求的前提下，砂类土间歇时间不少于 7 天；粉土不少于 10 天；非饱和黏性土不少于

15 天；饱和黏性土不少于 25 天。

（1）静载荷试验装置及方法

试验装置主要由加载稳压、提供反力和沉降观测三部分组成（图 9-16）。桩顶的油压千斤顶对桩顶施加压力，千斤顶的反力由锚桩、压重平台的重力或用若干根地锚组成的伞状装置来平衡。安装在基准梁上的百分表或电子位移计用于量测桩顶的沉降。

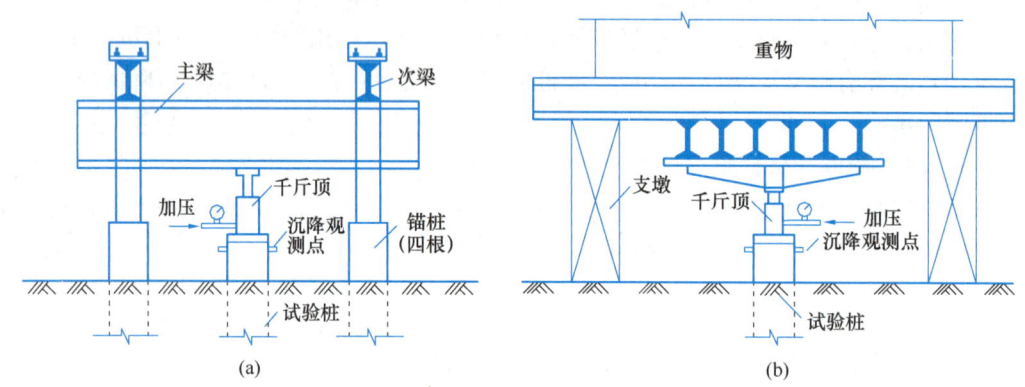

图 9-16　单桩静载荷试验的加载装置

（a）锚桩横梁反力装置；（b）压重平台反力装置

试桩与锚桩（或与压重平台的支墩边、地锚等）之间、试桩与支承基准梁的基准桩之间以及锚桩与基准桩之间，都应有一定的间距（表 9-5），以减少彼此的相互影响，保证量测精度。

试桩、锚桩和基准桩之间的中心距离　　　　表 9-5

反力装置	试桩与锚桩 （或压重平台支墩边）	试桩与基准桩	基准桩与锚桩 （或压重平台支墩边）
锚桩横梁压重 平台地锚装置	≥4(3)d 且>2.0m ≥4d 且>2.0m ≥4d 且>2.0m	≥4(3)d 且>2.0m ≥4(3)d 且>2.0m ≥4(3)d 且>2.0m	≥4(3)d 且>2.0m ≥4d 且>2.0m ≥4d 且>2.0m

注：① d 为试桩、锚桩或地锚的设计直径，取其较大者；当为扩底桩时，试桩与锚桩的中心距不应小于 2 倍扩大端直径；② 括号内数值用于工程桩验收检测时多排桩设计桩中心距小于 4d 的情况。

试验时加载方式通常有慢速维持荷载法、快速维持荷载法、等贯入速率法、等时间间隔加载法以及循环加载法等。工程中最常用的是慢速维持荷载法。即逐级加载，每级荷载值约为单桩承载力特征值的 1/8～1/5，当每级荷载下桩顶沉降量小于 0.1mm/h 时，则认为已趋稳定，然后施加下一级荷载直到试桩破坏，再分级卸载到零。对于工程桩的检验性试验，也可采用快速维持荷载法，即一般每隔 1h 加一级荷载。

（2）终止加载条件

当出现下列情况之一时即可终止加载：

① 某级荷载下，桩顶沉降量为前一级荷载下沉降量的 5 倍；

② 某级荷载下，桩顶沉降量大于前一级荷载下沉降量的 2 倍，且经 24h 尚未达到相

对稳定；

③ 已达到设计要求的最大加载量或达到锚桩最大抗拔力或压重平台的最大重量时；

④ 当荷载-沉降曲线呈缓变型时，可加载至桩顶总沉降量达到 $60\sim80$mm，特殊情况下可按具体要求加载至桩顶累计沉降量超过 80mm。

（3）按试验成果确定单桩承载力

一般认为，当桩顶发生剧烈或不停滞的沉降时，桩即处于破坏状态，对应的荷载称为极限荷载（即极限承载力，用 Q_u 表示）。根据静载荷试验成果 Q-s 曲线（荷载-桩顶沉降量关系曲线），可采取下述方法确定单桩竖向极限承载力 Q_u。

① 根据 Q-s 曲线变化特征确定 Q_u

如图 9-17 中曲线①所示，对于陡降型 Q-s 曲线，可取曲线发生明显陡降的起始点所对应的荷载为 Q_u。该方法的缺点是作图比例将影响 Q-s 曲线的斜率和所选择的 Q_u，因此宜按一定的作图比例，一般可取整个图形比例横：竖=2：3。

因 Q-s 曲线拐点的确定容易夹杂绘图者的主观因素，有些曲线拐点也不甚明了。因此国外多用切线交会法，即取相应于 Q-s 曲线初始段和末段两点切线交点所对应的荷载作为极限荷载 Q_u。

② 根据桩顶沉降量确定 Q_u

对于缓变型 Q-s 曲线（图 9-17 中曲线②），一般可取 $s=40\sim60$mm 对应的荷载值为 Q_u。对于大直径桩可取 $s=(0.03\sim0.06)D$（D 为桩端直径）所对应的荷载值（大桩径取低值，小桩径取高值），对于细长桩（$l/d>80$），可取 $s=60\sim80$mm 对应的荷载。

此外，也可根据沉降随时间的变化特征确定 Q_u，取 s-$\lg t$ 曲线（图 9-18）尾部出现明显向下弯曲的前一级荷载值作为 Q_u；也可取终止加载条件②中的前一级荷载值作为 Q_u。

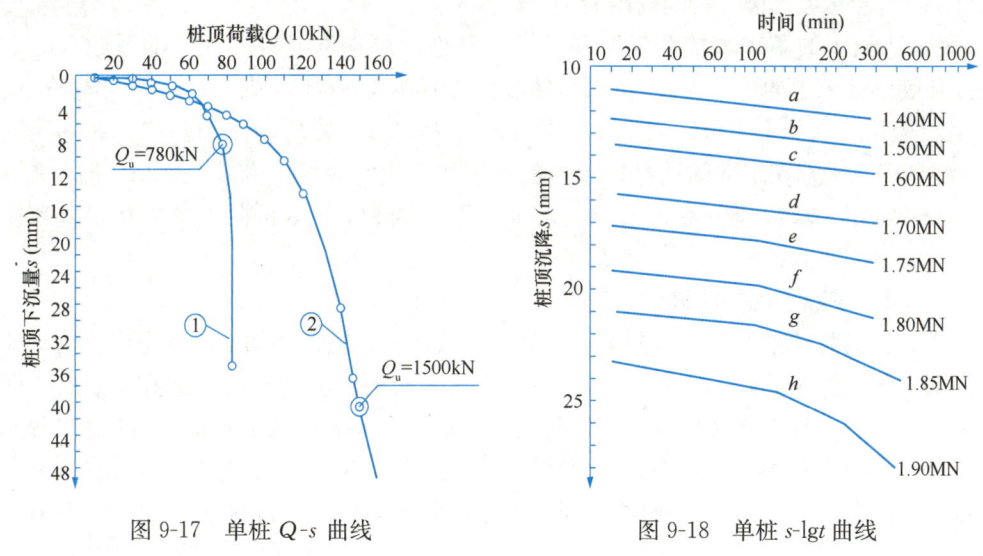

图 9-17　单桩 Q-s 曲线　　　　图 9-18　单桩 s-$\lg t$ 曲线

测得每根试桩极限承载力值 Q_{ui} 后，可按照下列规定确定单桩竖向抗压极限承载力 Q_u：

① 参加统计的所有试桩，当满足其极差不超过平均值的 30% 时，取其平均值为单桩竖向抗压极限承载力；

② 若极差超过平均值的30%，应分析极差过大的原因，结合工程具体情况综合确定，必要时增加试桩数量；

③ 对桩数为3根或3根以下的柱下承台，或工程桩抽检数量少于3根时，应取低值。

9.3.2.3 按土的抗剪强度指标确定

国外广泛采用以土力学原理为基础的单桩极限承载力公式。该类公式考虑到土的抗剪强度指标取值无法涉及的某些影响因素，例如：土的类别和排水条件、桩的类型和设置效应等，单桩极限承载力 Q_u 为：

$$Q_u = Q_{su} + Q_{pu} - (G - \gamma A_p l) \tag{9-10}$$

式中　Q_{su}、Q_{pu}——桩侧总极限摩阻力和桩端总极限阻力；

　　　　G、γ——桩的自重和桩长以内土的平均重度。

$G - \gamma A_p l$ 表示因桩的设置而附加于地基的重力，$\gamma A_p l$ 为与桩同体积的土重，常假设其值等于桩重 G，故上式可简化为：

$$Q_u = Q_{su} + Q_{pu} \tag{9-11}$$

对于黏性土中的桩，因桩在设置和受荷初期，桩周土来不及排水固结，一般以短期承载力控制设计，故宜按总应力分析法取不排水强度 c_u 估算 Q_u，即：

$$Q_u = u_p \sum c_{ai} l_i + c_u N_c A_p \tag{9-12}$$

式中　c_u——桩底以上 $3d$ 至桩底以下 $1d$ 范围内土的不排水抗剪强度平均值，对裂隙黏土宜用含裂隙的大试样测定；对钻孔桩可取三轴不排水抗剪强度的 0.75 倍；

　　　　N_c——地基承载力系数，当桩的长径比 $l/d>5$ 时，$N_c=9$；

　　　　c_{ai}——第 i 层土桩土之间的附着力，$c_{ai}=\alpha c_u$。

α 是取决于土的不排水抗剪强度和桩进入黏性土层深度与桩径之比的系数（h_c/d）。对打入到硬黏性土中的桩，当 $h_c/d \leqslant 20$ 且覆盖层为砂或砂砾时，取 $\alpha=1.25$；当 $8<h_c/d<20$ 且覆盖层为软黏土、粉砂或无覆盖层时，取 $\alpha=0.4$。对 $h_c/d>20$ 的打入桩，美国石油协会（API）推荐在正常固结黏性土中的 α 按如下规定取值：当 $c_u<25$kPa 时，取 $\alpha=1.0$；当 $c_u>75$kPa 时，取 $\alpha=0.5$；当 25kPa$\leqslant c_u \leqslant 75$kPa 时，$\alpha$ 在 1.0 和 0.5 之间线性变化。

9.3.2.4 按静力触探法确定

静力触探是将圆锥形的金属探头，以静力方式按一定的速率均匀压入土中。借助探头的传感器，测出探头侧阻 f_s 及端阻 q_c。探头由浅入深测出各种土层的这些参数后，即可算出单桩承载力。静力触探与桩的静载荷试验虽有很大区别，但与桩沉入土中的过程基本相似，所以可把静力触探近似看成是小尺寸打入桩的现场模拟试验，且由于其设备简单，自动化程度高等优点，被认为是一种很有发展前途的估算单桩承载力的方法，国外应用极广。我国自 1975 年以来，已进行了大量研究，积累了丰富的静力触探与单桩竖向静载荷试验的对比资料，提出了不少反映地区经验的计算单桩竖向极限承载力标准值 Q_{uk} 的公式。

静力触探根据探头构造的不同，又可分为单桥探头和双桥探头两种。双桥探头（圆锥面积 15cm²，锥角 60°，摩擦套筒高 21.85cm，侧面积 300cm²）可同时测出 f_s 和 q_c，《桩基规范》在总结各地经验的基础上提出，当按双桥探头静力触探资料确定混凝土预制桩单桩竖向极限承载力标准值 Q_{uk} 时，对于黏性土、粉土和砂土，如无当地经验时可按下式计算：

$$Q_{uk} = \alpha q_c A_p + u_p \Sigma l_i \beta_i f_{si} \tag{9-13}$$

式中　q_c——桩端平面上、下探头阻力（kPa），取桩端平面以上 $4d$ 范围内探头阻力加权平均值，再与桩端平面以下 $1d$ 范围内的探头阻力进行平均；

　　　α——桩端阻力修正系数，对黏性土、粉土取 2/3，饱和砂土取 1/2；

　　　f_{si}——第 i 层土的探头平均侧阻力（kPa）；

　　　β_i——第 i 层土桩侧阻力综合修正系数，按下式计算：

黏性土、粉土：　　　　　$\beta_i = 10.04(f_{si})^{20.55}$ $\tag{9-14}$

砂性土：　　　　　$\beta_i = 5.05(f_{si})^{20.45}$ $\tag{9-15}$

9.3.2.5　按经验公式法确定

利用土的物理指标与承载力参数之间的经验关系确定单桩竖向极限承载力标准值 Q_{uk} 是一种沿用多年的传统方法，《桩基规范》在大量经验及资料积累的基础上，针对不同的常用桩型，推荐如下竖向承载力估算公式。

（1）一般预制桩及中小直径灌注桩

对直径 $d < 800$mm 的灌注桩和预制桩，单桩竖向极限承载力标准值 Q_{uk} 可按下式计算：

$$Q_{uk} = Q_{sk} + Q_{pk} = u_p \Sigma q_{sik} l_i + q_{pk} A_p \tag{9-16}$$

式中　Q_{sk}——单桩总极限侧阻力标准值（kN）；

　　　Q_{pk}——单桩总极限端阻力标准值（kN）；

　　　q_{sik}——桩侧第 i 层土的极限侧阻力标准值（kPa），无当地经验值时可按表 9-6 取值；

　　　q_{pk}——桩的极限端阻力标准值（kPa），无当地经验值时，可按表 9-7 取值。

桩的极限侧阻力标准值 q_{sik}（kPa）　　　　　　　　表 9-6

土的名称	土的状态		混凝土预制桩	水下钻（冲）孔桩	干作业钻孔桩
填土	—		22～30	20～28	20～28
淤泥	—		14～20	12～18	12～18
淤泥质土	—		22～30	20～28	20～28
黏性土	流塑	$I_L > 1$	24～40	21～38	21～38
	软塑	$0.75 < I_L \leqslant 1$	40～55	38～53	38～53
	可塑	$0.50 < I_L \leqslant 0.75$	55～70	53～68	53～66
	硬可塑	$0.25 < I_L \leqslant 0.5$	70～86	68～84	66～82
	硬塑	$0 < I_L \leqslant 0.25$	86～98	84～96	82～94
	坚硬	$I_L \leqslant 0$	98～105	96～102	94～104
红黏土	$0.7 < \alpha_w \leqslant 1$		13～32	12～30	12～30
	$0.5 < \alpha_w \leqslant 0.7$		32～74	30～70	30～70

続表

土的名称	土的状态		混凝土预制桩	水下钻(冲)孔桩	干作业钻孔桩
粉土	稍密	$e>0.9$	26~46	24~42	24~42
	中密	$0.75\leqslant e\leqslant 0.9$	48~66	42~62	42~62
	密实	$e<0.75$	66~88	62~82	62~82
粉细砂	稍密	$10<N\leqslant 15$	24~48	22~46	22~46
	中密	$15<N\leqslant 30$	48~66	46~64	46~64
	密实	$N>30$	66~88	64~86	64~86
中砂	中密	$15<N\leqslant 30$	54~74	53~72	53~72
	密实	$N>30$	74~95	72~94	72~94
粗砂	中密	$15<N\leqslant 30$	74~95	74~95	76~98
	密实	$N>30$	95~116	95~116	98~120
砾砂	稍密	$5<N_{63.5}\leqslant 15$	70~110	50~90	60~100
	中密(密实)	$N_{63.5}>15$	116~138	116~130	112~130
圆砾、角砾	中密、密实	$N_{63.5}>10$	160~200	135~150	135~150
碎石、卵石	中密、密实	$N_{63.5}>10$	200~300	140~170	150~170
全风化软质岩	—	$30<N\leqslant 50$	100~120	80~100	80~100
全风化硬质岩	—	$30<N\leqslant 50$	140~160	120~140	120~150
强风化软质岩	—	$N_{63.5}>10$	160~240	140~200	140~220
强风化硬质岩	—	$N_{63.5}>10$	220~300	160~240	160~260

注：① 对于尚未完成自重固结的填土和以生活垃圾为主的杂填土，不计算其侧阻力；② α_w 为含水比，$\alpha_w=w/w_L$；③ N 为标准贯入击数；$N_{63.5}$ 为重型圆锥动力触探击数；④ 全风化、强风化软质岩和全风化、强风化硬质岩指其母岩分别为 $f_{rk}\leqslant 15MPa$、$f_{rk}>30MPa$ 的岩石。

（2）大直径桩（$d\geqslant 0.8m$）

对于大直径桩（$d\geqslant 0.8m$），其侧阻及端阻要考虑尺寸效应。侧阻的尺寸效应主要发生在砂、碎石类土中，原因在于大直径桩一般为钻、挖、冲孔灌注桩，在无黏性土中的成孔过程中将出现孔壁土体的应力松弛效应，进而导致侧阻力降低。而大直径桩的极限端阻力也存在随着桩径增大而呈非线性关系下降的现象。为此，《桩基规范》采用大直径桩侧阻、端阻尺寸效应系数考虑该尺寸效应，推荐其单桩的竖向极限承载力标准值按下式计算：

$$Q_{uk}=Q_{sk}+Q_{pk}=u_p\sum\psi_{si}q_{sik}l_{si}+\psi_p q_{pk}A_p \tag{9-17}$$

式中　q_{sik}——桩侧第 i 层土的极限侧阻力标准值（kPa），无当地经验值时，可按表9-6取值，对于扩底桩变截面以上 $2d$ 长度范围不计侧阻力；

　　　q_{pk}——桩径 $d=0.8m$ 的极限端阻力标准值（kPa），对于干作业（清底干净）可采用深层平板（对端承型桩平板直径应与孔径一致）载荷试验确定；不能进行时按表9-8取值，其他成桩工艺可按表9-7取值；

　　　ψ_{si}、ψ_p——大直径桩侧阻、端阻尺寸效应系数，按表9-9取值。

256

表 9-7

桩的极限端阻力标准值 q_{pk} (kPa)

土的名称	土的状态	混凝土预制桩桩长 l(m)				泥浆护壁钻(冲)孔桩桩长 l(m)				干作业钻孔桩桩长 l(m)		
		$l≤9$	$9<l≤16$	$16<l≤30$	$l>30$	$5≤l<10$	$10≤l<15$	$15≤l<30$	$30≤l$	$5≤l<10$	$10<l<15$	$15≤l$
黏性土	软塑 $0.75<I_L≤1$	210~850	650~1400	1200~1800	1300~1900	150~250	250~300	300~450	300~450	200~400	400~700	700~950
	可塑 $0.50<I_L≤0.75$	850~1700	1400~2200	1900~2800	2300~3600	350~450	450~600	600~750	750~800	500~700	800~1100	1000~1600
	硬可塑 $0.25<I_L≤0.5$	1500~2300	2300~3300	2700~3600	3600~4400	800~900	900~1000	1000~1200	1200~1400	850~1100	1500~1700	1700~1900
	硬塑 $0<I_L≤0.25$	2500~3800	3800~5500	5500~6000	6000~6800	1100~1200	1200~1400	1400~1600	1600~1800	1600~1800	2200~2400	2600~2800
粉土	中密 $0.75≤e≤0.9$	950~1700	1400~2100	1900~2700	2500~3400	300~500	500~650	650~750	750~850	800~1200	1200~1400	1400~1600
	密实 $e<0.75$	1500~2600	2100~3000	2700~3600	3600~4400	650~900	750~950	900~1100	1100~1200	1200~1700	1400~1900	1600~2100
粉砂	稍密 $10<N≤15$	1000~1600	1500~2300	1900~2700	2100~3000	350~500	450~600	600~700	650~750	500~950	1300~1600	1500~1700
	中密、密实 $N>15$	1400~2200	2100~3000	3000~4500	3800~5500	600~750	750~900	900~1100	1100~1200	900~1000	1700~1900	1700~1900
细砂	中密、密实 $N>15$	2500~4000	3600~5000	4400~6000	5300~7000	650~850	900~1200	1200~1500	1500~1800	1200~1600	2000~2400	2400~2700
中砂	中密、密实 $N>15$	4000~6000	5500~7000	6500~8000	7500~9000	850~1050	1100~1500	1500~1900	1900~2100	1800~2400	2800~3800	3600~4400
粗砂	中密、密实 $N>15$	5700~7500	7500~8500	8500~10000	9500~11000	1500~1800	2100~2400	2400~2600	2600~2800	2900~3600	4000~4600	4600~5200
砾砂	中密、密实 $N>15$	6000~9500		9000~10500		1400~2000		2000~3200			3500~5000	
角砾、圆砾	中密、密实 $N_{63.5}>10$	7000~10000		9500~11500		1800~2200		2200~3600			4000~5500	
碎石、卵石	中密、密实 $N_{63.5}>10$	8000~11000		10500~13000		2000~3000		3000~4000			4500~6500	
全风化软质岩	$30≤N≤50$			4000~6000				1000~1600			1200~2000	
全风化硬质岩	$30≤N≤50$			5000~8000				1200~2000			1400~2400	
强风化软质岩	$N_{63.5}>10$			6000~9000				1400~2200			1600~2600	
强风化硬质岩	$N_{63.5}>10$			7000~11000				1800~2800			2000~3000	

注：① 对于砂土和碎石类土，要综合考虑土的密实度，桩端进入持力层的深径比 h_b/d 确定；土越密实，h_b/d 越大，取值越高；

② 预制桩的岩石极限端阻力指桩端支承于中、微风化基岩表面或进入强风化岩、软质岩一定深度条件下的极限端阻力；

③ 全风化、强风化软质岩和全风化、强风化硬质岩指其母岩分别为 $f_{rk}≤15MPa$、$f_{rk}>30MPa$ 的岩石。

名称		状态		
黏性土		$0.25<I_L\leqslant0.75$	$0<I_L\leqslant0.25$	$I_L\leqslant0$
		$800\sim1800$	$1800\sim2400$	$2400\sim3000$
粉土		$0.75<e\leqslant0.9$	$e\leqslant0.75$	
		$1000\sim1500$	$1500\sim2000$	
砂土、碎石类土		稍密	中密	密实
	粉砂	$500\sim700$	$800\sim1100$	$1200\sim2000$
	细砂	$700\sim1100$	$1200\sim1800$	$2000\sim2500$
	中砂	$1000\sim2000$	$2200\sim3200$	$3500\sim5000$
	粗砂	$1200\sim2200$	$2500\sim3500$	$4000\sim5500$
	砾砂	$1400\sim2400$	$2600\sim4000$	$5000\sim7000$
	圆砾、角砾	$1600\sim3000$	$3200\sim5000$	$6000\sim9000$
	卵石、碎石	$2000\sim3000$	$3300\sim5000$	$7000\sim11000$

注：① q_{pk} 取值宜考虑桩端持力层土的状态及桩进入持力层的深度效应，当进入持力层深度 h_b 为：$h_b\leqslant D$，$D<h_b$ $<4D$，$h_b\geqslant4D$ 时，q_{pk} 可分别取较低值、中值、较高值，D 为桩端直径；

② 砂土密实度可根据标贯击数 N 判定，$N\leqslant10$ 为松散，$10<N\leqslant15$ 为稍密，$15<N\leqslant30$ 为中密，$N>30$ 为密实；

③ 当桩的长径比 $l/d\leqslant8$ 时，q_{pk} 宜取较低值；

④ 当对沉降要求不严时，可适当提高 q_{pk} 值。

土类别	黏性土、粉土	砂土、碎石类土	土类别	黏性土、粉土	砂土、碎石类土
ψ_{si}	$(0.8/d)^{1/5}$	$(0.8/d)^{1/3}$	ψ_p	$(0.8/d)^{1/4}$	$(0.8/d)^{1/3}$

注意，对于混凝土护壁（振捣密实）的大直径挖孔桩，桩身周长 u_p 应按护壁外直径计算。

（3）嵌岩桩

嵌岩桩是指桩端置于完整或者较完整基岩中的桩。随着高层建筑及桥梁工程的高速发展，嵌岩桩的应用日益广泛。近十年来大量试验研究成果和工程应用经验均表明，一般情况下，只要嵌岩桩不是很短，上覆土层的侧阻力就能部分发挥。此外，嵌岩深度内也有侧阻力作用，故传递到桩端的应力随嵌岩深度增大而递减，当嵌岩深度达 $5d$ 时，该应力接近于零，故桩端嵌岩深度一般不必很大，超过某一界限则无助于提高桩的竖向承载力。因此，桩端置于完整、较完整基岩的嵌岩单桩的极限承载力标准值 Q_{uk} 由桩周土总侧阻力 Q_{sk} 和嵌岩段总极限阻力 Q_{rk} 组成。当根据岩石单轴抗压强度确定单桩竖向极限承载力标准值时，可按下式计算：

$$Q_{uk}=Q_{sk}+Q_{rk}=u_p\sum q_{sik}l_i+\zeta_r f_{rk}A_p \tag{9-18}$$

式中　q_{sik}——桩周第 i 层土的极限侧阻力标准值（kPa），无经验时可根据成桩工艺按表 9-6 取值；

　　　f_{rk}——岩石饱和单轴抗压强度标准值（kPa），对于黏土质岩取天然湿度单轴抗压强度标准值；

　　　ζ_r——嵌岩段侧阻和端阻综合系数，与嵌岩深径比 h_r/d、岩石软硬程度和成桩工艺有关，可按表 9-10 采用；表中数值适用于泥浆护壁成桩，对于干作业成桩（清底干净）和泥浆护壁后注浆应取表列数值的 1.2 倍。

嵌岩深径比 h_d/d	0.0	0.5	1	2	3	4	5	6	7	8
极软岩、软岩	0.60	0.80	0.95	1.18	1.35	1.48	1.57	1.63	1.66	1.70
较硬岩、坚硬岩	0.45	0.65	0.81	0.90	1.00	1.04	—	—	—	—

注：①表中极软岩、软岩指 $f_{rk} \leqslant 15\text{MPa}$；较硬岩、坚硬岩指 $f_{rk} > 30\text{MPa}$，介于两者之间可内插取值；②h_r 为桩身嵌岩深度，当岩面倾斜时，以坡下方的嵌岩深度为准；当 h_r/d 为非表列数值时可内插取值。

此外，《桩基规范》规定，确定单桩竖向极限承载力标准值尚需满足下列规定：

① 甲级建筑桩基应通过单桩静载荷试验确定；

② 乙级建筑桩基应通过单桩静载荷试验确定；仅当地质条件简单时，可参照地质条件相同的试桩资料，结合静力触探等原位测试和经验参数综合确定；

③ 丙级建筑桩基，可根据原位测试和经验参数确定。

9.3.2.6　按动力试桩法确定

动力试桩法是应用物体振动和应力波的传播理论来确定单桩竖向承载力以及检验桩身完整性的一种方法。与传统的静载荷试验相比，无论在试验设备、测试效率、工作条件以及试验费用等方面，均具有明显的优越性。其最大的技术经济效益是速度快、成本低，可对工程桩进行大量的普查，及时找出工程桩的隐患，防止重大安全质量事故。

动测技术在国外应用较早，早期的打桩公式就是一种动力试桩法。打桩时，桩在一定能量锤击下入土的难易程度反映出土对桩的支承能力，桩在一次锤击下入土的深度 e 称为贯入度。当其他条件相同时，桩打入硬土中的 e 值要比软土中的小；在同一土层中，桩入土越深 e 值就越小。也就是说，e 与打桩时土对桩的阻力存在着一定的函数关系，反映这种关系的表达式就统称为动力打桩公式。动力打桩公式的基本假定与实际不尽相符，往往带来较大误差，近年来国内外已很少采用。

随着测试和计算技术的提高，动力试桩技术在我国得到了较大的发展。1972 年，湖南大学周光龙教授率先提出了桩基动力参数法，对开创我国动力试桩方法的研究起了积极的推动作用。1978 年，东南大学唐念慈教授等首先应用波动方程法，在渤海 12 号平台的钢管桩动力测试中获得了成功。随着我国桩基工程的发展，动力试桩法已在全国广泛应用，有效地弥补了静力试桩的不足，满足了我国桩基工程发展的需要。然而，由于我国动测技术的研究和应用为时不长，各种方法尚存在一定的问题，有待进一步研究和完善。

动力试桩法种类繁多。一般可分为高应变动力检测法和低应变动力检测法两大类。

高应变法由 20 世纪 70 年代的锤击法发展到 80 年代引进的 PDA 和 PID 法，近年来又自行研制成各种试桩分析仪，软件和硬件的功能都有很大的提高。今后宜有步骤地发展这种动力测试仪器，加强动力模型和机理的研究工作，提高软硬件的质量、适用性和可靠性。目前，国际上普遍采用高应变法测定桩的极限承载力，而用低应变法检测桩的质量和完整性。

低应变法在我国应用极为广泛，约有 90% 的检测单位采用低应变法。由于低应变法具有软硬件价格便宜、设备轻巧、测试过程简单等优点，目前多用于桩身质量检测。

9.3.3　单桩竖向抗拔承载力确定

对于高耸结构物桩基（如高压输电塔、电视塔、微波通信塔等）、承受巨大浮托力作用的基础（如地下室、地下油罐、取水泵房等）以及承受巨大水平荷载的桩结构（如码头、桥台、挡土墙等），外侧桩部分或全部承受竖向的上拔荷载，此时尚需验算桩的抗拔承载力。

桩的抗拔承载力主要取决于桩身材料强度、桩与土之间的抗拔阻力和桩身自重。上拔时形成的桩端真空吸引力所占比例不大，且随时间变化难以精确估算，一般可忽略不计。目前，有关抗拔承载力的机理研究尚不充分。《桩基规范》规定应同时验算群桩基础呈整体破坏和呈非整体破坏时基桩的抗拔承载力。而对于甲级、乙级建筑桩基，基桩的抗拔承载力应通过现场单桩上拔静载试验确定。如无当地经验，对群桩基础及丙级建筑桩基，可按下式估算群桩呈非整体破坏时单桩的抗拔承载力标准值 T_{uk}，即：

$$T_{uk} = \sum \lambda_i q_{sik} u_i l_i \tag{9-19}$$

式中　λ_i——抗拔系数，可按表 9-11 取值；

u_i——桩身周长（m），等直径桩为 πd；对扩底桩，自桩底起算的（4～10）d 范围内取值为 πD，其余部分仍取为 πd；

其他符号意义同前。

抗拔系数 λ_i　　　　　　　　　　　　　表 9-11

土类	λ_i
砂土	0.50～0.70
黏性土、粉土	0.70～0.80

注：$l/d \leqslant 20$ 时，λ_i 取小值。

当群桩基础呈整体破坏时，基桩的抗拔承载力标准值 T_{gk} 可取桩群外围周长范围形成的抗拔承载力再除以桩数。

9.4　群桩基础的竖向承载力计算

在实际工程中，除少量大直径桩基础外，一般都是群桩基础。竖向荷载下的群桩基础，各桩的承载力发挥和沉降性状往往与相同情况下的单桩有显著差别，承台底产生的土反力也将分担部分荷载。因此，在设计时必须综合考虑因群桩的工作特点而形成的群桩效应问题。

9.4.1　群桩的工作特性

对于群桩基础，作用于承台上的荷载实际上由桩和地基土共同承担，由于承台、桩、地基土的相互作用情况不同，桩端、桩侧阻力和地基土的阻力因桩基类型而异。

9.4.1.1　端承型群桩基础

由于端承型桩基持力层坚硬，桩顶沉降量较小，桩侧摩阻力小，桩间土基本不承受荷载，无法产生应力扩散作用，桩顶荷载基本上通过桩身直接传到桩端处土层上。而桩端处承压面积很小，各桩端的压力彼此互不影响（图 9-19），因此可近似认为端承型群桩基础中各基桩的工作性状与单桩基本一致，即群桩基础的承载力就等于各单桩的承载力之和，群桩的沉降量也与单桩基本相同，故可不考虑群桩效应。故群桩效应系数 $\eta = 1$（η 为群桩基础承载力与各单桩承载力之和的比值）。

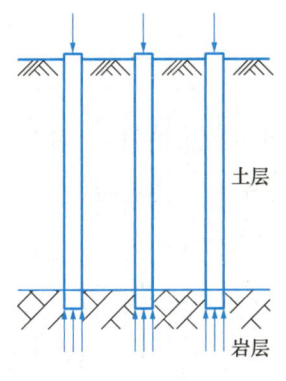

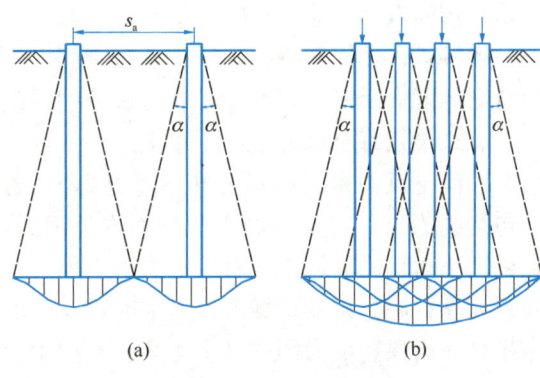

图 9-19　端承型群桩基础　　　　图 9-20　摩擦型群桩桩端平面上的压力分布

9.4.1.2 摩擦型群桩基础

摩擦型群桩主要通过每根桩的侧阻力将上部荷载传递到桩周至桩端土层中。一般可假定桩侧摩阻力在土中引起的附加应力 σ_z 按某一角度，沿桩长向下扩散分布，至桩端平面处，压力分布如图 9-20 中阴影部分所示。当桩数少，桩中心距 s_a 较大时，例如 $s_a > 6d$，桩端平面处各桩传来的压力互不重叠或重叠不多（图 9-20a），此时群桩中各桩的工作情况与单桩基本一致，故群桩的承载力等于各单桩承载力之和。但当桩数较多，桩距较小时，例如常用桩距 $s_a = (3 \sim 4)d$ 时，桩端处地基中各桩传来的压力将相互重叠（图 9-20b）。桩底面处土体承受的压力比单桩时大得多，桩端土体的压缩变形也相应增大，此时群桩中各桩的工作状态与单桩迥然不同，其承载力小于各单桩承载力总和，沉降量则大于单桩的沉降量，即所谓群桩效应。

显然，若限制群桩的沉降量与单桩沉降量相同，则群桩中每一根桩的平均承载力就比单桩时要低，即群桩效应系数 $\eta < 1$。

然而大量工程实践和试验研究结果表明，采用单一的群桩效应系数难以正确反映群桩基础的工作状况，低估了群桩基础的承载能力。其原因是：①群桩基础的沉降量只需满足建筑物桩基变形允许值的要求，无需按单桩的沉降量控制；②群桩基础中的一根桩与单桩的工作条件不同，其极限承载力也不一样。此外，群桩基础成桩时桩侧土体被挤密的程度高，潜在侧阻大，但桩间土竖向位移比单桩时大，减小了桩土相对位移，影响侧阻力的发挥。通常，砂土和粉土中的桩基，群桩效应使桩的侧阻力提高；而黏性土中的桩基，在常用桩距下，群桩效应往往使侧阻力降低。考虑群桩效应后，桩端平面处压应力增加较多，极限桩端阻力相应提高。因此群桩基础中桩的极限承载力确定极为复杂，其与桩的间距、土质、桩数、桩径、入土深度以及桩的类型和排列方式等因素有关。

9.4.1.3 承台下土对荷载的分担作用

桩基在荷载作用下，由桩和承台底地基土共同承担荷载，构成复合桩基（图 9-21）。复合桩基中基桩的承载力包括承台底的土阻力，故称为复合基桩。承台底分担荷载的作用随桩群相对于地基土向下位移幅度的加大而增强。为了保证承台底与土保持接触而不脱开，并提供足够的土阻力，则桩端必须贯入持力层促使群桩整体下沉。此外，桩身受荷压缩，产生桩-土相对滑移，也会使承台底反力增加。

研究表明，承台底土反力比平板基础底面下的土反力要低（由于桩侧土因桩的竖向位移而发生剪切变形所致），其大小及分布形式，随桩顶荷载水平、桩径桩长、台底和桩端土质、承台刚度以及桩群的几何特征等因素而变化。通常，承台底分担荷载的比例可从百分之十几直至百分之三十以上。

刚性承台底面土反力呈马鞍形分布（图9-21）。若以桩群外围包络线为界，将承台底面积分为内外两区，内区反力比外区小而且比较均匀，桩距增大时内外区反力差明显降低。承台底分担的荷载总值增加时，反力的塑性重分布不显著而保持反力图式基本不变。利用承台底反力分布的上述特征，可以通过加大外区与内区的面积比来提高承台的荷载分担量。

设计时应注意：承台分担荷载是以桩基的整体下沉为前提的，故只有在桩基沉降不会危及建筑物的安全和

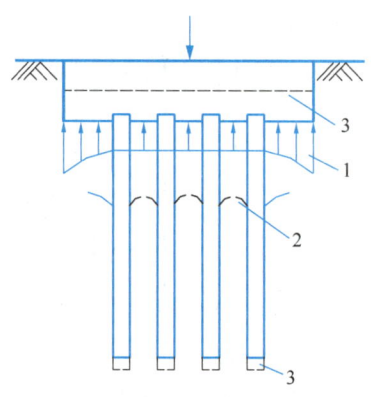

图9-21 复合桩基
1—台底土反力；2—上层土位移；
3—桩端贯入、桩基整体下沉

正常使用，且承台底不与软土直接接触时，才宜于开发利用承台底土反力的潜力。因此，在下列情况下，通常不能考虑承台的荷载分担效应：①承受经常出现的动力作用，如铁路桥梁基础；②承台下存在可能产生负摩阻力的土层，如湿陷性黄土、欠固结土、新填土、高灵敏度软土及可液化土，或由于降水地基土固结而与承台脱开；③在饱和软土中沉入密集桩群，引起超静孔隙水和土体隆起，随着时间推移，桩间土逐渐固结下沉而与承台脱离等。

9.4.2 桩基础竖向承载力特征值

9.4.2.1 单桩竖向承载力特征值

对于单桩，作用于桩顶的竖向荷载主要由桩侧和桩端土体承担，但地基土体为大变形材料，当桩顶荷载增加时，随着桩顶变形的相应增长，单桩承载力也逐渐增大，很难定出一个真正的"极限值"；此外，建筑物的使用也存在功能上的要求，往往基桩承载力尚未充分发挥，桩顶变形已超出正常使用的限值。因此，单桩竖向承载力应为不超过桩顶荷载-变形曲线线性变形阶段的比例界限荷载，即表示正常使用极限状态计算时采用的单桩承载力值，以发挥正常使用功能时所允许采用的抗力设计值。为与国际标准 ISO 2394《结构可靠性总原则》中相应的术语"特征值"（characteristic value）相一致，将其称为单桩竖向承载力特征值，以 R_a 表示。

《桩基规范》规定，单桩竖向承载力是指单桩在竖向荷载作用下到达破坏状态前或出现不适于继续承载的变形时所对应的最大荷载（确定单桩竖向承载力的方法如前所述），而单桩竖向承载力特征值 R_a 取其极限承载力标准值 Q_{uk} 的一半，即：

$$R_a = Q_{uk}/K \tag{9-20}$$

式中　K——安全系数，取 $K=2$。

对于端承型桩基、桩数少于4根的摩擦型柱下独立桩基或由于地基性质、使用条件等因素不宜考虑承台效应时，基桩竖向承载力特征值 R 应取单桩竖向承载力特征值，即 $R=R_a$；否则对符合条件的摩擦型桩基，一般宜考虑承台效应确定其复合基桩竖向承载力特征值 R。

对于由静载荷试验确定的单桩竖向抗压承载力 Q_u，可取 Q_u 的一半作为单位工程同一

条件下单桩竖向抗压承载力特征值 R_a。

9.4.2.2 群桩竖向承载力特征值

对于群桩基础，其竖向承载力可用基桩竖向承载力与桩数的乘积来表示。《桩基规范》规定：对于端承型桩基、桩数少于 4 根的摩擦型桩基和由于地层土性及使用条件等因素不宜考虑承台效应的桩基，其竖向承载力特征值取单桩竖向承载力特征值，即 $R = R_a$。对于符合下列条件之一的摩擦型桩基，宜考虑承台效应确定其复合基桩的竖向承载力特征值：

① 上部结构整体刚度较好、体型简单的建（构）筑物；

② 对差异沉降适应性较强的排架结构和柔性构筑物。

考虑承台效应的复合基桩竖向承载力特征值 R 可按下式确定：

不考虑地震作用时：

$$R = R_a + \eta_c f_{ak} A_c \tag{9-21}$$

考虑地震作用时：

$$R = R_a + \frac{\zeta_a}{1.25} \eta_c f_{ak} A_c \tag{9-22}$$

式中　η_c——承台效应系数，可按表 9-12 取值；

　　　f_{ak}——承台底 1/2 承台宽度深度范围（≤5m）内各层土地基承载力特征值按厚度加权的平均值；

　　　A_c——计算基桩所对应的承台底地基土净面积；$A_c = (A - nA_{ps})/n$，A_{ps} 为桩身截面积，A 为承台计算域面积；对于柱下独立桩基，A 为承台总面积；对于桩筏基础，A 为柱、墙筏板的 1/2 跨距和悬臂边 2.5 倍筏板厚度所围成的面积；桩集中布置于单片墙下的桩筏基础，取墙两边各 1/2 跨距围成的面积，按条形承台计算 η_c；

　　　ζ_a——地基抗震承载力调整系数，应按现行国家标准《建筑抗震设计标准》GB/T 50011 采用。

承台效应系数 η_c　　　　　　　　　　表 9-12

B_c/l ＼ s_a/d	3	4	5	6	＞6
≤0.4	0.06~0.08	0.14~0.17	0.22~0.26	0.32~0.38	0.50~0.80
0.4~0.8	0.08~0.10	0.17~0.20	0.26~0.30	0.38~0.44	
＞0.8	0.10~0.12	0.20~0.22	0.30~0.34	0.44~0.50	
单排桩条形承台	0.15~0.18	0.25~0.30	0.38~0.45	0.50~0.60	

注：① 表中 s_a 为桩中心距，对非正方形排列基桩，$s_a = \sqrt{A/n}$，A 为承台计算域面积，n 为总桩数；B_c 为承台宽度；

　　② 对桩布置于墙下的箱、筏承台，η_c 可按单排桩条基取值；对单排桩条形承台，若 $B_c < 1.5d$，η_c 按非条形承台取值；

　　③ 对采用后注浆灌注桩的承台，η_c 宜取低值；对饱和黏性土中的挤土桩基、软土地基上的桩基承台，η_c 宜取低值的 0.8 倍。

设计复合桩基时应注意：承台分担荷载是以桩基的整体下沉为前提，故只有在桩基沉降不会危及建筑物的安全和正常使用，且台底不与软土直接接触时，才宜于开发利用承台底土反力的潜力。因此，在下列情况下，通常不能考虑承台的荷载分担效应，即取 $\eta_c=0$：①承受经常出现的动力作用，如铁路桥梁桩基；②承台下存在可能产生负摩擦力的土层，如湿陷性黄土、欠固结土、新填土、高灵敏度软土以及可液化土，或由于降水地基土固结而与承台脱开；③在饱和软土中沉入密集桩群，引起超静孔隙水压力和土体隆起，随着时间推移，桩间土逐渐固结下沉而与承台脱离等。

【例 9.1】某预制桩桩径为 400mm，桩长 10m，穿越厚度 $l_1=3m$、液性指数 $I_L=0.75$ 的黏土层；进入密实的中砂层，长度 $l_2=7m$。桩基同一承台中采用 3 根桩，桩顶离地面 1.5m。试确定该预制桩的竖向极限承载力标准值和基桩竖向承载力特征值。

【解】由表 9-6 查得桩的极限侧阻力标准值 q_{sik} 为：

黏土层：$I_L=0.75$，$q_{s1k}=60kPa$；

中砂层：密实，可取 $q_{s2k}=80kPa$；

再由表 9-7 查得桩的极限端阻力标准值 q_{pk} 为：

密实中砂，$l=10m$，查得 $q_{pk}=5500\sim7000kPa$，可取 $q_{pk}=6000kPa$。

故单桩竖向极限承载力标准值为：

$$Q_{uk}=Q_{sk}+Q_{pk}=u_p\sum q_{sik}l_i+q_{pk}A_p$$

$$=\pi\times0.4\times(60\times3+80\times7)+6000\times\pi\times0.4^2/4$$

$$=929.91+753.98=1683.89kN$$

因该桩基属桩数不超过 4 根的非端承桩基，可不考虑承台效应，由式（9-22）可求得基桩竖向承载力特征值为：

$$R=Q_{uk}/2=842kN$$

9.4.3 桩顶作用效应简化计算

桩顶作用效应是指上部结构荷载传递给每根桩的荷载，分为荷载效应和地震作用效应，相应的作用效应组合分为荷载效应标准组合、地震作用效应和荷载效应标准组合。

9.4.3.1 基桩桩顶荷载效应计算

对于一般建筑物和受水平力较小的高大建筑物，当桩基中桩径相同时，通常假定：①承台为刚性；②各桩刚度相同；③ x、y 是桩基平面的惯性主轴。按下列公式计算基桩的桩顶作用效应（图 9-22）：

轴心竖向力作用下：

$$N_k=\frac{F_k+G_k}{n} \tag{9-23}$$

偏心竖向力作用下：

$$N_{ik}=\frac{F_k+G_k}{n}+\frac{M_{xk}y_i}{\sum y_j^2}+\frac{M_{yk}x_i}{\sum x_j^2} \tag{9-24}$$

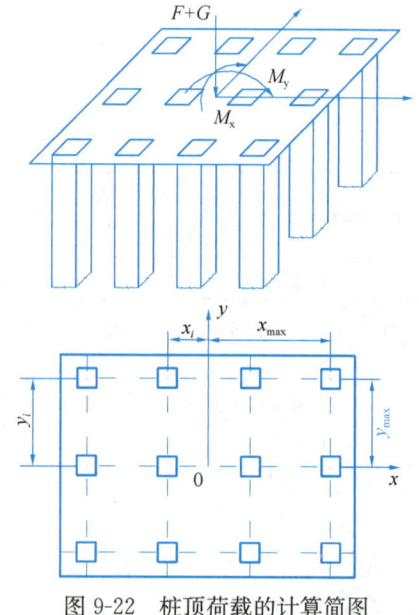

图 9-22 桩顶荷载的计算简图

式中　　　　F_k——荷载效应标准组合下作用于承台顶面的竖向力（kN）；

　　　　　G_k——承台及其上土的自重标准值，地下水位以下部分应扣除水的浮力（kN）；

　　M_{xk}、M_{yk}——荷载效应标准组合下作用于承台底面通过桩群形心的 x、y 轴的力矩（kN·m）；

　　　N_k、N_{ik}——分别为荷载效应标准组合轴心与偏心竖向力作用下第 i 根基桩或复合基桩的平均竖向力（kN）、竖向力（kN）；

x_i、x_j、y_i、y_j——第 i、j 根基桩或复合基桩至 y、x 轴的距离；

　　　　　　n——桩基中的基桩总数。

对位于 8 度和 8 度以上抗震设防区和其他受较大水平力的高层建筑桩基，若桩基承台刚度较大或上部结构与承台的协同作用能增强承台刚度，以及受较大水平力和 8 度与 8 度以上地震作用的高承台桩基，桩顶作用效应的计算应考虑承台与基桩协同工作和土的弹性抗力。对烟囱、水塔、电视塔等高耸结构物桩基则常采用圆形或环形刚性承台，当基桩宜布置在直径不等的同心圆圆周上，且同一圆周上的桩距相等时，仍可按式（9-24）计算。

9.4.3.2　地震作用效应

对于主要承受竖向荷载的抗震设防区低承台桩基，当同时满足下列条件时，计算桩顶作用效应时可不考虑地震作用：

（1）按现行国家标准《建筑抗震设计标准》GB/T 50011 规定可不进行桩基抗震承载力计算的建筑物；

（2）不位于斜坡地带和地震可能导致滑移、地裂地段的建筑物；

（3）桩端及桩身周围无可液化土层；

（4）承台周围无可液化土、淤泥、淤泥质土。

对位于 8 度和 8 度以上抗震设防区的高大建筑物低承台桩基，在计算各基桩的作用效应和桩身内力时，可考虑承台（包括地下墙体）与基桩的共同工作和土的弹性抗力作用。

9.4.4　基桩竖向承载力验算

9.4.4.1　荷载效应标准组合

承受轴心荷载的桩基，其基桩或复合基桩竖向承载力特征值 R 应符合下式要求：

$$N_k \leqslant R \tag{9-25}$$

承受偏心荷载的桩基，除应满足上式要求外，还应满足下式的要求：

$$N_{kmax} \leqslant 1.2R \tag{9-26}$$

式中　N_{kmax}——荷载效应标准组合偏心竖向力作用下桩顶最大竖向力（kN）。

9.4.4.2　地震作用效应和荷载效应标准组合

地震震害调查表明，不论桩周土类别如何，基桩竖向承载力均可提高 25%，故：

轴心荷载作用下

$$N_{Ek} \leqslant 1.25R \tag{9-27}$$

偏心荷载作用下，除应满足式（9-22）的要求外，尚应满足：

$$N_{\mathrm{Ekmax}} \leqslant 1.5R \qquad\qquad (9\text{-}28)$$

式中 N_{Ek}——地震作用效应和荷载效应标准组合下，基桩或复合基桩的平均竖向力 (kN)；

N_{Ekmax}——地震作用效应和荷载效应标准组合下，基桩或复合基桩的最大竖向力 (kN)。

9.4.5 桩基软弱下卧层承载力验算

当桩端平面以下受力层范围内存在软弱下卧层时，应进行下卧层的承载力验算。根据下卧层发生强度破坏的可能性，可分为整体冲剪破坏和基桩冲剪破坏两种情况，如图 9-23 所示。

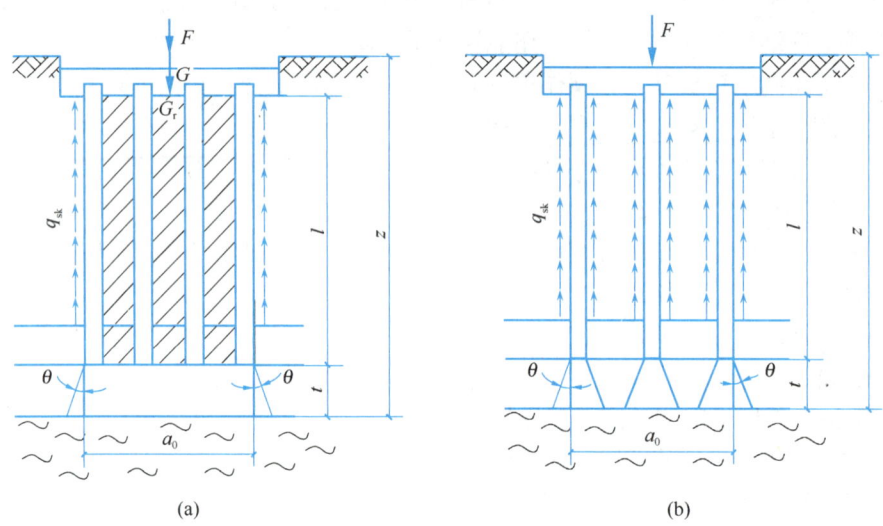

图 9-23 软弱下卧层承载力验算
(a) 整体冲剪破坏；(b) 基桩冲剪破坏

验算时要求（如图 9-23 所示）：

$$\sigma_{\mathrm{z}} + \gamma_{\mathrm{m}} z \leqslant f_{\mathrm{az}} \qquad\qquad (9\text{-}29)$$

式中 σ_{z}——作用于软弱下卧层顶面的附加应力 (MPa)；

γ_{m}——软弱层顶面以上各土层重度加权平均值（水位下取浮重度）(kN/m³)；

z——地面至软弱层顶面的深度 (m)；

f_{az}——软弱下卧层经深度修正（系数取 1.0）的地基承载力特征值 (MPa)。

（1）对桩距 $s_{\mathrm{a}} \leqslant 6d$ 的群桩基础，一般可作整体冲剪破坏考虑，按下式计算下卧层顶面的附加应力：

$$\sigma_{\mathrm{z}} = \frac{F_{\mathrm{k}} + G_{\mathrm{k}} - 3/2(a_0 + b_0)\sum q_{sik} l_i}{(a_0 + 2t\tan\theta)(b_0 + 2t\tan\theta)} \qquad\qquad (9\text{-}30)$$

式中 a_0, b_0——桩群外围桩边包络线内矩形面积的长、短边长 (m)；

t——硬持力层厚度 (m)；

θ——桩端硬持力层压力扩散角 (°)，按表 9-13 取值。

其余符号同前。

E_{s1}/E_{s2}	$t=0.25b_0$	$t \geqslant 0.50b_0$
1	4°	12°
3	6°	23°
5	10°	25°
10	20°	30°

注：①E_{s1}、E_{s2}分别为硬持力层、软弱下卧层的压缩模量；②当 $t<0.25b_0$ 时，取 $\theta=0°$；③当 $0.25b_0<t<0.50b_0$ 时，可按线性内插法取值。

（2）桩距 $s_a>6d$，且各桩端的压力扩散线不相交于硬持力层中时（图 9-23b），即硬持力层厚度 $t<\dfrac{(s_a-d_e)ctan\theta}{2}$ 的群桩基础及单桩基础，应作基桩冲剪破坏考虑，可推导得到下卧层顶面 σ_z 的表达式为：

$$\sigma_z = \frac{4(N_k - u\sum q_{sik} l_i)}{\pi(d_e + 2t\tan\theta)^2} \tag{9-31}$$

式中　N_k——荷载效应标准组合下，桩顶轴向压力值（kN）；

　　　d_e——桩端等代直径（m），圆形桩 $d_e=d$；方桩 $d_e=1.13b$（b 为桩边长）；按表 9-13确定 θ 时，取 $b_0=d_e$。

9.4.6　桩基竖向抗拔承载力验算

承受拔力的桩基，应同时验算群桩基础呈整体破坏和呈非整体破坏时基桩的抗拔承载力：

$$N_k \leqslant \frac{T_{gk}}{2} + G_{gp} \tag{9-32}$$

$$N_k \leqslant \frac{T_{uk}}{2} + G_p \tag{9-33}$$

式中　G_{gp}——群桩基础所包围体积的桩土总自重除以总桩数（kN）（地下水位以下取有效重度）；

　　　G_p——基桩自重（kN），地下水位以下取有效重度，对于扩底桩应按规范确定桩、土柱体周长后计算桩、土自重。

基桩的抗拔承载力及群桩呈整体破坏和呈非整体破坏时的基桩抗拔承载力标准值 T_{gk}、T_{uk} 的计算可参见 9.3.3 节中的规定与式（9-19）。此外，上式应按相应的混凝土规范验算桩身的抗拉承载力，并按规定进行裂缝宽度或抗裂性验算。

9.4.7　桩基负摩阻力验算

当桩周土层可能产生较大沉降或未固结完成时，还应进行桩基的负摩阻力验算。验算时群桩中任一基桩的下拉荷载标准值 Q_{ng} 可取单桩下拉荷载 Q_n 乘以负摩阻力群桩效应系数 η_n，即：

$$Q_{ng} = \eta_n Q_n \tag{9-34}$$

其中，

$$\eta_n = s_{ax} \cdot s_{ay} \Big/ \left[\pi d\left(\frac{q_n}{\gamma_m}\right) + \frac{d}{4}\right] \tag{9-35}$$

式中　s_{ax}，s_{ay}——分别为纵、横向桩的中心距（m）；

　　　q_n——中性点以上桩周土层厚度加权平均负摩阻力标准值（kN）；

γ_{m}——中性点以上桩周土层厚度加权平均重度（kN/m³）（地下水位以下取浮重度）。

对于单桩基础，可取 $\eta_{\mathrm{n}}=1$；当按式（9-35）计算的群桩基础 $\eta_{\mathrm{n}}>1$ 时，取 $\eta_{\mathrm{n}}=1$。

当考虑桩侧负摩阻力，验算基桩竖向承载力特征值 R 时，对于摩擦型基桩取桩身计算中性点以上侧阻力为零，按下式验算基桩承载力：

$$N_{\mathrm{k}}\leqslant R \tag{9-36}$$

对端承型基桩除应满足式（9-47）要求外，还应计入下拉荷载 Q_{ng}，按下式验算基桩承载力：

$$N_{\mathrm{k}}+Q_{\mathrm{ng}}\leqslant R \tag{9-37}$$

式（9-36）、式（9-37）中的基桩竖向承载力特征值 R 只计中性点以下部分侧阻值和端阻值。

当土层不均匀和建筑物对不均匀沉降较敏感时，还应将负摩阻力引起的下拉荷载计入附加荷载验算桩基沉降。

9.5 桩基水平承载力计算

桩基础大多以承受竖向荷载为主，但在风荷载、地震荷载、机械制动荷载、土压力、水压力以及波浪冲击力等作用下，也将承受一定的水平荷载，尤其是桥梁和港口工程中的桩基。对于这类桩基，除了桩基的竖向承载力验算之外，还必须进行水平承载力验算。

9.5.1 水平荷载下基桩的受力特性

基桩承受水平荷载的能力称为单桩水平承载力。水平荷载作用下，桩身产生挠曲变形，并挤压桩侧土体，土体对桩侧产生水平抗力，而桩周土体水平抗力的大小则控制着基桩的水平承载力，其大小和分布与桩的变形、土质条件以及桩的入土深度等因素有关。在桩基破坏前，桩身水平位移与桩周土变形是协调的，相应的桩身产生内力。随着位移和内力的增大，根据桩材、桩周土体强度等情况可能出现桩身开裂、桩周土体破坏或桩顶水平位移超出建筑物允许水平变形值而导致桩基础失效等情况。

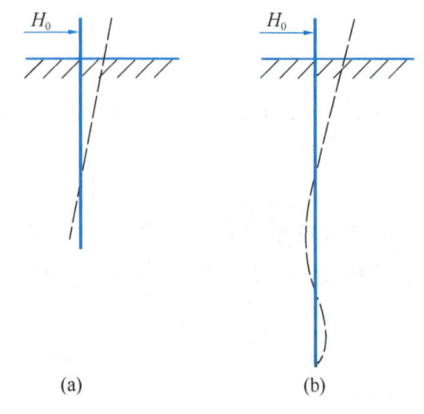

(a)   (b)

图 9-24 水平受荷桩示意

桩能够承担水平荷载的能力称为单桩水平承载力。影响桩水平承载力的因素很多，如桩的断面尺寸、刚度、材料强度、入土深度、间距、桩顶嵌固程度以及土质条件和上部结构的水平位移容许值等。实践证明，桩的水平承载力远比竖向承载力要低。

试验表明，桩的水平承载力主要依靠周围土体的水平抵抗。短桩由于入土浅，桩的刚度往往远大于土层刚度，在水平荷载作用下整个桩易被推倒或发生倾斜（图 9-24a），故桩的水平承载力主要由桩的水平位移和倾斜控制。而随着桩的入土深度越大，土的水平抗力也就越大。长桩可视为细长的杆件，在水平荷载作用下，将形成一段嵌固的地基梁，桩的变形呈波浪状，如图 9-24（b）

所示。如果水平荷载过大，桩身土中某处将产生较大的弯矩值而出现桩材屈服。因此，桩的水平承载力，对于短桩由水平位移和倾斜控制，而长桩则由桩身水平位移及最大弯矩值所控制。

如何确定单桩水平承载力是个复杂的问题，还没有很好地解决。目前确定单桩水平承载力的途径有两类：一类是通过单桩水平静载荷试验，另一类是通过理论计算，包括根据桩顶水平位移容许值或材料强度、抗裂度验算等确定。二者中以前者更为可靠。

9.5.2 单桩水平静载荷试验

对于受横向荷载较大的甲级、乙级建筑物桩基，单桩水平承载力特征值应通过单桩水平静载荷试验确定。

9.5.2.1 试验装置

一般采用千斤顶施加水平力，力的作用线应通过工程桩基承台标高处，千斤顶与试桩接触处宜设置球铰，以保证作用力能水平通过桩身轴线。桩的水平位移宜用大量程百分表量测，若需测定地面以上桩身转角时，在水平力作用线以上 500mm 左右还应安装一或两只百分表（图9-25）。固定百分表的基准桩与试桩的净距不少于一倍试桩直径。

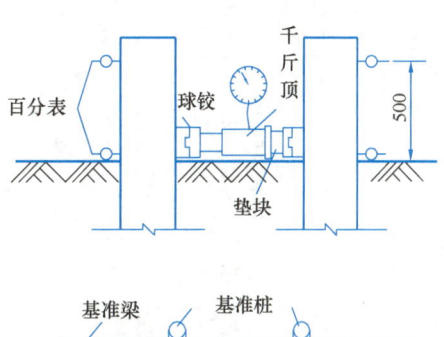

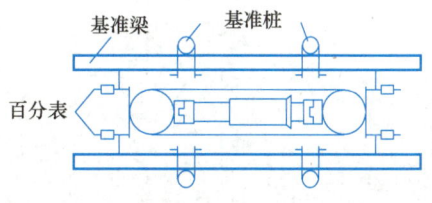

图 9-25 单桩水平静载荷试验装置

9.5.2.2 试验加载方法与终止加载条件

一般采用单向多循环加卸载法，具体如下：每级荷载增量约为预估水平极限承载力的 $1/15\sim1/10$，根据桩径大小并适当考虑土层软硬，对于直径 $300\sim1000mm$ 的桩，每级荷载增量可取 $2.5\sim20kN$。每级荷载施加后，恒载 4min 测读水平位移，然后卸载至零，停 2min 测读残余水平位移，或者加载、卸载各 10min，如此循环 5 次，再施加下一级荷载。对于个别承受长期水平荷载的桩基也可采用慢速连续加载法进行，其稳定标准可参照竖向静载荷试验确定。

当桩身折断或桩顶水平位移超过 $30\sim40mm$（软土取 40mm）或桩侧地表出现明显裂缝或隆起时，即可终止试验。

9.5.2.3 水平承载力的确定

根据试验结果，一般应绘制桩顶水平荷载-时间-桩顶水平位移（H_0-t-x_0）曲线（图9-26），或绘制水平荷载-位移梯度（H_0-$\Delta x_0/\Delta H_0$）曲线（图9-27），或水平荷载-位移（H_0-x_0）曲线，当具有桩身应力量测资料时，还应绘制应力沿桩身分布图及水平荷载与最大弯矩截面钢筋应力（H_0-σ_g）曲线（图9-28）。

试验资料表明，上述曲线中通常有两个特征点，所对应的桩顶水平荷载称为临界荷载 H_{cr} 和极限荷载 H_u。H_{cr} 是相当于桩身开裂、受拉区混凝土不参加工作时的桩顶水平力，一般可取：①H_0-t-x_0曲线出现突变点（相同荷载增量的条件下出现比前一级明显增大的位移增量）的前一级荷载；②H_0-$\Delta x_0/\Delta H_0$曲线的第一直线段的终点或 $\log H_0$-$\log x_0$曲线拐点所对应的荷载；③H_0-σ_g曲线第一突变点对应的荷载。H_u是相当于桩身应力达到强度

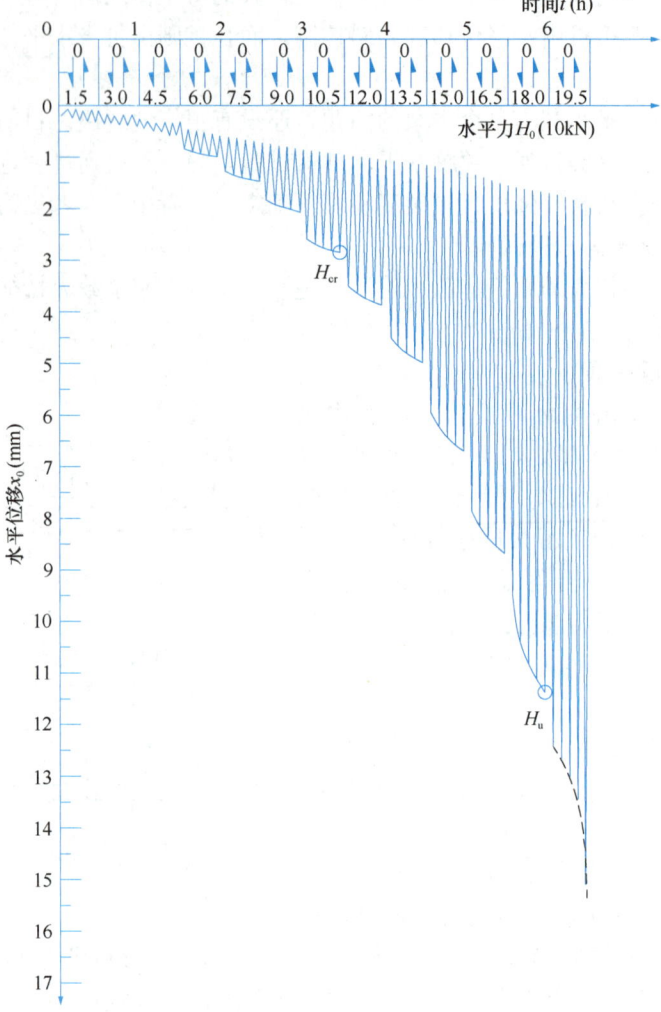

图 9-26　水平静载荷试验 H_0-t-x_0 曲线

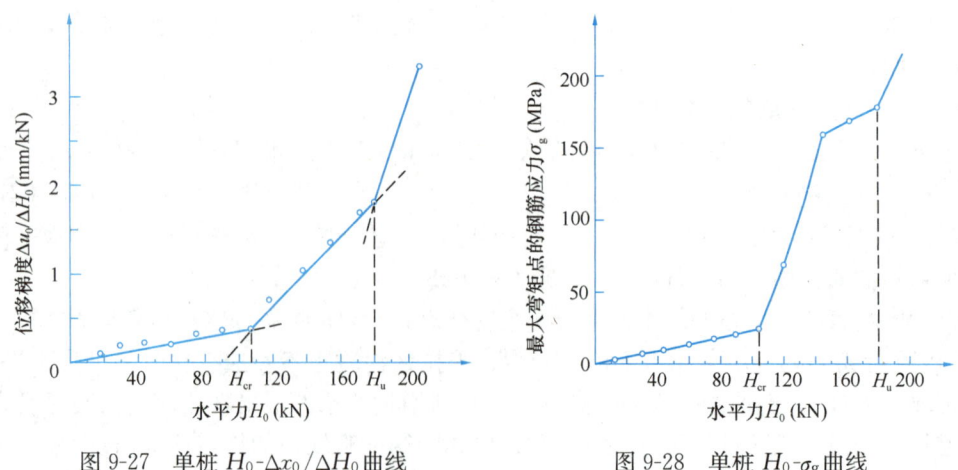

图 9-27　单桩 H_0-$\Delta x_0/\Delta H_0$ 曲线

图 9-28　单桩 H_0-σ_g 曲线

极限时的桩顶水平力，一般可取：① H_0-t-x_0 曲线明显陡降的前一级荷载或水平位移包络线向下凹曲（图 9-26）时的前一级荷载；② H_0-$\Delta x_0/\Delta H_0$ 曲线第二直线段终点所对应的荷载；③ 桩身折断或钢筋应力达到极限的前一级荷载。

按规范要求，获得单位工程同一条件下的单桩水平临界荷载统计值后，单桩水平承载力特征值按以下方法确定：

① 当水平承载力按桩身强度控制时，取水平临界荷载统计值为单桩水平承载力特征值 R_{ha}；

② 当桩受长期水平荷载且不允许桩身开裂时，取水平临界荷载统计值的 0.8 倍作为单桩水平承载力特征值 R_{ha}；

③ 对于混凝土预制桩、钢桩、桩身全截面配筋率大于 0.65％ 的灌注桩，可取 x_0＝10mm（对水平位移敏感的建筑物取 x_0＝6mm）所对应荷载的 75％ 作为单桩水平承载力特征值 R_{ha}；

④ 对桩身配筋率小于 0.65％ 的灌注桩，可取水平临界荷载 H_{cr} 的 75％ 作为其水平承载力特征值 R_{ha}。

9.5.3　水平受荷桩的内力及位移分析

水平荷载下桩的受力分析方法众多，我国多采用线弹性地基反力法。该法将土体视为弹性体，用梁的弯曲理论来求解桩的水平抗力 σ_x，并假设 σ_x 与桩的水平位移 x 呈正比，且不计桩土之间的摩阻力以及邻桩对水平抗力的影响，即：

$$\sigma_x = k_h x \tag{9-38}$$

式中 $k_h = kz^n$，为地基水平抗力系数。根据对 n 的假定不同，又可分为多种方法，采用较多的是图 9-29 中所示的几种方法，其分别是：

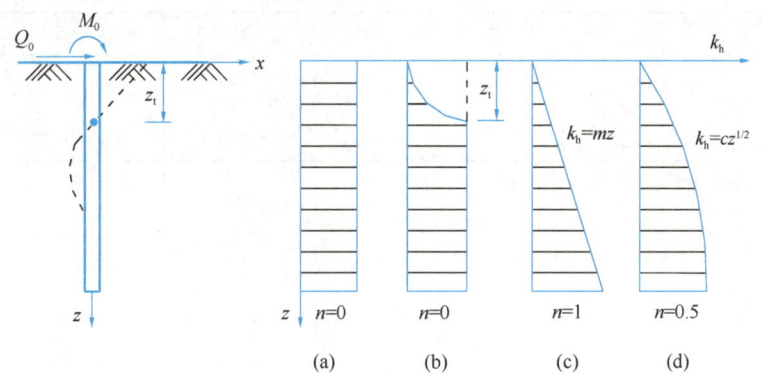

图 9-29　地基水平抗力系数的分布图式
(a) 常数法；(b) "k" 法；(c) "m" 法；(d) "c" 法

① 常数法。假定地基水平抗力系数沿深度均匀分布，即 n＝0。该法为我国学者张有龄于 1937 年提出，在日本和美国应用较多。

② "k" 法。假定地基水平抗力系数在第一弹性零点 t 以上按抛物线形变化，以下保持为常数。该法由苏联学者盖尔斯基于 1937 年提出，曾在我国广泛采用。

③ "m" 法。假定地基水平抗力系数随深度呈线性增加，即 n＝1，该法始见于 1939 年 И. В. Урбан 用于计算板桩墙，1962 年 К. С. Завриев 等人用于管柱计算，目前在我国应

用最广。

④ "c" 法。假定地基水平抗力系数随深度呈抛物线增加，即 $n＝0.5$。1964 年由日本学者久保浩一提出。在我国多用于公路部门。

实测资料表明，桩的水平位移较大时，"m" 法计算结果较接近实际；当桩的水平位移较小时，"c" 法比较接近实际。我国陕西省交通科研所在分析了若干桩基的实测结果后，认为地基系数随深度按 0.1～0.6 次方增大。由于目前我国各规范均推荐使用 "m" 法，故下面仅简单介绍 "m" 法。

9.5.3.1 计算参数

单桩在水平荷载作用下所引起的桩周土的抗力是一个空间问题，不仅仅分布于荷载作用平面内。计算时为了将空间受力简化为平面受力，通过求解截面计算宽度 b_1 来调整，其经验计算公式为：

$$b_1 = \begin{cases} k_{\mathrm{f}}(d+1) & d > 1\mathrm{m} \\ k_{\mathrm{f}}(1.5d+0.5) & d \leqslant 1\mathrm{m} \end{cases} \tag{9-39}$$

式中 k_{f}——桩的形状系数，方形截面桩 $k_{\mathrm{f}}＝1.0$，圆形截面桩 $k_{\mathrm{f}}＝0.9$；

     d——桩的直径（m），方形截面时为桩的边长 b。

计算桩身抗弯刚度 EI 时，对于钢筋混凝土桩，可取 $EI＝0.85E_{\mathrm{c}}I_0$，其中 E_{c} 为混凝土的弹性模量；I_0 为桩身换算截面惯性矩。

如无试验资料时，地基水平抗力系数的比例系数 m 值可参考表 9-14 选取。此外，若桩侧为多层土，可按主要影响深度范围内的 m 值进行当量加权处理，具体可参见相应的设计规范。

地基土横向抗力系数的比例系数 m 值   表 9-14

序号	地基土类别	预制桩、钢桩		灌注桩	
		m（MN/m⁴）	相应单桩在地面处水平位移（mm）	m（MN/m⁴）	相应单桩在地面处水平位移（mm）
1	淤泥，淤泥质土，饱和湿陷性黄土	2～4.5	10	2.5～6	6～12
2	流塑（$I_{\mathrm{L}}>1$）、软塑（$0.75<I_{\mathrm{L}}\leqslant1$）状黏性土，$e>0.9$ 粉土，松散粉细砂，松散、稍密填土	4.5～6.0	10	6～14	4～8
3	可塑（$0.25<I_{\mathrm{L}}\leqslant0.75$）状黏性土、$e＝0.7～0.9$ 粉土，湿陷性黄土，中密填土，稍密细砂	6.0～10	10	14～35	3～6
4	硬塑（$0<I_{\mathrm{L}}\leqslant0.25$）、坚硬（$I_{\mathrm{L}}\leqslant0$）状黏性土、湿陷性黄土，$e<0.75$ 粉土，中密的中粗砂，密实老填土	10～22	10	35～100	2～5
5	中密、密实的砾砂，碎石类土			100～300	1.5～3

注：① 当桩顶横向位移大于表列数值或当灌注桩配筋率较高（$\geqslant0.65\%$）时，m 值应适当降低；当预制桩的横向位移小于 10mm 时，m 值可适当提高；

    ② 当横向荷载为长期或经常出现的荷载时，应将表列数值乘以 0.4 降低采用；

    ③ 当地基为可液化土层时，表列式中应乘以相应的土层液化折减系数。

9.5.3.2 单桩挠曲微分方程及及其解答

设单桩在桩顶竖向荷载 N_0、水平荷载 H_0、弯矩 M_0 和地基水平抗力 $p(z) = b_1 \sigma_x$ 作用下产生挠曲，其弹性挠曲微分方程为：

$$EI \frac{\mathrm{d}^4 x}{\mathrm{d}z^4} + N_0 \frac{\mathrm{d}^2 x}{\mathrm{d}z^2} = - p(z) \tag{9-40}$$

通常，竖向荷载 N_0 的影响很小可忽略不计，并将式（9-26）代入，可得桩的挠曲微分方程式为：

$$\frac{\mathrm{d}^4 x}{\mathrm{d}z^4} + \alpha^5 z x = 0 \tag{9-41}$$

其中

$$\alpha = \sqrt[5]{\frac{m b_1}{EI}} \tag{9-42}$$

式中 α——桩的水平变形系数（m^{-1}）。

采用幂级数对式（9-41）求解可得沿桩身深度 z 处的内力及位移的简捷算法表达式为：

$$\text{位移} \qquad x_z = \frac{H_0}{\alpha^3 EI} A_x + \frac{M_0}{\alpha^2 EI} B_x$$

$$\text{转角} \qquad \varphi_z = \frac{H_0}{\alpha^2 EI} A_\varphi + \frac{M_0}{\alpha EI} B_\varphi$$

$$\text{弯矩} \qquad M_z = \frac{H_0}{\alpha} A_M + M_0 B_M \tag{9-43}$$

$$\text{剪力} \qquad V_z = H_0 A_Q + \alpha M_0 B_Q$$

式中系数 A_x，B_x，A_φ，B_φ，A_M，B_M，A_Q，B_Q 均可查表 9-15 得到。按上式可作出单桩的水平抗力、内力、变位随深度的变化曲线如图 9-30 所示，由此即可进行桩的设计与验算。

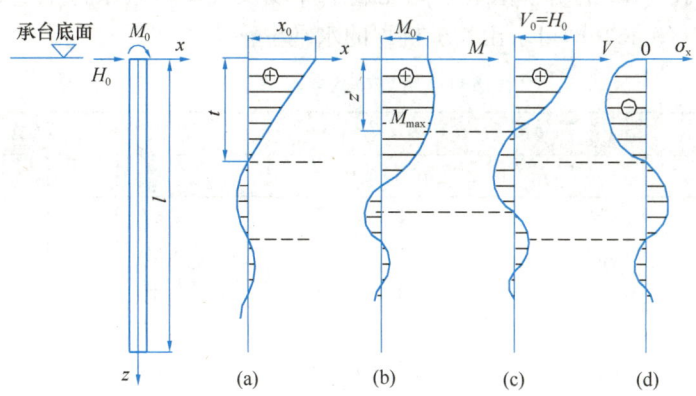

图 9-30 单桩内力与变位曲线

（a）挠曲 x 分布；（b）弯矩 M 分布；（c）剪力 V 分布；（d）水平抗力 σ_x 分布

αz	A_x	B_x	A_φ	B_φ	A_M	B_M	A_Q	B_Q
0.0	2.4407	1.6210	−1.6210	−1.7506	0.0000	1.0000	1.0000	0.0000
0.1	2.2787	1.4509	−1.6160	−1.6507	0.0996	0.9997	0.9883	−0.0075
0.2	2.1178	1.2909	−1.6012	−1.5507	0.1970	0.9981	0.9555	−0.0282
0.3	1.9588	1.1408	−1.5768	−1.4511	0.2901	0.9938	0.9047	−0.0582
0.4	1.8027	1.0006	−1.5433	−1.3520	0.3774	0.9862	0.8390	−0.0955
0.5	1.6504	0.8704	−1.5015	−1.2539	0.4575	0.9746	0.7615	−0.1375
0.6	1.5027	0.7498	−1.4601	−1.1573	0.5294	0.9586	0.6749	−0.1819
0.7	1.3602	0.6389	−1.3959	−1.0624	0.5923	0.9382	0.5820	−0.2269
0.8	1.2237	0.5373	−1.3340	−0.9698	0.6456	0.9132	0.4852	−0.2709
0.9	1.0936	0.4448	−1.2671	−0.8799	0.6893	0.8841	0.3869	−0.3125
1.0	0.9704	0.3612	−1.1965	−0.7931	0.7231	0.8509	0.2890	−0.3506
1.1	0.8544	0.2861	−1.1228	−0.7098	0.7471	0.8141	0.1939	−0.3844
1.2	0.7459	0.2191	−1.0473	−0.6304	0.7618	0.7742	0.1015	−0.4134
1.3	0.6450	0.1599	−0.9708	−0.5551	0.7676	0.7316	0.0148	−0.4369
1.4	0.5518	0.1079	−0.8941	−0.4841	0.7650	0.6869	−0.0659	−0.4549
1.5	0.4661	0.0629	−0.8180	−0.4177	0.7547	0.6408	−0.1395	−0.4672
1.6	0.3881	0.0242	−0.7434	−0.3560	0.7373	0.5937	−0.2056	−0.4738
1.8	0.2593	−0.0357	−0.6008	−0.2467	0.6849	0.4989	−0.3135	−0.4710
2.0	0.1470	−0.0757	−0.4706	−0.1562	0.6141	0.4066	−0.3884	−0.4491
2.2	0.0646	−0.0994	−0.3559	−0.0837	0.5316	0.3203	−0.4317	−0.4118
2.6	−0.0399	−0.1114	−0.1785	−0.0142	0.3546	0.1755	−0.4365	−0.3073
3.0	−0.0874	−0.0947	−0.0699	−0.0630	0.1931	0.0760	−0.3607	−0.1905
3.5	−0.1050	−0.0570	−0.0121	−0.0829	0.0508	0.0135	−0.1998	−0.0167
4.0	−0.1079	−0.0149	−0.0034	−0.0851	0.0001	0.0001	0.0000	−0.0005

9.5.3.3 桩顶水平位移

桩顶水平位移是控制基桩水平承载力的主要因素，桩的长短不同，其水平受力下的工作性状也不同。在桩基分析中，一般以实际桩长 l 和水平变形系数 α 的乘积 αl（称换算长度）来区分桩的长短：换算长度 $\alpha l \geqslant 4$ 的桩称为长桩或柔性桩；换算长度 $\alpha l < 4$ 的桩称为短桩或刚性桩。表 9-16 给出了基桩不同无量纲深度及桩端约束条件下的位移系数 A_x 和 B_x，将其代入式（9-43）即可求出长桩桩顶的水平位移。

各类桩的桩顶位移系数 A_x 和 B_x 表 9-16

αl	桩端置于土中		桩端嵌固在基岩中	
	A_x	B_x	A_x	B_x
2.4	3.526	2.327	2.240	1.586
2.6	3.163	2.048	2.330	1.596
2.8	2.905	1.869	2.371	1.593
3.0	2.727	1.758	2.385	1.586
3.5	2.502	1.641	2.389	1.584
≥4.0	2.441	1.621	2.401	1.600

9.5.3.4 桩身最大弯矩及其位置

要设计桩截面配筋，最关键的是求出桩身最大弯矩值 M_{max} 及其相应的截面位置 z_0，根据最大弯矩截面剪应力为零的条件，可导得其无量纲法计算过程如下：

① 由 $C_D = \alpha M_0 / H_0$ 查表 9-17 得相应的换算深度 $\bar{z}(=\alpha z)$，则最大弯矩截面的深度 z_0 为：

$$z_0 = \frac{\bar{z}}{\alpha} \tag{9-44}$$

② 由 $\bar{z}$ 查表 9-17 可得桩身最大弯矩系数 C_M，即桩身最大弯矩 M_{max} 为：

$$M_{max} = C_M M_0 \tag{9-45}$$

一般当桩的入土深度达 $4.0/\alpha$ 时，桩身内力及位移已几乎为零。在此深度以下，桩身只需按构造配筋或不配钢筋。

确定桩身最大弯矩截面系数 C_D 及最大弯矩系数 C_M 表 9-17

$\bar{z}=\alpha z$	C_D	C_M	$\bar{z}=\alpha z$	C_D	C_M	$\bar{z}=\alpha z$	C_D	C_M
0.0	∞	1.000	1.0	0.824	1.728	2.0	-0.865	-0.304
0.1	131.252	1.001	1.1	0.503	2.299	2.2	-1.048	-0.187
0.2	34.186	1.004	1.2	0.246	3.876	2.4	-1.230	-0.118
0.3	15.544	1.012	1.3	0.034	23.438	2.6	-1.420	-0.074
0.4	8.781	1.029	1.4	-0.145	-4.596	2.8	-1.635	-0.045
0.5	5.539	1.057	1.5	-0.299	-1.876	3.0	-1.893	-0.026
0.6	3.710	1.101	1.6	-0.434	-1.128	3.5	-2.994	-0.003
0.7	2.566	1.169	1.7	-0.555	-0.740	4.0	-0.045	-0.011
0.8	1.791	1.274	1.8	-0.665	-0.530			
0.9	1.238	1.441	1.9	-0.768	-0.396			

注：此表仅适用于 $\alpha h \geqslant 4.0$ 的情况；当 $\alpha h < 4.0$ 时，可查相应规范表格。

【例 9.2】 某预制桩桩径为 0.5m，桩长 11m，桩周土层为均匀密实中砂层，土体比例系数 $m=10 MN/m^4$，$E_c=2.6\times10^4 MPa$。桩顶作用水平力 $H=300kN$，$M=200kN \cdot m$。试计算：① 判断该桩是否为柔性桩；② 确定地面出处桩身位移，桩身最大弯矩及最大弯矩截面深度。

【解】 ① 桩的计算宽度 $b_1=0.9\times(1.5\times0.5+0.5)=1.13m$

而桩身抗弯刚度 $EI=0.85\times E_c I=0.85\times2.6\times10^7\times3.14\times0.5^4\div64\div16=6.78\times10^4 kN \cdot m^2$

所以根据公式（9-42）得到桩的水平变形系数：

$$\alpha = \sqrt[5]{\frac{10\times1.13\times10^3}{6.78\times10^4}} = 0.70 m^{-1}$$

则 $\alpha h=0.7\times11=7.7 \geqslant 2.5$ 因此该桩属于柔性桩。

② 由 $z=0$，查表 9-15，得 $A_x=2.4407$，$B_x=1.6210$，根据公式（9-43）得地面处位移：

$$x_{z=0} = \frac{300\times2.4407}{0.7^3\times6.78\times10^4} + \frac{200\times1.6210}{0.7^2\times6.78\times10^4} = 41.25mm$$

$C_D=0.7\times200\div300=0.47$，查表 9-17 并根据公式（9-17）得最大弯矩截面深度 $z_0=1.60m$。

桩身最大弯矩为：

$$M_{max} = C_M M_0 = 2.31 \times 200 = 462 \text{kN} \cdot \text{m}^2$$

9.5.4 水平荷载下群桩受力计算

群桩承受水平荷载时，按下列公式计算基桩的桩顶作用效应：

$$H_{ik} = H_k/n \qquad (9\text{-}46)$$

式中 H_k——荷载效应标准组合下作用于承台底面的水平力（kN）；

H_{ik}——荷载效应标准组合下作用于第 i 根基桩或复合基桩的水平力（kN）；

n——桩基中的基桩总数。

对于受水平力的竖直桩，在一般建筑桩基中，当荷载合力与竖直线的夹角不大于 5°时，竖直桩的水平承载力能满足设计要求，可不设斜桩。受水平荷载的一般建筑物和水平荷载较小的高大建筑物单桩基础和群桩中的基桩桩顶水平荷载值 H_{ik} 应满足：

$$H_{ik} \leqslant R_h \qquad (9\text{-}47)$$

式中 R_h——单桩基础或群桩中基桩的水平承载力特征值（kPa）：单桩基础 $R_h = R_{ha}$（R_{ha} 为单桩水平承载力特征值，可按 9.5.2 节中的单桩水平静载荷试验等方法确定）；群桩基础（不含水平力垂直于单排桩纵向轴线和力矩较大的情况）$R_h = \eta_h R_{ha}$，其中 η_h 为群桩效应综合系数，其值与桩径、桩距、桩数、土的水平抗力系数、桩顶位移等因素有关，具体可参见《桩基规范》取值。

当缺少单桩水平静载荷试验资料时，可按下式估算桩身配筋率小于 0.65% 的灌注桩的单桩水平承载力特征值 R_{ha}：

$$R_{ha} = \frac{0.75\alpha\gamma_m f_t W_0}{\nu_M}\left(1.25 + 22\rho_g\right)\left(1 \pm \frac{\zeta_N N_k}{\gamma_m f_t A_n}\right) \qquad (9\text{-}48)$$

"±"号根据桩顶竖向力性质确定，压力取"+"，拉力取"−"。

式中 γ_m——桩截面模量塑性系数，圆形截面 $\gamma_m = 2$，矩形截面 $\gamma_m = 1.75$；

f_t——桩身混凝土抗拉强度设计值；

ν_M——桩身最大弯矩系数，按表 9-18 取值，对于单桩基础和单排桩基纵向轴线与水平力方向相垂直的情况，按桩顶铰接考虑；

ρ_g——桩身配筋率；

ζ_N——桩顶竖向力影响系数，竖向压力取 $\zeta_N = 0.5$；竖向拉力取 $\zeta_N = 1.0$；

N_k——荷载效应标准组合下桩顶的竖向力；

W_0——桩身换算截面受拉边缘的弹性抵抗矩：圆形截面 $W_0 = \frac{\pi d}{32}[d^2 + 2(\alpha_E - 1)\rho_g d_0^2]$；

方形截面 $W_0 = \frac{b}{6}[b^2 + 2(\alpha_E - 1)\rho_g b_0^2]$；$d_0$、$b_0$ 分别为扣除保护层的桩直径或边长；

A_n——桩身换算截面面积：圆形截面 $A_n = \frac{\pi d^2}{4}[1 + (\alpha_E - 1)\rho_g]$；方形截面 $A_n = b^2[1 + (\alpha_E - 1)\rho_g]$；$\alpha_E$ 为钢筋弹性模量与混凝土弹性模量的比值。

当桩的水平承载力由水平位移控制，且缺少单桩水平静载荷试验资料时，对预制桩、钢桩、桩身配筋率大于 0.65％的灌注桩，其 R_{ha} 可按下式估算：

$$R_{ha} = \frac{0.75\alpha^3 EI}{\nu_x} x_{oa} \tag{9-49}$$

式中　x_{oa}——桩顶容许水平位移；

　　　ν_x——桩顶水平位移系数，按表 9-18 取值，取值方法同 ν_M。

桩顶（身）最大弯矩系数 ν_M 和水平位移系数 ν_x　　　　表 9-18

桩顶约束情况	桩的换算埋深（αh）	ν_M	ν_M
铰接、自由	4.0	0.768	2.441
	3.5	0.750	2.502
	3.0	0.703	2.727
	2.8	0.675	2.905
	2.6	0.639	3.163
	2.4	0.601	3.526
固结	4.0	0.926	0.940
	3.5	0.934	0.970
	3.0	0.967	1.028
	2.8	0.990	1.055
	2.6	1.018	1.079
	2.4	1.045	1.095

注：① 铰接（自由）的 ν_M 系桩身的最大弯矩系数，固结的 ν_M 系桩顶的最大弯矩系数；

　　② 当 $\alpha h > 4$ 时取 $\alpha h = 4.0$，h 为桩的入土深度。

当验算永久荷载控制的桩基水平承载力时，应将上述方法确定的单桩水平承载力特征值 R_{ha} 乘以调整系数 0.80；验算地震作用桩基的水平承载力时，应将上述方法确定的 R_{ha} 乘以调整系数 1.25。

计算水平荷载较大和水平地震作用、风荷载作用的带地下室的高大建筑物桩基的水平位移时，可考虑地下室侧墙、承台、桩群、土共同作用，按《桩基规范》方法计算。

9.6　桩基础沉降计算

对以下桩基应进行沉降验算：①地基基础设计等级为甲级的建筑物桩基；②体型复杂、荷载不均匀或桩端以下存在软弱土层的设计等级为乙级的建筑物桩基；③摩擦型桩基。

目前桩和桩基的沉降分析方法繁多，诸如弹性理论法、荷载传递法、剪切变形传递法、有限单元法及各种各样的简化方法。

对于桩中心距不大于 6d 的群桩基础，可假定桩群为一假想的实体深基础，《桩基规范》提出了等效作用分层总和法计算群桩沉降的方法。图 9-31 为桩基沉降计算的示意图，对桩中心距小于或等于 6d 的桩基，只需计算桩端平面以下由附加应力引起的压缩层范围内地基的变形量，但计算过程中各土层的压缩模量按实际的自重应力和附加应力由试验曲线确定；基底边长取承台底面边长（a_c、b_c）；最后引入桩基等效沉降系数 ψ_e 对沉降计算

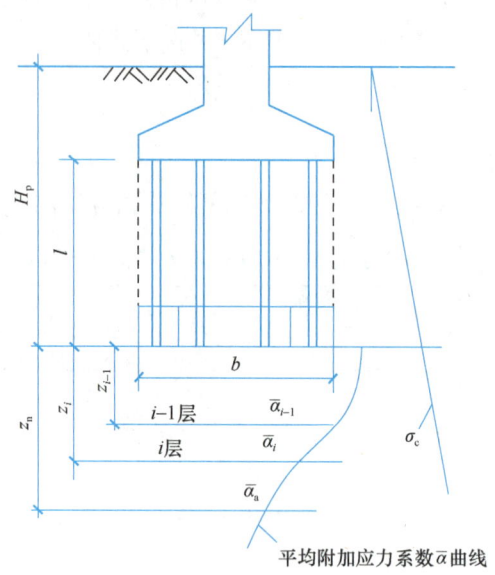

平均附加应力系数$\bar{\alpha}$曲线

图 9-31 桩基沉降计算简图

结果加以修正：

$$s = \psi \cdot \psi_e \cdot s' \tag{9-50}$$

式中 s—— 桩基最终沉降量；

       s'—— 按分层总和法计算的桩基沉降量，但桩基沉降计算深度 z_n 应按应力比法确定；

       ψ—— 桩基沉降计算经验系数，无当地可靠经验时可按《桩基规范》查取；

       ψ_e—— 桩基等效沉降系数，可按《桩基规范》有关规定计算。

    对于单桩、单排桩、桩中心距大于 $6d$ 的桩基，当承台底地基土分担荷载按复合桩基计算时，可采用 Mindlin 解考虑桩径影响，计算基桩引起的附加应力，并采用 Boussinesq 解计算承台引起的附加应力，取二者叠加，按单向压缩分层总和法计算该点的最终沉降量，并应计入桩身压缩量，详见《桩基规范》。

    桩基的容许变形值如无当地经验时，可按《建筑地基规范》中的有关规定采用，对于表中未包括的建筑物桩基容许变形值，可根据上部结构对桩基变形的适应能力和使用上的要求确定。一般验算因地质条件不均匀、荷载差异很大、体型复杂等因素引起的地基变形时，对砌体承重结构由局部倾斜控制；对框架结构和单层排架结构由相邻桩基的沉降差控制；而对于多层或高层建筑和高耸结构应由倾斜值控制。

9.7 承 台 设 计 计 算

    桩基承台可分为柱下独立承台（图 9-32）、柱下或墙下条形承台梁，以及筏板承台和箱形承台等。承台的作用是将桩连接成一个整体，并把建筑物荷载传到桩上，因而承台应有足够的强度和刚度。其计算内容包括承台的内力计算、承台厚度及强度计算。

9.7.1 承台的内力计算

试验研究表明，柱下独立桩基承台（四桩及三桩承台）在配筋不足的情况下将产生弯曲破坏，其破坏特征呈梁式破坏。破坏时屈服线如图9-33所示，最大弯矩产生于屈服线处。

根据极限平衡原理，承台正截面弯矩计算如下：

① 柱下多桩矩形承台计算截面应取在柱边和承台高度变化处（杯口外侧或台阶边缘），按下式计算：

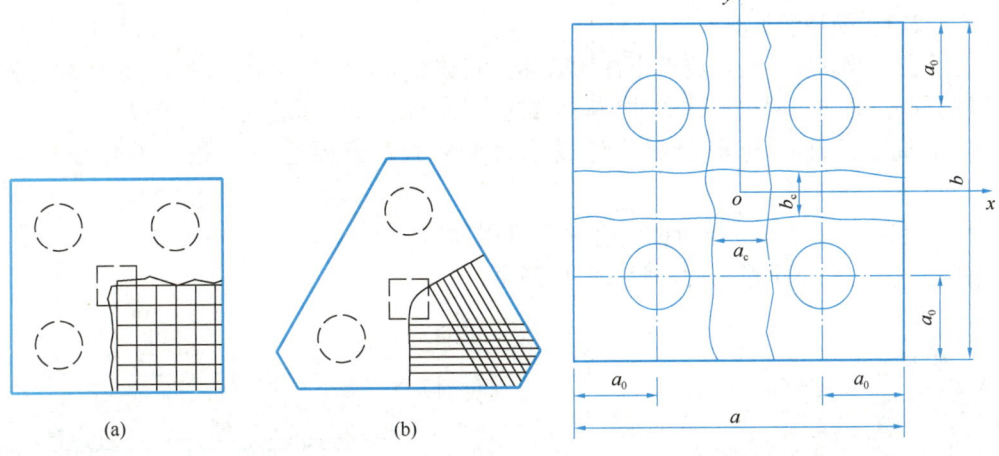

图 9-32 柱下独立桩基承台配筋示意
(a) 矩形承台；(b) 三桩承台

图 9-33 四桩承台弯曲破坏模式

$$M_x = \sum N_i y_i, \quad M_y = \sum N_i x_i \tag{9-51}$$

式中　M_x、M_y——垂直 x、y 轴方向计算截面处弯矩设计值（kN·m）；

　　　　x_i、y_i——垂直 y 轴和 x 轴方向自桩轴线到相应计算截面的距离（m）（图9-34）；

　　　　N_i——扣除承台和承台上土自重后第 i 根桩竖向净反力设计值（kN）；当不考虑承台效应时，则为第 i 根桩竖向总反力设计值。

② 柱下三桩三角形承台计算截面应取在柱边（图9-35），并按下式计算：

$$M_x = N_x x, \quad M_y = N_y y \tag{9-52}$$

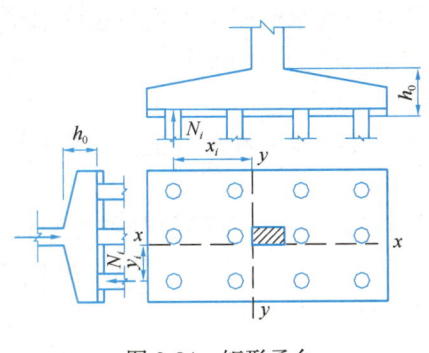

图 9-34 矩形承台

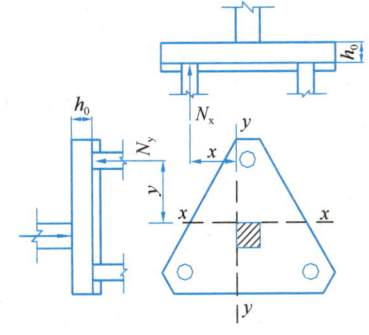

图 9-35 三桩三角形承台

当计算弯矩截面不与主筋方向正交时，须对主筋方向角进行换算。

③ 柱下或墙下条形承台梁正截面弯矩设计值一般可按弹性地基梁进行分析，地基计算模型应根据地基土层的特性选取。通常可采用文克勒假定，将基桩视为弹簧支承，其刚度系数可由静载荷试验的 $Q\text{-}s$ 曲线确定，具体计算可参见有关文献。当桩端持力层较硬且桩轴线不重合时，可视桩为不动支座，按连续梁计算。

9.7.2 承台厚度及强度计算

承台厚度可按冲切及剪切条件确定，一般可先按冲切计算，再按剪切复核；其强度计算包括受冲切、受剪切、局部承压及受弯计算。

9.7.2.1 受冲切计算

若承台有效高度不足，将产生冲切破坏。其破坏方式可分为沿柱（墙）边的冲切和单一基桩对承台的冲切两类。柱边冲切破坏锥体斜面与承台底面的夹角大于或等于45°，该斜面的上周边位于柱与承台交接处或承台变阶处，下周边位于相应的桩顶内边缘处（图9-36）。

承台受冲切承载力与冲切锥角有关，可用冲跨比 λ 表达。对于柱下矩形承台，验算时应满足：

$$F_l \leqslant \beta_{\mathrm{hp}}\beta_0 u_{\mathrm{m}} f_{\mathrm{t}} h_0 \qquad (9\text{-}53)$$

$$F_l = F - \Sigma N_i \qquad (9\text{-}54)$$

$$\beta_0 = \frac{0.84}{\lambda + 0.2} \qquad (9\text{-}55)$$

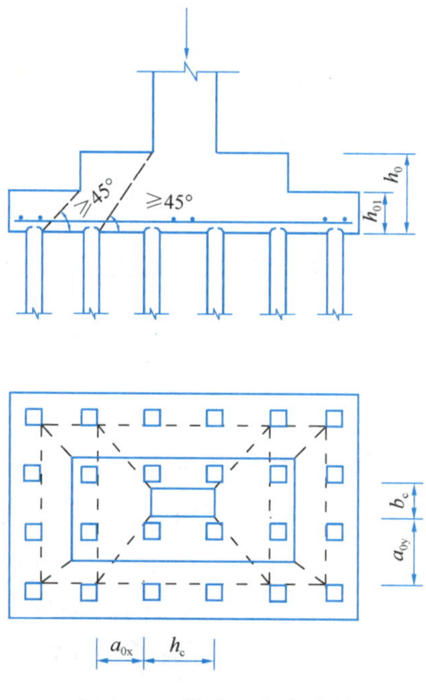

式中　F_l——作用于冲切破坏锥体上的冲切力设计值（kN）；

f_{t}——承台混凝土抗拉强度设计值（kPa）；

u_{m}——冲切破坏锥体有效高度中线周长（m）；

h_0——承台冲切破坏锥体的有效高度（m）；

β_{hp}——受冲切承载力截面高度的影响系数：当 $h < 800$mm 时，β_{hp} 取 1.0；$h >$ 2000mm 时，β_{hp} 取 0.9，其间按线性内插法取值；

β_0——冲切系数；

图 9-36　柱下承台的冲切

λ——冲跨比，$\lambda = a_0/h_0$（a_0 为冲跨，即柱边或承台变阶处到桩边的水平距离），当 $\lambda < 0.25$ 时，取 $\lambda = 0.25$；当 $\lambda > 1.0$ 时，取 $\lambda = 1.0$；

F——作用于柱（墙）底的竖向荷载设计值（kN）；

ΣN_i——冲切破坏锥体范围内各基桩净反力（不计承台和承台上土自重）设计值之和（kN）。

对于圆柱及圆桩，计算时应将截面换算成方柱或方桩，取换算柱或桩截面边宽 $b_{\mathrm{p}} = 0.8d$。

柱下矩形独立承台受柱冲切时可按下列公式计算（图9-36）：

$$F_l = 2\left[\beta_{0x}(b_c + a_{0y}) + \beta_{0y}(h_c + a_{0x})\right]\beta_{hp}f_t h_0 \qquad (9\text{-}56)$$

式中 β_{0x}，β_{0y}——由式（9-58）求得，$\lambda_{0x} = a_{0x}/h_0$，$\lambda_{0y} = a_{0y}/h_0$，$\lambda_{0x}$、$\lambda_{0y}$ 均应满足 $0.25\sim1.0$ 的要求；

h_c、b_c——柱截面长、短边尺寸（m）；

a_{0x}、a_{0y}——自柱长边或短边到最近桩边的水平距离（m）。

对位于柱（墙）冲切破坏锥体以外的基桩，尚应考虑单桩对承台的冲切作用，并按四桩以上（含四桩）承台、三桩承台等不同情况计算受冲切承载力。

对于柱下两桩承台，宜按深受弯构件（$l_0/h < 5.0$，$l_0 = 1.15\, l_n$，l_n 为两桩净距）计算受弯、受剪承载力，不需进行冲切承载力计算。

9.7.2.2 受剪切计算

桩基承台的剪切破坏面为一通过柱（墙）边与桩边连线所形成的斜截面（图 9-37）。当柱（墙）外有多排桩形成多个剪切斜截面时，对每一个斜截面都应进行受剪承载力计算。

下面仅介绍柱下等厚度承台的计算。其斜截面受剪承载力可按下列公式计算：

$$V \leqslant \beta_{hs}\alpha f_t b_0 h_0 \qquad (9\text{-}57)$$

$$\left.\begin{array}{l} \alpha = \dfrac{1.75}{\lambda + 1.0} \\[2mm] \beta_{hs} = \left(\dfrac{800}{h_0}\right)^{1/4} \end{array}\right\} \qquad (9\text{-}58)$$

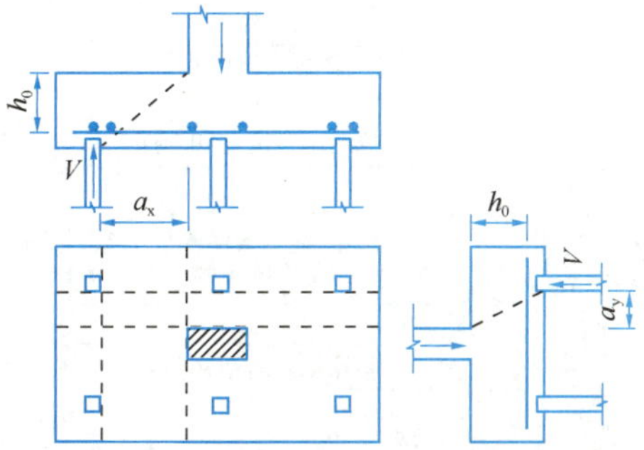

图 9-37　承台斜截面受剪计算

式中 V——斜截面的最大剪力设计值（kN）；

b_0——承台计算截面处的计算宽度（m）；

h_0——承台计算截面处的有效高度（m）；

β_{hs}——受剪切承载力截面高度的影响系数：当 $h_0 < 800\text{mm}$ 时，取 $h_0 = 800\text{mm}$；$h_0 > 2000\text{mm}$ 时，取 $h_0 = 2000\text{mm}$，其间按线性内插法取值；

α——剪切系数；

λ——计算截面的剪跨比，$\lambda_x = a_x/h_0$，$\lambda_y = a_y/h_0$，其中 a_x，a_y（图 9-33）为柱（墙）边或承台变阶处至 y、x 方向计算一排桩的桩边水平距离（m），当 $\lambda < 0.25$ 时，取 $\lambda = 0.25$；当 $\lambda > 3$ 时，取 $\lambda = 3$。

9.7.2.3 局部受压计算

对于柱下桩基承台，当混凝土强度等级低于柱或桩的强度等级时，应按现行国家标准《混凝土结构设计标准》GB/T 50010 验算柱下或桩上承台的局部受压承载力。当进行承台的抗震验算时，尚应根据现行国家标准《建筑抗震标准》GB/T 50011 规定对承台的受弯、受冲切、受剪切承载力进行抗震调整。

9.7.2.4 受弯计算

承台的受弯计算可根据承台类型分别按上述方法求得承台内力，然后按现行国家标准《混凝土结构设计标准》GB/T 50010 验算其正截面受弯承载力，计算方法同一般梁板。

9.8 桩基础设计

桩基础的设计应力求选型恰当、经济合理、安全适用，对桩和承台有足够的强度、刚度和耐久性；对地基（主要是桩端持力层）有足够的承载力和不产生过量的变形，其设计内容和步骤如下（图9-38）。

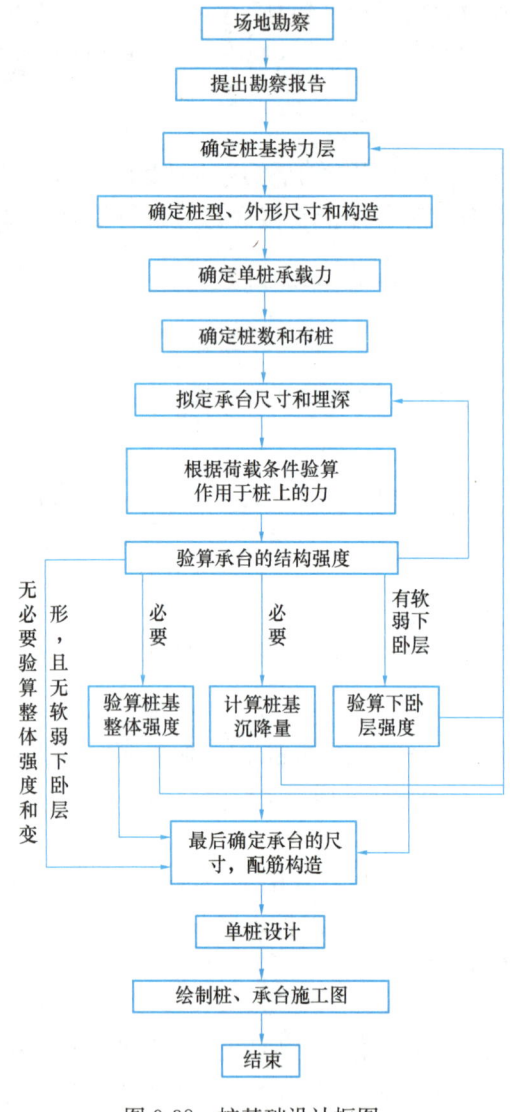

图 9-38 桩基础设计框图

① 进行调查研究，场地勘察，收集有关资料；

② 综合勘察报告、荷载情况、使用要求、上部结构条件等确定桩基持力层；

③ 选择桩材，确定桩的类型、外形尺寸和构造；

④ 确定单桩竖向抗压承载力特征值；

⑤ 根据上部结构荷载情况，初步拟定桩的数量和平面布置；

⑥ 根据桩的平面布置，初步拟定承台的轮廓尺寸及承台底标高；

⑦ 验算作用于单桩上的竖向和横向荷载；

⑧ 验算承台尺寸及结构强度；

⑨ 必要时验算桩基整体承载力和沉降量，若桩端下有软弱下卧层，验算软弱下卧层地基承载力；

⑩ 单桩设计，绘制桩和承台的结构及施工详图。

9.8.1 设计资料收集

设计前必须充分掌握设计原始资料，包括建筑类型、荷载、工程地质勘察资料、材料来源及施工技术设备等情况，并尽量了解当地使用桩基的经验。

对桩基的详细勘察除满足现行勘察规范有关要求外还应满足以下要求：

（1）勘探点间距。端承型桩和嵌岩桩，主要由桩端持力层顶面坡度决定，点距一般为12～24m，若相邻两勘探点揭露出的层面坡度大于10%，应视具体情况适当加密勘探点；摩擦型桩，点距一般为20～30m，若土层性质或状态在水平向分布变化较大或存在可能对成桩不利的土层时，也应适当加密勘探点；在复杂地质条件下的柱下单桩基础应按桩列线布置勘探点，并宜逐桩设点。

（2）勘探深度。布置 $1/3\sim1/2$ 的勘探孔作为控制性孔，且一级建筑桩基场地至少应有 3 个，二级建筑桩基应不少于 2 个。控制性孔应穿透桩端平面以下压缩层厚度，一般性勘探孔应深入桩端平面以下 $3\sim5m$；嵌岩桩钻孔应深入持力岩层不小于 $3\sim5$ 倍桩径；当持力岩层较薄时，部分钻孔应钻穿持力岩层。岩溶地区，应查明溶洞、溶沟、溶槽、石笋等的分布情况。

在勘察深度地区范围内的每一地层，均应进行室内试验或原位测试，以提供设计所需参数。

9.8.2 桩型、桩长和截面尺寸选择

桩基设计时，首先应根据建筑物的结构类型、荷载情况、地层条件、施工能力及环境限制（噪声、振动）等因素，选择桩的类别、桩的截面尺寸、长度以及桩端持力层等。

一般当土中存在大孤石、废金属以及花岗岩残积层中未风化的石英脉时，预制桩将难以穿越；当土层分布很不均匀时，混凝土预制桩的预制长度较难掌握；在场地土层分布比较均匀的条件下，采用质量易于保证的预应力高强混凝土管桩比较合理。

桩的长度主要取决于桩端持力层的选择。桩端最好进入坚硬土层或岩层，采用嵌岩桩或端承桩；当坚硬土层埋藏很深时，则宜采用摩擦桩基，桩端应尽量达到低压缩性、中等强度的土层上。桩端进入持力层的深度，对于黏性土、粉土不宜小于 $2d$，砂类土不宜小于 $1.5d$，碎石类土不宜小于 $1d$。当存在软弱下卧层时，桩端以下硬持力层厚度不宜小于 $3d$。嵌岩灌注桩嵌入倾斜的完整和较完整岩的全断面深度不宜小于 $0.4d$ 且不小于 $0.5m$；倾斜度大于 30% 的中风化岩，宜根据倾斜度及岩石完整性适当加大嵌岩深度；嵌入平整、完整的坚硬岩和较硬岩的深度不宜小于 $0.2d$ 且不小于 $0.2m$。此外，在桩底下 $3d$ 范围内应无软弱夹层、断裂带、洞穴和空隙分布，尤其是荷载很大的柱下单桩更为如此。一般岩层表面起伏不平，且常有隐伏的沟槽，尤其在碳酸盐类岩石地区，岩面石芽、溶槽密布，桩端可能落于岩面隆起或斜面处，有滑移的可能，因此在桩端应力扩散范围内应无岩体临空面存在，并确保基底岩体的滑动稳定。

当硬持力层较厚且施工条件允许时，桩端进入持力层的深度应尽可能达到桩端阻力的临界深度，以提高桩端阻力。该临界深度值对于砂、砾为 $(3\sim6)d$，对于粉土、黏性土为 $(5\sim10)d$。此外，同一建筑物还应避免同时采用不同类型的桩（如摩擦型桩和端承型桩），但用沉降缝分开者除外。同一基础相邻桩的桩底标高差，对于非嵌岩端承型桩不宜超过相邻桩的中心距，对于摩擦型桩，在相同土层中不宜超过桩长的 $1/10$。

桩长及桩型初步确定后，即可根据 9.2 节内容或表 9-2 确定桩的截面尺寸，并初步拟定承台底面标高。一般若建筑物楼层高、荷载大，宜采用大直径桩，尤其是大直径人工挖孔桩比较经济实用，目前国内最大桩径已达 5m。一般情况下，承台埋深主要从结构要求和方便施工的角度来选择。季节性冻土上的承台埋深应根据地基土的冻胀性考虑，并应考虑是否需要采取相应的防冻害措施。膨胀土上的承台，其埋深选择与此类似。

9.8.3 桩数及桩位布置

9.8.3.1 桩的根数

初步估定桩数时，可先不考虑群桩效应，根据单桩竖向承载力特征值 R，当桩基为轴

心受压时，桩数 n 可按下式估算：

$$n \geqslant \frac{F_k + G_k}{R} \qquad (9\text{-}59)$$

偏心受压时，若桩的布置使群桩横截面的重心与荷载合力作用点重合，桩数仍可按上式确定。否则，桩数应增加 $10\% \sim 20\%$。对桩数超过 3 根的非端承群桩基础，应按 9.4 节求得基桩承载力特征值后重新估算桩数。如有必要，还要通过桩基软弱下卧层承载力和桩基沉降验算。

承受水平荷载的桩基，在确定桩数时还应满足桩水平承载力的要求。此时，可粗略地以各单桩水平承载力之和作为桩基的水平承载力，其偏于安全。

此外，在层厚较大的高灵敏度流塑黏土中，不宜采用桩距小而桩数多的打入式桩基，而应采用承载力高、桩数少的桩基。否则，软黏土结构破坏严重，使土体强度明显降低，加之相邻各桩的相互影响，桩基的沉降和不均匀沉降都将显著增加。

9.8.3.2 桩的中心距

桩的间距过大，承台体积增加，造价提高；间距过小，桩的承载力不能充分发挥，并给施工造成困难。一般桩的最小中心距应符合表 9-19 的规定。对大面积桩群，尤其是挤土桩，桩最小中心距应按表列数值适当加大。

桩的最小中心距 表 9-19

土类与成桩工艺		桩排数≥3，桩数≥9 的摩擦型桩基	其他情况
挤土桩	非挤土灌注桩	$3.0d$	$2.5d$
	部分挤土灌注桩	$3.5d$	$3.0d$
	穿越非饱和土、饱和非黏性土	$4.0d$	$3.5d$
	穿越饱和黏性土	$4.5d$	$4.0d$
沉管夯扩、钻孔挤扩桩	穿越非饱和土、饱和非黏性土	$2.2D$ 且 $4.0d$	$2.0D$ 且 $3.5d$
	穿越饱和黏性土	$2.5D$ 且 $4.5d$	$2.2D$ 且 $4.0d$
钻、挖孔扩底灌注桩		$2D$ 或 $D=2.0m$（当 $D>2m$）	$1.5D$ 或 $D=1.5m$（当 $D>2m$）

9.8.3.3 桩位的布置

桩在平面内可布置成方形（或矩形）、三角形和梅花形（图 9-39a），条形基础下的桩，可采用单排或双排布置（图 9-39b），也可采用不等距布置。

为了使桩基中各桩受力均匀，布桩时应尽可能使上部荷载的中心与桩群的横截面形心重合或接近。若作用在承台底面的弯矩较大，应增加桩基横截面惯性矩。对柱下单独桩基和整片式桩基，布桩时宜外密内疏；对横墙下桩基，可在外纵墙之外布设 $1 \sim 2$ 根"探头"桩（图 9-40）。此外，在有门洞的墙下应将桩设置在门洞的两侧；梁式或板式基础下的群桩应多在柱、墙下布桩，以尽量减少梁板跨中弯矩及桩数。

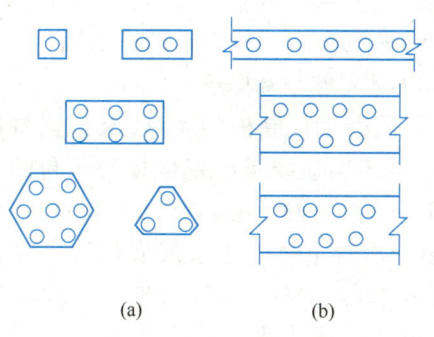

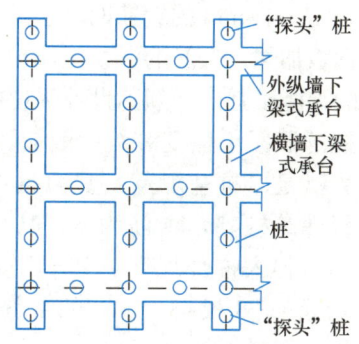

图 9-39　桩的平面布置示例

（a）柱下桩基；（b）墙下桩基

图 9-40　横墙下"探头"桩的布置

9.8.4　桩身截面强度计算

预制桩的混凝土强度等级宜≥C30，采用静压法沉桩时，可适当降低，但不宜＜C20；预应力混凝土桩的混凝土强度等级宜≥C40。预制桩的主筋（纵向）应按计算确定并根据断面的大小及形状选用 4～8 根直径为 14～25mm 的钢筋。最小配筋率 ρ_{min} 宜≥0.8％，一般可为 1％左右，静压法沉桩时宜≥0.6％。箍筋直径可取 6～8mm，间距≤200mm，在桩顶和桩尖处应适当加密，如图 9-41 所示。用打入法沉桩时，直接受到锤击的桩顶应设

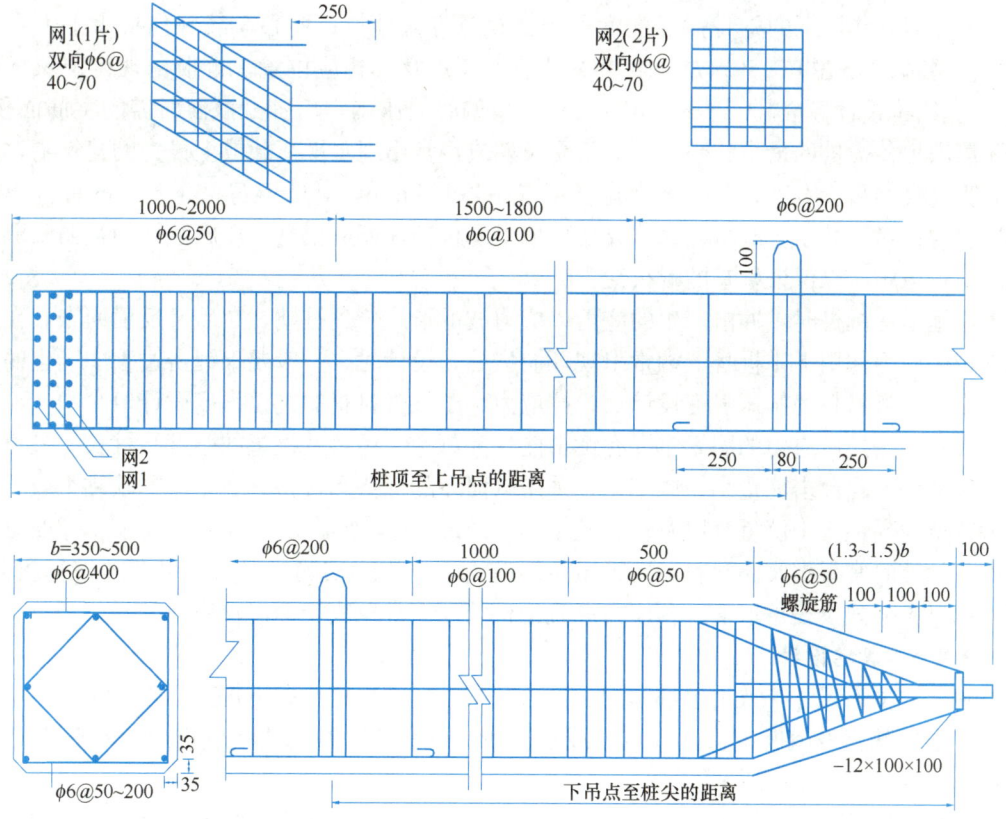

图 9-41　混凝土预制桩钢筋配置图

置三层 $\phi6@40\sim70$mm 的钢筋网,层距 50mm。桩尖所有主筋应焊接在一根圆钢上,或在桩尖处用钢板加强。主筋的混凝土保护层厚度应≥30mm,桩上需埋设吊环,位置由计算确定。桩的混凝土强度必须达设计强度的 100% 才可起吊和搬运。

灌注桩的混凝土强度等级一般应≥C25,混凝土预制桩尖应≥C30。当桩顶轴向压力和水平力满足《桩基规范》受力条件时,可按构造要求配置桩顶与承台的连接钢筋笼。对甲级建筑桩基,主筋为 6～10 根 $\phi12\sim14$ 钢筋,$\rho_{min}\geq0.2\%$,锚入承台 $30d_g$(主筋直径),伸入桩身长度≥$10d$,且不小于承台下软弱土层层底深度;对乙级建筑桩基,可配置 4～8 根 $\phi10\sim12$ 的主筋,锚入承台 $30d_g$,且伸入桩身长度≥$5d$,对于沉管灌注桩,配筋长度不应小于承台软弱土层层底厚度;丙级建筑桩基可不配构造钢筋。

一般 ρ_g 可取 $0.20\%\sim0.65\%$(小桩径取高值,大桩径取低值),对受水平荷载特别大的桩、抗拔桩和嵌岩端承桩应根据计算确定。主筋的长度一般可取 $4.0/\alpha$,当为抗拔桩、端承桩或承受负摩阻力和位于坡地岸边的基桩应通长配置。承受水平荷载的桩,主筋宜≥$8\phi10$,抗压和抗拔桩应≥$6\phi10$,且沿桩身周边均匀布置,其净距不应小于 60mm,并尽量减少钢筋接头。箍筋宜采用 $\phi6\sim8@200\sim300$mm 的螺旋箍筋,受水平荷载较大和抗震的桩基,桩顶 $(3\sim5)d$ 内箍筋应适当加密;当钢筋笼长度超过 4m 时,每隔 2m 左右应设一道 $\phi12\sim18$ 的焊接加劲箍筋。主筋的混凝土保护层厚度应≥35mm,水下浇灌混凝土时应≥50mm。

轴心荷载作用下的桩身截面强度可按 9.3 节方法计算;偏心荷载(包括水平力和弯矩)作用时,可先按 9.5 节方法求出桩身最大弯矩及其相应位置,再根据现行国家标准《混凝土结构设计标准》GB/T 50010 要求,按偏心受压确定出桩身截面所需的主筋面积,但还需满足各类桩的最小配筋率。对于受长期或经常出现水平荷载或上拔力的建筑物,还应验算桩身的裂缝宽度,最大裂缝宽度不得超过 0.2mm,对处于腐蚀介质中的桩基不得出现裂缝;对于处于含有酸、氯等介质环境中的桩基,还应根据介质腐蚀性的强弱采取专门的防护措施,以保证桩基的耐久性。

用锤击法沉桩时,冲击产生的应力以应力波的形式传到桩端,然后又反射回来。在周期性拉压应力作用下,桩身上端常出现环向裂缝。设计时,一般要求锤击过程中产生的压应力小于桩身材料的抗压强度设计值;拉应力小于桩身材料的抗拉强度设计值。

影响锤击拉压应力的因素主要有锤击能量和频率、锤垫及桩垫的刚度、桩长、桩材及土质条件等。当锤击能量小、频率低,采用软而厚的锤垫和桩垫,在不厚的软黏土或无密实砂夹层的黏性土中沉桩,以及桩长较小(<12m)时,锤击拉压应力比较小,一般可不考虑。设计时常根据实测资料确定锤击拉压应力值。当无实测资料时,可按《桩基规范》建议的经验公式及表格取值。预应力混凝土桩的配筋常取决于锤击拉应力。

9.8.5 承台设计

承台的平面尺寸一般由上部结构、桩数及布桩形式决定。墙下桩基通常采用条形承台梁,柱下桩基宜采用板式承台(矩形或三角形)。其剖面形状可做成锥形、台阶形或平板形。

承台厚度应≥300mm,宽度≥500mm,承台边缘至边桩中心距离不应小于桩的直径或边长,且边缘挑出部分应≥150mm,对于条形承台梁应≥75mm。为保证群桩与承台之间连接的整体性，桩顶应嵌入承台一定长度，对大直径桩宜≥100mm；对中等直径桩宜≥50mm。混凝土桩的桩顶主筋应伸入承台内，其锚固长度宜≥$30d_g$，对于抗拔桩基应≥$40d_g$。承台的混凝土强度等级宜≥C20。承台的配筋按计算确定，对于矩形承台板，宜双向均匀配置，钢筋直径宜≥10mm，间距应满足100～200mm；对于三桩承台，应按三向板带均匀配置，最里面3根钢筋相交围成的三角形，应位于柱截面范围以内；台底钢筋的混凝土保护层厚度宜≥70mm，当有混凝土垫层时不应小于40mm。承台梁的纵向主筋应≥$\phi12$。

筏形、箱形承台板的厚度应满足整体刚度、施工条件及防水要求。对于桩布置于墙下或基础梁下的情况，承台板厚度宜≥250mm，且板厚与计算区段最小跨度之比不宜小于1/20。承台板的分布构造钢筋可用$\phi(10\sim12)@(150\sim200)$，考虑到整体弯矩的影响，纵横两方向的支座钢筋应有1/3～1/2且配筋率≥0.15%贯通全跨配置；跨中钢筋应按计算配筋率全部连通。

两桩桩基的承台，宜在其短向设置连系梁。连系梁顶面宜与承台顶位于同一标高，梁宽应≥200mm，梁高可取承台中心距的1/15～1/10，并配置不小于$4\phi12$的钢筋。

承台埋深应≥600mm，在季节性冻土、膨胀土地区宜埋设在冰冻线、大气影响线以下，但当冰冻线、大气影响线深度≥1m且承台高度较小时，则应视土的冻胀、膨胀性等级分别采取换填无黏性垫层、预留空隙等隔胀措施。设计计算内容包括承台的内力计算与承台厚度及强度计算。

【例9.3】某乙级建筑桩基如图9-42所示，柱截面尺寸为450mm×600mm，作用在基础顶面的荷载为：$F_k=2800$kN，$M_k=210$kN·m（作用于长边方向），$H_k=145$kN。拟采用截面为350mm×350mm的预制混凝土方桩，桩长12m，已确定基桩竖向承载力特征值$R=500.0$kN，水平承载力特征值$R_h=45$kN，承台混凝土强度等级为C30，配置HRB400钢筋，试设计该桩基础（不考虑承台效应）。

【解】C30混凝土，$f_t=1430$kPa，$f_c=14300$kPa；HRB400级钢筋，$f_y=360$N/mm²。

（1）基桩持力层、桩材、桩型、外形尺寸及单桩承载力特征值均已选定，桩身结构设计从略。

（2）确定桩数及布桩

初选桩数 $n>\dfrac{F_k}{R}=\dfrac{2800}{500}=5.6$

暂取6根，取桩距$s=3d=3\times0.35=1.05$m，按矩形布置如图9-42所示。

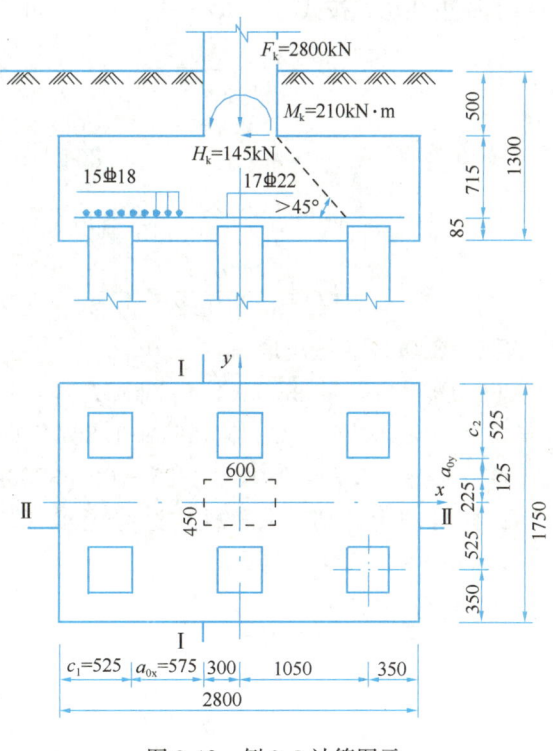

图9-42　例9.3计算图示

（3）初选承台尺寸

取承台长边和短边为：$a = 2 \times (0.35 + 1.05) = 2.8\text{m}$，$b = 2 \times 0.35 + 1.05 = 1.75\text{m}$

承台埋深 1.3m，承台高 0.8m，桩顶伸入承台 50mm，钢筋保护层厚度取 35mm，则承台有效高度为：

$$h_0 = 0.8 - 0.050 - 0.035 = 0.715\text{m} = 715\text{mm}$$

（4）计算桩顶荷载

取承台及其上土的平均重度 $\gamma_G = 20\text{kN/m}^3$，则桩顶平均竖向力为：

$$N_k = \frac{F_k + G_k}{n} = \frac{2800 + 20 \times 2.8 \times 1.75 \times 1.3}{6} = 487.9\text{kN} < R = 500\text{kN}$$

$$N_{k\max} = N_k + \frac{(M + Hh)x_{\max}}{\sum x_i^2} = 487.9 + \frac{(210 + 145 \times 0.8) \times 1.05}{4 \times 1.05^2}$$

$$= 487.9 + 77.6 = 565.5\text{kN} < 1.2R = 600\text{kN}$$

符合式（9-36）和式（9-37）要求。

基桩水平力承载力验算：

$$H_{1k} = H_k/n = 145\text{kN}/6 = 24.2\text{kN}$$

其值远小于单桩水平承载力特征值 $R_h = 45\text{kN}$，因此无须验算考虑群桩效应的基桩水平承载力。

（5）承台受冲切承载力验算

① 柱边冲切，按式（9-56）~式（9-58）可求得冲跨比 λ 与冲切系数 β_0：

$$\lambda_{0x} = \frac{a_{0x}}{h_0} = \frac{0.575}{0.715} = 0.804（符合 0.25 \sim 1.0）$$

$$\beta_{0x} = \frac{0.84}{\lambda_{0x} + 0.2} = \frac{0.84}{0.804 + 0.2} = 0.837$$

$$\lambda_{0y} = \frac{a_{0y}}{h_0} = \frac{0.125}{0.715} = 0.175 < 0.25，取 \lambda_{0y} = 0.25$$

$$\beta_{0y} = \frac{0.84}{\lambda_{0y} + 0.2} = \frac{0.84}{0.25 + 0.2} = 1.867$$

因 $h = 800\text{mm}$，故可取 $\beta_{hp} = 1.0$

$2[\beta_{0x}(b_c + a_{0y}) + \beta_{0y}(h_c + a_{0x})]\beta_{hp}f_t h_0$

$= 2 \times [0.837 \times (0.450 + 0.125) + 1.867 \times (0.600 + 0.575)] \times 1.0 \times 1430 \times 0.715$

$= 5470.1\text{kN} > F_l = 2800 \times 1.35 - 0 = 3780\text{kN}（满足要求）$

② 角桩向上冲切，从角柱内边缘至承台外边缘距离 $c_1 = c_2 = 0.525\text{m}$，$a_{1x} = a_{0x}$，$\lambda_{1x} = \lambda_{0x}$，$a_{1y} = a_{0y}$，$\lambda_{1y} = \lambda_{0y}$。

$$\beta_{1x} = \frac{0.56}{\lambda_{1x} + 0.2} = \frac{0.56}{0.804 + 0.2} = 0.558$$

$$\beta_{1y} = \frac{0.56}{\lambda_{1y} + 0.2} = \frac{0.56}{0.25 + 0.2} = 1.244$$

$[\beta_{1x}(c_2 + a_{1y}/2) + \beta_{1y}(c_1 + a_{1x}/2)]\beta_{hp}f_t h_0$

$= [0.558 \times (0.525 + 0.125/2) + 1.244 \times (0.6 + 0.575/2)] \times 1.0 \times 1430 \times 0.715$

$= 1464.1\text{kN} > N_{k\max} = 565.5\text{kN}（满足要求）$

（6）承台受剪切承载力计算

剪跨比与以上冲跨比相同，故对 I-I 斜截面：

$$\lambda_x = \lambda_{0x} = 0.804 \text{（介于 0.25～3.0 之间）}$$

故剪切系数
$$\alpha = \frac{1.75}{\lambda + 1.0} = \frac{1.75}{0.804 + 1.0} = 0.970$$

因 $h_0 = 715\text{mm} < 800\text{mm}$，故可取 $h_0 = 800\text{mm}$ 后求得 $\beta_{hs} = 1.0$。

$$\beta_{hs} \alpha f_t b_0 h_0 = 1.0 \times 0.970 \times 1430 \times 1.75 \times 0.715$$

$$= 1735.6\text{kN} > 2N_{kmax} = 2 \times 565.5 = 1131.0\text{kN （可以）}$$

II-II 斜截面 λ 按 0.3 计，其受剪切承载力更大，故验算从略。

（7）承台受弯承载力计算

$$M_x = \sum N_i y_i = 3 \times 487.9 \times 0.3 = 439.1\text{kN} \cdot \text{m}$$

$$A_s = \frac{M_x}{0.9 f_y h_0} = \frac{439.1 \times 10^6}{0.9 \times 360 \times 715} = 1895.5\text{mm}^2$$

选用 17 ⏀ 12，$A_s = 1923\text{mm}^2$，沿平行 y 轴方向均匀布置。

$$M_y = \sum N_i x_i = 2 \times 565.5 \times 0.75 = 848.3\text{kN} \cdot \text{m}$$

$$A_s = \frac{M_y}{0.9 f_y h_0} = \frac{848.3 \times 10^6}{0.9 \times 360 \times 715} = 3661.8\text{mm}^2$$

选用 15 ⏀ 18，$A_s = 3815\text{mm}^2$，沿平行 x 轴方向均匀布置。

思 考 题

9.1 试简述桩基础的适用场合及设计原则。

9.2 试分别根据桩的承载性状和桩的施工方法对桩进行分类。

9.3 简述单桩在竖向荷载下的工作性能以及破坏性状。

9.4 什么叫负摩阻力、中性点？如何确定中性点的位置及负摩阻力的大小？

9.5 何谓单桩竖向承载力特征值？

9.6 何谓群桩效应？如何验算桩基竖向承载力？

9.7 单桩水平承载力与哪些因素有关？设计时如何确定？

9.8 在工程实践中如何选择桩的直径、桩长以及桩的类型？

9.9 如何确定承台的平面尺寸及厚度？设计时应作哪些验算？

习 题

9.1 某工程桩基采用预制混凝土桩，桩截面尺寸为 350mm×350mm，桩长 10m，各土层分布情况如图 9-43 所示，试确定该基桩的竖向承载力标准值 Q_{uk} 和基桩的竖向承载力特征值 R（不考虑承台效应）。

9.2 某建筑物采用单桩基础，桩径 $d = 0.5\text{m}$，旋转钻施工，地质剖面如图 9-44 所示，试求该桩受到的下拉荷载值。

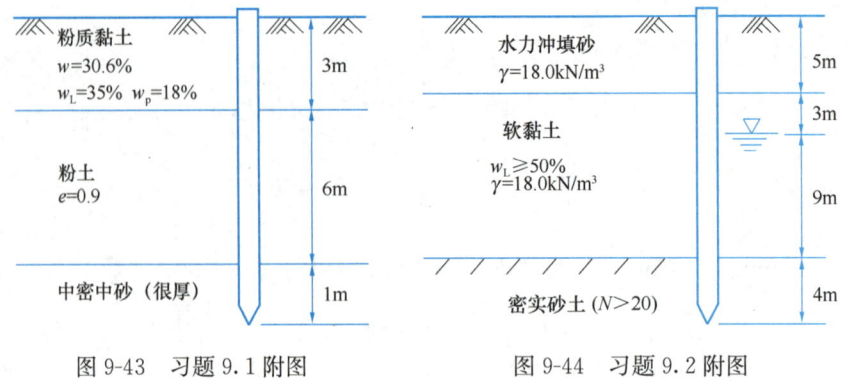

图 9-43　习题 9.1 附图	图 9-44　习题 9.2 附图

9.3　某一工程群桩基础中桩的布置及承台尺寸如图 9-45 所示，其中桩采用 $d=0.5m$ 的钢筋混凝土预制桩，桩长 12m，承台埋深 1.2m。土层分布第一层为 3m 厚的杂填土，第二层为 4m 厚的可塑状态黏土，其下为很厚的中密中砂层。上部结构传至承台的轴心荷载标准值为 $F_k=5400kN$，弯矩 $M_k=1200kN \cdot m$，试验算该桩基础是否满足设计要求。

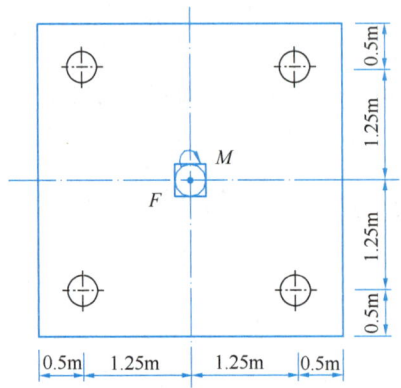

图 9-45　习题 9.3 附图

9.4　某场地土层分布情况为：第一层杂填土，厚 1.0m；第二层为淤泥，软塑状态，厚 6.5m；第三层为粉质黏土，$I_L=0.25$，厚度较大。现需设计一框架内柱的预制桩基础。柱底在地面处的竖向荷载为 $F_k=1700kN$，弯矩为 $M_k=180kN \cdot m$，水平荷载 $H_k=100kN$，初选预制桩截面尺寸 350mm×350mm。试设计该桩基础。

第 10 章　沉井基础与地下连续墙

本章提要与要求

内容提要

沉井基础多用于水深较大的桥梁基础工程。本章简要介绍了沉井基础的构造、分类及适用条件；重点讨论了沉井基础的受力特点、井壁摩阻力计算、考虑井壁土体抗力时的整体深基础（刚性桩）计算以及沉井设计中的各种验算，初步讨论了沉井施工过程中的各种结构计算；扼要讲解了沉井的各种施工技术及其下沉过程中存在的问题；简要介绍了地下连续墙的设计与施工要点。

基本要求

熟悉沉井的分类、构造及适用条件。

掌握沉井作为整体深基础（刚性桩）的受力变形分析方法。

熟悉沉井的施工工艺及施工期的结构计算内容与方法。

了解地下连续墙的施工工艺及其设计计算要点。

10.1　概　　述

沉井是一种带刃脚的井筒状构造物（图 10-1a）。它是利用人工或机械方法清除井内土石，依靠井身自重或借助外力克服井壁摩阻力逐节下沉至设计标高，再浇筑混凝土封底、填充井孔，成为结构物的基础（图 10-1b）。

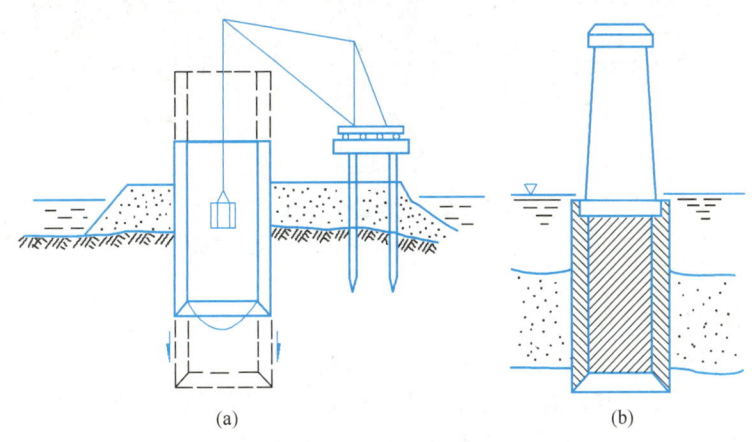

(a)　　　　　　　　　　(b)

图 10-1　沉井基础示意

(a) 沉井下沉；(b) 沉井基础

沉井具有埋置深度大（如日本采用壁外喷射高压空气施工，井深超过200m）、整体性强、稳定性好等特点，能承受较大的竖向和水平荷载。此外，沉井既是基础，又是施工过程中的挡土和挡水围堰结构物。其施工工艺简便，技术稳妥可靠，无需特殊专业设备，并可做成补偿性基础，避免过大沉降，在深基础或地下结构中应用较为广泛，如桥梁墩台基础、大型设备基础、高层和超高层建筑物基础以及地下泵房、水池、油库、矿用竖井等。但沉井基础施工工期较长，对粉、细砂类土在井内抽水易发生流砂现象，造成沉井倾斜。此外，沉井在下沉过程中也可能遇到大孤石、树干或井底岩层表面倾斜过大等情况，给施工将带来一定的困难。

一般下列情况可考虑采用沉井基础：

① 上部荷载较大，表层地基土承载力不足，而在一定深度下有较好的持力层，且与其他基础方案相比较为经济合理；

② 在山区河流中，虽土质较好，但冲刷大，或河中有较大卵石不便桩基础施工；

③ 岩层表面较平坦且覆盖层薄，但河水较深，采用扩大基础施工围堰有困难。

10.2 沉井的分类与构造

10.2.1 沉井的分类

10.2.1.1 按平面形状分

根据沉井的横截面形状可分为圆形、矩形和圆端形三种基本类型，根据井孔的布置方式，又可分为单孔、双孔及多孔沉井（图10-2）。

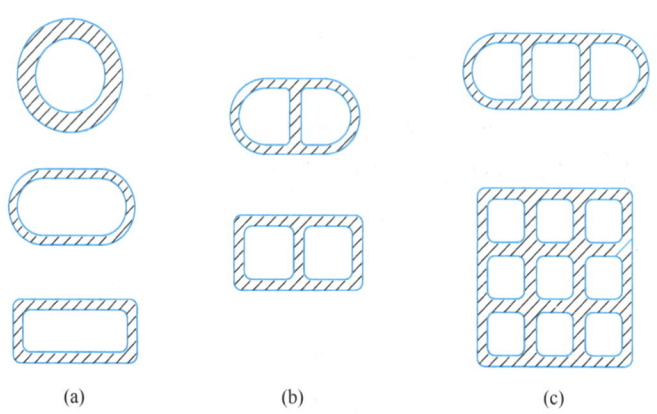

图 10-2 沉井的平面形状

（a）单孔沉井；（b）双孔沉井；（c）多孔沉井

圆形沉井形状对称、便于挖土，下沉过程易于控制方向，承受水平土压力和水压力性能良好，多用于斜交桥或水流方向不定的桥墩基础。

矩形沉井制造方便，与墩台截面形状适应性好，但边角除土不便。通常在四角做成圆角，以减缓应力集中现象，降低井壁摩阻力和除土清孔难度。矩形沉井在侧压力作用下，井壁挠曲力矩较大，且阻水系数较大，冲刷较严重。

圆端形沉井控制下沉、受力条件、阻水冲刷均较矩形沉井有利，但施工较为复杂。

对平面尺寸较大的沉井，可在沉井中设隔墙，构成双孔或多孔沉井，以改善井壁受力条件及均匀取土下沉。

10.2.1.2　按剖面形状分

根据沉井的竖向剖面形状可分为柱形、阶梯形和锥形沉井（图 10-3）。柱形沉井受周围土体约束较均衡，下沉过程中不易倾斜，井壁接长较简单，模板可重复利用，但井壁侧阻力较大，当土体密实、下沉深度较大时，易出现下部悬空，造成井壁拉裂，故一般用于入土不深或土质较松软的情况。阶梯形和锥形沉井可减小土与井壁的摩阻力，但施工较复杂，消耗模板多，下沉过程中易发生倾斜、多用于土质较密实，沉井下沉深度大，且对井身自重有限的情况。通常锥形沉井井壁坡度为 1/50～1/20，阶梯形井壁的台阶宽约为 100～200mm。

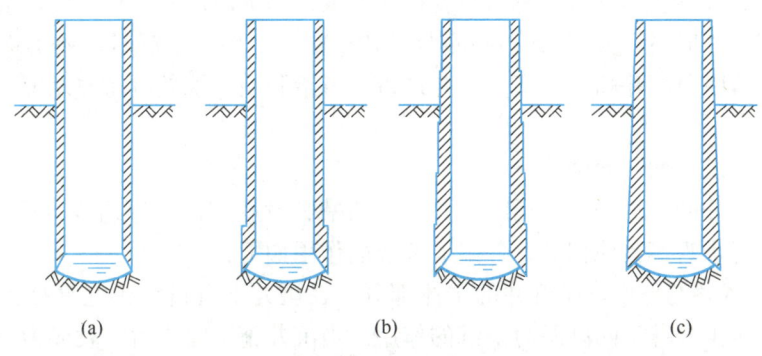

　　　　(a)　　　　　　　　　　　(b)　　　　　　　　(c)

图 10-3　沉井的立面形状

（a）柱形；（b）阶梯形；（c）锥形

10.2.1.3　按建筑材料分

根据井壁的制作材料可分为混凝土沉井、钢筋混凝土沉井、竹筋混凝土沉井和钢沉井等。混凝土沉井因抗压强度高，抗拉强度低，多做成圆形，且仅适用于下沉深度不大 4～7m 的松软土层。钢筋混凝土沉井抗压抗拉强度高，下沉深度大（可达数十米以上），可做成重型或薄壁就地制造下沉的沉井，也可做成薄壁浮运沉井及钢丝网水泥沉井等，在工程中应用最广。沉井承受拉力主要在下沉阶段，我国南方盛产竹材，因此可就地取材，采用耐久性差但抗拉力好的竹筋代替部分钢筋，做成竹筋混凝土沉井，如南昌赣江大桥、白沙沱长江大桥等。钢沉井由钢材制作，其强度高、重量轻、易于拼装、适于制造空心浮运沉井，但用钢量大，国内较少采用。此外，根据工程条件也可选用木沉井和砌石圬工沉井等。

10.2.1.4　按施工方法分

根据沉井的施工方法一般可分为就地制作沉井和浮运沉井。就地制作沉井指直接在基础设计的位置上制造，然后挖土，依靠沉井自重下沉。若基础位于水中，则先人工筑岛，再在岛上筑井下沉。浮运沉井指先在岸边制造，再浮运就位下沉的沉井。通常在深水区（如水深大于 10m）或水流流速大、通航有要求时，或采用人工筑岛有困难或不经济时，可采用浮运沉井。

10.2.2 沉井基础的构造

10.2.2.1 沉井的轮廓尺寸

沉井的平面形状及尺寸应根据结构物底面的形状和尺寸、地基土的承载力以及施工要求确定。对于矩形沉井，为保证下沉的稳定性，沉井的长短边之比不宜大于3。若结构物的长宽比较接近，可采用方形或圆形沉井。沉井顶面尺寸为结构物底面尺寸加襟边宽度。襟边宽度不宜小于0.2m，且大于沉井全高的1/50；浮运沉井不小于0.4m；如沉井顶面需设置围堰，其襟边宽度根据围堰构造还需加大。结构物边缘应尽可能支承于井壁上或顶板支承面上，对井孔内不以混凝土充填的空心沉井不允许结构物边缘全部置于井孔位置上。

沉井的入土深度须根据上部结构、水文地质条件及各土层的承载力等确定。入土深度较大的沉井应分节制造和下沉，每节高度可根据沉井的平面尺寸、总高度、地基土情况和施工条件确定，一般不宜大于5m；当底节沉井在松软土层中下沉时，还不应大于沉井宽度的0.8倍；若底节沉井高度过高，沉井过重，将给制模、筑岛时岛面处理、抽除垫木下沉等带来困难。

10.2.2.2 沉井的一般构造

沉井一般由井壁、刃脚、内隔墙、井孔、凹槽、封底和顶板等组成（图10-4）。有时井壁中还预埋射水管等其他部分。各组成部分的作用如下：

① 井壁。沉井的外壁，是沉井的主体部分，在沉井下沉过程中起着挡土、挡水及利用本身自重克服土与井壁间摩阻力下沉的作用。当沉井施工完毕后，就成为传递上部荷载的基础或基础的一部分，故井壁必须具有足够的强度和一定的厚度。井壁厚度应根据结构强度、施工下沉所需重力、便于取土和清基等因素确定，一般可采用0.8~2.2m，混凝土强度等级不低于C25，对薄壁浮运沉井不应低于C30，沉井棱角处宜做成圆角或钝角。

② 刃脚。井壁下端形如楔状的部分，根据地质情况可采用尖刃脚或带踏面的刃脚，其作用是利于沉井切土下沉。刃脚底面（踏面）宽度一般为0.1~0.2m，软土地基可适当放宽。若下沉深度大，土质较硬，刃脚底面应以型钢（角钢或槽钢）加强（图10-5），以防刃脚损坏。刃脚部分的竖向主筋应伸入刃脚根部（即刃脚斜面的顶点处）以上不小于沉

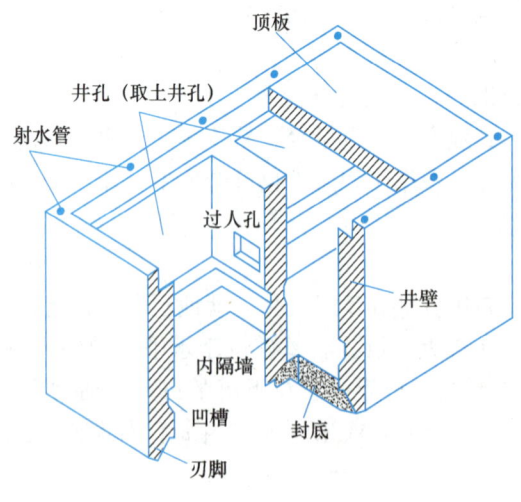

图10-4　沉井的一般构造

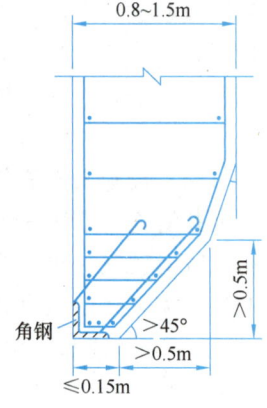

图10-5　刃脚构造示意

294

井按水平框架计算的最大计算跨径的 0.5 倍高度，并在刃脚总高度范围按剪力或构造要求设置箍筋。刃脚内侧斜面与水平面夹角不应小于 45°。刃脚高度视井壁厚度及便于垫木抽除而定，一般大于 1.0m，混凝土强度等级不应低于 C30。当沉井需要下沉至稍有倾斜的岩面上时，宜将刃脚做成与岩面倾斜度相适应的高低刃脚。

③ 内隔墙。根据需要，沉井井筒内可设置内隔墙。内隔墙可增加下沉过程中沉井的结构刚度，减小井壁挠曲应力，同时将沉井空腔分隔成多个井孔，便于控制挖土下沉，防止或纠正倾斜和偏移。内隔墙厚度一般小于井壁，约 0.5～1.0m，混凝土强度等级与井壁一致。内隔墙底面应高出刃脚底面 0.5m 以上，避免被土搁住而妨碍下沉。如为人工挖土，还应在内隔墙下端设置过人孔，以便工作人员井孔间往来。

④ 井孔。井孔为挖土排土的工作场所和通道。井孔的布置和大小应满足取土机具操作的需要，对顶部设置围堰的沉井，宜结合井顶围堰统一考虑，最小边长不宜小于 3m，且一般不超过 5～6m。布置应简单对称，以便对称挖土，保证沉井均匀下沉。

⑤ 凹槽。其位于刃脚内侧上方，以保证沉井封底时井壁与封底混凝土结合良好，使封底混凝土底面反力更好地传给井壁。凹槽高约 1.0m，深度一般为 150～300mm。

⑥ 射水管。当沉井下沉较深，土阻力较大，估计下沉困难时，可在井壁中预埋射水管组。射水管应均匀布置，以利于控制水压和水量来调整下沉方向。一般水压不小于 600kPa。若使用泥浆润滑套施工方法，应预先设置压射泥浆的管路。

⑦ 封底。沉井沉至设计标高进行清基后，便在刃脚踏面以上至凹槽处浇筑混凝土形成封底。封底可防止地下水涌入井内，其底面承受地基土和水的反力，封底混凝土顶面应高出刃脚根部不小于 0.5m，其厚度应根据基底水压力、地基土竖向反力、井孔内填料情况及封底混凝土各受力阶段要求计算确定，根据经验也可取不小于井孔最小边长的 1.5 倍。混凝土强度等级，非岩石地基不应低于 C25，岩石地基不应低于 C20，井孔内填充的混凝土强度等级不应低于 C15。

⑧ 顶板。沉井封底后，井孔内是否填充填料应根据受力和稳定性要求确定。填料可采用混凝土、片石混凝土或片石注浆混凝土；无冰冻地区也可采用粗砂和砂砾填料。当采用粗砂、砂砾填芯或空心沉井时，顶面应设置钢筋混凝土顶板，以承托上部结构的全部荷载。顶板厚度应通过计算确定，一般为 1.5～2.0m。

10.2.2.3 浮运沉井的构造

浮运沉井可分为带气筒和不带气筒两种。不带气筒的浮运沉井多用钢、木、钢丝网水泥等材料制作，薄壁空心，具有构造简单、施工方便、节省钢材等优点。适用于水不太深、流速不大、河床较平、冲刷较小的自然条件。为增加水中自浮能力，也可做成带临时性底板的浮运沉井，底板一般设在底节井孔下端刃脚处。底板可采用木质材料，其结构应保证水密性，能承受工作水压并便于拆除。浮运就位后，灌水下沉，同时接筑井壁，当到达河床后，打开临时性井底，再按一般沉井施工。

当水深流急、沉井较大时，通常可采用带气筒的浮运沉井。如图 10-6 所示，其主要由双壁钢沉井底节、单壁钢壳、钢气筒等组成。双壁钢沉井底节是一个可自浮于水中的壳体结构，底节以上的井壁采用单壁钢壳，既可防水，又可作为接高时灌注沉井外圈混凝土的模板一部分。钢气筒为沉井提供所需浮力，同时在悬浮下沉中可通过充放气调节使沉井上浮、下沉或校正偏斜等。当沉井落至河床后，切除气筒即为取土井孔。

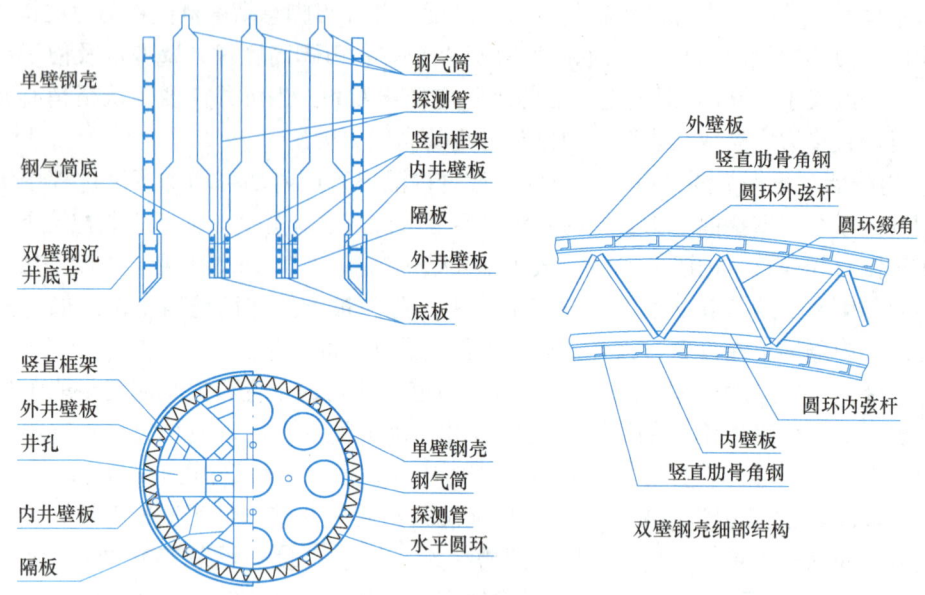

图 10-6 带钢气筒的浮运沉井

10.2.2.4 组合式沉井

当采用低桩承台出现围水挖基浇筑承台困难，而采用沉井则岩层倾斜较大或沉井范围内地基土软硬不均且水深较大时，可采用沉井-桩基的组合式基础，即组合式沉井。施工时先将沉井下沉至预定标高，浇筑封底混凝土和承台，再在井内预留孔位钻孔灌注成桩。这种组合式沉井结构既可围水挡土，又可作为钻孔桩的护筒和桩基的承台。

10.3 沉井的施工

沉井基础施工一般可分为旱地施工、水中施工（筑岛及浮运）。施工前应详细了解场地的地质和水文条件。水中施工应做好河流汛期、河床冲刷、通航及漂流物等的调查研究，充分利用枯水季节，制订出详细的施工计划及必要的措施，确保施工安全。

10.3.1 旱地沉井施工

旱地沉井施工可分为就地制造、除土下沉、封底、充填井孔以及浇筑顶板等（图 10-7），

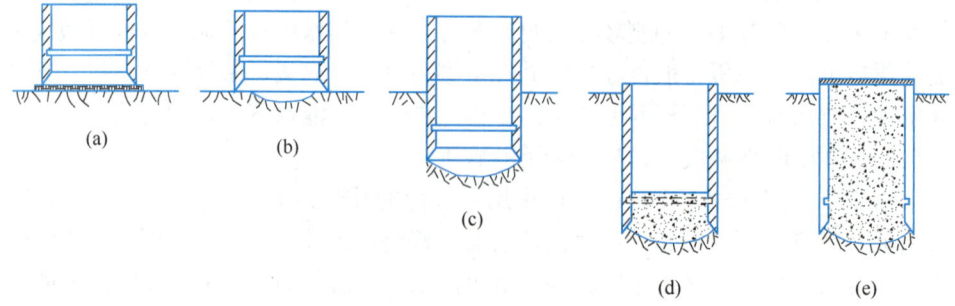

图 10-7 沉井施工顺序示意

（a）制作第一节沉井；（b）抽垫挖土下沉；（c）沉井接高下沉；（d）封底；（e）充填、浇筑顶板

一般工序如下：

（1）清整场地

要求施工场地平整干净。若天然地面土质较硬，只需将地表杂物清除干净并整平，否则应换土或在基坑处铺填一不小于0.5m厚夯实的砂或砂砾垫层，以确保沉井在混凝土浇筑之初不因地面沉降不均产生裂缝。为减小下沉深度，也可挖一浅坑，在坑底制作沉井，但坑底应高出地下水面0.5~1.0m。

（2）制作第一节沉井

沉井制造前，应先在刃脚处对称铺满垫木（图10-8），以支承第一节沉井的重量，并按垫木定位立模板以绑扎钢筋。垫木数量可按垫木底面压力不大于100kPa控制，其布置应考虑抽垫方便。垫木一般为枕木或方木（200mm×200mm），其下垫一层厚约0.3m的砂，垫木间间隙用砂填实（填至半高即可）。然后在刃脚位置处放上刃脚角钢，竖立内模，绑扎钢筋，再立外模浇筑第一节沉井。模板应有较大刚度，以免挠曲变形。当场地土质较好时也可采用土模。

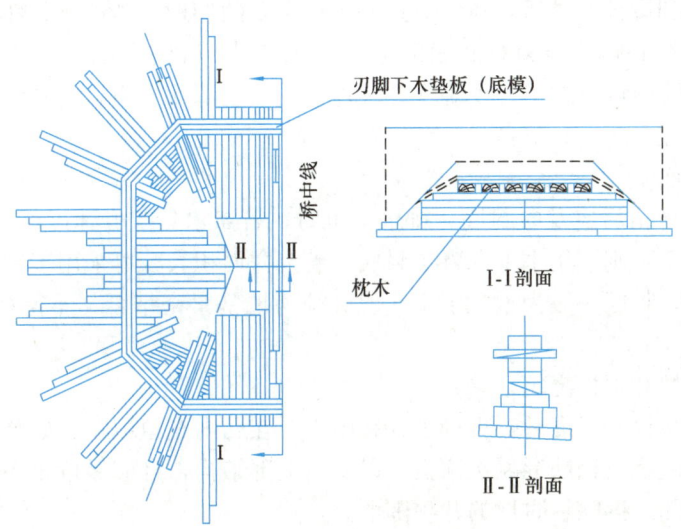

图10-8　垫木布置实例

（3）拆模及抽垫

当沉井混凝土强度达设计强度70％时可拆除模板，达设计强度后方可抽撤垫木。抽垫应分区、依次、对称、同步地向井外抽出。其顺序为：先内隔墙下，再井壁短边，最后长边。长边下抽垫以固定垫木为中心，由远而近对称地间隔抽除，最后抽除固定垫木，并随抽随用砂土回填捣实，以防沉井开裂、移动或偏斜。

（4）除土下沉

沉井宜采用不排水除土下沉，在稳定的土层中，也可采用排水除土下沉。除土方法可采用人工或机械除土。排水下沉时常用人工除土，可使沉井均匀下沉并易于清除井内障碍物，但应有安全措施。不排水下沉时可使用空气吸泥机、抓土斗、水力吸石筒、水力吸泥机等除土。通过硬黏土或强胶结层除土困难时，可采用高压射水破坏土层。

沉井正常下沉时，应自中间向刃脚处均匀对称除土，排水下沉时应严格控制设计支承点土的排除，并随时注意沉井正位状态，保持竖直下沉，无特殊情况不宜采用爆破施工。

（5）接高沉井

当第一节沉井下沉至一定深度（井顶露出地面不小于 0.5m，或露出水面不小于 1.5m）时，停止除土，接筑下节沉井。接筑前刃脚不得掏空，并应尽量纠正第一节沉井的偏斜，凿毛顶面，立模，然后对称均匀浇筑混凝土，待强度达设计要求后再拆模继续下沉。

（6）设置井顶防水围堰

若沉井顶面低于地面或水面，应在井顶设置临时性防水围堰，围堰的平面尺寸略小于沉井，其下端与井顶上预埋锚杆相连。井顶防水围堰应因地制宜，合理选用，常见的有土围堰、砖围堰和钢板桩围堰。若水深流急，围堰高度大于 5.0m 时，宜采用钢板桩围堰。

（7）基底检验和处理

沉井沉至设计标高后，应检验基底地质情况是否与设计相符。排水下沉时可直接检验，不排水下沉则应进行水下检验，必要时可用钻机取样进行检验。

当基底土达到设计要求后，还应对地基进行必要的处理。砂性或黏性土地基，一般可在井底铺一层砾石或碎石至刃脚底面以上 200mm。未风化岩石地基，应凿除风化岩层，若岩层倾斜，还应凿成阶梯形。要确保井底浮土、软土清除干净，封底混凝土、沉井与地基结合紧密。

（8）沉井封底

基底经检验合格后应及时封底。排水下沉时，若渗水量上升速度≤6mm/min 可采用普通混凝土封底；否则宜用水下混凝土封底。若沉井面积大，可采用多导管先外后内、先低后高依次浇筑。封底一般为素混凝土，但必须与地基紧密结合，不得存在有害的夹层、夹缝。

（9）井孔充填和顶板浇筑

封底混凝土达设计强度后，再排干井孔中水，在孔内充填填料。如井孔中不填料或仅填砾石，则井顶应浇筑钢筋混凝土顶板，以支承上部结构，且应保持无水施工。然后砌筑井上构筑物，并随后拆除临时性的井顶围堰。

10.3.2 水中沉井施工

（1）水中筑岛

当水深小于 3m，流速≤1.5m/s 时，可采用砂或砾石在水中筑岛，周围用草袋围护（图 10-9a）；若水深或流速增大，可采用围堰防护筑岛（图 10-9b）；当水深较大或流速较大时，宜采用钢板桩围堰筑岛（图 10-9c）。岛面应高出最高施工水位 0.5m 以上，砂岛地基强度应符合承载要求。围堰筑岛时，围堰距井壁外缘距离 $b \geqslant H\tan(45° - \varphi/2)$，

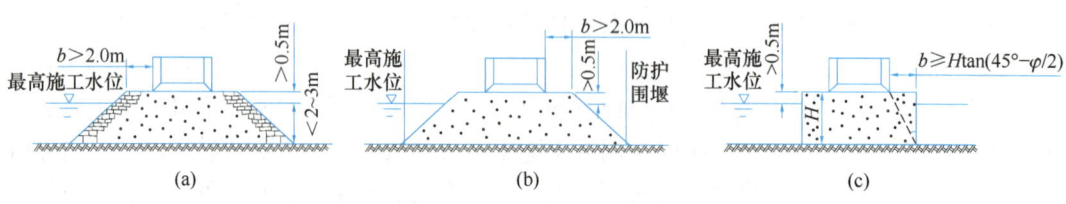

图 10-9　水中筑岛下沉沉井

(a) 无围堰防护筑岛；(b) 有围堰防护筑岛；(c) 钢板桩围堰筑岛

且≥2m（H为筑岛高度，φ为砂在水中的内摩擦角）。其余施工方法与旱地沉井施工相同。

（2）浮运沉井

若水深大于 10m，人工筑岛困难或不经济时，可采用浮运法施工。将沉井在岸边做成空体结构，或采用其他措施（如带钢气筒等）使沉井能浮于水面上，利用在岸边铺成的滑道滑入水中（图 10-10），然后用绳索牵引至设计位置。在悬浮状态下，逐步将水或混凝土注入空体中，

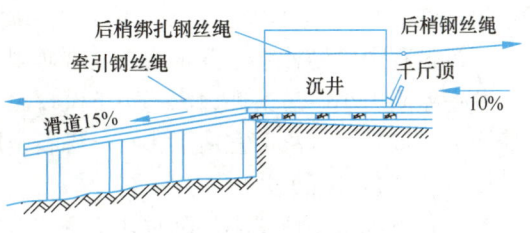

图 10-10　浮运沉井下水示意

使沉井徐徐下沉至河底。若沉井较高，需分段制造，在悬浮状态下逐节接长下沉至河底，但整个过程应保证井身稳定。当刃脚切入河床一定深度后，即可按旱地沉井下沉方法施工。

10.3.3　泥浆套和空气幕下沉沉井施工简介

当沉井深度很大，井侧土质较好时，井壁与土层间的摩阻力很大，若采用增加井壁厚度或压重等办法受限时，通常可设置泥浆润滑套和空气幕来减小井壁摩阻力。

（1）泥浆套下沉沉井

泥浆套下沉法是借助泥浆泵和输送管道将特制的泥浆压入沉井外壁与土层之间，在沉井外围形成一定厚度的泥浆层。该泥浆层可隔离土与井壁，润滑减阻，显著降低沉井下沉时井壁的摩擦阻力（可降至 3～5kPa，一般黏性土约为 25～50kPa），从而减少井壁圬工数量，加速沉井下沉，并具有良好的稳定性。

泥浆通常由膨润土、水和碳酸钠分散剂配制而成，具有良好的固壁性、触变性和胶体稳定性。泥浆润滑套的构造主要包括射口挡板、地表围圈及压浆管。

射口挡板可用角钢或钢板弯制，置于每个泥浆射出口处固定在井壁台阶上（图 10-11a），其作用是防止压浆管射出的泥浆直冲土壁，以免土壁局部坍落堵塞射浆口。

地表围圈用木板或钢板制成，埋设在沉井周围（图 10-12）。其作用是防止沉井下沉时浅层土壁坍落，并为沉井下沉过程中新造成的空隙补充泥浆，调整各压浆管出浆的不均衡。其宽度与沉井台阶相同，高约 1.5～2.0m，顶面高出地面或岛面 0.5m，圈顶面宜加盖。

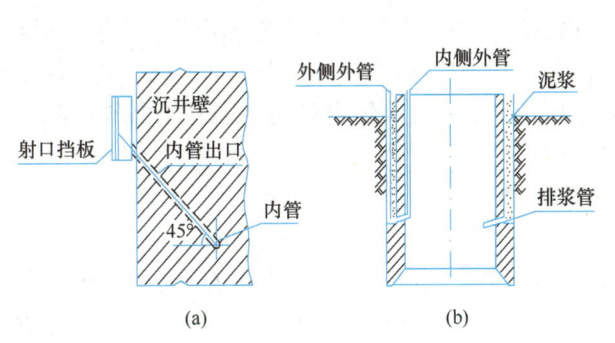

图 10-11　射口挡板与压浆管构造

（a）内管与射口挡板；（b）外管法压浆管构造

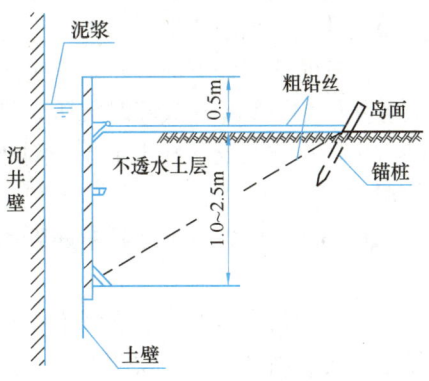

图 10-12　泥浆套地表围圈

压浆管可分为内管法（厚壁沉井，图 10-11a）和外管法（薄壁沉井，图 10-11b）两种，通常用 $\phi 38 \sim \phi 50$ 的钢管制成，沿井周边每 $3 \sim 4m$ 布置一根。

下沉过程中要勤补浆，勤观测，发现倾斜、漏浆等问题要及时纠正。若基底为一般土质，井壁摩阻力小，易出现边清基边下沉现象，此时应压入水泥砂浆置换泥浆，以增大井壁摩阻力。此外，该法不宜用于卵石、砾石土层。

（2）空气幕下沉沉井

空气幕下沉是一种减小下沉时井壁摩阻力的有效方法。它是通过向沿井壁四周预埋的气管中压入高压气流，气流沿喷气孔射出再沿沉井外壁上升，在沉井周围形成一空气"帷幕"（即空气幕），使井壁与周围土体接触面松动或液化，摩阻力减小，促使沉井下沉。

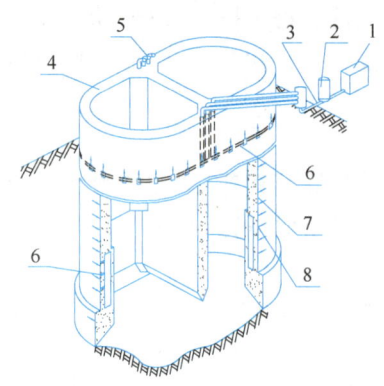

图 10-13　空气幕沉井压气系统构造
1—压缩空气机；2—贮气筒；3—输气管路；
4—沉井；5—竖管；6—水平喷气管；
7—气斗；8—喷气孔

如图 10-13 所示，空气幕沉井在构造上增加了一套压气系统，该系统由气斗、井壁中的气管、压缩空气机、储气筒以及输气管等组成。

气斗是沉井外壁上凹槽及槽中的喷气孔，凹槽的作用是保护喷气孔，使喷出的高压气流有一扩散空间，然后较均匀地沿井壁上升，形成气幕。气斗应布设简单、不易堵塞、便于喷气，目前多用棱锥形（150mm×150mm），其数量根据每个气斗所作用的有效面积确定。喷气孔直径 1mm，可按等距离、上下交错排列布置。

喷气管有水平管和竖管两种，可采用内径 25mm 的硬质聚氯乙烯管。水平管连接各层气斗，每 1/4 或 1/2 周设一根，以便纠偏；每根竖管连接两根水平管，并伸出井顶。

由压缩空气机输出的压缩空气应先输入储气筒，再由地面输气管送至沉井外壁，以防止压气时压力骤降而影响压气效果。

在整个下沉过程中，应先在井内除土，消除刃脚下土的抗力后再压气，但也不得过分除土而不压气，一般除土面低于刃脚 $0.5 \sim 1.0m$ 时，即应压气下沉。压气时间不宜过长，一般不超过 5min/次。压气顺序应先上后下，以形成沿沉井外壁上喷的气流。气压不应小于喷气孔最深处理论水压的 $1.4 \sim 1.6$ 倍，并尽可能使用风压机的最大值。

停气时应先停下部气斗，依次向上，最后停上部气斗，并应缓慢减压，不得将高压空气突然停止，避免造成瞬时负压，使喷气孔内吸入泥沙而被堵塞。空气幕下沉沉井适用于砂类土、粉质土及黏性土地层，对于卵石土、砾类土及风化岩等地层因易于漏气而不宜使用。

10.3.4　沉井下沉过程中遇到的问题及处理

（1）偏斜

沉井偏斜大多发生在下沉不深时。导致偏斜的主要原因有：①土体表面松软，或制作场地、河底高低不平，软硬不均；②刃脚制作质量差，井壁与刃脚中线不重合；③抽垫方法欠妥，回填不及时；④除土不均匀对称，下沉时有突沉或停沉现象；⑤刃脚遇障碍物顶住而未及时发现；⑥排土堆放不合理，或单侧受水流冲击掏空等导致沉井受力不对称。

纠正偏斜，通常可用除土、压重、顶部施加水平力或刃脚下支垫等方法处理，空气幕沉井也可采用单侧压气纠偏。①若沉井倾斜，可在高侧集中除土，加重物，或用高压射水冲松土层，低侧回填砂石，必要时在井顶施加水平力扶正；②若中心偏移则先除土，使井底中心向设计井位中心倾斜，然后在对侧除土，使沉井恢复竖直，如此反复至沉井逐步移近设计井位中心；③当刃脚遇障碍物时，须先清除再下沉。如遇树根、大孤石或钢料铁件，排水施工时可人工排除，必要时用少量炸药（少于200g）炸碎。不排水施工时，可由潜水工进行水下切割或爆破。

（2）难沉

即沉井下沉过慢或停沉。导致难沉的主要原因有：①开挖面深度不够，正面阻力大；②偏斜，或刃脚下遇到障碍物或坚硬岩层和土层；③井壁摩阻力大于沉井自重；④井壁无减阻措施或泥浆套、空气幕等减阻装置遭到破坏。

解决难沉的措施主要是增加压重和减少井壁摩阻力。增加压重的方法有：①提前接筑下节沉井，增加沉井自重；②在井顶加压砂袋、钢轨等重物迫使沉井下沉；③不排水下沉时，可井内抽水，减小浮力，迫使下沉，但需保证土体不产生流砂现象。减小井壁摩阻力的方法有：①将沉井设计成阶梯形、钟形，或使外壁光滑；②井壁内埋设高压射水管组，射水辅助下沉；③利用泥浆套或空气幕辅助下沉；④增大开挖范围和深度，必要时还可采用 0.1~0.2kg 炸药起爆助沉，但同一沉井每次只能起爆一次，且需适当控制炮振次数。

（3）突沉

突沉常发生于软土地区，容易使沉井产生较大的倾斜或超沉。引起突沉的主要原因有：①井壁摩阻力较小；②刃脚下土被挖除，沉井支承削弱；③排水过多、挖土太深、刃脚踏面下软土出现塑流等。防止突沉的措施一般是控制均匀挖土，减小刃脚处挖土深度。此外，在设计时也可采用增大刃脚踏面宽度或增设底梁的措施提高刃脚阻力。

（4）流砂

在粉、细砂层中下沉沉井，经常出现流砂现象，若不采取适当措施将造成沉井严重倾斜。产生流砂的主要原因是土中动水压力的水头梯度大于临界值。故防止流砂的措施是：①排水除土时发生流砂，可向井内灌水，若不排水除土，则减小水头梯度；②采用井点、或深井和深井泵降水，降低井外水位，改变水头梯度方向使土层稳定，防止流砂发生。

10.4　沉井的设计与计算

沉井既是结构物的基础，又是施工过程中挡土、挡水的结构物，因此其设计计算一般包括沉井作为整体深基础的计算和施工过程中的结构计算两大部分。

沉井在设计计算之前必须掌握如下有关资料：①上、下部结构尺寸要求与设计荷载；②水文和地质资料（如设计水位、施工水位、冲刷线或地下水位标高，土的物理力学性质，沉井下沉深度内有无障碍物等）；③拟采用的施工方法（排水或不排水下沉，筑岛或防水围堰的标高等）。

10.4.1　沉井作为整体深基础的计算

沉井作为整体深基础设计，主要根据上部结构特点、荷载大小及水文和地质情况，结合沉井的构造要求及施工方法，拟定出沉井埋深、高度、分节、平面形状和尺寸，井孔大小及布置，井壁厚度和尺寸，封底混凝土和顶板厚度等，然后进行沉井基础的计算。

沉井基础一般要求下沉到坚实的土层或岩层上。根据沉井基础的埋置深度和施工工艺等可有两种计算方法。当沉井埋深较小（≤5m）、土体对沉井的约束作用较弱（如泥浆套施工）时，可不考虑基础侧面土的横向抗力影响，按浅基础设计计算；否则，应考虑基础侧面土体弹性抗力的影响，按刚性桩（$ah<2.5$）计算内力和土抗力，验算地基应力、变形及沉井的稳定性。

10.4.1.1 不考虑井侧土体弹性抗力

不考虑沉井侧土体弹性抗力（按浅基础计算）时，要求沉井底部总的荷载小于或等于地基土体的支承能力，即：

$$F_v + G \leqslant f_a A + R_f \tag{10-1}$$

式中 F_v——作用在沉井顶面的竖向荷载标准值之和（kN）；

     G——沉井的自重标准值（kN）；

     f_a——沉井底部地基土的承载力特征值（kPa）；

     A——沉井底部截面积（m²）；

     R_f——土与井壁的总摩阻力标准值（kN）。

通常可假定井侧摩阻力沿深度呈梯形分布，距地面5m范围内按三角形分布，5m以下为常数，如图10-14所示，故总摩阻力为：

$$R_f = U(h - 2.5)q_0 \tag{10-2}$$

式中 U——井壁外围周长（m）；

     h——沉井的入土深度（m）；

     q_0——单位面积摩阻力加权平均值，$q_0 = \sum q_i h_i / \sum h_i$（kPa）；

     h_i——各土层厚度（m）；

     q_i——i 土层井壁单位面积摩阻力（kPa），根据实际资料或查表10-1选用。

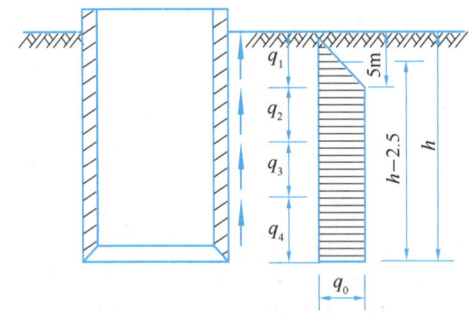

图10-14 井侧摩阻力分布假定

土与井壁单位面积摩阻力标准值   表10-1

土的名称	摩阻力标准值 q（kPa）
黏性土	25～50
砂土	12～25
卵石	15～30
砾石	15～20
软土	10～12
泥浆套	3～5

10.4.1.2 考虑井侧土体弹性抗力

考虑沉井侧壁土体弹性抗力（按刚性桩计算）时，通常可作如下基本假定：

① 地基土为弹性变形介质，水平向地基系数随深度呈正比例增加（即 m 法）；

② 不考虑基础与土之间的黏着力和摩阻力；

③ 沉井刚度与土的刚度之比视为无限大，横向力作用下只能发生转动而无挠曲变形。

根据基础底面地质情况，可分为非岩石地基和岩石地基两种情况计算基础侧面水平压应力、基底应力和基底截面弯矩。

（1）非岩石地基（包括沉井立于风化岩层内和岩面上）

当沉井基础受到水平力 F_H 和偏心竖向力 F_V 共同作用（图 10-15a）时，可将其等效为距离基底作用高度为 λ 的水平力 F_H（图 10-15b），即：

$$\lambda = \frac{F_V e + F_H l}{F_H} = \frac{\sum M}{F_H} \tag{10-3}$$

式中 $\sum M$ ——对井底中心力矩之和（kN·m）。

在水平力作用下，沉井将围绕位于地面下 z_0 深度处的 A 点转动一 ω 角（图 10-16），地面下深度 z 处沉井基础产生的水平位移 Δx 和侧面土的水平压应力 σ_{zx} 分别为：

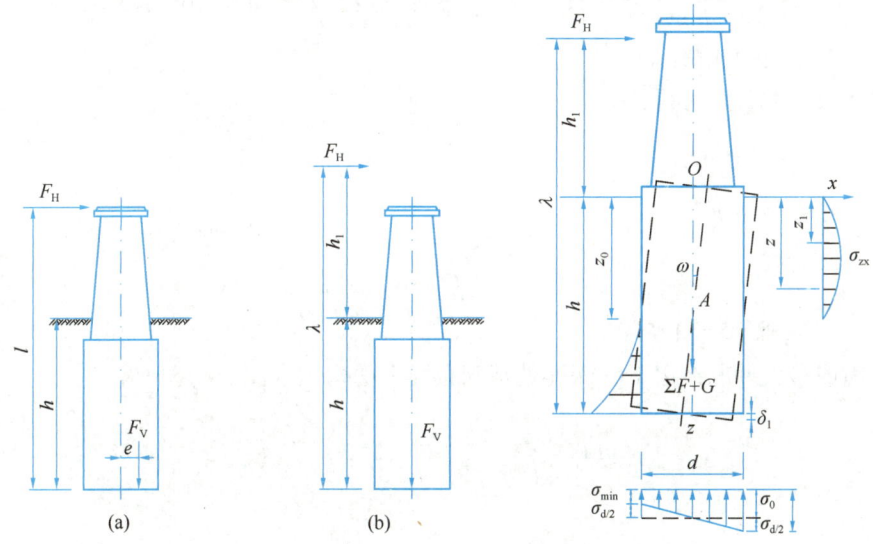

图 10-15　荷载作用情况　　　　图 10-16　非岩石地基计算示意

$$\Delta x = (z_0 - z) \cdot \tan\omega \tag{10-4}$$

$$\sigma_{zx} = \Delta x C_z = C_z (z_0 - z) \cdot \tan\omega \tag{10-5}$$

式中 z_0 ——转动中心 A 离地面的距离（m）；

C_z ——深度 z 处水平向地基系数，$C_z = m z_0$，m 为地基比例系数（kN/m⁴）。

将 C_z 值代入式（10-5）得：

$$\sigma_{zx} = m z (z_0 - z) \cdot \tan\omega \tag{10-6}$$

即土的横向抗力沿深度为二次抛物线变化。若考虑到基础底面处竖向地基系数 C_0 不变，则基底压应力图形与基础竖向位移图相似。故：

$$\sigma_{d/2} = C_0 \delta_1 = C_0 \frac{d}{2} \cdot \tan\omega \tag{10-7}$$

式中 C_0 ——基底土竖向地基系数（kN/m⁴），$C_0 = m_0 h$，且不得小于 $10 m_0$，其中 m_0 为基底处地基土的竖向比例系数（kN/m⁴），其值同 m；

d ——基底宽度或直径（m）。

上述各式中 z_0 和 ω 为两个未知数，根据图 10-16 可建立两个平衡方程式，即：

$$\sum X = 0 \qquad F_H - \int_0^h \sigma_{zx} \cdot b_1 dz = F_H - b_1 m \cdot \tan\omega \int_0^h z(z_0 - z) \cdot dz = 0 \qquad (10\text{-}8)$$

$$\sum M = 0 \qquad F_H h_1 + \int_0^h \sigma_{zx} b_1 z \cdot dz - \sigma_{d/2} W_0 = 0 \qquad (10\text{-}9)$$

式中 b_1 为基础计算宽度（m）（9.5 节），W_0 为基底的截面模量（m³）。联立求解可得：

$$z_0 = \frac{\beta \cdot b_1 h^2 (4\lambda - h) + 6d W_0}{2\beta \cdot b_1 h (3\lambda - h)} \qquad (10\text{-}10)$$

$$\tan\omega = \frac{6F_H}{Amh} \qquad (10\text{-}11)$$

式中 $A = \dfrac{\beta \cdot b_1 h^3 + 18 W_0 d}{2\beta \cdot (3\lambda - h)}$，$\beta = \dfrac{C_h}{C_0} = \dfrac{mh}{m_0 h}$，$\beta$ 为深度 h 处基础侧面的水平地基系数与基础底面竖向地基系数的比值。

将此代入上述各式可得：

基础侧面水平压应力 $\qquad \sigma_{zx} = \dfrac{6F_H}{Ah} z(z_0 - z) \qquad (10\text{-}12)$

基底边缘处压应力

$$\sigma_{\substack{max \\ min}} = \frac{F_V}{A_0} \pm \frac{3F_H d}{A\beta} \qquad (10\text{-}13)$$

式中　A_0——基础底面积（m²）。

离地面或最大冲刷线以下 z 深度处基础截面上的弯矩（图 10-16）为：

$$M_z = F_H(\lambda - h + z) - \int_0^z \sigma_{zx} b_1 (z - z_1) \cdot dz_1$$

$$= F_H(\lambda - h + z) - \frac{F_H b_1 z^3}{2hA}(2z_0 - z) \qquad (10\text{-}14)$$

（2）岩石地基（基底嵌入基岩内）

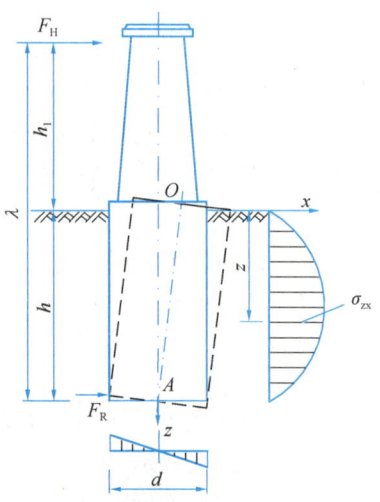

若基底嵌入基岩内，在水平力和竖直偏心荷载作用下，基底不产生水平位移，基础的旋转中心 A 与基底中心重合，即 $z_0 = h$（图 10-17）。此时，在基底嵌入处将存在一水平阻力 F_R，但 F_R 对 A 点的力臂很小，所产生的力矩可忽略不计，故可对 A 点取矩（$\sum M_A = 0$）建立平衡方程，导得转角 $\tan\omega$ 为：

$$\tan\omega = \frac{F_H}{mhD} \qquad (10\text{-}15)$$

其中，$D = \dfrac{b_1 \beta \cdot h^3 + 6 W_0 d}{12\lambda\beta}$；

基础侧面水平压应力：

$$\sigma_{zx} = (h - z)z \frac{F_H}{Dh} \qquad (10\text{-}16)$$

图 10-17　基底嵌入基岩内计算

基底边缘处压应力：

$$\sigma_{\min}^{\max} = \frac{F_V}{A} \pm \frac{F_H d}{2\beta \cdot D} \tag{10-17}$$

由 $\Sigma x = 0$ 可得嵌入处未知水平阻力 F_R 为：

$$F_R = \int_0^h b_1 \sigma_{zx} dz - F_H = F_H \left(\frac{b_1 h^2}{6D} - 1 \right) \tag{10-18}$$

地面以下 z 深度处基础截面上的弯矩为：

$$M_z = F_H(\lambda - h + z) - \frac{b_1 F_H z^3}{12Dh}(2h - z) \tag{10-19}$$

尚需注意，当基础所受水平外荷载为零时，$\lambda \to \infty$，上述公式均不能应用。此时，应以 $M = F_V \cdot e$ 代替式（10-9）等式中的 $F_H h_1$，同理可导得上述两种情况下相应的计算公式，此不赘述，可详见《公路地基规范》。

（3）墩台顶水平位移计算

基础在水平力和力矩作用下，墩台顶水平位移 δ 由地面处水平位移 $z_0 \tan\omega$、地面至墩顶 h_2 范围内水平位移 $h_2 \tan\omega$、台身弹性挠曲变形在 h_2 范围内引起的墩顶水平位移 δ_0 三部分所组成：

$$\delta = (z_0 + h_2)\tan\omega + \delta_0 \tag{10-20}$$

实际上基础的刚度并非无穷大，对墩台顶的水平位移必有影响。故需采用系数 K_1 和 K_2 来反映实际刚度对地面处水平位移及转角的影响，其值可按表 10-2 查用。此外，因基础转角一般很小，故可取 $\tan\omega = \omega$，因此：

$$\delta = (z_0 K_1 + h_2 K_2)\omega + \delta_0 \tag{10-21}$$

墩顶水平位移修正系数　　　　　　　　　　　　表 10-2

αh	系数	λ/h				
		1	2	3	4	∞
1.6	K_1	1.0	1.0	1.0	1.0	1.0
	K_2	1.0	1.1	1.1	1.1	1.1
1.8	K_1	1.0	1.1	1.1	1.1	1.1
	K_2	1.1	1.2	1.2	1.2	1.2
2.0	K_1	1.1	1.1	1.1	1.1	1.1
	K_2	1.2	1.3	1.4	1.4	1.4
2.2	K_1	1.1	1.2	1.2	1.2	1.2
	K_2	1.2	1.5	1.6	1.6	1.7
2.4	K_1	1.1	1.2	1.3	1.3	1.3
	K_2	1.3	1.8	1.9	1.9	2.0
2.6	K_1	1.2	1.3	1.4	1.4	1.4
	K_2	1.4	1.9	2.1	2.2	2.3

注：如 $\alpha h < 1.6$ 时，$K_1 = K_2 = 1.0$。

（4）地基土应力验算

①基底应力

要求计算所得的最大压应力不应超过沉井底面处经修正后的地基承载力特征值 f_a，即：

$$\sigma_{max} \leqslant \gamma_R f_a \tag{10-22}$$

式中　γ_R——抗力系数，对桥梁地基可参见《公路地基规范》。

② 基础侧面水平压应力

上述公式计算的基础侧面水平压应力 σ_{zx} 应小于沉井周围土的极限抗力值 $[\sigma_{zx}]$，否则不能考虑井周土体弹性抗力。计算时可认为基础在外力作用下产生位移时，深度 z 处基础一侧产生主动土压力 σ_a，则被挤压侧受到被动土压力 σ_p 作用，故极限抗力为 $[\sigma_{zx}] = \sigma_p - \sigma_a$，由朗金土压力理论可得：

$$\sigma_{zx} \leqslant [\sigma_{zx}] = \frac{4}{\cos\varphi}(\gamma \cdot z\tan\varphi + c) \tag{10-23}$$

式中 γ 为土的重度，φ 和 c 分别为土的内摩擦角和黏聚力。考虑到桥梁结构性质和荷载情况，且经验表明基础侧面水平压应力验算最不利位置大致在 $z = h/3$ 和 $z = h$ 处，以此代入式（10-23），即：

$$\sigma_{\frac{h}{3}x} \leqslant \eta_1 \cdot \eta_2 \frac{4}{\cos\varphi}\left(\frac{\gamma \cdot h}{3}\tan\varphi + c\right) \tag{10-24}$$

$$\sigma_{hx} \leqslant \eta_1 \cdot \eta_2 \frac{4}{\cos\varphi}(\gamma \cdot h\tan\varphi + c) \tag{10-25}$$

式中　$\sigma_{\frac{h}{3}x}$——相应于 $z = \dfrac{h}{3}$ 深度处土的横向抗力（kPa），h 为基础的埋置深度（m）；

　　　σ_{hx}——相应于 $z = h$ 深度处土的横向抗力（kPa）；

　　　η_1——取决于上部结构形式的系数，一般取 $\eta_1 = 1$，对于拱桥 $\eta_1 = 0.7$；

　　　η_2——考虑恒载产生的弯矩 M_g 对总弯矩 M 的影响系数，即 $\eta_2 = 1 - 0.8\dfrac{M_g}{M}$。

10.4.2　沉井施工期的结构计算

沉井在施工及营运过程中，荷载作用不尽相同。因此在井体各部分设计时，必须根据各自相应的最不利受力状态进行结构计算，以保证井体结构在施工各阶段中的强度和稳定。

10.4.2.1　沉井下沉能力验算

为保证沉井施工时能顺利下沉达设计标高，必须克服井壁与土层之间的摩擦，并底刃脚阻力以及水的浮力等，其下沉能力应满足以下要求。

（1）下沉系数

当沉井内土体挖至刃脚以下，刃脚底面支撑反力为零时，可按下式计算下沉系数：

$$K = \frac{G_K - F_{fw}}{R_f} \tag{10-26}$$

式中　K——下沉系数，一般控制在 $1.15 \sim 1.25$；

　　　G_K——沉井自重与外加助沉重量的标准值（kN）；

　　　F_{fw}——沉井下沉过程中水的浮力标准值（kN）；

R_f——井壁总摩阻力标准值（kN），可按公式（10-2）计算。

当不能满足上述要求时，可加大井壁厚度或调整取土井尺寸；若不排水下沉，达一定深度后改用排水下沉；或施加压重、射水助沉；或采取泥浆套、空气幕等减阻措施。

（2）下沉稳定系数

当下沉系数较大，或下沉过程中遇到软弱土层时，可按下式计算沉井的下沉稳定系数：

$$K_1 = \frac{G_K - F'_{fw}}{R'_f + R_b} \tag{10-27}$$

式中　K_1——下沉稳定系数，一般控制在 0.8～0.9；

　　　F'_{fw}——验算状态下水的浮力标准值（kN）；

　　　R'_f——验算状态下井壁总摩阻力标准值（kN）；

　　　R_b——沉井刃脚、隔墙和底梁下地基土的反力标准值之和（kN）。

10.4.2.2　底节沉井竖向挠曲验算

底节沉井在抽垫及除土下沉过程中，根据不同施工方法刃脚的支承亦不同，沉井自重将导致井壁产生较大的竖向挠曲应力。因此应针对不同支承情况对井壁进行强度验算。当挠曲应力大于沉井材料纵向抗拉强度时，应增加底节沉井高度或在井壁内设置水平向钢筋，防止沉井竖向开裂。其支承情况根据施工方法不同可按如下考虑。

（1）排水除土下沉

排水除土下沉时，沉井支承点可人为控制，此时可将沉井视为支承于四个固定支点上的梁，按最有利位置设置支点，即支点和跨中所产生的弯矩大致相等。对矩形和圆端形沉井，若沉井长宽比大于 1.5，支点可设在长边如图 10-18（a）所示；圆形沉井的四个支点可布置在两相互正交直线上的端点处。

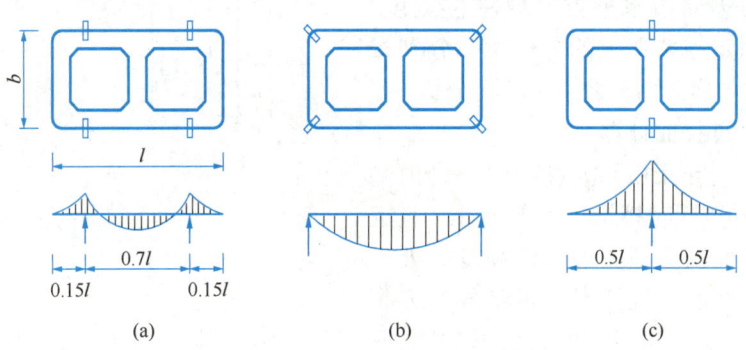

图 10-18　底节沉井支点布置示意
（a）排水除土下沉；（b）、（c）不排水除土下沉

（2）不排水除土下沉

不排水除土下沉时，机械挖土刃脚下支点很难控制，沉井下沉过程中可能出现最不利支承。如矩形和圆端形沉井，因除土不均将导致沉井支承于四角（图 10-18b）形成一简支梁，跨中弯矩最大，沉井下部竖向开裂；此外，也可能因孤石等障碍物使沉井支承于壁中（图 10-18c）类似悬臂梁，支点处沉井顶部可能产生竖向开裂；圆形沉井则可能出现支承于直径上的两个支点。

若底节沉井隔墙跨度较大，还需验算隔墙的抗拉强度。其最不利受力情况是下节井内土已挖空，上节沉井刚浇筑而未凝固，此时隔墙成为两端支承在井壁上的梁，承受两节沉井隔墙和模板等重量。若底节隔墙强度不够，可设置水平向抗弯拉钢筋，或在隔墙下夯填粗砂以承受荷载。

10.4.2.3 沉井刃脚受力计算

沉井刃脚在下沉过程中受力较为复杂，一般可按竖向和水平向分别计算。竖向分析时，可近似地将刃脚视为固定于刃脚根部井壁处的悬壁梁（图 10-19），在刃脚内外侧力的作用下可能向外或向内产生挠曲变形；在水平向分析时，刃脚类似于一闭合的框架（图 10-21），在水、土压力作用下在水平面内发生弯曲变形。对于矩形沉井，根据悬臂及水平框架两者的变位关系及其相应的假定可导得刃脚悬臂分配系数 α 和水平框架分配系数 β 为：

$$\alpha = \frac{0.1L_1^4}{h_k^4 + 0.05L_1^4} \leqslant 1.0 \tag{10-28}$$

$$\beta = \frac{h_k^4}{h_k^4 + 0.05L_2^4} \tag{10-29}$$

式中　L_1、L_2——分别为支承于隔墙间的井壁最大和最小计算跨度（m）；

　　　　h_k——刃脚斜面部分的高度（m）。

当内隔墙底面高出刃脚踏面 0.5m，且无竖直承托加强时，全部水平应力由悬臂承担，即 $\alpha=1.0$，刃脚不起水平框架作用。

（1）刃脚竖向受力分析

一般沿刃脚周边水平方向取单位宽度，将刃脚视为固定在井壁上的悬臂梁，分别按刃脚向外和向内挠曲两种最不利情况分析。

① 刃脚向外挠曲计算

一般认为，当沉井下沉过程中刃脚内侧切入土中 1.0m，同时接筑完上节沉井，且沉井在地面或水面以上还露出一定高度时处于最不利位置。此时，沉井因自重将导致刃脚斜面土体抵抗刃脚而向外挠曲，如图 10-19 所示，作用在刃脚高度范围内的外力有：

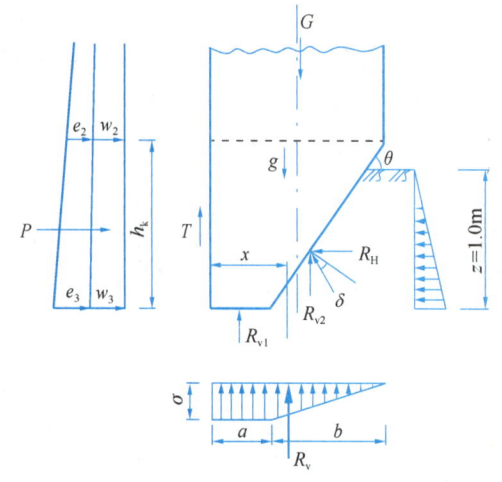

图 10-19　刃脚向外挠曲受力示意

刃脚外侧的土、水压力合力 P：

$$P = \frac{p_{e_2+w_2} + p_{e_3+w_3}}{2} h_k \tag{10-30}$$

式中　$p_{e_2+w_2}$——作用在刃脚根部处的土、水压力强度之和（kPa）；

　　　　$p_{e_3+w_3}$——刃脚底面处土、水压力强度之和（kPa）。

其作用点位置（离刃脚根部距离）为 $y = \dfrac{h_k}{3} \cdot \dfrac{2p_{e_3+w_3} + p_{e_2+w_2}}{p_{e_3+w_3} + p_{e_2+w_2}}$。

地面下深度 h_y 处刃脚承受的土压力 e_i 可按朗金土压力公式计算，水压力应根据施工情况和土质条件计算。《公路地基规范》规定，计算所得刃脚外侧土、水压力合力 P 大于静水压力的 70% 时，取 70% 的静水压力。

沿井壁外侧单位周长上的总摩阻力 T（kN/m）可按下式计算，为偏于安全，使刃脚下土反力最大，应取两式计算的较小值。

$$T = \mu E \tag{10-31}$$

$$T = qA \tag{10-32}$$

式中　μ——摩擦系数，$\mu = \tan\varphi$，一般可取 $\tan\varphi = 0.5$；

　　　A——单位宽度上沉井外侧面与土接触的总面积（m^2），$A = 1 \times h = h$（h 为沉井高度，m）；

　　　E——作用在井壁上每米宽度的总土压力（kN/m）。

作用在刃脚外侧的摩阻力 T'（kN/m），为使悬臂上弯矩达最大值，应取下式计算的较大值：

$$T' = \mu E' \tag{10-33}$$

$$T' = qA' \tag{10-34}$$

式中　A'——单位宽度刃脚外侧与土接触的总面积（m^2），$A' = 1 \times h_k = h_k$（h_k 为刃脚斜面的高度，m）；

　　　E'——作用在刃脚高度范围内每米宽度的总土压力（kN/m）。

刃脚下土的竖向反力 R_v：

$$R_v = G - T \tag{10-35}$$

式中　G——沿井壁周长单位宽度上沉井的自重（kN），其值等于该高度沉井的总重除以沉井的周长，水下部分应考虑水的浮力。

若将 R_v 分解为作用在踏面下土的竖向反力 R_{v1} 和刃脚斜面下土的竖向反力 R_{v2}，且假定 R_{v1} 为均匀分布，其强度为 σ，R_{v2}（最大强度为 σ）和水平反力 R_H 呈三角形分布，如图 10-19 所示，则根据力的平衡条件可导得各反力值为：

$$R_{v1} = \frac{2a}{2a+b} R_v \tag{10-36}$$

$$R_{v2} = \frac{b}{2a+b} R_v \tag{10-37}$$

$$R_H = R_{v2}\tan(\theta - \delta) = \frac{b}{2a+b}\tan(\theta - \delta)R_v \tag{10-38}$$

式中　a——刃脚踏面宽度（m）；

　　　b——切入土中部分刃脚斜面的水平投影长度（m）；

　　　δ——土与刃脚斜面间的外摩擦角（°），一般可取 $\delta = \varphi$。

R_v 的作用点与井壁外侧的距离 x 为：

$$x = \frac{1}{3}\left(\frac{a^2}{2a+b} + a + b\right) \tag{10-39}$$

刃脚单位宽度自重 g 为：

$$g = \frac{t+a}{2} h_k \gamma_h \qquad (10\text{-}40)$$

式中　t——井壁厚度（m）；

γ_h——钢筋混凝土刃脚的重度（N/m³），不排水施工时应扣除浮力。

求出以上各力的数值、方向及作用点后，根据图 10-19 几何关系可求得各力对刃脚根部中心轴的力臂，从而求得总弯矩 M_0、竖向力 N_0 及剪力 Q，即：

$$M_0 = M_p + M_{T'} + M_{Rv} + M_{RH} + M_g \qquad (10\text{-}41)$$

$$N_0 = R_v + T' + g \qquad (10\text{-}42)$$

$$Q = P + R_H \qquad (10\text{-}43)$$

其中 M_P、$M_{T'}$、M_{Rv}、M_{RH} 及 M_g 分别为土水压力合力 p、刃脚底部外侧摩阻力 T'、竖向反力 R_v、横向力 R_H 及刃脚自重 g 等对刃脚根部中心轴的弯矩（kN·m），且刃脚部分各水平力均应按规定考虑分配系数 α。求得 M_0、N_0 及 Q 后就可验算刃脚根部应力，并计算出刃脚内侧所需竖向钢筋用量。

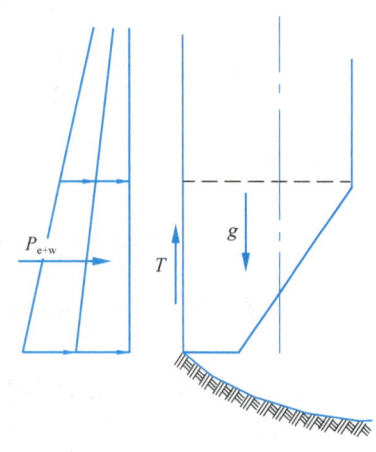

图 10-20　刃脚内挠受力分析

② 刃脚向内挠曲计算

刃脚向内挠曲的最不利位置是沉井已下沉至设计标高，刃脚下土体挖空而尚未浇筑封底混凝土（图 10-20），此时刃脚仍可视为根部固定在井壁上的悬臂梁计算其最大弯矩。

作用在刃脚上的力有刃脚外侧的土压力、水压力、摩阻力以及刃脚本身的重力。各力的计算方法同前。但水压力计算应注意实际施工情况，为偏于安全，一般井壁外侧水压力按 100% 计算，井内水压力取 50%；若排水下沉时，在透水土中，外侧水压力可按静水压力的 70% 计算。但此时作用在刃脚外侧的摩阻力应取式（10-33）和式（10-34）中的较小值。计算所得各水平外力同样应考虑分配系数 α。再由外力计算出对刃脚根部中心轴的弯矩、竖向力及剪力，以此求得刃脚外壁钢筋用量。

一般刃脚钢筋截面积不宜少于刃脚根部截面积的 0.1%，且竖向主筋应伸入刃脚根部以上不小于沉井按水平框架计算的最大计算跨径的 0.5 倍高度。

（2）刃脚水平向受力分析

当沉井下沉至设计标高，刃脚下土已挖空但未浇筑封底混凝土时，刃脚所受水平压力最大，处于最不利状态。此时可将刃脚视为水平框架（图 10-21），作用于刃脚上的外力与计算刃脚向内挠曲时一样，但所有水平力应乘以分配系数 β。必要时，根据施工情况可考虑框架内向外的水平作用力，以此求得水平框架的控制内力，再配置框架所需水平钢筋。

框架的内力可按一般结构力学方法计算，具体计算可根据不同沉井平面形式查阅相关文献。

10.4.2.4 井壁受力计算

（1）井壁竖向拉应力验算

沉井下沉过程中，刃脚下土挖空时，若上部井壁摩阻力较大可能将沉井箍住，沉井下部呈悬挂状态，井壁内将因自重产生竖向拉应力。通常可假定作用于井壁的摩阻力呈倒三角形分布（图 10-22），沉井自重为 G，入土深度为 h，则距刃脚底面 x 深处断面上的拉力 S_x 为：

$$S_x = \frac{Gx}{h} - \frac{Gx^2}{h^2} \qquad (10\text{-}44)$$

可导得井壁内最大拉力 S_{max} 为：

$$S_{max} = \frac{G}{4} \qquad (10\text{-}45)$$

其位置在 $x = h/2$ 的断面上。

当竖向拉力大于井壁圬工材料的容许限值时，应设置必要的竖向受力钢筋。对多节沉井，可假定接缝处混凝土不承受拉力而全部由接缝钢筋承受，钢筋的应力应小于 0.75 倍钢筋强度标准值，并须验算钢筋的锚固长度。

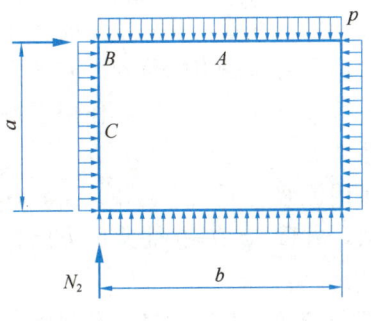

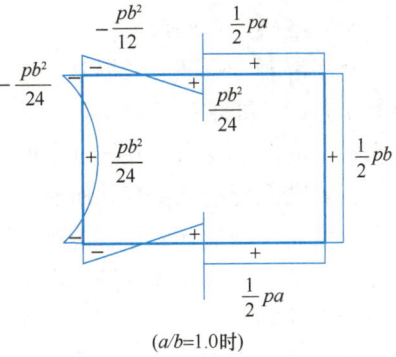

（a/b=1.0时）

图 10-21　单孔矩形框架受力

采用泥浆套下沉的沉井，因泥浆套内不可能出现箍住现象，井壁也不会因自重而产生拉应力；台阶形井壁每段井壁变阶处均需进行相应的拉力验算。

（2）井壁水平受力计算

当沉井沉至设计标高，刃脚下土已挖空而尚未封底时，井壁承受的水、土压力为最大，此时应按水平框架进行水平受力分析，验算井壁材料强度，其计算方法与刃脚框架计算相同。

刃脚根部处井壁可取该处以上高度等于井壁厚度 t 的一段进行分析（图 10-23），该段井壁除承受有井侧的土、水压力（应考虑排水或不排水情况）外，还承受由刃脚悬臂作用传来的水平剪力（即刃脚内挠时受到的水平外力乘以分配系数 α）。

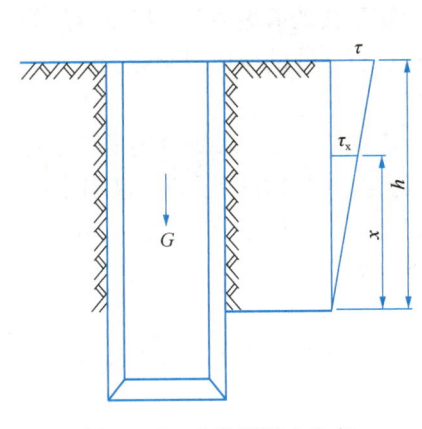

图 10-22　井壁摩阻力分布

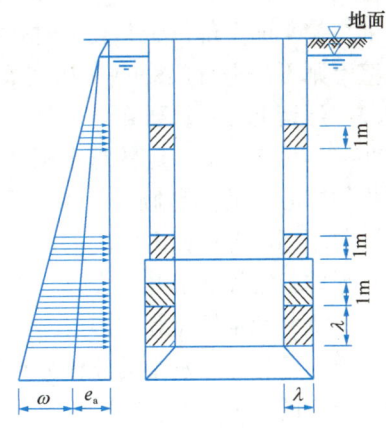

图 10-23　井壁框架受力示意

其他各段井壁，取井壁断面变化处或每节沉井下端处以上单位高度井壁进行水平受力分析，但不考虑由刃脚悬臂传来的水平剪力。

计算井壁水平受力时，作用于井壁框架上的水平外力仅土压力和水压力，且不需乘以分配系数 β。

采用泥浆套下沉的沉井，当泥浆压力（即泥浆相对密度乘泥浆高度）大于土、水压力之和时，井壁压力应按泥浆压力计算；采用空气幕下沉的沉井，井壁压力与普通沉井计算相同。

10.4.2.5　混凝土封底及顶板计算

（1）混凝土封底计算

封底混凝土厚度应根据基底的水压力、地基土的向上反力、井孔内填料情况以及封底混凝土各阶段要求计算确定，计算时应考虑：①封底后需抽水施工时，封底混凝土承受基底水和土的向上反力，并按抽水时封底混凝土的实际强度等级计算；②井孔内不填充混凝土时，封底混凝土承受沉井所有荷载产生的基底反力，若填充砂时宜扣除其重力作用；③井孔内填充混凝土（或片石混凝土）时，封底混凝土承受沉井所有荷载产生的基底反力和填充混凝土前沉井底部的静水压力，并宜扣除填充的重力作用。

封底混凝土厚度可按下述方法计算并取其较大者。

① 按受弯计算

将封底混凝土视为支承在凹槽或隔墙底面和刃脚上的底板，按周边支承的双向板（矩形或圆端形沉井）或圆板（圆形沉井）计算，底板与井壁的连接一般按简支考虑，当连接可靠（由井壁内预留钢筋连接等）时，也可按弹性固定考虑。要求计算所得的弯曲拉应力小于混凝土的弯曲抗拉设计强度，具体计算可参考有关设计手册。

② 按受剪计算

即计算封底混凝土承受基底反力后是否存在沿井孔周边剪断的可能性。若剪应力超过其抗剪强度则应加大封底混凝土的抗剪面积。

（2）钢筋混凝土顶板计算

空心或井孔内填以砾砂石的沉井，井顶必须浇筑钢筋混凝土顶板，用以支承上部结构荷载。顶板厚度一般预先拟定再进行配筋计算，计算时可按承受最不利均布荷载的双向板或圆板考虑。

当上部结构平面全部位于井孔内时，还应验算顶板的剪应力和井壁支承压力；若部分支承于井壁上则不需进行顶板的剪力验算，但需进行井壁的压应力验算。

10.4.3　浮运沉井计算要点

沉井在浮运过程中需一定的吃水深度，使重心低于浮心（浮力合力的作用点，位于排开水体体积的中心）而不易倾覆，保证浮运时稳定；同时井壁还必须高出水面一定的高度，确保沉井不因风浪等而沉没。因此，除前述计算外，还应考虑沉井浮运过程中的受力情况，进行浮体稳定性和沉井拖曳过程中的倾斜验算。

（1）浮运沉井稳定性验算

将沉井视为一悬浮于水中的浮体分析其横向稳定性时，要求浮运沉井的定倾半径大于沉井重心至浮心的距离，即：

$$\rho > a \qquad\qquad (10\text{-}46)$$

其中

$$\rho = \frac{I_{x\text{-}x}}{V} \tag{10-47}$$

式中　ρ——沉井的定倾半径，即定倾中心至浮心的距离（m）；

　　　a——沉井重心至浮心的距离（m），重心在浮心之上为正，反之为负；

　　$I_{x\text{-}x}$——沉井浮体的排水截面面积惯性矩（m^4）；

　　　V——沉井排水体积（m^3），$V = G/\gamma_w$，G 为沉井底板以上部分的重量。

（2）浮运沉井拖曳过程中倾斜验算

沉井在浮运过程中因牵引力、风力等作用将产生一定的倾斜，为确保沉井拖曳过程中的安全，要求沉井倾斜后顶面露出水面 0.5～1.0m 作为安全高度或沉井露出水面的最小高度，且浮体稳定倾斜角 θ 不应大于 6°：

$$\theta = \arctan \frac{M}{\gamma_w V (\rho - a)} \leqslant 6° \tag{10-48}$$

式中　M——拖曳力及风力等对浮心产生的外力矩（kN·m）；

　　　γ_w——水的重度，可取 10kN/m^3。

10.5　圆端形沉井计算算例

某公路桥墩沉井基础平面及剖面尺寸如图 10-24 所示，作用于沉井顶面的恒载及活载见表 10-4，井身混凝土强度等级为 C25，HRB400 钢筋。采用浮运法施工（浮运方法及浮运稳定性验算等此从略），参照《公路地基规范》进行设计计算。

10.5.1　沉井高度及各部分尺寸

（1）沉井高度 h

按水文计算，最大冲刷深度 $h_m = 90.40 - 86.77 = 3.63$m，大、中桥基础埋深应 $\geqslant 2.0$m，故：

$$h = (91.7 - 90.4) + 3.63 + 2.0 = 6.93\text{m}$$

沉井底接近细砂砾石夹淤泥层。

按土质条件，井底应进入密实的砂卵石层并考虑 2.0m 的安全深度，则：

$$h = 91.70 - 81.58 = 10.12\text{m}$$

按地基承载力，沉井底面宜进入密实的砂卵石层。

综合考虑，拟取沉井高度 $h = 10$m，井顶标高 91.7m，井底标高 81.7m。因潮水位较高，故取第一节沉井高 8.5m，第二节高 1.5m，第一节井顶标高 90.2m。

（2）沉井平面尺寸

考虑到桥墩形式，采用两端半圆形、中间为矩形的沉井。圆端的外半径 2.9m，矩形长边 6.6m，宽 5.8m，第一节井壁厚 1.1m，第二节厚 0.55m。隔墙厚 0.8m。其他尺寸如图 10-24 所示。

刃脚踏面宽度 0.15m，刃脚斜面高 1.0m（图 10-25），内侧倾角：

$$\theta = \arctan \frac{1.0}{1.0 - 0.15} = 46°28' > 45°$$

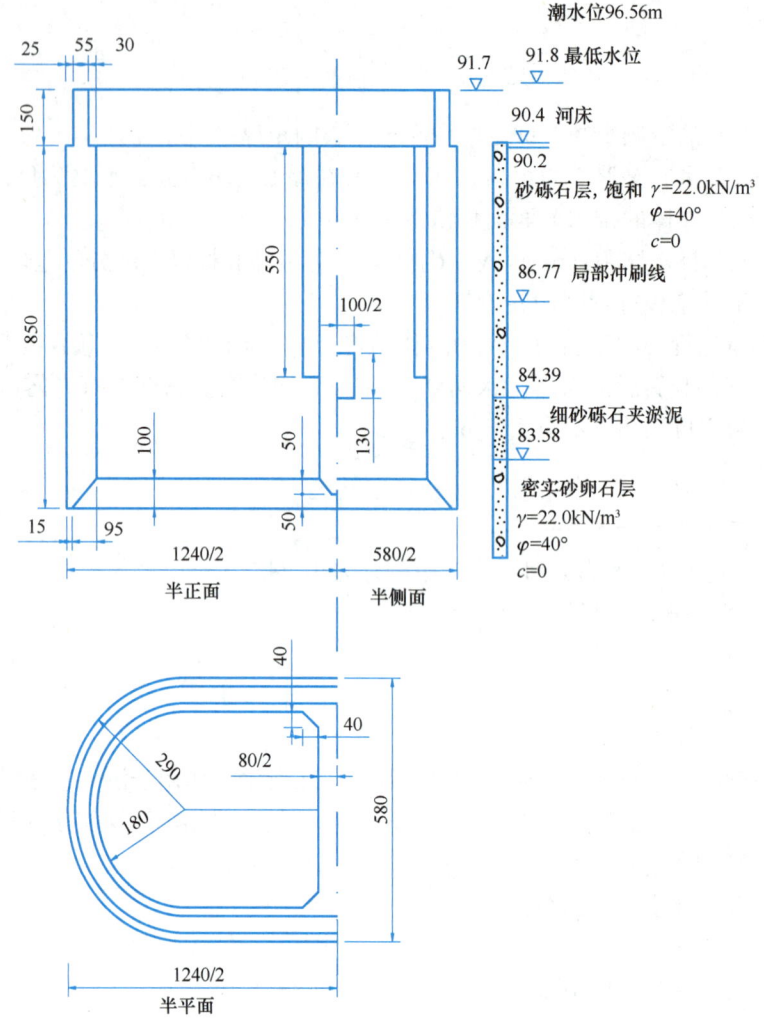

图 10-24 圆端形沉井计算实例（单位：cm）

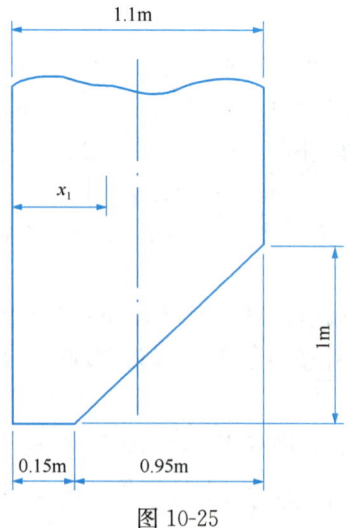

图 10-25

10.5.2 荷载计算

沉井自重计算如表 10-3 所示，各力汇总于表 10-4。

沉井自重计算汇总   表 10-3

沉井部位	重度 (kN/m³)	体积 (m³)	重力 (kN)
刃脚	25.00	18.18	454.50
第一节沉井井壁	24.50	230.72	5652.64
底节沉井隔墙	24.50	24.22	593.39
第二节沉井井壁	24.50	23.20	568.40
钢筋混凝土盖板	24.50	62.36	1527.82
井孔填砂卵石	20.00	150.62	3012.40
封底混凝土	24.00	126.26	3030.24
沉井总重			14839.39

各力汇总表   表 10-4

	力的名称	力值 (kN)	对沉井底面形心轴的力臂 (m)	弯矩 (kN·m)
竖向荷载	二孔上部结构恒载及墩身	25691.00		
	一孔活载	650.00	1.15	747.50
	制动力产生的竖向力	32.40		
	沉井自重	14839.39	1.15	37.26
	沉井浮力	−6355.23		
	合计	34857.62		784.76
水平荷载	一孔活载	815.10	18.806	−15328.77
	制动力	75.00	18.806	−1410.45
	合计	890.10		−16739.22
	总计		$\sum M = -15954.46 \mathrm{kN \cdot m}$	

注：上表仅列了单孔荷载作用情况，对其他活载作用情况从略。

10.5.3 基底应力验算

沉井井底埋深 $h = 86.77 - 81.70 = 5.07\mathrm{m}$，井宽 $d = 5.8\mathrm{m}$，井底地基土为中等密实砂、卵石类土层，可取 $f_{a0} = 600\mathrm{kPa}$，$K_1 = 4$，$K_2 = 6$，土重度 $\gamma_1 = \gamma_2 = 12.00\mathrm{kN/m^3}$（考虑浮力后的近似值），故基底土承载力特征值为：

$$f_a = f_{a0} + K_1 \gamma_1 (b - 2) + K_2 \gamma_2 (h - 3)$$
$$= 600 + 4 \times 12.0 \times (5.8 - 2) + 6 \times 12.0 \times (5.07 - 3) = 931.44\mathrm{kPa}$$

井顶竖向荷载 $F_v = 34857.62\mathrm{kN}$，水平荷载 $F_H = 890.10\mathrm{kN}$，弯矩 $\sum M = 15954.46\mathrm{kN \cdot m}$。

井底面积 $A_0 = 3.1416 \times 2.9^2 + 6.6 \times 5.8 = 64.7\mathrm{m^2}$，井底抵抗矩 $W = \dfrac{\pi d^3}{32} + \dfrac{1}{6}a^2 b = 56.12\mathrm{m^3}$；

又因 $h<10$m，取 $C_0=10$m，即 $\beta=C_h/C_0=0.5$，$b_1=(1-0.1a/b)(b+1)=12.77$m；

故　　$\lambda=\dfrac{\sum M}{F_H}=\dfrac{15954.46}{890.106}=17.92$m

$$A=\dfrac{b_1\beta h^3+18dW}{2\beta(3\lambda-h)}=\dfrac{12.77\times0.5\times5.07^3+18\times5.8\times56.12}{2\times0.5\times(3\times17.92-5.07)}=137.42\text{ m}^2$$

考虑荷载作用组合，承载力可提高 25%，即 $\gamma_R=1.25$，故基底压应力为：

$$\sigma^{max}_{min}=\dfrac{N}{A_0}\pm\dfrac{3Hd}{A\beta}=\dfrac{34857.62}{64.70}\pm\dfrac{3\times890.10\times5.8}{137.42\times0.5}=\begin{cases}764.71<\gamma_R f_a=1164.30\\313.35\qquad>0\end{cases}\text{kPa}$$

均满足要求。

10.5.4　井侧水平压应力验算

将以上计算参数代入式（10-10）可得井身转动中心离底面的距离：

$$z_0=\dfrac{0.5\times12.77\times5.07^2\times(4\times17.92-5.07)+6\times5.8\times56.12}{2\times0.5\times12.77\times5.07\times(3\times17.92-5.07)}=4.09\text{m}$$

再由式（10-12）可计算出井侧水平压应力：

$$\sigma_{\frac{h}{3}x}=\dfrac{6\times890.10}{137.42\times5.07}\times\dfrac{5.07}{3}\times\left(4.09-\dfrac{5.07}{3}\right)=31.06\text{kPa}$$

$$\sigma_{hx}=\dfrac{6\times890.10\times5.07}{137.42\times5.07}\times(4.09-5.07)=-38.17\text{kPa}$$

若取土体抗剪强度指标 $\varphi=40°$，$c=0$；系数 $\eta_1=0.7$，$\eta_2=1.0$（因 $M_g=0$），则根据式（10-24）及式（10-25）可得土体极限横向抗力为：

$z=\dfrac{h}{3}$ 时：

$$[\sigma_{zx}]=0.7\times1.0\times\dfrac{4}{\cos40°}\times\left(\dfrac{12.00\times5.07}{3}\tan40°\right)=62.21\text{kPa}>\sigma_{\frac{h}{3}}=31.06\text{kPa}$$

$z=h$ 时：

$$[\sigma_{zx}]=0.7\times1.0\times\dfrac{4}{\cos40°}\times(12.00\times5.07\times\tan40°)=186.64\text{kPa}>\sigma_h=38.17\text{kPa}$$

均满足要求，因此计算时可考虑沉井侧面土的弹性抗力。

10.5.5　沉井自重下沉验算

沉井自重　$G_k=$（刃脚重＋底节沉井重＋底节隔墙重＋顶节沉井重）

$\qquad\qquad=454.50+5652.64+593.39+568.40=7268.93$kN

沉井浮力　$F_{fw}=(18.18+230.72+24.22+23.22)\times10.00=2963.40$kN

土与井壁间摩阻力标准值可根据土层类别参照表 10-1，自上而下为：$h_1=6.0$m，$q_1=18.0$kPa；$h_2=0.8$m，$q_2=12.0$kPa；$h_3=1.9$m，$q_3=20.0$kPa，由式（10-2）可得土与井壁间摩阻力标准值的加权平均值为：

$$q_0=\dfrac{18.0\times(6.0-2.5)+12.0\times0.8+20.0\times1.9}{8.7-2.5}=17.84\text{kN/m}^2$$

总摩阻力（不计地面处 0.2m 深度内沉井周长的微小差别）：

$$R_f=(\pi\times5.8+2\times6.6)\times(8.7-2.5)\times17.84=3475.44\text{kN}$$

再由式（10-26）可得下沉系数：

$$K = \frac{7268.93 - 2963.40}{3475.44} = 1.23$$

可见 K 在 $1.15 \sim 1.25$ 之间，满足下沉要求。由于 K 值不是太大，且无软弱夹层，故可不进行下沉稳定系数验算。

10.5.6　刃脚受力验算

（1）刃脚向外挠曲

经试算分析，最不利位置为刃脚下沉到标高 $90.4 - 8.7 + 4.35 = 86.05$m 处，刃脚切入土中 1m，第二节沉井已接上，如图 10-26 所示，其悬臂作用分配系数为：

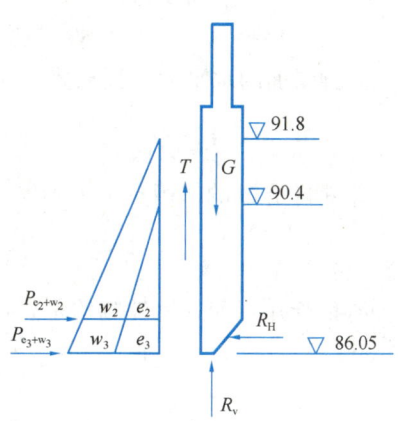

$$\alpha = \frac{0.1L^4}{h_k^4 + 0.05L_1} = \frac{0.1 \times 4.7^4}{1.0^4 + 0.05 \times 4.7^4}$$

$$= 1.92 > 1.0$$

取 $\alpha = 1.0$。刃脚外侧土为砂卵石层，$q = 18.00$kPa，$\varphi = 40°$，则：

图 10-26

① 作用于刃脚的力（按低水位取单位宽度计算）

$w_2 = (91.8 - 87.05) \times 10 = 47.50$kN/m

$w_3 = (91.8 - 86.05) \times 10 = 57.50$kN/m

$e_2 = 12.0 \times (90.4 - 87.05) \times \tan^2(45° - 40°/2) = 8.70$kN/m

$e_3 = 12.0 \times (90.4 - 86.05) \times \tan^2(45° - 40°/2) = 11.30$kN/m

故 $P_{e_2+w_2} = 47.50 + 8.70 = 56.20$kN/m，$P_{e_3+w_3} = 57.50 + 11.30 = 68.80$kN/m。

刃脚外侧土、水压力合力：

$$P = \frac{1}{2} \times (56.20 + 68.80) \times 1.00 = 62.50\text{kN}$$

作用点位置（离刃脚根部）

$$y = \frac{1.00}{3} \times \frac{2 \times 68.80 + 56.20}{68.80 + 56.20} = 0.51\text{m}$$

70% 的静水压力为：

$0.7\gamma_w h h_k = 0.70 \times 10.00 \times 5.25 \times 1.00 = 36.75$kN $< P = 62.50$kN

故取 $P = 36.75$kN。

井壁外侧单位周长摩阻力，根据式（10-31）和式（10-32）可得：

$$T = 0.5 \times \frac{1}{2} \times 11.30 \times 4.35 = 12.29\text{kN}$$

$$T = 18.00 \times 4.35 \times 1.00 = 78.30\text{kN}$$

取小值，故 $T = 12.29$kN。

刃脚外侧的摩阻力，可由式（10-33）和式（10-34）求得：

$$T' = 0.5 \times \frac{8.70 + 11.30}{2} \times 1.00 = 5.00\text{kN}$$

$$T' = 18.00 \times 1.00 \times 1.00 = 18.00\text{kN}$$

取大值，即 $T'=18.00$kN。

单位宽沉井自重可由表 10-3 中沉井各部分重力，并扣除水中部分浮力（圆端部分周长按井壁中心半径计算）求得：

$$G = \frac{454.00 + 5652.64 + 593.39 + 568.40}{\pi \times (5.80 + 4.70)/2 + 2 \times 6.60} - 5.75 \times 1.10 \times 10.00 = 181.58\text{kN}$$

刃脚下土的竖向反力，由式（10-35）得：

$$R_v = 181.58 - 12.29 = 169.29\text{kN}$$

刃脚斜面的水平力，根据式（10-38），取 $\delta_2 = \varphi = 40°$，可得：

$$R_H = \frac{0.95}{2 \times 0.15 + 0.95}\tan(46.5° - 40.0°) \times 169.29 = 14.66\text{kN}$$

井壁自重 G 的作用点至刃脚根部中心轴距离可通过一次力矩得到：

$$x_1 = \frac{1.1^2 + 0.15 \times 1.1 - 2 \times 0.15^2}{6 \times (1.1 + 0.15)} = 0.178\text{m}$$

R_v 的作用点与井壁外侧的距离，可通过式（10-39）求得：

$$x = \frac{1}{3} \times \left(\frac{0.15^2}{2 \times 0.15 + 0.95} + 0.15 + 0.95\right) = 0.37\text{m}$$

② 各力对刃脚根部截面中心的弯矩（图 10-27）

水平水压力及土压力引起的弯矩：

$$M_P = 36.75 \times \frac{1}{3} \times \frac{2 \times 40.05 + 32.45}{40.05 + 32.45} \times 1.0$$

$$= 19.01\text{kN} \cdot \text{m}$$

刃脚侧面摩阻力引起的弯矩：

$$M_{T'} = 18.00 \times 1.1/2 = 9.90\text{kN} \cdot \text{m}$$

竖向反力 R_v 引起的弯矩：

$$M_{R_v} = 169.29 \times \left(\frac{1.1}{2} - 0.38\right) = 28.78\text{kN} \cdot \text{m}$$

刃脚斜面水平反力引起的弯矩：

$$M_{R_H} = 14.66 \times (1 - 0.33) = 9.82\text{kN} \cdot \text{m}$$

刃脚自重引起的弯矩：

$$M_g = \frac{1.10 + 0.15}{2} \times 1.00 \times 25.00 \times 0.178$$

$$= 2.78\text{kN} \cdot \text{m}$$

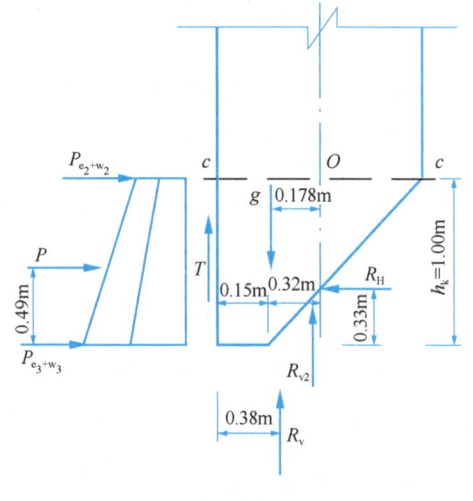

图 10-27

故总弯矩为：

$$M_0 = \Sigma M = 9.90 + 28.78 + 9.82 - 19.01 - 2.78 = 26.71\text{kN} \cdot \text{m}$$

③ 刃脚根部处应力验算

刃脚根部轴力 $N_0 = 169.29 + 18.00 - 0.625 \times 25.00 = 171.66$kN，面积 $F = 1.1$m²，抵抗矩 $W = 0.2$m³，故：

$$\sigma_{h\,\min}^{\max} = \frac{N_0}{F} \pm \frac{M_0}{W} = \frac{171.66}{1.1} \pm \frac{26.71}{0.2} = \begin{cases} 289.60\text{kPa} \\ 22.50 \end{cases}$$

显见，混凝土压应力远小于其轴心抗压强度 $f_{cd}=9780$kPa（《公路圬工桥涵设计规范》JTG D 61—2005），按受力条件不需设置钢筋，只需配置构造钢筋。该工况下水平剪力较小，验算时未作考虑。

（2）刃脚向内挠曲

此时最不利位置在沉井已下沉至设计标高，刃脚下土体挖空，且水压力按潮水位计算（图 10-28）。

① 作用于刃脚的力

同前可求得作用于刃脚外侧的土、水压力为：$w_2=138.60$kN/m，$w_3=148.60$kN/m，$e_2=20.10$kN/m，$e_3=22.70$kN/m，故总土、水压力为 $P=165.00$kN。其对刃脚根部形心轴的弯矩为：

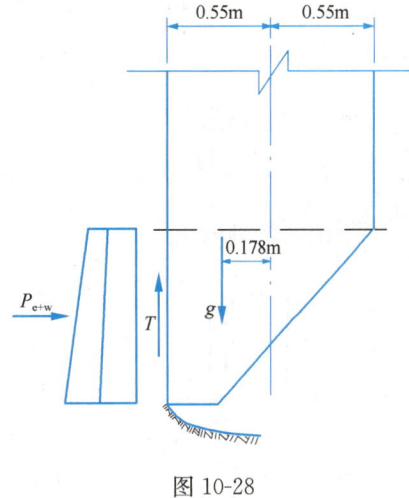

图 10-28

$$M_P = 165.00 \times \frac{1}{3} \times \frac{2 \times (148.60+22.70)+138.60+20.10}{148.60+22.70+138.60+20.10} = 83.55\text{kN} \cdot \text{m}$$

此时相应的刃脚侧面摩阻力为 10.70kN 和 20.00kN，取小值，即 $T'=10.70$kN，所产生的弯矩为：

$$M_T = 10.70 \times 0.55 = 5.89\text{kN} \cdot \text{m}$$

刃脚自重引起的弯矩与外挠时相同，即 $M_g=2.78$kN·m

刃脚根部的总弯矩、轴向力及剪力为：

总弯矩　　$M_0 = 83.55 + 2.78 - 5.89 = 80.44$kN·m

总轴力　　$N_0 = 10.70 - 15.63 = -4.93$kN

总剪力　　$Q_0 = P = 165.00$kN

② 刃脚根部截面应力验算

弯曲应力：

$$\sigma_{\substack{h\max \\ \min}} = \frac{N}{F} \pm \frac{M}{W} = \frac{-4.93}{1.1} \pm \frac{80.44}{0.20} = \begin{cases} -406.68\text{kPa} < f_{tmd} = 920\text{kPa（拉）} \\ 397.72\text{kPa} < f_{cd} = 9780\text{kPa（压）} \end{cases}$$

剪应力：

$$\sigma_j = \frac{165.00}{1.1} = 150.00\text{kPa} < f_{vd} = 1850\text{kPa}$$

同前，混凝土拉应力、压应力及剪应力均远小于其相应的强度设计值，故按受力条件不需设置钢筋，只需按构造要求配筋即可。混凝土的各强度设计值同样取自《公路圬工桥涵设计规范》JTG D 61—2005。

（3）刃脚框架计算

由于 $\alpha=1.0$，刃脚作为水平框架承受的水平力很小，故不需验算，可按构造布置钢筋。如需验算，则与井壁水平框架计算方法相同，此略。

10.5.7　沉井井壁受力验算

（1）竖向拉力

根据式（10-45）可得井壁竖向拉力：

$$S_{\max} = \frac{1}{4} \times (454.50 + 5652.64 + 593.39 + 568.40) = 1817.23 \text{kN（未考虑浮力）}$$

井壁受拉面积为：

$$F_1 = \frac{3.1416}{4} \times (5.8^2 - 3.6^2) + 6.6 \times 5.8 - 2.9 \times 3.6 \times 2 = 33.64 \text{m}^2$$

混凝土所受到的拉应力为：

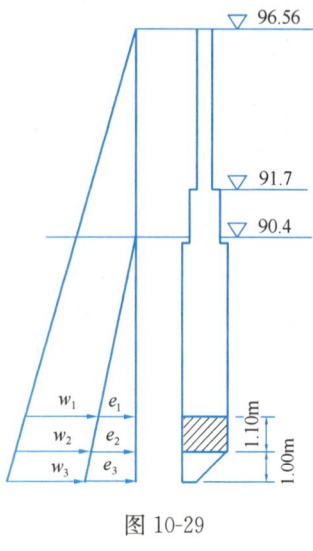

图 10-29

$$\sigma_h = \frac{S_{\max}}{F_1} = \frac{1817.23}{33.64} = 54.02 \text{kPa} < f_{td} = 1230 \text{kPa}$$

其中 f_{td} 为混凝土轴心抗拉强度，由《公路钢筋混凝土及预应力混凝土桥涵设计规范》JTG 3362—2018 查得。

井壁内可按构造布置竖向钢筋。实际上根据土质情况井壁不可能产生大的拉应力。

（2）横向受力

沉井沉至设计标高时，刃脚根部以上一段（井壁厚）井壁承受的外力最大，它不仅承受本身范围内的水平力，还要承受刃脚作为悬臂传来的剪力，故处于最不利状态。

考虑潮水位时，可求得刃脚及刃脚根部以上 1.1m 处（图 10-29）单位宽度井壁上的水压力和土压力为：$w_1 = 127.60 \text{kN/m}^2$，$w_2 = 138.60 \text{kN/m}^2$，$w_3 = 148.60 \text{kN/m}^2$；$e_1 = 17.22 \text{kPa}$，$e_2 = 20.10 \text{kPa}$，$e_3 = 22.70 \text{kPa}$。故总的水、土压力为（悬臂分配系数 $\alpha = 1.00$）：

$$P = \frac{(127.60 + 17.22) + (138.60 + 20.10)}{2} \times 1.10$$

$$+ \frac{(138.60 + 20.10) + (148.60 + 22.70)}{2} \times 1.00 \times 1.00$$

$$= 331.94 \text{kN/m}$$

沉井各部分所受内力、底节沉井竖向挠曲、封底混凝土及顶板等验算从略。

10.6 地下连续墙简介

地下连续墙是在泥浆护壁条件下，利用专门的成槽机具，在地面开挖一条狭长的深槽，然后在槽内设置钢筋笼，浇筑混凝土，逐步形成一道连续的地下钢筋混凝土连续墙。

地下连续墙技术起源于欧洲。1938 年，意大利首次在泥浆护壁的深槽中成功完成了地下连续墙试验，并于 1950 年应用于 Santan Malin 大坝深达 40m 的防渗墙。该技术 1954 年传入法国、德国，得到广泛应用，1959 年进入日本，得到迅速发展，目前墙深已达 140m，墙厚 2.8m（东京湾跨海大桥川崎人工岛）。我国 1958 年在北京密云水库和青岛月子口水库最早应用，用作防渗墙（当时称地下止水幕）。目前该技术已广泛应用于大坝防渗、城市地下建筑、城市轨道交通、高层建筑和桥梁基础等，如南京江北新区地下空间项目地下连续墙深达 75.06m，墙厚 1.50m，全长 7300m。

10.6.1 地下连续墙的特点与类型

地下连续墙发展初期仅作为施工时承受水平荷载的挡土或防渗结构，随着技术的不断发展，逐渐扩展为各种地下结构的外墙以及高层建筑和桥梁的基础。其具有如下特点：

① 结构刚度大、整体性好、防渗性强、耐久性高，能承受很大的水平压力及竖向荷载。

② 施工时低噪声、低振动、土方量小、工期短，建造深度大、质量可靠，能适应较复杂的地质条件及城市建筑密集和人流管线多的地域施工。

③ 可作为地下主体的一部分（支挡与承载合一等），无需基坑临时支挡、截水等，自身具有防渗、截水、承重、挡土、抗滑、防爆等功能。

④ 可配合逆筑法（利用地下主体结构梁板体系作为挡土结构支撑，逐层向下开挖土方和浇筑各层地下结构）施工，地上地下同步施工，节省时间。

根据地下连续墙的用途、成墙方式、材料、支护方式等可划分为以下类型：

（1）按墙的用途可分为：防渗墙；临时挡土墙；永久挡土（承重）墙；作为基础的墙。

（2）按成墙方式可分为：桩排式；壁板式；桩壁组合式。

（3）按墙体材料可分为：钢筋混凝土墙；塑性混凝土墙；固化灰浆墙；自硬泥浆墙；预制墙；泥浆槽墙；后张预应力墙；钢制墙等。

（4）按支护方式可分为：悬臂式；锚定式；支撑式；逆筑式。

10.6.2 地下连续墙的施工

现浇钢筋混凝土壁板式地下连续墙的主要施工程序有：修筑导墙、泥浆护壁、成槽、墙体浇筑、槽段连接等。

（1）修筑导墙

成槽施工前，必须沿设计轴线两侧开挖导沟，修筑钢筋混凝土（钢、木）导墙，导墙之间设置临时支撑（图 10-30）。导墙的作用是：①导向，以保证地下连续墙设计的平面位置和几何尺寸；②容蓄泥浆，保持成槽施工时浆面稳定，不漏浆；③承载，承受成槽机具及其他设备的荷载，并作为钢筋笼、接头管的支撑点和基准；④维护表土稳定，防止槽口塌方。

导墙埋深一般为 1～2m，墙顶宜高出地面 0.1～0.2m，内墙面应垂直并与地下连续墙的轴线平行，导墙内壁面间净空应比地下连续墙设计厚度加宽 40～60mm，墙底宜进入密实土层下 0.1～0.15m，以

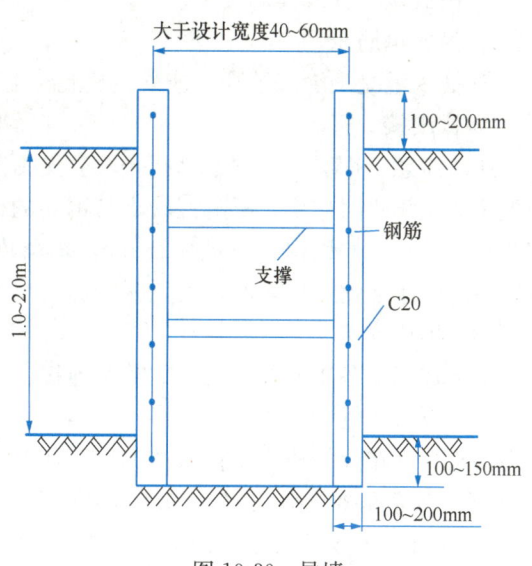

图 10-30　导墙

防止泥浆渗漏。

（2）泥浆护壁

泥浆通常由膨润土、化学处理剂和一些惰性物质在现场加水搅拌制成，用以平衡侧向地下水压力和土压力。泥浆压力使泥浆渗入土体孔隙，在墙壁表面形成一层组织致密、透水性很小的泥皮，能有效地防止地下水的渗入和槽壁的剥落，保持壁面稳定。同时，泥浆还具有悬浮土渣并携带出地面以及冷却钻具和润滑等功能。

泥浆液面应保持高出地下水位 0.5～1.0m，相对密度（1.05～1.10）应大于地下水的相对密度。其浓度、黏度、pH、含水量、泥皮厚度以及胶体率等多项指标应严格控制并随时测定、调整，以保证其稳定性。

（3）开挖成槽

成槽是地下连续墙施工中最主要的工序，挖槽精度是保证地下连续墙施工质量的关键之一，特别是垂直度，必须满足设计要求。

成槽时应根据不同土质条件、槽壁深度及现场条件等选用不同的成槽机具开挖槽段。例如，对一般较软土质且深度 15m 以内时，可选用普通导板抓斗、铲斗或回转钻头抓铲；对密实的砂层或含砾土层可选用多头钻或加重型液压导板抓斗；对含有大颗粒卵石或孤石等复杂地层，宜选用冲击钻。多头钻地质条件适应性好，功效高，壁面平整，一般当槽深大于 20m 时宜优先考虑。

槽段挖掘是以单元槽段逐个进行开挖的，单元槽段长度除考虑设计要求和结构特点外，还应考虑地质、地面荷载、起重能力、混凝土供应能力及泥浆池容量等因素综合选取，一般为 6～8m。

（4）混凝土浇筑

槽段挖至设计标高后应对槽内泥浆及槽底淤泥进行检测，泥浆相对密度应满足水下混凝土浇筑要求，槽底淤泥厚应≤150～250mm，并尽快浇筑槽段混凝土。其包括如下内容：

① 吊放接头管或其他接头构件；

② 吊放钢筋笼；

③ 插入混凝土浇筑导管，连续浇灌混凝土至设计标高；

④ 拔出接头管。

还需注意，钢筋笼的钢筋绑扎一般应先用铅丝临时固定，再点焊焊条、拆除铅丝（避免泥浆的化学吸附作用，影响混凝土与钢筋的握裹力）。当采用水下混凝土浇筑时，一般控制水灰比在 0.6 以内，粒径≤25mm，坍落度 180～200mm，尽量使用外掺剂（如木质素）以减少水灰比，增大流动度，减少离析现象，防止导管堵塞。

（5）槽段连接

地下连续墙各单元槽段之间靠接头连接。接头通常要满足受力和防渗要求，并施工简单，一般有接头管和接头箱两种形式。国内目前使用最多的接头形式是用接头管连接的非刚性接头。在单元槽段内土体被挖除后，在槽段的一端先吊放接头管，再吊入钢筋笼，浇筑混凝土，待混凝土强度达 0.05～0.2MPa 时逐渐拔出接头管，形成半圆形接头，如图 10-31 所示。接头管一般直径比墙厚小 50mm，管身壁厚 18～20mm，每节管长 5～10m，使用时根据需要分段接长。

接头箱接头的施工方法与接头管接头类似，只是以接头箱代替了接头管。接头箱可以使各槽段形成刚性连接，整体性好，刚度大，具有一定的抗剪能力。

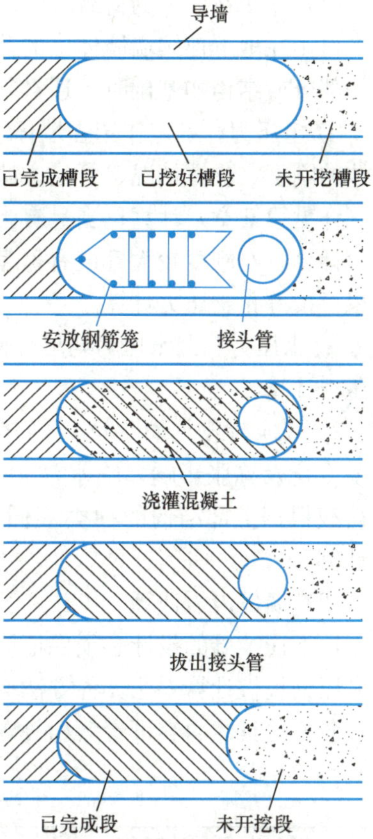

10.6.3 地下连续墙设计

地下连续墙既是地下工程施工时的围护结构，又是永久性建筑物的地下部分。因此，设计时应针对墙体施工和使用阶段不同的受力和支承条件进行受力变形计算。当作为基坑开挖施工中的防渗挡土结构时，墙体、支撑及墙前后土体组成共同作用受力体，其受力变形状态与基坑形状、开挖深度、墙体与支撑体系刚度、墙体入土深度、土体力学性能以及施工工艺等因素相关。而作为建筑物基础时，则由墙体、墙侧及墙底土体组成共同受力体系，类似弹性或刚性深基础，需考虑墙侧土体抗力及摩擦力、墙底土体强度，可按深基础（如桩基础等）方法进行计算。

10.6.3.1 破坏模式

地下连续墙的破坏一般可分为三种模式。①稳定性破坏，其包括整体失稳（整体滑动，倾覆），基坑底隆起，管涌或流砂现象等；②强度破坏，包括支撑体强度不足或压屈，墙体强度不足，地基土强度或承载力不够；③变形过大，如墙体本身变形，地基沉降或不均匀沉降过大，影响建筑物正常使用。

图 10-31　槽段的连接

10.6.3.2 构造要求

地下连续墙在构造上应满足以下基本要求：

① 墙体混凝土强度等级不应低于 C25，抗渗等级不小于 P6，并应考虑地下水的侵蚀作用；

② 墙体竖向主筋直径不宜小于 20mm，且不大于 40mm，净距不应小于 75mm；构造钢筋直径不宜小于 16mm，净距不应大于 300mm；

③ 保护层厚度，临时性支护结构不宜小于 50mm，永久性结构不宜小于 70mm；

④ 竖向受力钢筋应有一半以上通长配置，主筋应伸入墙顶帽梁内，伸入长度不应小于锚固长度；

⑤ 墙顶部应设置混凝土帽梁，帽梁两侧应各宽于墙体不小于 150mm，梁高不宜小于 500mm，总配筋率不应小于 0.4%。

10.6.3.3 设计计算

地下连续墙的设计，首先应根据墙的使用目的和施工方法，确定结构类型和构造，保证其具有足够的强度和刚度，能满足承载能力（墙体水平和竖向承载力、地基竖向承载力等）、变形（墙体挠曲、水平位移及竖向沉降等）与稳定性（围护结构整体、抗倾覆、坑底抗隆起、抗渗等）三大方面的要求。

（1）作用在墙上的荷载

作用在地下连续墙墙体上的荷载主要有土压力和水压力，当地下连续墙作为主体结构的一部分或结构物基础时，还必须考虑作用在墙体上的各种其他荷载。

① 土压力。确定作用在墙体上的侧土压力是地下连续墙设计计算的重要环节，它与墙体的刚度、支撑情况、开挖方法、土质条件及墙高等有关，可采用朗金或库仑土压力理论（详见第6章）计算；当具有当地各种土质条件下实测土压力分布图时，也可参照经验图表计算。对刚度较大且设有可靠支撑，墙体位移很小或有严格限制时，非开挖侧的土压力也可按静止土压力计算。

② 水压力。因水压力与墙体刚度和位移无关，作用在地下连续墙上的水压力可按静水压力计算。

③ 其他荷载。如基坑周围建（构）筑物、地面超载及施工荷载引起的侧向压力，温度变化及冻胀影响，临水波浪作用等。地下连续墙作为结构物基础或承重结构时，其荷载根据上部结构的种类不同而不同，通常可参照作用在桩基础或沉井基础上的荷载计算。

（2）墙体内力计算

地下连续墙的设计必须保证墙体具有足够的强度与刚度。作为挡土结构时，内力计算可参照钢板桩计算方法，各方法假定条件等如表10-5所示。其中前两种方法使用最为广泛，各方法具体内容可参考相关专著。

地下连续墙内力计算方法一览　　　　　　　　　　　　表 10-5

分类		假设条件	计算方法
荷载结构法 （古典理论计算）		土压力已知 墙体不变形 支撑不变形	等值梁法 1/2 分割法 太沙基法
修正荷载结构法	横撑轴力、墙体弯矩不变	土压力已知 墙体变形 支撑不变形	山肩邦男法 K 法，m 法等土抗力法
	横撑轴力、墙体弯矩可变	土压力已知 墙体变形 支撑变形	日本《建筑基础结构设计规范》的弹塑性法 有限单元法
共同变形理论（弹性）		土压力随墙体变位而变化 墙体变形 支撑变形	森重龙马法 有限元法（包括土体介质） 《公路地基规范》法
非线性变形理论		土体为非线性介质 墙体和支撑变形 施工分步开挖	考虑分步开挖的非线性有限元法

（3）地下连续墙挡土结构的稳定性验算

地下连续墙的稳定性验算是确定地下连续墙入土深度的主要依据，只有当墙底嵌入基底以下足够深度并进入较好土层，才能保证墙体的各项稳定性满足要求。稳定性验算通常有如下内容：

① 抗倾覆（嵌固）稳定性和整体抗滑移稳定性验算；

② 基坑底面抗隆起验算；

③ 地下水抗渗流和抗突涌稳定性验算。

必要时还应进行控制隆起位移量的墙体插入深度的计算。确定地下连续墙的插入深度非常重要，若深度太浅将导致墙体失稳，过大则不经济，并给施工带来更多的困难。

（4）地下连续墙作为基础的设计计算

地下连续墙作为基础结构设计时，尚应根据不同设计状况进行以下承载能力计算：

① 地基承载力计算；

② 地下连续墙结构强度计算；

③ 顶板结构强度计算。

墙体和顶板的计算还应包括正常使用极限状态下的结构变形、抗裂和裂缝宽度验算。

思 考 题

10.1 何谓沉井基础？其适用于哪些场合？与桩基础相比，其荷载传递有何异同？

10.2 沉井基础的主要构成有哪几部分？工程中如何选择沉井的类型？

10.3 沉井在施工中会遇到哪些问题，应如何处理？

10.4 沉井作为整体深基础，其设计计算应考虑哪些内容？

10.5 沉井在施工过程中应进行哪些验算？

10.6 浮运沉井的计算有何特殊性？

10.7 何谓墩基础？与桩基础相比，其有何特点？

10.8 何谓地下连续墙？其主要施工工序有哪些？适用于哪些场合？

习 题

10.1 某水下圆形沉井基础直径 7m，作用于基础上的竖向荷载 18503kN（已考虑自重和浮力），水平力 503kN，弯矩 7360kN·m（均已考虑附加组合荷载）。$\eta_1 = \eta_2 = 1.0$。沉井埋深 10m，土质为中等密实的砂砾层，重度 21.0kN/m³，内摩擦角 35°，黏聚力 $c=0$，试验算该沉井基础的地基承载力及横向土抗力。

10.2 某旱桥桥墩为钢筋混凝土圆形沉井基础，各地基土层物理力学性质资料及沉井初拟尺寸如图 10-32所示。底节沉井及盖板混凝土强度等级为 C20，顶节为 C15，井孔中空。作用于井顶中心处竖向荷载 7075kN，水平力 350kN，弯矩 2455kN·m，试验算该沉井基础的基底应力是否满足要求。

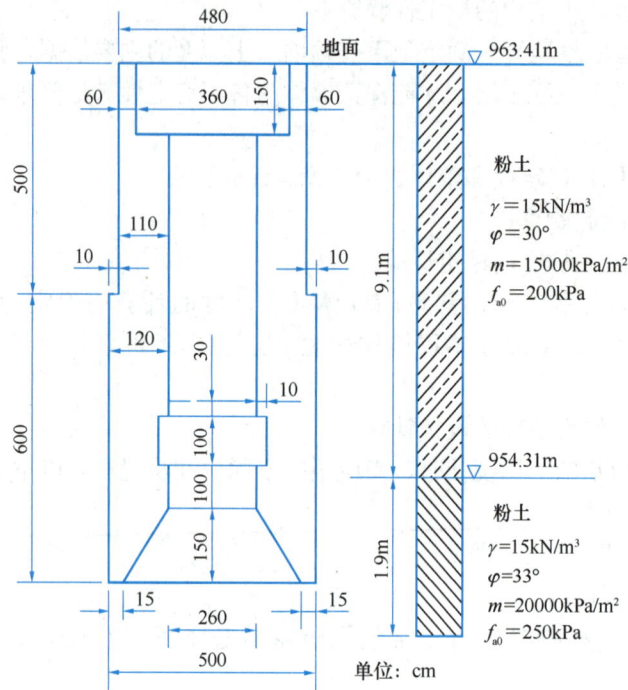

图 10-32　习题 10.2 沉井立面图

第11章 基坑工程与挡土墙设计

本章提要与要求

内容提要

本章简要地介绍了基坑支护和挡土墙的概念、特点和常见结构类型；重点介绍了基坑支护中桩（墙）式支挡结构和土钉墙支护结构，以及挡土墙中重力式挡土墙的设计计算方法；着重讨论了基坑稳定性的验算方法；并对基坑开挖中地下水控制、现场监测等问题进行了简要论述。

基本要求

熟悉基坑支护和挡土墙的概念、特点和常见结构类型。

掌握桩（墙）式基坑支挡结构、土钉墙和重力式挡土墙的设计计算方法。

熟悉基坑稳定性验算和加筋土挡墙设计计算方法。

了解基坑开挖过程中地下水控制方法和施工监测内容。

11.1 概　　述

岩土工程支护包括临时性的基坑支护和永久性的边坡与地下工程支护。

基坑支护是指在基坑开挖时，为保护基础和地下室施工以及基坑周围环境的安全，对基坑采取的临时性支挡、加固、保护与地下水控制等措施。其中，基坑是指为进行建（构）筑物基础与地下室的施工所开挖的地面以下空间，而周边环境是指与基坑开挖相互影响的周边建（构）筑物、地下管线、道路、岩土体和地下水体等统称，如图11-1所示。

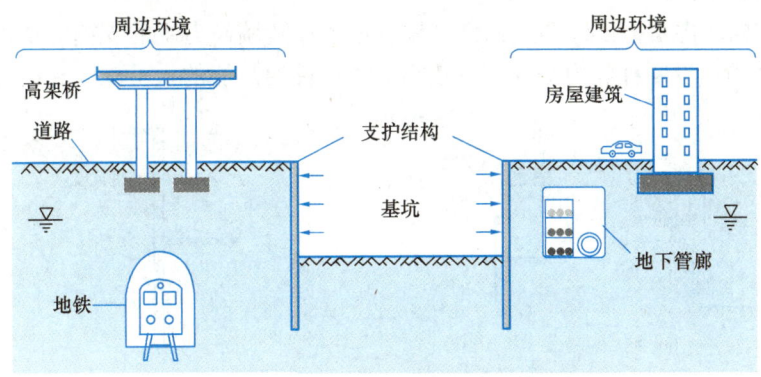

图 11-1　基坑、基坑支护与周边环境

基坑支护工程的特点有：①通常为临时结构，实际使用期限一般在一年以内，设计安全储备较小，风险性较大；②地域性特征突出，不同地域，甚至同一地域的不同场地，其工程水文地质条件、岩土的工程性质以及周边环境都会存在很大的差异；③系统性、综合性强，基坑工程不仅涉及结构、岩土、工程地质及环境等多门学科，而且勘察、设计、施工、检测等工作环节相扣，紧密相连；④时空效应明显，支护结构所受荷载（如土压力）及其产生的应力和变形在时间上和空间上具有较强的变异性，在软黏土和复杂体型基坑工程中尤为突出；⑤对周边环境影响大，基坑开挖、降水势必引起周边场地土的应力和地下水位发生改变，使土体产生变形，对相邻建（构）筑物和地下管线等产生影响，严重时将危及它们的安全和正常使用。此外，挖出的大量土方的运输和堆放也将对交通和环境产生影响。

岩土边坡支护是指为保证其自身以及周边环境的安全而采取的支挡、加固和防护等工程措施。挡土墙是最常用的边坡支挡结构形式，它广泛应用于交通、房建、市政、水利水电、港口码头等工程领域，比如：①在山区斜坡地面上修筑建（构）筑物时，常在下侧边坡或在靠山侧设置挡土墙，以降低挖方边坡的高度，减少挖方数量，避免山坡失稳滑塌；②在平原地区修筑路基时，为减少占地面积和填方数量，常在路基一侧或两侧设置挡土墙来收缩路堤坡脚，保证路堤稳定；③在滨河地段修筑路基时，常采用挡土墙收回坡脚，避免路基挤缩河床，同时防止水流冲刷路基；④用于桥台、港口码头、库岸边坡、地下建（构）筑物边墙等支挡结构。

11.2 基坑支护的结构类型、设计原则与设计内容

11.2.1 基坑支护结构的常见类型及适用条件

基坑支护结构是指支挡和加固基坑侧壁的结构。仅由挡土构件（桩、地下连续墙）构成或由挡土构件与锚杆或支撑组合而成的支护结构称为支挡结构，常见有悬臂式、锚拉式、内撑式等支挡结构。坑壁加固式结构主要有土钉墙和重力式水泥土墙。

（1）放坡开挖及简易支护

放坡开挖是指选择合理的坡度进行开挖。适用于地基土质较好，开挖深度不大以及施工现场有足够放坡场所的工程。放坡开挖施工简便、费用低，但挖土及回填土方量大。有时为了增加边坡稳定性和减少土方量，常增设一些简易支护（图 11-2）。

（2）悬臂式支挡结构

悬臂式支挡结构是指仅以挡土构件（桩或地下连续墙）为主的支挡式结构（图 11-3）。悬臂式支挡结构不设锚杆和内支撑，仅依靠挡土构件的足够的入土深度和结构的抗弯能力

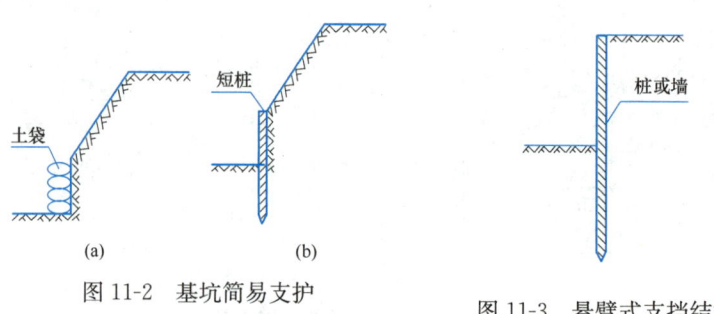

图 11-2 基坑简易支护

（a）土袋支护；（b）短桩支护

图 11-3 悬臂式支挡结构

来维持基坑壁的稳定和结构安全。悬臂式支挡结构容易产生较大的水平变形，只适用于土质较好、开挖深度较浅的基坑工程。

（3）内撑式支挡结构

内撑式支挡结构主要由支护桩或墙与内支撑组成（图11-4）。支护桩常采用钢筋混凝土桩或钢板桩，支护墙通常采用地下连续墙。内撑式常采用木方、钢筋混凝土或钢管（或型钢）做成。内撑式支挡结构适合各种地基土层，但设置的内支撑会占用一定的施工空间。

（4）锚拉式支挡结构

锚拉式支挡结构主要由支护桩或墙与锚杆（即拉锚）组成。支护桩和墙同样采用钢筋混凝土桩和地下连续墙。锚杆通常有地面拉锚（图11-5a）和土层锚杆（图11-5b）两种。地面拉锚需要有足够的场地设置锚桩或其他锚固装置。因土层锚杆需要土层提供较大的锚固力，因此锚拉式支挡结构适合深部有较好土层的基坑，不宜用于软土基坑支护。

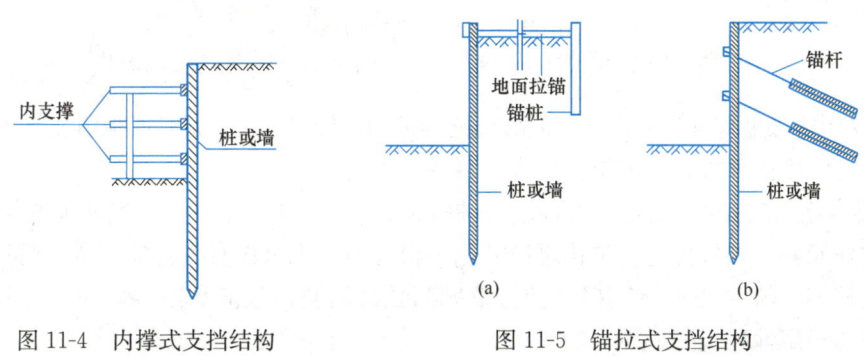

图11-4　内撑式支挡结构　　　　图11-5　锚拉式支挡结构
　　　　　　　　　　　　　　　　（a）地面拉锚式；（b）土层锚杆式

（5）土钉墙支护结构

土钉墙支护结构是由被加固的原位土体、布置较密的土钉和喷射于坡面上的混凝土面板组成（图11-6）。土钉一般是通过钻孔、插筋、注浆来设置的，但也可通过直接打入较粗的钢筋、钢管或型钢形成。土钉墙支护结构适合地下水位以上的黏性土、砂土和碎石土等地层，不宜用于淤泥或淤泥质土等软土地层。

（6）水泥土桩墙支护结构

利用水泥作为固化剂，通过特制的深层搅拌机械在地层深部将水泥和软土强制拌合，让水泥和软土之间产生一系列的物理-化学反应，硬结成具有整体性、水稳定性和一定强度的水泥土桩墙。水泥土桩墙中的桩与桩或排与排之间可相互咬合紧密排列，也可按网格式排列（图11-7）。水泥土桩墙适合淤泥、淤泥质土等软土地区的基坑支护。

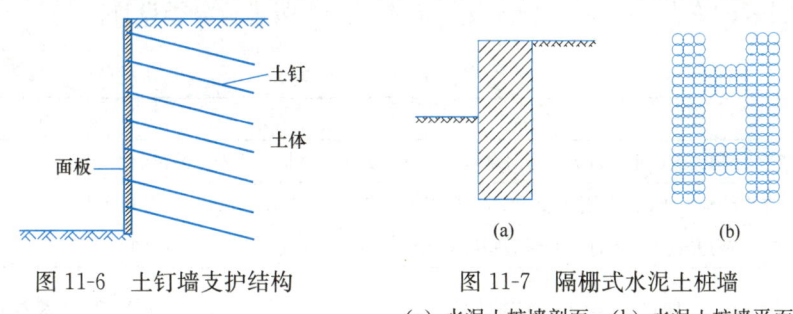

图11-6　土钉墙支护结构　　　　图11-7　隔栅式水泥土桩墙
　　　　　　　　　　　　　　　　（a）水泥土桩墙剖面；（b）水泥土桩墙平面

(7) 其他支护结构

其他支护结构形式有门式双排桩支挡结构（图 11-8a）、斜-直桩组合支挡结构（图 11-8b）、连拱式支挡结构（图 11-8c）、加筋水泥土墙以及各种组合式支护结构。

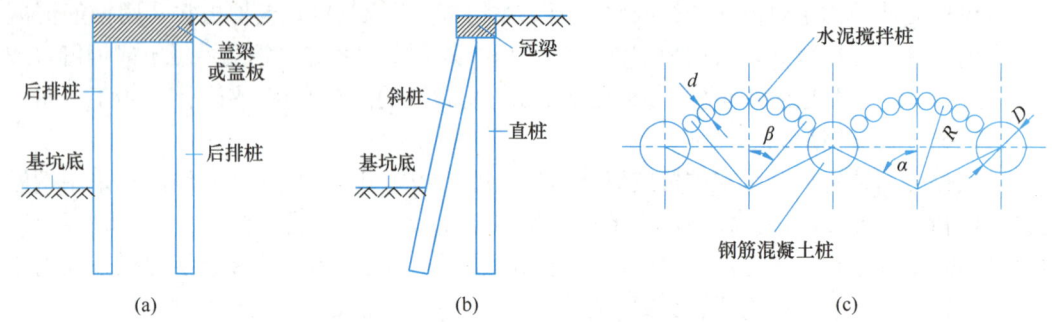

图 11-8　其他支护结构形式

(a) 门式双排桩支挡结构；(b) 斜-直桩组合支挡结构；(c) 连拱式支挡结构

门式双排桩支挡结构通常由钢筋混凝土前排桩和后排桩以及盖系梁或板组成（图 11-8a）。其支护基坑深度比单排悬臂式结构要大，且变形相对较小。

斜-直桩组合支挡结构通常由斜桩、直桩和冠梁组成（图 11-8b），其中斜桩可以向坑内或者坑外倾斜，斜桩排与直桩排可以共用一根冠梁，也可以有各自的冠梁，再用连梁将冠梁连成整体。斜-直桩组合支挡结构可依靠其独特的斜撑效应和刚架效应，有效地提高支挡结构的稳定性和抗变形能力。

连拱式支挡结构通常采用钢筋混凝土桩与深层搅拌水泥土拱以及支撑或锚杆组合而成（图 11-8c）。水泥土抗拉强度小，抗压强度较大，形成水泥土拱可有效利用材料抗压性能。拱脚采用钢筋混凝土桩，承受由水泥土拱传递来的土压力，如果采用支撑或锚杆分担一定的荷载，则可取得更好的效果。

11.2.2　基坑支护的设计原则和设计内容

基坑支护设计应遵循以下基本原则：

(1) 设计使用期限。基坑支护的设计使用期限不应小于一年。

(2) 功能要求。基坑支护不仅要保证周边建（构）筑物、地下管线、道路的安全和正常使用，而且还应为基坑开挖和主体地下结构的施工提供足够的空间和最大限度的便利。

(3) 安全等级。基坑支护设计时，应综合考虑基坑周边环境和地质条件的复杂程度、基坑深度等因素，按表 11-1 所划分的支护结构安全等级进行分类设计。

基坑支护结构的安全等级　　　　　　　　　表 11-1

安全等级	破坏后果	重要性系数 γ_0
一级	支护结构失效、土体过大变形对基坑周边环境或主体结构施工安全的影响很严重	1.1
二级	支护结构失效、土体过大变形对基坑周边环境或主体结构施工安全的影响严重	1.0
三级	支护结构失效、土体过大变形对基坑周边环境或主体结构施工安全的影响不严重	0.9

(4) 设计方法。基坑支护结构设计应根据不同的设计状况，分别采用承载能力极限状

态和正常使用极限状态进行设计。承载能力极限状态对应于支护结构构件或连接达到最大承载能力，或者因坑内外土体失稳、过大变形而导致支护结构或基坑整体失稳破坏；正常使用极限状态则对应于支护结构的变形已影响主体地下结构正常施工或影响基坑周边环境的正常使用。

基坑工程从规划、设计到施工监测全过程应包括如下内容：

（1）基坑内建筑场地勘察和基坑周边环境勘察。基坑内建筑场地勘察可利用建（构）筑物设计提供的勘察报告，必要时进行补勘。基坑周边环境勘察须查明：①基坑周边地面建（构）筑物的结构类型、层数、基础类型、埋深、基础荷载大小及上部结构现状；②基坑周边地下建（构）筑物及各种管线等设施的分布和状况；③场地周围和邻近地区的地表和地下水分布情况及其对基坑开挖的影响程度。

（2）支护结构方案技术经济比较和选型。基坑支护工程应根据工程和环境条件提出几种可行的支护方案，通过技术、经济对比，选出最合理的方案。

（3）支护结构的强度、稳定性和变形以及基坑内外土体的稳定性验算。基坑支护结构均应进行极限承载力状态的计算，计算内容包括支护结构和构件的受压、受弯、受剪承载力计算和土体稳定性计算。对于重要基坑工程尚应验算支护结构和周围土体的变形。

（4）基坑降水和止水帷幕设计以及支护墙的抗渗设计。基坑抗渗设计应对坑底土体的抗突涌稳定性和抗流土稳定性进行验算，基坑降水设计应评价地下水位降低对基础桩、邻近的建（构）筑物和地下管线等周边环境的影响。

（5）基坑开挖施工方案和施工监测设计。

11.3　支护结构上的侧压力

作用于支护结构上的侧压力主要是指由土的自重产生的侧向土压力、水压力以及由周边建筑物、地面超载、施工荷载等引起的附加侧向土压力。

相比一般重力式挡土墙而言，影响基坑支护结构上土压力的因素更多更复杂，主要影响因素有：土的类型及应力历史、地下水赋存形式和降排水方式、施工方法和次序、挡土构件的刚度、支点布置及预加力大小等。此外，作用于支护结构上的土压力具有很强的时空效应，亦即基坑中不同地段的剖面会有不同的土压力大小和分布，而且它们还会随时间发展变化。

作用于基坑支护结构上的土压力是随基坑开挖进程而逐步形成的，其分布形式除与土层性质有关外，还与支护结构的位移形态（位移的大小、方向和位移方式）密切相关。由于支护结构的位移大小取决于支撑或锚杆的设置数量和预加力大小，基坑支护结构上的土压力并不完全处于静止或主动状态。实测资料表明：对于设有支点的支护桩或墙，支护结构上的土压力分布一般呈上下小、中间大的抛物线形状或更复杂的形状；对于悬臂式支护桩或墙，桩或墙的上端绕下端外倾，这时才有可能产生呈直线分布的主动土压力。

《建筑地基规范》规定：作用于支护结构的主动和被动土压力可采用库仑或朗金土压力理论计算（计算方法详见第6章）；当对支护结构水平位移有严格限制时，应采用静止土压力计算；当按变形控制原则设计支护结构时，作用在支护结构上的计算土压力可按支护结构与土体的相互作用原理确定，也可按地区经验确定。

《建筑基坑支护技术规程》JGJ 120—2012 规定：①作用于支护结构的外侧为主动土压力，内侧为被动土压力，它们沿深度线性分布，按朗金土压力理论计算，但在土压力影响范围内存在地下结构外墙等稳定界面时，可按库仑土压力理论计算界面内有限滑动楔体产生的土压力；②对需严格控制水平位移的支护结构，其外侧土压力宜取静止土压力；③对地下水位以下的黏性土、黏质粉土可采用土压力和水压力合算法，土的抗剪强度指标采用三轴固结不排水抗剪强度指标 c_{cu}、φ_{cu} 或直剪固结快剪强度指标 c_{cq}、φ_{cq}，土的重度采用饱和重度 γ_{sat}；④对地下水位以下的砂质粉土、砂土和碎石土应采用土压力和水压力分算法，土的抗剪强度指标采用有效应力强度指标 c' 和 φ'，土的重度采用浮重度 γ'。

11.4 桩、墙式支挡结构设计计算

若施工场地狭窄、地质条件较差、基坑较深或对开挖引起的变形控制较严，则可采用排桩或地下连续墙支挡结构。排桩可采用钻孔灌注桩、人工挖孔桩、预制钢筋混凝土板桩和钢板桩等。桩的排列方式通常有柱列式（图 11-9a）、连续式（图 11-9b～d）和组合式（图 11-9e～f）。排桩式支挡结构除支护桩外，有时还包括冠梁、腰梁和桩间护壁构造件等，必要时还可设置一道或多道支撑或锚杆。

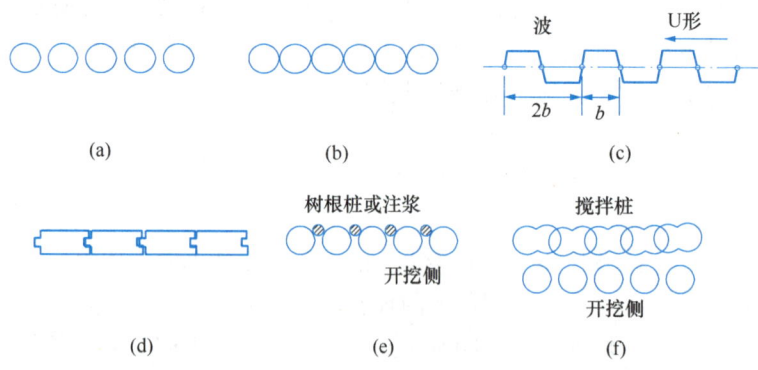

图 11-9 排桩支护结构桩的排列形式

地下连续墙是采用特制的成槽机械在泥浆护壁下，逐段开挖出沟槽并浇筑钢筋混凝土墙而形成。地下连续墙不仅能够挡土、止水，还可用作地下结构的外墙，同时还具有刚度大、整体性好、振动噪声小、可逆作法施工以及适用各种地质条件等优点，但施工复杂、造价高，适合对变形控制要求较严的重要工程。

11.4.1 悬臂式桩（墙）支挡结构计算

悬臂式桩（墙）支挡结构可采用布鲁姆（H. Blum）提出的简化方法（布鲁姆法）设计计算。

布鲁姆法假定桩（墙）上作用有如图 11-10 所示的净土压力〔即桩（墙）外侧主动土压力与内侧被动土压力之代数和〕分布，桩（墙）底部外侧出现的被动土压力以一个集中力 E'_p 代替。根据绕桩（墙）底部 C 点的力矩平衡条件 $\Sigma M_C = 0$，有：

$$(h + u + t - h_a) \cdot \Sigma E - \frac{t}{3} \cdot \Sigma E_p = 0 \tag{11-1}$$

因 $\Sigma E_p = \dfrac{1}{2}\gamma(K_p - K_a)t^2$，代入上式可得：

$$t^3 - \frac{6\Sigma E}{\gamma(K_p - K_a)}t - \frac{6(h + u - h_a)\Sigma E}{\gamma(K_p - K_a)} = 0 \qquad (11\text{-}2)$$

式中　h——基坑开挖深度（m）；

　　　u——土压力零点 O 距基坑底面的距离（m）；

　　　t——桩（墙）的有效嵌固深度（m）；

　　　h_a——ΣE 作用点距地面距离（m）；

　　　ΣE——土压力零点 O 以上 AO 段桩（墙）外侧净土压力合力（kN/m）；

　　　ΣE_p——土压力零点 O 以下 OC 段桩（墙）内侧净土压力合力（kN/m）；

　　　γ——土体重度（kN/m³）；

　　　K_a——主动土压力系数；

　　　K_p——被动土压力系数。

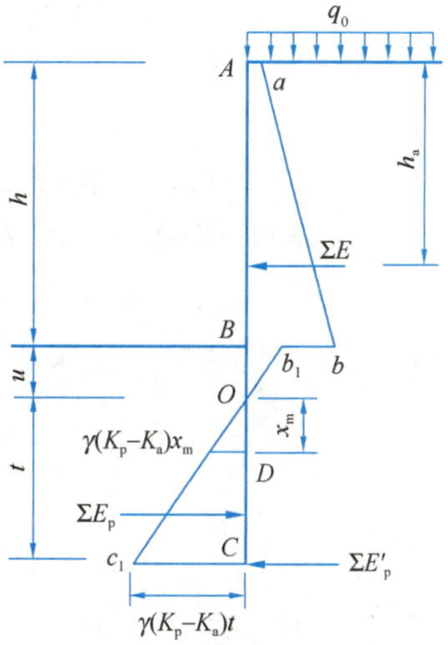

图 11-10　悬臂式支挡结构计算——
布鲁姆法

由式（11-2），经试算可求出桩（墙）的有效嵌固深度 t。

最大弯矩应在剪力为零处（图 11-10 中 D 点），于是有：

$$\Sigma E - \frac{1}{2}\gamma(K_p - K_a)x_m^2 = 0 \qquad (11\text{-}3)$$

由此可求得最大弯矩点 D 距土压力为零点 O 的距离 x_m 为：

$$x_m = \sqrt{\frac{2\Sigma E}{\gamma(K_p - K_a)}} \qquad (11\text{-}4)$$

而此处的最大弯矩为：

$$M_{max} = (h + u + x_m - h_a)\Sigma E - \frac{\gamma(K_p - K_a)x_m^3}{6} \qquad (11\text{-}5)$$

须注意，实际工程中的设计嵌固深度，应通过对有效嵌固深度 t 乘以放大系数（Blum 建议取 1.2）来计算确定，并应满足基坑稳定性验算要求（见 11.4.5 节）。

【例 11.1】某基坑开挖深度 $h = 6.0\text{m}$。土层重度为 19.0kN/m^3，内摩擦角 $\varphi = 24°$，黏聚力 $c = 10\text{kPa}$，地面超载 $q_0 = 15\text{kPa}$。现拟采用悬臂式地下连续墙支护，试确定墙的有效嵌固深度和最大弯矩。

【解】沿支护墙长度方向取 1 延米进行计算。

① 土压力系数计算

$$K_a = \tan^2\left(45° - \frac{24°}{2}\right) = 0.42, \ K_p = \tan^2\left(45° + \frac{24°}{2}\right) = 2.37$$

② 基坑底面 B 处净土压力强度 p_{b1} 计算

B 处坑外主动土压力强度：$p_{a,B} = 0.42 \times (15 + 19.0 \times 6.0) - 2 \times 10 \times \sqrt{0.42}$
$= 41.22\text{kPa}$

B 处坑内被动土压力强度：$p_{p,B} = 0 + 2c\sqrt{K_p} = 0 + 2 \times 10 \times \sqrt{2.37} = 30.79\text{kPa}$

于是，有 $\quad p_{b1} = p_{a,B} - p_{p,B} = 41.22 - 30.79$

$$= 10.43\text{kPa}$$

③ 土压力零点 O 距基坑底面距离 u

O 点处基坑内侧被动土压力强度、外侧主动土压力强度分别为：

$$p_{p,O} = K_p\gamma u + 2c\sqrt{K_p}, \quad p_{a,O} = K_a(q_0 + \gamma h + \gamma u) - 2c\sqrt{K_a}$$

所以，根据 $p_{p,O} - p_{a,O} = 0$，有：

$$u = \frac{K_a(q_0 + \gamma h) - 2c(\sqrt{K_p} + \sqrt{K_a})}{\gamma(K_p - K_a)}$$

$$= \frac{0.42 \times (15 + 19.0 \times 6.0) - 2 \times 10 \times (\sqrt{2.37} + \sqrt{0.42})}{19.0 \times (2.37 - 0.42)}$$

$$= 0.28\text{m}$$

④ ΣE 计算

临界深度 $z_0 = \dfrac{2c}{\gamma\sqrt{K_a}} - \dfrac{q_0}{\gamma} = \dfrac{2 \times 10}{19.0 \times \sqrt{0.42}} - \dfrac{15}{19.0} = 0.83\text{m}$

支护墙外侧基坑底面以上主动土压力 E_{a1} 为：

$$E_{a1} = \frac{1}{2}p_{a,B}(h - z_0) = \frac{1}{2} \times 41.22 \times (6.0 - 0.83) = 106.55\text{kN/m}$$

其作用点距地面的距离 h_{a1} 为：

$$h_{a1} = z_0 + \frac{2}{3}(h - z_0) = 0.83 + \frac{2}{3} \times (6.0 - 0.83) = 4.28\text{m}$$

土压力零点 O 至坑底面范围内作用于支护墙外侧的净土压力 E_{a2} 为：

$$E_{a2} = \frac{1}{2}p_{b1}u = \frac{1}{2} \times 10.43 \times 0.28 = 1.46\text{kN/m}$$

其作用点距地面的距离 h_{a2} 为：$h_{a2} = h + \dfrac{1}{3}u = 6 + \dfrac{1}{3} \times 0.28 = 6.09\text{m}$

所以，作用于支护墙外侧的土压力合力：$\Sigma E = 106.55 + 1.46 = 108.01\text{kN/m}$

而 ΣE 作用点距地面的距离 $h_a = \dfrac{E_{a1}h_{a1} + E_{a2}h_{a2}}{\Sigma E} = \dfrac{106.55 \times 4.28 + 1.46 \times 6.09}{108.01} =$

4.30m。

将上述计算得到的 K_a、K_p、u、ΣE、h_a 值代入式（11-2）并整理得：

$$t^3 - 17.49t - 34.63 = 0$$

由上式试算可解得地下连续墙的有效嵌固深度 $t = 4.95\text{m}$。

最大弯矩点距土压力零点的距离 x_m 为：

$$x_m = \sqrt{\frac{2\Sigma E}{(K_p - K_a)\gamma}} = \sqrt{\frac{2 \times 108.01}{(2.37 - 0.42) \times 19.0}} = 2.41\text{m}$$

于是，最大弯矩 $M_{\max}$ 为：

$$M_{\max} = (h + u + x_{\mathrm{m}} - h_{\mathrm{a}}) \Sigma E - \frac{\gamma(K_{\mathrm{p}} - K_{\mathrm{a}}) x_{\mathrm{m}}^3}{6}$$

$$= (6.0 + 0.28 + 2.41 - 4.30) \times 108.01 - \frac{19.0 \times (2.37 - 0.42) \times 2.41^3}{6}$$

$$= 387.73 \mathrm{kN \cdot m/m}$$

11.4.2 单层支点桩（墙）支挡结构计算

单层支点桩（墙）支挡结构（图 11-11a）因在顶端附近设有一内支撑或拉锚，可认为在支点处无水平移动，故可将支点简化成一铰支座，但桩（墙）下端的支承情况则与其入土深度有关，相对较复杂。因此，单层支点桩（墙）支挡结构通常是一种超静定结构，可采用下述等值梁法来近似求解。

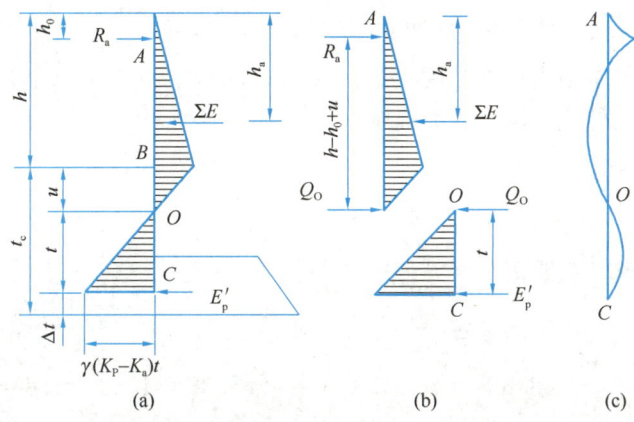

图 11-11　单层支点桩（墙）支挡结构计算——等值梁法

假设在均质无黏性土中，单层支点桩（墙）支挡结构上的净土压力分布如图 11-11(a) 所示，O 是净土压力零点。试验研究发现，净土压力零点 O 处作用有剪力 Q_O（图 11-11b），但弯矩 M_O 很小（图 11-11c）。为简化计算，可假定 O 点的弯矩为 0（即 $M_O = 0$）。于是，可在 O 点设置一铰结点，并将桩（墙）中 AO 段视为一简支梁（图 11-11b），可静定求解出 AO 段的内力。这就是等值梁法，又称为假想铰法。

应用等值梁法计算单层支点桩（墙）支挡结构内力的具体步骤如下：

① 假如基坑开挖深度为 h，在离桩（墙）顶 h_0 处设置一道支撑（或锚杆），则可根据桩（墙）外侧主动土压力和内侧被动土压力之代数和求出作用于桩（墙）的净土压力分布，并得到净土压力零点 O 距基坑底面的距离 u。

② 先计算作用于等值梁 AO 上的净土压力合力大小（ΣE）及其作用点位置（h_{a}），再根据静力平衡条件求出支点反力 R_{a} 和 O 点剪力 Q_O：

$$R_{\mathrm{a}} = \frac{\Sigma E \cdot (h - h_{\mathrm{a}} + u)}{(h - h_0 + u)} \tag{11-6}$$

$$Q_O = \frac{\Sigma E \cdot (h_{\mathrm{a}} - h_0)}{h - h_0 + u} \tag{11-7}$$

③ 为简化计算，进一步假定桩（墙）下段 OC 为简支梁，由 $\Sigma M_C = 0$，可得有效嵌固深度 t 的计算公式为式（11-8），再将其乘以放大系数（1.1～1.2）就可计算出设计嵌

固深度 t_c。

$$t = \sqrt{\frac{6Q_O}{\gamma(K_p - K_a)}} \tag{11-8}$$

④ 由等值梁 AO 求算最大弯矩 $M_{\max}$。由于作用于桩（墙）上的力均已求得，$M_{\max}$ 可以很方便地求出。

【例 11.2】某基坑开挖深度 $h=8$m，采用单层支点桩锚支护结构。支护桩为旋挖钻孔灌注桩，桩的直径 1.0m、间距 1.8m。锚杆水平间距 $S_h=1.8$m，锚杆支点距地面的距离 $h_0=1.5$m。地基土层参数为：黏聚力 $c=0$、内摩擦角 $\varphi=25°$、重度 $\gamma=18.5$kN/m³。地面超载 $q_0=20$kPa。试用等值梁法（假想铰法）计算支护桩的有效嵌固深度 t、最大弯矩 $M_{\max}$ 和锚杆应提供的锚固力水平分量 R_a。

【解】取支锚点水平间距 $S_h=1.8$m 作为计算宽度。

主动和被动土压力系数分别为：$K_a=0.41$，$K_p=2.46$

基坑外侧地面处主动土压力强度：$p_{a0}=20 \times 0.41 - 2 \times 0 \times \sqrt{0.41} = 8.2$kPa

基坑底面深度处外侧主动土压力强度：

$$p_{a,B} = (20 + 18.5 \times 8) \times 0.41 - 2 \times 0 \times \sqrt{0.41} = 68.88\text{kPa}$$

基坑底面深度处内侧被动土压力：$p_{p,B}=0$

土压力零点离基坑底距离 $u = \dfrac{p_{a,B} - p_{p,B}}{\gamma(K_p - K_a)} = \dfrac{68.88 - 0}{18.5 \times (2.46 - 0.41)} = 1.82$m

支护桩外侧所受总土压力 $\sum E$：

$$\sum E = \frac{1}{2} \times (8.2 + 68.88) \times 8 \times 1.8 + \frac{1}{2} \times 68.88 \times 1.82 \times 1.8 = 667.80\text{kN}$$

$\sum E$ 作用点离地面的距离 h_a：

$$h_a = \frac{\frac{1}{2} \times 8.2 \times 8^2 \times 1.8 + \frac{1}{3} \times (68.88 - 8.2) \times 8^2 \times 1.8 + \frac{1}{2} \times 68.88 \times 1.82 \times \left(8 + \frac{1}{3} \times 1.82\right) \times 1.8}{667.80}$$

$$= 5.65\text{m}$$

锚杆锚固力水平分量 R_a：

$$R_a = \frac{\sum E(h + u - h_a)}{h + u - h_0} = \frac{667.80 \times (8 + 1.82 - 5.65)}{8 + 1.82 - 1.5} = 334.70\text{kN}$$

土压力零点（即弯矩为零点）剪力 Q_O：

$$Q_O = \frac{\sum E(h_a - h_0)}{h + u - h_0} = \frac{667.80 \times (5.65 - 1.5)}{8 + 1.82 - 1.5} = 333.10\text{kN}$$

桩的有效嵌固深度 $t = \sqrt{\dfrac{6Q_O}{\gamma(K_p - K_a)S_h}} = \sqrt{\dfrac{6 \times 333.10}{18.5 \times (2.46 - 0.41) \times 1.8}} = 5.41$m

求剪力为零点离地面距离 h_q，由 $R_a - \frac{1}{2}\gamma h_q^2 K_a S_h - q_0 K_a h_q S_h = 0$ 得：

$$h_q = \frac{1}{\gamma}\left[-q_0 + \sqrt{q_0^2 + 2\gamma R_a/(K_a S_h)}\right]$$

$$= \frac{1}{18.5}\left[-20 + \sqrt{20^2 + 2 \times 18.5 \times 334.70/(0.41 \times 1.8)}\right]$$

$$= 6.00\text{m}$$

桩的最大弯矩 $M_{\max}$：

$$M_{\max} = 334.70 \times (6.00 - 1.5) - \frac{1}{6} \times 18.5 \times 6.00^3 \times 0.41 \times 1.8 - \frac{1}{2} \times 20$$
$$\times 6.00^2 \times 0.41 \times 1.8$$
$$= 748.96 \mathrm{kN \cdot m}$$

11.4.3 多层支点桩（墙）支挡结构计算

当土质较差，基坑开挖深度较大，通常采用多层支点的支挡结构，支点层数及位置根据土层的分布及性质、基坑深度、支挡结构的刚度、材料强度以及施工要求等因素确定。

目前对多层支点支挡结构的计算方法主要有基于等值梁原理的连续梁法、弹性支点法和有限单元法。

（1）基于等值梁原理的连续梁法

多层支点支挡结构可视为支点处无位移（视为铰支座）的连续梁（图 11-12d），可根据各施工阶段的情况基于等值梁法（假想铰法）逐步计算。下面以设置三道内支撑基坑为例说明其计算步骤：

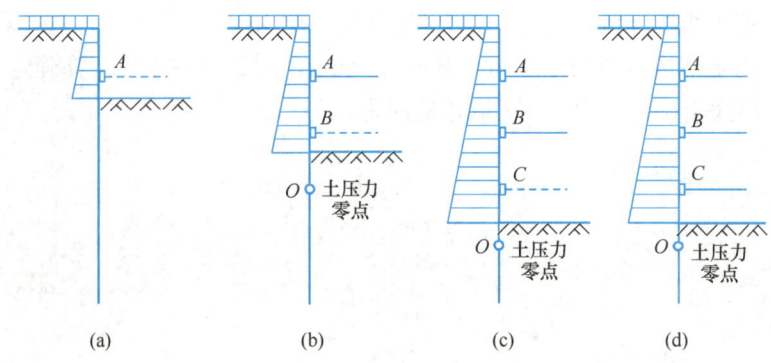

图 11-12 各施工阶段的计算简图

① 在设置支撑 A 以前的开挖阶段（图 11-12a），可将桩（墙）作为一端嵌固在土中的悬臂桩（墙）。

② 在设置支撑 B 以前的开挖阶段（图 11-12b），假定净土压力零点 O 为铰结点，支撑 A 为铰支点，于是桩（墙）AO 段可视为一简支梁。

③ 在设置支撑 C 以前的开挖阶段（图 11-12c），桩（墙）AO 段可视为具有三个铰支点的连续梁，三个铰支点分别为 A、B 及净土压力零点 O。

④ 在设置支撑 C 后、浇筑底板以前（图 11-12d），桩（墙）AO 段可视为具有四个铰支点的三跨连续梁，四个铰支点分别为 A、B、C 及净土压力零点 O。

（2）弹性支点法

弹性支点法，又称为弹性抗力法、地基反力法。它假定基坑开挖面以下土体作用于挡土构件（桩或墙）上的分布土反力为：

$$p_s = k_s y + p_{s0} \tag{11-9}$$

式中 p_{s0}——初始分布土反力（kPa），可按照朗金主动土压力公式且不计黏聚力项计算确定；

y——挡土构件在分布土反力计算点使土体压缩的水平位移量（m）；

k_s——地基土的水平反力系数（kN/m^3），按下式确定：

$$k_s = m(z-h) \tag{11-10}$$

式中 h——计算工况下的基坑开挖深度（m）；

　　z——计算点距地面的深度（m）；

　　m——地基土的水平反力系数的比例系数（kN/m^4），宜按桩的水平荷载试验及地区经验取值。

对于悬臂式支挡结构（图 11-13a），计算宽度内挡土构件（桩或墙）的基本挠曲微分方程为：

$$EI \frac{d^4 y}{dz^4} + m \cdot (z-h) \cdot b_0 \cdot y + p_{s0} b_0 - p_{ak} \cdot b_a = 0 \tag{11-11}$$

式中 EI——挡土构件的抗弯刚度（$kN \cdot m^2$）；

　　y——挡土构件的水平挠曲变形（m）；

　　b_a——挡土构件的计算宽度（m），参见图 11-14；

　　p_{ak}——挡土结构外侧的主动土压力强度标准值（kPa）；

　　b_0——挡土结构内侧的土反力计算宽度（m），由式（9-39）计算确定，若计算的 b_0 大于排桩间距时，b_0 取排桩间距。

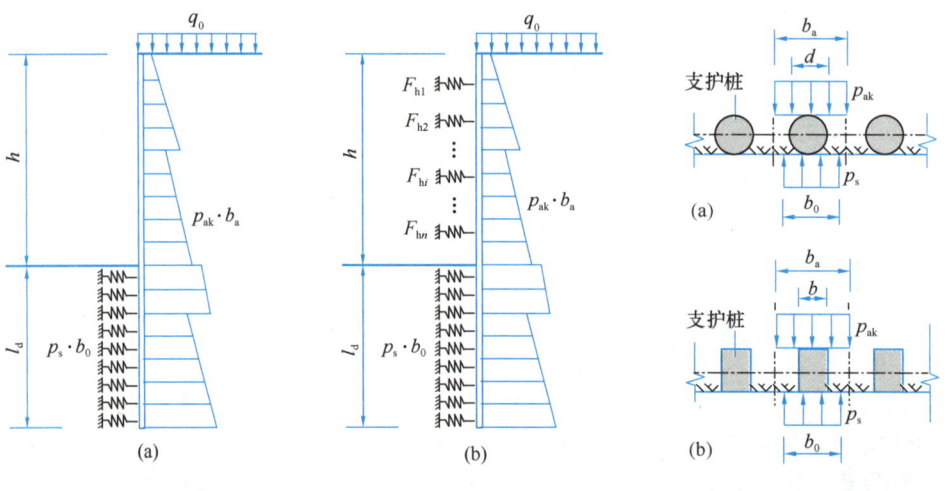

图 11-13　弹性支点法计算简图　　　　图 11-14　排桩计算宽度

采用幂级数解法（参见 9.5 节）或杆系有限元法求解方程（11-11），便可得到支挡结构的内力和变形。

对于有支点的支挡结构（图 11-13b），将每个支点视为一弹性支座，在式（11-11）计算模型上，附加上各个支点的作用力，再利用杆系有限元法可求解出支挡结构的内力和变形。取计算宽度内挡土结构进行分析，则支点上锚杆或支撑对挡土结构的作用力为：

$$F_h = k_R(y_R - y_R^0) + P_h \tag{11-12}$$

式中 F_h——支点水平反力（kN）；

P_h——支点预加力的水平分量（kN）；

y_R^0——设置锚杆或支撑时，支点的初始水平位移量（m）；

y_R——支点的水平位移量（m）；

k_R——支点的刚度系数（kN/m）。锚拉式支挡结构的支点刚度系数宜通过基本试验确定，而支撑式支挡结构的支点刚度系数宜通过对内支撑结构整体进行线弹性结构分析得出的支点力与水平位移的关系确定。

11.4.4 土层锚杆与内支撑

当基坑开挖深度较大，悬臂式支挡结构不能满足工程要求时，应在支挡结构上设置一层或多层锚杆或支撑，这样可以有效地控制其内力和变形，确保支护结构自身和周边环境的安全。

11.4.4.1 土层锚杆

土层锚杆由（外）锚头、锚筋和锚固体组成(图 11-15)，其中锚筋又称为锚杆杆体，常采用钢铰线、钢筋、碳纤维、玻璃纤维等材料制成。土层锚杆的破坏形式有：锚筋被拉断、锚筋从锚固体中拉出、锚固体从土层中拔出。由于锚固体砂浆对锚筋的握裹力一般大于锚固体与土层的摩阻力，因此，工程中通常仅对锚杆锚固体抗拔承载力（即锚固体与土层界面抗剪切能力）和锚筋（杆体）抗拉承载力进行验算即可。

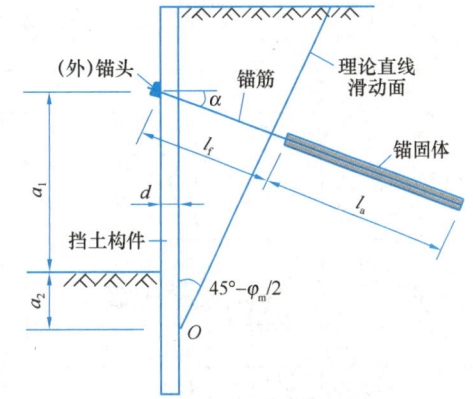

图 11-15　理论直线滑动面

（1）锚杆抗拔承载力验算。锚杆的极限抗拔承载力应满足：

$$\frac{R_k}{N_k} \geqslant K_t \tag{11-13}$$

式中　K_t——锚杆抗拔安全系数；安全等级为一级、二级、三级的支护结构，K_t 分别不应小于 1.8、1.6、1.4；

N_k——锚杆轴向拉力标准值（kN），按式（11-14）计算；

R_k——锚杆极限抗拔承载力标准值（kN），按式（11-15）确定。

锚杆轴向拉力标准值 N_k 计算式为：

$$N_k = \frac{F_h \cdot s}{b_a \cos\alpha} \tag{11-14}$$

式中　F_h——挡土构件计算宽度内的弹性支点水平反力（kN）；

s——锚杆的水平间距（m）；

α——锚杆的倾角（°）。

锚杆极限抗拔承载力标准值 R_k 计算式为：

$$R_k = \pi d \sum q_{sk,j} l_j \tag{11-15}$$

式中　d——锚杆的锚固体直径（m）；

l_j——锚杆的锚固段在第 j 层土中的长度（m）；锚固段长度 l_a 为超过理论直线滑动面（图 11-15）1.5m 外的长度；

$q_{sk,j}$——锚固体与第 j 土层的极限黏结强度标准值（kPa）。应根据工程经验并结合表 11-2 取值。

锚杆的极限黏结强度标准值　　　　　　表 11-2

土的名称	土的状态或密实度	q_{sk} (kPa)	
		一次常压注浆	二次压力注浆
填土		16～30	30～45
淤泥质土		16～20	20～30
黏性土	$I_L>1$	18～30	25～45
	$0.75<I_L\leq1$	30～40	45～60
	$0.50<I_L\leq0.75$	40～53	60～70
	$0.25<I_L\leq0.50$	53～65	70～85
	$0<I_L\leq0.25$	65～73	85～100
	$I_L\leq0$	73～90	100～130
粉土	$e>0.90$	22～44	40～60
	$0.75\leq e\leq0.90$	44～64	60～90
	$e<0.75$	64～100	80～130
粉细砂	稍密	22～42	40～70
	中密	42～63	75～110
	密实	63～85	90～130
中砂	稍密	54～74	70～100
	中密	74～90	100～130
	密实	90～120	130～170
粗砂	稍密	80～130	100～140
	中密	130～170	170～220
	密实	170～220	220～250
砾砂	中密、密实	190～260	240～290
风化岩	全风化	80～100	120～150
	强风化	150～200	200～260

注：① 采用泥浆护壁成孔工艺时，应按表取低值后再根据具体情况适当折减；

② 采用套管护壁成孔工艺时，可取表中的高值；

③ 采用扩孔工艺时，可在表中数值基础上适当提高；

④ 采用二次压力分段劈裂注浆工艺时，可在表中二次压力注浆数值基础上适当提高；

⑤ 当砂土中的细粒含量超过总质量的 30% 时，表中数值应乘以 0.75；

⑥ 对有机质含量为 5%～10% 的有机质土，应按表取值后适当折减；

⑦ 当锚杆锚固段长度大于 16m 时，应对表中数值适当折减。

锚杆的长度 l 包括锚固段长度 l_a 和自由段长度 l_f（图 11-15），l_f 按下式确定，且不应小于 5.0m：

$$l_f \geqslant \frac{(a_1 + a_2 - d\tan\alpha)\sin\left(45° - \dfrac{\varphi_m}{2}\right)}{\sin\left(45° + \dfrac{\varphi_m}{2} + \alpha\right)} + \frac{d}{\cos\alpha} + 1.5 \tag{11-16}$$

式中　α——锚杆倾角（°）；

　　　a_1——锚杆的锚头中点至基坑底面的距离（m）；

　　　a_2——基坑底面至基坑外侧主动土压力强度与基坑内侧被动土压力强度等值点 O 的距离（m）；对成层土，当存在多个等值点时应按其中最深的等值点计算；

　　　d——挡土构件的水平尺寸（m）；

　　　φ_m——O 点以上各土层按厚度加权的等效内摩擦角（°）。

（2）锚筋抗拉强度验算。锚筋（锚筋杆体）的受拉承载力应满足：

$$N \leqslant f_{py} A_p \tag{11-17}$$

式中　N——锚杆轴向拉力设计值（kN），$N = \gamma_0 \gamma_F N_k$，其中 γ_0 为支护结构重要性系数（按表 11-1 取值），γ_F 为作用基本组合的综合分项系数（不应小于 1.25）；

　　　f_{py}——预应力筋抗拉强度设计值（kPa）；当锚筋杆体采用普通钢筋时，取普通钢筋的抗拉强度设计值；

　　　A_p——预应力筋的截面面积（m²）。

11.4.4.2　内支撑结构

内支撑结构体系是由腰梁、内支撑和立柱构成的。内支撑可以是钢支撑、混凝土支撑和混合支撑。内支撑平面布置应做到为基坑开挖和下部主体结构施工提供尽量大的空间和便利，在平面结构上可采用平行对撑形式、正交或斜交的平面杆系形式、环形杆系形式，或者各种组合形式。

钢支撑可以采用钢管、工字钢、槽钢及各种型钢组合的桁架，通常采用装配式。如果对基坑变形要求较高，或者基坑形状比较复杂，应优先选用钢筋混凝土支撑，因为混凝土硬化后刚度大、变形小，强度高而可靠，但混凝土浇筑和养护时间长，施工工期长，拆除较难，产生的建筑垃圾对环境有影响。

一般内支撑结构体系可按结构力学方法进行受力计算。对于平面杆系支撑、环形杆系支撑，可按平面杆系有限元法进行计算；计算时应考虑基坑不同方向上的荷载不均匀性，约束支座的设置应与支护结构实际位移状态相符。同时，应对内支撑结构进行竖向荷载作用下的受力分析，设有立柱时宜按空间框架计算。

11.4.5　稳定性验算

基坑稳定性验算的目的在于确定支挡结构的嵌固深度，验算基坑的稳定性。计算的内容包括：支挡结构抗倾覆稳定性、整体稳定性、踢脚稳定性、坑底抗隆起稳定性和抗渗流稳定性验算等。

（1）抗倾覆稳定性验算

悬臂式支挡结构的嵌固深度 l_d 应满足绕桩（墙）底端（图 11-16a）的抗倾覆稳定要求，而单层支点支挡结构的嵌固深度应满足绕支点（图 11-16b）的抗倾覆稳定要求：

$$\frac{E_{pk} a_p}{E_{ak} a_a} \geqslant K_e \tag{11-18}$$

式中　E_{ak}、E_{pk}——分别为基坑的外侧主动土压力、内侧被动土压力标准值（kPa）；

　　　　a_a、a_p——分别为基坑的外侧主动土压力、内侧被动土压力的合力点至转动点（参见图 11-16）的距离（m）；

　　　　K_e——倾覆稳定安全系数；对应于安全等级为一级、二级和三级的支护结构，K_e 分别不应小于 1.25、1.2 和 1.15。

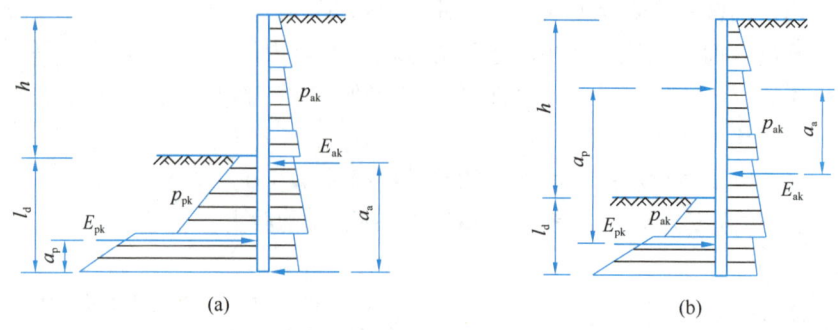

图 11-16　抗倾覆稳定性验算

（a）悬臂式支挡结构；（b）单层支点支挡结构

（2）整体滑动稳定性验算

支挡结构的整体滑动稳定性可采用圆弧滑动条分法进行验算（图 11-17），其最小安全系数应满足：

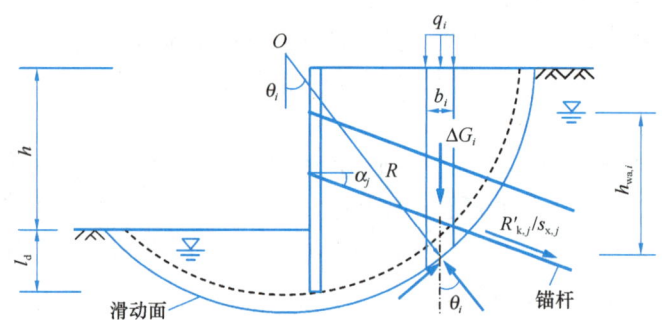

图 11-17　基于圆弧滑动条分法基坑整体稳定性验算

$$K_{s,min} = min\left\{ \frac{\sum\{c_il_i + [(q_ib_i + \Delta G_i)\cos\theta_i - u_il_i]\tan\varphi_i\} + \sum R'_{k,j}[\cos(\theta_j + \alpha_j) + \phi_v]/s_{x,j}}{\sum(q_ib_i + \Delta G_i)\sin\theta_i} \right\}$$

$$\geqslant K_s$$

(11-19)

式中　K_s——圆滑滑动稳定安全系数值；安全等级为一级、二级、三级的支挡式结构，K_s 分别不应小于 1.35、1.3、1.25；

　　　　$K_{s,min}$——所有可能圆弧滑动面计算得到的安全系数中最小者，应通过试算不同滑动面得到；

　　　　c_i、φ_i——第 i 土条滑弧面处土的黏聚力（kPa）、内摩擦角（°）；

　　　　b_i——第 i 土条的宽度（m）；

　　　　θ_i——第 i 土条滑弧面中点处的法线与垂直面的夹角（°）；

　　　　l_i——第 i 土条滑弧长度（m），$l_i = b_i/\cos\theta_i$；

q_i——第 i 土条上的附加分布荷载标准值（kPa）；

ΔG_i——第 i 土条的自重（kN/m³），按天然重度计算；

u_i——第 i 土条滑弧面上的水压力（kPa）；

$R'_{k,j}$——第 j 层锚杆在滑动面以外的锚固段的极限抗拔承载力标准值与杆体受拉承载力标准值的较小值（kN）；

α_j——第 j 层土钉或锚杆的倾角（°）；

θ_j——滑弧面在第 j 层锚杆处的法线与垂直面的夹角（°）；

$s_{x,j}$——第 j 层锚杆的水平间距（m）；

ψ_v——锚杆抗滑力计算系数，可取 $\psi_v = 0.5\sin(\theta_j + \alpha_j)\tan\varphi_j$；其中，$\varphi_j$ 为第 j 层锚杆与滑弧面交点处土的内摩擦角（°）。

当挡土构件（桩或墙）底端以下存在软弱下卧层时，基坑整体稳定性试算滑动面中应包括由圆弧与软弱土层层面组成的复合滑动面。

对于悬臂式支挡结构，式（11-19）中 $R'_{k,j} = 0$，则没有分子中的后一项。

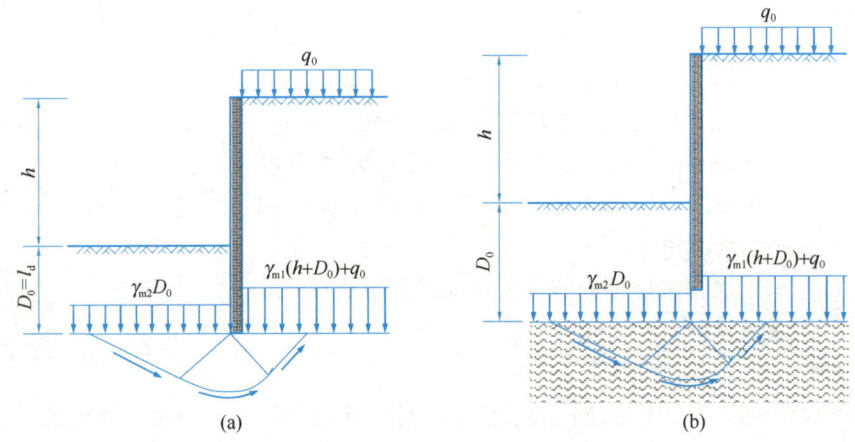

图 11-18　基坑抗隆起稳定性验算

(a) 坑底无软弱下卧层；(b) 坑底有软弱下卧层

（3）坑底抗隆起稳定性验算

对于深度较大的基坑，当挡土构件（桩或墙）的嵌固深度较小、土的强度较低时，基坑将有可能因土体从挡土构件底端以下向基坑内隆起、挤出而产生破坏（图 11-18）。因此，坑底抗隆起稳定性应满足：

$$\frac{\gamma_{m2}D_0 N_q + cN_c}{\gamma_{m1}(h + D_0) + q_0} \geqslant K_b \tag{11-20}$$

$$N_q = \tan^2\left(45° + \frac{\varphi}{2}\right)e^{\pi\tan\varphi} \tag{11-21}$$

$$N_c = (N_q - 1)\cot\varphi \tag{11-22}$$

式中　K_b——挡土构件底部土体抗隆起稳定安全系数值；安全等级为一级、二级、三级的支挡式结构，K_b 分别不应小于 1.8、1.6、1.4；

γ_{m1}、γ_{m2}——分别为基坑的外侧、内侧在挡土构件底面以上的土层平均重度（kN/m³）；

D_0——上覆土层的厚度（m）；当坑底以下无下卧软弱层时，取 D_0 为挡土构件的嵌固深度 l_d；当坑底以下有下卧软弱层时，取 D_0 为基坑底面至软弱下卧层顶面的土层厚度；

h——基坑的深度（m）；

q_0——地面均布荷载（kPa）；

N_c、N_c——承载力系数；

c、φ——分别为挡土构件底面以下土的黏聚力（kPa）、内摩擦角（°）。

对于悬臂式支挡结构可不进行抗隆起稳定性验算。

（4）坑底抗突涌稳定性验算

当坑底上部为不透水土层，下部存在有水头高于坑底的承压水含水层，且未用截水帷幕隔断基坑内外水力联系时（图 11-19），承压水作用下的坑底抗突涌稳定性应满足如下要求：

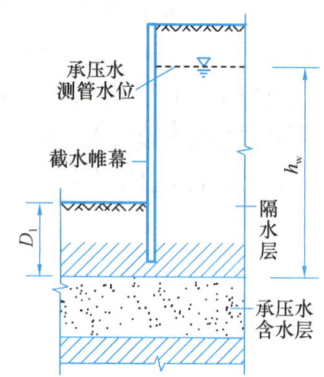

图 11-19 抗突涌稳定性验算

$$\frac{D_1\gamma}{h_w\gamma_w} \geqslant K_h \tag{11-23}$$

式中 K_h——抗突涌稳定安全系数；K_h 不应小于 1.1；

D_1——承压水含水层顶面至坑底的土层厚度（m）；

γ——承压水含水层顶面至坑底土层的天然重度（kN/m³）；对多层土，取按土层厚度加权的平均天然重度；

h_w——承压水含水层顶面的压力水头高度（m）；

γ_w——水的重度（kN/m³）。

（5）坑底抗流土稳定性验算

当地下水位较高，采用悬挂式截水帷幕，且帷幕底端位于碎石土、砂土或粉土含水层时（图 11-20），对均质含水层，坑底土体抗流土稳定性应满足如下要求：

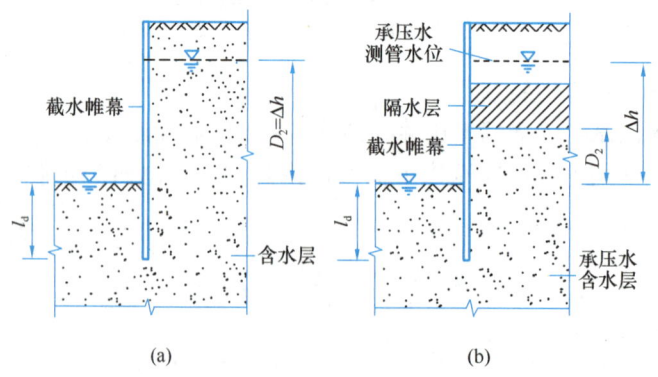

(a)　　　　　　　　　(b)

图 11-20 抗流土稳定性验算

(a) 潜水；(b) 承压水

$$\frac{(2l_d + 0.8D_2)\gamma'}{\Delta h \cdot \gamma_w} \geqslant K_f \tag{11-24}$$

式中 K_f——抗流土稳定安全系数；安全等级为一级、二级、三级的支挡结构，K_f分别不应小于1.6、1.5、1.4；

l_d——截水帷幕在坑底以下的插入深度（m）；

D_2——潜水面或承压水含水层顶面至基坑底面的土层厚度（m）；

γ'——土的浮重度（kN/m³）；

Δh——基坑内外的水头差（m）；

γ_w——水的重度（kN/m³）。

对渗透系数不同的非均质含水层，宜采用数值方法进行渗流稳定性分析。

11.5 土钉墙设计计算

土体的抗剪强度较低，抗拉强度几乎为零，但原位土体一般具有一定的结构整体性。假如在土体中放置土钉，使之与土共同作用，形成复合土体，则可有效地提高土体的整体强度，弥补土体抗拉、抗剪强度的不足。这是因为置于土体中的土钉具有箍束骨架、分担荷载、传递和扩散应力、约束坡面变形等作用。试验研究表明：①土钉在使用阶段主要承受拉力，土钉的弯剪作用对支护结构承载能力的提高作用较小；②土钉的拉力沿其长度呈中间大两头小的形式分布，并且土钉靠近面层的端部拉力与钉中最大拉力的比值随着往下开挖深度增加而降低；③极限平衡分析法能较好地估计土钉支护破坏时的承载能力。

土钉墙的设计应满足强度、稳定性、变形和耐久性等要求。设计必须自始至终与现场施工和监测相结合，施工中出现的情况及监测数据应及时反馈给设计者，以修改设计，并指导下一步施工。土钉墙的设计内容包括：土钉墙支护结构参数的确定、土钉墙稳定性验算和土钉承载力计算等。

11.5.1 土钉墙支护结构参数的确定

土钉墙支护结构参数包括土钉的长度、直径、间距、倾角、注浆材料及支护面层厚度等。

（1）土钉长度。土钉长度应按各层土钉受力均匀、各土钉拉力与相应土钉极限承载力的比值相近的原则确定，一般取土钉长度L与开挖深度H之比，即$L/H=0.5\sim1.2$。

处于不同高度的土钉，其内力相差较大，一般为中部较大、上部和底部较小，因此中部土钉起的作用较大。但是，上部土钉对限制墙面水平位移很重要，底部土钉对抵抗墙体整体滑移、失稳有重要作用，而且当土钉墙临近极限状态时，底部土钉的作用会明显增加。在实际工程中，一般将上、下部土钉取成等长，或者上部土钉稍长、底部土钉稍短。

（2）土钉直径与间距。土钉直径宜为70～130mm。土钉的水平和垂直间距宜为1.0～2.0m。上下插筋交错排列，遇局部软弱土层间距可小于1.0m。

（3）土钉筋材尺寸。土钉中采用的筋材有钢筋、角钢、钢管等。当采用钢筋时，宜选用HRB400、HRB500钢筋，直径宜取16～32mm；当采用角钢时，一般为∟5×50×50角钢；当采用钢管时，外径不宜小于48mm。

（4）土钉倾角。土钉与水平面的夹角称为土钉倾角，一般在5°～20°之间，取值应考虑钻孔、注浆工艺与土体分层特点等多种因素。研究表明，土钉倾角越小，墙的变形越小，但注浆质量较难控制；土钉倾角越大，墙的变形越大，但有利于土钉插入下层较好土层，注浆质量也易于保证。

（5）注浆材料。采用水泥浆或水泥砂浆。水泥浆的水灰比宜取 0.5～0.55，水泥砂浆的水灰比宜取 0.4～0.45。

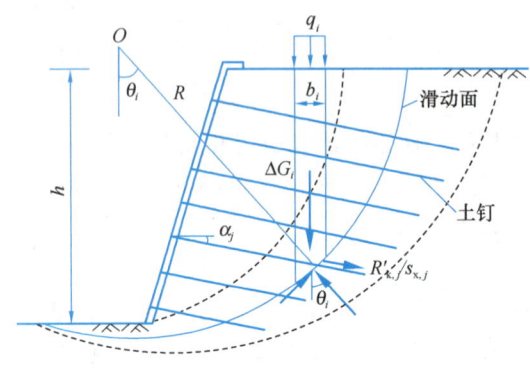

图 11-21　土钉墙整体滑动稳定性验算

（6）支护面层。土钉墙的面层通常采用 80～100mm 厚的钢筋网喷射混凝土，混凝土强度等级不低于 C20。钢筋网宜采用 HPB300 级钢筋，其直径宜取 6～10mm、间距宜取 150～250mm；同时应配置一定量的通长加强筋，其直径宜取 14～20mm。

11.5.2　土钉墙整体滑动稳定性验算

在基坑开挖的各个施工阶段，都应对土钉墙的整体滑动稳定性进行验算，其验算方法同 11.4.5 节所述基坑整体滑动稳定性验算方法，即采用圆弧滑动条分法进行分析计算（图 11-21）。验算公式也与式（11-19）相似，只是由于土钉墙通常建造在地下水位以上，因此，式（11-19）变为：

$$K_{s,min} = \min\left\{\frac{\sum[c_i l_i + (q_i b_i + \Delta G_i)\cos\theta_i \tan\varphi_i] + \sum R'_{k,j}[\cos(\theta_j + \alpha_j) + \psi_v]/s_{x,j}}{\sum(q_i b_i + \Delta G_i)\sin\theta_i}\right\}$$

$$\geqslant K_s \tag{11-25}$$

式中　K_s——土钉墙整体滑动稳定安全系数；安全等级为二级、三级的土钉墙，K_s 分别不应小于 1.3、1.25；

其他符号意义同前。

11.5.3　土钉承载力计算

假定土钉为受拉构件，不考虑其抗弯作用，只需进行单根土钉的极限抗拔承载力和土钉杆体的受拉承载力验算。

（1）土钉墙面上土压力

对于墙面倾斜的土钉墙，墙面上实际主动土压力强度可按下式确定：

$$p_{k,j} = \zeta \cdot p_{ak,j} \tag{11-26}$$

式中　$p_{k,j}$——墙面倾斜土钉墙第 j 层土钉处实际主动土压力强度标准值（kPa）；

$p_{ak,j}$——第 j 层土钉处计算主动土压力强度标准值（kPa），按朗金主动土压力公式计算；

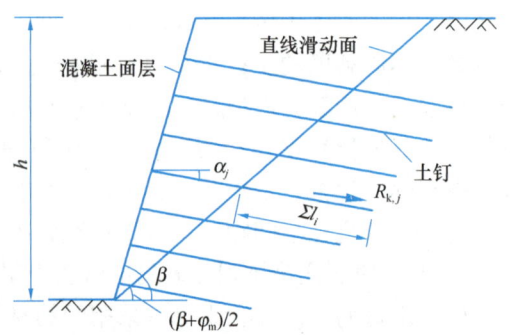

图 11-22　土钉抗拔承载力计算

ζ——墙面倾斜时（图 11-22）主动土压力折减系数，可按下式计算：

$$\zeta = \tan\frac{\beta - \varphi_m}{2}\left[\frac{1}{\tan\frac{\beta + \varphi_m}{2}} - \frac{1}{\tan\beta}\right] \Big/ \tan^2\left(45° - \frac{\varphi_m}{2}\right)\qquad(11\text{-}27)$$

其中　β——土钉墙坡面与水平面的夹角（°）；

φ_m——基坑底面以上各土层按厚度加权的等效内摩擦角平均值（°）。

（2）土钉轴向拉力

单根土钉轴向拉力标准值可按下式计算：

$$N_{k,j} = \eta_j \cdot p_{k,j} \cdot s_{x,j} \cdot s_{z,j} / \cos\alpha_j\qquad(11\text{-}28)$$

式中　$N_{k,j}$——第 j 层土钉轴向拉力标准值（kN）；

$s_{x,j}$——土钉的水平间距（m）；

$s_{z,j}$——土钉的垂直间距（m）；

α_j——第 j 层土钉倾角（°）；

η_j——第 j 层土钉轴向拉力调整系数，可按下式计算：

$$\eta_j = \eta_a - (\eta_a - \eta_b)\frac{z_j}{h}\qquad(11\text{-}29)$$

$$\eta_a = \frac{\sum(h - \eta_b z_j)\Delta E_{aj}}{\sum(h - z_j)\Delta E_{aj}}\qquad(11\text{-}30)$$

式中　z_j——第 j 层土钉至基坑顶面的垂直距离（m）；

h——基坑深度（m）；

ΔE_{aj}——作用在以 $s_{x,j}$、$s_{z,j}$ 为边长的面积内的主动土压力标准值（kN）；

η_a——计算系数；

η_b——经验系数，可取 $0.6\sim1.0$。

（3）土钉抗拔承载力

单根土钉的抗拔承载力应通过抗拔试验确定，但对于安全等级为三级的土钉墙进行初步设计时也可按下式估算：

$$R_{k,j} = \min\{\pi d_j\sum q_{sk,i}l_i, f_{yk}A_s\}\qquad(11\text{-}31)$$

式中　d_j——第 j 层土钉的锚固体直径（m）；对成孔注浆土钉，按成孔直径计算，对打入钢管土钉，按钢管直径计算；

$q_{sk,i}$——第 j 层土钉在第 i 层土层的极限黏结强度标准值（kPa），应根据工程经验并结合表 11-3 取值；

l_i——第 j 层土钉在直线滑动面以外的部分在第 i 层土层中长度（m）；直线滑动面与水平面夹角取 $\dfrac{\beta + \varphi_m}{2}$（图 11-22）；

f_{yk}——土钉杆体抗拉强度标准值（kPa）；

A_s——土钉杆体的截面面积（m²）。

土钉的极限黏结强度标准值　　　　　　　　　　　　　　　表 11-3

土的名称	土的状态	q_{sk}（kPa）	
		成孔注浆土钉	打入钢管土钉
素填土		15～30	20～35
淤泥质土		10～20	15～25

土的名称	土的状态	q_{sk}（kPa）	
		成孔注浆土钉	打入钢管土钉
黏性土	$0.75 < I_L \leqslant 1$	20～30	20～40
	$0.25 < I_L \leqslant 0.75$	30～45	40～55
	$0 < I_L \leqslant 0.25$	45～60	55～70
	$I_L \leqslant 0$	60～70	70～80
粉土		40～80	50～90
砂土	松散	35～50	50～65
	稍密	50～65	65～80
	中密	65～80	80～100
	密实	80～100	100～120

（4）土钉承载力验算

① 单根土钉的抗拔承载力应满足如下要求：

$$\frac{R_{k,j}}{N_{k,j}} \geqslant K_t \tag{11-32}$$

式中　K_t——土钉抗拔安全系数；安全等级为二级、三级的土钉墙，K_t 分别不应小于 1.6、1.4；

　　　　$N_{k,j}$——第 j 层土钉的轴向拉力标准值（kN），按式（11-28）计算；

　　　　$R_{k,j}$——第 j 层土钉的抗拔承载力标准值（kN），按式（11-31）计算确定。

② 土钉杆体的受拉承载力应满足如下要求：

$$N_j \leqslant f_y \cdot A_s \tag{11-33}$$

式中　N_j——第 j 层土钉的轴向拉力设计值（kN），$N_j = \gamma_0 \cdot \gamma_F \cdot N_{k,j}$；

　　　　f_y——土钉杆体的抗拉强度设计值（kPa）；

　　　　A_s——土钉杆体的截面面积（m²）。

11.6　基坑开挖地下水控制与施工监测

11.6.1　地下水控制

合理的地下水控制方案是保证工程质量、加快工程进度、取得良好社会和经济效益的关键，通常应根据地质和环境条件、支护结构的设计与施工等因素综合考虑。

地下水控制方法有集水明排法、降水法、截水和回灌技术。降水的方法通常有轻型井点法、喷射井点法、管井井点法和深井泵井点法。当降水危及基坑及周边环境安全时，宜采用截水或回灌方法。截水后，基坑中的水量或水压较大时，宜采用基坑内降水。

当基坑底为隔水层且层底作用有承压水时，应进行坑底土突涌验算，必要时可采取水平封底隔渗或钻孔减压措施，以保证坑底土层稳定。

（1）集水明排法

集水明排法又称表面排水法，它是在基坑开挖过程中以及基础施工和养护期间，在基坑四周开挖集水沟汇集坑壁及坑底渗水，并引向集水井。

集水明排法可单独采用，亦可与其他方法结合使用。单独使用时，降水深度不宜大于5m，否则在坑底容易产生软化、泥化，坡角会出现流砂、管涌，甚至可产生边坡塌陷、地面沉降等问题。与其他方法结合使用时，其主要功能是收集基坑中和坑壁局部渗出的地下水和地面水。

集水明排法设备简单，费用低，一般土质条件均可采用。但当地基土为饱和粉细砂土等黏聚力较小的细粒土层时，由于抽水会引起流砂现象，造成基坑破坏和坍塌，应避免采用集水明排法。

（2）降水法

降水法主要是将带有滤管的降水工具沉没到基坑四周的土中，利用各种抽水工具，在不扰动土结构的条件下，将地下水抽出，以利于基坑开挖。一般有轻型井点法、喷射井点法、管井井点法、深井泵井点法等。

① 轻型井点法

当在井内抽水时，井中的水位开始下降，周围含水层的地下水流向井中，经一段时间后达到稳定，水位形成向井弯曲的"下降漏斗"，地下水位逐渐降低到坑底设计标高以下，使施工能在干燥无水的环境下进行。

轻型井点系统包括过滤管、集水总管、连接管和抽水设备（图11-23）。

用连接管将井点管与集水总管和水泵连接，形成完整系统。抽水时，先打开真空泵抽出管路中的空气，使之形成真空，这时地下水和土中空气在真空吸力作用下被吸入集水箱，空气经真空泵排出，当集水管存水较多时，再开动离心泵抽水。

若要求降水深度较深（比如大于6m），可采用两级或多级井点降水。

② 喷射井点法

喷射井点一般有喷水和喷气两种，井点系统由喷射器、高压水泵和管路组成。

喷射器结构形式有外接式和同心式两种（图11-24），其工作原理是利用高速喷射液

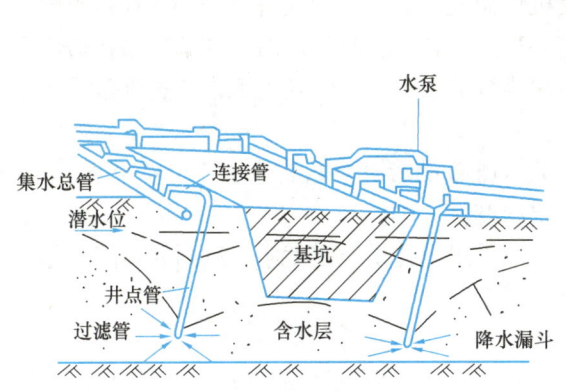

图11-23 单排轻型井点布置示意图

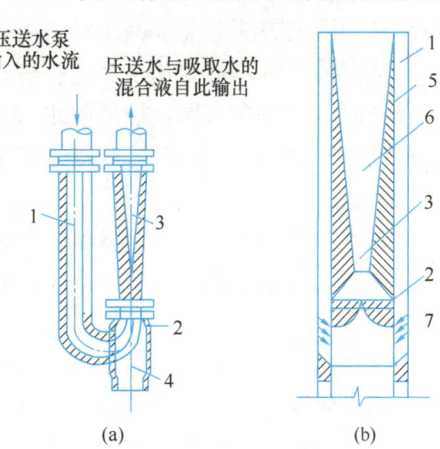

图11-24 喷射井点构造原理图
（a）外接式；（b）同心式（喷嘴φ6.5mm）
1—输水导管（亦可为同心式）；2—喷嘴；
3—混合室（喉管）；4—吸入管；5—内管；
6—扩散室；7—工作水流

体的动能工作，由离心泵供给高压水流入喷嘴高速喷出，经混和室造成此处压力降低，形成负压和真空，则井内的水在大气压力作用下，将水由吸气管压入吸水室，吸入水和高速射流在混和室中相互混和，射流的动能将本身的一部分传给被吸入的水，使吸入水流的动能增加，混和水流入扩散室，由于扩散室截面扩大，流速下降，大部分动能转为压能，将水由扩散室送至高处。

喷射井点法管路系统布置和井点管的埋设与轻型井点基本相同。

③ 管井井点法

管井井点的确定先根据总涌水量验算单根井管极限涌水量，再确定井的数量。井管由两部分组成，即井壁管和滤水管。井壁管可用直径 200～300mm 的铸铁管、无砂混凝土管、塑料管。滤水管可用钢筋焊接骨架，外包滤网（孔眼为 1～2mm），长 2～3m，也可用实管打花孔，外缠铅丝做成，或者用无砂混凝土管。

根据已确定的管井数量沿基坑外围均匀设置管井。钻孔可用泥浆护壁套管法，也可用螺旋钻，但孔径应大于管井外径 150～250mm，将钻孔底部泥浆掏净，下沉管井，用集水总管将管井连接起来，并在孔壁与管井之间填 3～15mm 砾石作为过滤层。吸水管用直径 50～100mm 胶皮管或钢管，其底端应在设计降水位的最低水位以下。

④ 深井泵井点法

深井泵井点由深井泵（或深井潜水泵）和井管滤网组成。

井孔钻孔可用钻孔机或水冲法。孔的直径应大于井管直径 200mm。孔深应考虑到抽水期内沉淀物可能的厚度而适当加深。

井管放置应垂直，井管滤网应放置在含水层适当的范围内。井管内径应大于水泵外径 50mm，孔壁与井管之间填大于滤网孔径的填充料。

潜水泵的电缆要可靠，深井泵的电机宜有阻逆装置，在换泵时应清洗滤井。

（3）截水与回灌

如果地下降水对基坑周围建（构）筑物和地下设施带来不良影响时，可采用竖向截水帷幕或回灌的方法避免或减小该影响。

竖向截水帷幕通常用水泥搅拌桩、旋喷桩等做成。其结构形式有两种：一种是当含水层较薄时，穿过含水层，插入隔水层中；另一种是当含水相对较厚时，帷幕悬吊在透水层中。前者作为防渗计算时，只需计算通过防渗帷幕的水量，后者还需考虑绕过帷幕涌入基坑的水量。

截水帷幕的厚度应满足基坑防渗要求，截水帷幕的渗透系数宜小于 1.0×10^{-6} cm/s。落底式竖向截水帷幕应插入下卧不透水层一定深度。

当地下含水层渗透性较强、厚度较大时，可采用悬挂式竖向截水与坑内井点降水相结合或采用悬挂式竖向截水与水平封底相结合的方案。

截水帷幕施工方法和机具的选择应按场地工程水文地质及施工条件等综合确定。

在基坑开挖与降水过程中，可采用回灌技术防止因周边建筑物基础局部下沉而影响建筑物的安全。回灌方式有两种：一种采用回灌沟回灌（图 11-25），另一种采用回灌井回灌（图 11-26）。其基本原理是：在基坑降水的同时，向回灌井或沟中注入一定水量，形成一道阻渗水幕，使基坑降水的影响范围不超过回灌点的范围，阻止地下水向降水区流失，保持已有建筑物所在地原有的地下水位，使土压力仍处于原有平衡状态，从而有效地防止降水的影响，使建筑物的沉降达到最低限度。

如果建筑物离基坑稍远，且为较均匀的透水层，中间无隔水层，则采用最简单的回灌沟方法进行回灌较好，经济易行，如图 11-25 所示。但如果建筑物离基坑近，且为弱透水层，或者透水层中间夹有弱透水层和隔水层时，则须用回灌井点进行回灌，如图 11-26 所示。

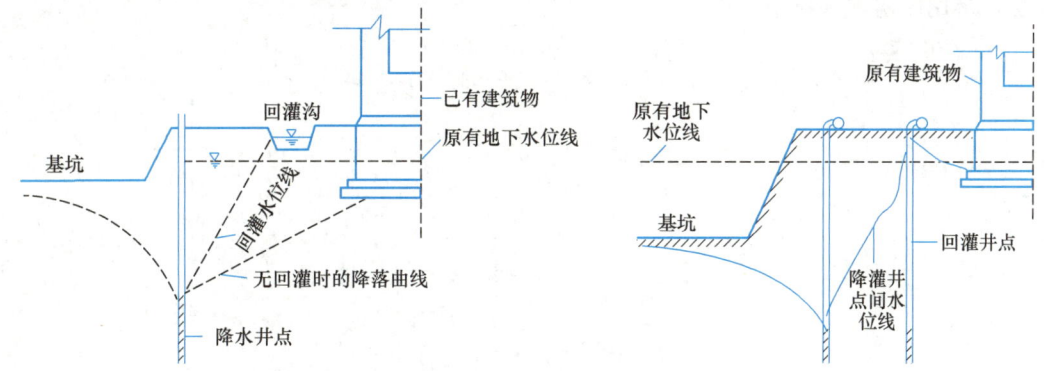

图 11-25　井点降水与回灌沟回灌示意图　　　　图 11-26　井点降水与回灌井点示意图

11.6.2　基坑现场监测

对深基坑施工过程进行综合监测的目的主要有：

（1）根据监测结果，发现安全隐患，防止工程和环境破坏事故的发生；

（2）利用监测结果指导现场施工，进行信息化反馈优化设计，使设计达到优质安全、经济合理，同时施工简捷；

（3）将监测结果与理论预测值对比，用反分析法求得更准确的设计计算参数，修正理论公式，以指导下阶段的施工或其他工程的设计和施工。

基坑监测包括支护结构及周边环境的变形、受力和地下水监测等方面的内容。对于安全等级为一级、二级的支护结构，在基坑开挖过程和支护结构使用期内，必须进行支护结构的水平位移监测和基坑开挖影响范围内建（构）筑物、地面的沉降监测。

基坑现场监测工作应做到有序、及时，监测数据应做到完整、可靠。应按照工程具体情况预先设定预警值（包括变形值、内力值及其变化速率），并拟定相应的应急处置措施。

11.7　挡 土 墙 设 计

挡土墙设计包括墙型选择、稳定性验算、地基承载力验算、墙身材料强度验算以及一些设计中的构造要求和措施等。本节主要介绍挡土墙的选型和设计原则，以及工程中最常见的重力式挡土墙和加筋土挡土墙的设计要点。

11.7.1　挡土墙类型选择

常用的挡土墙类型有重力式、悬臂式、扶壁式、锚定板式和锚杆式挡土墙，以及土钉墙、加筋土挡土墙等。一般应根据工程要求、场地条件、材料供应、施工技术以及造价等因素合理地选择。

（1）重力式挡土墙

重力式挡土墙是依靠墙体自重抵抗土压力来维持自身和墙后土体平衡，按墙背倾斜方向可分为仰斜、直立和俯斜三种（图 11-27）。通常用块石或混凝土材料砌筑而成，墙身截面较大。一般墙高 h 小于 8m，当 $h=8\sim12m$ 时，宜采用衡重式（图 11-27d）。重力式挡土墙结构简单，施工方便，可就地取材，适用于低墙且地基土质较好、石料供应充足的情况，多用于房建和路基工程。

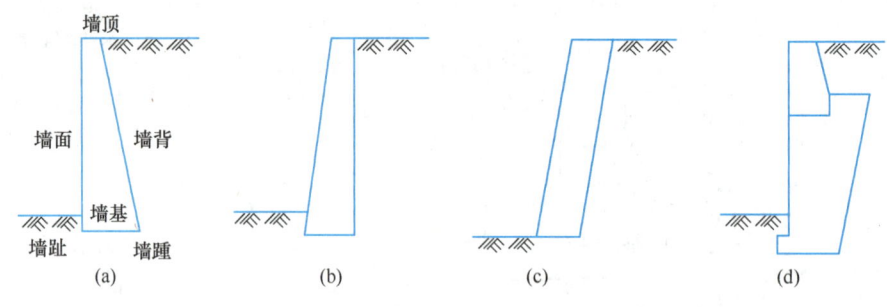

图 11-27 重力式挡土墙的形式

（a）俯斜；（b）直立；（c）仰斜；（d）衡重式

（2）悬臂式挡土墙

悬臂式挡土墙由立壁和底板构成，依靠底板以上填土重量和立壁抗弯能力抵抗土压力来维持稳定。一般由钢筋混凝土建造，墙体内设置钢筋承受拉应力，故墙身截面较小，属于轻型支挡结构。初步设计时可按图 11-28 选取截面尺寸。适用于墙高 6m 左右、地基土质较差、缺少石料等情况。多用于市政工程及贮料仓库。

（3）扶壁式挡土墙

当墙高 h 大于 10m 时，挡土墙立壁挠度较大，为了增强立壁的抗弯性能，常沿墙的纵向每隔一定距离 $[（0.3\sim0.6）h]$ 设置一道扶壁，称为扶壁式挡土墙（图 11-29）。扶壁间填土可增加抗滑和抗倾覆能力。一般用于重要的大型土建工程，设计时可先按图 11-29初选截面尺寸，再将立壁及底板作为三边固定的板，用有限元或有限差分进行优化设计。

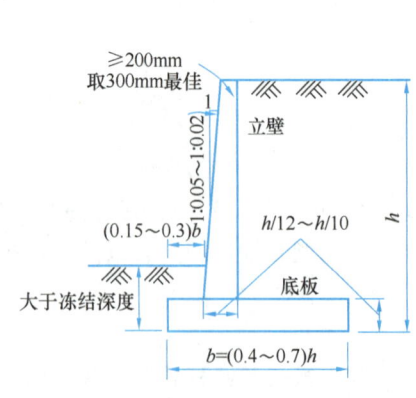

图 11-28 悬臂式挡土墙初步设计尺寸

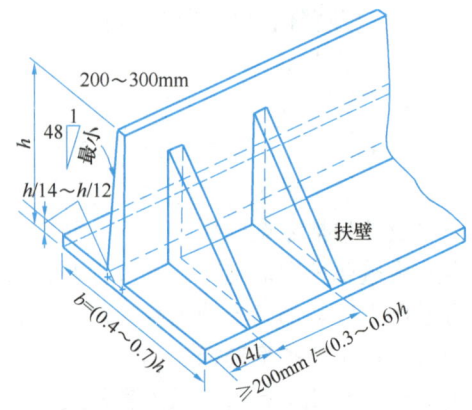

图 11-29 扶臂式挡土墙初步设计尺寸

（4）锚定板挡土墙

锚定板挡土墙由预制的钢筋混凝土立柱、面板、钢拉杆和埋置在填土中的锚定板在现场拼装而成（图11-30）。它依靠埋置在填土中的锚定板所提供的抗拔力，经由钢拉杆拉住立柱和面板来维持整个墙体的稳定。与重力式挡土墙相比，其结构轻、柔性大、工程量少、造价低、施工方便，适用于石料缺乏地区的大型填方工程。

（5）锚杆挡土墙

锚杆挡土墙通常由立柱、面板和锚杆（包含锚筋和锚固体）组成（图11-31）。它是依靠锚固在稳定岩土层中的锚杆所提供的抗拔力来维持挡土墙的稳定。按照墙的结构形式，可分为板肋式、格构式和排桩式锚杆挡土墙；按照锚杆的类型，可分为非预应力和预应力锚杆（索）挡土墙。《建筑边坡工程技术规范》GB 50330—2013 建议：在施工期稳定性较好的边坡，可采用板肋式或格构式锚杆挡土墙；而对于位于滑坡区或切坡后可能引发滑坡的边坡、切坡后可能沿外倾软弱结构面滑动而造成严重后果的边坡、高度较大且稳定性较差的边坡、边坡滑塌区内有重要建筑物基础的Ⅳ类岩质边坡和土质边坡，宜采用排桩式锚杆挡土墙。

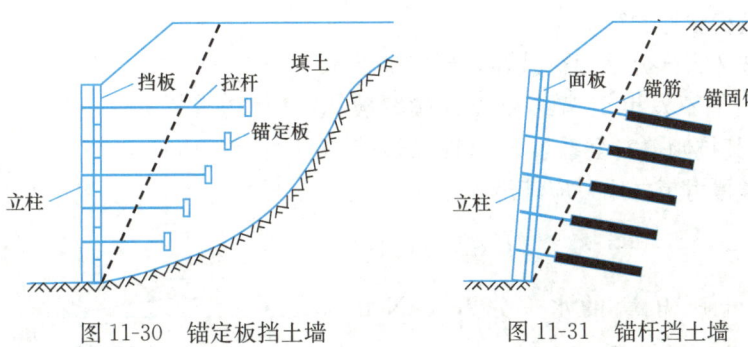

图 11-30 锚定板挡土墙　　　　　　图 11-31 锚杆挡土墙

（6）加筋土挡土墙

加筋土挡土墙由墙面板、筋带和填土构成。它借助于与面板相连接的筋带与填料之间的相互作用，使面板、筋带和填料形成一种稳定而柔性的复合支挡结构（图11-32）。加筋土挡土墙能很好地利用材料的性能，充分发挥土与筋带各自强度优势共同工作。因此，加筋土挡土墙结构轻巧、圬工体积小，便于现场预制和工地拼装，施工速度快，对地基承载力要求较低，适用于软弱地基上的大型填方工程，并能抗严寒、抗地震，与重力式挡土墙相比，一般可降低造价25%～60%。

11.7.2 挡土墙设计原则

挡土墙的设计计算应根据使用过程中可能出现的荷载，按承载能力极限状态和正常使用极限状态进行荷载效应组合，并取最不利组合进行设计。截面尺寸一般按试算法确定，即先根据挡土墙的工程地质条件、填土性质以及墙身材料和施工条件等凭经验初步拟定截面尺寸，然后进行验算。如不满足要求，则修改截面尺寸或采取其他措施。

根据《建筑地基规范》，挡土墙基底面积及埋深按地基承载力确定，传至基础底面的荷载效应应按正常使用极限状态下

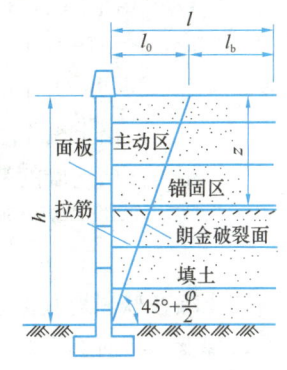

图 11-32 加筋土挡土墙
结构示意

荷载效应的标准组合。土体自重、墙体自重均按实际的重力密度计算，在地下水位以下时应扣去水的浮力，相应的抗力应采用地基承载力特征值。

计算挡土墙的土压力应采用承载能力极限状态荷载效应基本组合，但荷载效应组合设计值 S 中荷载分项系数均为 1.0。在计算挡土墙内力、确定配筋和验算材料强度时，上部结构传来的荷载效应组合和相应的地基反力，应按承载能力极限状态下荷载效应的基本组合，采用相应的荷载系数，即永久荷载对结构不利时分项系数取 1.35，对结构有利时取 1.0。

此外，在挡土墙设计中，波浪力、冰压力和冻胀力不同时计入计算。当墙身有泄水孔、墙后回填渗水的砂土时，墙前后水位接近平衡。填料浸水后，受到水的减重作用，计算时应计入墙身浸水的上浮力及填料的减重作用。但应注意墙前、后水位的急剧变化，它会引起较大的动水压力作用。

11.7.3 重力式挡土墙设计

重力式挡土墙设计除应满足一定的构造要求外，还应进行抗倾覆稳定性、抗滑移稳定性、整体滑动稳定性、地基承载力及墙身强度验算。

（1）抗倾覆稳定性验算

挡土墙的破坏大部分是倾覆破坏，要保证挡土墙在土压力作用下不发生绕墙趾 O 点的倾覆破坏（图 11-33），则其抗倾覆安全系数 K_t（即绕 O 点的抗倾覆力矩与倾覆力矩之比）应满足：

$$K_\mathrm{t} = \frac{Gx_0 + E_\mathrm{az}x_\mathrm{f}}{E_\mathrm{ax}z_\mathrm{f}} \geqslant 1.6 \qquad (11\text{-}34)$$

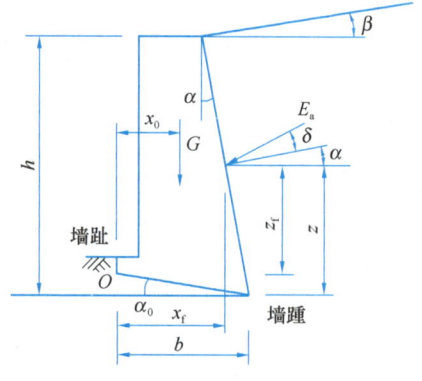

图 11-33　挡土墙抗倾覆稳定性验算

式中　E_ax——土压力 E_a 的水平分力（kN/m），

$E_\mathrm{ax} = E_\mathrm{a}\cos(\alpha+\delta)$；

E_az——土压力 E_a 的竖向分力（kN/m），

$E_\mathrm{az} = E_\mathrm{a}\sin(\alpha+\delta)$；

α——墙背与竖直线的夹角（°），俯斜时取正号、仰斜时取负号；

δ——墙背与填土间的外摩擦角（°）；

G——挡土墙每延米自重（kN/m）；

x_f——土压力作用点离墙趾 O 点的水平距离（m），$x_\mathrm{f} = b - z\tan\alpha$；

z_f——土压力作用点离墙趾 O 点的高度（m），$z_\mathrm{f} = z - b\tan\alpha_0$；

x_0——挡土墙重心离墙趾 O 点的水平距离（m）；

α_0——挡土墙的基底倾角（°）；

b——基底的水平投影宽度（m）；

z——土压力作用点离墙踵的高度（m）。

挡土墙在软弱地基上倾覆时，墙趾可能陷入土中，使力矩中心点内移，导致抗倾覆安全系数降低，有时甚至会沿圆弧滑动而发生整体破坏，因此验算时应注意土的压缩性。验算悬臂式挡土墙时，可视土压力作用在墙踵的垂直面上，将墙踵悬臂以上土重计入挡土墙自重。

（2）抗滑移稳定性验算

在土压力的作用下，挡土墙也可能沿基础底面发生滑移。因此要求基底的抗滑移安全系数 K_s（抗滑力与滑动力之比）应满足：

$$K_s = \frac{(G_n + E_{an})\mu}{E_{at} - G_t} \geqslant 1.3 \tag{11-35}$$

式中　G_n——挡土墙自重 G 在垂直于基底平面方向的分力（kN/m），$G_n = G\cos\alpha_0$；

　　　G_t——挡土墙自重 G 在平行于基底平面方向的分力（kN/m），$G_t = G\sin\alpha_0$；

　　　E_{an}——土压力 E_a 在垂直于基底平面方向的分力（kN/m），$E_{an} = E_a\sin(\alpha + \alpha_0 + \delta)$；

　　　E_{at}——土压力 E_a 在平行于基底平面方向的分力（kN/m），$E_{at} = E_a\cos(\alpha + \alpha_0 + \delta)$；

　　　μ——土对挡土墙基底的摩擦系数，宜按试验确定，也可按表 11-4 选用。

土对挡土墙基底的摩擦系数 μ　　　　　　　　　　　表 11-4

土的类别		摩擦系数 μ
黏性土	可塑	0.25～0.30
	硬塑	0.30～0.35
	坚硬	0.35～0.45
粉土	$S_r \leqslant 0.5$	0.30～0.40
中砂、粗砂、砾砂		0.40～0.50
碎石土		0.40～0.60
软质岩石		0.40～0.60
表面粗糙的硬质岩石		0.65～0.75

注：对易风化的软质岩石和 $I_p > 22$ 的黏性土，μ 值应通过试验测定；对碎石土，可根据其密实度、填充物状况、风化程度等确定。

（3）整体滑动稳定性验算

当墙底地基土较软弱时，可能产生绕墙底的圆弧状滑动面。此时，可采用条分法验算挡土墙的整体滑动稳定性，具体内容详见 7.6.2 节。

（4）地基承载力及墙身强度验算

挡土墙在自重及土压力的垂直分力作用下，基底压力按线性分布。其验算方法及要求同天然地基上浅基础，具体可参见第 8 章的相关内容。挡土墙墙身材料强度应满足现行国家标准《混凝土结构设计标准》GB/T 50010 和《砌体结构设计规范》GB 50003—2011 中有关要求。

（5）重力式挡土墙构造要求

重力式挡土墙的类型和结构形式对工程安全和经济性有较大的影响。挡土墙中主动土压力以仰斜最小，直立居中，俯斜最大。墙背的倾斜形式应综合考虑使用要求、地形和施工等条件确定。一般挖坡建墙宜用仰斜，其土压力小，且墙背可与边坡紧密贴合；填方区可用直立或俯斜，便于填土施工与夯实；而在斜坡上建墙，则墙背宜直立，因此时仰斜墙身较高，俯斜土压力太大。墙背仰斜时其坡度不宜缓于 1∶0.25（高宽比），且墙面应尽量与墙背平行。

挡土墙的墙顶宽度，对于块石挡土墙应不小于 0.5m，混凝土挡土墙可取 0.2～0.4m。

当挡土墙抗滑稳定性难以满足时，可将基底做成逆坡，一般坡度为（0.1～0.2）：1.0；当地基承载力难以满足时，墙趾宜设台阶。挡土墙基底埋深一般应≥0.5m；岩石地基应将基底埋入未风化的岩层内。重力式挡土墙基底宽与墙高之比约为1/3～1/2。

挡土墙常因排水不良而大量积水，使土的抗剪强度指标下降，土压力增大，导致挡土墙破坏。因此，挡土墙应设置泄水孔，其间距宜取2～3m，外斜5%，孔眼直径宜不小于100mm。墙后要做好反滤层和必要的排水盲沟，在墙顶地面宜铺设防水层。当墙后有山坡时，还应在坡下设置截水沟。

墙后填土宜选用透水性好的填料。对于重要的、高度较大的挡土墙，不宜采用黏性填土，因黏性土性能不稳定，干缩、湿胀交错变化将使挡土墙产生较大的侧压力，导致挡土墙外移，甚至失去稳定而发生事故。若采用黏性土作填料，则宜掺入适量的块石。在季节性冻土地区，墙后填土应选用非冻胀性填料（如炉渣、碎石、粗砂等）。此外，墙后填土均应分层夯实，以提高填土质量。

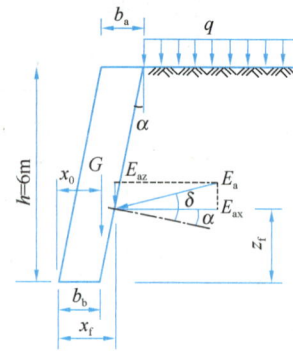

图11-34　例题11.3示意图

挡土墙每隔10～20m应设置一道伸缩缝。当地基有变化时宜加设沉降缝。在拐角处应适当采取加强的构造措施。

【例11.3】某浆砌片石挡土墙（图11-34）高度 $h=6$m，砌体重度 $\gamma_c=24.0$kN/m^3，墙背面与竖直面夹角 $\alpha=11.31°$，顶面与底面宽度相等，即 $b_a=b_b=1.3$m。填土的内摩擦角 $\varphi=35°$、黏聚力 $c=0$kPa、重度 $\gamma=18.0$kN/m^3，填土表面作用有均布荷载 $q=10$kPa，墙背与填土之间外摩擦角 $\delta=18°$。基底摩擦系数 $\mu=0.45$，地基承载力特征值 $f_a=200$kPa。试验算该挡土墙是否满足设计要求。

【解】① 土压力计算：

$$K_a = \cfrac{\cos^2(35°+11.31°)}{\cos^2 11.31°\cos(-11.31°+18°)\left[1+\sqrt{\cfrac{\sin(35°+18°)\sin 35°}{\cos(-11.31°+18°)\cos(-11.31°)}}\right]^2} = 0.176$$

$$E_a = K_a qh + \frac{1}{2}K_a \gamma h^2 = 0.176 \times 10 \times 6 + \frac{1}{2} \times 0.176 \times 18.0 \times 6^2 = 67.584\text{kN/m}$$

$$E_{ax} = 67.584 \times \cos(18°-11.31°) = 67.124\text{kN/m}$$

$$E_{az} = 67.584 \times \sin(18°-11.31°) = 7.873\text{kN/m}$$

$$z_f = \left(\frac{1}{2}K_a qh^2 + \frac{1}{6}K_a \gamma h^3\right)/E_a$$

$$= \left(\frac{1}{2} \times 0.176 \times 10 \times 6^2 + \frac{1}{6} \times 0.176 \times 18.0 \times 6^3\right)/67.584 = 2.156\text{m}$$

$$x_f = b_b + z_f\tan\alpha = 1.3 + 2.156 \times \tan 11.31° = 1.731\text{m}$$

② 挡土墙自重：$G = \gamma_c b_a h = 24.0 \times 1.3 \times 6 = 187.2\text{kN/m}$

$$x_o = b_b + \frac{1}{2}(h\tan\alpha - b_a) = 1.3 + \frac{1}{2}(6 \times \tan 11.31° - 1.3) = 1.250\text{m}$$

③ 抗倾覆稳定性验算：$K_t = \cfrac{Gx_0 + E_{az}x_f}{E_{ax}z_f} = \cfrac{187.200 \times 1.250 + 7.873 \times 1.731}{67.124 \times 2.156} =$

$1.71 > 1.6$

④ 抗滑动稳定性验算：$K_s = \dfrac{(G + E_{az})\mu}{E_{ax}} = \dfrac{(187.200 + 7.873) \times 0.45}{67.124} = 1.31 > 1.3$

⑤ 地基承载力验算：

合力偏心距：

$$e = \frac{b_b}{2} - \frac{Gx_0 + E_{az}x_f - E_{ax}z_f}{G + E_{az}}$$

$$= \frac{1.3}{2} - \frac{187.200 \times 1.250 + 7.873 \times 1.731 - 67.124 \times 2.156}{187.200 + 7.873} = 0.122\text{m}$$

基底压力：　　$p = \dfrac{G + E_{az}}{b_b} = \dfrac{187.200 + 7.873}{1.3} = 150.056\text{kPa} < f_a = 200\text{kPa}$

$$p_{max}^{min} = p\left(1 \pm \frac{6e}{b_b}\right) = 150.056 \times \left(1 \pm \frac{6 \times 0.122}{1.3}\right) = \begin{cases} 234.55 < 1.2f_a = 240\text{kPa} \\ 65.56 > 0 \end{cases}$$

⑥ 墙身强度验算从略。

11.7.4　加筋土挡土墙设计计算简介

加筋土挡土墙的设计计算主要包括墙型、面板、筋带和填料的设计，挡墙的内、外部稳定性验算和排水设计。

（1）墙型

常见加筋土挡土墙有单面式、双面式和台阶式等几种形式。

为满足最小拉筋长度（一般不小于 3m，且不小于 0.4 倍墙高）的要求，单面式加筋土挡土墙的断面形式宜设计为矩形（图 11-35a）。对于斜坡地段，因地形条件限制，断面形式可设计成形似倒梯形（图 11-35b），即下部拉筋的长度随填土高度增加而减短，这与库仑破裂面分割出的滑楔形状相适应。在平坦地形场地，也可采用形似正梯形断面（图 11-35c），即上部拉筋的长度随填土高度增加而变短，这类似于传统重力式挡土墙的断面形式。

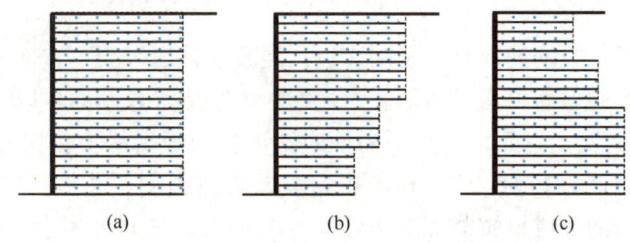

图 11-35　加筋土挡土墙断面形式

双面式加筋土挡土墙又分为分离式（图 11-36a）、交错式（图 11-36b）和对拉式（图 11-36c)三种形式。

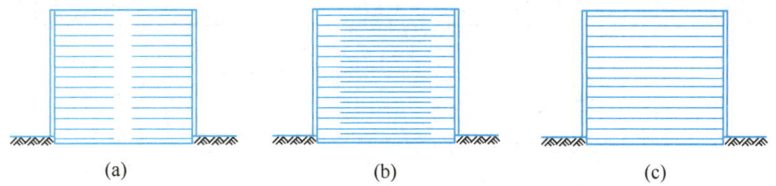

图 11-36　双面式加筋土挡土墙

（a）分离式；（b）交错式；（c）对拉式

当加筋土挡土墙高度大于 10～12m 时，应修建成台阶式，台阶宽度不应小于 2.0m，台阶表面应设置 C15 混凝土防护板，板向外倾斜 2％，厚度不小于 15cm。

（2）填料

填料是加筋土挡土墙的主体材料，其作用是通过给筋带提供足够的摩阻力来维持墙体稳定。为了最大程度地给筋带提供摩阻力，应优先选用具有一定级配、透水性好的各类砂土、碎（砾）石土。当采用黏性土、杂填土、黄土以及工业废渣时应做好防排水措施。所选填料应易于压实，不含有可能损伤筋带的尖利状颗粒。填料的设计参数应由试验确定。填筑时，填料的含水量应接近最佳含水量，其压实度一般应达 90％以上。

（3）筋带

筋带的作用是通过筋头与面板牢固连接，以及筋体与填料之间的摩阻力，使墙体各部分（填料、筋带和面板）形成具有足够强度和抗变形能力的整体。筋带应具备抗拉强度高、延伸率小、抗老化、抗腐蚀、柔韧性好、容易连接与接长等特性。常用筋带有聚丙稀土工带、钢带、钢塑复合带和钢筋混凝土带等。国内应用最广的是聚丙稀土工带，要求筋带宽应大于 18mm，厚度大于 0.8mm，拉伸时断裂强度（在 25℃±2℃的恒温下 4h，以标距 10cm，拉伸速度 100mm/min 测定）不应小于 220MPa，断裂伸长率不宜大于 10％，容许应力采用值应小于断裂强度的 1/5。一般情况下筋带宜水平布设，并尽可能垂直于面板，当从一个节点引出多根筋带时，可呈扇形散开，但在筋带有效长度范围内彼此不得直接搭叠。筋带与面板应连接良好，筋带的水平距离 s_x 和垂直距离 s_y 一般为 0.5～1.0m。

（4）面板

面板的主要作用是凭借筋带提供的拉力来抵挡土压力，防止填料侧向挤出。面板不仅应具备足够的强度以抵抗侧土压力和可能的振动冲击作用，而且还应具有足够的柔性以适应筋带在挡土墙服役期所产生的允许变形。墙面板设计应满足坚固、美观以及运输与安装方便等要求。

国内常采用混凝土或钢筋混凝土预制面板，混凝土强度等级不宜低于 C20。国外也有采用金属面板。面板的立面可做成矩形、六边形、十字形等，断面可以是槽形或矩形，其尺寸可参考表 11-5 选取。当面板为槽形断面时，可在面板翼缘上预留穿筋孔；而矩形断面可预埋钢筋环，钢筋直径宜≥12mm，并应考虑锈蚀影响，筋带不宜与钢筋环直接接触，可采用涂抹防锈油漆或聚胺酯等办法处理。相邻面板之间可用企口拼接和插销定位，插销的钢筋直径宜大于或等于 10mm，并在咬合处留有 3mm 缝隙，以适应必要的变形。

各类面板参考尺寸（mm）   表 11-5

面板形式		简图		高度	长度	厚度
立面	断面	正面	侧面			
矩形	槽形			250～750	500～1500	80～200
矩形	矩形			500～1000	1000～2000	80～200

面板形式		简图		高度	长度	厚度
立面	断面	正面	侧面			
六边形	矩形			500～1000	500～1200	80～200
十字形	矩形			500～1500	500～1500	80～250

注：槽形面板的腹板和翼缘厚度不宜小于50mm。

（5）外部稳定性验算

加筋土挡土墙外部稳定性验算是将整个加筋土墙体视为刚体（图 11-37），墙背土压力按库仑土压力理论（见 6.4 节）确定，采用一般重力式挡土墙的方法（见 11.7.3 节）验算墙体的水平抗滑移稳定性、深层整体滑动稳定性和地基承载力。

加筋土挡土墙可不做抗倾覆校核，但墙底面上合力作用点应在底面中三分段之内。

（6）内部稳定性计算

加筋土挡土墙内部稳定性验算包括筋材的强度验算、抗拔稳定性验算以及筋材长度设计。

① 加筋土挡土墙内部破坏形式。对于柔性加筋土挡土墙，即采用塑料土工格栅或有纺土工织物等低拉伸模量筋材的加筋土挡土墙，墙体内部破裂面为一与水平面呈 $45°+\varphi_r'/2$（φ_r' 为填土的有效内摩擦角）夹角的直线（图 11-38 中破裂面 1）。对于刚性加筋土挡土墙，即采用高模量、低延伸率筋材的加筋土挡土墙，墙体内部破裂面为折线（图 11-38 中破裂面 2），上部为距墙面板内侧距离为 $0.3H$ 的竖直线，下部仍为与水平面呈 $45°+\varphi_r'/2$ 夹角的直线。

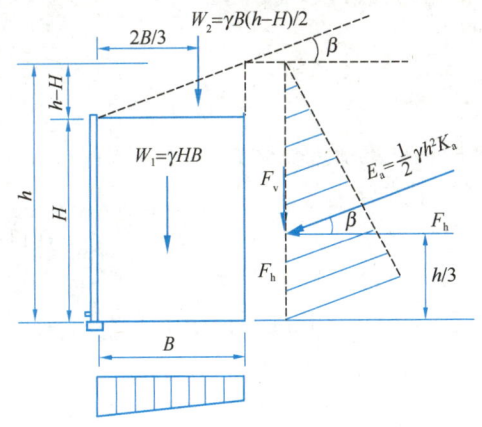

图 11-37　加筋土挡土墙外部稳定性验算

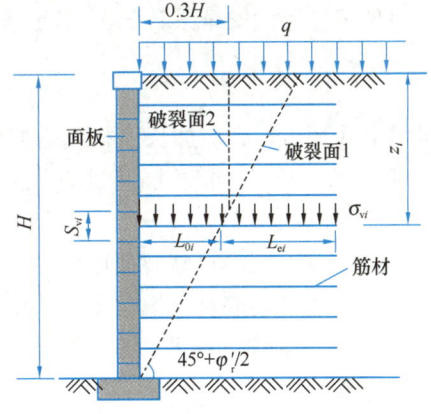

图 11-38　加筋土挡墙内部稳定性验算

② 筋材强度验算。每层筋材（图 11-38）都应进行强度验算，单位墙长筋材承受的水平拉力 T_i 按下式计算：

$$T_i = (K_i \sigma_{vi} + \Delta\sigma_{hi})S_{vi}/A_{ri} \tag{11-36}$$

式中 S_{vi} —— 筋材竖向间距（m），当筋材非等竖向间距布置时，S_{vi} 应为本层筋材与上下层筋材竖向间距的平均值；

A_{ri} —— 筋材面积覆盖率（m^{-1}），$A_{ri} = 1/S_{hi}$，S_{hi} 为筋材水平间距（m）；筋材满铺时 A_{ri} 取 1；

σ_{vi} —— 筋材所受垂直压力（kPa），$\sigma_{vi} = \gamma_r z_i + q$，其中 γ_r 为填土重度（kN/m^3），z_i 为筋材埋深（m），q 为墙顶均布荷载（kPa）；

$\Delta\sigma_{hi}$ —— 水平附加荷载（kPa），如地震引起的附加荷载；

K_i —— 土压力系数，对于柔性筋材加筋土挡土墙，取 $K_i = K_a$；对于刚性筋材加筋土挡土墙，按图 11-39 所示方式确定，即：

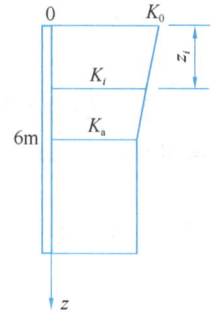

$$K_i = \begin{cases} K_0 - [(K_0 - K_a)z_i]/6, & 0 < z \leqslant 6m \\ K_a, & z > 6m \end{cases} \tag{11-37}$$

其中，K_a、K_0 分别为主动和静止土压力系数，若挡土墙近于直立，则按朗金土压力理论计算；否则可采用库仑土压力理论计算。

第 i 层筋材承受的水平拉力 T_i 应满足 $T_i \leqslant T_a$，T_a 为筋材的允许抗拉强度，可按照《土工合成材料应用技术规范》GB/T 50290—2014 确定。

图 11-39 刚性筋墙土
压力系数

③ 筋材抗拔稳定性验算。第 i 层筋材的抗拔力 T_{pi} 应根据填土破裂面以外筋材的有效长度 L_{ei}（图 11-38）与周围土体产生的摩擦力按下式计算：

$$T_{pi} = 2\sigma_{vi}BL_{ei}f \tag{11-38}$$

式中 B —— 筋材宽度（m），筋材满铺时 $B=1$；

L_{ei} —— 筋材的有效锚固长度（m），即潜在破裂面以外的筋材长度，其值不得小于 1m；

f —— 筋材与填土之间的摩擦系数，应根据筋材拉拔试验确定。

筋材抗拔稳定性安全系数 F_s 应满足下式要求：

$$F_s = \frac{T_{pi}}{T_i} \geqslant 1.5 \tag{11-39}$$

若不满足上式要求，则应加长筋材或增加筋材用量，重新进行验算。

④ 筋材长度设计。第 i 层筋材的总长度应按下式计算：

$$L_i = L_{0i} + L_{ei} + L_{wi} \tag{11-40}$$

式中 L_{0i} —— 第 i 层筋材破裂面以内的长度（m），如图 11-38 所示；

L_{wi} —— 第 i 层筋材外端包裹土体所需长度（m），该长度不得小于 1.2m；或筋材与墙面连接所需长度。

（7）排水设计

加筋土挡土墙排水设计包括内部排水设计和外部排水设计。内部排水设计主要是防止墙顶或墙体后的水分渗入加筋土体内，内部排水效果主要取决于填料的特性。内部排水系统主要有两种形式：一是靠近墙面的排水系统，用于排除靠近墙面的渗水；二是加筋体后及加筋体下的排水系统，用于排除地下水。外部排水设计主要防止墙体范围之外的水流进入墙体内，外部排水效果主要取决于墙体所在位置的水文地质条件。外部排水方式主要有：在墙顶地面做防水层（如不透水夯实黏土层或混凝土面板）；向墙外方向设散水坡和纵向排水沟，将集水远导。

思 考 题

11.1　支护结构有哪些类型？各适用于什么条件？

11.2　基坑支护结构上的土压力与重力式挡土墙上的土压力有何差异？

11.3　基坑支护结构中土压力的计算方式有哪些？适用条件是什么？

11.4　排桩和地下连续墙支护结构计算中的静力平衡法、等值梁法和弹性支点法在计算原理上有何区别？各有什么特点？

11.5　土钉墙支护结构与传统的重力式挡土墙及加筋土挡土墙有何异同？

11.6　土钉与锚杆在加固机理、施工方法和设计计算中有何异同？

11.7　基坑的稳定验算包括哪些内容？

11.8　常用的地下水控制方法有哪些？各有什么特点？

11.9　基坑工程施工为什么要进行现场监测？

11.10　挡土墙有哪几种类型？重力式挡土墙设计应进行哪些验算？

11.11　加筋土挡土墙设计包括哪些内容？如何确定筋带的长度？

习 题

11.1　在某黏土地层中开挖深 5m 的基坑，采用悬臂式灌注桩支护，$\gamma=19\text{kN/m}^3$，黏聚力 $c=15\text{kPa}$，内摩擦角 $\varphi=12°$。地面均布荷载 $q_0=10\text{kPa}$，不计地下水影响，试计算支护桩有效嵌固深度 t、桩身最大弯矩 $M_{\max}$ 及最大弯矩点位置 x_m。

11.2　某基坑开挖深度 $h=5.5\text{m}$，采用锚拉式板桩墙支护，锚杆支点距地表 1.5m，水平间距 2.0m，基坑周围土层重度 $\gamma=19.5\text{kN/m}^3$，内摩擦角 $\varphi=10°$，黏聚力 $c=15\text{kPa}$。地面施工荷载 $q_0=15\text{kPa}$。试按等值梁法计算板桩墙的有效嵌固深度 t、最大弯矩 $M_{\max}$ 和锚杆拉力水平分量 R_a。

11.3　有一开挖深度 $h=8\text{m}$ 的基坑，采用排桩加一水平支撑支护结构，支护桩入土深度 $t=7.0\text{m}$，土层重度为 $\gamma=19.0\text{kN/m}^3$，内摩擦角 $\varphi=15°$，黏聚力 $c=10\text{kPa}$，地面施工荷载 $q_0=20\text{kPa}$。桩长范围内无地下水，试验算该基坑抗隆起稳定性。

11.4　某重力式挡土墙如图 11-40 所示，砌体重度 $\gamma=24.0\text{kN/m}^3$，基底摩擦系数 $\mu=0.55$。假定墙背光滑，试验算该挡土墙的抗滑和抗倾覆稳定性。

11.5　如图 11-41 所示挡土墙，墙的高度 $H=6\text{m}$，墙的顶面宽度 $B_a=1\text{m}$、底面宽度 $B_b=2.7\text{m}$，墙身砌体重度 $\gamma=24.0\text{kN/m}^3$。填土的黏聚力 $c=0\text{kPa}$、内摩擦角 $\varphi=34°$。填土面倾角 $\beta=15°$，墙背与土体外摩擦角 $\delta=16°$，基底摩擦系数 $\mu=0.5$。试验算该挡土墙的稳定性。

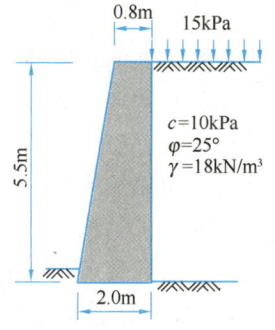

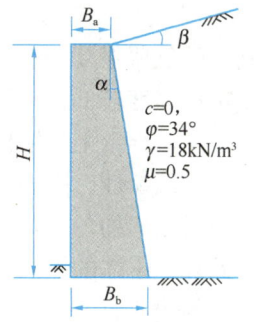

图 11-40　习题 11.4 附图　　　　图 11-41　习题 11.5 附图

第 12 章　地基处理技术

本章提要与要求

内容提要

本章简要介绍了地基处理方法的基本概念、处治原则以及相应的检测与检验要求；重点阐述了换土垫层法、排水固结法、强夯法、挤密置换法与胶结法的基本原理和处治技术；扼要介绍了复合地基理论、土工合成材料工程应用及托换技术。

基本要求

熟悉地基处理的处治原则及方法分类。

掌握换土垫层法、排水固结法的基本原理、适用范围及其设计计算方法。

熟悉强夯法、挤密置换法、胶结法等的基本原理、适用范围及其设计计算方法。

熟悉复合地基的形成条件及其设计计算方法。

了解各种处治技术的施工工艺、土工合成材料的工程应用及已有建筑物地基的加固及纠偏方法。

12.1　概　　述

12.1.1　地基处理的目的和意义

地基处理技术是指人为地采取各种方法对地基进行加固和改良，提高地基的承载力，改善地基的变形、渗透及动力等性能，以保证上部结构对地基强度、变形及稳定性要求的技术。

天然地基是否需进行地基处理取决于地基土的性质和建筑物对地基的要求。地基处理的对象主要包括：软黏土、人工填土、湿陷性黄土、有机质土和泥炭土、膨胀土、多年冻土、盐渍土、岩溶、土洞和山区地基等在内的软弱地基和特殊土地基。

根据不同的工程情况和要求以及地基土质条件和组成，地基处理的目的主要表现在以下几个方面：

（1）提高地基土的抗剪强度。地基承载力、土压力及边坡的稳定性主要取决于土的抗剪强度。当地基土抗剪强度较低，不足以支撑上部结构传来的荷载时，地基可能会发生局部或整体剪切破坏，从而导致上部结构失稳、开裂甚至倒塌。

（2）降低地基土的压缩性。附加应力作用下地基将产生压缩变形，从而引起建筑物基础沉降。当基础沉降量或不均匀沉降过大时，可能会引起上部结构的倾斜、开裂，影响其安全和正常使用。此外，土体的侧向流动（塑性流动）亦可导致剪切变形。

（3）改善地基土的透水性。地下水在地基土中运动时，会引起堤坝等地基的渗漏现象；基坑开挖过程中，也会因土层夹有薄层粉砂或粉土而产生流砂和管涌等渗透破坏现象。这些都会造成地基承载力下降、沉降加大和边坡失稳。而渗漏、流砂和管涌等现象均与土的渗透性密切相关。增加或降低地基土的透水性需根据工程需要和目的而确定，当考虑工程对承载力和变形要求时，宜增加地基土的透水性，加速固结；而当预防流砂、渗漏等工程问题时，则应降低透水性或减小水压力。

（4）改善地基土动力特性，提高抗震（振）性能。地基土在地震、波浪、交通荷载、打桩等动荷载作用下，可能会出现液化、震陷、振动下沉，造成地基土承载力丧失，或影响邻近建筑物的正常使用甚至破坏。

（5）改善特殊土的不良工程特性。特殊土地基有不良工程特性，如黄土的湿陷性、膨胀土的胀缩性和冻土的冻胀性等。当在特殊土地基上修建建（构）筑物时，需采取一定措施，以消除黄土的湿陷性、膨胀土的胀缩性、冻土的冻胀融沉性等，以保证建（构）筑物的安全和正常使用。

12.1.2 地基处理方法分类及其适用范围

根据地基处理的作用与原理，常用的处理方法分类及其适用范围可参见表 12-1。

地基处理方法分类及其适用范围　　　　　　　　　　　表 12-1

分类	作用与原理	处理方法	处理特点	适用范围
换土垫层	以砂石、素土、灰土和矿渣等强度较高的材料，置换地基表层软弱土，提高持力层的承载力，减少沉降量	砂石垫层 素土垫层 灰土垫层 矿渣垫层	表面土层换土	暗沟、暗塘等软弱土地基
排水固结	通过改善地基排水条件和施加预压荷载，加速地基的固结和强度增长，提高地基的稳定性，并使基础沉降提前完成	堆载预压 砂井堆载预压 真空预压 降水预压 电渗预压	在天然地基上堆载 在砂井地基上堆载 利用真空作为预压荷载 降低地下水位，增加有效自重应力 利用电渗降水或疏干土体	饱和软弱土层；对于渗透性极低的泥炭土，则应慎重
压实与夯实	利用压实原理，减小地基土孔隙比，提高土体强度，减少地基的沉降量	表层压实法 重锤夯实法 强夯法	利用不同重量的锤和夯击能量，将土体夯实	碎石、砂土、粉土、低饱和度的黏性土、杂填土等
振密挤密	采用一定的技术措施，通过振动或挤密，使土体的孔隙减少，强度提高；必要时，在振动挤密过程中，回填砂、砾石、灰土、素土等，与地基土组成复合地基，从而提高地基的承载力，减少沉降量	振冲挤密法 灰土桩挤密法 石灰桩挤密法 砂桩挤密法 爆破挤密法	在土体中采用竖向扩孔，从横向挤密土体	非饱和松散黏性土、湿陷性黄土、松砂、杂填土等

分类	作用与原理	处理方法	处理特点	适用范围
置换法	采用专门的技术措施，以砂、碎石等置换软弱土地基中部分软弱土，或在部分软弱土地基中掺入水泥、石灰或砂浆等形成加固体，与未处理部分土组成复合地基，从而提高地基的承载力，减少沉降量	振冲置换法（碎石桩法）强夯置换法 CFG 桩法	置换形成的竖向桩（或墩），与桩（或墩）间土形成复合地基，共同承载，协调变形	黏性土、冲填土、粉砂、细砂等
胶结法	利用气压、液压或电化学原理把固化浆液注入土层、岩石裂隙以改良土体或降低渗透性；在软土中掺入石灰等与土搅拌后胶结成强度较高的土体使地基变成复合地基，改变持力层的强度和模量	渗透注浆 劈裂注浆 压密注浆 电动化学注浆 高压喷射注浆 深层搅拌法	用注浆管把浆液注入地层中，浆液以充填、渗透、挤密等方式，占据土颗粒间孔隙位置 在形成裂隙的土体中注入浆液，利用高气压和水压，使土和水泥浆充分混合 浆液在土体中发生化学反应生成充填物或胶结土颗粒	黏性土、砂性土、湿陷性黄土、软弱土层
加筋法	通过在土体中设置土工聚合物或金属带片拉筋等受力杆件，以达到提高地基承载力和稳定性	加筋土 土工聚合物 锚固技术 树根桩	利用筋土之间的摩擦力稳定土体 利用锚固力稳定土体 设置竖直或斜向小直径桩	稳定边坡，人工路堤挡土结构等 加固地基
冷热处理法	利用冻结或烧结法加固土体	冷冻法 高温焙烧法		适于水下 适于湿陷性黄土
托换法	采用支托的方法，转移原有建筑物荷载，然后对地基进行加固		结合结构特点，综合考虑，是一种事后处理技术	根据建筑物和地基基础情况确定

地基处理方法的严格分类是十分困难的。不少方法具有几种不同的作用。例如：振冲法具有置换与挤密的作用，而不少挤密法，又兼有置换作用。

12.1.3 地基处理方法的选择及其注意事项

地基土质千变万化，不同的建筑物对地基的要求也不尽相同。因此，在选择地基处理方法前，需认真研究上部结构和地基的特点，结合当地经验，选择经济有效的处理方法。地基处理方法选择时需遵循以下原则：

（1）因地制宜，合理选取处理方法。地基处理方法很多，各有其适用性、局限性及相应的优缺点。在方案选取时应考虑上部结构、基础和地基的共同作用，结合地基条件、土质情况、处理要求、材料来源、机具设备等综合考虑，确定出技术可行、经济合理的处理方案。

（2）明确目的，符合土力学基本原理。地基处理的目的是改善地基土的性质或受力条件，应根据天然地基存在的主要问题，结合土力学基本原理选取相应的处理方法。例如，对饱和、低渗透性的软土地基，若不改善排水条件，采用密实法处理，在瞬时荷载作用下，孔隙水压力难以迅速消散，将无法达到地基加固的目的。

（3）考虑时效，贯穿工程全过程。大部分地基处理方法都存在时效特点，不同的时间段，其加固效果亦不同。例如，排水固结需要一定的时间，地基土的强度也随时间而增长，利用时效特点可降低处理成本。然而，注浆、深层搅拌法等，在施工过程中将破坏地基土体，若用于已有建筑物地基，则可能导致沉降增加；若用于处理边坡则可能使安全系数降低。水泥浆或水泥土在地下环境中强度增长比地上慢得多。当上部结构施工速度很快时，处理后地基土的强度尚未恢复或明显增长，上部荷载已全部施加，则易导致不均匀沉降等。

地基处理的效果好坏受管理的水平、人员素质等因素影响突出。因此，还必须严格控制施工操作秩序，确保材料质量，及时检测发现问题，加强组织管理，尽量减小人为因素影响。此外，还应结合工程情况，了解当地地基处理经验和施工条件，对有特殊要求的工程，还应了解其他地区相似场地上同类工程的地基处理经验和使用情况。

12.1.4　地基处理监测与检验

地基处理现场监测和质量检验是地基处理工程的重要环节。地基处理施工过程中的现场监测对某些地基处理方法来说非常重要，必不可少。质量检验应在分析工程的岩土工程勘察报告、地基基础设计及地基处理设计资料，了解施工工艺和施工中出现的异常情况等后，根据地基处理的目的，制定检验方案，选择检验方法。此外，由于处理后的地基具有时效性，如复合地基强度和模量的提高往往需要一定时间，因此应在地基处理施工结束后，经一定时间休止恢复再进行质量检验。常用的检验方法有：载荷试验、钻孔取样、静力触探试验、动力触探试验、标准贯入试验、取芯试验等。当采用一种检验方法的检测结果具有不确定性时，应采用多种手段进行检验，以便综合评价地基的处理效果。

（1）现场监测与质量检验的目的

① 为工程设计提供依据；

② 作为大面积施工的控制和指导；

③ 为地基处理工程验收提供依据；

④ 为理论研究提供试验依据。

（2）现场监测与质量检验的内容与方法

① 地基与桩体强度：包括单桩和复合地基静载荷试验、标准贯入试验、静力触探与动力触探试验、桩身高应变检测、钻芯法等；

② 地基变形：包括地基沉降与水平位移测试；

③ 应力监测：包括土压力和孔隙水压力测试；

④ 桩身完整性：采用桩身低应变检测和声波透射法测试；

⑤ 动力特性：采用波速测试、地基刚度测试等。

（3）现场监测与质量检验应注意的问题

为检验地基处理效果，通常在同一地点分别在处理前后进行测试并对比，且要注意以下问题：

① 前后两次测试应尽量使用同一仪器、同一标准进行。

② 各种测试方法都有一定的适用范围，因此必须根据测试目的和现场条件选择最有效的方法。

③ 无论何种方法，都有一定的局限性，故应尽可能采用多种方法进行综合评价。

④ 测试位置应尽量选择有代表性的部位，测试数量应根据场地复杂程度、建筑物的重要性以及地基处理施工技术的可靠性确定，并满足地基处理的评价要求。测试结果不满足设计要求时，应分析原因，提出处理措施；对重要部位，应增加测试数量。

现场测试一般具有直观、代表性强、工效高、避免取样运输过程中的扰动等优点，其缺点是不能测定土的基本参数和不易控制应力状态等，故有时仍需辅以一定的室内试验。

地基处理技术日新月异，近年来许多重要的工程和复杂的工业厂房兴建于软弱地基之上，工程实践的要求推动了地基处理技术的迅速发展，地基处理的途径越来越多，老的方法不断改进完善，新的方法不断涌现，从最初的单一加固技术逐渐向多方法联合技术方向发展。同时，在国家大力提倡绿色发展的大背景下，符合"四节一环保"的绿色地基处理技术也将成为地基处理技术发展的重要方向。本章主要介绍几种常用地基处理方法的特点、加固原理、适用范围以及设计施工要点。受篇幅所限，并未全面深入，如需深入了解，可参阅有关专著。

12.2　复合地基概论

12.2.1　复合地基的概念与分类

复合地基是指天然地基在加固处理过程中部分土体得到增强，或被置换，或在天然地基中设置加筋材料，加固区由天然地基土体和增强体两部分组成，共同承担上部结构荷载的人工地基。

根据增强体的设置方向，可分为水平向增强体复合地基、竖向增强体复合地基和双向增强体复合地基。

水平向增强体复合地基主要指加筋土地基。随着土工合成材料的发展，加筋土地基应用越来越多。加筋材料主要有土工织物、土工膜、土工格栅和土工格室等。

竖向增强体复合地基习惯上称为桩体复合地基，根据桩体材料的不同，可按图 12-1 分类。竖向增强体采用刚性桩、柔性桩或散体材料桩中的两种或两种以上，与天然地基土

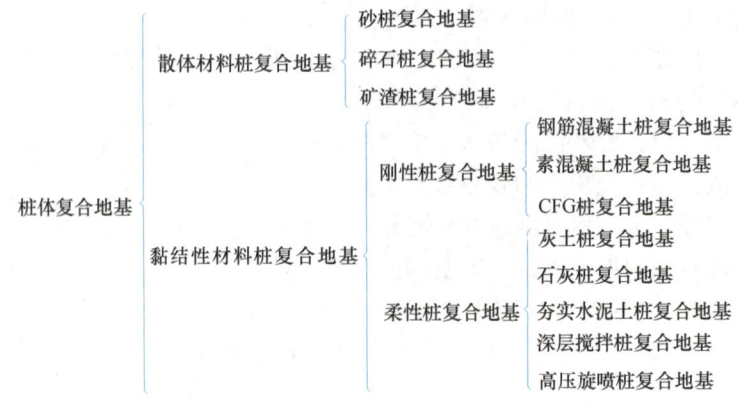

图 12-1　桩体复合地基的分类

形成的人工地基称为多桩型复合地基。为更有效地利用复合地基中桩体的承载潜能，桩体的长度可设置为不同的长度以适应附加应力由上而下减小的特征。由不同长度的桩体组成的桩体复合地基称为长短桩复合地基。

由水平向增强体、竖向增强体与天然地基土所形成的人工地基，称为双向增强体复合地基。

相对于桩体复合地基，水平向增强体复合地基的工程实践积累较少；而多桩型复合地基、长短桩复合地基及双向增强体复合地基的研究尚有待进一步深入，下面主要介绍单一桩体复合地基。

12.2.2　复合地基作用机理与破坏模式

（1）作用机理

桩体复合地基的作用机理主要体现在以下几个方面。

① 桩体作用。由于复合地基中桩体刚度大于桩间土体，荷载作用下桩顶产生应力集中现象，刚性基础下尤为明显。桩体承担了较多的荷载，桩间土分担的荷载相应减小，使得复合地基承载力和整体刚度较天然地基提高，沉降量减小。

② 加速固结作用。砂桩、碎石桩等具有良好的透水性，在地基中形成排水通道，缩短了排水距离，加速了地基土的排水固结。

③ 挤密、振密作用。如砂桩、土桩、石灰桩、碎石桩等施工过程中由于振动、挤压、排土等作用，可对桩间土起到一定的密实作用。此外，由于生石灰具有吸水、发热和膨胀等作用，也会对桩间土产生挤密效应。

④ 加筋作用。各种复合地基除了可提高地基的承载力和整体刚度外，还可提高土体的抗剪强度，增加土坡的抗滑能力。

⑤ 垫层作用。桩与桩间土共同工作形成的复合地基，可起到类似垫层均化上部荷载和增强应力扩散作用。若复合地基中竖向桩体贯穿整个软土层，其垫层作用更为明显。

（2）破坏模式

桩体复合地基的破坏模式与复合地基的桩型、桩身强度、土层条件、荷载形式及复合地基上基础结构的形式有关，主要有鼓胀破坏、整体剪切破坏、刺入破坏和滑动破坏四种（图 12-2）。

① 鼓胀破坏。当地基土体较软弱或桩顶荷载较大时，桩周土不能提供足够的围压来阻止桩体发生过大的侧向变形，从而产生桩体鼓胀，并引起复合地基全面破坏（图 12-2a）。散

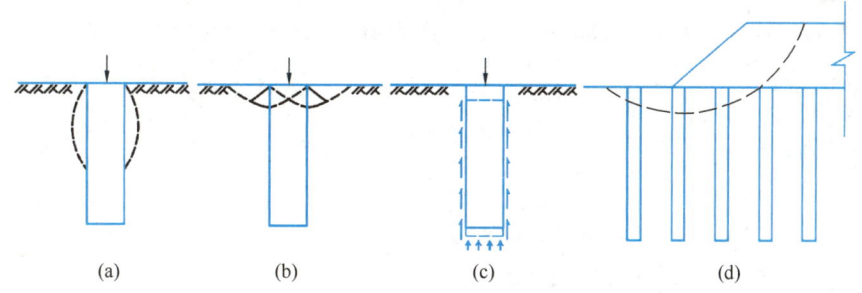

图 12-2　桩体复合地基破坏模式

（a）鼓胀破坏；（b）整体剪切破坏；（c）刺入破坏；（d）滑动剪切破坏

体材料桩复合地基往往发生鼓胀破坏，在一定条件下，柔性桩复合地基也可能产生此类破坏。

② 整体剪切破坏。在荷载作用下，复合地基将出现图 12-2（b）所示的塑性区，在滑动面上桩和土体均发生剪切破坏。低强度的柔性桩复合地基较易发生此类破坏。

③ 刺入破坏。当桩体刚度较大，地基土强度较低时桩体将刺入土中，桩顶沉降较大，桩土之间不能互相约束形成整体，导致复合地基刺入破坏（图 12-2c）。刚性桩复合地基较易发生此类破坏。

④ 滑动破坏。荷载作用下，复合地基沿某一滑动面产生滑动破坏（图 12-2d），在滑动面上，桩体和桩间土均发生剪切破坏。各种复合地基都可能发生这类形式的破坏。

12.2.3 复合地基的有关设计参数

（1）面积置换率

桩体复合地基中，若桩的横截面面积为 A_p，单根桩所分担的处理面积为 A，则复合地基面积置换率定义为：

$$m = A_p/A \tag{12-1}$$

桩在平面上往往按正方形或三角形布置。按正方形布置时一根桩分担的处理面积为 s^2（s 为相邻桩的中心距）；等边三角形时一根桩分担的处理面积为 $\sqrt{3}s^2/2$。设计时通常将上述一根桩所分担的处理面积换算成大小相等的等效圆面积。

（2）桩土应力比

荷载作用下，设复合地基中桩体的竖向平均应力为 σ_p，桩间土的竖向平均应力为 σ_s，则桩土应力比 n 为：

$$n = \sigma_p/\sigma_s \tag{12-2}$$

桩土应力比是复合地基的一个重要设计参数，它关系到复合地基承载力和沉降计算，其影响因素很多，包括荷载水平、桩土模量比、复合地基面积置换率、原地基土强度、桩长、固结时间和垫层情况等。表 12-2 给出了几种常用桩的桩土应力比，可供参考。

几种常用桩的桩土应力比   表 12-2

钢或钢筋混凝土桩	CFG桩	水泥土搅拌桩（水泥 5%~12%）	石灰桩	碎石桩
>50	20~50	3~12	2.5~5	1.3~4.4

（3）复合模量

复合地基加固区由桩体和桩间土两部分组成，呈非均质。为简化复合地基计算，通常将加固区视为一均质的复合土体，并采用复合模量 E_{sp} 来评价复合土体的压缩性。E_{sp} 可按下式计算：

$$E_{sp} = mE_p + (1-m)E_s \tag{12-3}$$

或

$$E_{sp} = [1 + m(n-1)]E_s \tag{12-4}$$

式中 E_p、E_s——桩和桩间土的压缩模量（MPa）。

12.2.4 桩体复合地基承载力确定

桩体复合地基承载力可通过复合地基载荷试验或综合桩体载荷试验和桩间土载荷试验，并结合工程实践经验综合确定。初步设计时，也可按下列公式估算：

$$f_{spk} = k_p\lambda_p m R_a/A_p + k_s\lambda_s(1-m)f_{sk} \tag{12-5}$$

式中 f_{spk}——复合地基承载力特征值（kPa）；

$\quad f_{sk}$——处理后桩间土承载力特征值（kPa），应按当地经验取值，当无地区经验时，可取天然地基承载力特征值；

$\quad R_a$——单桩竖向抗压承载力特征值（kPa），应通过单桩载荷试验确定；

$\quad k_p$——复合地基中桩体实际竖向抗压承载力修正系数，与施工工艺、复合地基置换率、桩间土工程性质、桩体类型等因素有关，宜按地区经验取值；

$\quad k_s$——复合地基中桩间土实际承载力修正系数，与桩间土的工程性质、施工工艺、桩体类型等因素有关，宜按地区经验取值；

$\quad \lambda_p$——桩体竖向抗压承载力发挥系数，反映复合地基破坏时桩体竖向抗压承载力发挥度，宜按地区经验取值；

$\quad \lambda_s$——桩间土承载力发挥系数，反映复合地基破坏时桩间土地基承载力发挥度，宜按桩间土的工程性质、地区经验取值。

实际工程中，常用桩体竖向抗压承载力修正系数 β_p 综合考虑复合地基中桩体实际竖向抗压承载力和复合地基破坏时桩体的竖向抗压承载力发挥度，$\beta_p = k_p\lambda_p$；用桩间土承载力修正系数 β_s 综合考虑复合地基中桩间土实际承载力和复合地基破坏时桩间土承载力发挥度，$\beta_s = k_s\lambda_s$；β_p、β_s 分别可按工程经验取值。

若无试验资料，对刚性桩、柔性桩等黏结材料桩，R_a 可按下式估算：

$$R_a = u_p\sum_{i=1}^{N} q_{si}l_i + \alpha q_p A_p \tag{12-6}$$

按式（12-6）计算黏结材料桩单桩竖向承载力特征值时还需根据桩身材料强度计算单桩竖向承载力特征值，即：

$$R_a = \eta_p f_{cu} A_p \tag{12-7}$$

式中 u_p——桩的截面周长（m）；

$\quad N$——桩长范围内所划分的土层数；

$\quad q_{si}$——第 i 层土的桩侧摩阻力特征值（kPa）；

$\quad l_i$——桩长范围内第 i 层土的厚度（m）；

$\quad q_p$——桩端土承载力特征值（kPa）；

$\quad \alpha$——桩端土承载力折减系数；

$\quad f_{cu}$——桩体抗压强度平均值（MPa）；

$\quad \eta_p$——桩体强度折减系数。

由式（12-6）、式（12-7）所得的二者中取较小值为黏结材料桩单桩竖向承载力特征值。

碎石桩等散体材料桩的竖向承载力特征值 R_a 可按下式估算：

$$R_a = \sigma_{ru} K_p A_p/K \tag{12-8}$$

式中 σ_{ru}——桩周土所能提供的最大侧限力（kPa）；

$\quad K_p$——桩身材料的被动土压力系数，$K_p = \tan^2(45° + \varphi_p/2)$，$\varphi_p$ 为桩身材料的内摩擦角（°）；

K——安全系数，一般可取 2.0。

此外，不同的行业规范在计算桩体复合地基承载力时具体公式略有差异，但其基本原理是一样的，具体工程可根据实际情况查找相应规范。

12.2.5 复合地基沉降计算

复合地基的沉降由垫层压缩量、加固区复合土层压缩量和加固区下卧土层压缩量组成。当垫层压缩量小，且在施工期已基本完成时，可忽略不计。即此时，复合地基沉降可按下式计算：

$$s = s_1 + s_2 \tag{12-9}$$

式中　s_1——复合地基加固区复合土层压缩量（m）；

　　　s_2——加固区下卧土层压缩量（m）。

12.2.5.1 加固区土层压缩量计算

加固区土层压缩量 s_1 常用的计算方法有复合模量法、应力修正法、桩身压缩量法等。

（1）复合模量法

将复合地基加固区视为复合土体，用复合压缩模量来评价复合土体的压缩性。采用分层总和法计算 s_1，即：

$$s_1 = \sum_{i=1}^{n} \frac{\Delta p_{spi}}{E_{spi}} h_i \tag{12-10}$$

式中　Δp_{spi}——第 i 层复合土体的平均附加应力增量（kPa）；

　　　h_i——第 i 层复合土层的厚度（m）；

　　　E_{spi}——第 i 层复合土体的压缩模量（MPa）。

（2）应力修正法

在复合地基中，由于桩体的模量大于桩间土模量，使作用在桩间土上的应力小于作用在复合地基上的平均应力。采用应力修正法计算压缩量时，根据桩间土分担的荷载（忽略桩体的存在），用分层总和法计算 s_1，即：

$$s_1 = \sum_{i=1}^{n} \frac{\Delta p_{si}}{E_{si}} h_i = \mu_s \sum_{i=1}^{n} \frac{\Delta p_i}{E_{si}} h_i \tag{12-11}$$

式中　μ_s——应力降低系数，$\mu_s = \dfrac{1}{1+m(n-1)}$；

　　　Δp_i——天然地基荷载作用下第 i 层土上的附加应力增量（kPa）；

　　　Δp_{si}——复合地基中第 i 层桩间土中的附加应力增量（kPa）。

（3）桩身压缩量法

桩身压缩量法是将计算的桩身压缩量 s_p 与桩端在其下卧层的刺入量 Δ 之和作为加固区土层的压缩量 s_1，即：

$$s_1 = \frac{(\mu_p p + p_{pl})}{2E_p} l_p + \Delta \tag{12-12}$$

式中　μ_p——应力集中系数，$\mu_p = \dfrac{n}{1+m(n-1)}$；

　　　l_p——桩身长度（m），即加固区厚度 h；

　　　p_{pl}——桩端的承载力（kPa）；

p——桩土顶面的荷载（kPa）。

12.2.5.2 加固区下卧层的压缩量计算

复合地基加固区下卧层压缩量 s_2 常采用分层总和法计算，即：

$$s_2 = \psi_{s2} \sum_{i=1}^{N} \frac{\Delta p_i}{E_{si}} l_i \tag{12-13}$$

式中 Δp_i——基底下第 i 层土的平均附加应力增量（kPa）；

l_i——基底下第 i 层土的厚度（m）；

E_{si}——基底下第 i 层桩间土压缩模量（MPa）；

ψ_{s2}——复合地基加固区下卧土层压缩量计算经验系数，根据复合地基类型、地区实测资料及经验确定。

计算 s_2 时作用在复合地基加固区下卧层顶部的附加压力难以精确计算。目前在工程上，多采用下述的应力扩散法和等效实体法计算附加压力。

（1）应力扩散法

该法假定复合地基顶面的荷载 p 在复合地基加固区内按压力扩散角 θ 传递，如图 12-3 所示。对于宽度为 b 长度为 l 的矩形荷载，加固区厚度为 h，则作用在下卧层顶面上的附加压力 p_h 为：

$$p_h = \frac{l \cdot b \cdot p}{(b + 2h\tan\theta)(l + 2h\tan\theta)} \tag{12-14}$$

对宽度为 b 的条形荷载，仅考虑宽度方向的扩散，则：

$$p_h = \frac{b \cdot p}{b + 2h\tan\theta} \tag{12-15}$$

（2）等效实体法

等效实体法假定加固区为一实体，利用实体底面（下卧层顶面）的应力、实体周围与土的摩擦力 f 与实体顶面荷载 p 的平衡条件来求下卧层顶面附加压力 p_h，如图 12-4 所示。

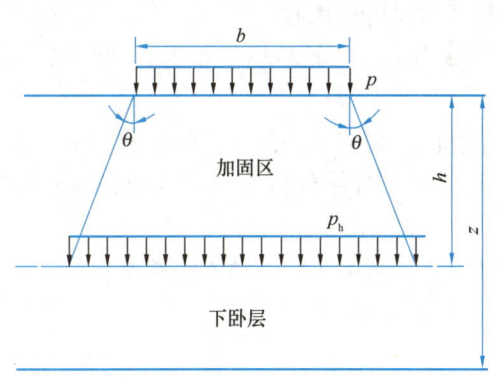

图 12-3　应力扩散法

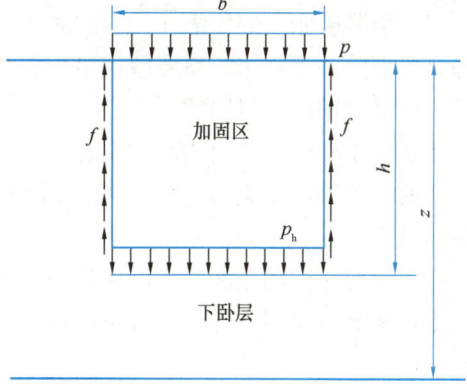

图 12-4　等效实体法

当荷载面积为 $l \times b$，加固区厚度为 h 时，则下卧层顶面附加压力 p_h 为：

$$p_h = \frac{l \cdot b \cdot p - 2(l + b)h \cdot f}{lb} \tag{12-16}$$

对宽度为 b 的条形荷载：

$$p_h = p - \frac{2hf}{b} \qquad (12\text{-}17)$$

此外，计算加固区下卧层压缩量的方法还有 Geddes 法以及不考虑桩体存在的分层总和法。各种计算方法都有其适用性，实际工程中选取何种方法进行计算，需具体问题具体分析。

12.3 换 土 垫 层 法

换土垫层法简称换填法或垫层法，是将基础下一定深度内的软弱土层部分或全部挖除，分层回填强度较高、性能稳定、无侵蚀性的材料，并夯至密实的一种地基处理方法。当建（构）筑物荷载不大，软弱土层厚度较小时（一般为 3~5m），处治效果较好。

垫层的常用材料有：砂（中、粗砂）、砂卵石、碎石、素土、灰土、煤渣、矿渣等。

12.3.1 作用原理与适用范围

换土垫层法加固原理主要体现在以下五个方面：

（1）提高地基承载力。浅基础的地基承载力取决于地基土的抗剪强度，以抗剪强度较高的填料置换基础下较弱土层，可有效防止浅层地基的剪切破坏，提高地基承载力。

（2）减小沉降量。浅层地基的沉降量占地基总沉降量的比例较大。因此，以强度高而密实的填料代替基底浅层软弱土层，可较大地减小浅层地基的沉降量。此外，由于垫层的应力扩散作用，垫层下卧土层上的附加应力减小，也相应减小了下卧土层的沉降量。

（3）通常垫层材料透水性好，为基底下软土提供了良好的排水面，不仅可加速基底下孔隙水的迅速消散，避免地基的塑性破坏，还可加速垫层下一定深度内的软土层排水固结，提高强度。

（4）防止冻胀。粗颗粒垫层材料孔隙大，不易产生毛细现象，因此可防止寒冷地区土中因结冰而造成的冻胀。但垫层的厚度应满足当地冻结深度的要求。

（5）消除膨胀土的胀缩作用。膨胀土地基垫层材料可选用砂、碎石、煤渣、二灰或灰土等，可消除胀缩作用。垫层厚度可根据变形计算确定，一般不小于 0.3m，且基础两侧宜用与垫层相同的材料回填。

在实际工程中，垫层所起的主要作用也不尽相同，而前三种是主要的。例如房屋建筑基础下的砂垫层主要起换土的作用；而路堤、土坝等工程中的砂垫层则主要起排水固结作用。

换土垫层法适用于淤泥、淤泥质土、湿陷性黄土、素填土、杂填土地基及暗沟、暗塘等的不良地基的浅层处理。各种不同材料垫层的适用范围可见表 12-3。

垫层的适用范围   表 12-3

垫层种类	适用范围
砂（砂石、碎石）垫层	多用于中小型建筑工程的浜、塘、沟等的局部处理；适用于一般饱和、非饱和的软弱土和水下黄土地基处理；不宜用于湿陷性黄土地基、大面积堆载、密集基础和动力基础的软土地基处理

垫层种类		适用范围
土垫层	素土垫层	适用于中小型工程及大面积回填、湿陷性黄土地基的处理
	灰土或二灰垫层	适用于中小型工程，尤其适用于湿陷性黄土地基的处理
粉煤灰垫层		用于厂房、机场、港区陆域和堆场等大、中、小工程的大面积填筑，粉煤灰垫层在地下水位以下时，其强度降低幅度在30％左右
干渣垫层		用于中小型建筑工程，尤其是地坪、堆场等大面积地基处理，如铁路、道路地基等。但不得用于受酸性或碱性废水影响的地基
土工合成材料加筋垫层		护坡、堤坝、道路、堆场、高填方及建（构）筑物垫层等
土工合成材料轻质垫层聚苯乙烯（EPS）垫层		道路工程路基不均匀沉降处理、深软基低填方且工期紧迫的路堤修筑工程、高填方工程置换等

12.3.2 垫层设计

垫层设计的主要内容是确定断面的合理厚度和宽度。要求设计的垫层能满足建筑物对地基承载力、变形和稳定的要求，并应符合经济合理的原则。

（1）垫层厚度的确定

垫层的铺设厚度即为需置换的软弱土层厚度，要求垫层底面处土的自重应力与附加压力之和不大于同一标高处土层的地基承载力特征值，如图 12-5 所示。其表达式为：

$$p_z + p_{cz} \leqslant f_{az} \tag{12-18}$$

式中　p_z——垫层底面处土的附加压力（kPa）；

p_{cz}——垫层底面处土的自重应力（kPa）；

f_{az}——垫层底面处经深度修正后的地基承载力特征值（kPa）。

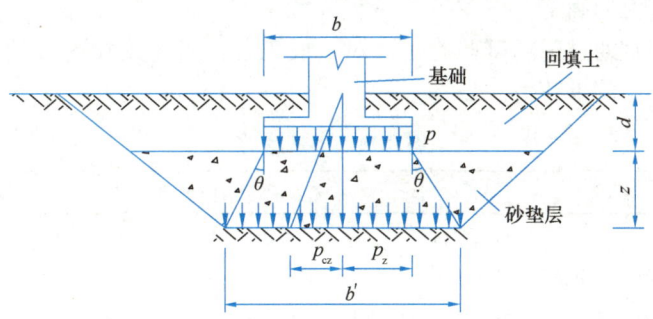

图 12-5　垫层内部应力分布

垫层底面处的附加压力值 p_z 可按应力扩散角 θ 进行简化计算。

条形基础
$$p_z = \frac{b(p - p_c)}{b + 2z\tan\theta} \tag{12-19}$$

矩形基础
$$p_z = \frac{bl(p - p_c)}{(b + 2z\tan\theta)(l + 2z\tan\theta)} \tag{12-20}$$

式中　p——基础底面平均压力（kPa）；

p_c——基础底面处土的自重应力（kPa）；

b——矩形基础或条形基础底面的宽度（m）；

l——矩形基础底面的长度（m）；

z——基础底面下垫层的厚度（m）；

θ——垫层的压力扩散角（°），见表 12-4。

垫层压力扩散角 θ（°）　　　　　　　　　　　　　　　　表 12-4

换填材料 z/b	中砂、粗砂、砾砂、圆砾、角砾、石屑、卵石、碎石、矿渣	粉质黏土、粉煤灰	灰土
0.25	20	6	28
≥0.50	30	23	

注：① 当 $z/b<0.25$ 时，除灰土仍取 $\theta=28$° 外，其余材料均取 $\theta=0$°，必要时，宜由试验确定；

　　② 当 $0.25\leqslant z/b<0.5$ 时，θ 值可内插求得；

　　③ 土工合成材料加筋垫层 θ 宜由现场载荷试验确定。

计算时，可先初步拟定一垫层厚度，再用式（12-18）验算。若不符合要求，则调整厚度，重新验算，直至满意为止。垫层厚度一般宜 0.5～3m，太厚不经济，太薄则垫层效果不明显。

（2）垫层宽度的确定

垫层底面宽度应满足基底应力扩散和防止垫层向两侧挤出的要求。如条形基础，垫层底宽 b' 可按下式或根据当地经验确定：

$$b'\geqslant b+2z\cdot\tan\theta \tag{12-21}$$

垫层顶面每边宜比基础底面宽 0.3m，也可根据施工要求垫层底面两侧向上按当地开挖基坑的经验要求放坡。

（3）垫层承载力的确定

垫层的承载力宜通过现场试验确定，对一般工程，当无试验资料时，可按表 12-5 选用，并应验算下卧层的承载力。

各种垫层的承载力　　　　　　　　　　　　　　　　表 12-5

施工方法	换填材料类别	压实系数 λ_c	承载力特征值 f_k（kPa）
碾压、振密或重锤夯实	碎石、卵石	≥0.97	200～300
	砂夹石（其中碎石、卵石占全重的 30%～50%）		200～250
	土夹石（其中碎石、卵石占全重的 30%～50%）		150～200
	中砂、粗砂、砾砂、角砾、圆砾、石屑		150～200
	粉质黏土		130～180
	灰土	≥0.95	200～250
	粉煤灰	≥0.95	120～150
	矿渣	—	200～300

注：① 压实系数小的垫层，承载力特征值取低值，反之取高值；原状矿渣垫层取低值，分级矿渣或混合矿渣垫层取高值；重锤夯实土的承载力标准值取低值，灰土取高值；

　　② 采用轻型击实试验时，压实系数 λ_c 宜取高值；采用重型击实试验时，压实系数 λ_c 宜取高值；

　　③ 矿渣垫层的压实指标为最后两遍压实的压陷差小于 2mm；

　　④ 土的最大干密度可采用击实试验确定，碎石或卵石的最大干密度可取 $2.0\times10^3\sim2.2\times10^3$kg/m³。

（4）沉降计算

垫层地基的沉降由垫层自身压缩量和下卧层压缩量组成，可采用分层总和法计算。一般垫层地基的沉降中仅考虑下卧层的压缩量，但对地基沉降要求较严或垫层厚度较大时，应计算垫层自身的压缩量，计算时垫层的模量可参见表 12-6。

表 12-6
各种垫层的模量

模量 ╲ 垫层材料	砂	碎石、卵石	粉煤灰	矿渣
压缩模量 E_s（MPa）	20～30	30～50	8～20	
变形模量 E_0（MPa）				35～70

注：压实矿渣的 E_0/E_s 比值可按 1.5～3 取用。

【例 12.1】 某商用住宅承重墙下为条形基础，宽 $b = 2.0\text{m}$，埋深 $d = 1.5\text{m}$，承重墙传至基础荷载 $F = 300\text{kN/m}$。场地土质条件：地表为 1.0m 厚的杂填土，$\gamma = 17.5\text{kN/m}^3$；下面为淤泥质土，地基承载力特征值为 80kPa。地下水距地表 2.0m。试设计基础的垫层。

【解】（1）垫层材料选碎石土，$\gamma = 20\text{kN/m}^3$，则垫层的应力扩散角 $\theta = 30°$，并先设垫层厚度 $z = 2.5\text{m}$。

（2）垫层厚度的验算，据题意，基础底面平均压力设计值为：

$$p = \frac{F+G}{b} = \frac{300 + 2 \times 1.5 \times 20}{2} = 180.0\text{kPa}$$

基底处土的自重应力：$p_c = 17.5 \times 1.5 = 26.3\text{kPa}$

垫层底面处的附加应力：

$$p_z = \frac{(p - p_c)b}{b + 2z\tan\theta} = \frac{(180.0 - 26.3) \times 2}{2 + 2 \times 2.5 \times \tan 30°} = 62.9\text{kPa}$$

垫层底面处土的自重应力：

$p_{cz} = 17.5 \times 1.5 + 20 \times (2.0 - 1.5) + (20 - 10) \times (2.5 + 1.5 - 2.0) = 56.3\text{kPa}$

查《建筑地基规范》表 5.2.4 得 $\eta_d = 1.0$，则经深度修正后的淤泥质土地基承载力特征值为：

$$f_{az} = f_{ak} + \eta_d \gamma_{mz}(d - 0.5) = 80 + 1.0 \times \frac{56.3}{1.5 + 2.5} \times (1.5 + 2.5 - 0.5) = 129.2\text{kPa}$$

则　　　　　$p_z + p_{cz} = 62.9 + 56.3 = 119.2\text{kPa} < f_{az} = 129.2\text{kPa}$

这说明所设计的垫层厚度满足要求，垫层厚度选定为 2.5m 合适。

（3）确定垫层底宽，按式（12-21）垫层底宽为：

$$b' = b + 2z\tan\theta = 4.89\text{m}$$

取 $b' = 5\text{m}$，按 1：1.5 边坡开挖。

（4）沉降验算，略。

12.3.3　施工技术要点

（1）垫层材料。宜选用级配良好、质地坚硬、不含植物残体等杂质的碎石、卵石、角砾、圆砾、砾砂、粗砂、中砂或石屑。当用粉细砂或石粉时，应掺入不少于总重量 30%

375

的碎石或卵石，砂石最大粒径不宜大于 50mm。根据工程材料资源和表 12-3 适用情况，也可选用粉质黏土、灰土、粉煤灰、矿渣或其他工业废渣。

（2）碾压机械。垫层施工应根据不同的换填材料选择施工机械。粉质黏土、灰土宜用平碾、振动碾、羊足碾、蛙式夯等；砂石等宜用振动碾；粉煤灰宜用平碾、振动碾、蛙式夯；矿渣宜用平板振动器或平碾、振动碾。

（3）基坑开挖。应避免坑底土层的扰动，可保留 180～220mm 厚土层暂不挖除，待铺填垫层前再由人工挖至设计标高，且应及时回填，不得暴露过久或浸水，并防止践踏坑底。在碎石或卵石垫层底部宜设置厚为 150～300mm 的砂垫层或铺一层土工织物，并应防止基坑边坡塌土混入垫层中。

（4）密实方法。垫层的施工方法采用分层铺填、逐层碾压、夯实。分层铺填厚度、每层压实遍数宜通过现场试验确定。为保证分层压实质量，分层铺填厚度宜为 200～300mm，并应控制机械碾压速度，与下卧软土层相接触的垫层底部铺填厚度应根据施工机械设备及下卧层土质条件确定。对粉质黏土和灰土垫层土料的施工含水量宜控制在 $w_{op} \pm 2\%$ 的范围内，粉煤灰垫层宜控制在 $w_{op} \pm 4\%$ 范围内。

12.4 排 水 固 结 法

排水固结法是利用地基土的排水固结特性，对地基预先施加荷载，并增设各种排水通道，加速土体中的水分排出，逐渐固结，提高地基的承载力和稳定性，减小工后沉降量的一种地基处理方法。

排水固结法主要由排水系统和加压系统两部分所组成（图 12-6）。

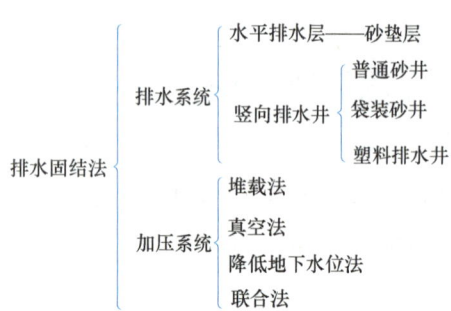

图 12-6 排水固结法系统构成

排水系统可由水平排水垫层（如砂垫层），或水平排水垫层与竖井（如普通砂井、袋装砂井、塑料排水板等）组合构成，其目的是改善排水条件，增加排水通道，缩短排水距离，加速土体固结。加压系统是为了对地基预先施加荷载，其方式可利用建筑物（如房屋、路堤、堤坝等）自重、真空加压或降低地下水位等。在工程应用中，可单独使用一种方法，也可将几种方法联合使用。排水和加压相辅相成，若仅有排水系统而无荷载施加，土中孔隙水无压而难以排水，土体强度得不到提高；反之，若仅加压而缺乏排水通道，则排水极为缓慢，土体固结亦不能按预期完成。

排水固结法按是否设竖井可分为天然地基上堆载预压法和竖井堆载预压法；按加压方式的不同又可分为正压加载（堆载）预压法、负压加载（真空加压、降低地下水位）预压法和联合加载法。

12.4.1 作用原理与适用范围

排水固结法的目的是使天然地基在建（构）筑物投入使用之前完成大部分固结沉降，进而减少工后沉降，以保证建（构）筑物的变形特征在允许范围内。

排水固结法的基本原理是软黏土地基在外荷载作用下，土中孔隙水慢慢排出，孔隙体积不断减小，地基产生固结变形（详见 4.5 节）。同时，随着土中超静孔隙水压力的逐渐消散，土的有效应力逐渐提高，地基强度逐渐增长，地基承载能力逐渐提高。

地基土排水固结效果与排水条件密切相关。根据固结理论，黏性土固结所需的时间和排水距离的平方呈正比。若某场地排水边界条件如图 12-7（a）所示，则土层越厚，竖向排水固结所需时间越长。因此，为加速土层固结，最有效的方法是增加土层的排水路径，缩短排水距离，比如在土层中设置如图 12-7（b）所示砂井等竖向排水通道，土层中的孔隙水将主要从水平向通过砂井从竖向排出，则加速了地基的固结速率（或沉降速率），促使地基沉降提前完成，土体强度快速提高。

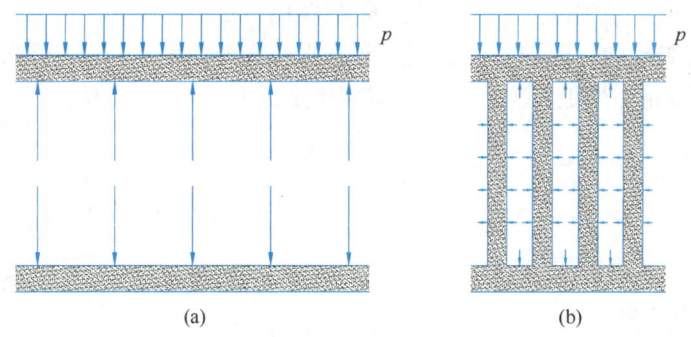

图 12-7　排水固结法的原理
(a) 竖向排水情况；(b) 砂井地基排水情况

排水固结法主要适用于处理淤泥、淤泥质土及冲填土等饱和黏性土地基。对于含水平砂夹层的黏性土，因其具有较好的横向排水性能，可不设置砂井等竖向排水通道。泥炭土及透水性很小的流塑状态的饱和超软黏土，即使作用很小的荷载也可能产生较大的蠕变或次固结，因此对这类地基土采用排水固结法应慎重对待。

12.4.2　砂井堆载预压法设计计算

砂井堆载预压法设计计算内容包括：

① 初步确定砂井布置方案；

② 初步拟定加荷计划，即每级加载增量、范围及加载延续时间；

③ 计算每级荷载作用下，地基的固结度、强度增长量；

④ 验算每一级荷载下地基土的抗滑稳定性；

⑤ 验算地基沉降量是否满足要求。若上述验算不满足要求，则需调整加载计划。

（1）砂井设计

排水砂井设计包括砂井直径、间距、深度的选择，确定砂井的排列以及排水砂垫层的材料和厚度等。通常砂井直径、间距和深度的选择应满足在预压过程中，在不太长的时间内，地基能达到 $70\%\sim80\%$ 以上的固结度。

① 砂井直径和间距

砂井的直径和间距应根据黏性土层的固结特性和施工期限确定。砂井直径过大不经济，过小施工易造成灌砂率不足、缩颈或砂井不连续等质量问题，一般宜为 $300\sim500\mathrm{mm}$。砂井的间距常为其直径的 $6\sim8$ 倍，一般不应小于 $1.5\mathrm{m}$。袋装砂井直径常采用 $70\sim120\mathrm{mm}$，间距为其直径的 $15\sim22$ 倍；当袋装砂井直径为 $70\mathrm{mm}$ 时，间距一般为 $1\sim2\mathrm{m}$。

② 砂井深度

砂井深度主要根据土层分布、地基中附加应力的大小、施工期限和条件，以及建筑物对地基变形和稳定性的要求等因素确定。当软土不厚（一般 10~20m）时，尽量穿越软土层达到硬层；若软土过厚（超过 20m），可不打穿，根据建筑物对地基稳定性和变形的要求确定。对以地基抗滑稳定性控制的工程，砂井深度应超过最危险滑动面 2.0m 以上。

③ 砂井平面布置

砂井平面可按等边三角形或正方形布置，如图 12-8（c）、（d）所示。图中虚线为有效排水范围，实线为有效影响范围（即每个砂井的有效影响面积）。若设砂井间距为 l，有效影响范围的直径 d_e，则可得等边三角形布置时，$d_e = 1.05l$；正方形布置时，$d_e = 1.13l$。因此，若满足同一影响范围 d_e 时，正方形布置所需的 l 更小，即布桩越多。显见，等边三角形布置较正方形更紧凑、有效，应用更多。图 12-8（b）给出了 A-A 剖面固结渗透路径的示意图。

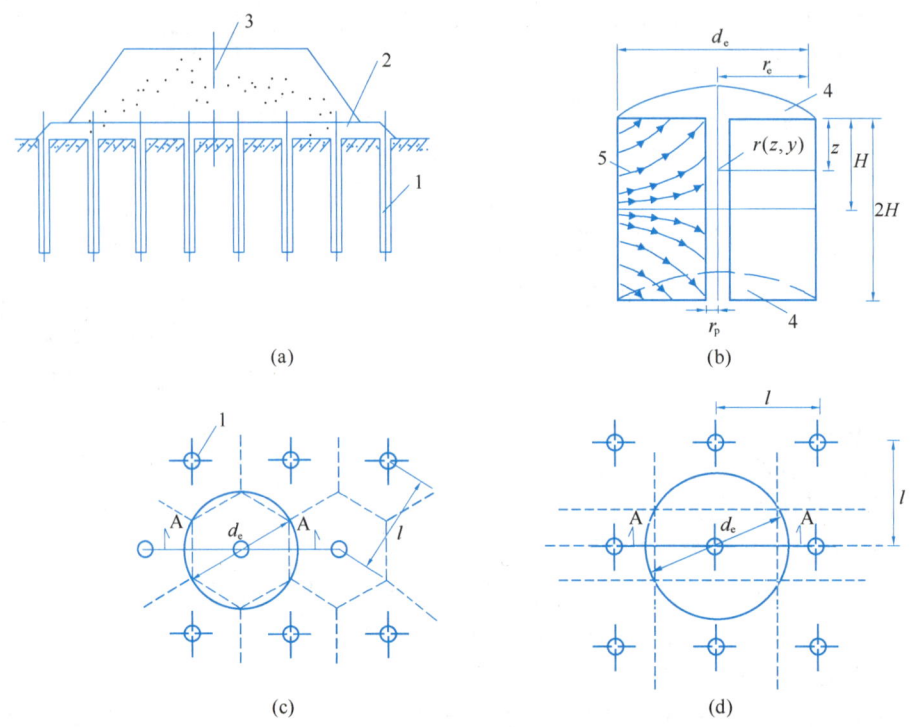

图 12-8　砂井平面布置及固结渗透路径
（a）砂井剖面；（b）A-A 剖面图；（c）等边三角形；（d）正方形
1—砂井；2—砂垫层；3—堆载预压；4—排水面；5—渗透途径

由于基础以外一定范围内仍有土中应力存在，故砂井的布置范围应比基础范围更大，一般可由基础的轮廓线向外增加 2~4m。

④ 排水砂垫层和砂沟

在砂井顶面应铺设排水砂垫层或砂沟，连通各个砂井以形成连续、通畅的水平排水通道，引出从软土层排入砂井的渗流水。砂垫层厚度不应小于 0.5m（水大时为 1.0m 左右）。砂垫层范围应大于堆载范围或砂井布置范围，并在周边设置与之相连的排水沟。若砂料缺乏，可采用连通砂井的纵横砂沟代替整片砂垫层。砂沟宽度取 $2\sim3$ 倍砂井直径，深度一般 $\geqslant0.5$m。

（2）预加荷载拟定

在加载预压中，任何情况下所加荷载均不得超过相应软土层的承载力。为此，设计时可按以下步骤初步拟定加载计划：

① 利用地基的天然抗剪强度计算第一级容许施加的荷载；

② 计算第一级荷载下地基强度增长值，并以此确定第二级所能施加的荷载；

③ 计算第一级荷载下达到指定固结度所需的时间，此时间亦为第二级荷载开始施加的时间；

④ 以此类推完成整个加载过程。

（3）砂井地基平均固结度计算

① 瞬时加载条件下固结度计算

瞬时加载，不同排水条件下的固结度计算可参见表 12-7。

不同条件的固结度计算公式　　　　　　　　　　　　　　　　表 12-7

序号	条件	平均固结度计算公式	系数 α、β		备注
1	竖向排水固结（$\bar{U}_z>30\%$）	$\bar{U}_z=1-\alpha_z e^{-\beta_z t}$	$\alpha_z=\dfrac{8}{\pi^2}$	$\beta_z=\dfrac{\pi^2 C_v}{4H^2}$	Terzaghi 解
2	内径向排水固结	$\bar{U}_r=1-\alpha_r e^{-\beta_r t}$	$\alpha_r=1$	$\beta_r=\dfrac{8C_h}{F\cdot d_e^2}$	Barron 解
3	砂井地基平均固结度	$\begin{aligned}\bar{U}_{rz}&=1-(1-\bar{U}_r)\\&(1-\bar{U}_z)\\&=1-\alpha_{rz}e^{-\beta_{rz}t}\end{aligned}$	$\alpha_{rz}=\dfrac{8}{\pi^2}$	$\beta_{rz}=\dfrac{8C_h}{F\cdot d_e^2}+\dfrac{\pi^2 C_v}{4H^2}$	$F=\begin{cases}F_n,\text{（理想井，Barron 解）}\\F_n+F_s+F_r',\text{（非理想井，}\\\text{谢康和解）}\end{cases}$ $F_n=\dfrac{n^2}{n^2-1}\ln(n)-\dfrac{3n^2-1}{4n^2},\ n=\dfrac{d_e}{d_w}$ $F_s=\left(\dfrac{k_h}{k_s}-1\right)\cdot\ln\left(\dfrac{d_s}{d_w}\right),$ $F_r'=\pi\dfrac{k_h}{k_w}\left(\dfrac{H}{d_w}\right)^2$
4	通用表达式	$\bar{U}=1-\alpha e^{-\beta t}$	α	β	曾国熙

注：C_v、C_h 分别为竖向和径向固结系数；H 为竖向最大排水距离（m）；n 为井径比，普通砂井，$n=6\sim8$，塑料排水板和袋装砂井，$n=15\sim22$；d_w 为砂井直径（m）；F_s、F_r' 分别为反映涂抹效应和井阻效应的影响因子；d_s 为涂抹区直径（m），可取 $d_s=(2.0\sim3.0)d_w$，中等灵敏土取低值，高灵敏土取高值；k_s 为涂抹区的渗透系数，可取 $k_s/k_h=1/5\sim1/3$；k_w 为砂井的渗透系数。

② 逐级加载条件下固结度计算

实际工程中的预压荷载往往是分级逐渐施加，如图 12-9 所示。需对一次性瞬时加载固结度计算公式进行修正。

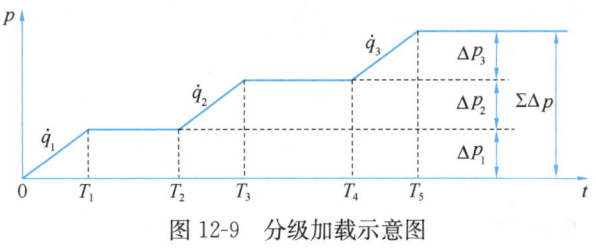

图 12-9　分级加载示意图

多级等速加荷下修正后的地基总平均固结度 $\bar{U}'_t$ 为：

$$\bar{U}'_t = \sum_{i=1}^{n} \left(\frac{\Delta p_i}{\sum \Delta p} \cdot \bar{U}_{rzt'} \right) \tag{12-22}$$

式中 Δp_i —— 第 i 级荷载增量，若计算加载过程中某一时刻 t 的固结度时，用该时刻对应的荷载增量 $\Delta p'_i$ （kPa）；

       $\bar{U}_{rzt'}$ —— 第 i 级荷载一次瞬时加载经历了时间 t' 的固结度，其中 $t' = t - \dfrac{T_{2i-1} - T_{2i-2}}{2}$，$T_{2i-2}$ 和 T_{2i-1} 分别为第 i 级荷载加载的起点和终点时间（从时间 0 点起算），若计算加载期内时刻 t 的固结度（加载至 $\Delta p'_i$），则 T_{2i-2} 改为 t。

多级变速加荷下修正后的地基总平均固结度 $\bar{U}'_t$ 为：

$$\bar{U}'_t = \sum_{i=1}^{n} \frac{\dot{q}_i}{\sum \Delta p} \left[(T_{2i-1} - T_{2i-2}) - \frac{\alpha}{\beta} e^{-\beta t} (e^{\beta T_{2i-1}} - e^{\beta T_{2i-2}}) \right] \tag{12-23}$$

式中 $\dot{q}_i$ —— 第 i 级荷载的加载速率 （kPa/d）；

参数 α 和 β 见表 12-7。

（4）排水过程中地基强度增长值推算

在预压荷载作用下，地基土在某一时刻 t 的抗剪强度 τ_{ft} 为：

$$\tau_{ft} = \tau_{f0} + \Delta \sigma_z U_t \tan \varphi_{cu} \tag{12-24}$$

式中 τ_{f0} —— 地基中某点的初始抗剪强度 （kPa）；

       $\Delta \sigma_z$ —— 预压荷载引起的该点附加竖向压力 （kPa）；

       U_t —— 该点土的固结度，为简化计算，常用平均固结度代替；

       φ_{cu} —— 三轴固结不排水试验求得的土的内摩擦角 （°）。

（5）稳定性分析

由于地基土在预压荷载作用下可能失稳破坏，故预压加载过程中必须验算每级荷载下地基的稳定性，通常可假定地基的滑动面为圆筒面，采用圆弧法（条分法）进行分析。

【例 12.2】 某工程建在厚 10m 的饱和软黏土地基上，土的初始孔隙比 $e_0 = 1.0$，压缩系数 $a = 0.4 \text{MPa}^{-1}$，渗透系数 $k = 20 \text{cm/a}$，饱和软黏土层下是致密黏土层（不透水层）。如果采用堆载预压法进行地基加固，试估计固结度达到 95% 所需时间（不考虑分级加载）。

【解】（1）竖向固结系数 C_v

$$C_v = \frac{k_v (1 + e_0)}{a \gamma_w} = \frac{20 \times 10^{-2} \times (1 + 1.0)}{4 \times 10^{-4} \times 10} = 100 \text{m}^2/\text{a}$$

（2）系数 β

$$\beta = \beta_z = \frac{\pi^2 \times 100}{4 \times 10^2} = 2.47 \text{a}^{-1}$$

（3）固结度达到 95% 所需时间 t

$$1 - \frac{8}{\pi^2} e^{-2.47t} = 95\%$$

解得：$t = 1.13a = 412.5$ 天

【例 12.3】 例 12.3 中，若采用砂井排水，砂井直径 $d_w = 25cm$，间距 $l = 2.5m$，正三角形布置，求一次加荷 20 天时砂井地基的平均固结度。

【解】 计算时假定地基土为均匀等向，即 $C_h = C_v$

$$d_e = 1.05l = 1.05 \times 2.5 = 2.625m$$

$$n = \frac{d_e}{d_w} = \frac{2.625}{0.25} = 10.5$$

$$F = \frac{n^2}{n^2 - 1} \ln(n) - \frac{3n^2 - 1}{4n^2} = \frac{10.5^2}{10.5^2 - 1} \ln(10.5) - \frac{3 \times 10.5^2 - 1}{4 \times 10.5^2} = 2.31$$

$$\beta_{rz} = \frac{8C_h}{F \cdot d_e^2} + \frac{\pi^2 C_v}{4H^2} = \frac{8 \times 100}{2.31 \times 2.625^2} + \frac{\pi^2 \times 100}{4 \times 10^2} = 52.73a^{-1}$$

一次加荷 20 天时砂井地基的平均固结度为：

$$1 - \frac{8}{\pi^2} e^{-52.73 \times \frac{20}{365}} = 95.5\%$$

12.4.3 施工技术要点

采用排水固结法加固软黏土地基，其施工顺序如下：

① 铺设水平排水垫层；

② 设置竖向排水通道；

③ 埋设观测设备；

④ 实施预压；

⑤ 检查预压效果；

⑥ 若不满足设计要求，更改设计至满足设计要求为止。

要保证排水固结法的加固效果，施工中关键控制好三个环节，即铺设水平排水垫层、设置竖向排水通道、施加固结压力。

12.4.4 其他预压方法

12.4.4.1 真空预压法

真空预压法是先在需加固的软土地基表面铺设砂垫层，然后埋设竖向排水通道，再在砂垫层上铺设不透水薄膜，薄膜四周埋入土中密封好，通过砂垫层内埋设的吸水管道，用真空装置进行抽气，薄膜内外形成压力差（称为真空度），迫使地基土排水固结。真空预压法膜下真空度一般可达 85kPa。

真空预压法主要有以下几个特点：

① 不需要大量堆载，可省去加、卸载工序，真空预压可一次加足，缩短预压时间，且瞬间即可卸载，工艺比较简单，便于大面积使用；

② 真空负压使孔隙水中封闭气泡排出，土的渗透性相应增大，孔隙水加速排出，可缩短固结时间；同时随着孔隙水排出，地下水位降低，由渗流力和降低水位引起的附加应力也随之增大，提高了加固效果；且负压可通过管路送到任何场地，适应性强；

③ 孔隙渗流水的流向及渗流力引起的附加应力均指向被加固土体，土体在加固过程

中的侧向变形很小，地基不会发生剪切破坏而引起地基失稳；

④ 适用于超软黏性土以及边坡、码头等地基稳定性要求较高的工程地基加固，土越软，加固效果越明显。

真空预压适用于处理以黏性土为主的软弱地基。当存在粉土、砂土等透水、透气层时，加固区周边应采取确保膜下真空压力满足设计要求的密封措施。对塑性指数大于25且含水量大于85%的淤泥，应通过现场试验确定其适用性。加固土层上覆盖有厚度大于5m以上的回填土或承载力较高的黏性土层时，不宜采用真空预压处理。

当设计地基预压荷载大于80kPa，且进行真空预压处理地基不能满足设计要求时，可采用真空预压与堆载预压联合法加固地基。

12.4.4.2 降低地下水位法

降低地下水位法是通过降低地下水位增加地基中的土体自重应力以改变地基中的应力场，达到加载排水固结的目的。对于渗透系数较大的土层，采用降低地下水位法可达到较好的排水固结效果。

12.4.4.3 电渗法

电渗法是通过在插入土体中的电极上施加直流电使得土体加速排水、固结从而提高强度的一种地基处理方法。电渗法具有固结速度快，对细颗粒、低渗透性土有良好的加固效果等优点。但是由于电渗法需消耗大量电能，故在很长一段时间内，相关研究是以室内试验为主，少有现场应用。随着高含水量、细颗粒、高塑性、低渗透的软土地基工程（如疏浚土吹填造陆工程）不断涌现，常规排水固结法加固处理此类地基时，初期效果比较显著，但后期沉降缓慢，强度增长有限，加固效果不理想。而电渗法加固效果受土颗粒大小影响较小，故将来很可能成为此类土的一种高效且造价可以承受的地基加固方法。现有的室内试验、现场试验等研究表明：电渗法适于高含水量、低渗透性土体的加固，但不适于砂土和盐渍土的处理。

12.5 压实与夯实法

12.5.1 压实法

压实法可采用碾压或振动压实。碾压法是利用平碾、羊角碾、压路机、推土机等碾压机械对地基土反复碾压压实的加固方法。碾压法适用于地下水位以上大面积填土的压实及一般非饱和黏性土和杂填土地基的浅层处理，有效压实深度可达40cm，压实后地基承载力可达100kPa左右。振动压实法是用振动压实机械的偏心块对松散的地基土体产生振动，使土颗粒受振后产生位移，孔隙体积减小，同时施加振动压力，将地基土压实的加固方法。振动压实法适用于松散状态的砂土、砂性杂填土、工业废料和炉灰等填土地基的处理，有效深度可达1.5m，压实后地基承载力可达100～120kPa。

对于地基冲击压实、土石混填或填石路基压实、路基补强、旧砂石（沥青）路面冲压和旧水泥混凝土路面冲压等可利用冲击碾压法。冲击设备、分层填料虚铺厚度、分层压实遍数等应根据土质条件、工期要求等因素综合确定，有效加固深度宜为3.0～4.0m。

压实法的分层厚度和碾压遍数应结合压实机械、地基土性质、密实度、压实系数和施工含水量等，结合现场试验确定，初步设计时可按表12-8选用。

填土每层铺填厚度及压实遍数　　　表 12-8

施工设备	每层铺填厚度（mm）	每层压实遍数
平碾（80～120kN）	200～300	6～8
羊足碾（80～120kN）	200～350	8～16
振动碾（80～120kN）	500～1200	6～8
冲击碾压（冲击势能 15～25kJ）	600～1500	20～40

压实填土地基的质量以压实系数 λ_c（详见 2.6 节）控制，根据上部结构的特性及填土所在部位而不同，一般控制在 0.94～0.97 之间。压实时土的现场含水量应控制 $w_{op} \pm 2\%$（w_{op} 为最佳含水量）。

12.5.2　重锤夯实法

重锤夯实法是利用起重机械将夯锤（锤重一般不小于 15kN）提升到一定高度（2.5～4.5m），然后自由落下并重复夯击以加固地基。其原理是利用重锤落下的强大冲击使土颗粒挤密，孔隙减小，提高地基强度。经反复夯击，整个建筑物地基得以加固，达到满足建筑物对地基土强度和变形的要求。一般砂性土、黏性土经重锤夯击后，地基表层土体的相对密实度或干密度将增加，形成一层比较密实的土层（硬壳），从而提高表层地基的承载力。对于湿陷性黄土，重锤夯实可减少表层土的湿陷性；对于杂填土，则可减少其不均匀性。

该法一般适用于处理离地下水位 0.8m 以上稍湿的黏性土、砂土、湿陷性黄土、杂填土和分层填土等地基，但在有效夯实深度内存在软黏土层时不宜采用。

重锤夯实法的主要设备为起重机械、夯锤、钢丝绳和吊钩等。

重锤夯实的加固效果或影响深度与锤重、锤底直径、落距、夯实遍数、土的含水量及土质条件等因素有关。只有合理地选定上述参数和控制夯实的含水量，才能达到预定的夯实效果。通常宜控制在最优含水量左右，避免出现"橡皮土"等不良现象。现场经验表明：夯实的影响深度约为锤底直径的 1 倍左右。对于湿和稍湿，密实度为稍密、中密的建筑垃圾杂填土，如采用重锤 15kN，底面直径为 1.15m，落距 3～4m，夯打 6～8 遍，其有效夯实影响深度为 1.1～1.2m，经夯实处理后的杂填土地基承载力普遍提高，一般可达 100～200kPa。

一般锤击功能越大，土的密实度越大，但当土的密实度达到某一数值时，随着锤击功能的增大，密实度不再增加。此外，随着夯击遍数的增加，每遍土的夯沉量逐渐减少，当达某一程度后，同样不再减小。因此，施工时应尽量采用保证夯实的最少夯击遍数，一般可通过试夯确定。通过试夯可确定出依据最后两遍平均夯沉量的停夯标准，即最后夯沉量。对于湿陷性黄土及黏性土，最后夯沉量不应大于 10～20mm；砂性土则不应大于 5～10mm。

12.5.3　强夯法

强夯法，又称动力固结法或动力压实法，是法国梅那（Menard）技术公司于 1969 年首创。该法一般是将 80～400kN 重锤（最重 2000kN）起吊到一定高度（一般为 8～30m，最高 40m），令锤自由落下，产生强大的冲击能量，对地基进行强力夯实，从而提高地基承载力，降低其压缩性，消除湿陷性，改善其抵抗振（震）动液化的均匀性，减少工后差异沉降，以达到地基加固的目的。

对高饱和度的粉土和黏性土地基，可在地基中回填块石、碎石或其他粗粒材料，然后再将其强行夯入并排开土体，形成砂石或块石桩与原土体构成复合地基，此时亦称为强夯置换法。

12.5.3.1 加固机理及适用范围

强夯法是在重锤夯实法基础上发展起来的，但加固机理已发生改变，根据被处理土的类别和施工工艺，通常可分为动力密实、动力固结、动力置换三种机理。

（1）动力密实

强夯加固非饱和土，特别是多孔隙、粗颗粒的土，是基于动力压密的概念，即强夯产生的冲击波和动应力在土中传播，使土颗粒破碎或产生瞬间的相对运动。由于气相的压缩性比固相和液相（水）大得多，故气体首先受到压缩从土体孔隙中迅速排出，孔隙体积减小，致使地基土结构密实。尽管在巨大的夯击能量作用下土颗粒与其间液体也可能变形，但这些变形相对于颗粒间气体的压缩和排出比较小。因此，可认为非饱和土的夯实变形主要是由颗粒的相对位移、土中的气相被挤出引起的。

工程实践表明：在冲击能量作用下，地面立即产生沉降，一般夯击一遍后，夯坑深度可达0.5～1.3m，夯坑底部形成一层超压密状态的硬壳层，承载力比夯前可提高2～3倍以上。在中等夯击能量1000～3000kN·m作用下，主要产生冲击变形，加固范围内的气体体积大大减小。

（2）动力固结

强夯法处理饱和土时，巨大的冲击能量在土中产生很大的冲击波，将破坏土体原有结构，使土体局部液化，夯点周围产生裂隙，形成良好的排水通道，加速孔隙水压力的消散和土体固结。

饱和土的动力固结可分为三个阶段。

① 加载阶段，即夯击的一瞬间。夯锤的冲击使地基土体产生强烈的振动和动应力，在波动影响带内，动应力和孔隙水压力急剧上升，而动应力往往大于孔隙水压力，促使土体产生塑性变形，土的结构破坏。对于砂土迫使土的颗粒重新排列而密实。对于黏性土则土骨架被迫压缩，同时由于土体中的水和土颗粒两种介质引起不同的振动效应，两者的动应力差大于土颗粒的吸附能时，土中部分结合水和毛细水从颗粒间析出，产生动力水聚结，形成排水通道，制造动力排水条件。

② 卸载阶段，即夯击动能卸去的一瞬间。动的总应力瞬息即逝，而土中孔隙水压力仍保持较高水平，此时孔隙水压力大于有效应力，引起砂土液化。在黏性土地基中，当最大孔隙水压力大于小主应力、静止侧压力及土的抗拉强度之和时，土体开裂，渗透性增大，孔隙水压力迅速下降。

③ 动力固结阶段。卸载之后，土体中仍然保持一定的孔隙水压力，从而产生排水固结。对于砂土，孔隙水压力的消散甚快；对于黏性土，孔隙水压力消散较慢，可能需延续2～4周。随着孔隙水压力的消散，土的强度逐渐恢复和提高。

（3）动力置换

动力置换是利用强夯的冲击力强行将块石、碎石、砂、钢渣、矿渣、建筑垃圾等硬质粗颗粒材料挤填到饱和软土层中，全部或部分置换原饱和软土，形成密实的砂石层或墩柱状砂石体等置换体。这些置换体经强力夯击，结构紧密，承载力高，变形量小，且墩体和墩间土体形成复合地基。同时，未被置换的下卧饱和软土，以置换体为竖向排水通道，在动力作用下排水固结。因此，经强夯置换后的地基，承载力高，沉降小，且排水条件良好。

动力置换分为整式置换和桩式置换。前者是采用强夯将碎石整体挤入淤泥中，其作用机理类似于换土垫层法；后者是通过强夯将砂、碎石等强行挤入土中，形成柱式或墩式结构，其作用机理类似于碎石桩法。

工程实践证明，强夯法加固碎石土、砂土、粉土、非饱和黏性土、湿陷性黄土、素填土和杂填土等地基，处治效果明显；对含有良好透水夹层的饱和细粒土地基应通过试验后采用；处理饱和度高的黏性土地基，尤其是淤泥和淤泥质土地基，孔隙水压力难以迅速消散，强夯处治效果不明显，此时可采用强夯置换法处理。

12.5.3.2 设计计算

(1) 有效加固深度

强夯法的有效加固深度应根据现场试夯或当地经验确定，初步设计时可按修正后的梅纳（Menard）公式估算：

$$H = \alpha\sqrt{Mh} \tag{12-25}$$

式中 H——有效加固深度（m）；

M——夯锤质量（t）；

h——夯锤落距（m）；

α——修正系数，与土质条件、地下水位、夯击能大小、夯锤底面积等因素有关，一般为 0.34~0.8，应根据现场试夯结果确定。

当缺少试验资料或经验时，也可根据《建筑地基处理技术规范》JGJ 79—2012 按表 12-9 选用。

强夯的有效加固深度（单位：m）　　　　　　　　　　　　表 12-9

单击夯击能 E （kN·m）	碎石土、砂土等粗颗粒土	粉土、粉质黏土、湿陷性黄土等细颗粒土
1000	4.0~5.0	3.0~4.0
2000	5.0~6.0	4.0~5.0
3000	6.0~7.0	5.0~6.0
4000	7.0~8.0	6.0~7.0
5000	8.0~8.5	7.0~7.5
6000	8.5~9.0	7.5~8.0
8000	9.0~9.5	8.0~8.5
10000	9.5~10.0	8.5~9.0
12000	10.0~11.0	9.0~10.0

注：强夯法的有效加固深度应从最初起夯面算起；单击夯击能 E 大于 12000kN·m 时，强夯的有效加固深度应通过试验确定。

（2）单击夯击能

单击夯击能为锤重 M 与落距 h 的乘积（$E = M \times h$）。一般单击夯击能越大，夯击击数和遍数就可减少，加固效果和技术经济性较好。

单位夯击能为加固场地总夯击能量（即 $E \times$ 总夯击数）除以加固面积。一般粗粒土可取 $1000 \sim 3000 \mathrm{kN \cdot m/m^2}$；细粒土可取 $1500 \sim 4000 \mathrm{kN \cdot m/m^2}$；对饱和黏性土，所需总能量应分几遍施加，每遍间可间歇一段时间。

夯锤质量宜为 $10 \sim 60 \mathrm{t}$，材质最好用铸钢，也可用钢板为外壳内灌混凝土。夯锤平面一般为圆形或方形，锤底可为平底、锥底或球形等。一般锥底锤、球底锤的加固效果较好，适用于加固较深层土体；平底锤适用于浅层及表层地基加固。夯锤中设置若干个上下贯通的气孔，孔径可取 $100 \sim 400 \mathrm{mm}$，以减小起吊夯锤时的吸力。

夯锤底面积宜按土的性质确定，锤底静压力可取 $25 \sim 80 \mathrm{kPa}$，单击夯击能高时取高值，反之取低值。对砂性土和碎石填土，锤底面积为 $2 \sim 4 \mathrm{m^2}$，第四纪黏性土建议 $3 \sim 4 \mathrm{m^2}$，淤泥质土 $4 \sim 6 \mathrm{m^2}$，黄土 $4.5 \sim 5.5 \mathrm{m^2}$。同时应控制夯锤高宽比，以防止产生偏锤现象。

夯锤落距宜为 $8 \sim 25 \mathrm{m}$，对相同夯击能，常选用大落距方案，以获得较大的接地速度，将大部分能量有效地传递到地下深处，增加深层夯实效果。

（3）夯击点布置及间距

夯击点位置可根据基底平面性状、地基土类型和工程特点，采用等边三角形、等腰三角形或正方形布置。对独立柱基础可按柱网设置采取单点或成组布置，基底下必须有夯点。强夯处治范围应大于建筑物基础范围，每边超出基础外缘的宽度宜为基底下设计处理深度的 $1/2 \sim 2/3$，且不应小于 $3 \mathrm{m}$。

夯击点间距取决于基础布置、加固土层厚度和土质等条件。对细粒土，为便于超静孔隙水压力的消散，夯点间距宜大点；加固土层薄、透水性弱、含水量低的砂质土夯点间距宜小点。第一遍夯点间距可取夯锤直径的 $2.5 \sim 3.5$ 倍，第二遍夯击点应位于第一遍夯击点之间，以后各遍夯击点间距可适当减小。

（4）夯击击数与遍数

单点夯击击数指单个夯点一次连续夯击次数。夯击遍数是指整个场地中每个夯击点都完成一次连续夯击的过程。

单点夯击数应通过现场试夯得到的夯击次数与夯沉量关系曲线确定（一般 $3 \sim 10$ 击），并应同时满足以下条件：①最后两击的平均夯沉量宜满足表 12-10 的要求，当单击夯击能 E 大于 $12000 \mathrm{kN \cdot m}$ 时，应通过试验确定；②夯坑周围地面不应发生过大的隆起；③不因夯坑过深而发生提锤困难。

强夯法最后两击平均夯沉量（mm）   表 12-10

单击夯击能 E（$\mathrm{kN \cdot m}$）	最后两击平均夯沉量不大于（mm）
$E < 4000$	50
$4000 \leqslant E < 6000$	100
$6000 \leqslant E < 8000$	150
$8000 \leqslant E < 12000$	200

夯击遍数应根据地基土的性质和平均夯击能确定，一般为 2～8 遍，对粗颗粒土遍数可少些，细粒黏性土，尤其是淤泥质土则遍数应多些。大多数工程夯 2～3 遍后再以低能量（如前面能量的 1/5～1/4）满夯 2 遍，使锤印彼此搭接，加强夯实效果。

（5）间歇时间

两遍夯击之间应有一定的时间间隔，间隔时间取决于土中超静孔隙水压力的消散时间。当缺少实测资料时，可根据地基土的渗透性确定，对渗透性较差的黏性土地基，间隔时间不应少于 2～3 周；对渗透性好的地基可连续夯击。

此外，当场地地下水位较高，影响施工或夯实效果时，应采取降水或其他技术措施进行处理。

12.5.3.3 施工技术

强夯施工机械宜采用带自动脱钩装置的履带式起重机，夯锤质量不应超过起重机械额定起重质量，施工应按下列步骤进行：

① 清理并平整场地，当表层土松软时，可铺设 1.0～2.0m 厚砂石垫层；

② 标出第一遍夯点位置，并量测场地高程；

③ 起重机就位，夯锤置于夯点位置；

④ 测量夯前锤顶高程；

⑤ 起吊夯锤，脱钩下落，放下吊钩，测量锤顶高程，若坑底倾斜而造成夯锤歪斜时，应及时整平坑底；

⑥ 重复步骤⑤，按设计击数完成一个夯点的夯击；

⑦ 按夯点重复步骤③～⑥，完成第一遍全部夯点的夯击；

⑧ 用推土机将夯坑填平，测量场地高程；

⑨ 在规定间隔时间后，按上述步骤逐次完成全部夯击遍数；最后采用低能量满夯，将场地表层松土夯实并量测夯后场地高程。

对于强夯置换法则在步骤⑥时反复夯击并逐击记录坑深，当夯坑过深，起锤困难时，停夯填料至与坑顶齐平再重复夯击，直至满足设计的夯击次数及质量控制标准，完成一个墩体的夯击，且每个墩体应按照"由内向外，隔行跳打"的原则施工。全部夯点完成后，推平场地，低能量满夯，夯实地表松土，测量夯后场地高程，再铺设垫层，分层碾压密实。

12.6 挤 密 桩 法

挤密桩法是以振动、冲击或带套管等方式成孔，向孔内置入砂、碎石、土或灰土、石灰、渣土等材料，振实成桩并挤密桩间土体的地基处理方法。其加固特点是：①以工程性能较好的材料置换了孔中软弱土体，形成刚度相对较大的桩体；②成孔和成桩过程中挤压周围土体，使地基更为密实；③桩-土构成复合地基，形成联合承载体，承载能力可得到充分发挥。

12.6.1 砂（碎）石桩法

砂（碎）石桩法是利用振动、冲击或水冲等方法在软弱地基中成孔，将砂、砾石、卵石、碎石等材料挤压入孔中，形成较大直径的密实砂石桩的地基处理方法。

砂（碎）石桩的施工方法众多，按其成桩过程和作用大致可分为四类（表12-11）。

砂（碎）石桩按施工方法分类 表 12-11

分类	施工方法	成桩工艺	适用土类
挤密法	振冲挤密法	采用振冲器振动水冲成孔，再振动密实填料成桩，并挤密桩间土	砂性土，非饱和黏性土，以炉灰、炉渣、建筑垃圾为主的杂填土，松散的素填土
	沉管法	采用沉管成孔，振动或锤击密实填料成桩，并挤密桩间土	
	干振法	采用振孔器成孔，再用振孔器振动密实填料成桩，并挤密桩间土	
置换法	振冲置换法	采用振冲器振动水冲成孔，再振动密实填料成桩	饱和黏性土
	采钻孔锤击法	采用沉管且钻孔取土方法成孔，锤击填料成桩	
排土法	振动气冲法	采用压缩气体成孔，振动或锤击填料成桩	饱和软黏土
	沉管法	采用沉管成孔，振动或锤击填料成桩	
	强夯置换法	采用重锤夯击成孔或重锤夯击填料成桩	
其他方法	水泥碎石桩法	在碎石桩内加入水泥和膨润土制成桩体	饱和软黏土
	裙围碎石桩法	在群桩周围设置刚性的（混凝土）围裙来约束桩体的侧向鼓胀	
	袋装碎石桩法	将碎石装入土工聚合物袋而成桩，土工聚合物可约束桩体的侧向鼓胀	
	筋箍碎石桩法	在桩身外设置抗拉强度较好的土工格栅等加筋套筒，格栅套筒可约束桩体的侧向鼓胀	

12.6.1.1 加固原理及其适用范围

砂（碎）石桩法适用于挤密松散砂土、粉土、黏性土、素填土和杂填土等地基。饱和黏性土地基，若对变形控制不严的工程也可采用砂石桩置换处理。该法亦可用于可液化地基。

（1）松散砂土中的作用

在松散砂土中砂石桩法主要起到振密挤密、排水减压和预振作用。

① 振密挤密作用。砂土在静、动荷载下会重新排列致密。松散砂土在振动力作用下体积可缩小20%。当采用振动法或锤击法成桩时，下沉桩管将对周围砂层产生挤密作用，而拔起桩管对周围土层则产生振密作用，有效振密范围可达6倍桩径，且振密比挤密作用更为显著。若采用振冲挤密法成桩，施工过程中松散砂土由于水冲将处于饱和状态，在强烈的高频强迫振动下产生液化并重新排列致密，且大量粗骨料在强大的水平振动力下挤入桩管周围土中，使得砂土密实度增加，孔隙比降低，干密度和内摩擦角增大，地基承载力大幅度提高（一般可提高2~5倍）。

② 排水减压作用。砂（碎）石桩加固砂土时，桩孔内充填碎石（卵石、砾石）等反滤性好的粗颗粒料，在地基中形成渗透性能良好的人工竖向排水减压通道，可有效消散和防止超孔隙水压力的增高，避免砂土产生液化，加速地基的排水固结。

③ 砂基预振效应。Seed 等（1975）研究表明，预振后的砂土抗液化能力可得到较大的提高，当量相对密度相同的试样，在相同的应力循环次数下，预振过的试样比未经预振的试样产生液化所需的应力值提高46%。砂（碎）石桩在振动成桩过程中相当于对桩间

土进行了多次预振，尤其是振冲法施工中，振冲器以 1450r/min 的振动频率、98m/s² 的水平加速度和 90kN 的激振力喷水沉入土中，使填料和地基土在挤密的同时获得强烈的预振，从而较大地增强了砂土的抗液化能力。

（2）软黏土中的作用

在软黏土中砂（碎）石桩的主要作用是置换和排水。

① 置换作用。密实的砂（碎）石桩在软黏土地基中取代了同体积的软黏土（置换作用），桩和桩间土形成复合地基，从而使地基承载力提高，沉降量减小。工程实践证明，砂（碎）石桩复合地基承受外荷载作用时，大部分荷载由砂（碎）石桩承担，桩土应力比一般为 2～4。

② 排水作用。在软黏土地基中，砂（碎）石桩可起到类似砂井一样的排水作用，加速软土的排水固结。大量砂（碎）石桩复合地基与天然地基荷载试验表明，在相同荷载条件下，前者的沉降稳定时间比后者要短得多。

12.6.1.2 设计计算

（1）材料

砂石材料宜就地取材，用砾砂、粗砂、中砂、圆砾、角砾、卵石、碎石或石屑等硬质材料，含泥量≤5%，30kN 时振冲器填料粒径宜为 20～80mm；55kN 时宜为 30～100mm；75kN 时宜为 40～150mm；沉管施工时最大粒径≤50mm。这些材料可单独使用一种，也可按一定比例配合使用。

（2）桩径

桩径可根据地基土质情况、成桩方式和成桩设备等因素综合确定，桩的平均直径可按每根桩所用填料量计算。振冲桩直径宜为 800～1200mm；沉管桩直径宜为 300～800mm。

（3）桩长

桩长可根据工程地质条件和工程要求计算确定，并应符合下列规定：

① 当相对硬土层埋深较浅时，可按相对硬层埋深确定；

② 当相对硬土层埋深较大时，应按建筑物地基变形允许值确定；

③ 对按稳定性控制的工程，桩长应不小于最危险滑动面以下 2m 的深度；

④ 对可液化的地基，桩长应按要求处理液化的深度确定；

⑤ 桩长不宜小于 4m。

（4）处理范围和平面布置

地基处理范围应根据建筑物的重要性和场地条件确定，宜在基础外缘扩大 1～3 排桩；对可液化地基，在基础外缘扩大的宽度不应小于基底下可液化土层厚度的 1/2，并不应小于 5m。

对大面积满堂基础和独立基础，可采用三角形、正方形、矩形布桩；对条形基础，可沿基础轴线单排或对称轴线多排布桩，如图 12-10 所示。

（5）垫层

桩顶和基础之间应铺设 300～500mm 的垫层，垫层材料宜用中砂、粗砂、级配砾石或碎石等，最大粒径≤30mm，夯填度（夯实后厚度与虚铺厚度之比）不应大于 0.9。

（6）桩距

桩间距 l 应通过现场试验确定，根据不同工艺可按以下规定选取：

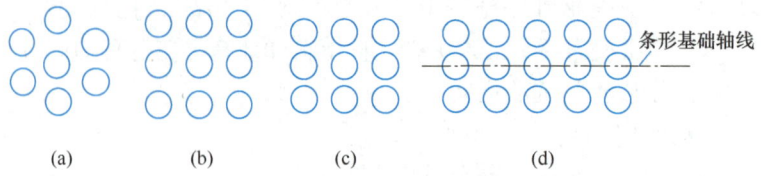

图 12-10　桩位布置

(a) 等边三角形；(b) 正方形；(c) 矩形；(d) 多排布桩

① 振冲碎石桩。应根据上部结构荷载大小和场地土层情况，结合所采用的振冲器功率大小综合确定。30kN 振冲器 $l=1.3\sim2.0$m；55kN 振冲器 $l=1.4\sim2.5$m；75kN 振冲器 $l=1.5\sim3.0$m；不加填料振冲挤密孔距可为 $2\sim3$m。

② 沉管砂石桩。不宜大于桩径的 4.5 倍；初步设计时，对松散黏土和砂土地基，应根据挤密后要求达到的孔隙比确定，即：

等边三角形布置
$$l = 0.95\xi d\sqrt{\frac{1+e_0}{e_0-e_1}}\tag{12-26}$$

正方形布置
$$l = 0.89\xi d\sqrt{\frac{1+e_0}{e_0-e_1}}\tag{12-27}$$

其中
$$e_1 = e_{\max} - D_{r1}(e_{\max}-e_{\min})\tag{12-28}$$

式中　　d——砂石桩直径（m）；

ξ——修正系数，考虑振动下沉密实作用时，可取 $1.1\sim1.2$；不考虑振动下沉密实作用时，取 1.0；

e_0——地基处理前天然孔隙比；

e_1——地基挤密后要求达到的孔隙比。

$e_{\max}$、$e_{\min}$——砂土的最大、最小孔隙比，按 2.4 节确定；

D_{r1}——地基挤密后要求砂土达到的相对密实度，可取 $0.70\sim0.85$。

砂（碎）石桩对软黏土地基中主要起置换作用时，可根据复合地基承载力要求计算桩距；若以固结为主时，可根据地基固结度要求参照排水固结法中砂井间距的计算。

【例 12.4】某松砂地基，采用振冲砂石桩加固，桩径为 0.6m。该地基土的最大孔隙比 $e_{\max}=0.95$，最小孔隙比 $e_{\min}=0.65$，未加固时的孔隙比为 0.9，要求处理后的相对密实度 $D_r=0.8$，试确定分别按等边三角形布桩和正方形布桩时砂石桩的间距。

【解】(1) 确定要达到的孔隙比 e_1
$$e_1 = e_{\max} - D_{r1}(e_{\max}-e_{\min}) = 0.95 - 0.8\times(0.95-0.65) = 0.71$$

(2) 确定桩间距

不考虑振动下沉密实作用影响，$\xi=1.0$。桩间距按等边三角形布置时，
$$l_1 = 0.95d\sqrt{\frac{1+e_0}{e_0-e_1}} = 0.95\times0.6\times\sqrt{\frac{1+0.9}{0.9-0.71}} = 1.8\text{m}$$

按正方形布置时，
$$l_2 = 0.89d\sqrt{\frac{1+e_0}{e_0-e_1}} = 0.89\times0.6\times\sqrt{\frac{1+0.9}{0.9-0.71}} = 1.7\text{m}$$

12.6.2 CFG桩法

CFG桩（Cement-Flyash-Gravel Pile）即水泥粉煤灰碎石桩，是由水泥、粉煤灰、碎石、石屑或砂等混合料加水拌合形成的高黏结强度桩。CFG桩和桩间土、褥垫层一起形成CFG桩复合地基。

CFG桩复合地基加固软弱地基主要有以下三种作用：

（1）桩体作用。CFG桩属刚性桩，荷载作用下其压缩性明显小于桩周软土，因此，基础传给复合地基的附加应力随地基的变形逐渐转移到桩体上，桩土应力比为10～40，软土中可≥100，桩承担的荷载占总荷载的40%～75%。

（2）挤密排水作用。CFG桩采用振动沉管法施工，振动和挤压作用使桩间土得到挤密。此外，由于CFG桩在普通混凝土拌合料中掺入了粉煤灰，使桩体早期渗透系数远大于桩间土的渗透系数，桩体对土体构成固结排水通道，加速土体的固结排水过程。

（3）褥垫层作用。桩顶和基础之间设置由级配砂石、粗砂、碎石等散体材料组成的褥垫层，具有良好的塑性调节作用，把一部分荷载传递到桩间土，使桩间土始终承担荷载并满足变形协调，保证桩、土共同承担荷载，减小基础应力集中，调整桩土荷载分担比。

CFG桩复合地基设计应符合下列规定：

（1）CFG桩应选择承载力和压缩模量较高的土层作为桩端持力层。

（2）桩径宜为350～600mm，泥浆护壁钻孔成孔时宜为600～800mm，采用预制沉桩时宜为300～600mm。

（3）桩间距应根据基础形式、设计要求的复合地基承载力和变形、土性及施工工艺确定。挤土成桩时桩间距宜为3～6倍桩径，非挤土或部分挤土时宜为3～5倍桩径。当桩长范围内有饱和粉土、粉细砂、淤泥、淤泥质土，成桩过程可能发生窜孔时宜采用较大桩径。

（4）桩顶和基础之间应设褥垫层，垫层厚为桩径的40%～60%。

（5）CFG桩可只在基础范围内布桩，根据建筑物荷载分布、基础形式和地基土性状，合理确定布桩参数。

（6）复合地基承载力特征值及地基变形计算可按12.2节确定。

12.6.3 石灰桩法

采用机械或人工的方法在地基中成孔，然后灌入生石灰块，或掺有粉煤灰、炉渣等掺合料的生石灰混合料，振密或夯实形成石灰桩桩体，并与桩间土形成石灰桩复合地基，以达到提高地基承载力、减小沉降的地基处理方法，称为石灰桩法。

采用石灰桩法加固地基的机理包括下述几个方面：

（1）置换作用。在软弱土层中设置具有一定强度和刚度的石灰桩，通过置换作用达到提高地基承载力和减小沉降的目的。

（2）吸水、升温使桩间土强度提高。1kg生石灰在熟化过程中吸取0.8～0.9kg水，并放出1172kJ热量。吸水、升温作用使桩周土含水量降低，利于排水固结，孔隙比减小，桩间土的抗剪强度因此得到提高。

（3）胶凝、离子交换和钙化作用使桩周土强度提高。石灰桩与桩间土之间能产生离子交换，使土体产生钙化和胶凝作用，在桩土接触面处形成硬壳体。该加固作用与到桩体的距离有关。距离桩体越远，加固效果越弱。因此，石灰桩复合地基中桩间土强度靠近桩体最高，中间最低，可近似认为呈线性比例分布。

石灰桩法适用于加固杂填土、素填土和黏性土地基，有经验时也可用于淤泥质土地基加固，主要用于路基加固、油罐地基加固、边坡稳定工程加固以及多层住宅建筑地基处理。

12.6.4　土桩、灰土桩和夯实水泥土桩法

采用挤土成孔或非挤土成孔方式在地基中成孔，然后分层回填填料，并逐层夯实成桩。根据回填填料不同，分别称为土桩、灰土桩和夯实水泥土桩法。用土回填称为土桩法，用石灰拌土制成的灰土回填称为灰土桩法，用水泥拌土制成的水泥土回填称为夯实水泥土桩法。在夯击回填料成桩过程中不仅夯实了桩体，而且挤密了桩间土，以达地基加固的目的。

土桩、灰土桩和夯实水泥土桩法适用于处理地下水位以上的素填土、杂填土、黏性土以及湿陷性黄土等地基，可处理地基的厚度宜为 3～15m。当以消除地基土湿陷性为主要目的时，可选用土挤密桩；当以提高地基承载力或增强其水稳性为主要目的时，可选用灰土挤密桩和夯实水泥土桩。当地基土含水量大于 24%，饱和度大于 65% 时，应通过试验确定其适用性。对重要工程或在缺乏经验的地区，施工前应按设计要求，在有代表性的地段进行现场试验。

12.7　胶　结　法

胶结法是将某些能固化的化学浆液，采用压力注入或机械拌入需加固的地基土体，把土颗粒胶结起来，从而改善地基土的物理力学性质的地基处理方法。常用的胶结方法有：注浆法、高压喷射注浆法、深层搅拌法等。

12.7.1　注浆法

注浆法是利用液压、气压或电化学原理，将具有流动和胶结性能的浆液注入有缝隙、孔隙的岩土介质或物体中，形成结构致密、强度高、防渗性强、稳定性好的固结体，以改善注浆对象的物理力学性能，适应各类土木工程需要的地基处理方法。

12.7.1.1　注浆材料

注浆工程中所用的浆液由注浆材料（主剂）、溶剂（水或其他有机溶剂）及各种附加剂按一定的比例配制而成。

注浆材料（简称浆材）按其形态可分为颗粒型浆材、溶液型浆材和混合型浆材。颗粒型浆材以水泥为主剂，故多称为水泥系浆材，属颗粒型浆液；溶液型浆材由两种或多种化学材料配制，故统称为化学浆材，属溶液型浆液；混合型浆材则由上述两类浆材按不同比例组合而成。

水泥系浆材是用途最广和用量最大的浆材，主要特点是结石体强度高，耐久且无毒，料源广且价格相对较低。注浆工程中应用最广的是普通硅酸盐水泥，某些特殊条件下还采用矿渣水泥、火山灰水泥和抗硫酸盐水泥等。但普通水泥浆易沉淀析水而稳定性差，硬化时伴有体积收缩，对细裂缝而言颗粒较粗，对大规模注浆工程而言则用量过大。为克服上述缺点，工程中常在水泥浆中掺入黏土、粉煤灰等材料，提高水泥颗粒细度，并掺入各种附加剂以改善水泥浆液的性能。

化学浆材的品种很多，包括聚氨酯类、环氧树脂类、木质素类、硅酸盐类等。化学浆材的最大特点是浆液属真溶液，初始黏度小，可灌入细小的裂缝或孔隙，因此可解决水泥系浆材难以解决的复杂地质问题。但化学浆材造价较高，且存在某些环境污染问题。

混合型浆材包括聚合物水玻璃浆材、聚合物水泥浆材和水泥水玻璃浆材等。具有前面两种浆材的性质，用来降低浆材成本，或用来满足单一材料不能实现的性能。尤其是水泥水玻璃浆材，具有成本较低和凝结快的特点，已广泛应用于软弱土层加固和地基中特殊工程问题的解决。

12.7.1.2 注浆目的

注浆的主要目的体现在以下几个方面：

① 防渗。降低岩土的渗透性，减少渗流量，提高抗渗能力，降低孔隙水压力。如水电工程坝基、坝肩和坝体的注浆防渗处理。

② 堵漏。封填孔洞，堵截流水。如井壁等地下工程漏水的封堵。

③ 加固。提高土体力学强度和变形模量，恢复混凝土结构和圬工建筑物的整体性。

④ 提高地基土的承载力，减小沉降和差异沉降。

⑤ 纠偏。使已发生不均匀沉降的建筑物恢复原位或减少偏斜度。

注浆法已应用到土木工程的各个领域，特别是在水电工程、井巷工程、路基工程、地下工程中得到了广泛应用。

12.7.1.3 注浆方法与适用范围

(1) 渗透注浆

渗透注浆是指采用不足以破坏地层岩土体结构的注浆压力，把浆液灌入土孔隙和岩石裂隙，排出并取代其中的自由水和气体的注浆方法。渗透注浆所采用的注浆压力相对较小，基本上不改变原状土的结构和体积，一般适用于中砂以上的砂性土和有裂隙的岩石地基处理。

对水泥浆液等颗粒型浆液，其颗粒尺寸必须能进入土层的孔隙或裂隙中，因而渗透注浆存在浆液可灌性问题。浆液可灌性常用可灌性比值 N 表示，对砂砾石地基：

$$N = \frac{D_{15}}{d_{85}} \leqslant 10 \sim 15 \tag{12-29}$$

式中　D_{15}——砂砾石中含量为 15% 的颗粒尺寸（mm）；

d_{85}——注浆材料中含量为 85% 的颗粒尺寸（mm）。

(2) 劈裂注浆

劈裂注浆是利用水力劈裂原理，在较大的注浆压力作用下，浆液克服地层的初始应力和抗拉强度，岩土体沿垂直于小主应力的平面发生劈裂，使地层中原有的裂隙或孔隙张开并形成新的裂隙，从而使浆液的可灌性和扩散距离增大。劈裂注浆的注浆压力相对较高，主要用于土体加固和裂隙岩体的防渗、补强。

劈裂注浆的注浆压力以能克服地层的天然应力为宜，一般在砂土中宜取 0.2～0.5MPa；黏性土中宜取 0.2～0.3MPa。

(3) 压密注浆

压密注浆是通过钻孔向地层中灌入极浓的浆液，在注浆点形成浆泡并压密周围土体，使土体产生塑性变形，但不产生劈裂破坏。在均匀土中的浆泡形状相当规则，一般为球形或圆柱形，但在非匀质土中则很不规则。当浆泡的直径较小时，注浆压力基本上沿钻孔的径向扩展。随着浆泡尺寸的逐渐增大，将产生较大的上抬力而使地面抬动，可用作下沉建筑物的抬升纠偏。

当采用水泥砂浆浆液进行压密注浆时，浆液坍落度宜 25~75mm，注浆压力宜 1.0~7.0MPa；当采用水泥水玻璃双液快凝浆液时，注浆压力不应大于 1.0MPa。

压密注浆常用于中砂地基和具有较好排水条件的黏土地基处理，若遇到排水困难且可能在土体中引起高孔隙水压力时，须采用低注浆速率。压密注浆也可用于非饱和土地基不均匀沉降调整和基础托换，以及在大开挖或隧道开挖时加固邻近土体。

（4）电动化学注浆

电动化学注浆法是基于电渗排水和注浆法而发展起来的地基处理方法。该法将注浆管作为阳极，滤水管作为阴极，并通以直流电（两电极间电压梯度一般为 0.3~1.0V/cm），在电渗作用下，土中孔隙水从阳极流向阴极，注浆管压出的浆液随即流入孔隙水腾出的空隙中，并在土中硬结。

电动化学注浆可注入渗透系数 $k < 10^{-4}$ cm/s 的地层，但应注意电渗排水作用可能引起邻近既有建筑基础的附加下沉。

12.7.1.4 注浆设计

注浆设计内容主要包括以下几方面：

① 注浆标准。通过注浆要求达到的效果和质量指标；

② 施工范围。包括注浆深度、长度和宽度；

③ 注浆材料。包括浆材种类和浆液配方；

④ 浆液影响半径。指浆液在设计压力下所能达到的有效扩散距离；

⑤ 钻孔布置。根据浆液影响半径和注浆体设计厚度，确定合理的孔距、排距、孔数和排数；

⑥ 注浆压力。规定不同地区和不同深度的允许最大注浆压力；

⑦ 注浆效果评估。用各种方法和手段检测注浆效果。

注浆方案的选择一般应遵循下述原则：

① 注浆目的如为提高地基强度和变形模量，一般可选用以水泥为基本材料的水泥浆、水泥砂浆和水泥水玻璃浆等，或采用高强度化学浆材，如环氧树脂、聚氨酯以及以有机物为固化剂的硅酸盐浆材等。

② 注浆目的如为防渗堵漏时，可采用黏土水泥浆、黏土水玻璃浆、水泥粉煤灰混合物、丙凝、AC-MS 浆液（主剂为丙烯酸镁）、铬木素以及无机试剂为固化剂的硅酸盐浆液等。

③ 在裂隙岩层中注浆一般采用纯水泥浆或在水泥浆（水泥砂浆）中掺入少量膨润土，在砂砾石层中或溶洞中可采用黏土水泥浆，在砂层中一般只采用化学浆液，在黄土中采用单液硅化法或碱液法。

④ 对孔隙较大的砂砾石层或裂隙岩层中采用渗透注浆法，在砂层灌注粒状浆材宜采用劈裂注浆法；在黏性土层中采用劈裂注浆法或电动硅化法；矫正建筑物的不均匀沉降则采用压密注浆法。

12.7.2　高压喷射注浆法

高压喷射注浆法是把带有特殊喷嘴的注浆管通过钻机置入土层预定位置后，用高压脉冲泵（工作压力＞20MPa）将水泥浆液或水喷出冲切土体，再以一定速度提升注浆管，使浆液与土搅拌混合，再凝固成水泥土固结体，达到改良岩土性能的一种地基处理技术。它可提高地基强度，止水防渗，防止砂土液化，减少支挡结构物土压力等。

12.7.2.1　分类及适用范围

按注浆管类型，高压喷射注浆法可分为单管法（浆液管）、双重管法（浆液管和气管）、三重管法（浆液管、气管和水管）和多重管法（水管、气管、浆液管和抽泥浆管等）；按加固形状可分为柱状、壁状和块状等；按喷射方向和形成固结体的形状可分为旋喷、定喷和摆喷三种。

高压喷射注浆适用于淤泥、淤泥质土、黏性土、粉土、砂土、湿陷性黄土、人工填土及碎石土等的地基加固；可用于既有建筑和新建筑的地基处理，深基坑侧壁挡土或挡水，基坑底部加固防止管涌与隆起，堤坝加固与防水帷幕等工程。但对含有较多大粒块石、坚硬黏性土、大量植物茎基或含过多有机质的土及地下水流过大、喷射浆液无法在注浆管周围凝聚的情况下，不宜采用。

12.7.2.2　设计要点

（1）加固体强度和范围

高压喷射注浆形成的加固体强度和范围，应通过现场试验确定。当无现场试验资料时，可参照相似土质条件的工程经验确定。旋喷桩的桩身直径大小由注浆方法、土的类别、密度、施工条件等而定，可参考表 12-12 取值。

桩直径设计值（m）　　　　　　表 12-12

方法 土质		旋喷		
		单管法	二重管法	三重管法
黏性土	$0<N<5$	1.0 ± 0.2	1.5 ± 0.2	2.0 ± 0.3
	$6<N<10$	0.8 ± 0.2	1.2 ± 0.2	1.5 ± 0.3
	$11<N<20$	0.6 ± 0.2	0.8 ± 0.2	1.0 ± 0.3
砂土	$0<N<10$	1.0 ± 0.2	1.3 ± 0.2	2.0 ± 0.3
	$11<N<20$	0.8 ± 0.2	1.1 ± 0.2	1.5 ± 0.3
	$21<N<30$	0.6 ± 0.2	1.0 ± 0.2	1.2 ± 0.3
砂砾	$20<N<30$	0.6 ± 0.2	1.0 ± 0.2	1.2 ± 0.3

注：N 值为标准贯入击数。

（2）旋喷桩复合地基承载力

竖向承载旋喷桩复合地基承载力特征值应通过现场复合地基载荷试验确定。初步设计时，可按式（12-5）估算。

（3）桩的平面布置

竖向承载旋喷桩的平面布置可根据上部结构和基础特点确定。独立基础下的桩数一般不应少于 4 根。

（4）褥垫层设置

竖向承载旋喷桩复合地基宜在基础和桩顶之间设置褥垫层，褥垫层厚度可取 200～300mm，其材料可选用中砂、粗砂、级配砂石等，最大粒径不宜大于 30mm。

12.7.3　深层搅拌法

深层搅拌法是利用水泥（或石灰）等材料作为固化剂，通过深层搅拌机在地基深部，就地将软土和固化剂（浆体或粉体）强制拌合，利用固化剂和软土发生一系列物理、化学反应，使其凝结成具有整体性、水稳性好和较高强度的水泥加固体，与桩间土构成复合地基以提高地基承载力、减少地基沉降量的一种地基处理技术。

深层搅拌法按固化剂材料种类及形态不同可分为表 12-13 所示的不同种类。

深层搅拌法的分类　　　　　　　　　　　　　　　　　　　　　　表 12-13

分类依据	类别	主要特点
固化剂材料种类	水泥土深层搅拌法	喷射水泥浆或雾状粉体
	石灰粉体深层搅拌法（石灰柱法）	喷射雾状石灰粉体
固化剂材料形态	浆液喷射深层搅拌法（湿法）	喷射水泥浆
	粉体喷射深层搅拌法（干法）	喷射雾状石灰粉体或水泥粉体，石灰水泥混合粉体

深层搅拌法具有如下优点：①将固化剂和原地基软土就地搅拌混合，可最大限度地利用原地基土；②加固后土体重度变化不大，对软弱下卧层不致产生较大的附加沉降；③可有效提高地基强度；④无挤土效应，对周围地基扰动小；⑤施工无振动、无噪声、污染小，可在市区或建筑物密集区施工；⑥加固形式灵活多样，可按建筑物要求做成柱状、壁状、格子状和块状等；⑦施工期短，造价低廉。

12.7.3.1　加固机理及适用范围

水泥与土拌合后将产生一系列的物理化学反应。这些反应与混凝土的硬化机理不同，因水泥土中水泥掺量很少（仅占被加固土重的 7%～20%），水泥水解和水化反应完全是在土的围绕下进行的，凝结速度缓慢。水泥与软黏土拌合后，水泥矿物和土中的水分发生强烈的水解和水化反应，同时从溶液中分解出氢氧化钙生成硅酸三钙（$3CaO \cdot SiO_2$）、硅酸二钙（$2CaO \cdot SiO_2$）、铝酸三钙（$3CaO \cdot Al_2O_3$）、铁铝酸四钙（$4CaO \cdot Al_2O_3 \cdot Fe_2O_3$）、硫酸钙（$CaSO_4$）等水化物，有的自身继续硬化形成水泥石骨架，有的则因有活性的土进行离子交换、硬凝反应和碳酸化作用等，使土颗粒固结、结团，颗粒间形成坚固的连接，形成一定的强度。水泥土搅拌加固体的强度受水泥的掺入比、水泥强度等级、土的性质、含水量、土中有机质及外加剂等因素影响。

深层搅拌法适用于处理正常固结的淤泥、淤泥质土、素填土、黏性土（软塑、可塑）、粉土（稍密、中密）、粉细砂（松散、中密）、中粗砂（松散、稍密）、饱和黄土等土层。不适用于含大孤石或障碍物较多且不易清除的杂填土、欠固结的淤泥和淤泥质土、硬塑及坚硬的黏性土、密实的砂类土，以及地下水渗流影响成桩质量的土层。当地基土的天然含水量小于 30%（黄土含水量小于 25%）时不宜采用粉体搅拌法。冬期施工时，应考虑负温对地基处理效果的影响。

12.7.3.2 设计要点

（1）桩长和桩径

竖向承载搅拌桩的长度应根据上部结构对承载力和变形的要求确定，并宜穿透软弱土层到达承载力相对较高的土层；对提高抗滑稳定性而设置的搅拌桩，桩长应超过危险滑弧以下 2m。干法加固深度不宜大于 15m，湿法加固深度不宜大于 20m。水泥土搅拌桩的桩径不应小于 500mm。

（2）布桩形式

布桩形式可根据上部结构特点以及对地基承载力和变形的要求，采用柱状、壁状、格栅状或块状等不同形式。桩可只在基础平面范围内布置，独立基础下的桩数不宜少于 4 根。柱状加固可采用正方形、等边三角形等布桩形式。

（3）单桩竖向承载力特征值

水泥土搅拌桩单桩竖向承载力特征值应通过现场载荷试验确定，如果无试验资料，也可按式（12-6）、式（12-7）计算，并取较小值。其中 f_{cu} 应为 90d 龄期的水泥土立方体试块抗压强度平均值；桩身强度折减系数 η_p，干法取 0.2～0.25，湿法取 0.25。

（4）深层搅拌桩复合地基承载力特征值

深层搅拌桩复合地基承载力特征值，应通过现场单桩或多桩复合地基静载荷试验确定。初步设计时可按式（12-5）估算，处理后桩间土承载力特征值可取天然地基承载力特征值；桩间土承载力修正系数 β_s，对淤泥、淤泥质土和流塑状软土等处理土层，可取 0.1～0.4，对其他土层可取 0.4～0.8；单桩承载力修正系数 β_p 可取 1.0。

12.8 土工合成材料

土工合成材料是以高分子聚合物为原料制成的各种类型产品的总称，是一种新型的土木工程材料。分为以下四类：土工织物、土工膜、土工特种材料和土工复合材料。土工特种材料包括土工格栅、土工网、土工垫、土工格室和土工泡沫塑料等。土工复合材料是由上述各种材料复合而成，如复合土工膜、土工复合排水材料等。

土工合成材料具有以下特点：①质地柔软，质量轻，整体连续性好；②施工方便，抗拉强度高，没有显著的方向性，各向强度基本一致；③弹性、耐磨性、耐腐蚀性、耐久性和抗微生物侵蚀性好，不易霉烂和虫蚀。

土工合成材料适用于加固软弱地基，以加速土的固结，提高土体强度；用于公路、铁路路基作加强层，防止路基翻浆、下沉；用于堤岸边坡，可使结构坡角加大，又能充分压实；用作挡土墙后的加筋、反滤，此外还可用于河道和海港岸坡的防冲，水库、渠道的防渗以及土石坝、灰坝、尾矿坝与闸基的反滤层和排水层，可取代砂石级配良好的反滤层，达到节约投资、缩短工期、保证安全使用的效果。

土工合成材料在岩土工程应用中主要起反滤、排水、隔离、加筋、防渗等作用。

（1）反滤作用

将土工织物等渗水性土工合成材料置于土体表面或相邻土层之间，形成反滤体系，有效阻止土颗粒通过，防止因土颗粒过量流失而造成土体破坏。同时允许土中的水或气体通过，以免由于孔隙水压力升高而造成土体失稳等不利后果。

（2）排水作用

土工合成材料具有良好的三维透水性，这种透水特性除了使土工合成材料可作透水反滤层外，还可使水经过其平面迅速沿水平方向排走，构成水平排水层。土工合成材料还可与其他排水材料（如粗粒料、排水管、塑料排水板等）共同构成排水系统或深层排水井。

（3）隔离作用

土工织物和土工膜可以根据不同的需要做成隔离体将两种不同粒径的土、砂、石料，或把土、砂、石料与地基或其他建筑隔离开来，以防止相互混杂，保持各种材料和结构的完整性，防止土粒流失现象发生。

（4）加筋作用

在土体内铺设或掺入适当的土工合成材料，可不同程度地改善地基土体抗拉、抗剪性能。土工合成材料可作为筋材构成加筋土以及各种复合土工结构。

① 土工合成材料用于加固地基。其原理是利用土工合成材料的高强度和韧性等力学性能，与其上填土间产生较大的摩擦力，均化荷载，扩散应力，起到加筋或加强的作用，阻止填土的侧移和沉降，减少地基的不均匀变形和沉陷，防止浅层地基的剪切破坏，避免局部基础破损，同时增大土体的刚度模量，提高地基的承载力和稳定性。

② 土工合成材料用于加筋土挡墙。土工合成材料用于加筋土挡墙时，通过土与拉筋之间的摩擦使之成为一个整体，提供锚固作用保证支挡建筑物的稳定。对于短期或临时性挡墙，有时可只用土工合成材料包裹着土、砂来填筑，既简化了施工，又节省了面板材料。

（5）防渗作用

土工膜和复合土工合成材料可防止液体渗漏、气体挥发，保护环境或建筑物安全。它们可用于防止各类大型液体容器或水池的渗漏和蒸发、土石坝和库区的防渗、渠道防渗、隧道和涵管周围防渗、屋顶防漏、修建施工围堰等。

（6）防护作用

土工合成材料对土体或水面可起防护作用。如防止河岸或海岸被冲刷，防止垃圾、废料或废液污染地下水或散发臭味，防止土体的冻害，防止路面反射裂缝，防止水面蒸发或空气中的灰尘污染水面等。

不同土工合成材料的功能不尽相同，同一种材料也往往兼有多种功能。土工合成材料在实际工程中的应用是几种作用的组合，且在不同工程中所起的主导作用不同。如：对松砂或软土地基上的铁路路基，主要发挥土工合成材料的隔离作用，其次是反滤和加筋作用；而对软土地基上的公路路基，则主要发挥其加筋作用，其次是隔离和反滤作用。

12.9 托 换 技 术

托换技术又称基础托换，是解决对原有建筑物地基基础加固处理或改建以及因新建工程（如修建地下工程或邻近新建工程等）影响原有建筑物安全使用等问题的技术总称。托换的基本原理和根本目的在于提高地基和基础的承载力，有效传递建筑荷载，从而控制沉降与差异沉降，使建（构）筑物恢复安全使用。通常在以下情况需采用托换技术。

（1）原有建筑物地基因勘察、设计、施工或使用不当，地基承载力和变形不能满足要求，影响正常使用甚至危及建筑物安全，需进行地基基础加固。

（2）因改变原有建筑使用要求或使用功能（如增层、改建、扩建、改变荷载等），造成原有地基基础承载力不能满足要求，需进行地基基础加固。

（3）在已有建筑物地基或相邻地基中修建地下工程（如地铁、地下车库、深基坑开挖等），影响原有建筑物安全或正常使用，需进行地基基础加固。

（4）古建（构）筑物的维修，需进行地基基础加固。

12.9.1 基础托换

基础托换主要有基础加宽、加深技术，桩式托换及地基改良技术如注浆法等。

12.9.1.1 基础加宽、加深法

基础加宽技术是通过加宽基础，扩大既有建筑物基础底面积，有效降低基底接触压力，进而减小地基附加应力，达到地基加固目的的一种基础托换技术。

基础加宽应注意加宽部分与原有基础部分的连接。通常通过钢筋锚杆（植筋）将加宽部分与原有基础部分连接，并将原有基础凿毛、刷洗干净，铺一层高强度等级水泥浆或涂混凝土界面剂，使两部分混凝土能较好地连成一体。加固后刚性基础应满足刚性角要求，柔性基础应满足抗弯拉要求。钢筋锚杆应有足够的锚固长度，有条件时可将加固筋与原基础钢筋焊牢。有时也可将柔性基础改为刚性基础，独立基础改成条形基础，条形基础扩大成片筏基础，片筏基础改成箱形基础等。

不少情况下基础加宽会遇到困难，例如周边场地可能不允许基础加宽，或基础埋置较深，加宽基础需开挖较大的土方量，且可能对周边环境产生不良影响。此外，基础加宽将增加荷载的影响深度。深厚软土地基上的建筑物若采用基础加宽技术，由于增加了压缩层厚度而往往达不到减少沉降的目的，此时需慎用。

基础加深采用坑式托换，是直接在被托换建筑物的基础下挖坑后浇筑混凝土的托换加固方法，也称墩式托换，如图 12-11 所示。坑式托换的适用条件是：土层易于开挖，地下水位较低，否则施工时会发生邻近土的流失；建筑物的基础最好为条形，便于在纵向对荷载进行调整，起到梁的作用。

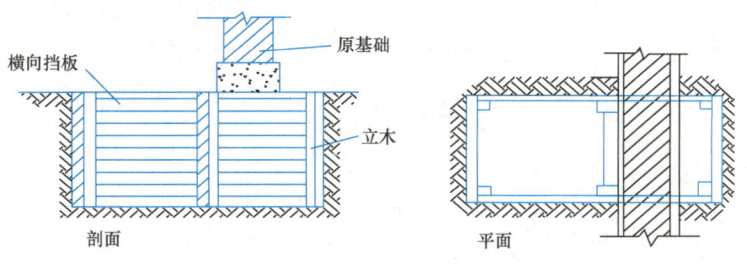

图 12-11　坑式托换

12.9.1.2 桩式托换

桩式托换是采用桩的形式进行基础托换的方法的总称。它是在基础结构的下部或两侧设置各类桩（包括顶承静压桩、锚杆静压桩、预试桩、打入桩、灌注桩、灰土桩和树根桩等），在桩上搁置托梁或承台系统或直接与基础锚固，来支承被托换的墙或柱基。以下介绍几种常用的桩式托换方法。

（1）静压桩托换

① 预试桩托换

当地下水位较高，特别是在细颗粒的饱和土层中进行托换，常易出现流砂、流泥现象，采用一般坑式托换易导致被托换建筑物基础的大量下沉，产生不均匀沉降，以致倾斜。此时，可采用预试桩托换。

预试桩是将底端开口的短钢管，以原有基础和上部结构恒载作为反力装置，用液压千斤顶将其逐节压入土中成桩。该方法可对重型受荷基础进行托换，也可采用钢筋混凝土预制桩。适用于一般匀质土层，但不适于含有孤石、冰渍土或障碍物的土层，或当托换的建筑物较轻及上部结构条件较差而不能提供相当的千斤顶反力的情况。

② 压入桩托换

压入桩是利用建筑物上部结构自重作支承反力，采用普通千斤顶，将桩分节压入土中（图 12-12），接桩用电焊，从压力传感器上可见桩贯入到设计土层时的阻力，当桩所承受的荷载超过设计单桩承载力 150％时，停止加荷撤出千斤顶，并在基础下支模浇筑混凝土，使桩和基础浇筑成整体。

该方法施工设备简单、操作方便、质量可靠、费用较低，适用于松软地基且上部基础能提供反力支点的情况。

③ 锚杆静压桩托换

锚杆静压桩是把锚杆技术和静压桩技术两者结合起来（图 12-13）。利用建筑物自重，先在基础上埋设锚杆，借锚杆反力，通过反力架用千斤顶将桩通段压入地基和基础中凿开出来的或预留的桩孔，当压桩力达到 1.5～2.0 倍桩的设计荷载时，将桩和基础紧固在一起，卸除反力架千斤顶，该桩便能承受荷载，从而减少基础下地基所受的部分压力，阻止建筑物的不均匀沉降。

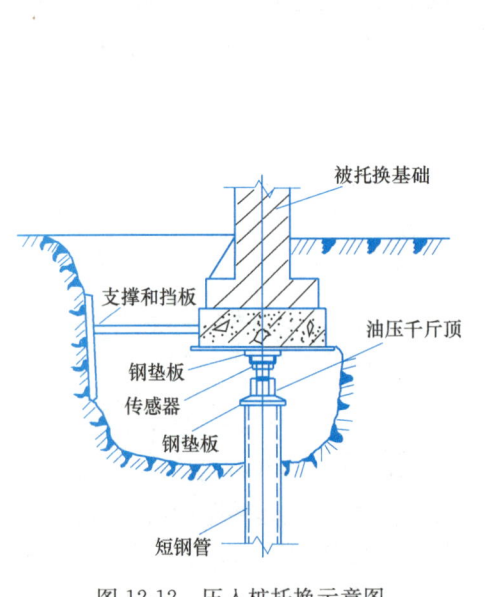

图 12-12　压入桩托换示意图

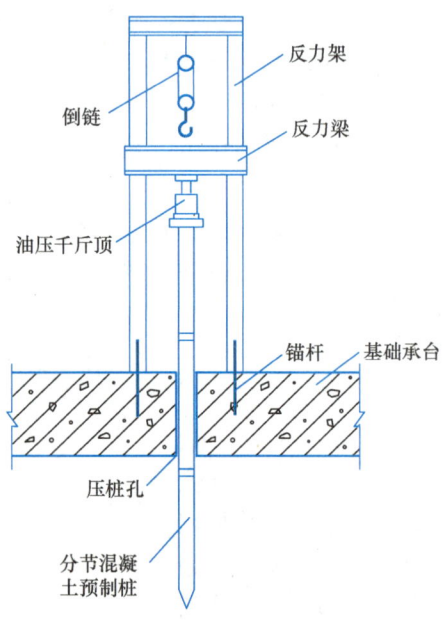

图 12-13　锚杆静压桩托换

该方法具有施工时无振动、无噪声，设备简单，操作方便，移动灵活，可在场地和空间狭窄条件下施工等优点，但需一定的机具设备。适用于新旧建筑物的地基加固和基础托换，并可在不停产和不搬迁的条件下进行基础托换。

（2）打入桩、灌注桩及灰土桩托换

当用预试桩或压入桩费用高，且入土深或桩管穿越困难时应考虑采用打入桩、灌注桩或灰土桩等托换（图 12-14）。其适用于隔墙或设备不多的建筑物，且沉桩振动对上部结构和邻近建筑物无多大危害的情况。我国以灌注桩托换为多。

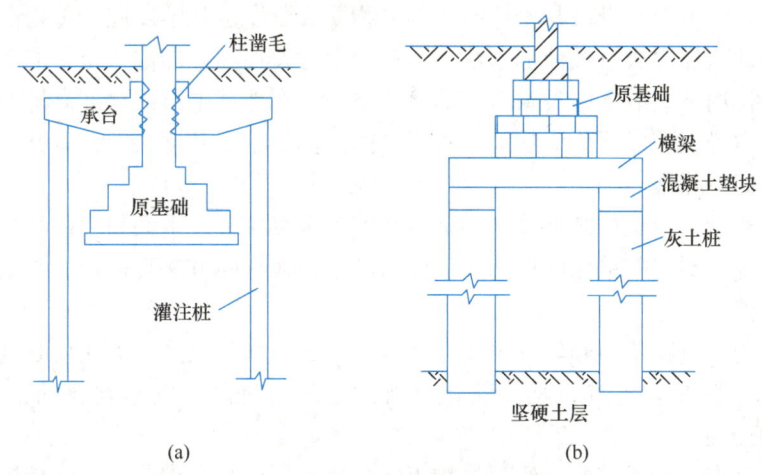

图 12-14　灌注桩和灰土桩托换
（a）灌注桩托换桩基础；（b）灰土桩托换墙下基础

（3）树根桩托换

树根桩实际上是一种小直径（75～250mm）就地灌注钢筋混凝土桩（20 世纪 30 年代由意大利人 Lizzi 首创），可以是竖直桩，也可是斜桩，沿不同方向打设，以提高地基承载力和稳定性，因形状如树根而得名，其设备简单轻巧、施工方便，在地基加固中应用广泛（图 12-15）。

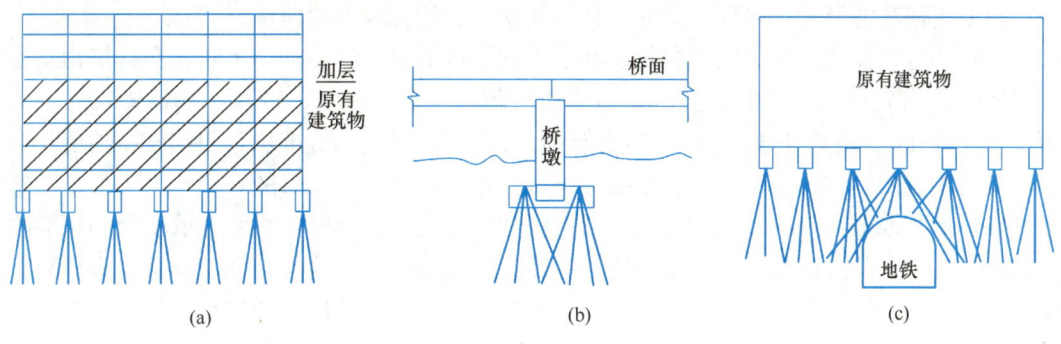

图 12-15　树根桩托换
（a）房屋建筑；（b）桥梁墩台；（c）地铁

树根桩换托适用于砂性土、黏性土和岩石等各种类型的地基土。

其施工步骤是：①在钢套管的导向下用旋转法钻进，孔径一般为 75～250mm。穿过原有建筑物进入地基土层中；②达设计标高后，清孔放钢筋笼；③用压力灌注水泥砂浆和细石混凝土，边灌边振边拔管。

12.9.1.3 注浆托换

注浆托换是利用气压或液压将各种无机或有机化学浆液注入土中，使地基土固化，起到提高地基土的强度、消除湿陷性或防渗堵漏的一种加固方法。

建筑工程中用于基础托换的注浆法主要有硅化加固法、水泥硅化法、碱液加固法。其加固原理基本分为两类，一类是渗透加固，即浆液为真溶液，黏滞度低，在压力作用下，渗入土的孔隙，由溶液本身或与土颗粒表面的物质成分发生化学反应，将松散土颗粒胶结成整体，例如硅化加固法及碱液加固法。另一类为劈裂加固，即注入土中的是高黏滞度浆液，在高压力作用下，沿土中裂隙将土体劈裂挤入，在地基中形成局部高压力区，将周围土挤密，浆液本身也随即硬化而使地基得到加固。例如水泥硅化法即属于劈裂加固。

12.9.2 纠偏托换

建（构）筑物纠偏是指既有建（构）筑物偏离垂直位置发生倾斜，影响正常使用时所采取的托换措施。纠偏中采用的思路和手段与其他托换加固方法类似，故纠偏是托换技术中的一个重要部分。

造成建（构）筑物整体倾斜的主要因素是地基的不均匀沉降，而纠偏是利用增加反向的地基不均匀沉降来调整建（构）筑物已有的不均匀沉降，以达到新的平衡和矫正建（构）筑物的倾斜。

纠偏方法很多，以下简要介绍顶桩掏土法、排土纠偏法和堆载加压纠偏法。

12.9.2.1 顶桩掏土法

该法将锚杆静压桩和水平向掏土技术相结合。即先在建筑物基础沉降量多的一侧压桩，并立即将桩与基础锚固起来以制止建筑物下沉，然后在沉降量少的一侧基底下掏土，以减少基底受力面积，增大基底压力，使建筑物缓慢且均匀地下沉，产生回倾，必要时可在掏土一侧设置少量保护桩，以提高回倾的稳定性，最后达到纠偏矫正的目的。在施工过程中必须加强建筑物沉降和裂缝的观测。

12.9.2.2 排土纠偏法

排土纠偏法的形式有多种，现介绍抽砂纠偏法和钻孔取土纠偏法。

（1）抽砂纠偏法。为了纠正建筑物在使用期间可能出现的不均匀沉降，在建筑物基底预先做一层 0.7～1.0m 厚的砂垫层，在预估沉降量较小的部位，每隔一定距离（约 1m）预留一个砂孔。当建筑物出现不均匀沉降时，可在沉降量较小的部位，用铁管在预留孔中取出一定数量的砂体，从而使建筑物被迫下沉，达到沉降均匀的目的。

（2）钻孔取土纠偏法。当软黏土地基上的建筑物发生倾斜时，用钻孔取土纠偏法能收到良好的效果。其方法是利用软土中应力变化后产生侧向挤出这一特性来调整变形和纠正倾斜。当基础一侧出现较大沉降而倾斜时，在沉降小的一侧基础周围钻孔，然后再在孔中掏土，使此侧软土地基有可能产生侧向挤出而产生较大下沉，达到纠偏的目的。为了加速倾斜的调整过程，还可在基础下沉较小一侧的基础上逐级增加偏心荷载，增大该处地基附加应力，加速软土的侧向变形和挤出。

12.9.2.3 堆载加压纠偏法

堆载加压纠偏法是指在沉降小的一侧施加临时荷载，如堆填土、石等重物或利用锚桩

（杆）装置和传力构件对地基加压，适当加大该侧地基附加应力进而增加沉降，有时同时在沉降大的一侧卸载（卸除大面积堆载或填土、减层等），以减小不均匀沉降差和倾斜。

堆载加压纠偏法适用于淤泥、淤泥质土和松散填土等软弱地基上的沉降量不大的小型建筑物和高耸建筑物基础，一般需要较长的纠偏时间，当建筑物上部结构原来的偏心较大时，应考虑堆载量或锚固传力系统的可靠性。

思 考 题

12.1 简述地基处理概念及其目的，地基处理主要对象及其工程特性。

12.2 什么是复合地基？复合地基的分类有哪些？作用机理又是什么？

12.3 换土垫层有什么作用？如何确定垫层的厚度和宽度？

12.4 简述强夯法的加固机理、特点及其适用范围。

12.5 阐述强夯和重锤夯实法的区别。

12.6 简述排水固结法的加固原理与应用条件。

12.7 按预压加载方法分类，排水固结法可分为几类？按排水系统分，排水固结法又可分为几类？试分析各类排水固结法的优缺点。

12.8 砂（碎）石桩的作用原理是什么？

12.9 土工合成材料加固地基有哪些作用？

12.10 为什么要对既有建筑物地基基础进行加固？

习 题

12.1 某砖混结构办公楼，承重墙下为条形基础，宽1.2m，埋深1.0m，承重墙传至基础荷载 $F_k=180kN/m$，地表为1.5m厚的杂填土，$\gamma=16.0kN/m^3$，$\gamma_{sat}=17.0kN/m^3$，下面为淤泥质土，地基承载力特征值为70kPa，地下水距地表深1.0m。试设计基础的垫层。

12.2 某住宅楼，筏板基础，尺寸10m×50m，埋深2.5m，作用于基底的附加压力180kPa。天然地基土层分布为：0～2m填土；2～5m粉质黏土，$E_s=5.0MPa$；5～10m粉土，$E_s=12.5MPa$；10m以下圆砾，$E_s=40MPa$。采用振冲碎石桩加固地基，等边三角形布桩，桩径0.5m，桩间距1.2m，桩长10m，桩土应力比取4.0。试计算基础中点沉降量。

12.3 一厚10m的淤泥质土层，土的固结不排水抗剪强度指标为 $c_{cu}=15kPa$、$\varphi_{cu}=15°$，竖向固结系数 $C_v=0.5mm^2/s$、水平向固结系数 $C_h=1mm^2/s$；其下为不透水层。采用普通砂井预压加固，预压荷载为150kPa，砂井直径为250mm，间距为2.5m，等边三角形布置，砂井打穿软黏土层到达不透水层。试求一次性瞬时加载预压至30天地基的平均固结度以及地基土抗剪强度增长值 $\Delta\tau_{fc}$（按有效固结压力法计算）。

12.4 某可液化砂土地基，厚度10m，处理前现场测得砂土平均孔隙比约0.85，土工试验测得最大、最小孔隙比分别为0.9和0.6。为消除液化，拟采用挤密碎石桩法处治，要求处治后地基土的相对密实度达到0.7。试制定碎石桩地基处理方案。

12.5 某软弱地基采用碎石桩法处治，碎石桩直径为0.4m，等边三角形布桩，桩距为1.0m，现场载荷试验测得复合地基承载力特征值为120kPa，桩间土承载力特征值为80kPa。试求该复合地基的面积置换率和桩土应力比。

12.6 某住宅小区软基采用水泥搅拌桩复合地基加固。天然地基承载力特征值为90kPa，设计承载力特征值要求125kPa。设搅拌桩桩长取15m，桩径取0.5m，地基土能提供桩侧摩阻力为9.0kPa，桩端承载力可不计，水泥土抗压强度为1.8MPa，桩间土承载力折减系数取0.5，试进行水泥搅拌桩复合地基设计。

第 13 章　特　殊　土　地　基

本章提要与要求

内容提要

　　特殊土的分布及其工程特性与成土环境密切相关。本章重点介绍了软土、湿陷性黄土、膨胀土以及冻土的工程特性及其评价指标；讨论了这些特殊土地基相应的工程措施；简述了岩溶、土洞、土岩组合等山区地基以及红黏土、盐渍土的工程特性，并简要讨论了相应的评价指标及工程措施。

基本要求

掌握软土的工程特性与评价指标，以及软土地基的工程措施。

熟悉湿陷性黄土、膨胀土、冻土的工程特性与评价指标，以及相应的工程措施。

了解岩溶、土洞、土岩组合等山区地基与红黏土地基的工程特性及相应的工程措施。

了解盐渍土的工程特性、评价指标及其工程措施。

13.1　概　　述

　　我国地域辽阔，地势西高东低，地貌变化万千，且水系繁密，江河纵横，湖泊星罗棋布，成土环境多变，广泛分布着各种各样的土类。某些土类，受地理环境、气候条件、地质成因、地质历史及次生变化等影响，形成了一些特殊的成分、结构和性质。通常把这些具有特殊工程性质的土类称为特殊土。多种天然形成的特殊土，其地理分布存在一定的规律，表现出一定的区域性，故亦称区域性土。

　　我国主要的特殊土有软土、湿陷性黄土、膨胀土、红黏土、冻土、盐渍土等。表 13-1 给出了这六种主要特殊土的分布区域、成土环境及工程特性。此外，我国山区广大，广泛分布在西南地区，山区地基与平原相比，主要表现为地基的不均匀性和场地的不确定性两方面，工程地质条件更为复杂，如岩溶、土洞及土岩组合地基等，对构筑物更具有直接和潜在的危险，这类地基也可归入特殊土地基范畴。为保证各类构筑物的安全和正常使用，特殊土地基应根据其工程特性，因地制宜，综合治理。

我国主要特殊土类 表 13-1

土类名称	主要分布区域	自然环境与成土环境	主要工程特性
软土	沿海、平原地带、内陆湖盆。如长江、珠江三角洲，塘沽、温州、闽江口平原，洞庭湖、洪泽湖、太湖、滇池等	滨海、三角洲沉积；湖泊沉积，水流搬运沉积	强度低，压缩性高，渗透性小

土类名称	主要分布区域	自然环境与成土环境	主要工程特性
湿陷性黄土	西北内陆地区，如青海、甘肃、宁夏、陕西、山西、河南等	干旱、半干旱气候环境，降雨量少，蒸发量大，年降雨量小于 500mm，由风搬运沉积而成	湿陷性
膨胀土	云南、贵州、广西、四川、安徽、河南等	温暖湿润，雨量充沛，年降雨量 700~1700mm，具备良好化学风化条件	膨胀和收缩特性
红黏土	云南、四川、贵州、广西、鄂西、湘西等	碳酸盐岩系，北纬 33°以南，温暖湿润气候，残积为主	不均匀性、结构性、裂隙发育
冻土	青藏高原和大小兴安岭，东西部一些高山顶部	高纬度寒冷地区	冻胀性、融陷性
盐渍土	新疆、青海、甘肃、宁夏、内蒙古等内陆地区，此外尚有滨海部分地区	荒漠半荒漠地区，年降雨量小于 100mm、蒸发量高达 3000mm 以上的内陆地区，沿海受海水浸渍或海退影响地区	盐胀性、溶陷性和腐蚀性

13.2 软 土 地 基

13.2.1 软土概述

软土是指天然孔隙比大于或等于 1.0，且天然含水量大于液限的细粒土，包括淤泥、淤泥质土、泥炭、泥炭质土等。淤泥是在静水或缓慢的流水环境中沉积，并经生物化学作用形成，天然含水量大于液限，天然孔隙比大于或等于 1.5 的黏性土。淤泥质土是天然含水量大于液限，天然孔隙比小于 1.5，但大于或等于 1.0 的黏性土或粉土。泥炭和泥炭质土为沼泽相沉积，含大量纤维状未完全分解的腐殖质。有机质含量大于 60% 的为泥炭，有机质含量 10%~60% 的为泥炭质土。

13.2.2 软土的分布及成因

我国软土分布广泛，主要位于沿海、平原地带、内陆湖盆、洼地及河流两岸地带，沿海、平原地带软土多位于大河下游入海三角洲或冲积平原处，如长江、珠江三角洲地带、塘沽、温州、闽江口平原等地带；内陆湖盆、洼地则以洞庭湖、洪泽湖、鄱阳湖、太湖等地为代表；山间盆地及河流中下游两岸漫滩、阶地、废弃河道等处也常有软土分布；沼泽地带则分布着富含有机质的软土。软土厚度分布从几米到几十米不等。我国软土的主要分布区域见表 13-2。

我国软土主要分布区域   表 13-2

主要成因类型	主要分布区域
滨海沉积软土	天津塘沽、连云港、上海、舟山、杭州、宁波、温州、福州、厦门、泉州、漳州、广州

主要成因类型	主要分布区域
湖泊沉积软土	洞庭湖、洪泽湖、太湖、鄱阳湖四周、古云梦泽地区
河滩沉积软土	长江中下游、珠江下游、淮河平原、松辽平原
沼泽沉积软土	昆明滇池周边、贵州水城、盘县

根据形成原因，我国软土可分为以下几种类型：

（1）滨海沉积型

我国东南沿海自连云港至广州湾几乎都有软土分布，其厚度大体自北向南变薄，由 40m 至 5～10m。沿海沉积的软土又可按沉积部位分为四种。

① 滨海相：受波浪、岸流影响，软土中常含砂粒，有机质较少，结构疏松，透水性稍强，如天津塘沽、浙江温州软土。

② 泻湖相：软土颗粒微细、孔隙比大，强度低，分布广泛，常形成海滨平原，如宁波软土。

③ 溺谷相：呈窄带状分布，范围小于泻湖相，结构疏松，孔隙比大，强度很低，如闽江口软土。

④ 三角洲相：在河流与海潮复杂交替作用下，软土层常与薄层的中、细砂交错沉积。

（2）湖泊沉积型

软土多为灰蓝至绿蓝色，颜色较深，厚度一般在 10m 左右，常含粉砂层、黏土层及透镜体状泥炭层。

（3）河滩沉积型

软土一般呈带状分布于河流中、下游漫滩及阶地上，这些地带往往漫滩宽阔、河岔较多、河曲发育，软土沉积交错复杂，透镜体较多，厚度不大，一般小于 10m。

（4）沼泽沉积型

沼泽软土颜色深，多为黄褐色、褐色至黑色。主要成分为泥炭，并含有一定数量的机械沉积物和化学沉积物。

（5）山间沟谷盆地型

主要分布在水量充沛的内陆山间盆地和沟谷平缓区域，由原有泥质岩风化的黏土物质长期饱水浸泡软化而形成，分布因受地域影响较分散。

13.2.3　软土的工程特性及其评价

软土的主要特征是含水量高（$w=35\%～80\%$）、孔隙比大（$e \geqslant 1$）、压缩性高、强度低、渗透性差，并含有有机质。软土一般具有如下工程特性：

（1）结构性显著。特别是滨海相的软土，一旦受到扰动（振动、搅拌或搓揉等），其絮状结构受到破坏，土的强度显著降低，甚至呈流动状态。软土受到扰动后强度降低的特性可用灵敏度表示。软土的灵敏度一般在 3～16 之间。

（2）流变性明显。软土在不变的剪应力作用下，将连续产生缓慢的剪切变形，并可能导致抗剪强度的衰减。在固结沉降完成之后，软土还可能继续产生可观的次固结沉降。

（3）压缩性高。软土的压缩系数 $a_{1\text{-}2} > 0.5\text{MPa}^{-1}$，大部分压缩变形发生在垂直压力为 100kPa 左右。

（4）抗剪强度低。软土的天然不排水抗剪强度一般小于 30kPa。

（5）透水性差。软土的渗透系数一般在 $i \times 10^{-8} \sim i \times 10^{-6}$ cm/s（$i = 1, 2, \cdots, 9$）。因此，土层在自重或荷载作用下达到完全固结所需的时间很长。

（6）不均匀性。软土中常夹有厚薄不等的粉土、粉砂、细砂等，水平和垂直分布上有所差异，易使建筑物地基产生差异沉降。

软土地基的岩土工程分析和评价应根据其工程特性，结合不同工程要求进行综合评价，通常应包括以下内容：

（1）判定地基产生失稳和不均匀变形的可能性。当建筑物位于池塘、河岸、边坡附近时，应验算其稳定性。

（2）选择适宜的持力层和基础形式。当有地表硬壳层时，基础宜浅埋。

（3）当建筑物相邻高低层荷载相差很大时，应分别计算各自的沉降，并分析其相互影响。当地面有较大面积堆载时，还需分析其对相邻建筑物的不利影响。

（4）软土地基承载力应根据地区建筑经验，并结合下列因素综合确定：

① 软土成层条件、应力历史、结构性、灵敏度等力学特性及排水条件；

② 上部结构的类型、刚度，荷载性质、大小和分布，对不均匀沉降的敏感性；

③ 基础的类型、尺寸、埋深、刚度等；

④ 施工方法和顺序；

⑤ 采用预压法处理的软土地基，应考虑软土排水固结后的强度增长。

（5）地基的沉降量可采用分层总和法计算，并乘以经验系数；也可采用土的应力历史的沉降计算方法。必要时应考虑土的次固结效应。

（6）在软土开挖、打桩、降水时，应按《岩土工程勘察规范（2009 年版）》GB 50021—2001 有关规定执行。此外，还须特别强调软土地基承载力综合评定的原则，不能单靠理论计算，要以地区经验为主。软土地基承载力的评定，按变形控制原则比按强度控制原则更为重要。

软土地基主要受力层中的倾斜基岩或其他倾斜坚硬地层，是软土地基的一大隐患。其可能导致地基不均匀沉降，以及蠕变滑移而产生剪切破坏，因此对这类地基不仅要考虑地基变形，还要考虑地基的稳定性。若主要受力层中存在砂层，砂层将起排水通道作用，加速软土固结，有利于地基承载力的提高。

水文地质条件对软土地基影响较大，如抽降地下水形成降落漏斗将导致附近建筑物产生沉降或不均匀沉降；基坑迅速抽水则会使基坑周围水力坡度增大而产生较大的附加应力，致使坑壁坍塌；承压水头改变将引起明显的地面浮沉等。在岩土工程评价中应重视这些问题。此外，沼气逸出等对地基稳定和变形也有影响，通常应查明沼气带的埋藏深度、含气量和压力的大小，以此评价对地基影响的程度。

建筑施工加载速率的适当控制或改善土的排水固结条件可提高软土地基的承载力及其稳定性。即随着荷载的施加地基土强度逐渐增大，承载力得以提高；反之，若荷载过大，加载速率过快，地基将出现局部塑性变形，甚至产生整体剪切破坏。

13.2.4　软土地基的工程措施

由于软土具有强度低、压缩性高和透水性差等特性，因此，在软土地基上修建各种建（构）筑物时，必须重视地基的变形和稳定问题，考虑上部结构与地基的共同工作，采取必要的建筑及结构措施，确定合理的施工顺序和地基处理方法。

（1）充分利用表层密实的黏性土（一般厚1～2m）作为持力层，基底尽可能浅埋（埋深 d＝0.5～0.8m），但应验算下卧层软土的强度；

（2）尽可能设法减小基底附加应力，如采用轻型结构、轻质墙体、扩大基础底面、设置地下室或半地下室等；

（3）采用换土垫层或桩基础等，但应考虑欠固结软土产生的桩侧负摩阻力；

（4）采用砂井预压，加速土层排水固结；

（5）采用高压喷射、深层搅拌、粉体喷射等处理方法；

（6）使用期间，对大面积地面堆载划分范围，避免荷载局部集中或直接压在基础上。

当遇到暗塘、暗沟、杂填土及冲填土时，须查明范围、深度及填土成分。较密实均匀的建筑垃圾及性能稳定的工业废料可作为持力层，而有机质含量大的生活垃圾和对地基有侵蚀作用的工业废料，未经处理不宜作为持力层。并应根据具体情况，选用如下处理方法：

（1）不挖土，直接打入短桩。如上海地区通常采用长约7m、断面200mm×200mm的钢筋混凝土桩，每桩承载力30～70kN。考虑承台底土与桩共同承载，土承受该桩所受荷载的70%左右，但不超过30kPa，对暗塘、暗沟下有强度较高的土层效果更佳。

（2）填土不深时，可挖去填土，将基础落深，或用毛石混凝土、混凝土等加厚垫层，或用砂石垫层处理。若暗塘、暗沟不宽，也可设置基础梁直接跨越。

（3）对于低层民用建筑可适当降低地基承载力，直接利用填土作为持力层。

（4）冲填土一般可直接作为地基。若土质不良时，可选用上述方法加以处理。

13.3 湿陷性黄土地基

13.3.1 概述

黄土是一种第四纪地质历史时期干旱和半干旱气候条件下的堆积物，在世界各地分布甚广，约占陆地总面积的9.3%。黄土的内部物质成分和外部形态特征都不同于同时期的其他沉积物，在地理分布上也有一定的规律性。

13.3.1.1 黄土的主要特征

我国黄土一般具有以下一些主要特征，当缺少其中一项或几项特征时称为黄土状土。

（1）颜色以黄色、褐黄色为主，有时呈灰黄色。

（2）颗粒组成以粉粒（粒径0.05～0.005mm）为主，含量一般在60%以上。

（3）有肉眼可见的大孔隙，孔隙比 e 一般在1.0左右。

（4）富含碳酸盐类，垂直节理发育。

13.3.1.2 黄土的分布

世界上黄土主要分布于中纬度干旱和半干旱地区，如法国的中部和北部，东欧的罗马尼亚、保加利亚、俄罗斯、乌克兰、乌兹别克，美国沿密西西比河流域及西部大范围区域。在我国，黄土地域辽阔，面积达60多万平方公里，其中湿陷性黄土约占黄土总面积的3/4，主要分布在山西、陕西、甘肃的大部分地区，河南西部和宁夏、青海、河北的部分地区。此外，新疆、内蒙古、山东、辽宁和黑龙江等省区也有分布，但不连续。在这些地区中，以黄河中游地区最为发育，在这里黄土几乎整片覆盖于全区的地表，厚度大，可达 100m 以上，而其中湿陷性黄土的厚度可达 20～30m。

13.3.1.3 黄土的分类

目前黄土分类体系有如下两种：一种是按形成的地质年代分类，将黄土按形成时代的早晚分为老黄土和新黄土。老黄土是指早更新世形成的黄土（简称 Q_1 黄土或午城黄土）和中更新世形成的黄土（Q_2 黄土或离石黄土）；新黄土是指晚更新世形成的黄土（Q_3 黄土或马兰黄土）和全新世形成的黄土（Q_4 黄土）。在 Q_4 黄土中存在一些沉积年代较短、土质不均、结构疏松、压缩性高、承载力低且湿陷性差别较大的黄土，称为新近堆积黄土（Q_4^2）。一般认为 Q_1、Q_2、Q_3 黄土为原生黄土，以风成为主；Q_4 和 Q_4^2 为次生黄土，以水成为主。显然，黄土形成的年代越久，地层位置越深，黄土的密实度越高，工程性质越好，且湿陷性减少直至无湿陷性。

另一种分类体系是按黄土遇水后的湿陷性分类，分为湿陷性黄土与非湿陷性黄土两大类。黄土在天然含水量（10％～20％）状态下，饱和度大都在 40％～60％ 以内，一般强度较高，压缩性小，能保持直立的陡坡。在一定压力下（指土的自重压力或自重压力及附加压力之和）受水浸湿，土的结构迅速破坏，并产生显著附加下沉的现象，称为黄土的湿陷性。具有这种湿陷性的黄土称为湿陷性黄土。在一定压力下受水浸湿，无显著附加下沉的黄土则称非湿陷性黄土。从黄土形成的地质年代看，Q_1 黄土无湿陷性，Q_2 黄土无湿陷性或有轻微湿陷性，Q_3、Q_4 黄土一般均具有湿陷性乃至强湿陷性。

湿陷性黄土又分为自重湿陷性黄土和非自重湿陷性黄土。在上覆土的饱和自重压力作用下受水浸湿，产生显著附加下沉的湿陷性黄土称为自重湿陷性黄土；在上覆土的饱和自重压力作用下受水浸湿，不产生显著附加下沉的湿陷性黄土称非自重湿陷性黄土。

我国《湿陷性黄土地区建筑标准》GB 50025—2018（以下简称《黄土标准》）给出了我国湿陷性黄土工程地质分区略图。我国黄土地层的划分与湿陷性关系见表 13-3。

黄土地层的划分 表 13-3

年代	黄土名称		湿陷性
全新世（Q_4）黄土	新黄土	新近堆积黄土	强湿陷性
		黄土状土	一般具湿陷性
晚更新世（Q_3）黄土		马兰黄土	
中更新世（Q_2）黄土	老黄土	离石黄土	上部部分土层具湿陷性
早更新世（Q_1）黄土		午城黄土	不具湿陷性

注：测定黄土湿陷性的试验压力为 200～300kPa。

13.3.2 黄土的湿陷变形特性及原因

13.3.2.1 黄土的湿陷变形特性

黄土的湿陷变形是指黄土受水浸湿后由于结构破坏所引起的一种下沉量大、下沉速度快的变形。这里"浸水"是产生湿陷变形的先决条件，但它又区别于一般细粒土在浸水饱和后的压缩变形。后者在浸水饱和后的压缩性只是稍有增加，而不像湿陷性黄土浸水后所表现出的这种速度快、数量大的塌陷性变形。

黄土的湿陷变形必须在一定压力下浸水才会发生。当压力较小时，在颗粒接触处产生的剪应力小于其结构强度，则与一般细粒土一样，只会产生压缩变形；只有当压力超过某一数值，产生的剪应力大于黄土结构强度时，才会产生湿陷变形。通常称黄土浸水饱和后，开始出现湿陷时的界限压力为湿陷起始压力用 p_{sh} 表示。故湿陷起始压力在一定程度上可以反映黄土浸水后的结构强度。

根据 p_{sh} 的大小，可将湿陷性黄土分为两类：如果 p_{sh} 小于上覆土自重，则地基在上覆土自重压力下受水浸湿即可发生湿陷，称这类黄土为自重湿陷性黄土。如果 p_{sh} 大于上覆土的自重，则在上覆土自重压力下，地基土受水浸湿并不产生湿陷；而当自重压力与附加压力之和大于 p_{sh} 时，地基土受水浸湿才发生湿陷，称这类黄土为非自重湿陷性黄土。显然，前者的湿陷性大于后者。

13.3.2.2 黄土的湿陷原因

黄土的湿陷现象是一个复杂的地质、物理、化学过程。黄土湿陷的原因和机理归纳起来可分为外因和内因两个方面：外因是水和荷载，内因是组成黄土的物质成分及其特有的结构体系。目前被公认的能比较合理解释湿陷现象的假说和观点主要有如下几种。

（1）欠压密理论

该理论认为在干燥、少雨的气候条件下，土层中水分蒸发影响深度大于大气降水的浸湿深度。处于降水影响深度以下的土层内，水分不断蒸发，土粒间的盐类析出，胶体凝固形成固化黏聚力，从而阻止了上层土对下层土的压密作用而成为欠压密状态，长此往复循环，使得堆积的欠压密土层越积越厚，最终形成了低湿度、高孔隙比的欠压密、非饱和的湿陷性黄土。

（2）溶盐假说

该假说认为黄土湿陷的原因是黄土中存在大量的可溶盐。当黄土中含水量较低时，易溶盐处于微晶状态，附在颗粒表面，起着胶结作用；当受水浸湿后，易溶盐溶解，胶结作用丧失，因而产生湿陷。但溶盐假说并不能解释所有湿陷现象，如我国湿陷性黄土中易溶盐含量就较少。

（3）结构学说

该学说认为黄土湿陷是其特殊的粒状架空结构体系所造成的。该结构体系由集粒和碎屑组成的骨架颗粒相互连接形成（图 13-1），其间含有大量的架空孔隙。颗粒间的连接强度是在干旱、半干旱条件下形成的，来源于上覆土重的压力。少量的水在粒间接触处形成毛管压力，粒间电分子引起粒间摩擦及少量胶凝物质的固化黏聚力等。水和外荷载的共同作用必然迅速导致连接强度降低，连接点破坏，使整个结构体系失去稳定（图 13-2）。

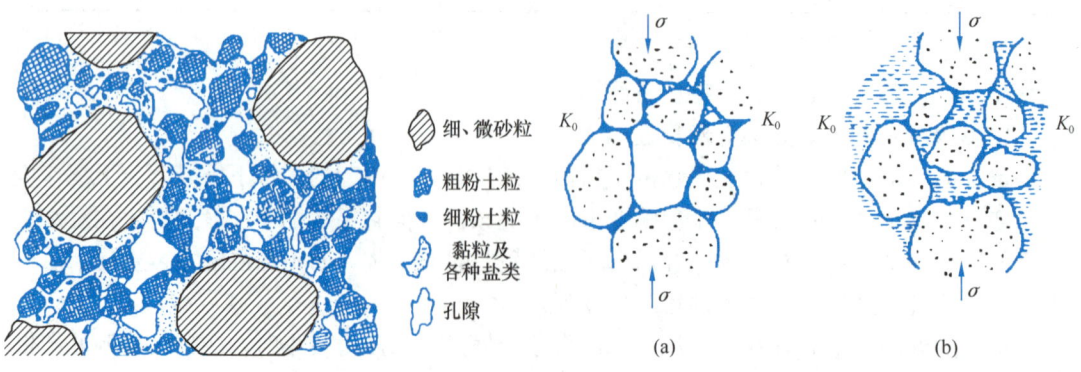

图 13-1　黄土结构示意图

细、微砂粒
粗粉土粒
细粉土粒
黏粒及各种盐类
孔隙

图 13-2　浸水前后黄土结构示意图
（a）浸水前；（b）浸水后

13.3.3 黄土湿陷性评价

在湿陷性黄土地区进行建设，正确评价地基的湿陷性具有重大的实际意义。黄土的湿陷性评价一般包括三方面内容：首先判定黄土土层在一定压力下浸水有无湿陷性；其次对湿陷性黄土土层，要判定场地的湿陷类型，是自重湿陷性，还是非自重湿陷性；最后判定湿陷性黄土地基的湿陷等级，即根据场地的湿陷类型和在规定的压力作用下，地基充分浸水时可能产生的湿陷变形量，判定湿陷的严重程度。

13.3.3.1 黄土湿陷性的判别

黄土是否具有湿陷性以及湿陷性的强弱，应按室内湿陷性试验所测定的湿陷系数 δ_s 值判定。

（1）δ_s 的测定及应用

δ_s 的测定方法与一般原状土的侧限压缩试验方法基本相同。将原状未扰动土样装入侧限压缩仪内，逐级加压，在达到规定压力 p 且下沉稳定后，测定土样的高度，然后对土样浸水饱和，待附加下沉稳定后，再测出土样浸水后的高度（图 13-3），即可按下式计算湿陷系数 δ_s：

$$\delta_s = \frac{h_p - h'_p}{h_0} \tag{13-1}$$

或

$$\delta_s = \frac{e_p - e'_p}{1 + e_0} \tag{13-2}$$

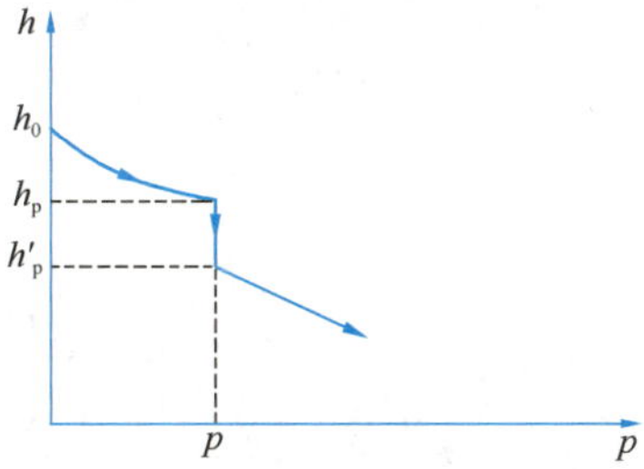

图 13-3　土样浸水高度变化曲线

式中　h_0——土样原始高度（mm）；

h_p——土样在压力 p 作用下压缩稳定后的高度（mm）；

h'_p——土样浸水饱和下沉稳定后的高度（mm）；

e_0——土样的原始孔隙比；

e_p——土样在压力 p 作用下压缩稳定后的孔隙比；

e'_p——土样浸水饱和下沉稳定后的孔隙比。

从式（13-1）不难看出，湿陷系数 δ_s 是土样因浸水饱和所产生的附加应变。显然，试验测得的 δ_s 小，则湿陷性弱；δ_s 大则湿陷性强。δ_s 的大小不仅取决于土的湿陷性，而且与浸水时的压力 p 有关。我国《黄土标准》规定：自基础底（基底标高不确定时，自地面以下 1.5m）算起，基底 10m 以内的土层，p 值采用 200kPa；10m 以下至非湿陷性土层顶面，采用其上覆土的饱和自重压力（当大于 300kPa 时，取 300kPa）。但若基底压力大于 300kPa 时，宜按实际压力下所测定的 δ_s 值判别黄土的湿陷性。

湿陷系数 δ_s 在工程中的主要用途是用来判别黄土的湿陷性。我国《黄土标准》以 $\delta_s = 0.015$ 作为湿陷性黄土的界限值，$\delta_s \geqslant 0.015$ 为湿陷性黄土，否则为非湿陷性黄土。湿陷性黄土"湿陷程度"可根据湿陷系数 δ_s 的大小分为湿陷性轻微（$0.015 \leqslant \delta_s \leqslant 0.03$）、湿陷性中等（$0.03 < \delta_s \leqslant 0.07$）和湿陷性强烈（$\delta_s > 0.07$）三种。

（2）δ_s 与湿陷起始压力 p_{sh}

用上述方法只能测出在某一个规定压力下的湿陷系数。有时工程上需要确定湿陷起始压力，这时就要找出不同压力 p 与湿陷系数 δ_s 之间的变化关系。此时可采用室内压缩试验的单线法或双线法湿陷性试验确定。

单线法湿陷性试验是指在同一取土点的同一深度处至少取 5 个环刀试样，均在天然含水量下逐级加荷，分别加至不同的规定压力，下沉稳定后浸水饱和至附加下沉稳定为止，按式（13-1）即可算出各级压力 p 对应的湿陷系数 δ_s。

双线法湿陷性试验是指在同一取土点的同一深度处取 2 个环刀试样，一个在天然含水量下逐级加荷，另一个在天然含水量下加第一级荷载，下沉稳定后浸水，至湿陷稳定，再逐级加荷，如图 13-4（a）所示。以两曲线同一压力下的下沉量之差作为湿陷量，同样可按式（13-1）计算出各级压力下对应的湿陷系数值，并可绘出如图 13-4（b）所示的 p-δ_s 关系曲线图。取该曲线上 $\delta_s = 0.015$ 所对应的压力作为湿陷起始压力 p_{sh} 值。p_{sh} 值是个很实用的指标，当地基中的应力（自重应力与附加应力之和）小于 p_{sh} 值时，浸水所产生的湿陷量很小，可按照一般非湿陷性地基考虑。一般来说，双线法测得的湿陷量小于单线法。

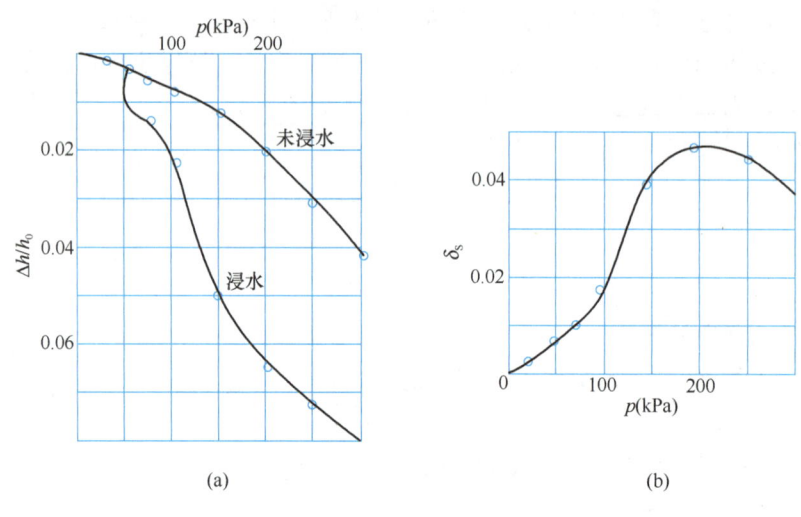

图 13-4　浸水压缩试验曲线
（a）双线法压缩曲线　（b）p-δ_s 关系曲线

13.3.3.2　场地湿陷类型的划分

工程实践表明，自重湿陷性黄土场地因湿陷引起的事故要比非自重湿陷性黄土场地多，且对建筑物的危害较大。因此，在设计前对建筑场地进行勘察，正确划分场地的湿陷类型是非常重要的。划分建筑物场地的湿陷类型有两种方法：一种是按现场试坑浸水试验的自重湿陷量实测值 Δ'_{zs} 判定；另一种是按室内黄土湿陷性试验累计的自重湿陷量计算值 Δ_{zs} 判定。第一种方法虽结果可靠，但费时费水，且有时受各种条件的限制而不易实现。因此除新建区中的重要建筑采用试坑浸水试验外，对一般建筑物可按自重湿陷量的计算值划分场地湿陷类型。场地的自重湿陷量 Δ_{zs} 可按下式计算：

$$\Delta_{zs} = \beta_0 \sum_{i=1}^{n} \delta_{zsi} h_i \qquad (13-3)$$

式中　δ_{zsi}——第 i 层土在上覆土饱和（$S_r > 85\%$）自重应力作用下的自重湿陷系数，其测定方法同湿陷系数 δ_s，即 $\delta_{zsi} = \dfrac{h_z - h'_z}{h_i}$，其中 h_z 是土样加压至上覆土饱和自重应力时下沉稳定的高度，h'_z 是上述加压稳定后，土样在浸水作用下，附加下沉稳定后的高度；

h_i —— 第 i 层土的厚度（mm）；

n —— 总计算土层内湿陷土层的数目。总计算土层厚度应从天然地面算起（当挖、填方厚度及面积较大时，自设计地面算起），至其下全部湿陷性黄土层的底面为止，但 $\delta_{zs} < 0.015$ 的土层不计；

β_0 —— 因地区土而异的修正系数，在缺乏实测资料时对陇西地区可取 1.5，陇东陕北、晋西地区可取 1.2，关中地区可取 0.9，其他地区可取 0.5；用 β_0 值修正，可提高场地湿陷类型判定的准确性和可靠度。

当 Δ_{zs}（或 Δ'_{zs}）$\leqslant 70mm$ 时，应定为非自重湿陷性黄土场地；当 Δ_{zs}（或 Δ'_{zs}）$> 70mm$ 时，应定为自重湿陷性黄土场地。当自重湿陷量的实测值 Δ'_{zs} 和计算值 Δ_{zs} 的判定结果出现矛盾时，应按自重湿陷量的实测值进行判定。

13.3.3.3 黄土地基的湿陷等级

湿陷性黄土地基的湿陷等级是根据地基湿陷量的计算值 Δ_s 和场地自重湿陷量计算值 Δ_{zs} 划分的。

湿陷性黄土地基受水浸湿饱和至下沉稳定时，湿陷量的计算值 Δ_s 应按下式计算：

$$\Delta_s = \sum_{i=1}^{n} \alpha\beta\delta_{si}h_i \tag{13-4}$$

式中 α —— 不同深度地基土浸水概率系数，按地区经验取值。无地区经验时可按表 13-4 取值。对地下水有可能上升至湿陷性土层内，或侧向浸水影响不可避免的区段，取 $\alpha = 1.0$；

β —— 考虑地基土受水浸湿可能性和侧向挤出等因素的修正系数。缺乏实测资料时，基底下 0～5m 内取 1.5，5～10m 内取 1.0，10m 以下至非湿陷性黄土层顶面，在自重湿陷性黄土场地，可取工程所在地区的 β_0 值，β_0 值可参见式 (13-3) 取用；

δ_{si} —— 第 i 层土的湿陷系数；

h_i —— 第 i 层土的厚度（mm）。

浸水概率系数 α　　　　　　　　　表 13-4

基础底面以下深度 z（m）	α	基础底面以下深度 z（m）	α
$0 \leqslant z \leqslant 10$	1.0	$20 < z \leqslant 25$	0.6
$10 < z \leqslant 20$	0.9	$z > 25$	0.5

根据上述地基湿陷量计算值 Δ_s 和场地自重湿陷量计算值 Δ_{zs} 的大小，将湿陷性黄土地基的湿陷等级分为 Ⅰ（轻微）、Ⅱ（中等）、Ⅲ（严重）、Ⅳ（很严重）四级，见表 13-5。

湿陷性黄土地基的湿陷等级（单位：mm）　　　　　表 13-5

Δ_s（mm）	湿陷类型		
	非自重湿陷性场地	自重湿陷性场地	
	$\Delta_{zs} \leqslant 70mm$	$70mm < \Delta_{zs} \leqslant 350mm$	$\Delta_{zs} > 350mm$
$50 < \Delta_s \leqslant 100$	Ⅰ（轻微）	Ⅰ（轻微）	Ⅱ（中等）
$100 < \Delta_s \leqslant 300$		Ⅱ（中等）	

Δ_s (mm)	湿陷类型			
	非自重湿陷性场地	自重湿陷性场地		
	$\Delta_{zs} \leqslant 70mm$	$70mm < \Delta_{zs} \leqslant 350mm$	$\Delta_{zs} > 350mm$	
$300 < \Delta_s \leqslant 700$	Ⅱ（中等）	Ⅱ（中等）或Ⅲ（严重）	Ⅲ（严重）	
$\Delta_s > 700$	Ⅱ（中等）	Ⅲ（严重）	Ⅳ（很严重）	

注：对 $70 < \Delta_{zs} \leqslant 350$、$350 < \Delta_{zs} \leqslant 700$ 一档的划分，当湿陷量的计算值 $\Delta_s > 600mm$，自重湿陷量的计算值 $\Delta_{zs} > 300mm$ 时，可判为Ⅲ级，其他情况可判为Ⅱ级。

【例 13.1】 河北地区某黄土建筑场地，工程勘察时每 1m 取一土样，测得各土样的 δ_{zs} 和 δ_s，如表 13-6 所示，试判定场地的湿陷类型和地基的湿陷等级。

例 13.1 中土样的 δ_{zs} 和 δ_s　　　　　　表 13-6

取土深度（m）	1	2	3	4	5	6	7	8	9	10
δ_{zs}	0.002	0.014	0.020	0.013	0.026	0.056	0.045	0.014	0.001	0.020
δ_s	0.070	0.060	0.073	0.045	0.088	0.084	0.071	0.057	0.002	0.049

注：δ_{zs} 或 $\delta_s < 0.015$，属非湿陷性土层。

【解】（1）场地湿陷类型判别

计算自重湿陷量 Δ_{zs} 自天然地面算起，至其下非湿陷性黄土层顶面止。陕北地区可取 $\beta_0 = 1.2$，按式（13-3）可得：

$$\Delta_{zs} = \beta_0 \sum_{i=1}^{n} \delta_{zsi} h_i = 1.2 \times (0.020 + 0.026 + 0.056 + 0.045 + 0.020) \times 1000$$

$$= 200.4mm > 70mm$$

故该场地应判定为自重湿陷性黄土场地。

（2）地基湿陷性等级判别

先按式（13-4）计算黄土地基湿陷量的计算值 Δ_s，且取 $\beta = \beta_0$，考虑侧向浸水影响，取 $\alpha = 1.0$，则：

$$\Delta_s = \sum_{i=1}^{n} \alpha \beta \delta_{si} h_i$$

$$= 1.0 \times 1.2 \times (0.070 + 0.060 + 0.073 + 0.045 + 0.088 + 0.084 + 0.071 + 0.057 + 0.002 + 0.049) \times 1000$$

$$= 718.8mm > 700mm$$

根据表 13-5，该湿陷性黄土地基的湿陷等级可判定为Ⅲ级（严重）。

13.3.4　湿陷性黄土地基的工程措施

在湿陷性黄土地区进行建设，地基应满足承载力、湿陷变形、压缩变形和稳定性的要求。其计算方法与一般浅基础相同，具体的控制数值如承载力等，则按《黄土标准》所给的资料查用。此外，尚应根据各地湿陷性黄土的特点和建筑物的类别，因地制宜，采取以地基处理为主的综合措施，以防止或控制地基湿陷，保证建筑物的安全与正常使用。

（1）地基处理措施

地基处理是防止黄土湿陷性危害的主要措施，其目的在于破坏湿陷性黄土的大孔结构，以便全部或部分消除地基的湿陷性，从根本上避免或削弱湿陷现象的发生。常用的湿陷性黄土地基处理方法见表13-7。

湿陷性黄土地基常用处理方法 表 13-7

名称	适用范围	可处理的湿陷性黄土层厚度（m）
垫层法	地下水位以上	1～3
强夯法	$S_r \leqslant 60\%$ 的湿陷性黄土	3～12
挤密法	$S_r \leqslant 65\%$，$w \leqslant 22\%$ 的湿陷性黄土	5～25
预浸水法	湿陷程度中等～强烈的自重湿陷性黄土	地表 6m 以下的湿陷性土层
注浆法	可灌性较好的湿陷黄土（需经试验验证注浆效果）	现场试验确定
其他方法	经试验研究或工程实践证明行之有效	现场试验确定

（2）防水措施

其目的是消除黄土发生湿陷变形的外因。要求做好建筑物在施工中及长期使用期间的防水、排水工作，防止地基土受水浸湿。一些基本的防水措施包括：做好场地平整和排水系统，不使地面积水；压实建筑物四周地表土层，做好散水，防止雨水直接渗入地基；主要给排水管道离开房屋要有一定防护距离；配置检漏设施，避免漏水浸泡局部地基土等。

（3）结构措施

对于一些地基不处理，或处理后仅消除了地基部分湿陷量的建筑，除了要采用防水措施外，还应采取结构措施，以减小建筑物的不均匀沉降或使结构能适应地基的湿陷变形，因此结构措施是前两项措施的补充手段。

13.4 膨 胀 土 地 基

13.4.1 概述

膨胀土指土中黏粒成分主要由亲水性矿物组成，同时具有显著的吸水膨胀和失水收缩特性的黏性土，亦称为胀缩性土。膨胀土一般强度较高，压缩性低，易被误认为是建筑性能较好的地基土。通常任何黏性土都具有膨胀和收缩特性，但胀缩量不大，对工程无大影响；而膨胀土的膨胀-收缩-再膨胀的周期性变化特性非常显著，常给工程带来危害。因此，需将其与一般黏性土区别，作为特殊土处理。

13.4.1.1 膨胀土的特征及分布

膨胀土黏粒含量一般较高，粒径小于 0.002mm 的胶体颗粒含量一般超过 20%，天然含水量接近或略小于塑限，液限大于 40%，塑性指数大于 17，且多在 22～35 之间，液性指数常小于零，自然条件下呈坚硬或硬塑状态，孔隙比一般为 0.6～1.1，压缩性较低，具有红褐、黄、白等色。

裂隙发育是膨胀土的一个重要特性，常见的裂隙有竖向、斜交和水平三种。竖向裂隙常出露地表，裂隙宽度随深度增加而逐渐减少；裂隙间常充填有灰绿色或灰白色黏土。此外，膨胀土地区旱季常出现地裂，上宽下窄，长可达数十米至百米，深数米，壁面陡立且粗糙，在雨季会闭合。

膨胀土在我国分布广泛，广西、云南、湖北、安徽、四川、河南、山东等地均有不同范围的分布。美国50个州中有膨胀土的占40个；印度、澳大利亚、南美洲、非洲和中东广大地区，也都不同程度地分布着膨胀土。

13.4.1.2 影响胀缩特性的主要因素

影响膨胀土胀缩性质的内在机制主要是矿物成分和微观结构。试验证明，膨胀土含大量的活性黏土矿物，如蒙脱石和伊利石，尤其是蒙脱石，比表面积大，在低含水量时对水有巨大的吸力，土中蒙脱石含量的多少直接决定其胀缩性的强弱。除了矿物成分因素外，这些矿物成分在空间上的联结状态也影响其胀缩性质。

影响膨胀土胀缩性质的最大外界因素是水。换言之，水分迁移是控制膨胀土胀缩特性的关键外在因素。只有土中存在可能产生水分迁移的梯度和进行水分迁移的途径，才有可能引起土的膨胀或收缩。尽管某一种黏土具有潜在的较高的膨胀势，但如果它的含水量保持不变，则不会发生体积变化。实践证明，含水量的轻微变化，哪怕仅有1‰～2‰的量值，就足以引起有害的膨胀。土中水分迁移的方式与环境因素诸如气候条件、地下水位、地形特征、地面覆盖以及地质构造、土的种类等条件有关。

13.4.1.3 膨胀土的危害

膨胀土这种显著的吸水膨胀、失水收缩特性，给工程建设带来极大危害，使大量的轻型房屋发生开裂、倾斜，公路路基发生破坏，堤岸、路堑产生滑坡。在我国，据不完全统计，在膨胀土地区修建的各类工业与民用轻型结构，因地基土胀缩变形而导致损坏或破坏每年造成的经济损失达数百亿元。

膨胀土地基上的房屋破坏具有如下规律：

（1）建筑物的开裂破坏一般具有地区性成群出现的特点，且以低层、轻型、砌体结构损坏最为严重，因为这类房屋重量轻，结构刚度小，基础埋深浅，地基土易受外界环境变化的影响而产生胀缩变形。

（2）房屋在垂直和水平方向都受弯和受扭，故在房屋转角处首先开裂，墙上出现正、倒八字形裂缝和X形交叉裂缝（图13-5a、c），外纵墙基础由于受到地基在膨胀过程中产生的竖向切力和侧向水平推力的作用，造成基础外移而产生水平裂缝，并伴有水平位移（图13-5b）。

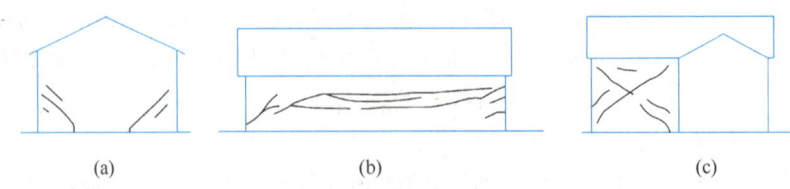

(a)   (b)   (c)

图13-5　墙面裂缝

(a) 山墙上的对称斜裂缝；(b) 外纵墙的水平裂缝；(c) 墙面的交叉裂缝

（3）坡地上的建筑物，地基变形不仅有竖直向，还伴随有水平向，因而损坏要比平地上普遍而又严重。

据报道，每年膨胀土给工程建设带来的经济损失已超过百亿美元，比洪水、飓风和地震所造成的损失总和的 2 倍还多。因此，膨胀土工程问题已成为世界性的研究课题。我国在总结大量勘察、设计、施工和维护等方面的成套经验基础上，已制订和修订出《膨胀土地区建筑技术规范》GB 50112—2013（以下简称《膨胀土规范》）。

13.4.2 膨胀土的胀缩性指标

（1）自由膨胀率 δ_{ef}

将人工制备的磨细烘干土样，经无颈漏斗注入量土杯，量其体积，然后倒入盛水的量筒中，经充分吸水膨胀稳定后，再测其体积。增加的体积与原体积比值的百分率 δ_{ef} 称为自由膨胀率。

$$\delta_{ef} = \frac{V_w - V_0}{V_0} \times 100\% \qquad (13\text{-}5)$$

式中　V_0——干土样原有体积，即量土杯体积（ml）；

　　　V_w——土样在水中膨胀稳定后的体积，由量筒刻度量出（ml）。

自由膨胀率 δ_{ef} 表示干土颗粒在无结构力影响下和无压力作用下的膨胀特性指标，可反映土的矿物成分及其含量。该指标一般只用作膨胀土膨胀潜势的判别指标，不能反映原状土的胀缩变形，也不能用来定量评价地基土的胀缩幅度。

（2）膨胀率 δ_{ep} 与膨胀力 p_e

膨胀率 δ_{ep} 表示原状土或扰动土样在侧限压缩仪中，在一定压力下，浸水膨胀稳定后，土样增加的高度与原高度之比的百分率，表示为：

$$\delta_{ep} = \frac{h_w - h_0}{h_0} \times 100\% \qquad (13\text{-}6)$$

式中　h_w——某级荷载下土样浸水膨胀稳定后的高度（mm）；

　　　h_0——土样的原始高度（mm）。

不同压力下的膨胀率可用于计算地基的实际膨胀变形量或胀缩变形量，其中 50kPa 压力下的膨胀率可用于计算地基的分级变形量和划分地基的胀缩等级。

以各级压力下的膨胀率 δ_{ep} 为纵坐标，压力 p 为横坐标，将试验结果绘制成 p-δ_{ep} 关系曲线，该曲线与横坐标的交点 p_e 称为试样的膨胀力，见图 13-6。膨胀力表示侧限条件下原状土样或扰动土样，在体积不变时，由于浸水膨胀产生的最大内应力。

（3）线缩率 δ_{sr} 与收缩系数 λ_s

膨胀土失水收缩，其收缩性可用线缩率 δ_{sr} 与收缩系数 λ_s 表示。

线缩率 δ_{sr} 是指天然湿度下烘干或风干后的环刀土样的竖向收缩变形与原高度之比的百分率，表示为：

$$\delta_{sri} = \frac{h_0 - h_i}{h_0} \times 100\% \qquad (13\text{-}7)$$

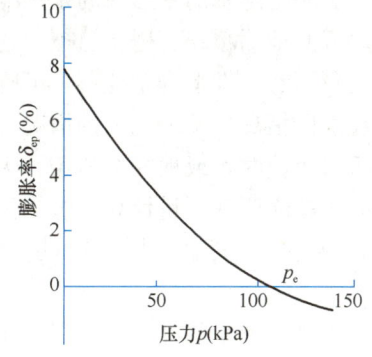

图 13-6　膨胀率-压力曲线图

式中　h_0——土样的原始高度（mm）；

　　　h_i——某含水量 w_i 时土样收缩稳定后的高度（mm）。

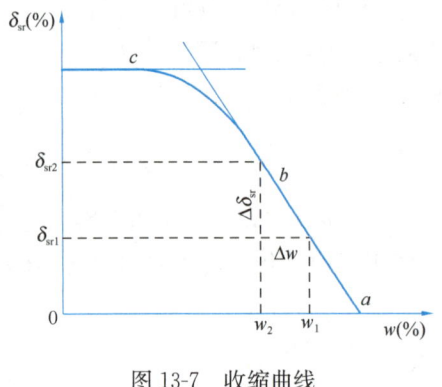

图 13-7　收缩曲线

根据不同时刻的线缩率及相应含水量，可绘成收缩曲线（图 13-7）。可以看出，随着含水量的蒸发，土样高度逐渐减小，δ_{sri}增大，图中 ab 段为直线收缩段，bc 段为曲线收缩过渡段，至 c 点后，含水量虽然继续减少，但体积收缩已基本停止。

利用直线收缩段可求得收缩系数 λ_s，其定义为环刀土样在直线收缩阶段内，含水量每减少 1% 时所对应的竖向线缩率的改变值，即：

$$\lambda_s = \frac{\Delta\delta_{sr}}{\Delta w} \tag{13-8}$$

式中　Δw——收缩过程中，直线变化阶段内，两点含水量之差（%）；

$\Delta\delta_{sr}$——收缩过程中，直线变化阶段，两点含水量之差对应的竖向线缩率之差（%）。

收缩系数与膨胀率是膨胀土地基变形计算中的两项主要指标。

13.4.3　膨胀土地基的计算及评价

13.4.3.1　地基承载力计算

膨胀土地基修正后的地基承载力特征值应按式（13-9）计算：

$$f_a = f_{ak} + \gamma_m(d - 1.0) \tag{13-9}$$

式中　f_{ak}——地基承载力特征值（kPa），对于重要建筑物宜采用现场浸水载荷试验确定，对于已有大量试验资料和工程经验的地区可按当地经验确定；

γ_m——基础底面以上土的加权平均重度（kN/m³），地下水位以下取浮重度；

d——基础埋置深度（m），考虑地表土层长期受到胀缩干湿循环变形的影响，《膨胀土规范》规定建筑物的基础埋置深度不应小于 1.0m。

13.4.3.2　地基变形计算

膨胀土地基的变形指的是胀缩变形，而其变形形态与当地气候、地形、地势、地下水运动以及地面覆盖、树木植被、建筑物重量等因素有关，在不同条件下可表现为三种不同的变形形态，即上升型变形、下降型变形和升降型变形。因此，膨胀土地基变形量计算应根据实际情况，按下列三种情况分别计算：①当离地表 1m 处地基土的天然含水量等于或接近最小值时，或地面有覆盖且无蒸发可能时，以及建筑物在使用期间经常受水浸湿的地基，可按膨胀变形量计算；②当离地表 1m 处地基土的天然含水量大于 1.2 倍塑限含水量时，或直接受高温作用的地基，可按收缩变形量计算；③其他情况下可按胀缩变形量计算。

地基变形量的计算方法仍采用分层总和法。这里分别将上述三种变形量计算方法介绍如下。

（1）地基土的膨胀变形量 s_e

$$s_e = \varphi_e \sum_{i=1}^{n} \delta_{epi} h_i \tag{13-10}$$

式中　φ_e——计算膨胀变形量的经验系数，宜根据当地经验确定，若无可依据经验时，3 层及 3 层以下建筑物，可采用 0.6；

δ_{epi} —— 基础底面下第 i 层土在该层土的平均自重应力与平均附加应力之和作用下的膨胀率，由室内试验确定；

h_i —— 第 i 层土的计算厚度（mm）；

n —— 自基础底面至计算深度内所划分的土层数（图 13-8a），计算深度应根据大气影响深度确定，有浸水可能时，可按浸水影响深度确定。

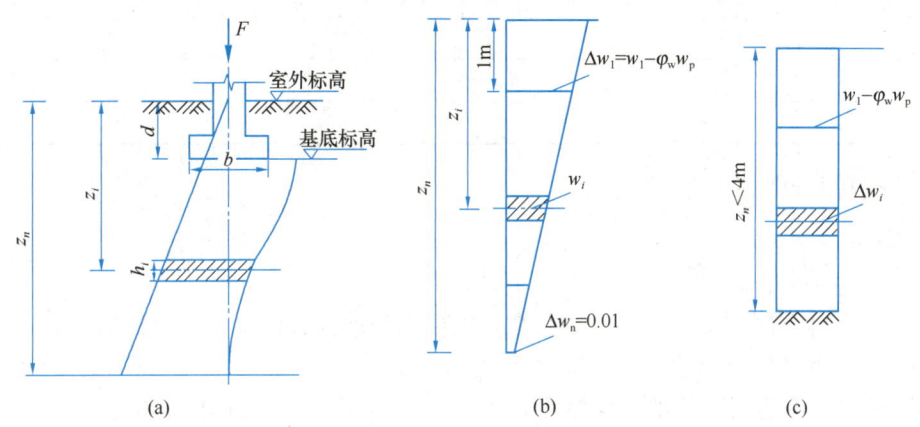

图 13-8　膨胀土地基变形计算示意图

（2）地基土的收缩变形量 s_s

$$s_s = \varphi_s \sum_{i=1}^{n} \lambda_{si} \Delta w_i h_i \qquad (13\text{-}11)$$

式中　φ_s —— 计算收缩变形量的经验系数，宜根据当地经验确定，若无可依据经验时，3 层及 3 层以下建筑物，可采用 0.8；

λ_{si} —— 基础底面下第 i 层土的收缩系数，应由室内试验确定；

Δw_i —— 地基土收缩过程中，第 i 层土可能发生的含水量变化的平均值（%，以小数表示）（图 13-8b）；

n —— 自基础底面至计算深度内所划分的土层数，在计算深度内，各土层的含水量变化平均值 Δw_i（图 13-8b）应按式（13-12）、式（13-13）计算，地表下 4m 深度内存在不透水基岩时，可假定含水量变化值为常数（图 13-8c）。

$$\Delta w_i = \Delta w_1 - (\Delta w_1 - 0.01) \frac{z_i - 1}{z_n - 1} \qquad (13\text{-}12)$$

$$\Delta w_i = \Delta w_1 - \varphi_w w_p \qquad (13\text{-}13)$$

式中　w_1、w_p —— 地表下 1m 处土的天然含水量和塑限含水量（%，以小数表示）；

φ_w —— 土的湿度系数（%）；

z_i —— 第 i 层土的深度（m）；

z_n —— 收缩变形计算深度（m），应根据大气影响深度确定，当有热源影响时，可按热源影响深度确定，在计算深度内有稳定地下水位时，可计算至水位以上 3m。

膨胀土湿度系数指在自然气候影响下，地表下 3m 深度处土层含水量可能达到的最小值与其塑限值之比，应根据当地记录资料确定，无此资料时可按《膨胀土规范》所给公式计算。

膨胀土的大气影响深度,应由各气候区的深层变形观测或含水量观测及地温观测资料确定;无此资料时,可按表 13-8 采用。

大气影响深度 表 13-8

土的湿度系数 φ_w	大气影响深度 d_n(m)
0.6	5.0
0.7	4.0
0.8	3.5
0.9	3.0

(3)地基土的胀缩变形量 s_{es}

$$s_{es} = \psi_{es} \sum_{i=1}^{n} (\delta_{epi} + \lambda_{si} \Delta w_i) h_i \tag{13-14}$$

式中　ψ_{es}——计算胀缩变形量的经验系数,宜根据当地经验确定,无可依据经验时,3 层及 3 层以下建筑物可取 0.7。

膨胀土地基上建筑物的地基变形计算值不应大于地基变形允许值,即:

$$s \leqslant [s] \tag{13-15}$$

式中　s——天然地基或经处理后地基的变形量(mm);

$[s]$——建筑物的地基变形允许值(mm),对膨胀土地基,可按表 13-9 取值。

膨胀土地基上建筑物的地基变形允许值 表 13-9

结构类型		相对变形		变形量 (mm)
		种类	数值	
砌体结构		局部倾斜	0.001	15
房屋长度三到四开间及四角有构造柱或配筋的砌体承重结构		局部倾斜	0.0015	30
工业与民用建筑相邻柱基	框架结构无填充墙时	变形差	$0.001l$	30
	框架结构有填充墙时	变形差	$0.005l$	20
	当基础不均匀升降时不产生附加应力的结构	变形差	$0.003l$	40

注:l 为相邻柱基的中心距离(m)。

13.4.3.3　膨胀土地基的评价

(1)膨胀土的判别

膨胀土的判别是解决膨胀土地基勘察、设计的首要问题。其主要依据是工程地质特征与自由膨胀率 δ_{ef}。$\delta_{ef} \geqslant 40\%$ 且具有上述膨胀土特征和建筑物开裂破坏特征,胀缩性能较大的黏性土,应判定为膨胀土。

(2)膨胀土的膨胀潜势

不同胀缩性能的膨胀土对建筑物的危害程度明显不同。故判定为膨胀土后,还要进一步确定膨胀土的胀缩性能,即胀缩潜势。研究表明,δ_{ef} 较小的膨胀土,膨胀潜势较弱,建筑物损坏轻微;δ_{ef} 较大的膨胀土,膨胀潜势较强,建筑物损坏严重。因此《膨胀土规范》按 δ_{ef} 大小划分土的膨胀潜势强弱(表 13-10),以判别土的胀缩性高低。

| 膨胀土的膨胀潜势分类 | 表 13-10 |

自由膨胀率 δ_{ef}（%）	膨胀潜势
$40 \leqslant \delta_{ef} < 65$	弱
$65 \leqslant \delta_{ef} < 90$	中
$\delta_{ef} \geqslant 90$	强

（3）膨胀土地基的膨胀等级

评价膨胀土地基，应根据其膨胀、收缩变形对低层砖混结构的影响程度进行评定。《膨胀土规范》规定以 50kPa 压力下（相应于一层砖石结构的基底压力）测定的土的膨胀率，计算地基分级变形量 s_c，由此作为划分膨胀土地基胀缩等级的标准，如表 13-11 所示。

| 膨胀土地基的胀缩等级 | 表 13-11 |

地基分级变形量 s_c（mm）	级别
$15 \leqslant s_c < 35$	Ⅰ
$35 \leqslant s_c < 70$	Ⅱ
$s_c \geqslant 70$	Ⅲ

注：地基分级变形量 s_c 应根据膨胀土地基的变形特征确定，可分别按式（13-10）、式（13-11）和式（13-14）进行计算。

13.4.4 膨胀土地基的工程措施

膨胀土变形受外界影响因素较多，对环境变化极为敏感，故膨胀土地基问题十分复杂，该地基上建筑物的设计应遵循预防为主、综合治理的原则。鉴于膨胀土地基的胀缩特点，地基设计须严格控制地基最大变形量不超过建筑物的允许变形值；当不满足要求时，应从地基、基础、上部结构以及施工等方面采取措施。

（1）建筑措施

① 建筑物应尽量布置在地形条件比较简单、土质比较均匀、地形坡度小，胀缩性较弱的场地，不宜建在地下水位升降变化大的地段。

② 建筑物体型应力求简单。在挖方与填方交界处或地基土显著不均匀处，建筑物平面转折部位或高度（荷重）有显著变化部位以及建筑结构类型不同部位，应设置沉降缝。

③ 加强隔水、排水措施，尽量减少地基土的含水量变化。室外排水应畅通，避免积水，屋面排水宜采用外排水。散水宽度宜稍大，一般均应大于 1.2m，并加隔热保温层。

④ 室内地面设计应根据要求区别对待。对Ⅲ级膨胀土地基和使用要求特别严格的地面，可采取地面配筋或地面架空的措施。对一般工业与民用建筑地面，可按普通地面进行设计，也可采用预制混凝土块铺砌，但块体间应嵌填柔性材料。大面积地面应设分格变形缝。

⑤ 建筑物周围散水以外的空地宜种草皮。在植树绿化时应注意树种的选择，例如不宜种植吸水量和蒸发量大的桉树等速生树种，尽可能选用蒸发量小且宜成林的针叶树种或灌木。

（2）结构措施

① 膨胀土地区宜建造 3 层以上的高层房屋以加大基底压力，防止膨胀变形。

② 较均匀的弱膨胀土地基可采用条形基础；若基础埋深较大或条基基底压力较小时，宜采用墩基础。

③ 承重砌体结构可采用实心墙，墙厚不应小于 240mm，不得采用空斗墙、砌块墙或无砂混凝土砌体，不宜采用砖拱结构、无砂大孔混凝土和无筋中型砌块等对变形敏感的结构。

④ 为增加房屋的整体刚度，基础顶部和房屋顶层宜设置圈梁；多层房屋的其他各层可隔层设置，必要时也可层层设置。

⑤ 钢和钢筋混凝土排架结构、山墙和内隔墙应采用与柱基相同的基础形式，围护墙应砌置在基础梁上，基础梁底与地面之间宜留有 100mm 左右的空隙。

（3）地基处理

膨胀土地基处理的目的在于减小或消除地基胀缩对建筑物产生的危害，常用的方法有换土垫层、土性改良、深基础等。换土应采用非膨胀性黏土、砂石或灰土等材料，换土厚度应通过变形计算确定，垫层宽度应大于基底宽度。土性改良可通过在膨胀土中掺入一定量的石灰来提高土的强度，也可采用压力灌浆将石灰浆液灌入膨胀土的裂缝中起加固作用。当大气影响深度较深，膨胀土层较厚，选用地基加固或墩式基础施工有困难或不经济，以及胀缩等级为Ⅲ级或设计等级为甲级的膨胀土地基，可选用桩基穿越。

（4）施工措施

在膨胀土地基上进行基础施工时，宜采用分段快速作业法。施工过程不得使基坑暴晒或泡水，雨季施工应采取防水措施。基础施工出地面后，基坑应及时分层回填完毕。

对于坡地，由于膨胀土边坡具有多向失水性及不稳定性，且坡地建筑一般都需要挖填方，致使土质不均匀性更为突出，因此坡地上的建筑破坏普遍比平坦场地严重，应尽量避免将房屋建造在这类坎坡上。当必须在坎坡上修建房屋时，则应首先治坡，整治环境，待治坡完成后再开始兴建建筑物。治坡包括排水措施、设置支挡和设置护坡三个方面。护坡对膨胀土边坡的作用不仅是防止冲刷，更重要的是保持坡体内含水量的稳定。

13.5 冻 土 地 基

13.5.1 概述

冻土是指具有负温或零温度并含有冰的土。冻土根据冻融情况分为季节冻土、隔年冻土和多年冻土。

（1）季节冻土：指冬季冻结，夏季全部融化的冻土。我国华北、东北与西北大部分地区为此类冻土，其南界西从云南章凤，向东经昆明、贵阳，绕四川盆地北缘，到长沙、安庆、杭州一带。季节冻结深度在黑龙江南部、内蒙古东北部、吉林西北部可超过 3m，往南随纬度降低而减少。在基础埋深设计中，应考虑当地冻结深度。

（2）隔年冻土：指冬季冻结，一两年并不融化的那部分冻土。这是介于季节冻土与多年冻土之间的过渡形式的土。

（3）多年冻土：指含有固态水，且冻结状态持续 2 年或 2 年以上的冻土。这种冻土通常很厚，常年不融化，具有特殊的性质。当温度条件改变时，其物理力学性质随之改变，并产生冻胀、融陷、热融滑塌等现象。我国年平均气温低于 $-2℃$、冻期长达 7 个月以上的严寒地区有多年冻土分布。主要集中在东北大、小兴安岭北部、青藏高原以及天山、阿尔泰山等地区，总面积约为215万km²，约占我国面积的22%。

作为建筑地基的冻土，分类方法又有不同。依据行业标准《冻土地区建筑地基基础设计规范》JGJ 118—2011（以下简称《冻土规范》），根据持续时间可分为季节冻土和多年冻土；根据所含盐类与有机物的不同可分为盐渍化冻土与冻结泥炭化土；根据其变形特性可分为坚硬冻土、塑性冻土与松散冻土；根据冻土的融沉性与土的冻胀性，又可分为若干亚类。

13.5.2 冻土的物理力学性质

冻土是由土颗粒、水、冰、气体等多相成分组成的复杂体系，其物理力学性质与未冻土有着共同性；但因冻结时水相变化及其对结构和物理力学性质的影响，冻土又具有独特的性质。如冻结过程中水的迁移、冰的析出、冻胀和融沉等，都将给建筑物带来危害。

（1）土的起始冻结温度和未冻含水量

土的起始冻结温度因土类而异，砂土、砾石土约为0℃，可塑粉土为−0.5～−0.2℃，坚硬黏土和粉质黏土为−1.2～−0.6℃。同一种土，含水量越小，起始冻结温度就越低。土温度低于起始冻结温度，部分孔隙水就开始冻结；随着温度继续降低，土中未冻水含量逐渐减少。但无论温度多低，土中未冻水总是存在的，冻土中未冻水的质量与干土质量之比称为未冻水含量。对于一定的土，未冻水含量仅与温度有关，而与土的含水量无关。土中未冻水含量越少，其压缩性越小，强度越高，当未冻水含量很少时，荷载作用下土体表现为脆性破坏。

（2）冻土的力学分类

① 坚硬冻土：土中未冻水含量很少，土粒被冰牢固地胶结。坚硬冻土的强度高，压缩性低；在荷载作用下呈脆性破坏。

② 塑性冻土：土中含大量未冻水，冻土的强度不高，压缩性较大。

③ 松散冻土：土的含水量较小，土粒未被冰所胶结，仍呈冻前的松散状态。

（3）冻土的构造与融沉性

土有如下3种构造：

① 晶粒状构造。冻结时，水分就在原来的孔隙中结成晶粒状的冰晶。一般砂土或冻结速率大、含水量小的黏性土，具有这种构造，如图13-9（a）所示。

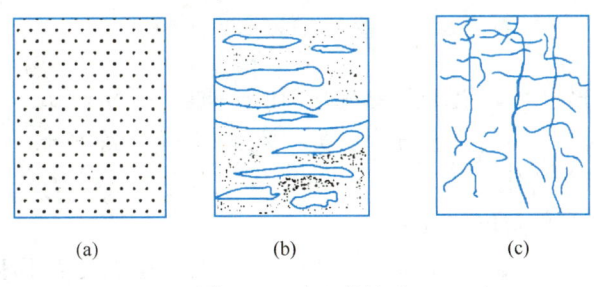

图 13-9　冻土的构造
（a）晶粒状构造；（b）层状构造；（c）网状构造

② 层状构造。土在单向冻结并有水分转移时，形成层状构造。冰和矿物颗粒离析，形成冰夹层。在冻结速率小、冻结过程中有水分迁移的饱和黏性土与粉土中常见，如

图 13-9(b)所示。

③ 网状构造。土在多向冻结条件下，分水转移形成网状构造，也称为蜂窝状构造，如图 13-9(c) 所示。

冻土的融沉性是评价冻土工程性质的重要指标。晶粒构造的冻土融沉性小，网状构造的冻土融沉性大。融沉性应由试验测定，并以融沉系数 A_0 表示：

$$A_0 = \frac{h - h'}{h} = \frac{e - e'}{1 + e} \tag{13-16}$$

式中　h、e——分别为冻土试样融化前的厚度（mm）与孔隙比；

h'、e'——分别为冻土试样融化后的厚度（mm）与孔隙比。

$A_0 < 3\%$ 为弱融沉；$A_0 = 3\% \sim 10\%$ 为融沉；$A_0 = 10\% \sim 25\%$ 为强融沉；$A_0 > 25\%$ 为融陷。

多年冻土的融沉性，根据平均融沉系数 δ_0 的大小，划分为不融沉、弱融沉、融沉、强融沉和融陷五级。平均融沉系数 δ_0 按下式计算：

$$\delta_0 = \frac{h_1 - h_2}{h_1} = \frac{e_1 - e_2}{1 + e_1} \times 100 \tag{13-17}$$

式中　h_1、e_1——分别为冻土试样融化前的高度（mm）和孔隙比；

h_2、e_2——分别为冻土试样融化后的高度（mm）和孔隙比。

（4）冻土的物理力学性质指标

① 相对含冰量 i_c（%）：$i_c = \dfrac{\text{冰的质量}}{\text{全部水的质量}}$

② 冰夹层含水量 w_0（%）：$w_0 = \dfrac{\text{冰夹层的质量}}{\text{土骨架的质量}}$

③ 未冻水含量 w_r：$w_r = (1 - i_0)w$

④ 饱冰度 V（%）：$V = \dfrac{\text{冰的质量}}{\text{土的总质量}} = \dfrac{i_c w}{1 + w}$

⑤ 冰夹层含冰量 B_b（%）：$B_b = \dfrac{\text{冰透晶体和冰夹层体积}}{\text{冻土总体积}}$

⑥ 冻胀量 V_p：土在冰冻过程中的相对体积膨胀（以小数表示），按下式计算：

$$V_p = \frac{\gamma_r + \gamma_d}{\gamma_r} \tag{13-18}$$

式中　γ_r、γ_d——分别为冻土融化后和融化前的干重度（kN/m³）。

根据冻胀量的大小，可将冻土分为三类：$V_p < 0$，为不冻胀土；$0 \leqslant V_p \leqslant 0.22$，为弱冻胀土；$V_p > 0.22$，为冻胀土。

（5）冻土的抗压强度与抗剪强度

① 冻土的抗压强度：由于冰的胶结作用，冻土的抗压强度大于未冻土，并随气温降低而增高。在长期荷载下，冻土具有强烈的流变性，其极限抗压强度远低于瞬时荷载下抗压强度。

② 冻土的抗剪强度：在长期荷载下，冻土的抗剪强度低于瞬时荷载下的强度。融化后土的黏聚力将大幅下降，由此可能造成事故。

（6）冻土地基的融沉变形

① 冻土融化前后孔隙比发生变化。短期荷载下，冻土压缩性很低，可不计其变形。但冻土融化时，结构破坏，成为高压缩性的土体，产生剧烈变形。由图 13-10（a）冻土的压缩曲线可见，当温度由$-0℃$至$+0℃$时，孔隙比突变 Δe。图 13-13（b）表示融化前后孔隙比之差 Δe 与压力 p 的关系。在压力 $p \leqslant 500\text{kPa}$ 时，Δe 与 p 可视为线性关系，用以下公式表示：

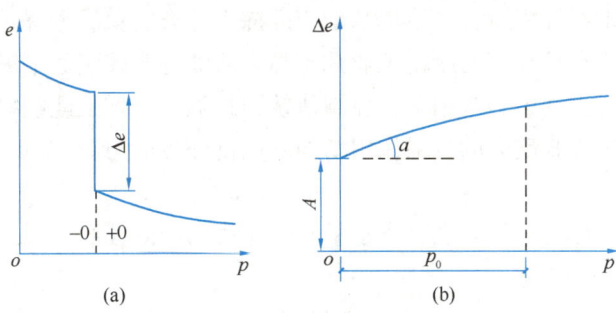

图 13-10　冻土融化前后孔隙比变化曲线
（a）$e\text{-}p$ 曲线；（b）$\Delta e\text{-}p$ 曲线；

$$\Delta e = A + ap \tag{13-19}$$

式中　A——$\Delta e\text{-}p$ 曲线在纵坐标上的截距，为融沉系数；

　　　a——$\Delta e\text{-}p$ 曲线的斜率，为冻土融化时的压缩系数。

② 冻土地基的融沉变形按下式计算：

$$s = \frac{\Delta e}{1+e_1}h = \frac{A}{1+e_1}h + \frac{ap}{1+e_1}h = A_0 h + a_0 ph \tag{13-20}$$

式中　e_1——冻土的原始孔隙比；

　　　h——冻土层融化前的厚度（m）；

　　　A_0——冻土的相对融沉量（即融沉系数）；

　　　a_0——冻土的压缩系数（MPa^{-1}），$a_0 = \dfrac{a}{1+e_1}$；

　　　p——作用在冻土上的总压力（kPa），即土的自重压力和附加压力之和。

13.5.3　冻土地基的评价

（1）季节冻土（含多年冻土季节融化层土）

冻土在冻结状态时强度较高、压缩性较低；融化后承载力急剧下降，压缩性提高，地基产生融沉；在冻结过程中产生冻胀，对地基不利。冻土地基的冻胀和融沉与土的颗粒大小及含水量有关，一般颗粒越粗，含水量越小，土的冻胀和融沉性越小；反之亦然。

根据冻土的冻胀率 η 可将季节冻土分为五类：

① Ⅰ类不冻胀土。$\eta \leqslant 1\%$，冻结时基本无水分迁移，冻胀量很小，对基础无危害。

② Ⅱ类弱冻胀土。$1\% < \eta \leqslant 3.5\%$，冻结时水分迁移很少，地表无明显冻胀隆起，对一般浅基础也无危害。

③ Ⅲ类冻胀土。$3.5\% < \eta \leqslant 6\%$，冻结时水分有较多迁移，形成冰夹层，若建筑物自重轻，基础埋深过浅，将产生较大冻胀变形，冻深大时还会由于切向冻胀力使基础上拔。

④ Ⅳ类强冻胀土。$6\% < \eta \leqslant 12\%$，冻结时水分大量迁移，形成较厚冰夹层，冻胀严重，即使基础埋深超过冻胀线，也可能因切向冻胀力而上拔。

⑤ Ⅴ类特强冻胀土。$\eta > 12\%$，冻胀量很大，是基础冻胀上拔破坏的主要原因。

冻胀率是指总冻胀量与冻结深度（不包括冻胀量）的比值，其测定方法可参见《土工试验方法标准》GB/T 50123—2019。

对季节冻土，工程上应尽量减小其冻胀力和改善冻胀性，具体可采取如下措施：①采用较纯净的砂、砂砾石等粗颗粒土换填基础四周冻土并夯实；②做好排水措施，避免基础堵水而造成冻害；③在基础侧面涂刷工业凡士林、渣油等改善表面平滑度，减小切向冻胀力；④设置钢筋混凝土圈梁和基础梁，控制建筑物长宽比，增强建筑物整体刚度；⑤改善基础断面形状，利用冻胀反力的自锚作用增加基础抗冻拔能力。

（2）多年冻土

多年冻土的融沉性与土的类别、含水量及融化后的潮湿程度有关。根据冻土的平均融沉系数 δ_0，可将其分为五级：

① Ⅰ级不融沉土。$\delta_0 \leqslant 1$，少冰冻土，除基岩之外为最好的地基土，一般不需考虑冻融问题。

② Ⅱ级弱融沉土。$1 < \delta_0 \leqslant 3$，多冰冻土，为多年冻土中较好的地基土，可直接作为建筑物地基；若基底最大融深控制在 3m 以内，建筑物不会遭受明显融沉破坏。

③ Ⅲ级融沉土。$3 < \delta_0 \leqslant 10$，富冰冻土，具有较大的融化下沉量，且冬天回冻时有较大冻胀量。一般基底融深不得大于 1m，并需采取专门措施，如深基础或保温防止地基融化等。

④ Ⅳ级强融沉土。$10 < \delta_0 \leqslant 25$，饱冰冻土，融化下沉量很大，往往造成建筑物破坏，设计时应保持冻土不融或采用桩基础等。

⑤ Ⅴ级融陷土。$\delta_0 > 25$，含土冰层，融化后呈流动、饱和状态，不能直接作为建筑物地基，应进行专门处理。

对于多年冻土地基，在工程中可根据建筑物特点和冻土的性质，分别选用保持冻结状态、逐渐融化状态和预先融化状态设计。

① 保持冻结状态设计应对周围环境采取防止破坏温度自然平衡状态的措施，保持多年冻土地基在施工和使用期间处于冻结状态，宜采用桩基础，对设计等级为甲级的建筑物可采用热桩基础。宜用于冻层较厚、多年低温较低和多年冻土相对稳定的地带，施工时宜选在冬季，并注意保护地表植被，或在地表铺盖保温性能较好的材料，减少热渗入等。

② 逐渐融化状态设计即采取加大基础埋深、设置地面排水、保温隔热地板等措施，容许地基以下的多年冻土在施工和使用期间处于逐渐融化状态，而不人为加大地基土的融化深度。宜用于多年冻土年平均地温为 $-0.5 \sim 1.0℃$，持力层范围内土层处于塑性冻结状态，室温较高，占地面积较大，或热载体管道及给水排水系统对冻层产生热影响的地基。

③ 预先融化状态设计即根据具体情况在施工前采用人工融化压密或用颗粒土置换细颗粒土等措施，处理季节融化深度或受压层深度。宜用于多年冻土年平均地温不低于 $-0.5℃$，室温较高，占地面积不大的建筑物地基。对于预先融化状态设计，当冻土层全部融化时，应按季节冻土地基设计。

13.5.4　冻土地基的工程措施

（1）换填法

用粗砂、砾石等不冻胀材料填筑在基础底部。对不采暖建筑物换填深度为当地冻结深度的 80%，对采暖建筑物换填深度为当地冻结深度的 60%，宽度由基础每边外伸15～20cm。

青藏铁路在挖方地段或填土厚度达不到最小设计高度的低路堤地段，基底换填粗粒土，防止冻胀融沉。当基底为高含冰量冻土层时，换填厚度为 1.3～1.4 倍天然上限深度。为防止地表水下渗，换填时放置了复合土工膜防渗层。

（2）物理化学法

① 人工盐渍化改良土：加入 NaCl、$NaCl_2$ 和 KCl 等，以降低冰点的温度，减轻冻害。

② 用憎水物质改良土：加化学表面活性剂如柴油等，以减少地基的含水量。

③ 使土颗粒聚集或分散改良土：如用顺丁烯聚合物，使土粒聚集，降低冻胀。

使用上述方法，需对水土产生的影响进行论证。

（3）保温法

保温法即在建筑物基础底部或四周设隔热层，增大热阻，推迟土的冻结，提高土温，降低冻结深度。

（4）隔热降温法

隔热降温法是利用空气或其他介质的对流，加快地基的散热，保护冻土；或利用遮挡阳光的办法，减少太阳辐射对地基冻土的影响，从而保持冻土稳定的办法。以青藏铁路为例，工程采用了片石气冷、碎石（片石）护坡、通风管、热棒、遮阳棚、隔热层降温等多种措施对路基进行隔热降温。

（5）排水隔热法

水是冻土病害的最大根源。此法在建筑物周围设排水沟、截水沟、挡水堆，防止雨水渗入地基，同时在基础的两侧与底部填砂石料，保持排水通畅，防止积水造成地基冻融变形。

（6）结构措施

如青藏铁路采用如下三种结构措施：

① 采用深基础：埋于当地冻结深度以下。

② 锚固式基础：包括深桩基础与扩大基础。

③ 回避性措施：包裹架空法、埋入法、隔离法等。

青藏铁路冻土地段长，施工时采用了大量回避性方法以降低施工对冻土的不利影响，如在隧道衬砌中增加隔热层、在桥梁基础施工中采用旋挖钻孔灌注桩、在涵洞施工中采用矩形拼装式钢筋混凝土结构等隔离、埋入的方法，都起到了很好的效果。

13.6　山区地基与红黏土地基

13.6.1　概述

山区地基覆盖层厚薄不均，下卧基岩面起伏较大。土岩组合地基在山区较为普遍。当地基下卧岩层为可溶性岩层时，易出现岩溶发育。土洞是岩溶作用的产物。凡具备土洞发育条件的岩溶地区，一般均有土洞发育。红黏土也常分布在岩溶地区，成为基岩的覆盖层。由于地表水和地下水的运动引起冲蚀和潜蚀作用，红黏土中常有土洞存在。因此，红黏土与岩溶、土洞关系密切。本节将介绍土岩组合地基、岩溶、土洞及红黏土地基的工程特性和工程措施。

13.6.2 土岩组合地基

当建筑地基（或被沉降缝分隔区段的建筑地基）的主要受力层范围内存在下卧基岩表面坡度较大的地基、石芽密布并有出露的地基、大块孤石或个别石芽出露的地基三种情况之一时，属于土岩组合地基。

（1）土岩组合地基的工程特性

土岩组合地基在山区工程建设中较为常见，主要特征是地基在水平和垂直方向具有不均匀性，其主要工程特性如下：

① 下卧基岩表面坡度较大

由于基岩表面倾斜，基底下土层厚薄不均，地基承载力和压缩性相差很大，易引起建筑物不均匀沉降；上覆土层也有可能沿倾斜基岩表面滑动造成失稳。

② 石芽密布并有出露的地基

这类地基一般是在岩溶地区出现，如我国贵州、广西和云南等地。其特点是基岩表面起伏较大，石芽间多被红黏土所填充，即使采用很密集的勘探点，也不易查清岩面起伏变化的全貌。

③ 大块孤石地基

地基中夹杂着大块孤石，多出现在山前洪积层或冰层中。这类地基类似于岩层表面相背倾斜和个别石芽出露地基，其变形条件最为不利，建筑物极易开裂。

（2）土岩组合地基的处理

土岩组合地基的处理可分为结构措施和地基处理两方面，两者也可相互协调与互补。

① 结构措施

对于建造在软、硬相差比较大的土岩组合地基上的长度较大或造型复杂的建筑物，为减小不均匀沉降所造成的危害，宜用沉降缝将建筑物分开，缝宽 30～50mm。必要时应加强上部结构的刚度，如加密隔墙、增设圈梁等。

② 地基处理

地基处理措施可分为两大类。一类是处理压缩性较高部分的地基，使之适应压缩性较低的地基。如采用桩基础、局部深挖、换填或用梁、板、拱跨越等方法。这类处理方法效果较好，费用也较高。另一类是处理压缩性较低部分的地基，使之适应压缩性较高的地基。如采用褥垫法，在石芽出露部位做褥垫，也能取得良好的效果。褥垫可采用炉渣、中砂、土夹石或黏性土等，厚度宜取 300～500mm。

13.6.3 岩溶

（1）概述

岩溶（又称喀斯特）是指可溶性岩层如石灰岩、白云岩、石膏、岩盐等受水的长期溶蚀作用，在岩层中形成沟槽、裂隙、石芽、石林和空洞，以及由于空洞顶板塌落使地表产生陷穴、洼地等现象和作用的总称。我国岩溶分布较广，尤其是碳酸盐类岩溶，西南地区、东南地区都有分布，贵州、云南、广西等地最为集中。

（2）岩溶发育条件和规律

岩溶发育的条件是：具有可溶性岩层；具有足够溶解能力和足够流量的水；地表水有

下渗、地下水有流动的途径。岩溶的发育主要与岩性、地质构造、地形、气候等相关。

（3）岩溶地基稳定性评价和处理措施

对岩溶地基的评价与处理，是山区建筑物和构筑物经常遇到的问题。在这类地区进行工程建设时，首先是查明与评价，其次是预防与处理。

在岩溶地区首先要了解岩溶的发育规律、分布情况和稳定程度。岩溶对地基稳定性的影响，主要表现在：①在地基主要受力层范围内，如有溶洞、暗河等，在附加荷载或振动作用下，溶洞顶板塌陷，地基突然下沉；②溶洞、溶槽、石芽、漏斗等岩溶形态造成基岩面起伏较大，或者有软土分布，地基易产生不均匀沉降；③基础埋置在基岩上，其附近有溶沟、竖向岩溶裂隙、落水洞等，有可能使基础下岩层沿倾向上述临空面的软弱结构面产生滑动；④基岩和上覆层内，由于岩溶地区较复杂的水文地质条件，易产生新的工程地质问题，造成地基恶化。

在不稳定的岩溶地区进行建设，重要建筑物应避开岩溶强烈发育区；对一般岩溶地基，也必须结合岩溶的形态、工程要求、施工条件和经济安全原则，综合考虑进行处理。具体处理措施有：

① 清爆换填

适用于处理顶板不稳定的潜埋溶洞地基，即清除覆土，爆开顶板，挖去松软填充物，分层回填上粗下细碎石滤水层，然后建造基础。

② 梁板跨越

对于洞壁完整、强度较高而顶板破碎的岩溶地基，宜采用钢筋混凝土梁、板跨越，但支承点必须落在较完整的岩面上。

③ 洞底支撑

适用于处理跨度较大，顶板完整，但厚度较薄的溶洞地基。采用石砌柱或钢筋混凝土柱支撑洞顶。应注意查明洞底的稳定性。

④ 水流排导

岩溶水的处理应采取疏导的原则，一般采用排水隧洞、排水管道等进行疏导，以防止水流通道堵塞，造成动水压力对基坑底板、地坪及道路等的不良影响。

13.6.4 土洞

（1）概述

土洞是岩溶地区可溶性岩层的上覆土层在地表水冲蚀或地下水潜蚀作用下所形成的洞穴。土洞继续发展，逐渐扩大，可引起地表塌陷。

土洞多位于黏性土层中，砂土和碎石土中少见。在黏性土中，土洞的形成决定于黏土颗粒成分、黏聚力、水理性稳定情况等条件。凡颗粒细、黏性大、胶结好、水理性稳定的土层，不易形成土洞；反之，则易形成。在溶槽处，经常有软黏土分布，抗冲蚀能力弱，且处于地下水流首先作用的场所，是土洞发育的有利部位。

（2）土洞地基的工程措施

土洞和地表塌陷密集的地段属于工程地质条件不良或不稳定地段。实践表明，因土洞埋藏浅、分布密、发育快、顶板强度低，危害非常大。有时在勘察和施工阶段未发现土洞，工程建设完成后因地表水和地下水条件发生改变而产生新的土洞，此时危害更大。

当建筑场地处于具备土洞发育条件的地区时，应查明土洞发育程度和分布规律，查明土洞和塌陷的位置、埋深、大小及形成条件，认真进行处理。常用的工程措施如下：

① 采用桩基或沉井等深基础

对重要建筑物，当土洞较深时，可用桩基或沉井穿越覆盖土层，将上部荷载传至稳定岩层。

② 处理地表水和地下水

在土洞及塌陷发育的建造场地，做好地表水的截流、防渗、堵漏工作，使之停止发育。不得设置人工改变地下水位的设施，否则应采取措施预防塌陷。

③ 挖填夯实

对于浅层土洞，可先挖除土洞，然后用块石、毛石或混凝土回填。近年来，有采用强夯法破坏土洞、加固地基，效果良好。

④ 灌填处理

适用于埋藏深、洞径大的土洞。施工时，在洞体范围内的顶板上打两个或多个孔，用水冲法将砂、砾石灌进洞内。

⑤ 梁板跨越

对直径较小、危害较小的土洞，当土层稳定性较好时，可不处理洞体，只在洞顶上部用钢筋混凝土梁板跨越。

13.6.5　红黏土地基

（1）红黏土的形成及分布

红黏土是石灰岩、白云岩等碳酸盐类岩石，在亚热带高温潮湿气候条件下，经风化作用形成的高塑性红色黏土，一般液限大于 50%。经再搬运后，仍保留红黏土基本特征，液限大于 45% 的土，称为次生红黏土。

红黏土在我国西南地区的云地、贵州和广西分布广泛，广东、海南、福建、四川、湖北、湖南、安徽等地也有分布，一般在山区或丘陵地带居多。

岩溶地区的基岩上常覆盖红黏土。由于地表水和地下水运动引起冲蚀和潜蚀作用，红黏土中常产生土洞。

除了碳酸盐岩类出露区的红黏土以外，还有玄武岩出露区红黏土、花岗岩出露区红土、红层出露区红土以及中更新世网纹红土等。

（2）红黏土的工程特性

红黏土的主要特征表现如下。

① 颜色：呈褐红、棕红、紫红及黄褐色。

② 土层厚度：一般厚 3～10m，个别地带厚达 20～30m。因受基岩起伏影响，往往在水平距离仅 1m 范围内，厚度可突变 4～5m，分布很不均匀。

③ 状态与裂隙：沿深度方向，上部硬，下部软。因胀缩交替变化，红黏土中网状裂隙发育，裂隙延伸至地下 3～4m，破坏了土体的完整性。位于斜坡、陡坎上的竖向裂隙，容易引起滑坡。

④ 矿物化学成分

红黏土的矿物成分主要为石英和高岭石（或伊利石），化学成分以 SiO_2、Fe_2O_3、Al_2O_3 为主。土中基本结构单元除静电引力和吸附水膜联结外，还有铁质胶结，因而土体具有较高的连接强度，可抑制土粒扩散层厚度和晶格扩展，在自然条件下具有较好的水稳性。由于红黏土分布区气候潮湿多雨，含水量远高于缩限，在自然条件下失水，土粒结合水膜减薄，颗粒距离缩小，使红黏土具有明显的收缩性和裂隙发育等特征。

⑤ 物理力学性质

红黏土中黏土颗粒含量较高（$d<0.005mm$ 的黏粒含量高达 $55\%\sim70\%$）故其天然孔隙比较大（$1.1\sim1.7$），常处于饱和状态（$S_r>85\%$），天然含水量（$30\%\sim60\%$）、液限（$60\%\sim110\%$）、塑限（$30\%\sim60\%$）都很高，塑性指数为 $30\sim50$，为高塑性黏土，但液性指数较小（$-0.1\sim0.4$），因此红黏土以含结合水为主。其含水量虽高，但土体一般仍处于硬塑或坚硬状态，且具有较高的强度和较低的压缩性。黏聚力 $c=40\sim90kPa$，内摩擦角 $\varphi=8°\sim20°$，压缩系数 $a_{1-2}<0.3MPa^{-1}$；在孔隙比相同时，其承载力为软黏土的 $2\sim3$ 倍，一般 $f_{ak}=180\sim380kPa$。此外，红黏土的各种性能指标变化幅度很大，具有较大的分散性。

⑥ 不良工程特征

从土的性质来说，红黏土是较好的建筑物地基，但也存在一些不良工程特征。有些地区的红黏土具有胀缩性；厚度分布不均，常因石灰岩表面石芽、溶沟等的存在，其厚度在近距离内相差悬殊（有的 1m 之间厚度相差竟达 8m）；上硬下软，从地表向下由硬至软明显变化，接近下卧基岩面处，土常呈软塑或流塑状态，土的强度逐渐降低，压缩性逐渐增大；因地表水和地下水的运动引起冲蚀和潜蚀作用，岩溶现象一般较为发育，在隐伏岩溶上的红黏土层常有土洞存在，影响场地稳定性。

（3）红黏土地基的评价与工程措施

红黏土的表层，通常呈坚硬-硬塑状态，强度高，压缩性低，为良好地基。可充分利用表层红黏土作为天然地基持力层。红黏土的底层，接近下卧基岩面附近，尤其在基岩面低洼处，因地下水积聚，常呈软塑或流塑状态。该处红黏土强度较低，压缩性较高，为不良地基。

在工程建设中，应根据具体情况，充分利用红黏土上硬下软的分布特征，基础尽量浅埋。红黏土层下部存在局部的软弱下卧层和岩层起伏过大时，应考虑地基不均匀沉降的影响，采取相应的措施。

红黏土地基还常存在岩溶和土洞，可按前述方法进行地基处理。为了清除红黏土中地基存在的石芽、土洞和土层不均匀等不利因素的影响，应采取换土、填洞来加强基础和上部结构整体刚度，或采用桩基和其他深基础等措施。

红黏土裂隙发育，在建筑物施工或使用期间均应做好防水排水措施，避免水分渗入地基。位于天然土坡和人工开挖的边坡及基槽，应防止破坏坡面植被和自然排水系统，坡面上的裂隙应阻塞，做好地表水、地下水及生产和生活用水的排泄、防渗等措施，保证土体的稳定性。对基岩面起伏大、岩质坚硬的地基，也可采用大直径嵌岩桩和墩基进行处理。

13.7 盐渍土地基及其他地基

13.7.1 盐渍土地基
13.7.1.1 盐渍土的成因及其分布
（1）盐渍土的成因

土中易溶盐含量超过 0.3% 的称为盐渍土。盐渍土的成因取决于三个方面：盐源、迁移和积聚。

① 盐源

盐渍土中盐的主要来源有三种：①岩石在风化过程中分离出少量的盐；②海水侵入、倒灌等渗入土中；③工业废水或含盐废弃物，使土体中含盐量增高。

② 盐的迁移和积聚

盐的迁移和积聚主要靠风力或水流来完成。在沙漠干旱地区，大风常将含盐的土粒或盐的晶体吹落到远处，积聚起来，使盐重新分布。水流是盐类迁移和重新分布的主要因素。地表水和地下水在流动过程中把所溶解的盐带至低洼处，有时形成大的盐湖。在含盐量（矿化度）很高的水流经过的地区，如遇到干旱的气候环境，由于强烈蒸发，盐类析出并积聚在土体中形成盐渍土。在滨海地区，地下水中的盐分，通过毛细作用，将下部的盐输送到地表，由于地表的蒸发作用，盐分析出，含盐量在竖直方向上有很大差异。有些地区长期大量开采地下水，农田灌溉不当，也会造成盐分积聚。

（2）盐渍土的分布

盐渍土在世界各地均有分布。我国的盐渍土主要分布在西北干旱地区的新疆、青海、甘肃、宁夏、内蒙古等地势低洼的盆地和平原中；其次在华北平原、松辽平原等；另外在滨海地区的辽东湾、渤海湾、莱州湾、杭州湾以及包括台湾在内的诸岛屿沿岸，也有相当面积的存在。

盐渍土中有些以含碳酸钠或碳酸氢钠为主，碱性较大，一般 pH 值为 8～10.5，这种土称为碱土，或碱性盐渍土，农业上称为苏打土。这种土零星分布于我国东北的松辽平原，华北的黄、淮、海河平原。

13.7.1.2　盐渍土的分类

盐渍土可按含盐性质、盐渍化程度进行分类。

（1）按含盐性质分类

盐渍土中主要含盐成分为氯盐、硫酸盐和碳酸盐。按 100 克土中阴离子含量（按毫克当量计）的比值作为分类指标，盐渍土分类如表 13-12 所示。

盐渍土按含盐成分分类　　　　　　　　　　　表 13-12

盐渍土名称	离子含量比值	
	$\dfrac{c(Cl^-)}{2c(SO_4^{2-})}$	$\dfrac{2c(CO_4^{2-})+c(HCO_3^-)}{c(Cl^-)+2c(SO_4^{2-})}$
氯盐渍土	>2	—
亚氯盐渍土	1～2	—
亚硫酸盐渍土	0.3～1.0	—
硫酸盐渍土	<0.3	—
碳酸盐渍土	—	>0.3

注：离子含量以 100g 土中离子的毫摩尔数计（mmol/100g）。

（2）按盐渍化程度分类

根据土的盐渍化程度分为弱盐渍土、中盐渍土、强盐渍土、过盐渍土四类，如表 13-13 所示。

盐渍土类型	细粒土土层的平均含盐量（以质量百分数计）		粗粒土通过 1mm 筛孔土的平均含盐量（以质量百分数计）	
	氯盐渍土及亚氯盐渍土	硫酸盐渍土及亚硫酸盐渍土	氯盐渍土及亚氯盐渍土	硫酸盐渍土及亚硫酸盐渍土
弱盐渍土	0.3～1.0	0.3～0.5	2.0～5.0	0.5～1.5
中盐渍土	1.0～5.0	0.5～2.0	5.0～8.0	1.5～3.0
强盐渍土	5.0～8.0	>5.0	8.0～10.0	3.0～6.0
过盐渍土	>8.0	>5.0	>10.0	>6.0

注：离子含量以 100g 干土内的含盐总量计。

13.7.1.3 盐渍土地基的评价与工程措施

对盐渍土地基的评价，主要考虑盐渍土地基的溶陷性、盐胀性和腐蚀性三个方面。

（1）溶陷性

天然状态下盐渍土在自重压力或附加压力作用下，受水浸湿时产生的附加变形称作盐渍土的溶陷变形。大量研究表明，只有干燥和稍湿的盐渍土才具有溶陷性，且大都为自重溶陷。盐渍土的溶陷性可以用单一的有荷载作用时的溶陷系数 δ 来衡量。δ 的测定与黄土的湿陷系数相似，由室内压缩试验确定：

$$\delta = \frac{h_p - h'_p}{h_0} \tag{13-21}$$

式中 h_0——盐渍土未扰动土样的原始高度；

      h_p——压力 p 作用下变形稳定后的土样高度（mm）；

      h'_p——压力 p 作用下浸水溶滤变形稳定后的土样高度（mm）。

溶陷系数也可通过现场试验确定：

$$\delta = \frac{\Delta s}{h} \tag{13-22}$$

式中 Δs——载荷板压力为 p 时、盐渍土浸水后的溶陷量（mm）；

      h——载荷板下盐渍土的湿润深度（mm）。

根据溶陷系数计算地基的溶陷量 s：

$$s = \sum_{i=1}^{n} \delta_i h_i \tag{13-23}$$

式中 δ_i、h_i——第 i 层土的溶陷系数及其厚度（mm）；

      n——基础底面以下可能产生溶陷的土层层数。

各级公路地基的溶陷量应符合表 13-14 规定。

公路等级	高速公路、一级公路	二级公路	三、四级公路
溶陷量 s（mm）	<70	<150	<400

（2）盐胀性

盐渍土地基的盐胀性一般可分为两类：结晶膨胀和非结晶膨胀。

结晶膨胀是由于盐渍土因温度降低或失去水分后，溶于孔隙水中的盐浓缩并析出结晶所产生的体积膨胀。当土中硫酸钠含量超过某一值（约2%）时，在低温或含水量下降时，硫酸钠发生结晶膨胀，对于无上覆压力的地面或路基，膨胀高度可达数十至几百毫米，这成了盐渍土地区一个严重的工程问题。

非结晶膨胀是指由于盐渍土中存在着大量吸附性阳离子，特别是低价的水化阳离子与黏土胶粒相互作用，使扩散层水膜厚度增大而引起土体膨胀。最具代表性的是碳酸盐渍土，当含水量增加时，其土质会泥泞不堪。

盐胀性应以地表以下1.0m范围土体的盐胀率 η 为评价指标，当盐胀率的监测时间周期不足时，评价指标可采用硫酸钠含量。表13-15规定了不同等级公路路基盐胀率或硫酸钠含量的限值。

盐渍土含盐性质划分

表13-15

公路等级	路基高度 h（m）	盐胀率 η	硫酸钠含量（%）
高速公路、一级公路	≤2	≤1	≤0.5
	≤2	≤2	≤1.2
二级及二级以下公路	≤2	≤2	≤1.2
	>2	≤4	≤2.0

（3）腐蚀性

土的腐蚀性是一个十分复杂的问题。盐渍土中含有大量的无机盐，它使土具有明显的腐蚀性，对建筑物基础和地下设施构成一种严重的腐蚀环境，影响其耐久性和安全使用。

盐渍土中的氯盐是易溶盐，在水溶液中全部离解为阴、阳离子，属于电解质，具有很强的腐蚀作用，特别是金属类的管线、设备，混凝土中的钢筋等都会遭到严重损坏。

盐渍土中的硫酸盐，主要指钠盐、镁盐和钙盐。这些都属于易溶盐和中溶盐。硫酸盐主要对水泥、黏土制品化学腐蚀非常严重。

盐渍土腐蚀性评价见表13-16。

盐渍土腐蚀性评价表

表13-16

地基介质	离子种类	埋设条件	腐蚀性等级			
			微	弱	中	强
地下水中盐离子含量（mg/L）	NH^+	全浸	≤500	500～1000	>1000	
	Mg^{2+}	全浸	≤1000	1000～2000	2000～4000	>4000
	SO_4^{2-}	全浸	≤250	250～1000	1000～4000	>4000
	Cl^-	全浸	≤5000	5000～20000		
		干湿交替	≤500	500～5000	>5000	
	pH	全浸	>6.5	6.5～5.0	5.0～4.0	<4.0
土中盐离子含量（mg/kg）	SO_4^{2-}	干燥	≤2000	2000～4000	4000～6000	>6000
		潮湿	≤400	400～2000	2000～4000	>4000

地基介质	离子种类	埋设条件	腐蚀性等级			
			微	弱	中	强
土中盐离子含量（mg/kg）	Cl⁻	干燥	≤5000	5000～20000	>20000	
		潮湿	≤1000	1000～7500	>7500	
	总盐量（mg/kg）	有蒸发面	≤3000	3000～5000	5000～10000	>10000
		无蒸发面	≤5000	5000～20000	20000～50000	>50000
	pH		>6.5	6.5～5.0	5.0～4.0	<4.0

盐渍土处治的工程措施主要有以下几种：

① 换填法

换填法适用于地下水埋置较深的浅层盐渍土地基和不均匀盐渍土地基，换填料应为非盐渍化的级配砂砾石、中粗砂、碎石、矿渣、粉煤灰等，不宜采用石灰和水泥混合料。

② 预压法

预压法适用于处理盐渍土中的淤泥质土、淤泥和吹填土等饱和软土地基。当采用预压法处理时，宜在地基中设置竖向排水体加速排水固结。竖向排水体可采用塑料排水带、袋装砂井或普通砂井。

③ 强夯法和强夯置换法

强夯法和强夯置换法适用于处理盐渍土中的碎石土、砂土、粉土和低塑性黏性土地基以及由此类土组成的填土地基，不宜用于处理盐胀性地基。

④ 砂石（碎石）桩法

砂石（碎石）桩适用于处理溶陷性盐渍土中的松散砂土、碎石土、粉土、黏性土和填土等地基。

⑤ 浸水预溶法

浸水预溶法适用于处理厚度不大、渗透性较好的无侧向盐分补给的盐渍土地基；黏性土、粉土以及含盐量高或厚度大的盐渍土地基，不宜采用浸水预溶法。

13.7.2 其他地基

其他特殊土地基包括填土、混合土、污染土、风化岩和残积土等地基。

13.7.2.1 填土地基

填土系人类活动而堆填的土。填土根据其物质组成和堆填方式可分为素填土、杂填土和冲填土三类。

（1）素填土

由碎石土、砂土、粉土和黏性土等一种或几种材料组成的填土，其中不含杂质或含杂质很少。按主要组成物质分为：碎石素填土、砂性素填土、粉性素填土、黏性素填土。

（2）杂填土

含有大量建筑垃圾、工业废料或生活垃圾等杂物的填土。按其组成物质成分和特征分为：

① 建筑垃圾土：主要为碎砖、瓦砾、朽木等建筑垃圾夹土组成，有机物含量较少。

② 工业废料土：由现代工业生产的废渣、废料堆积而成，如矿渣、煤渣、电石渣以

及其他工业废料夹少量土类组成。

③ 生活垃圾土：由大量居民生活中抛弃的废物，诸如炉灰、布片、菜皮、陶瓷片等杂物夹土类组成，一般含有机质和未分解的腐殖质较多。

（3）冲填土

人为的用水力冲填方式而沉积的土，多用于沿海滩涂开发及河漫滩造地。西北地区常见的水坠坝（也称冲填坝）即是冲填土堆筑的坝。冲填土形成的地基可视为天然地基的一种，它的工程性质主要取决于冲填土的性质。

一般来说，填土具有不均匀性、湿陷性、自重压密性及低强度、高压缩性。

（1）素填土的工程性质

素填土的工程性质取决于它的均匀性和密实度。在堆填过程中，未经人工压实者，一般密实度较差；但堆积时间较长，由于土的自重压密作用，也能达到一定密实度。如堆积时间超过 10 年的黏性素填土、超过 5 年的砂性素填土，均具有一定的密实度和强度，可以作为一般建筑物的天然地基。

（2）杂填土的工程性质

① 性质不均，厚度和密度变化大。由于杂填土的堆积条件、堆积时间，特别是物质来源和组成成分的复杂和差异，杂填土的性质很不均匀，密度变化大，分布范围和厚度的变化均缺乏规律性，带有极大的人为随意性，往往在很小范围内，性质变化很大。当杂填土的堆积时间越长，物质组成越均匀，颗粒越粗，有机物含量越少，则作为天然地基的可能性越大。

② 变形大，并有湿陷性。就其变形特性而言，杂填土往往是一种欠压密土，一般具有较高的压缩性。对部分新的杂填土，除正常荷载作用下的沉降外，还存在自重压密下沉及湿陷变形的特点；对生活垃圾土，还存在因进一步分解腐殖质而引起的变形。在干旱和半干旱地区，干或稍湿的杂填土，往往具有湿陷性。堆积时间短、结构疏松，这是杂填土浸水湿陷和变形大的主要原因。

③ 压缩性大，强度低。杂填土的物质成分异常复杂，不同物质成分直接影响土的工程性质。建筑垃圾土的组成物以砖块为主时，优于以瓦片为主。建筑垃圾土和工业废料土，在一般情况下优于生活垃圾土。因生活垃圾土物质成分杂乱，含大量有机质和未分解的腐殖质，具有很大的压缩性和很低的强度；即使堆积时间较长，仍较松软。

④ 孔隙大且渗透性不均匀。杂填土由于其组成物质的复杂多样性，往往孔隙大并且其渗透性不均匀，因此在地下水位较低的地区，地下水位以上的杂填土中经常存在鸡窝状上层滞水。

（3）冲填土的工程性质

① 不均匀性。冲填土的颗粒组成随泥砂的来源而变化，有砂粒也有黏土粒和粉土粒。在冲填的出口处，沉积的土粒较粗，甚至有石块，顺着出口向外围则逐渐变细。在冲填过程中由于泥砂来源的变化，造成冲填土在纵横方向上的不均匀性，故土层多呈透镜体状或薄层状。当有计划有目的地预先采取一些措施而冲填的土，土层的均匀性较好，类似于冲积地层。

② 透水性能弱、排水固结差。冲填土的含水量大，一般大于液限，呈软塑或流塑状态。当黏粒含量多时，水分不易排出，土体形成初期呈流塑状态，后来虽土层表面经蒸发

干缩龟裂，但下面土层由于水分不易排出仍处于流塑状态，稍加触动即发生触变现象。因此冲填土多属未完成自重固结的高压缩性软土。土的结构需要有一定时间进行再组合，土的有效应力要在排水固结条件下才能提高。土的排水固结条件，也决定于原地面的形态，如原地面高低不平或局部低洼，冲填后土内水分排不出去，长时间仍处于饱和状态；如冲填于易排水的地段或采取了排水措施，则固结进程加快。

13.7.2.2　混合土地基

在自然界中，常常存在一种粗细粒混杂的土，其中细粒含量较多，可通过 0.5mm 筛后的数量较多，又可进行可塑性试验，这种土如果按颗粒组成成分常可视为砂类土甚至碎石类土，按其塑性指数又可视为粉土或黏性土。这类土在分类中找不到相应的位置。为正确评价这一类土的工程性质，《岩土工程勘察规范（2009 年版）》GB 50021—2001 将其定名为混合土。

混合土的成因一般为冲积、洪积、坡积、冰积、崩塌堆积和残积等。残积混合土的形成条件是在原岩中含有不易风化的粗颗粒，例如花岗岩中的石英颗粒。另外几种成因形成的混合土则要有提供粗大颗粒（如碎石、卵石）的条件。

混合土成分复杂多变，各种成分粒径相差悬殊，故其性质变化很大。混合土的性质主要取决于土中的粗、细颗粒含量的比例，粗粒的大小及其相互接触关系和细粒土的状态。资料表明，粗粒混合土的性质将随其中细粒的含量增多而变差，细粒混合土的性质常因粗粒含量增多而改善。在上述两种情况中，还存在一个粗、细粒含量的特征点，超过此特征点后，土的性质会发生突然的改变。

对混合土地基的评价和处理措施主要有：

① 对具有不稳定风险的混合土地基，应根据其处理的技术可能性及经济合理性采取避开或其他处理措施。

② 在崩塌堆积的混合土上施工建筑时，应考虑到形成这些崩塌堆积物的不良地质作用再次发生的可能性（如滑坡、泥石流等），采取避开或其他处理措施。

③ 具有不良性质的混合土（如膨胀性、湿陷性），可参照前述有关章节采取相应的措施。

④ 对于含有漂石且其间隙填充不实的混合土地基，可根据漂石的水小，采取重夯、强夯、灌浆等加固措施。

13.7.2.3　污染土地基

由于致污物质的侵入，使土的成分、结构和性质发生了显著变异的土，应判定为污染土。致污物质主要有酸、碱、煤焦油、石灰渣等。污染源主要有制造酸碱的工厂、石油化纤厂、煤气工厂、污水处理厂、金属矿厂、金属冶炼厂、铸钢厂、弹药库以及燃料库和某些轻工业行业。

地基土受污染作用的过程表现为：

① 当地基土被污染时，首先是土颗粒间的胶结盐类被溶蚀，胶结强度被破坏，盐类在水的作用下溶解流失，土的孔隙比和压缩性增大，抗剪强度降低。

② 土颗粒被污染后，形成的新物质在土的孔隙中产生相变结晶而膨胀，并逐渐溶蚀或分裂成小颗粒，新生成含结晶水的盐类，在干燥条件下，体积减小，浸水后体积膨胀，反复作用后土的结构受到破坏。

③ 地基土遇酸碱等腐蚀性物质，与土中的盐类形成离子交换，从而改变土的性质。在工厂生产过程中，某些对土有腐蚀作用的废渣、废液渗漏进入地基，引起地基土发生化学变化。这些污染物主要有酸、碱煤焦油、石灰渣等。

地基土受污染腐蚀后，常发生两种变形：由污染导致的地基土结构破坏而造成沉陷变形；污染使地基土膨胀，造成基础和墙体开裂。

污染土常用的防治处理措施有：

① 换土措施，将已被污染的土清除，换填未污染土，或者采用耐酸性腐蚀的砂或砾作回填材料，做砂桩或砾石桩。但对挖出来的污染土尚应及时处理，或找地方储存，或原位隔离，总之不能随意弃置，以免造成新的污染。

② 采用桩基或水泥搅拌等加固以穿透污染土层，但应对混凝土桩身采取相应的防腐蚀措施。

13.7.2.4　风化岩和残积土地基

风化岩和残积土都是新鲜岩层在物理和化学风化作用下形成的物质，可统称为风化残留物。风化岩是原岩受风化程度较轻，保存的原岩性质较多；残积土则是原岩受到风化的程度极重，极少保持原岩的性质。风化岩基本上可作为岩石看待，而残积土则完全成为土状物。两者的共同特点是均保持原岩所在的位置，没有被搬运。

（1）对风化岩和残积土地基评价的要求

① 对于厚层的强风化和全风化岩石，宜结合当地经验进一步划分为碎块状、碎屑状和土状；厚层残积土可进一步划分为硬塑残积土和可塑残积土，也可根据含岩量或含砂量划分为黏性土、砂质黏性土和岩质黏性土；

② 建在软硬互层或风化程度不同的地基上的工程，应分析不均匀沉降对工程的影响；

③ 基坑开挖后应及时检验，对于易风化的岩类，应及时砌筑基础和采取其他措施防止风化发展；

④ 对岩脉和球状风化体（孤石），应分析评价其对地基（包括桩基）的影响，并提出相应的建议。

（2）对风化岩和残积土地基评价时应考虑的因素

① 岩层中软弱层和软硬互层的厚度、位置及产状对边坡稳定性、地基稳定性和均匀性的影响；

② 球状风化作用在各风化带中残留的未风化球状体及岩脉的平面和垂直位置及其对地基均匀性的影响；

③ 岩层中断裂构造破碎带、囊状风化带的平面和垂直位置及其对地基均匀性的影响；

④ 残积土以及各风化岩层的厚度及其厚度的均匀性；

⑤ 残积土上部由于红土化所形成的硬壳层的厚度及厚度的均匀性。工程设计中应优先考虑利用该层。

思　考　题

13.1　特殊土包括哪些土？为何称它们为特殊土？

13.2　湿陷性黄土的主要工程性质是什么？如何判别黄土是否有湿陷性？

13.3　自重湿陷性黄土场地如何判别？如何判别湿陷性黄土地基的湿陷等级？

13.4 湿陷性黄土地基承载力计算，与一般土的地基承载力有何不同？

13.5 湿陷性黄土地基处理有哪些方法？什么条件适用换土垫层法？强夯法适用何类情况？

13.6 膨胀土有何特性？自由膨胀率与膨胀率有何区别？如何判别膨胀土地基的胀缩等级？

13.7 膨胀土地基的胀缩变形量如何计算？胀缩变形量与膨胀地基容许变形值之间有什么关系？

13.8 膨胀土地基承载力如何确定？重要工程应采用哪种方法？一般工程可用哪种方法？膨胀土地基处理的工程措施包括哪几种？

13.9 红黏土是怎样形成的？具有何种特性？什么条件下的红黏土为良好地基？什么样的红黏土为不良地基？

13.10 多年冻土与季节冻土有何不同？冻土地区建筑物冻害防治措施有哪些？

习 题

13.1 某住宅为黄土地基，天然重度为 17.5kN/m³，浸水饱和后为 20.0kN/m³。现取深度 5m 处原状土样进行室内压缩试验。试样原始高度为 20mm，加压至 100kPa 下沉稳定后土样高度为 19.80mm；浸水下沉稳定后土样高度为 19.40mm。另一原状土样，原始高度相同，加压至 200kPa 下沉稳定后，百分表长针正好走了半圈；然后浸水至下沉稳定后，百分表长针累计走了一圈。试评价该地基是否为湿陷性黄土？并计算自重湿陷系数。

13.2 某工厂地基为自重湿陷性黄土。初勘结果为：第 1 层黄土的湿陷系数为 0.013，层厚为 1.0m；第 2 层黄土的湿陷系数为 0.018，层厚为 3.0m；第 3 层黄土的湿陷系数为 0.030，层厚为 1.50m；第 4 层黄土的湿陷系数为 0.050，层厚为 8.0m。计算自重湿陷量为 18.0cm。试判别该黄土地基的湿陷等级。

13.3 某单位三层办公楼地基为膨胀土，由试验测得第 1 层土的膨胀率为 1.8%，收缩系数为 1.3，含水量变化为 1%，土层厚为 1500mm；第 2 层土的膨胀率为 0.7%，收缩系数为 1.1，含水量变化为 1%，土层厚为 2500mm。计算此膨胀土地基的胀缩变形量并判别胀缩等级。

13.4 某医院三层医疗楼建在膨胀土地基上，土层厚为 10~15m，地下水位埋深 14.29m。此医疗楼全长 102m。采用条形基础，地基采用砂垫层，上部结构加圈梁处理。试设计砂垫层尺寸、圈梁尺寸和构造。

第 14 章　地基基础抗震

本章提要与要求

内容提要

做好地基基础的抗震设计可为震灾中的人民生命财产安全保驾护航。本章简要介绍了地震的基本概念及地基基础的震害现象；阐述了抗震设计的目的、任务、基本原则及地基基础方案的选取；重点讨论了天然地基和桩基础的抗震验算、液化判别及抗液化措施。

基本要求

了解地震的基本概念，并熟悉工程抗震的常用名词术语。

熟悉地基基础抗震设计和概念性设计的原则、主要内容和基本方法。

掌握天然地基与桩基础的抗震承载力验算方法。

掌握地基液化的判别方法，了解常用的地基抗液化措施。

14.1　概　　述

地震，又称为地动、地振动，是地壳快速释放能量过程中造成振动，期间会产生地震波的一种自然现象。地震按照成因主要可以分为三种，即构造地震、火山地震和塌陷地震。由于人类活动、火山喷发和局部地表塌陷诱发的地震一般波及范围小，故主要讨论由地壳自身运动造成的构造地震。此类地震发生的次数最多，破坏力也最大。

产生构造地震的本质原因是地球内部在长期运动过程中，地壳的岩层内产生和积累着巨大的地应力。当某处积累的地应力逐渐增加到超过该处岩层的强度时，就会使岩层产生破裂或错断。此时，积累的能量随岩层的断裂急剧地释放出来，并以地震波的形式向四周传播。地震波到达地面时将引起地面的振动，即表现为地震。一般地，构造地震容易发生在活动性强的断裂带两端和拐弯部位、两条断裂的交汇处，以及运动变化强烈的大型隆起和凹陷的转换地带。原因在于这些地方的地应力比较集中，岩层构造也相对比较脆弱。

14.1.1　地震常用名词术语

如图 14-1 所示，地震的发源处称为震源。震源在地表面的垂直投影点称为震中。震中附近地区称为震中区域。震中与观测点间的水平距离称为震中距。震源到震中的距离称为震源深度。震源深度小于 70km 的地震称为浅源地震，介于 70～300km 之间时称为中源地震，大于 300km 时称为深源地震。全世界有记录的地震中约 75% 属于浅源地震，汶

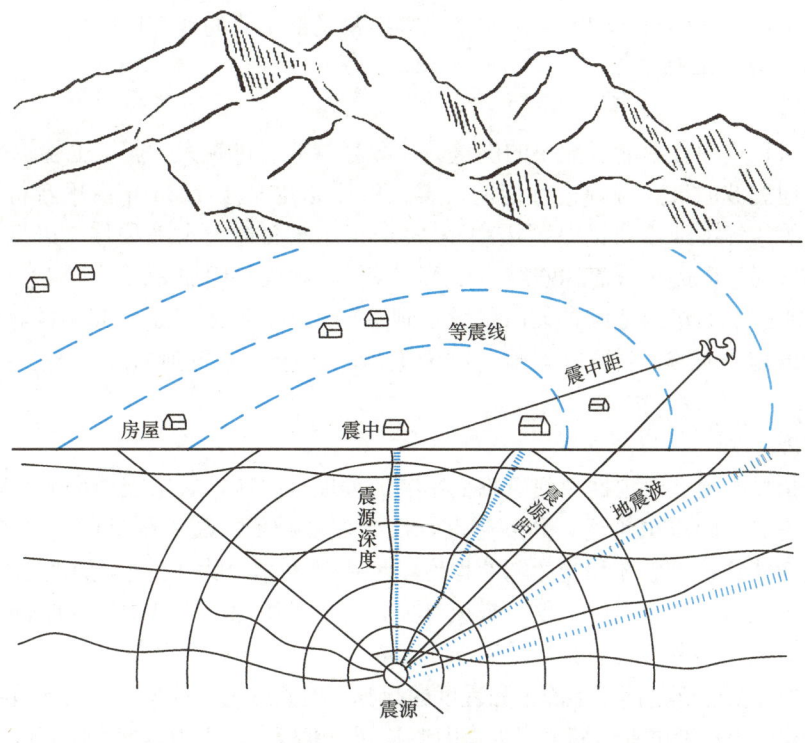

图 14-1　地震传播示意图

川大地震的震源深约 14km。

地震带是地震集中分布的地带，地震带内地震密集，地震带外地震分布零散。全世界主要有三大地震带：环太平洋地震带、欧亚地震带、大洋中脊地震活动带。我国位于前两大地震带中间，属于多地震活动的国家，其中台湾省发生的大地震最多，新疆、四川、西藏地区次之。

引起地震的岩层破裂不会集中在一点或一个平面，而是形成有一系列裂缝组成的破碎带，且整个破碎带内岩层的能量释放不可能同时达到新的平衡，故而一次强烈的地震之后，岩层的变形会有一系列零星调整，进而形成一次次较小的地震。通常将前者称为主震，后者称为余震。

14.1.2　地震波

地震波在地球内部以体波的形式传播，体波又可分为纵波和横波。介质质点振动方向与波的传播方向一致的波为纵波，纵波由震源向外传播过程中介质被不断压缩，故纵波也称为压缩波，又称 P 波（Primary Wave）；介质质点振动方向与波传播方向垂直的波为横波，为剪切波，又称 S 波（Secondary Wave）。由于纵波在地球内部传播速度大于横波，因此，地震时纵波总是先于横波到达地表。因而，发生较大近震时，人体一般先感到上下颠簸，过数秒到十几秒后才感到有很强的水平晃动。面波是指沿地表或地壳不同地质层界面传播的地震波。一般认为，面波是体波经地层界面多次反射、折射形成的次生波。面波传播速度较慢，约为剪切波速的 90%，但面波周期长、振幅大、衰减慢，故能传播至很远的地方。面波使地面既垂直又水平振动，由于面波的能量比体波大，故造成建筑物和地表破坏的地震波以面波为主。大量震害调查表明，一般建筑物的震害主要由水平振动引起，因此，由体波和面波共同引起的水平地震通常是最主要的地震作用。

14.1.3 震级与烈度

（1）震级

震级是对地震中释放能量大小的度量。震源释放的能量越大，震级也就越高。震级是根据记录的地震波的最大振幅来确定的。震级的原始定义于 1935 年由里希特（Richter）给出：震级等于标准地震仪记录到震中距 100km 处地面最大水平位移（以微米为单位）的常用对数，即里氏震级（简称震级，以 M 表示）。震级每增加一级，能量增大约 30 倍。一般来说，小于 2.5 级的地震，人们感觉不到；5 级以上地震开始引起不同程度的破坏，称为破坏性地震或强震；7 级以上地震称为大震。地球上记录到的最大地震震级为里氏 8.9 级。

（2）烈度

烈度是指发生地震时地面及建筑物受影响的程度。一次地震中震级是确定的，但地面各处的烈度各异，距震中越近，烈度越高，反之烈度越低。震中附近的烈度称为震中烈度。根据地面建筑物受破坏和受影响的程度，地震烈度划分为 12 度。烈度越高，表明受影响的程度越强烈。地震烈度不仅与震级有关，还与震源深度、震中距及地震波传播介质等多种因素有关。

震级和烈度虽然都是衡量地震强烈程度的指标，但烈度直接反映了地面建筑物受破坏的程度，因而与工程建设更密切相关。工程中涉及的烈度概念除震中烈度外还有以下几种：

① 基本烈度：是指在今后一定时期内，某一地区在一般场地条件下可能遭受的最大地震烈度。基本烈度所指的地区是一个较大的区域范围，故又称为区域烈度。按中国地震动参数区划图，一般场地条件下，50 年内超越概率为 10% 的地震烈度称为地震基本烈度。建筑物所在场地的地震烈度（即场地烈度）可能与区域烈度不一致。通常，烈度高的区域内可能包含烈度较低的场地，而烈度低的区域内也可能包含烈度较高的场地。这主要是因为局部场地的地质构造、地基条件、地形变化等因素与整个区域有所不同，这些局部性控制因素称为小区域因素或场地条件。场地选址时一般应进行专门的工程和水文地质调查工作，查明场地条件，确定场地烈度，据此避重就轻，选择对抗震有利的地段布置工程。

② 多遇与罕遇烈度：多遇地震烈度是指设计基准期 50 年内超越概率为 63% 的地震烈度，亦称众值烈度。罕遇地震烈度是指设计基准期 50 年内超越概率为 2%～3% 的地震烈度。

③ 设防烈度：是指按国家规定的权限批准作为一个地区抗震设防依据的地震烈度。设防烈度针对一个地区而不是针对某一建筑物确定，也不随建筑物的重要程度提高或降低。

14.2 地基基础的震害现象

地震作用是通过地基和基础传递给上部结构的，故地震时首先是地基和基础受到影响，继而导致建（构）筑物产生振动并由此引发地震灾害。

14.2.1 地基的震害

由于地区特点和地形地质条件的复杂性，强烈地震造成地面和建筑物的破坏类型多种多样。典型的地基震害有震陷、地基土液化、地震滑坡和地裂等。

（1）震陷

震陷是指地基土由于地震作用而产生的明显的竖向永久变形。发生强烈地震时若地基由软弱黏性土和松散砂土构成，其结构受到扰动和破坏，强度严重降低，在重力和基础荷载的作用下会产生附加沉陷。

我国沿海及较大河流的下游软土地区，震陷往往也是主要的地基震害。当地基土的级配较差、含水量较高、孔隙比较大时震陷也大。砂土的液化往往也引起地表较大范围的震陷。此外，溶洞发育和地下存在大面积采空区的地区，在强烈地震的作用下也容易诱发震陷。

（2）地基土液化

地震作用下砂土的颗粒之间发生相互错动而重新排列，其结构趋于密实。如砂土为颗粒细小的粉细砂，因透水性较弱而导致孔隙水压力加大，同时颗粒间的有效应力减小，当地震作用大到使有效应力减小到零时，将使砂土颗粒处于悬浮状态，即出现砂土的液化现象。砂土液化时其性质类似于液体，抗剪强度完全丧失，使其上的建筑物产生大量的沉降、倾斜和水平位移，建筑物将开裂、破坏甚至倒塌。国内外的大地震中砂土液化现象相当普遍，是造成地震灾害的重要原因。

影响砂土液化的主要因素为：地震烈度、振动的持续时间、土的粒径组成、密实程度、饱和度、土中黏粒含量以及土层埋深等。

（3）地震滑坡

山区和陡峭的河谷区域，强烈地震可能引起诸如山体崩塌、滑坡、泥石流等大规模的岩土体运动，从而直接导致地基基础与上部结构的破坏及人员伤亡。

（4）地裂

地震导致岩面和地面的突然破裂和位移，会引起位于附近或跨越断层的建筑物产生变形和破坏。

14.2.2 基础的震害

建筑物基础的常见震害有：

（1）沉降、不均匀沉降和倾斜

地震作用下，软土或液化土层中的地基基础易产生沉降、不均匀沉降和倾斜。黏性土层上的基础受影响通常不大，而软土地基可产生 10～20cm 的沉降，也有达 30cm 以上者。如地基的主要受力层为液化土或含有厚度较大的液化土层，强震时则可能产生数十厘米甚至 1m 以上的沉降，造成建筑物的倾斜和倒塌。

（2）水平位移

边坡或河岸边的建筑物，在地震作用下会出现土坡失稳和岸边地下液化土层的侧向扩展等水平位移现象。

（3）受拉破坏

地震时，受力矩作用较大的桩基础的外排桩受到过大的拉力时，桩与承台的连接处会产生破坏。杆、塔等高耸结构物的拉锚装置也可能因地震产生的拉力过大而破坏。

14.2.3 场地地震效应

调查发现，同一小区或村落内结构类型及建筑质量基本相同的房屋在地震中所受到的震害程度差别很大，出现所谓"重灾区里有轻灾，轻灾区里有重灾"的烈度异常区。与这种现象相关的因素主要有建筑场地的地质条件（岩性、构造及产状等）、水文地质条件（地下水埋藏深度等）及地形地貌（地面起伏变化的陡峭程度），其中主要原因在于场地条件的差异。从抗震角度出发选择建筑场地时，可分为：对建筑物抗震有利的场地、对建筑物抗震不利的场地及对建筑物抗震危险的场地。通常，稳定岩石，密实均匀的碎石土，砾砂、粗砂、中砂，老黏性土或承载力特征值大于250kPa的一般黏性土所构成的开阔平坦地段属于抗震有利地段，而将对于可能发生滑坡、崩塌、地陷、地表位错或泥石流等现象的地段称为抗震危险场地。因此，场地选择时应避开对建筑抗震不利甚至危险的地段，否则须根据场地情况对地基基础加以适当处理。

同时，岩层中传播的具有多种频率成分的地震波通过覆盖土层传向地表的过程中，若其中某一频率分量的周期与覆盖土层的固有周期相近，该分量的幅值将由于共振作用得到明显放大，这一周期称为地面运动的"卓越周期"，如果该周期与上部结构固有周期相近，这种共振作用会大大增强建筑物的地震反应。宏观震害经验表明，卓越周期较短的浅薄坚硬土层上的刚性结构物及卓越周期较长的深厚软弱土层上的柔性结构物的地震反应特别强烈，多导致严重破坏。因此，计算结构物地震反应时，除建筑物本身的频率特性、震中距和地面运动加速度外，还需考虑场地条件的影响，不同类别的场地应采用不同设计反应谱（建筑抗震设计规范中表示为不同的地震影响系数曲线）或不同的基底输入运动，以更准确反映场地-结构耦合作用。

14.3　地基基础抗震设计

14.3.1　抗震设计任务与目标

任何建筑物都建造在作为地基的岩土层上。地震时土层中传播的地震波引起地基土体振动，导致土体产生附加变形，强度也相应发生变化。若地基土强度不能承受地基震动所产生的内力，建筑物就会失去支承能力，导致地基失效。地基基础抗震设计的任务就是研究地震中地基和基础的稳定性和变形，包括地基的地震承载力验算、地基液化可能性判别和液化等级的划分、震陷分析、合理的基础结构形式以及为保证地基基础能有效工作所必须采取的抗震措施等内容。

《建筑工程抗震设防分类标准》GB 50223—2008将建筑物按使用功能的重要性和破坏后果的严重性分为以下四个抗震设防类别：（1）特殊设防类（甲类）：指使用上有特殊设施，涉及国家公共安全的重大建筑工程和地震时可能发生严重次生灾害等特别重大灾害后果，需要进行特殊设防的建筑；（2）重点设防类（乙类）：指地震时使用功能不能中断或需尽快恢复的生命线相关建筑，以及地震时可能导致大量人员伤亡等重大灾害后果，需要提高设防标准的建筑；（3）标准设防类（丙类）：指大量的除甲、乙、丁类以外按标准要求进行设防的建筑；（4）适度设防类（丁类）：指使用人员稀少且震损不致产生次生灾害，允许在一定条件下适度降低要求的建筑。

各抗震设防类别建筑的抗震设防标准应符合下列要求：

（1）特殊设防类，应按高于本地区抗震设防烈度提高一度的要求加强其抗震措施；但抗震设防烈度为9度时应按比9度更高的要求采取抗震措施；同时，应按批准的地震安全性评价的结果确定且高于本地区抗震设防烈度的要求确定其地震作用。

（2）重点设防类，应按高于本地区抗震设防烈度一度的要求加强其抗震措施；但抗震设防烈度为9度时应按比9度更高的要求采取抗震措施；地基基础的抗震措施应符合有关规定。同时，应按本地区抗震设防烈度确定其地震作用。

（3）标准设防类，应按本地区抗震设防烈度确定其抗震措施和地震作用，达到在遭遇高于当地抗震设防烈度的预估罕遇地震影响时不致倒塌或发生危及生命安全的严重破坏的抗震设防目标。

（4）适度设防类，允许比本地区抗震设防烈度的要求适当降低其抗震措施，但抗震设防烈度为6度时不应降低。

一般情况下仍应按本地区抗震设防烈度确定其地震作用。对于划为重点设防类而规模很小的工业建筑，当改用抗震性能较好的材料且符合抗震设计规范对结构体系的要求时，允许按标准设防类设防。

《建筑抗震设计标准（2024年版）》GB/T 50011—2010（以下简称《抗震规范》）将建筑物的抗震设防目标确定为"三个水准"，其具体表述为：遭受低于本地区抗震设防烈度的多遇地震影响时，主体结构不受损坏或不需修理可继续使用；遭受相当于本地区抗震设防烈度的设防地震影响时，可能发生损坏，但经一般性修理后仍可继续使用；遭受高于本地区抗震设防烈度的罕遇地震影响时，不致倒塌或发生危及生命的严重破坏。使用功能或其他方面有专门要求的建筑，当采用抗震性能化设计时，具有更具体或更高的抗震设防目标。工程中通常将上述抗震设计三个水准简要概括为"小震不坏，中震可修，大震不倒"的抗震设防目标。

为保证实现上述抗震设防目标，《抗震规范》规定采用两阶段设计步骤：

第一阶段的设计是承载力验算，取第一水准的地震动参数计算结构的弹性地震作用标准值和相应的地震作用效应，进行结构构件承载力验算，即可实现第一、二水准的设计目标。大多数结构可仅进行第一阶段设计，而通过概念设计和抗震构造措施来满足第三水准设计要求。

第二阶段设计是弹塑性变形验算，对特殊要求的建筑、地震时易倒塌的结构以及有明显薄弱层的不规则结构，除进行第一阶段设计外，还要进行结构薄弱部位的弹塑性层间变形验算并采取相应的抗震构造措施，以实现第三水准的设防要求。

上述设防原则和设计方法可简短地表述为"三水准设防，两阶段设计"。

14.3.2 地基基础抗震的概念设计

地基基础一般只进行第一阶段设计。对于地基承载力和基础结构，只要满足了第一水准对于强度的要求，也就满足了第二水准的设防目标。对于地基液化验算则直接采用第二水准烈度，对判明存在液化土层的地基，采取相应的抗液化措施。地基基础相应于第三水准的设防要通过概念设计和构造措施来满足。

结构的抗震设计包括计算设计和概念设计两个方面。计算设计是指确定合理的计算简图和分析方法，对地震作用效应作定量计算及对结构抗震能力进行验算。概念设计是指从宏观上对建筑结构作合理的选型、规划和布置，选用合格的材料，采取有效的构造措施等。20世纪70年代以来，人们在总结大地震灾害的经验和教训中发现，对结构抗震设计来说"概念设计"比"计算设计"更为重要。由于地震动的不确定性和地震作用下结构的响应和破坏机理的复杂性，"计算设计"很难全面有效地保证结构的抗震性能，因而必须强调良好的"概念设计"。

关于地震作用对地基基础影响的研究目前还很不足，故地基基础的抗震设计更应重视概念设计。如前所述，场地条件对结构物的震害和地震反应影响均很大，因此，场地的选择与处理、地基－上部结构动力相互作用的考虑以及地基基础类型的选择等都是概念设计的重要方面。

14.3.2.1 场地选择

选择适宜的建筑场地对于建筑物的抗震设计至关重要。

（1）场地类别划分

《抗震规范》中采用等效剪切波速和覆盖层厚度双指标分类方法来确定场地类别，具体划分如表 14-1 所示。

建筑场地的覆盖层厚度（m）与场地类别　　　　　　　　表 14-1

岩石的剪切波速 v_s 或土的等效剪切波速 v_{se}（m/s）	场地类别				
	I_0	II_1	II	III	IV
$v_s > 800$	0				
$800 \geqslant v_s > 500$		0			
$500 \geqslant v_{se} > 250$		<5	$\geqslant 5$		
$250 \geqslant v_{se} > 150$		<3	$3 \sim 50$	>50	
$v_{se} \leqslant 150$		<3	$3 \sim 15$	$15 \sim 80$	>80

场地覆盖层厚度的确定方法为：①一般情况下，按地面至剪切波速大于 500m/s 且其下卧各层岩土的剪切波速均不小于 500m/s 的土层顶面的距离确定；②当地面 5m 以下存在剪切波速大于其上部各土层剪切波速 2.5 倍的土层，且该层及其下卧各岩土层的剪切波速均不小于 400m/s 时，可按地面至该土层顶面的距离确定；③剪切波速大于 500m/s 的孤石和透镜体视同周围土层；④土层中的火山岩硬夹层当作刚体看待，其厚度从覆盖土层中扣除。

场地土层剪切波速的测量要求：初勘阶段大面积的同一地质单元测量的钻孔数量不宜少于 3 个；详勘阶段单幢建筑不少于 2 个，测试数据变化较大时，可适量增加，密集的高层建筑群每幢建筑不少于 1 个；对于丁类建筑及层数不超过 10 层且高度不超过 24m 的丙类建筑，当无实测剪切波速时，可根据岩土名称和性状，按表 14-2 划分土的类型，再利用当地经验在表 14-2 的剪切波速范围内估计各土层的剪切波速。

土的类型划分和剪切波速范围　　　　　　　　表 14-2

土的类型	岩土名称和状态	土层剪切波速范围（m/s）
岩石	坚硬、较硬且完整的岩石	$v_s > 800$
坚硬土或软质岩石	破碎和较破碎的岩石，软和较软的岩石，密实的碎石土	$800 \geqslant v_s > 500$
中硬土	中密、稍密的碎石土，密实、中密的砾、粗、中砂，$f_{ak} > 150$kPa 的黏性土和粉土，坚硬黄土	$500 \geqslant v_s > 250$

土的类型	岩土名称和状态	土层剪切波速范围（m/s）
中软土	稍密的砾、粗、中砂，除松散外的细、粉砂，$f_{ak} \leqslant 150kPa$ 的黏性土和粉土，$f_{ak} > 130kPa$ 的填土，可塑新黄土	$250 \geqslant v_s > 150$
软弱土	淤泥和淤泥质土，松散的砂，新近沉积的黏性土和粉土，$f_{ak} \leqslant 130kPa$ 的填土，流塑黄土	$v_s \leqslant 150$

注：f_{ak} 为由载荷试验等方法得到的地基承载力特征值；v_s 为岩土剪切波速。

场地土层的等效剪切波速 v_{se} 按下列公式计算：

$$v_{se} = d_0/t \tag{14-1}$$

$$t = \sum_{i=1}^{n}(d_i/v_{si}) \tag{14-2}$$

式中　d_0——计算深度（m），取覆盖层厚度和 20m 二者的较小值；

　　　t——剪切波在地面至计算深度间的传播时间（s）；

　　　d_0——计算深度范围内第 i 土层的厚度（m）；

　　　v_{si}——计算深度范围内第 i 土层的剪切波速（m/s）；

　　　n——计算深度范围内土层的分层数。

（2）场地选择

通常，场地地质条件不同，建筑物的地震破坏程度也明显不同。因此，工程建设中选取适当场地，将大大减轻地震灾害。此外，由于建设用地受地震以外众多因素限制，除极不利和有严重危险性的场地以外，往往是不能排除其作为建设场地的，故很有必要按场地、地基对建筑物所受地震破坏作用的强弱和特征采取抗震措施，这也是地震区场地分类与选择的目的。

研究表明，影响建筑震害和地震动参数的场地因素很多，其中包括有局部地形、地质构造、地基土质等，影响的方式也各不相同。一般认为，对抗震有利的地段指地震时地面无残余变形的坚硬土或开阔平坦密实均匀的中硬土范围或地区；而不利地段为可能产生明显的地基变形或失效的某一范围或地区；危险地段指可能发生严重的地面残余变形的某一范围或地区。因此，《抗震规范》中将场地划分为有利、一般、不利和危险地段，具体标准如表 14-3 所示。

有利、一般、不利和危险地段的划分　　　　　　　　　　　　　　　表 14-3

地段类别	地质、地形、地貌
有利地段	稳定基岩，坚硬土，开阔、平坦、密实、均匀的中硬土等
一般地段	不属于有利、不利和危险的地段
不利地段	软弱土，液化土，条状突出的山嘴，高耸孤立的山丘，陡坡，陡坎，河岸和边坡的边缘，平面分布上明显不均匀的土层（含故河道、疏松的断层破碎带、暗埋的塘浜沟谷和半填半挖地基），高含水量的可塑黄土，地表存在结构性裂缝等
危险地段	地震时可能发生滑坡、崩塌、地陷、地裂、泥石流等及发震断裂带上可能发生地表位错的部位

建筑场地选择时应根据工程需要，掌握地震活动情况和有关工程地质资料，做出综合评价，避开不利地段，当无法避开时应采取有效的抗震措施。对于危险地段，严禁建造甲、乙类的建筑，不应建造丙类的建筑；对于山区建筑的地基基础，应注意设置符合抗震要求的边坡工程，并避开土质边坡和强风化岩石边坡的边缘。

建筑场地为Ⅰ类时，对甲、乙类建筑允许应按本地区抗震设防烈度的要求采取抗震构造措施；丙类建筑允许按本地区抗震设防烈度降低一度的要求采取抗震构造措施，但抗震设防烈度为6度时应按本地区抗震设防烈度的要求采取抗震构造措施。建筑场地为Ⅲ、Ⅳ类时，对设计基本地震加速度为0.15g和0.30g的地区，除另有规定外，宜分别按抗震设防烈度8度（0.20g）和9度（0.40g）时各类建筑的要求采取抗震构造措施。此外，抗震设防烈度为10度地区或行业有特殊要求的建筑抗震设计，应按有关规定执行。

关于局部地形条件的影响，其情况比较复杂。从宏观震害经验和地震分析结果所反映的总趋势，大致可以归纳为以下几点：①高突地形距基准面的高度越大，高处的反应越强烈；②离陡坎和边坡顶部边缘的距离加大，反应逐步减小；③从岩土构成方面看，在同样的地形条件下，土质结构的反应比岩质结构大；④高突地形顶面越开阔，远离边缘的中心部位的反应明显减小；⑤边坡越陡，其顶部的放大效应越明显。

当场地中存在发震断裂时，尚应对断裂的工程影响做出评价。对符合下列规定之一者，可忽略发震断裂错动对地面建筑的影响：①抗震设防烈度小于8度；②非全新世活动断裂；③抗震设防烈度为8度和9度时，隐伏断裂的土层覆盖厚度分别大于60m和90m。对不符合上列规定者，应避开主断裂带，其最小避让距离应满足表14-4的规定。

发震断裂的最小避让距离（m） 表14-4

烈度	建筑抗震设防类别			
	甲	乙	丙	丁
8	专门研究	200	100	—
9	专门研究	400	200	—

场地选择时还应考虑建筑物自振周期与场地卓越周期的关系，原则上应尽量避免两种周期过于接近，以防共振，尤其要避免将自振周期较长的柔性建筑置于松软深厚地基土层上。若无法避免，如我国上海、天津等沿海城市地基软弱土层深厚，又需兴建大量高层和超高层建筑，此时宜提高上部结构整体刚度和选用抗震性能较好的基础类型，如箱形基础或桩箱基础等。

14.3.2.2　基础类型与方案选择

地震作用下地基的稳定性对基础和上部结构内力分布的影响十分明显，因此，确保地震时地基基础不发生过大变形和不均匀沉降是地基基础抗震设计的基本要求。地基基础的抗震设计应通过选择合理的基础体系和抗震验算来保证其抗震能力。地基基础抗震设计的基本要求为：

（1）同一结构单元的基础不宜设置在性质截然不同的地基土层上；

（2）同一结构单元不宜部分采用天然地基而另外部分采用桩基；采用不同基础类型或基础埋深显著不同时，应根据地震时两部分地基基础的沉降差异，在基础、上部结构的相关部分采取相应措施；

（3）地基为软弱黏性土、液化土、新近填土或严重不均匀土时，应根据地震时地基的不均匀沉降和其他不利影响采取相应措施。

一般在进行地基基础的抗震设计时，应根据具体情况，选择对抗震有利的基础类型，并在抗震验算时尽量考虑结构、基础和地基的相互作用影响，使之能反映地基基础在不同阶段的工作状态。在决定基础的类型和埋深时，还应考虑下列工程经验：

（1）同一结构单元的基础不宜采用不同的基础埋深。

（2）深基础通常比浅基础有利，因其可减少来自基底的振动能量输入。土中水平地震加速度一般在地表下 5m 以内减少很多，四周土对基础振动能起阻抗作用，有利于将更多的振动能量耗散到周围土层中。

（3）纵横内墙较密的地下室、箱形基础和筏板基础的抗震性能较好。对软弱地基，宜优先考虑设置全地下室，采用箱形基础或筏板基础。

（4）地基较好、建筑物层数不多时，可采用单独基础，但最好用地基梁联成整体，或采用交叉条形基础。

（5）实践证明桩基础和沉井基础的抗震性能较好，并可穿透液化土层或软弱土层，将建筑物荷载直接传到下部稳定土层中，是防止因地基液化或严重震陷造成震害的有效方法。但要求桩尖和沉井底面埋入稳定土层不应小于 $1\sim2$m，并进行必要的抗震验算。

（6）桩基宜采用低承台，可发挥承台周围土体的阻抗作用。桥梁墩台基础中普遍采用低承台桩基和沉井基础。

14.4 地基基础抗震验算

14.4.1 天然地基承载力抗震验算

地基和基础的抗震验算，一般采用"拟静力法"：其假定地震作用如同静力，然后在该条件下验算地基和基础的承载力和稳定性。承载力的验算方法与静力状态下的验算方法相似，即计算的基底压力应不超过调整后的地基抗震承载力。因此，当需要验算天然地基承载力时，应采用地震作用效应标准组合。《抗震规范》规定，基底平均压力和边缘最大压力应满足：

$$p \leqslant f_{aE} \tag{14-3}$$

$$p_{max} \leqslant 1.2 f_{aE} \tag{14-4}$$

式中　p——地震作用效应标准组合的基底平均压力（kPa）；

p_{max}——地震作用效应标准组合的基底边缘最大压力（kPa）；

f_{aE}——调整后的地基抗震承载力（kPa），按式（14-5）计算。

高宽比大于 4 的高层建筑在地震作用下基底不宜出现拉应力；其他建筑的基底与地基之间的零应力区面积不应超过基底面积的 15%。

大多数国家的抗震规范在验算地基土的抗震强度时，抗震承载力都采用在静承载力的基础上乘以一个系数的方法加以调整，其出发点是：（1）地震是偶发事件，是特殊荷载，因而地基的可靠度容许有一定程度的降低；（2）地震是有限次数不等幅的随机荷载，其等效循环荷载不超过十几到几十次，而多数土在有限次数的动载下强度较静载下稍高。基于这方面原因，《抗震规范》采用抗震极限承载力与静力极限承载力的比值作为地基土的承载力调整系数，其值也可近似通过动静强度之比求得。因此，天然地基抗震验算时，地基的抗震承载力应按下式计算：

$$f_{aE} = \zeta_a f_a \tag{14-5}$$

式中 ζ_a——地基抗震承载力调整系数，按表 14-5 采用；

f_a——深宽修正后的地基承载力特征值，可按《建筑地基规范》采用。

地基抗震承载力调整系数表　　　　　　　　　　　　　　表 14-5

岩土名称和性状	ζ_a
岩石，密实的碎石土，密实的砾、粗、中砂，$f_{ak}\geqslant300$ 的黏性土和粉土	1.5
中密、稍密的碎石土，中密和稍密的砾、粗、中砂，密实和中密的细、粉砂，$150\leqslant f_{ak}<300$ 的黏性土和粉土，坚硬黄土	1.3
稍密的细、粉砂，$100\leqslant f_{ak}<150$ 的黏性土和粉土，可塑黄土	1.1
淤泥，淤泥质土，松散的砂，杂填土，新近堆积黄土及流塑黄土	1.0

对我国多次强地震中遭受破坏的建筑调查表明，只有少数房屋是因地基的原因而导致上部结构破坏的。而这类地基大多数是液化地基、易产生震陷的软土地基和严重不均匀的地基。一般地基均具有较好的抗震性能，极少发现因地基承载力不够而产生震害。因此，通常对于量大面广的一般地基和基础可不做抗震验算，而对于容易产生地基基础震害的液化地基、软土地基和严重不均匀地基，则应采用相应的抗震措施，以避免或减轻震害。《抗震规范》规定下列建筑可不进行天然地基及基础的抗震承载力验算：

（1）本规范规定可不进行上部结构抗震验算的建筑；

（2）地基主要受力层范围内不存在软弱黏性土层的一般单层厂房、单层空旷房屋、砌体房屋、不超过 8 层且高度在 24m 以下的一般民用框架和框架-抗震墙房屋及与其基础荷载相当的多层框架厂房和多层混凝土抗震墙房屋。

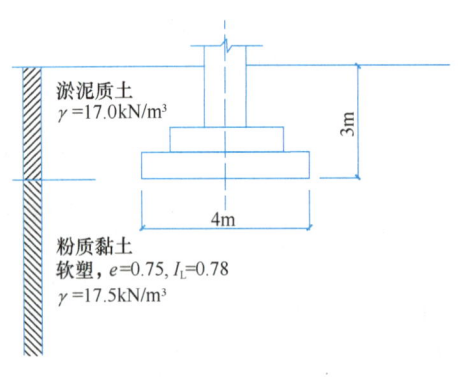

淤泥质土
$\gamma = 17.0\,\text{kN/m}^3$

3m

4m

粉质黏土
软塑，$e=0.75$，$I_L=0.78$
$\gamma = 17.5\,\text{kN/m}^3$

图 14-2　例 14.1 图

【例 14.1】某厂房采用现浇柱下独立基础，基础埋深 3m，基底为正方形，边长 4m。已知地基承载力特征值为 $f_{ak}=190\text{kPa}$，地基土的其余参数如图 14-2 所示。地震作用效应标准组合时作用于基底形心处的荷载为：$N=4850\text{kN}$，$M=920\text{kN}\cdot\text{m}$（单向偏心）。试按《抗震规范》验算地基的抗震承载力。

【解】（1）基底压力

基底平均压力为：

$$p = N/A = 4850/(4\times4) = 303.1\text{kPa}$$

基底边缘压力为：

$$p_{\max}^{\min} = \frac{N}{A} \pm \frac{M}{W} = 303.1 \pm \frac{920\times6}{4\times4^2} = \begin{matrix} 389.4 \\ 216.8 \end{matrix}\text{kPa}$$

（2）地基抗震承载力

由表 8-4 查得：$\eta_b=0.3$，$\eta_d=1.6$，故有：

$$f_a = f_{ak} + \eta_b \gamma (b - 3) + \eta_d \gamma_m (d - 0.5)$$

$$= 190 + 0.3 \times 17.5 \times (4 - 3) + 1.6 \times 17 \times (3 - 0.5) = 263.2 \text{kPa}$$

又由表 14-5 查得地基抗震承载力调整系数 $\zeta_a = 1.3$，故地基抗震承载力 f_{aE} 为：

$$f_{aE} = \zeta_a f_a = 1.3 \times 263.2 = 342.2 \text{kPa}$$

（3）验算

由于

$$p = 303.1 \text{kPa} < f_{aE} = 342.2 \text{kPa}$$

$$p_{max} = 389.4 \text{kPa} < 1.2 f_{aE} = 410.6 \text{kPa}$$

$$p_{min} = 216.8 \text{kPa} > 0$$

故地基承载力满足抗震要求。

14.4.2 桩基础抗震验算

桩基础的抗震性能普遍优于其他类型基础，但桩端直接支承于液化土层和桩侧有较大地面堆载者除外。此外，当桩承受有较大水平荷载时仍会遭受较大的地震破坏作用。《抗震规范》关于桩基础的抗震验算和构造规定主要如下。

（1）桩基可不进行抗震验算的范围

承受竖向荷载为主的低承台桩基，当地面下无液化土层，且桩承台周围无淤泥、淤泥质土和地基土承载力特征值不大于 100kPa 的填土时，下列建筑可不进行桩基抗震承载力验算：

设防烈度为 7 度和 8 度时：①一般的单层厂房和单层空旷房屋；②不超过 8 层且高度在 24m 以下的一般民用框架房屋；③基础荷载与②项相当的多层框架厂房和多层混凝土抗震墙房屋。《抗震规范》规定可不进行上部结构抗震验算的建筑。

（2）非液化土中低承台桩基的抗震验算

对单桩的竖向和水平向抗震承载力特征值，均可比非抗震设计时提高 25%。考虑到一定条件下承台周围回填土有明显分担地震荷载的作用，故规定当承台周围回填土夯实至干密度不小于《建筑地基规范》对填土的要求时，可由承台正面填土与桩共同承担水平地震作用；但不应计入承台底面与地基土间的摩擦力。

（3）存在液化土层时的低承台桩基抗震验算

承台埋置较浅时不宜计入承台周围土的抗力或刚性地坪对水平地震作用的分担作用。

承台底面上、下分别有厚度不小于 1.5m、1.0m 的非液化土层或非软弱土层时，可按下列两种情况进行桩的抗震验算，并按不利情况设计：

① 桩承受全部地震作用，桩的承载力比非抗震设计时提高 25%，液化土的桩周摩阻力及桩的水平抗力均乘以表 14-6 所列的折减系数；

② 地震作用按水平地震影响系数最大值的 10% 采用，桩承载力仍按非液化土中的桩基确定，但应扣除液化土层的全部摩阻力及桩承台下 2m 深度范围内非液化土的桩周摩擦力。

打入式预制桩和其他挤土桩的平均桩距为 2.5~4 倍桩径且桩数不少于 5×5 时，可计入打桩对土的加密作用及桩身对液化土变形限制的有利影响。当打桩后桩间土的标准贯入锤击数值达到不液化的要求时，单桩承载力可不折减，但对桩尖持力层作强度校核时，桩群外侧的应力扩散角应取为零。打桩后桩间土的标准贯入击数 N_1 宜由试验确定，也可按下式计算：

$$N_1 = N_P + 100\rho(1 - e^{-0.3N_P}) \tag{14-6}$$

式中　ρ——打入式预制桩的面积置换率；

　　　N_P——打桩前的标准贯入锤击数。

土层液化影响折减系数　　　　　　　　　　　　　表14-6

实际标贯锤击数/临界标贯锤击数	深度 d_s（m）	折减系数
≤0.6	$d_s \leqslant 10$	0
	$10 < d_s \leqslant 20$	1/3
>0.6～0.8	$d_s \leqslant 10$	1/3
	$10 < d_s \leqslant 20$	2/3
>0.8～1.0	$d_s \leqslant 10$	2/3
	$10 < d_s \leqslant 20$	1

上述液化土中桩的抗震验算原则和方法主要考虑了以下情况：

① 不计承台旁土抗力或地坪的分担作用，偏于安全，也就是将其作为安全储备，因目前对液化土中桩的地震作用与土中液化进程的关系尚未弄清；

② 根据地震反应分析与振动台试验，地面加速度最大的时刻出现在液化土的孔压比小于 1（常为 0.5～0.6）时，此时土尚未充分液化，只是刚度比未液化时下降很多，故可仅对液化土的刚度作折减；

③ 液化土中孔隙水压力的消散往往需要较长的时间。地震后土中孔压不会很快消散完毕，往往于震后才出现喷砂冒水，这一过程通常持续几小时甚至一两天，其间常有沿桩与基础四周排水的现象，说明此时桩身摩阻力已大减，从而出现竖向承载力不足和缓慢的沉降，因此应按静力荷载组合校核桩身的强度与承载力。

除应按上述原则验算外，还应对桩基的构造予以加强。桩基理论分析表明，地震作用下桩基在软、硬土层交界面处最易受到剪、弯损害。采用 m 法的桩身内力计算方法中却无法反映，目前除考虑桩土相互作用的地震反应分析可以较好地反映桩身受力情况外，还没有简便实用的计算方法保证桩在地震作用下的安全，故必须采取有效的构造措施。

液化土和震陷软土中的桩，应自桩顶至液化深度以下符合全部消除液化沉陷所要求的深度范围内配置钢筋，且纵向钢筋应与桩顶部位相同，箍筋应加粗和加密。

处于液化土中的桩基承台周围宜用密实干土填筑夯实，若用砂土或粉土则应使土层的标准贯入锤击数不小于规定的液化判别标准贯入锤击数的临界值（详见 14.5.1 节）。

14.5　液化判别与抗震措施

地震灾害调查表明，地基失效破坏中由砂土液化造成的结构破坏占比很大，故有关砂土液化的判别与处理受到了普遍的重视。处理与液化有关的地基失效问题一般是从判别液化可能性和危害程度以及采取抗震对策两个方面来加以解决。

《抗震规范》规定：饱和砂土和饱和粉土（不含黄土、粉质黏土）地基，除 6 度外，应进行液化判别。对 6 度区一般情况下可不进行判别和处理，但对液化沉陷敏感的乙类建筑可按 7 度的要求进行判别和处理，7～9 度时，乙类建筑可按本地区抗震设防烈度的要求进行判别和处理；存在液化土层的地基，应根据建筑的抗震设防类别、地基的液化等级，结合具体情况采取相应的措施。

14.5.1 液化判别

对于一般工程项目，饱和砂土或粉土（不含黄土）液化判别可按以下步骤进行。

（1）初判

以地质年代、黏粒含量、地下水位及上覆非液化土层厚度等作为判断条件，具体规定为：

① 地质年代为第四纪晚更新世及以前时，7 度、8 度时可判为不液化；

② 粉土的黏粒（粒径小于 0.005mm 的颗粒）含量百分率在 7 度、8 度和 9 度时分别不小于 10、13 和 16，可判为不液化；

③ 采用天然地基的建筑，当上覆非液化土层厚度和地下水位深度符合下列条件之一时，可不考虑液化影响：

$$d_u > d_0 + d_b - 2 \tag{14-7}$$

$$d_w > d_0 + d_b - 3 \tag{14-8}$$

$$d_u + d_w > 1.5d_0 + 2d_b - 4.5 \tag{14-9}$$

式中 d_w——地下水位埋深（m），宜按设计基准期内年平均最高水位采用，也可按近期内年最高水位采用；

d_u——上覆非液化土层厚度（m），计算时宜将淤泥和淤泥质土层扣除；

d_b——基础埋置深度（m），不超过 2m 时采用 2m；

d_0——液化土特征深度（m），指地震时一般能达到的液化深度，可按表 14-7 采用。

液化土特征深度（m）　　　　　　　　　　　　　　　表 14-7

饱和土类别	7 度	8 度	9 度
粉土	6	7	8
砂土	7	8	9

（2）细判

当初步判别认为需进一步液化判别时，应采用标准贯入试验判别地面下 20m 深度范围内土层液化的可能性；但对符合规定可不进行天然地基及基础的抗震承载力验算的各类建筑，可只判别地面下 15m 范围内土的液化。当饱和土的标贯击数（未经杆长修正）小于或等于液化判别标贯击数临界值 N_{cr} 时，应判为液化土。当有成熟经验时，也可采用其他判别方法。

地面以下 20m 深度范围内，液化判别标贯击数临界值 N_{cr} 可按下式计算：

$$N_{cr} = N_0 \beta \left[\ln(0.6d_s + 1.5) - 0.1d_w \right] \sqrt{3/\rho_c} \tag{14-10}$$

式中 N_0——液化判别标准贯入锤击数基准值，按表 14-8 采用；

d_s——饱和土标准贯入试验点深度（m）；

d_w——地下水位（m）；

ρ_c——黏粒含量百分率，当小于 3 或为砂土时，均应取 3；

β——调整系数，设计地震第一组取 0.80，第二组取 0.95，第三组取 1.05。

设计基本地震加速度（g）	0.10	0.15	0.20	0.30	0.40
N_0	7	10	12	16	19

上面所述初判、细判均针对土层柱状体内一点而言，在一个土层柱状体内可能存在多个液化点，如何确定一个土层柱状体（相应于地面上的一个点）总的液化水平是场地液化危害程度评价的关键，《抗震规范》提供采用液化指数 I_{lE} 来表述液化程度的简化方法，即先探明各液化土层的深度和厚度，按式（14-11）计算每个钻孔的液化指数，并按表 14-9 综合划分地基的液化等级：

$$I_{lE} = \sum_{i=1}^{n} \left(1 - \frac{N_i}{N_{cri}}\right) d_i W_i \tag{14-11}$$

式中 I_{lE}——液化指数；

n——判别深度范围内每一个钻孔的标准贯入试验点的总数；

N_i，N_{cri}——分别为 i 点标准贯入锤击数的实测值和临界值，当实测值大于临界值时取临界值；当只需要判别 15m 范围以内的液化时，15m 以下实测值可按临界值采用；

d_i——i 点所代表的土层厚度（m），可采用与该标贯试验点相邻的上、下两标贯试验点深度差的一半，但上界不高于地下水位深度，下界不深于液化深度；

W_i——i 土层单位土层厚度的层位影响权函数值（m^{-1}）。当该层中点深度不大于 5m 时应采用 10，等于 20m 时应取 0，5～20m 时按线性内插法取值。

液化等级	轻微	中等	严重
液化指数 I_{lE}	$0 < I_{lE} \leqslant 6$	$6 < I_{lE} \leqslant 18$	$I_{lE} > 18$

【例 14.2】某场地的土层分布及各土层中点处的标准贯入击数如图 14-3 所示。该地区抗震设防烈度为 8 度，设计地震分组组别为第一组，设计基本地震加速度值为 0.20g。基

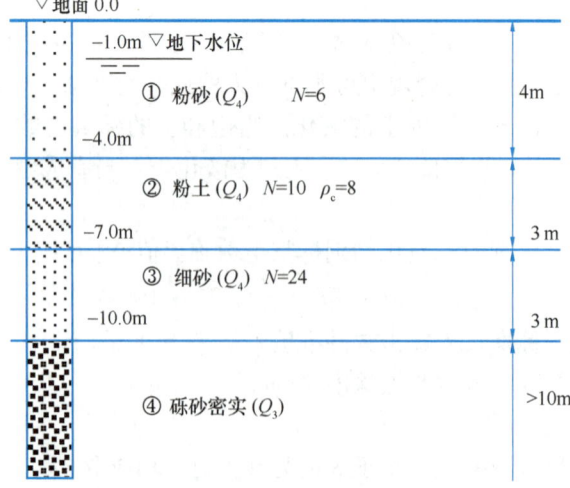

图 14-3 例 14.2 图

454

础埋深按 2.0m 考虑。试按《抗震规范》判别该场地土层的液化可能性以及场地的液化等级。

【解】(1) 初判

根据地质年代，土层④可判为不液化土层，其他土层根据式（14-7）～式（14-9）进行判别如下：

由图可知 $d_w=1.0\text{m}$，$d_b=2.0\text{m}$。

对土层①，$d_u=0$，由表 14-7 查得 $d_0=8.0\text{m}$，计算结果表明不能满足上述三个公式的要求，故不能排除液化可能性。

对土层②，$d_u=0$，由表 14-7 查得 $d_0=7.0\text{m}$，计算结果不能排除液化可能性。

对土层③，$d_u=0$，由表 14-7 查得 $d_0=8.0\text{m}$，与土层①相同，不能排除液化可能性。

(2) 细判

对土层①，$d_w=1.0\text{m}$，$d_s=2.0\text{m}$，$\beta=0.8$，因土层为砂土，取 $p_c=3$，另由表 14-8 查得 $N_0=12$，故由式（14-10）算得标贯击数临界值 N_{cr} 为：

$$N_{cr}=N_0\beta[\ln(0.6d_s+1.5)-0.1d_w]\times\sqrt{3/\rho_c}$$
$$=12\times0.8\times[\ln(0.6\times2+1.5)-0.1\times1]\times\sqrt{3/3}$$
$$=8.58$$

因 $N=6<N_{cr}$，故土层①判为液化土。

对土层②，$d_w=1.0\text{m}$，$d_s=5.5\text{m}$，$p_c=8$，$\beta=0.8$，$N_0=12$，由式（14-10）算得 N_{cr} 为：

$$N_{cr}=N_0\beta[\ln(0.6d_s+1.5)-0.1d_w]\times\sqrt{3/\rho_c}$$
$$=12\times0.8\times[\ln(0.6\times5.5+1.5)-0.1\times1]\times\sqrt{3/8}$$
$$=8.63$$

因 $N=10>N_{cr}$，故土层②判为不液化土。

对土层③，$d_w=1.0\text{m}$，$d_s=8.5\text{m}$，$\beta=0.8$，$N_0=12$，因土层为砂土，取 $p_c=3$，算得 N_{cr} 为：

$$N_{cr}=N_0\beta[\ln(0.6d_s+1.5)-0.1d_w]\sqrt{3/\rho_c}$$
$$=12\times0.8\times[\ln(0.6\times8.5+1.5)-0.1\times1]\times\sqrt{3/3}$$
$$=17.16$$

因 $N=24>N_{cr}$，故土层③判为不液化土。

(3) 场地的液化等级

由上面已经得出只有土层①为液化土，该土层中标贯点的代表厚度应取为该土层的水下部分厚度，即 $d=3.0\text{m}$，按式（14-11）的说明，取 $W=10$。代入式（14-11），有：

$$I_{lE}=\sum_{i=1}^{n}\left(1-\frac{N_i}{N_{cri}}\right)d_iW_i=(1-6/8.58)\times3\times10=9.02$$

由表 14-9 查得，该场地的地基液化等级为中等。

14.5.2 地基的抗液化措施及选择

液化是地震中造成地基失效的主要原因，要减轻这种危害，应根据地基液化等级和结构特点选择相应措施。目前常用的抗液化工程措施都是在总结大量震害经验的基础上提出的，即综合考虑建筑物的重要性和地基液化等级，再根据具体情况确定。

理论分析与振动台试验均已证明液化的主要危害来自基础外侧，液化土层范围内位于基础正下方的部位其实最难液化。由于最先液化区域对基础正下方未液化部分产生影响，使之失去侧边土压力支持并逐步被液化的现象称为液化侧向扩展。因此，在外侧易液化区的影响得到控制的情况下，轻微液化的土层是可以作为基础的持力层的。在海城及日本阪神地震中有数栋以液化土层作为持力层的建筑，在地震中未产生严重破坏。因此，将轻微和中等液化等级的土层作为持力层在一定条件下是可行的。但工程中应经过严密的论证，必要时应采取有效的工程措施予以控制。此外，在采用振冲加固或挤密碎石桩加固后桩间土的实测标贯值仍低于相应临界值时，不宜简单地判为液化。许多文献或工程实践均已指出振冲桩和挤密碎石桩有挤密、排水和增大地基刚度等多重作用，而实测的桩间土标贯值不能反映排水作用和地基土的整体刚度。因此，规范要求加固后桩间土的标贯值不宜小于临界标贯值。

《抗震规范》对于地基抗液化措施及选择的具体规定如下：

（1）当液化土层较平坦且均匀时，宜按表 14-10 选用地基抗液化措施；尚可计入上部结构重力荷载对液化危害的影响，根据对液化震陷量的估计适当调整抗液化措施。不宜将未经处理的液化土层作为天然地基持力层。

液化土层的抗液化措施   表 14-10

建筑抗震设防类别	地基的液化等级		
	轻微	中等	严重
乙类	部分消除液化沉陷，或对基础和上部结构处理	全部消除液化沉陷，或部分消除液化沉陷且对基础和上部结构处理	全部消除液化沉陷
丙类	基础和上部结构处理，亦可不采取措施	基础和上部结构处理，或更高要求的措施	全部消除液化沉陷，或部分消除液化沉陷且对基础和上部结构处理
丁类	可不采取措施	可不采取措施	基础和上部结构处理，或其他经济的措施

注：甲类建筑的地基抗液化措施应进行专门研究，但不宜低于乙类的相应要求。

（2）全部消除地基液化沉陷的措施应符合下列要求：

① 采用桩基时，桩端伸入液化深度以下稳定土层中的长度（不包括桩尖部分）应按计算确定，且对碎石土，砾、粗、中砂，坚硬黏性土和密实粉土不应小于 0.8m，对其他非岩石土不宜小于 1.5m；

② 采用深基础时，基础底面应埋入液化深度以下的稳定土层中，其深度不应小于 0.5m；

③ 采用加密法（如振冲、振动加密、挤密碎石桩、强夯等）加固时，应处理至液化深度下界；振冲或挤密碎石桩加固后，桩间土的标贯击数不宜小于前述液化判别标贯击数的临界值；

④ 用非液化土替换全部液化土层，或增加上覆非液化土层厚度；

⑤ 采用加密法或换土法处理时，在基础边缘以外的处理宽度应超过基础底面以下处理深度的 1/2 且不小于基础宽度的 1/5。

（3）部分消除地基液化沉陷的措施应符合下列要求：

① 处理深度应使处理后的地基液化指数减小，其值不宜大于 5。大面积筏形基础、箱形基础的中心区域，处理后的液化指数可比上述规定降低 1。对独立基础和条形基础不应小于基础底面以下液化土的特征深度和基础宽度的较大值。

② 采用振冲或挤密碎石桩加固后，桩间土的标贯击数不宜小于前述液化判别标贯击数的临界值。

③ 基础边缘以外的处理宽度应超过基底以下处理深度的 1/2，且不小于基础宽度的 1/5。

④ 采取减小液化震陷的其他方法，如增加上覆非液化土层厚度和改善周边的排水条件等。

（4）减轻液化影响的基础和上部结构处理，可综合采用的措施有：

① 选择合适的基础埋置深度；

② 调整基底面积，减少基础偏心；

③ 加强基础的整体性和刚度，如采用箱形基础、筏形基础或交叉条形基础，加设基础圈梁等；

④ 减轻荷载，增强上部结构的整体刚度和均匀对称性，合理设置沉降缝，避免采用对不均匀沉降敏感的结构形式等；

⑤ 管道穿过建筑物处应预留足够尺寸或采用柔性接头等。

14.5.3 对于液化侧向扩展产生危害的考虑

为有效避免和减轻液化侧向扩展引起的震害，古河道、海滨和边坡等有液化扩展和流滑可能的地段内不宜修建永久性建筑，否则应进行抗滑验算，采取土体防滑措施或结构抗裂措施。

（1）抗滑验算原则

① 非液化上覆土层施加于结构的侧压相当于被动土压力，破坏土楔的运动方向是土楔向上滑而楔后土体向下，与被动土压发生时的运动方向一致；

② 液化层中的侧压相当于竖向总压的 1/3；

③ 桩基承受侧压的面积相当于垂直于流动方向桩排的宽度。

（2）减小地裂对结构影响的措施

① 将建筑的主轴沿平行于河流的方向设置；

② 使建筑的长高比小于 3；

③ 采用筏形基础或箱形基础，基础板内应根据需要加配抗拉裂钢筋，筏形基础内的抗弯钢筋可兼作抗拉裂钢筋，抗拉裂钢筋可由中部向基础边缘逐段减少。当土体产生引张裂缝并流向河心或海岸线时，基底的极限摩阻力形成对基础的撕拉力，理论上，其最大值等于建筑物重力荷载一半乘以土与基础间的摩擦系数，实际上常因基底与土有部分脱离接触而减少。

地基主要受力层范围内存在软弱黏性土层与高含水量的可塑性黄土时，应结合具体情况综合考虑，采用桩基、地基加固处理等措施，也可根据对软土震陷量的估计采取相应措施。

思 考 题

14.1 什么是地震？地震有哪些类型？什么是地震的烈度？为什么工程中要以烈度作为抗震设计的控制指标？

14.2 地基的震害有哪些常见类型？影响地基抗震能力的主要因素有哪些？

14.3 地基基础的抗震设计包含哪些内容？

14.4 什么是概念性设计？地基基础的抗震概念性设计包含哪些内容？

14.5 什么样的场地对抗震有利？选择建筑场地时应该避开哪些不利的地质环境？

14.6 常用基础结构形式中，哪些类型的基础结构抗震能力较强？

习 题

14.1 某厂房的柱下独立基础埋深3m，基础底面为边长3.5m的正方形。现已测得基底主要受力层的地基承载力特征值为 $f_{ak}=180kPa$，场地土层情况同例14.1。但考虑地震作用效应标准组合时计算到基础底面形心的荷载为：$N=3250kN$，$M=750kN \cdot m$（单向偏心）。试按《抗震规范》验算地基的抗震承载力。

14.2 场地土层如图14-4所示，所需的土性指标已示于图中，已知该地区的抗震设防烈度为8度，设计地震分组组别为第一组，设计基本地震加速度0.20g。基础埋深按2.0m考虑，各土层中点处的标贯击数由上到下分别为8、12、30。请按《抗震规范》判别该场地土层的液化可能性并确定场地的液化等级。

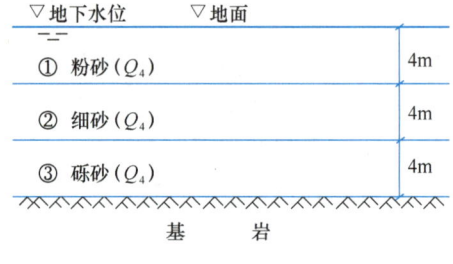

图14-4 习题14.2图

14.3 地基土层如图14-5所示，场地所在地区的抗震设防烈度为7度，设计地震分组组别为第一组，设计基本地震加速度为0.10g。基础埋深按2.0m考虑，细砂层中 A 点和 B 点的标贯击数分别为7和12，试按《抗震规范》分析 A、B 处的液化可能性。

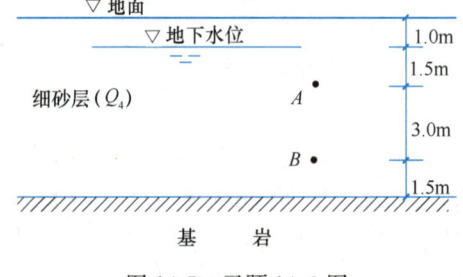

图14-5 习题14.3图

第 2 章　参考答案（部分习题）

2.1　$C_u=8.04$，$C_c=1.59$，属良好级配

2.3　$m_s=2.71g$；$m_w=0.89g$；$m=3.6g$；$V=1.88cm^3$；$V_v=0.88cm^3$；$V_w=0.88cm^3$；$e=0.88$；$S_r=100\%$；$\gamma'=9.2kN/m^3$

2.4　$w=6.6\%$，$e=0.60$，$S_r=29.7\%$，$\gamma=18.0kN/m^3$，$\gamma_{sat}=20.6kN/m^3$，$\gamma'=10.6kN/m^3$，$\gamma_d=16.9kN/m^3$，$\gamma_{sat}>\gamma>\gamma_d>\gamma'$

2.5　$w=39.4\%$，$\rho'=0.84g/cm^3$，$\rho_d=1.32g/cm^3$，$e=1.08$，$n=52\%$

2.6　$e=0.86$；$\gamma=19.0kN/m^3$

2.7　$w=9.2\%$

2.8　$10.7g$

2.9　(1) $i=0.015$；(2) $v=7.5\times10^{-4}mm/s=2.7\times10^{-3}m/h$；$Q=2.7\times10^{-3}m^3/(h\cdot m^2)$；(3) $v=5\times10^{-7}mm/s=1.8\times10^{-6}m/h$；$Q=1.8\times10^{-6}m^3/(h\cdot m^2)$

2.10　$D_r=0.595$

2.11　$w_{op}=10\%$

2.12　(1) 细砂；(2) $e=0.81$；$S_r=94\%$；(3) 饱和；(4) 稍密

2.13　$I_P=12.6$，$I_L=0.08$；粉质黏土，硬塑状态

第 3 章　参　考　答　案

3.2　171.2kPa，80.6kPa，92.6kPa

3.5　2.0kPa

3.6　16.6kPa

3.7　24.8kPa，52.5kPa，34.9kPa

3.8　128.8kPa

3.9　20kPa

3.10　32.9kPa

3.11　10.5 kPa

第 4 章　参　考　答　案

4.1　土样：$a_{1-2}=0.21MPa^{-1}$，$E_s=7.66MPa$，中性压缩土；土样：$a_{1-2}=0.46MPa^{-1}$，$E_s=4.03MPa$，中压缩性土

4.2　38.9mm

4.3　93.49mm

4.4　128.3mm

4.5　124.0mm

4.6　101.32mm

4.7 0.5年，0.58年

第 5 章 参 考 答 案

5.1 $\varphi = 35.02°$，$\sigma_1 = 226.11\text{kPa}$，$\sigma_3 = 61.97\text{kPa}$，$\alpha = 62.51°$

5.2 总压力 $\sigma_3 = 150\text{kPa}$，$\sigma_1 = 300\text{kPa}$，$u = 75\text{kPa}$，$\sigma_3' = 75\text{kPa}$，$\sigma_1' = 225\text{kPa}$

5.3 $c_u = 26.5\text{kPa}$

5.4 （a）$c_{cu} = 0$，$\varphi_{cu} = 16°$和$c' = 0$，$\varphi' = 34°$；（b）$\sigma' = 186.12\text{kPa}$，$\tau' = 124.36\text{kPa}$；（c）$A = 0.93$

第 6 章 参 考 答 案

6.1 45.47kN/m；1.0m

6.2 ①26.20kN/m；0.84m；②716.95kN/m；1.93m

6.3 115.56kN/m；1.47m

6.4 ①89.60kN/m；1.33m

6.5 56.13kN/m

第 7 章 参 考 答 案

7.1 $p_{cr} = 152.8\text{kPa}$，$p_{\frac{1}{4}} = 181.1\text{kPa}$

7.2 ① $p_{\frac{1}{4}} = 243.1\text{kPa}$；② $p_{\frac{1}{4}} = 280.9\text{kPa}$；③ $p_{\frac{1}{4}} = 225.3\text{kPa}$

7.3 ① $p_{cr} = 155.4\text{kPa}$，$p_{\frac{1}{4}} = 225.6\text{kPa}$；② $p_u = 633.2\text{kPa}$；③$p_{cr} = 117.2\text{kPa}$，$p_{\frac{1}{4}} = 155.0\text{kPa}$

7.4 ① $p_{cr} = 82.6\text{kPa}$，$p_{\frac{1}{3}} = 92.1\text{kPa}$，$p_{\frac{1}{4}} = 89.7\text{kPa}$；② $p_{cr} = 82.6\text{kPa}$，$p_{\frac{1}{3}} = 86.9\text{kPa}$，$p_{\frac{1}{4}} = 85.8\text{kPa}$

7.5 323.1kPa，377.3kPa，452.9kPa

7.6 $\alpha = 25.7°$

7.8 $x_0 = 12.86$，$y_0 = 24.84$

7.9 1.19，1.38，1.44

第 8 章 参 考 答 案

8.1 $f_a = 245.4\text{kPa}$

8.2 （1）$f_a = 142.7\text{kPa}$；（2）$f_a = 198.0\text{kPa}$

8.3 $f_a = 249.7\text{kPa}$

8.4 合适

第 9 章 参 考 答 案

9.1　$Q_{uk}=1375kN$，$R=688kN$

9.2　$Q_{ng}=692.4kN$

9.3　满足要求

第 10 章 参 考 答 案

10.1　$f_a=1852kPa$，$p_{max}=598.4kPa$；$\left[\sigma_{\frac{h}{3}x}\right]=125.3kPa$，$\sigma_{\frac{h}{3}x}=43.1kPa$；$\left[\sigma_{hx}\right]=376.1kPa$，$\sigma_{hx}=-94.9kPa$；满足要求。

10.2　$f_a=409.6kPa$，$p_{max}=678.8kPa$，不满足要求。

第 11 章 参 考 答 案

11.1　$t=6.56m$；$M_{max}=359.18kN \cdot m$；$x_m=3.42m$

11.2　$t=5.14m$；$M_{max}=88.30kN \cdot m$；$R_a=157.70kN$

11.3　$K_L=2.07$

11.4　$K_s=1.32$；$K_t=1.97$

11.5　$K_s=1.31$；$K_t=1.65$

第 12 章 参 考 答 案

12.2　145mm

12.3　87.7%；23.5kPa

12.5　14.51%；4.5

第 13 章 参 考 答 案

13.1　是，0.025

13.2　该场地湿陷性等级为Ⅱ（中）或Ⅲ（严）

13.3　Ⅱ级

参 考 文 献

[1] 沈珠江. 理论土力学[M]. 北京：中国水利水电出版社，2000.

[2] 钱家欢，殷宗泽. 土工原理与计算[M]. 2版. 北京：中国水利水电出版社，2000.

[3] 高大钊. 土力学与基础工程[M]. 北京：中国建筑工业出版社，1998.

[4] 龚晓南. 基础工程原理[M]. 浙江：浙江大学出版社，2023.

[5] 刘松玉. 土力学[M]. 5版. 北京：中国建筑工业出版社，2020.

[6] 赵明华. 基础工程[M]. 4版. 北京：高等教育出版社，2023.

[7] 李广信. 高等土力学[M]. 2版. 北京：清华大学出版社，2016.

[8] 赵明华. 土力学与基础工程[M]. 4版. 武汉：武汉理工大学出版社，2014.

[9] 魏进，王晓谋. 基础工程[M]. 5版. 北京：人民交通出版社，2021.

[10] 代国忠，顾观达. 土力学与基础工程[M]. 重庆：重庆大学出版社，2011.

[11] 赵明华. 土力学与基础工程疑难释义[M]. 北京：中国建筑工业出版社，1998.

[12] 中华人民共和国住房和城乡建设部. 建筑地基基础设计规范：GB 50007—2011[S]. 北京：中国建筑工业出版社，2012.

[13] 中华人民共和国交通运输部. 公路桥涵地基与基础设计规范：JTG 3363—2019[S]. 北京：人民交通出版社，2020.

[14] 中华人民共和国建设部. 岩土工程勘察规范(2009年版)：GB 50021—2001[S]. 北京：中国建筑工业出版社，2009.

[15] 中华人民共和国住房和城乡建设部. 建筑地基处理技术规范：JGJ 79—2012[S]. 北京：中国建筑工业出版社，2013.

[16] 中华人民共和国建设部. 建筑桩基技术规范：JGJ 94—2008[S]. 北京：中国建筑工业出版社，2008.

[17] 中华人民共和国住房和城乡建设部. 建筑边坡工程技术规范：GB 50330—2013[S]. 北京：中国建筑工业出版社，2014.

[18] 中华人民共和国住房和城乡建设部. 建筑抗震设计标准(2024年版)：GB/T 50011—2010[S]. 北京：中国建筑工业出版社，2024.

[19] 中华人民共和国住房和城乡建设部. 膨胀土地区建筑技术规范：GB 50112—2013[S]. 北京：中国建筑工业出版社，2013.

[20] 中华人民共和国住房和城乡建设部. 湿陷性黄土地区建筑标准：GB 50025—2018[S]. 北京：中国建筑工业出版社，2018.

[21] 中华人民共和国住房和城乡建设部. 冻土地区建筑地基基础设计规范：JGJ 118—2011[S]. 北京：中国建筑工业出版社，2012.

[22] 中华人民共和国住房和城乡建设部. 土工试验方法标准：GB/T 50123—2019[S]. 北京：中国计划出版社，2019.

高等学校土木工程学科专业指导委员会规划教材
（按高等学校土木工程本科专业指南编写）

征订号	书名	作者	定价
V40569	高等学校土木工程本科专业指南	教育部高等学校土木工程专业教学指导分委员会	30.00
V39805	土木工程概论（第二版）（赠教师课件）	周新刚	48.00
V40950	土木工程制图（第三版）（含习题集、赠教师课件）	何培斌	128.00
V35996	土木工程测量（第二版）（赠教师课件）	王国辉	75.00
V34199	土木工程材料（第二版）（赠教师课件）	白宪臣	42.00
V20689	土木工程试验（含光盘）	宋 彧	32.00
V35121	理论力学（第二版）	温建明	58.00
V23007	理论力学学习指导（赠课件素材）	温建明 韦 林	22.00
V38861	材料力学（第二版）（赠教师课件）	曲淑英	58.00
V39895	结构力学（第三版）（赠教师课件）	祁 皑 林 伟	68.00
V31667	结构力学学习指导	祁 皑等	44.00
V36995	流体力学（第二版）（赠教师课件）	吴 玮 张维佳	48.00
V23002	土力学（赠教师课件）	王成华	39.00
V43049	土力学与基础工程（赠教师课件）	赵明华等	88.00
V22611	基础工程（赠教师课件）	张四平	45.00
V41255	工程地质（第二版）（赠教师课件）	王桂林	48.00
V22183	工程荷载与可靠度设计原理（赠教师课件）	白国良	28.00
V23001	混凝土结构基本原理（赠教师课件）	朱彦鹏	45.00
V39655	钢结构基本原理（第三版）（赠教师课件）	何若全	66.00
V42246	土木工程施工技术（第二版）（赠教师课件）	李慧民 田 卫	60.00
V39483	土木工程施工组织（第二版）（赠教师课件）	赵 平	38.00
V34082	建设工程项目管理（第二版）（赠教师课件）	臧秀平	48.00
V39520	建设工程法规（第三版）（赠教师课件，含题库）	李永福 孙晓冰	52.00

征订号	书名	作者	定价
V37807	建设工程经济（第二版）（赠教师课件）	刘亚臣	45.00
V26784	混凝土结构设计（建筑工程专业方向适用）	金伟良	25.00
V26758	混凝土结构设计示例	金伟良	18.00
V26977	建筑结构抗震设计（建筑工程专业方向适用）	李宏男	38.00
V29079	建筑工程施工（建筑工程专业方向适用）（赠教师课件）	李建峰	58.00
V29056	钢结构设计（建筑工程专业方向适用）（赠教师课件）	于安林	33.00
V25577	砌体结构（建筑工程专业方向适用）（赠教师课件）	杨伟军	28.00
V25635	建筑工程造价（建筑工程专业方向适用）（赠教师课件）	徐 蓉	38.00
V30554	高层建筑结构设计（建筑工程专业方向适用）（赠教师课件）	赵 鸣 李国强	32.00
V25734	地下结构设计（地下工程专业方向适用）（赠教师课件）	许 明	39.00
V40926	地下工程施工技术（第二版）（赠教师课件）	许建聪	54.00
V27594	边坡工程（地下工程专业方向适用）（赠教师课件）	沈明荣	28.00
V35994	桥梁工程（赠教师课件）	李传习	128.00
V41238	道路勘测设计（第二版）（道路与桥梁工程专业方向适用）（赠教师课件）	张 蕊	72.00
V25562	路基路面工程（道路与桥工程专业方向适用）（赠教师课件）	黄晓明	66.00
V28552	道路桥梁工程概预算（道路与桥工程专业方向适用）	刘伟军	20.00
V26097	铁路车站（铁道工程专业方向适用）	魏庆朝	48.00
V39650	车站工程	魏庆朝	65.00
V27950	线路设计（铁道工程专业方向适用）（赠教师课件）	易思蓉	42.00
V35604	路基工程（铁道工程专业方向适用）（赠教师课件）	刘建坤 岳祖润	48.00
V30798	隧道工程（铁道工程专业方向适用）（赠教师课件）	宋玉香 刘 勇	42.00
V31846	轨道结构（铁道工程专业方向适用）（赠教师课件）	高 亮	44.00

注：本套教材均被评为《住房和城乡建设部"十四五"规划教材》。